1985 年 1 月，王瑞元率中国企业技术改造考察团访日

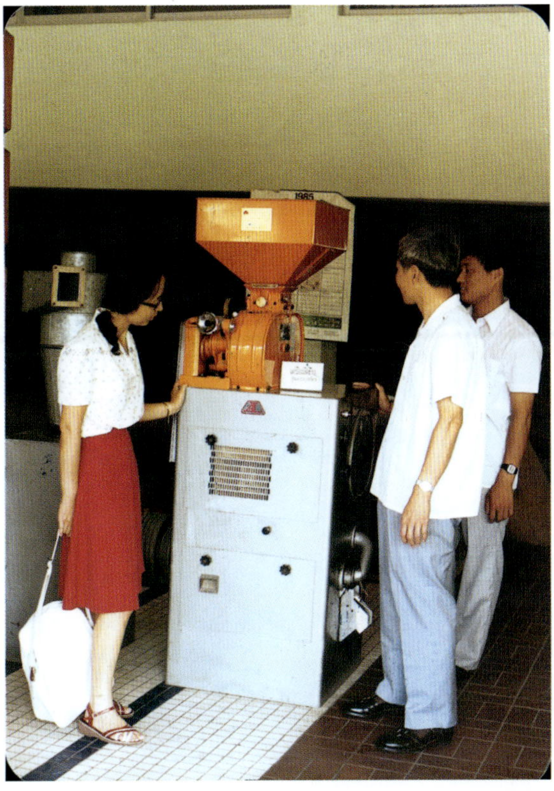

1985 年 8 月，在泰国首都曼谷考察了解出口泰国的小型碾米装备情况

1987 年 4 月，考察安陆粮机厂后与厂领导班子合影

1987 年 6 月，在山东平度参观粮油加工企业时听取省局领导介绍

1987 年 6 月，在山东平度召开的全国粮油技术改造座谈会上发言

1988 年 5 月，在北京参加现代烘焙技术培训班开学典礼

1988 年 10 月，在呼和浩特召开的全国粮机产品排产及物资分配工作会上发言

1989 年 3 月，在东莞召开的全国第三次粮油工业座谈会上与校友合影留念

1991 年 4 月，王瑞元同志率 100 多人在马来西亚吉隆坡举办首届中国商办工业产品展览会，
图为王瑞元与马方有关部门的部长参观展览会

1991 年 4 月 5 日，在马来西亚吉隆坡举办的首届中国商办工业展览会开幕式上致辞

1992 年 6 月，在兰州召开的全国第六次粮油工业处长（经理）
座谈会上作工作报告

1994 年 4 月，在全国商办工业工作会议上发言

1994 年 5 月，王瑞元同志率制粉技术考察团赴意大利奥克里姆制粉设备公司考察制粉设备制造情况

1994 年 5 月，中谷粮油集团公司在北京人民大会堂成立，时任中谷粮油集团公司总裁的王瑞元同志在成立大会上致辞

1994 年 5 月，中谷粮油集团公司在北京人民大会堂成立，
时任中谷粮油集团总裁的王瑞元同志在成立大会上致辞

1994 年 5 月，中谷粮油集团公司在北京人民大会堂成立，
王瑞元总裁迎接时任人大副委员长陈慕华步入中谷粮油集团公司成立大会会场

1994 年 5 月，赴意大利考察制粉设备制造企业

1995 年，在佐竹粮食加工技术研讨会上发言

1996 年 3 月，在湖北汉川建设的中谷汉川包装工厂竣工投产剪彩

1996 年 4 月，参观新型磨粉机试制成功

在西藏自治区成立 40 周年之际，全国粮食部门于 1996 年 8 月组团赴西藏，
对西藏自治区粮食部门进行对口支援，图为部分代表团成员在牧场休息观看西藏自然美景

1999 年 4 月，在江阴考察中谷粮油集团公司建设的粮食仓库

2000 年 1 月，率团赴南非考察粮油加工企业及粮油贸易，
图为王瑞元同志与南非有关方面的专家交流、洽谈

2000 年 5 月，在吉林考察中谷粮油集团公司东北玉米公司新建的粮食储备库

2004 年 10 月，在香港参加深圳南顺面粉公司举办的成立 50 周年暨
第二届“金像杯”全国烘焙大赛颁奖典礼

2006 年 9 月，在乌鲁木齐主持召开首届中国粮食行业协会小麦分会
理事长办公会议，研究总结和部署分会工作

2007 年 7 月 26 日，在中粮集团“福临门”品牌产品发布会上接受中央台记者采访

2009 年 10 月，在越南考察时参观 20 世纪 60 年代中国援助越南建设的大米加工厂，
图为王瑞元同志在木制提升机旁留念

2009 年 11 月，在湖北省粮油精品展会上

2011 年 5 月，在江苏泰兴参观面粉加工企业

2011 年 12 月，在无锡首批制粉技师国家职业资格培训班合影留念

2011 年中国粮食行业协会小麦分会理事长办公（扩大）会议合影

2012 年 10 月，在江苏宜兴参观大米加工企业

2014 年 10 月 17 日，在青岛参观挂面自动化包装成套设备制造企业

现代粮食工业发展

王瑞元　著

科学出版社
北　京

内 容 提 要

本书系统反映了我国粮油工业发展的历史进程。内容包括粮油产品的市场分析与规划发展、生产与管理、产品的质量与安全、品牌的创立与建设、粮食机械的生产与国际化、行业的发展趋势及国内外现状，学会、协会的相关工作等。

本书可供粮油行业相关生产技术人员、管理人员、高等院校研究及教学人员阅读参考。

图书在版编目(CIP)数据

现代粮食工业发展/王瑞元著. —北京：科学出版社，2015.9
ISBN 978-7-03-044959-7

Ⅰ.①现… Ⅱ.①王… Ⅲ.①粮食工业-工业发展-中国 Ⅳ.①F426.82

中国版本图书馆 CIP 数据核字(2015)第 129419 号

责任编辑：贾 超 杨新政 / 责任校对：赵桂芬 张小霞 韩 杨
责任印制：肖 兴 / 封面设计：东方人华

科学出版社 出版
北京东黄城根北街 16 号
邮政编码：100717
http://www.sciencep.com

北京通州皇家印刷厂 印刷
科学出版社发行 各地新华书店经销
*
2015 年 9 月第 一 版 开本：787×1092 1/16
2015 年 9 月第一次印刷 印张：40 1/2 插页：12
字数：960 000

定价：298.00 元

(如有印装质量问题，我社负责调换)

作者简介

王瑞元 男，汉族，1938年农历7月16日生，江苏无锡荡口人，中共党员。1964年于无锡轻工业学院食品工程系毕业，分配到粮食部粮油工业局工作，历任粮食部粮油工业局技术处副处长、粮食部粮油工业局副局长、商业部粮油工业局局长、商业部商办工业司司长、国内贸易部工业司司长、中谷粮油集团总裁、中国粮油学会常务副理事长、中国粮食行业协会常务副会长、中国粮油学会油脂分会会长、中国粮食行业协会小麦分会理事长。现任中国粮油学会首席专家、中国粮食行业协会专家委员会主任委员、中国粮油学会油脂分会会长、中国粮油学会粮油营销技术分会会长、中国粮食行业协会小麦分会理事长。1994年被评为教授级高级工程师，1995年被评为享受国务院政府特殊津贴专家。

本书编委会

序　　言

王瑞元先生所著《现代粮食工业发展》是一部关于我国现代粮食工业发展的专著。本专著汇集了作者自1982～2014年32年间，历任商业部粮油工业局局长、商业部商办工业司司长、国内贸易部工业司司长、中谷粮油集团公司总裁等不同岗位上所做的讲话、报告、文章等，共135篇。这些文稿倾注了作者致力于中国粮油事业的全部心血，展现了一位老一辈粮食工作者生命不息、奋斗不止的壮志豪情，高屋建瓴的引领者和知识渊博的学者风范，以及站在时代的潮头，带领中国粮油工业实现跨越式发展、造福于广大民众的境界。

王瑞元同志1964年毕业于无锡轻工业学院食品工程系。大学毕业后，同年分配到粮食部粮油工业局工作。1975年任粮油工业局技术处副处长，同年11月至1977年11月任河北省赵县粮食局副局长；1980年任粮食部粮油工业局副局长；1985年任商业部粮油工业局局长；1989年任商业部商办工业司司长；1993年任国内贸易部工业司司长；1994～2000年任中谷粮油集团公司总裁；1994年被评为教授级高级工程师；1995年被评为享受国务院政府特殊津贴的专家；1996～2013年任中国粮油学会常务副理事长、中国粮食行业协会常务副会长、中国粮油学会油脂分会会长、中国粮食行业协会小麦分会理事长；现任中国粮油学会首席专家、中国粮食行业协会专家委员会主任委员、中国粮油学会油脂分会会长、中国粮油学会粮油营销技术分会会长、中国粮食行业协会小麦分会理事长。

半个世纪的职业生涯中，王瑞元同志为我国粮油工业的发展做出了卓越的贡献。按年代，可分为以下几个阶段。

第一阶段，20世纪70年代：①针对当时食用油供应紧张，通过广泛调查，于1972年起在全国积极推广米糠和玉米胚芽榨油，为国家增产食用油脂、提高食用油的自给率开辟了新途径。自2010年起，多次组织深入调研、召开研讨会等，进一步推动了此项工作的快速发展。据统计(截至2012年)，全国米糠和玉米胚芽的产油量达160万吨，为我国食用油的自给率提高了5个百分点。②组织推广应用世界公认的先进制油技术——油脂浸出法。在他的主持推动下，1975年浸出法制油技术被国家列为42项重点推广新技术之一，从而推动了我国油脂浸出技术的快速发展。据统计，我国浸出油料的年处理量从1970年的16万吨增加到2013年的近亿吨(占全国油料年处理量的90%以上)，增长了620多倍。浸出法制油较传统机榨法制油具有粕中残油少、出油率高、油料资源得以充分利用等无可比拟的优点，浸出法制油平均每100公斤油料可多出3公斤油脂，按2013年我国浸出油料近亿吨计算，即可多出油脂近300万吨。

第二阶段，20世纪80～90年代：①在全国提出了粮油加工要走两个延伸的道路，即粮食加工要向粮油食品方向延伸，植物油加工业要向油脂化工和综合利用方向延伸。这两个延伸至今仍在深化发展，并取得了显著成效。②组织全国粮油加工装备的选型、定型和标准化。亲自组织并撰写选型、定型及标准化方案，撰写技术改进方案纪要数十个，用

8年的时间完成了近90种粮油设备的选定型工作，建成了两个示范厂，使我国粮油工业的进一步发展上了新台阶。③1987～1994年，主持进行了全国粮油加工装备引进技术的消化吸收工作。确定了对近百种粮油设备和20多条生产线进行消化吸收，建成了一个示范厂，取得了消化吸收国产化的圆满成功。其中，日处理50吨油脂连续精炼设备获得国家科技进步奖二等奖。全国粮油加工装备的选型、定型、标准化和引进技术的消化吸收工作，对我国粮油工业赶上和接近国际先进水平起了重要作用。

第三阶段，本世纪以来：①2001年提出了取消在面粉中添加增白剂过氧化苯甲酰的主张。经过10年的努力，得到了政府有关部门的高度重视，并于2011年2月11日由卫生部、商务部等七部门联合下发了2011年第4号《关于禁止在面粉生产中添加过氧化苯甲酰、过氧化钙的公告》。自2011年5月1日起，禁止在面粉生产中添加过氧化苯甲酰，从而使过氧化苯甲酰彻底退出了小麦粉加工的舞台。②为最大限度保留粮油产品的营养成分，2008年首次提出了粮油加工业要贯彻“适度加工”，防止过精、过细、过白等过度加工。并已被各方面认可，写入了国家有关文件。

撰写发表了200多篇有关粮油加工、粮油科技方面的论文；2005年主编出版了《粮油食品营养与健康知识百问》、《中国油脂工业发展史》；2009年主编出版了《植物油料加工产业学》(上下册)。1995年6月被国内贸易部授予有突出贡献的科学、技术、管理专家；1997年8月被国内贸易部授予科技干部管理先进工作者。

王瑞元同志是将实现自我人生价值与中国粮油工业发展相结合的典范人物。他集粮油加工行业资深专家与优秀的行业管理者于一身，用其自身的影响力和权威性主持和参与了行业多项重大技术改革与决策，将毕生的精力都贡献给了中国粮油工业的发展。他崇高的敬业精神、卓越的能力和高尚的人格魅力已经积淀为我国粮油工业的掌舵人。现今，王瑞元同志年逾古稀仍不辞劳苦，为中国粮油工业的发展而辛勤工作，将几十年来的手稿整理出版，将珍贵的历史发展纪实奉献给广大读者，让更多的亲历了中国粮油工业发展的工作者感到亲切和感动，中国现代粮油工业波澜壮阔的发展进程更值得我们回望和铭记。

王瑞元同志作为我国粮食由计划经济向国家宏观调控下的市场经济这一历史性巨变的参与者、实践者、见证者，他的这部专著，对于国内外广大读者特别是粮油工业界的同行，都有非常重要的意义。

本著作根据不同的内容汇总分为十章。第一章，运筹行业未来发展；第二章，注重管理与安全生产；第三章，市场分析与规划建议；第四章，品牌建设与争创名牌；第五章，小麦粉及其制品生产；第六章，稻米、杂粮及其制品生产；第七章，粮油产品的质量与安全；第八章，粮机生产与走出国门；第九章，让世界了解中国；第十章，做好学会和协会工作。

本书由中国粮油学会和河南工业大学相关人员组成的编委会负责收集、选编，经作者审定出版。本书不仅是王瑞元同志的个人论著，同时也是粮食行业改革开放和发展进程的历史见证，是深入研究当代中国粮食工业历史，尤其是改革开放以来粮食改革发展进程的第一手重要文献资料。

本书主任编委由河南工业大学党委书记戚世均教授担任，副主任编委有：河南工业大学副校长屈凌波教授、河南工业大学粮油食品学院院长王晓曦教授、河南工业大学粮油食品学院朱永义教授、河南工业大学粮油食品学院刘玉兰教授、中粮工程装备(张家口)有限公司姚专总经理、益海嘉里集团穆彦魁副董事长、五得利面粉集团丹志民董事长、河北苹乐面粉机械集团有限公司李建军董事长、郑州新智信粮食工程技术有限公司郭祯祥董事长、湖南粮食局左恩南高工、安徽省粮食局付敦智高工等。河南工业大学刘玉兰教授、谷克仁教授、汪学德教授、刘华敏博士等为书稿的整理、编排和校对做了大量细致的工作。为了本书的编辑出版,编委会召开了两次研讨会,专家们对本书编著出版的意义和历史价值给予了很高的评价,也提出了很好的建议。在本书的出版之际,谨向所有为之付出辛勤工作的人员表示诚挚的谢意。

需要说明的是,本书所用的计量单位和术语,大多沿用了当时行业的习惯用法和称谓,为保持历史文献资料的原貌,未做修改。

限于水平有限,本书在编写方面难免存在疏漏和错误之处,敬希广大读者和同行批评指正。

编委会

2015 年 5 月

目　　录

序言

第一章　运筹行业未来发展

中国粮油工业…… 3
1982 年的中国粮油工业 …… 8
粮油工业要进一步发展 …… 11
在全国粮油工业会议上的总结发言 …… 13
在第二次全国粮油工业公司经理(处长)座谈会上的讲话 …… 26
在河北省粮油工业会议上的讲话 …… 34
粮油工业在改革开放中不断前进 …… 38
在全国商业粮食部门饲料公司经理会议上的讲话 …… 49
在全国第四次粮油工业处长(经理)座谈会上的小结发言 …… 57
在全国商办工业工作会议上的总结报告 …… 67
进一步振兴我国的粮油工业 …… 81
进一步振兴北京市的粮食工业 …… 92
在第五次全国粮油工业处长(经理)座谈会上的总结讲话 …… 94
在第六次全国粮油工业处长(经理)座谈会上的讲话…… 104
努力做好商办工业工作…… 116
抓住机遇、奋力开拓,加速粮油工业的发展…… 119
在第七次全国粮油工业处长(经理)座谈会上的讲话…… 127
增强竞争实力　推动产业发展…… 137
在通州市食品工业产业研讨会上的发言…… 139
我国的粮油工业及今后发展趋势…… 142
我国粮油工业的现状及今后的发展趋势…… 155
2006 年度中国粮油加工业的基本情况与特点 …… 163
粮油企业要抢抓机遇加快发展步伐…… 167
我国米、面、油加工业的现状、运行特点及发展方向 …… 169
中国粮油加工业的基本情况及今后的发展趋势…… 180
“八五”全国粮油工业技术进步发展规划…… 186
学习《天津滨海新区粮油产业集群竞争力提升与转型升级对策研究》的心得…… 194

第二章　注重管理与安全生产

在全国粮油工业节约能源座谈会上的发言 …… 199
粮油工业重大事故案例汇总分析 …… 206
在粮油工业规范化管理研讨会上的发言 …… 210
坚持走粮食购销企业与粮食加工企业联合经营的路子 …… 214
在粮油工业统计工作研讨会上的发言 …… 217
关于“十二五”期间我国粮油加工在发展中应关注的几个重要问题 …… 220
粮油加工业在发展中应处理好的几个问题 …… 224

第三章　市场分析与规划建议

粮油工业深化改革的几点意见 …… 235
浅析 2009 年我国粮油市场的价格走势和粮油企业的发展前景 …… 239
关于 2008 年我国油脂油料的生产情况及 2009 年我国粮油市场的价格走势分析 …… 243
把握粮油市场走势，以利企业健康发展 …… 247
我国粮油工业的基本情况及对农产品加工企业增值税改革的几点建议 …… 250
浅析我国粮油市场的价格走势 …… 260
全谷物食品是“十二五”粮油发展大方向 …… 266
在 2012 年秋季粮油市场形势研讨暨粮油营销技术交流会上的致辞 …… 268
加快粮油加工业的转型升级 …… 271

第四章　品牌建设与争创名牌

粮油企业争创中国名牌应注意的几个问题 …… 277
再谈粮油企业争创中国名牌应注意的几个问题 …… 281
三谈粮油企业争创中国名牌应注意的几个问题 …… 284
认真做好“中国名牌”产品的复评工作(四谈) …… 288
从大米和小麦粉中国名牌复评中得到的几点启示(五谈) …… 292
以创新和品牌促进江西省粮油集团的快速发展 …… 298
粮油加工企业的品牌、创新、开源和责任 …… 300
在 2012 年中国粮油财富论坛上的致辞 …… 307

第五章　小麦粉及其制品生产

在全国玉米加工座谈会上的讲话 …… 311
在 2004 年全国制粉技术研讨暨粮机产品展销会上的发言 …… 320
在 2007 年中国粮食行业协会小麦分会年会上的开幕词 …… 324
开辟挂面行业繁花似锦新天地 …… 327
在第二届发酵面食产业发展大会开幕式上的发言 …… 329
在 2008 年中国小麦和面粉产业年会上的开幕词 …… 331

在第三届发酵面食产业发展大会开幕式上的发言…………………………………… 333
我国小麦粉加工业的现状及发展中应注意的几个问题…………………………… 335
在 2009 年中国小麦和面粉产业年会上的开幕词 ………………………………… 343
挂面产业发展中应注意的问题……………………………………………………… 346
我国米、面加工业的现状与发展趋向 ……………………………………………… 351
在 2010 年中国小麦和面粉产业年会上的开幕词 ………………………………… 357
在"安琪酵母杯"首届中华发酵面食大赛上的讲话…………………………………… 360
南顺(香港)有限公司 50 周年纪念——访问题目 ………………………………… 361
在 2011 年中国小麦和面粉产业年会上的开幕词 ………………………………… 363
大力推进全谷物营养健康食品的发展……………………………………………… 368
在"安琪酵母杯"第二届中华发酵面食大赛上的讲话………………………………… 372
在第六届发酵面食产业发展大会上的讲话………………………………………… 373
我国粮食加工的发展趋势…………………………………………………………… 375
在 2012 年中国小麦和面粉产业年会上的开幕词 ………………………………… 385
在 2013 年中国小麦和面粉产业年会上的开幕词 ………………………………… 388
在"安琪酵母杯"第三届中华发酵面食大赛上的发言………………………………… 390
在 2014 年中国小麦和面粉产业年会上的开幕词 ………………………………… 391
我国挂面产业的发展前景十分美好………………………………………………… 395

第六章　稻米、杂粮及其制品生产

在全国稻谷加工座谈会上的讲话…………………………………………………… 399
中国谷物加工简况…………………………………………………………………… 408
稻米加工副产品综合利用大有可为………………………………………………… 409
实施名牌战略,推动米制品产业快速发展 ………………………………………… 412
我国大米加工业的基本情况、特点及发展趋势 …………………………………… 416
我国米粉、粉丝产业争创名牌应注意具备的条件 ………………………………… 420
在 2008 年大米营养强化论坛开幕式上的致辞 …………………………………… 425
在糯米粉生产技术暨质量研讨会上的发言………………………………………… 426
在第五届中国米粉、粉丝产业发展大会上的发言 ………………………………… 428
在首届江西米粉节米粉发展论坛会上的发言……………………………………… 432
在 2009 年中国优质稻米(南昌)交易会开幕式上的讲话 ………………………… 436
有关我国杂粮产销及加工情况简介………………………………………………… 437
我国稻谷加工业现状与展望………………………………………………………… 443
发展稻米油产业前景广阔…………………………………………………………… 452
我国大米加工业的发展趋势………………………………………………………… 454
发展米面主食品生产,方便百姓生活 ……………………………………………… 460

第七章　粮油产品的质量与安全

让百姓吃上安全和营养的粮油食品………………………………………………… 467
用科技创新提升面粉企业的品牌价值……………………………………………… 470
粮油产品的营养与安全……………………………………………………………… 473
关注粮油营养………………………………………………………………………… 478
面粉中到底要不要添加增白剂？…………………………………………………… 480
坚持创新　推动“放心粮油工程”的深入发展……………………………………… 482
“面粉增白不是我们的主攻方向”…………………………………………………… 486
面粉增白二十年屡受质疑　中央六部门介入安全之争…………………………… 489
粮油加工企业要防范塑化剂对粮油制品的污染…………………………………… 495
CCTV-7《饭碗怎么端》编导采访问答 ……………………………………………… 500
“入关”后食品工业怎么办？………………………………………………………… 503

第八章　粮机生产与走出国门

在商业部直属粮机厂工作座谈会上的发言………………………………………… 507
在 1988 年全国粮油机械排产和粮食部门物资计划会议上的发言 ……………… 516
在全国部分省市商业机械工业工作座谈会上的发言……………………………… 523
在全国粮食系统包装工作座谈会上的讲话………………………………………… 531
在全国商办机械工业工作座谈会上的讲话………………………………………… 534
深化改革、提高效益、加速商办机械工业发展……………………………………… 545
在布勒公司面粉行业客户联谊会上的讲话………………………………………… 553
在索特克斯中国生产基地成立及布勒深圳新车间成立庆典大会上的讲话　………… 554
2006 年为“上海东王子包装有限公司”十周年庆典撰文 …………………………… 555
谈谈我国粮油机械的发展与走出国门……………………………………………… 557
联合起来是我国粮油企业实施“走出去”发展战略的当务之急…………………… 564
中国-中亚粮机出口联合体座谈会上的小结发言 ………………………………… 569
努力为粮机企业服务，不断推进粮机出口 ………………………………………… 570
粮油机械的发展要跟上时代发展的步伐…………………………………………… 573
在苹乐集团二十周年庆典大会上的讲话…………………………………………… 576

第九章　让世界了解中国

推行“质量品种效益”活动…………………………………………………………… 579
浅析中国的营养强化面粉…………………………………………………………… 581
我国粮油工业的现状及今后的发展趋势…………………………………………… 583
发展稻米油产业，造福人民 ………………………………………………………… 588

第十章　做好学会和协会工作

继往开来　再创新业…… 597
发挥行业组织作用，促进粮油工业发展 …… 598
中国粮油学会四届三次常务理事会工作报告…… 602
中国粮油学会第四届理事会工作报告…… 608
在首届中国米粉、粉丝产业发展大会上的致辞 …… 614
在中国粮油学会“2005 年厦门饲料学术交流研讨会”上的发言 …… 615
在中国粮食行业协会小麦分会成立大会上的发言…… 616
在中国粮油学会粮油营销技术分会成立大会上的发言…… 618
在中国粮食行业协会粮油工业分会换届大会上的发言…… 620
在第四届发酵面食产业发展大会开幕式上的发言…… 622
中国粮油学会米制品分会第二次会员代表大会开幕词…… 624
中国粮油学会六届二次理事会工作报告…… 626
在第五届发酵面食产业发展大会上的讲话…… 633
在第七届发酵面食产业发展大会上的发言…… 635

第一章　运筹行业未来发展

中国粮油工业

1982 年 4 月

我国粮油工业，包括城镇的粮食、植物油料、粮油食品加工工业，粮油机械制造业，粮油加工副产品的综合利用和饲料工业等行业。国家对这些工业实行统一领导、分级管理的管理体制。

一、在社会主义道路上蓬勃发展

我国粮油加工工业出现机械化生产距今不到百年。新中国成立前，私营粮油加工厂大部分集中于沿海城市和内地的大中城市，设备陈旧、工艺落后。小城镇和广大农村普遍使用土碾、土磨、土榨加工。粮油机械工业基本上是空白，虽有一些私营小工厂制造粮油加工单机、配件，但基础十分薄弱。

新中国建立后，对资本主义工商业实行利用、限制、改造的政策，经过加工订货和全行业公私合营，于 1956 年完成了对私营粮油工业企业的社会主义改造。32 年来，在不断改进这些企业的经营管理和生产技术的同时，有计划地新建了不少粮油加工厂和粮油机械厂。近几年，粮油食品工业和饲料工业也有了初步的发展。整个粮油工业的面貌已经发生了很大的变化。

（一）生产蓬勃发展。1981 年同 1949 年比较，粮油工业总产值增长 13 倍多。面粉产量增长 29 倍多，大米产量增长 5 倍多，杂粮加工量增长 9 倍多，食用植物油产量增长 19 倍多，非食用植物油产量增长 5 倍多。

粮油机械工业的产品产量，1981 年比 1959 年增长 11 倍多。

粮油工业的全员劳动生产率，1981 年比 1949 年增长 122%。

（二）提高了成品粮油的纯度和出品率。新中国成立前，粮油加工厂一般都缺少清理设备，新中国成立后，逐年增添了粮食加工的清理、除杂设备和油脂精炼设备，面粉厂已普遍安装了吸铁设备。成品粮油的纯度逐步提高，含杂量大大降低。

在保证产品质量的前提下，努力提高了粮油加工出品率。1981 年同 1949 年比较，稻谷出米率由 66.7%提高到 69.7%，小麦出粉率由 74.9%提高到 82.1%，油菜籽出油率由 30.2%提高到 34.6%，花生仁出油率由 39%提高到 39.7%，棉籽出油率由 10.7%提高到 13.2%，大豆出油率由 10.4%提高到 12.1%，由于出品率的提高，每年给国家增产了不少成品粮油。

（三）粮油工业布局有所改善。由于逐步调整粮油工业的布局，大大改善了新中国成立前粮油加工厂远离产区、过分集中的不合理状况，1981 年底全国国营粮油加工厂共有 9 000 多个。粮食加工厂的生产能力分布在大中城市的占 18.6%，分布在县城和县以下的占 81.4%。油脂加工厂的生产能力，分布在大中城市的占 11.6%，分布在县城和县以下的占88.4%，不少粮油加工厂实现了厂仓结合，减少了流转环节。

除西藏外，各省、直辖市、自治区都有了规模不同的生产粮油机械的机械厂。许多粮油加工厂，设置了机械修配车间。粮油机械工业的布局，同粮油加工业的发展情况基本上是相适应的。

（四）降低了成本，增加了积累。1981年同1949年比较，每吨大米加工成本由12.4元降低到7.99元，每吨面粉加工成本由18.3元降低到13.81元。各种粮油机械产品的成本，也有不同程度的降低。

32年来，粮油工业共上缴国家利润75亿多元，相当于同一时期基本建设投资的6.9倍。每百元固定资产所提供的利润，由1949年的4.7元提高到1981年的25元。

（五）加强技术改造，改变了生产面貌。国营粮油加工厂已完全消灭了土碾、土磨、土榨等落后的加工机具。绝大多数面粉厂车间采用了风运技术，改善了车间卫生和安全生产的条件。大多数米厂采用了先砻谷、后碾米的工艺，碾米机多数改用砂辊，砻谷机多数改用胶辊，减少了碎米，提高了出米率。近十年来，油脂加工采用浸出工艺的越来越多。1981年浸出油产量占植物油总产量的12%。由于不断改进生产技术，1981年同1949年比较，每吨面粉车间耗电量由76.6度降低到39.79度，每吨大米车间耗电量由31度降低到19.9度，面粉磨辊厘米日产量由1.4袋提高到5.2袋。

（六）合理利用资源，开展了综合利用。近十多年来，各地粮油加工厂利用粮油加工副产品，开展综合利用，生产了磷脂、脂肪酸、硬脂酸、肌醇、谷维素、糠醛、白酒、肥皂等十多种产品，为社会创造了物质财富。1981年，由于综合利用生产的产品总产值共达2.8亿多元，除供应国内市场需要外，有一部分产品远销国外。

利用米糠、玉米胚芽榨油，不仅油脂数量增多，而且营养价值提高。榨油后的油饼（粕）仍然残留一些油脂，可以配制饲料，或用作食品工业原料。从1977年以来，在国家大力扶植下，生产米糠油、玉米胚芽油得到各地普遍重视，1981年产量较1977年增长46%。在利用浸出法增产米糠油方面，部分油厂的生产指标已达到国际先进水平。近年来，借鉴国外经验，米糠油精炼（脱蜡）技术，也得到比较广泛的推广与提高。

（七）开展了粮油食品生产。近一年多来，各地粮油加工厂生产了面包、切面、挂面、速食面、面饼、通心粉、米粉制品等食品，已达四五十种之多。开展粮油食品加工，逐步提高了国家口粮供应中的食品比重，取代了单纯的供应米面，减轻了家务劳动，节约了社会能源。

（八）发展粮油机械制造。从1959年开始，我国粮油机械生产有了较快的发展。1981年的产量已接近七万吨。产品品种由单纯生产粮油加工机械发展到制造碾米、磨粉、榨油机械、食品机械、饲料机械、仓储机械及检化验仪器、售粮、售油机械等共四百多种产品。各种粮油机械产品的质量逐步有所提高。1981年底全国国营粮油机械厂近300个，已发展成为能够设计、制造单机、配件和成套设备的粮油机械制造业，这对于保证粮油、食品、饲料加工生产、建设和技术改造的需要，促进粮库、粮店的机械化起了积极的作用。

近几年来，对城镇所需粮油机械进行了选型定型工作。已经定型和正在定型的碾米机械、磨粉机械、榨油机械、仓储机械各有几十种，逐步提高了“三化”（标准化、系列化、通用化）的水平。

随着粮油机械的迅速发展，从1971年到1980年十年内，我国向40多个国家和地区出口了价值3 000多万美元的粮油加工机械，为国家增加了外汇收入，并对第三世界一些国家提供了援助。

（九）饲料工业有了初步发展。近代化的饲料工业目前在我国还处于初创时期。旧中国根本没有饲料工业，新中国成立以后，在很长的时期内，也基本上没有发展现代化的饲料工业，仅在粮油加工厂附近设有把糠麸、饼粕、农作物秸秆加以粉碎用作饲料的车间。20世纪70年代，我国专业的饲料工厂才逐步建设起来。截至1981年底的不完全统计，全国新建和改建的年班生产能力在2 000吨以上的饲料加工厂已有358个，全年生产各种饲料170多万吨。此外，辽宁、江苏、浙江、上海、天津等省市，还新建了一些小型的生产氨基酸、菌体蛋白、鱼粉、骨粉等饲料添加剂和饲料蛋白的工厂。

（十）积极地支援了农业生产。从1975年到1980年六年内，各地粮油工业企业采取组织支农服务队，开展代农加工和技术服务等多种形式帮助农村社队新建了粮油、饲料加工厂36 000多个，安装粮油、饲料加工机具125 000多台，培训技工18万多人，促进了农副业的发展，节约了农村劳动力，增加了社队收入。同时还代农加工成品粮1 700万余吨、植物油90万余吨、机制饲料430万余吨。农村中原有的土碾、土磨、土榨已大大减少，代之以比较先进的机械化、半机械化粮油加工机具，在技术改造上迈进了一大步。

（十一）培训了职工队伍。在郑州、武汉、南京粮食院校和无锡轻工业学院内，设置了粮油工业系。有些省、直辖市、自治区的粮食学校，兴办了粮油工业专业。有条件的粮油加工厂和粮油机械厂，举办了业务技术训练班，多年来，已培训出一批有比较丰富专业知识和实际经验的技术骨干、企业管理干部和熟悉工艺、操作熟练的工人队伍。

二、1981年在调整中前进

自党的十一届三中全会以来，粮油工业认真贯彻调整、改革、整顿、提高的方针，在调整中前进，进一步提高了技术水平、管理水平和生产水平。

近三年来，逐步调整了粮油工业的产品结构。粮油加工工业增加了面粉、油脂生产和油脂精炼能力，压缩了大米加工能力，发展了粮油食品生产。面粉产量增长22%，植物油产量增长38%。1981年粮食加工量在品种结构上比1980年有进一步的变化：面粉占粮食加工总量的比例由50.3%提高到52.4%；大米占粮食加工总量的比例由42%降低到40.7%；杂粮占粮食加工总量的比例由7.8%降低到6.9%。油脂加工总量1981年比1980年增长27%。为了适应人民生活水平提高的要求，特制粉的产量也有较大幅度的增长。与此同时，相应地调整了粮油机械工业的产品结构，增加了磨粉机械、榨油机械和食品加工机械的生产，压缩了一些长线产品的生产，使产、供、销较好地结合起来。

根据中央和国务院领导同志指示，粮食部门要逐步改革职能单一化，切实加强经营观点，把经营粮油和发展粮油食品工业结合起来。这是粮食部门在新形势下的一项新任务。为了贯彻中央指示精神，1981年对发展粮油食品工业给予了充分的重视，粮油食品的生产有了更快的发展。

粮油机械工业按照计划经济为主、市场调节为辅的原则和专业化协作的要求，实行按需生产、择优安排、定点协作、联合成套的方针。1980 年，对 80 种部管粮油机械产品，确定了定点生产企业。部分省、直辖市、自治区粮食局又确定了省管粮油机械产品的定点生产厂。在定点的基础上，加强协作，联合成套，逐步调整组织结构。

对一些产品不对路、质量次、消耗高、经济效益差的粮油机械厂，实行停并转。据 1981 年统计，有 14 个省、直辖市、自治区已对 50 多个粮油机械厂分别实行合并、转产或关停。

1981 年 5 月，在武汉市召开了第一次全国粮油机械产品展销会，有 96 个粮油机械厂在会上展出了 688 台产品，引起了人们广泛的兴趣。在这次展销会上，还评议了产品质量，交流了经验，加强了产需之间的联系，促进产品适销对路。

近年来，在总结科研和技术革新成果的基础上，加强了产品标准化和新品的研究试制。已研制成功了日产 12.5 吨特制粉的联合制粉设备、气压磨粉机、金属高方筛、清粉机、圆筒初清筛、砂辊碾米机、谷糙平转分离筛、高除稗筛、比重去石机等多种新产品，为粮油加工提供了更好的技术装备。有些定型设备在全国科技大会上受到了奖励，还有一些获得地方和部的科技成果称号。

不少粮油加工厂和粮油机械厂，进行了初步整顿，加强了领导班子，建立健全了以岗位责任制为中心的企业管理制度，定额管理和班组经济核算也有所加强。近年来，各地粮油工业企业还试行了多种形式的经济责任制。黑龙江佳木斯面粉厂试行的“五定一包”（定产量、定质量、定出品率、定成本、定安全生产，超定额奖励）的联产计酬经济责任制和河北省石家庄粮油机械厂试行的联产计酬责任制，把国家、企业和职工的利益结合起来，进一步调动了广大职工的积极性，改善了企业经营管理，实现了国家多收、企业多留、职工多得，取得了较好的经济效果，各项技术经济指标都有显著的提高。

三、今后的展望

根据赵紫阳总理在五届人大四次会议上提出的经济建设十条方针，粮油工业要把宏观经济的集中统一计划指导，同把微观经济搞活结合起来，坚持计划经济为主，市场调节为辅，坚持全国一盘棋，进一步调整工业结构和产品结构，更好地适应农业生产和粮油形势日益发展的需要。

在今后几年内，面粉加工能力，特别是特制粉的生产能力要有较多的增长，逐步改变面粉品种、规格基本上单一化的现状，使面粉工业和食品工业更加紧密地结合起来，互相促进。要搞好中央与地方的联营，共同发展粮油食品工业，大大加快步伐。有条件的地区可以试办一些包括面粉加工、食品加工在内的综合性企业，并与农村社队联合，建立供应奶、蛋、糖等食品辅料的协作关系。油脂精炼在我国还比较薄弱，要继续大大加强。还要在科研和试生产的基础上发展人造奶油、起酥油、煎炸油等精制油脂。

粮油机械制造，要进一步推广定型设备，提高“三化”水平。要根据社会实际需要，继续调整粮油机械的产品结构，做到适销对路，提高经济效益。要进一步加强技术改造，实现产品更新换代，切实推行全面质量管理，在磨粉、碾米、榨油机械、食品、饲料机械、仓储机械和售粮售油机械中都要创出一批优质名牌产品。要在抓好单机、配件的基础上，加强协作与联合，增强成套能力，更好地为粮油、食品、饲料加工厂的技术改造服务，为粮库、粮店机械化服务，为扩大出口服务。同时还要积极地帮助农村社队进一步提高粮油加工的技术水平。

我国粮油机械在国际市场上有竞争能力。随着企业管理不断改善，产品质量进一步提高，展望今后，我国粮油加工机械在第三世界和欧洲一些国家将有更广阔的市场。

饲料工业要继续贯彻执行“从实际出发，因地制宜，广辟饲料资源，积极发展配合饲料的生产，做好供应，为发展畜牧业生产服务”的方针，使“六五”期间有一个比前几年快一些的更加实在的速度。为此，不仅要适当增加建厂的数量，而且要解决工艺、设备的改进和质量的提高的问题；不仅要继续兴办饲料加工工业，而且要兴办添加剂工业；不仅需要增加饲料的产量，而且更需要增加饲料的品种和提高配合饲料的比例，使饲料工业逐步适应畜牧业发展的需要。

1982 年的中国粮油工业

1982 年，粮油工业继续贯彻“调整、改革、整顿、提高”的方针，按照党的十二大和五届人大五次会议的精神，努力提高生产技术，改善经营管理，在社会主义道路上阔步前进。

一、生产进一步发展，取得较好的经济效益

1982 年全国国营粮油工业企业总产值 199.3 亿元，比上年增长 7.7%；净产值 15.3 亿元，比上年增长 12.5%；面粉产量 2 419.9 万吨，比上年增长 3.6%；大米 1 831万吨，比上年增长 2.9%；杂粮产量 326.5 万吨，比上年增长 4.8%；食用植物油产量 212.9 万吨，比上年增长 23.8%；粮油食品产量 146 万吨，比上年增长 4.4%；机制饲料产量 532 万吨，比上年增长 20.9%；粮油机械产量 7.3 万吨，比上年增长 9.1%。

粮食部门所属独立核算的粮油工业企业，1982 年全员劳动生产率 38 158 元/人，比上年提高 3.8%；利润总额 92.57 万元，比上年增长 21.86%；每百元固定资产提供的利润 27.25 元，比上年增长 9%；每一职工提供的利润 1 928 元，比上年增长 16.7%。

部直属 7 个粮食机械厂，1982 年工业总产值完成计划 111.7%，比上年增长 26.4%，产品产量完成计划 111.62%，比上年增长 21.7%；劳动生产率比上年提高 24.9%，可比产品总成本比上年降低 5.47%；利润总额完成计划 129.77%，比上年增长 43.57%。

二、产品品种增加，质量提高，扩大了出口

随着生产的发展和人民生活水平的提高，1982 年粮油加工和粮油机械产品的品种都有所增加。在粮油加工方面，生产了各种不同等级的大米、面粉和食用植物油。精制粉、特制粉、上白粉的产量比上年增长 39.3%，精炼食用植物油的产量比上年增长 55.6%。在粮油机械方面，生产了碾米、磨粉、榨油、食品加工、饲料加工、售粮售油和仓储机械的单机、配件和成套设备共四百多种产品。

新产品试制工作有所加强。1982 年试制成功的新产品有 LF.24 联合磨粉设备、FZ·30振动圆筛、QFD·50×2×2 清粉机、BKD·50×50 花生剥壳机、FJY·50×1 花生分级圆筛、BKL 茶籽离心剥壳机、茶籽压扁机、ZX·10 榨油机和 1～3 吨饲料加工机等。这些新产品工艺性能良好、生产效率较高，受到用户的欢迎。各地还进行了打麸机、振动卸料器、撞击机、圆打筛、高效平筛、面粉电子自动秤和方便面成套设备的研究试制工作，有些已制出样机进行安装调试。

近年来，各地粮油工业企业加强了质量管理，进一步提高了产品质量。在 1981 年 13 种产品评为部的优质产品、5 种产品评为部的质量信得过产品之后，1982 年又有无

锡粮食机械厂生产的 MY·8 液压磨粉机、江苏省宝应粮机胶辊厂生产的 LG·355T 黑色砻谷胶辊、哈尔滨市道里挂面厂生产的冰灯牌标准粉挂面 3 种产品评为部的优质产品，哈尔滨市八区制油厂生产的一级大豆油、安徽省怀宁高河米厂生产的标二籼米 2 种产品评为部的质量信得过产品。

1982 年各省、直辖市、自治区粮食部门出口的粮油机械产品，比 1981 年增长 18%。同时，还出口了大米、菜籽油、花生油、米糠油、蓖麻油、可可油、可可粉、磷脂、肌醇、油酸、谷氨酸、柠檬酸、脂肪酸、饲料蛋白等产品。

三、粮油食品工业有了较快的发展

近两年来，粮油食品的产量逐步上升，品种逐步增多，销售渠道逐步扩大，经营管理形式更加灵活多样。1982 年，粮食部门所属的食品厂已发展到 400 多个，还在各地粮油加工厂内增设了 4 000 多个食品车间。生产各种粮油食品 146 万吨，其中挂面 940.1 万吨、切面 4.2 万吨、面饼 6.7 万吨、米粉干 6.2 万吨、面包 3.1 万吨、豆制品 1.4 万吨，还有方便面、植物蛋白、酒类、饮料等共四十多种产品，比上年有不同程度的增长。各地还利用粮油加工副产品，进一步开展综合利用，生产了医药、化工等十多种产品，对活跃市场、丰富人民生活起了一定的作用。

在粮油食品经营上，有些地区城乡一起抓，既有评价，又有议价，既可用粮票购买，又可用粮食兑换，既抓大众化食品，又抓畅销国内外的名牌食品、传统食品和适应人民生活需要的高中档食品，促进了生产蓬勃发展。

四、整顿企业初见成效

1982 年，粮油工业认真贯彻中共中央、国务院《关于国营工业企业进行全面整顿决定》，有计划有重点地开展了企业整顿工作。据统计，第一批整顿的粮油工业企业共有 1 059 个，占独立核算企业数的 17.57%。河北、吉林、山东、江苏、湖北、四川、甘肃等 7 省经过整顿、验收合格的企业有 78 个，占这 7 省粮油工业企业整顿数的 13.6%。在开展整顿的过程中，这些企业的经济效益有了显著提高。

在整顿企业的同时，继续调整了粮油工业的组织机构和产品结构。1982 年，有 149 个不适应生产需要的粮油工业企业进行了合并、转产或关停，使供、产、销更好地结合起来。有些生产碾米机械、磨粉机械、仓储机械的粮机厂，按照专业化协作和经济合理的原则，分别进行了初步的改组联合，以利于生产成套设备。由于面粉和食用植物油的生产任务增大，面粉工业和榨油工业相应地增加了生产能力，其中大部分是对现有企业进行技术改造而增加的，实现了以内涵为主的扩大再生产。

五、进行价拨经营，落实经济责任制

近几年来，在上海市粮油加工实行价拨经营取得显著成效后，各省、直辖市、自治区推行价拨经营的粮油工业企业越来越多。在独立核算的粮油加工企业中，1982 年实行价拨经营的企业约占三分之一左右。实践证明，将粮油委托加工改为价拨经营，比较好地解决了粮油工商企业“吃大锅饭”的问题，有利于促进工商企业改善经营管理。不少企业实行价拨经营后，在粮油加工厂提高了产品质量和出品率，粮油商业企业减少了流转环节，节约了搬运费用，还加强了工商企业检斤、质、定额管理等基础工作，取得了工商两利的经济效果。不少企业采取多种多样的形式，落实了责、权、利相结合的经济责任制。

六、改进了粮油机械工业安排生产和分配产品的办法

1982年9月，商业部粮油工业局在四川省成都市召开了全国粮油机械订货、排产和编制物资计划会议。这次会议，采取先订货、后安排产、再编制物资计划的方式，更好地体现了按社会需要组织生产的原则，使粮油机械生产、销售和物资供应紧密结合起来。在这次会议上，经过充分协商，综合平衡，分配了1983年部管粮油机械产品，并由供需双方签订了供货合同。由省、直辖市、自治区粮食厅、局分配的粮油机械产品，分别由各省、直辖市、自治区粮食厅、局组织供需双方签订合同。除部、省分配的产品外，其余粮油机械产品由企业自销，根据用户需要安排产品的品种、规格，做到适销对路。

为了实现粮油加工机械的标准化、系列化、通用化，几年来有计划有步骤地进行了选定型工作。1982年，磨粉、碾米机械的选定型已基本完成，还需要继续改进和完善，榨油机械已初步选定了设备，正在进行生产考核。

七、进一步开展了节约能源的工作

自1979年开展第一次“节能月”活动以来，各地粮油工业企业认真贯彻中央和国务院关于节能工作的指示，制定具体措施，加强督促检查，收到了较好的效果。据统计，1982年全国国营粮油工业企业节约生产用电1 004万度、煤106 912吨、燃料油792吨、焦炭97吨。有些地区和企业，在节能工作中取得了一些初步经验。

总的看来，1982年是粮油工业贯彻“八字”方针继续前进的一年。但工作的开展是不平衡的，主要表现在不少经济技术指标在地区间、企业间差距很大。按省、直辖市、自治区统计，1982年粮油工业全员劳动生产率最高的63 027元/人，最低的24 692/人，相差1倍多；每百元固定资产提供的利润最高的91.37元，最低的9.6元，相差8倍多；每一职工提供的利润最高的8 273元，最低的658元，相差11倍多，说明粮油工业提高经济效益还有很大潜力。

粮油工业要进一步发展

1985 年 1 月

粮油工业包括粮油加工工业和粮油机械制造工业两部分。粮油加工工业由大米加工、面粉加工、油脂加工、杂粮加工、粮油食品加工和饲料加工等组成。主要产品有：大米、面粉、杂粮、植物油、粮油食品、饲料和综合利用产品。粮油机械制造为粮油加工及仓储、饲料加工提供各种设备。

粮油工业是食品工业的基础，承担全国城镇成品粮油的供应和军需、出口任务。同时还开展代农加工，为农民加工一部分口粮、口油。它和人民生活息息相关。

建国 35 年来，我国的粮油工业有了很大的发展，现已成为一个具有相当规模的行业。1984 年，全国粮食部门所属粮油工业企业有 9 600 多个，年末职工人数 50 余万，工业总产值 226 亿元（比 1983 年增长 7.1%），为食品工业的第一位。去年实现利润 13.1 亿元（比 1983 年增长 19%），利润增长速度超过了产值增长幅度，是经济效益较高的一个行业。

但是，我国粮油工业的技术发展，由于受农业生产和粮食政策的制约，在粮食偏紧的情况下，长期以解决人民吃饱为主，着眼于提高产量和出品率，对产品精度要求不高，主要生产加工精度较低的大米、面粉和植物油。市场上一直供应标二米、标准粉和二级油等“老三样”，从而形成了加工技术装备不完善，生产工艺比较简单，技术水平不高，经营思想淡薄的状况。这种现状与当前国家经济建设的发展，人民生活的需要和发展食品工业的要求不相适应。

去年以来，国务院领导同志多次指示，“粮食部门要由管理转向经营，要找出路，要多搞饲料，多搞食品加工，搞精米精面……”。并指出“敞开供应富强粉，是为民谋福利的一件大好事，群众有需要，国家又能得利”。责成粮食部门不能按“常规办事”，要采取“特殊措施”，要“快办”。根据国务院领导同志的指示精神，粮油工业必须加快技术改造的步伐，改变产品结构，扩大精米精面的生产，搞好油脂精炼，大力发展适销对路的粮油食品，以满足人民生活日益增长的需要。为此，当前要着重抓好两件事。

第一，要搞好米、面、油的精加工、深加工，尤其要抓好扩大精米精面的生产。1984 年经过努力全国粮食部门生产精米（即标一米、特等米）1 154 万吨，占大米产量的 55%；生产精面（即上白粉、特制粉和食品专用粉）643 万吨，占面粉产量的 27%，比 1978 年有了成倍的增长。但是，这个产量还远远不能满足城乡人民生活不断提高的需要，必须采取特殊措施，从多方面筹集资金，加速改造老厂，建设新厂，扩大精米精面的生产，争取三五年后，在城镇居民口粮定量内基本做到精米精面敞开供应。据匡算，全国平均每生产一吨标准粉的工业利润只有 10 元左右，改为生产上白粉和特制粉后，工业利润可分别提高到 30 元和 60 元；每生产一吨标二米的工业利润只有 8 元左右，改为生产标一米和特等米后工业利润可分别提高到 13 元和 16 元。由此可见，扩大精米精面的生产，不仅能满足群众的需要，还能盈利。

在搞好精米精面生产的同时，还要把油脂精炼搞上去。重点解决好菜籽油、葵花籽油和棉籽油的精炼。在逐步发展“三脱”和“五脱”油生产的基础上，根据市场需要，进而生产调和油、起酥油和人造奶油。

还要从实际出发，发挥粮食部门点多、面广、原料丰富的优势，积极发展粮油食品的生产，搞好口粮转化。要在发展大众化食品、方便食品、传统食品和风味食品生产的同时，根据市场需要和群众生活习惯、消费水平，积极发展适销对路的中、高档食品，要在品种、质量、营养、卫生、方便和风味等方面下功夫，满足城乡人民生活日益增长的需要。

第二，要依靠技术进步，加速粮油工业的技术改造。当前，粮油工业不仅加工能力不足，而且普遍存在设备陈旧、工艺简单等问题，急待改造。要积极推广和应用成熟的科技成果，改造粮油工业企业。米厂要改“一机出白”为“多机出白”；面粉厂要适当放长粉路，改革制粉工艺，以适应扩大精米精面生产的需要。

油厂要大力推广浸出制油技术。浸出制油技术是当今世界公认的、广泛应用的制油先进技术，是我国制油工业的发展方向。这项先进技术在我国已经有了成熟的经验，被国家列入“六五”期间全国四十项重大科技成果的推广项目。这种制油方法比机榨法每百斤油料能多出油 3～5 斤；粕的质量好，有利于油料蛋白的利用。积极推广这项科技成果，有很高的经济效益，一般来说，改造一个浸出油厂所需的投资，建成投产后两年左右就能收回。

此外，为了加快粮油工业企业技术改造的步伐，要十分重视粮油机械厂的技术改造。要通过引进先进技术和设备，组织消化、吸收，加速粮油机械产品的更新换代，通过外引内联，与外商和国内机械、军工部门合作生产粮油加工机械等方式，尽快把粮油加工机械的品种、质量搞上去，为粮油加工企业的技术改造提供先进的技术装备，以适应粮油工业不断发展的需要。

粮油工业的发展十分重要，它不仅是食品工业发展和人民生活水平不断提高的需要，同时有利于提高社会经济效益，为国家积累资金。希望有关部门都重视和支持粮油工业的进一步发展。

在全国粮油工业会议上的总结发言

1986 年 3 月 22 日

这次全国粮油工业会议，自 3 月 17 日至 3 月 22 日开了六天，今天就要结束了。参加这次会议的有全国各省、自治区、直辖市粮油工业公司（工业处）的负责同志和中国食品工业协会、粮油科研所、粮食院校、部分企业以及有关单位的代表共 117 人。江西省粮食局王景荣副局长、九江市余松生副市长讲了话。商业部季铭副部长到会并将作指示。

去年九月召开的党的全国代表会议，通过了关于“七五”计划的建议，指出了全面进行改革的方向。这次会议是为了贯彻党代会精神，总结 1981 年以来粮油工业的工作；拟订“七五”计划期间粮油工业的主要规划目标；研究如何把粮油工业工作搞好搞活。会议期间，交流了各地粮油工业在生产经营方面的经验；展出了全国粮油工业企业部分“名、特、优、新”粮油食品；参观了九江市面粉厂、粮油食品厂和部分粮店。会议开得是好的，是有收获的。现在我就有关问题，讲点意见。

一

党的十一届三中全会以来，全党的工作重心转移到“四化”建设的轨道上来，对粮油工业提出了新的要求。近几年来粮食稳定增产。中央和国务院领导同志对粮食部门加强管理，搞活经营，发展粮油食品等方面作了一系列指示。由于各级党政领导的重视，粮油工业广大职工的积极努力，各项工作都有了明显的进展。1985 年粮油工业总产值完成 243 亿元，比 1980 年增加 77 亿元，年平均增长 7.6%，实现利润 15.32 亿元，比 1980 年增加 8.52 亿元，年平均增长 17.7%，利润增长超过了产值增长。从几个主要经济指标看，1985 年百元产值提供的利润为 6.78 元，每一职工提供的利润为 2 851 元，全员劳动生产率为 41 700 元，这三项指标都达到了历史上的最高水平。回顾几年来的情况，主要有以下几方面的发展和变化。

（一）企业整顿和经济体制改革有了进展。

企业整顿是中央的统一部署，搞活企业是城市经济体制改革的中心环节。经过几年的努力，粮油工业企业整顿工作已经基本结束，取得了一定的效果，经济体制改革有了一定的进展。

在企业整顿方面。经过三年来的工作，到 1985 年 8 月，全国 28 个省、直辖市、自治区（不包括西藏，以及港澳台）已经进行企业整顿的粮油加工厂有 5 557 个，占独立核算企业6 018个的 92%，已验收合格的企业占整顿企业的 99%，其中有 14 个省、直辖市全部验收合格，企业整顿工作已基本完成。经过整顿，企业领导班子按“四化”要求进行了调整，素质有了提高。结合厂长负责制的试点和企业内部多种形式经济责任制的试行，各项规章制度日趋完善，企业管理有所加强，企业面貌焕然一新，促进了生产的发展，提高了经济效益。去年根据国家经委的要求进行了复查，绝大多数企业的整顿质量是好的和比较好的。

在实行利改税方面。目前，除内蒙古、广东、青海尚未实行外，其余25个省、直辖市、自治区（不包括西藏）的粮油工业企业已实行了利改税。到1985年年底，实行利改税的企业有5 365个，占独立核算企业总数的87.4％。

在价拨方面，实行价拨的企业愈来愈多。到1985年9月，已实行价拨的企业为3 391个，占56％。北京、河北、辽宁、吉林、上海、湖南、陕西、宁夏、江西九个省、直辖市、自治区已达85％以上。

在扩大企业的经营管理自主权方面。各地粮油工业企业根据国务院《关于进一步扩大国营工业企业自主权的暂行规定》，积极进行了扩权试点。不少企业在完成国家粮食定购合同和加工计划的前提下，开展了自购自销业务，不同程度地参与了市场调节。加上开展多种经营和跨行业、跨部门、跨地区的联营，进一步搞活了生产经营。

（二）扩大了粮油产品的精加工和深加工。

随着粮食、油料的稳定增产和人民生活水平的不断提高，粮油的精加工有了较快的发展，产量增加、品种增多。1985年共生产精米1 530万吨、精粉861万吨，分别占大米、面粉加工产量的67.5％和34.1％。

“三脱”、“五脱”的全炼油生产也有较大的增长。1985年生产全炼油6.2万吨，一级油25万吨。还生产了色拉油、人造奶油、起酥油、营养调和油等2万余吨。一些小品种的调味油也相继投放市场。

为了支持畜牧业、养殖业的发展，各地粮油工业企业按照饲料工业发展的要求，积极生产配合饲料和混合饲料，初步改善了饲料粗加工的状况。1985年生产配合饲料192万吨、混合饲料189万吨，配合、混合饲料占粮油工业生产饲料总产量的比重由1983年的37％上升到55.5％。

（三）粮油食品有了较快的发展，产量增加，品种增多。

中央领导同志1981年指示粮食部门要改变职能单一化，走收购—加工—销售的道路，要搞精加工，大力发展粮油食品生产以来，各级粮油工业企业在搞好粮油加工的同时，积极发展粮油食品。产值、产量逐年增加，1985年粮油食品产值13.88亿元，约占粮油工业总产值的5.7％，产量为191万吨。产值、产量分别比1980年增长146％和76％。产品品种达十二三个大类，四五十个品种和上千个产品，有些产品还进入了国际市场。到1985年年底，已建成粮油食品厂897个，各种食品车间5 896个，基本上形成了以大众化食品为主的生产体系。这些产品丰富了市场，方便了群众生活。

（四）粮油机械生产进一步发展。

近几年来，粮油机械工业发展较快。1985年产品产量9.87万吨比1980年增长40.5％；产品品种达400多种，基本满足了粮食部门的加工厂、粮库和粮店的需要，还向亚非拉和欧洲四十多个国家和地区出口了一些粮油加工设备。

为了实现粮油加工机械的标准化、系列化、通用化，对米、面、油、挂面设备的选型做了大量工作。现在碾米、制粉设备的选定型工作已经完成，制油和挂面设备的选定型工作即将完成。

为了搞活经营，走联合成套的道路，在择优、自愿、平等互利的基础上成立了制粉设备、方便面设备、粮仓成套设备和饲料机械等联营公司。各省、直辖市、自治区也成立了一些联营公司，并加强了与军工和机械部门的合作。

（五）通过技术改造，企业面貌有了明显改变。

针对粮油工业设备、工艺、技术上存在的问题，各地集中了必要的财力、物力和技术力量，积极应用新技术，推广先进经验，围绕提高产品质量、增加品种、提高经济效益，有计划、有步骤地对粮油工业企业进行了技术改造，推动了企业的技术进步。面粉厂在加工标准粉的基础上增加了必要的设备，改进了制粉工艺，加强了小麦清理和着水润麦，适当延长了粉路；大米厂碾米工艺由原来的“一机出白”改为“多机出白”，加强了稻谷清理，采用了效率较高的谷糙分离设备，增加了白米整理设备；油厂积极推广了预榨浸出工艺，加强了对油料的清理，改进了蒸炒、压榨设备，增加和充实了精炼设备；一些粮油食品厂以机械设备代替了落后工具，以连续化生产代替了部分手工操作，增设或改造了烘房、烤炉，增加了调控设备，改善了食品卫生条件。在米、面、油厂改造的同时，还增设食品车间，改造饲料车间和米糠、玉米胚榨油车间，积极开展综合利用。通过技术改造，提高了技术水平，增加了生产能力，降低了消耗，节约了能源，提高了经济效益，取得了较好的效果。

（六）引进消化吸收先进技术和开展国际技术交流，提高了粮油工业技术水平。

实行对外开放政策以来，粮油工业在“六五”期间，引进了不少粮油加工、粮油食品的成套设备和单机，还引进了一项磨辊制造技术。

通过对引进设备的消化吸收和技术交流，在改进和发展国产设备、开发研制新产品方面起到了启发和借鉴作用，为研究适合我国国情的新设备、新工艺、新技术积累了经验。在产品制造方面，已经通过鉴定、批量生产和供应的有油炸方便面设备；已经完成试制、安排生产试验的有热风干燥方便面设备、振动去石机、K 型磨粉机、高效空气过滤机、液体包装机等；已经完成测绘工作的有液压轧胚机、比重分级机、白米精选滚筒等；已经安排研制的有日处理 150 吨碟片离心机、双面齿形传动带。在工艺技术方面，有一些用国产设备新建或改造的米、面、油厂，采用国外工艺技术后，扩大了产量，增加了品种，提高了出品率。消化吸收工作所取得的成效，使更多的人认识到，以国产设备与新的工艺相结合，是可以适应粮油精加工需要的。现在除了某些缺门设备和技术不过关的关键设备外，引进国外成套设备的趋向已经有所减少。

（七）产品质量有所提高。

在“质量第一”的方针指导下，根据国务院颁发的《标准化管理条例》和国家经委制定的《工业企业全面质量管理暂行办法》，我部先后建立了 3 个部级粮油机械产品质量监督检验站和 3 个部级粮油食品质量监督检验站，制定了国家标准 6 个，部标准 104 个，开展了优质产品评选活动。不少省市粮食部门建立了省级检验站，制定了一些地方标准。许多企业建立了质量管理机构，制定了企业标准，对产品质量进行了整顿，推行了全面质量管理，产品质量有所提高，优质品率逐年增加，绝大多数产品符合国家标准。初步统计，1981～1985 年的五年中，粮油工业产品获得国家奖的有 5 个，部优质产品和质量信得过产品奖的有 193 个，还有不少产品获得省级优质奖。去年 7 月，根据国家经委《关于开展工业产品质量检查的通知》精神，我们组织检查组对评选出的部优质产品及质量信得过产品抽查了 25 个，总的情况是好的，质量是稳定的，个别产品的质量有所下降。采取一些措施后，已经有了改进。

总的来说，在"六五"期间粮油工业发展较快，生产稳定增长，经济效益不断提高，工作是有成绩的。

二

党中央在"七五"计划建议的主要奋斗目标中指出："到 1990 年，……随着生产的发展，我国人民的消费将由温饱型逐步向小康型过渡。"在经济建设的主要方针中指出"……必须在继续抓好日用必需品生产的同时，大力增产名牌产品和优质产品，发展新品种和新产品，开辟新的生产门类。应当把食品工业、服装工业、耐用消费品工业作为重点，带动整个消费品工业生产的更好发展"。今年中央 1 号文件又提出了帮助农村发展商品生产，实行"以工补农"的要求。粮油工业是食品工业的基础工业，又是农副产品加工工业。我们要按照党中央"七五"计划的建议和今年中央 1 号文件精神，以及《（1981—2000 年）全国食品工业发展纲要》的要求，努力发展粮油工业生产，积极支持农村乡镇企业搞好粮油加工，以适应人民消费水平的提高和消费结构的变化，促进农业生产的发展。

按照以上要求，粮油工业"七五"期间规划的要点和主要奋斗目标是：

（一）巩固精米、精粉生产的成果。规划 1990 年精米比重达到 80%、精粉比重达到 50%。在精米生产中要扩大特制米的生产。在精粉生产中要抓好各种食品专用粉的生产，增加品种。精米、精粉生产都要注意提高质量，发展小包装。

（二）继续推广浸出法制油，积极扩大精炼能力，提高精炼水平，生产多品种、高质量的食用油和食品专用油。

1985 年末，全国粮食部门的浸出能力为 329.6 万吨，占植物油料处理能力的 20.24%，经过浸出处理的油料约占全部加工油料的 50%。规划 1990 年经过浸出处理的油料达到 60%以上。

要继续积极开展米糠榨油、玉米胚榨油和小麦胚榨油，进而把整个综合利用开展起来。规划 1990 年米糠油产量要突破 10 万吨、玉米胚油产量 1.5 万吨。米糠和玉米胚利用率达到 70%以上。

在油脂精炼方面。规划到 1990 年一级油产量达到 100 万吨，全炼油产量 50 万吨。人造奶油、起酥油、色拉油和煎炸油等油脂制品产量 15 万吨。

（三）大力发展粮油食品。规划 1990 年各种粮油食品产量 350 万吨，比 1985 年增长 83%，完成产值 35 亿元，比 1985 年增长 152%。

（四）扩大粮油机械生产。粮机生产要在满足国内需要的同时，要有更多的产品进入国际市场。规划 1990 年总产量达到 15 万吨，比 1985 年增长 50.4%，其中碾米机械 1.4 万吨，比 1985 年增长 65.7%；制粉机械 2 万吨，比 1985 年增长 36.4%；制油机械 3.1 万吨，比 1985 年增长 20.5%；粮油食品机械 1.2 万吨，比 1985 年增长 211.6%；

饲料机械1.5万吨，比1985年增长202.6%；粮仓机械1.5万吨，比1985年增长36.6%。

初步预测，1990年粮油工业总产值达到300亿元，年平均增长4.3%；利润实现22亿元，年平均增长7.5%。

三

为了实现“七五”规划的奋斗目标，促进粮油工业生产的发展，要做好以下各项工作。

（一）坚持改革，努力把企业搞活。

粮油工业要坚持改革。要按照党中央关于经济体制改革的方针、政策、总体安排和实施步骤有计划地进行。今年的改革必须贯彻“巩固、消化、补充、改善”的方针，同时为明、后年的改革做好准备。现就国家已经确定的政策，结合粮油工业实际情况，讲点意见：

1. 认真贯彻执行国务院国发［1984］104号文件，积极进行第二步利改税。去年国务院批转了国家经委、商业部、财政部关于大力发展商办工业的报告后，各省、直辖市、自治区政府都很重视。有的地方根据国务院文件精神，具体规定了实行利改税中扶持商办工业的优惠政策；有的地方把商办工业的发展纳入地方规划。但是，实行第二步利改税中尚存在一定困难，有关优惠、扶持政策尚未完全落实；有的实施办法尚待进一步完善。对此，请各省、直辖市、自治区粮食局（厅）要按照去年全国粮食会议提出的，在1986年全面实行利改税的要求，积极反映情况，争取领导支持，商请地方财政、税务部门妥善加以解决。

2. 全面实行阶段。粮食企业工商之间推行价拨核算是在特定条件下采取的一项措施，有利于划清工商经济责任，加强双方经济核算，是粮食部门内部经营管理上的一项改革。从已经实行价拨核算单位的经验看，由于加强核算，加强经营管理，实现了工商两利。安徽省蚌埠面粉厂1982年7月实行价拨以来，三年半中工商双方共增加利润817万元，其中商业增加442万元，工业增加375万元，这说明推行价拨对工商都有利，对整个粮食企业改善经营管理，提高经济效益有好处，要尽快全面推开。在制订价拨办法时，要通盘考虑工商双方的利益，照顾工业生产特点，鼓励企业提高生产积极性，促进粮油工业的进一步发展。

3. 认真贯彻落实国务院《关于进一步扩大国营工业企业自主权的暂行规定》。搞活粮油工业的关键是把基层企业搞活。各级粮油工业管理部门要按照简政放权的要求，有步骤地把应该赋予企业的经营管理权真正放给企业，减少行政干预，使企业成为真正的经济实体；厂企在完成国家计划后，可以根据自已的特点和优势，搞好一业为主，多种经营，发展第三产业，积极开展市场服务和市场竞争；企业内部多种形式的经营承包责任制要进一步开展起来。总之，经济管理体制的改革，要通过试点，总结经验，逐步推开。今后我们要加强调查研究，交流介绍各地情况。

（二）抓好粮油的精加工、深加工，积极发展粮油食品生产。

关于精米、精粉生产问题，在规划目标时，强调巩固已有成果。这是考虑到1985年的精米已达67.5%，精粉已达34.1%，“七五”期间增长的速度不宜过大。地区之间不要强求一致，不要互相攀比。但是一定要把产品质量搞好，注意提高产品纯度，不要片面追求产品精度，要增加品种，发展小包装。

当前油脂及油脂制品处于品种缺、数量少、档次低的状况。需要努力提高精炼能力，提高精炼水平，采用先进的技术和工艺，生产多品种、高质量的油脂和油脂制品。要根据市场需要，积极生产各种不同风味、营养成分的调和油、煎炸油、人造奶油、起酥油、蛋黄酱等。

近几年，粮油食品生产已经有了一定的基础，初步积累了一些经验，今后还要进一步大力发展。要在发展大众化食品的同时进一步发展中、高档食品，提高产品的档次；要发展旅游食品，快餐、配餐食品，方便食品，营养健康食品，增加饮料，搞好大豆蛋白、花生蛋白的利用，并相应发展与食品配套的产品生产，努力增加花色品种，提高质量，确保食品卫生。第一，要继续抓好大众化食品的生产。目前，大众化食品数量、品种都还需要有较大的发展。如挂面，1985 年粮油加工厂生产的挂面，按全国定量人口计算，每人每月只有一斤左右，其他大众化食品的生产更远远不能满足人民生活的需要，要进一步扩大生产。第二，发展粮油食品要面向城乡市场，特别是要注意开拓农村市场。目前农村市场潜力很大，打开农村市场，粮油食品将会获得更好地发展。第三，要大力发展出口产品。扩大出口，多创外汇是党中央“七五”计划建议中的一项重要决策。近几年来，粮油食品出口在品种和数量上虽有一定增加，但创外汇额不高，需要大力发展。希望福建、广东等沿海开放地区和已经在国际市场上站住脚跟的地方和企业，能闯些新路子，开拓新局面。第四，发展粮油食品要从我国的国情出发，走中国的路子，发展具有中国特色的食品，适合中国的消费结构、生活习惯，不要盲目照搬国外的产品。要注意地区特点，南方北方各有差异，北方要在发展面粉制品和玉米制品方面多下功夫，南方要在发展大米制品上多做文章，这样可以充分利用自己的资源优势，更好地适应当地习惯。当前在发展淀粉生产中，要充分注意国内的市场需要，防止产品积压，带来新的问题。第五，所有粮油工业产品，特别是粮油食品要讲究精美、精细、精致，要注意产品的花色（包括外形、色彩）、品种、包装装潢、规格系列、档次品质以及口感、风味等，一定要精益求精，物美价廉，这对打开国内外市场都有好处。第六，在粮油食品生产中，对各种添加剂的使用要持慎重态度，要按科学办事，合理使用。对一些看法上有争议尚未做出科学结论的更要从严控制。对国家已规定禁止使用的，要严格执行。

（三）努力提高粮机工业制造水平。

迅速提高粮油机械工业的技术水平和制造水平，是粮食部门一个战略性的问题。目前粮油机械工业企业存在着管理水平低、技术力量薄弱、设备陈旧、工艺落后、产品多年一贯制、品种少、质量差、设备不配套等问题。如不迅速转变这种状况，不仅粮油机械工业的现代化很难实现，而且也不可能给粮油加工企业的技术改造提供质量好、品种全的装备。根据党中央“七五”计划建议和国家对机械工业发展的要求，今后粮油机械工业要从重点抓数量转变到重点抓质量、抓品种、抓水平；从粮食部门自给自足、自成体系转变为对内、对外开放搞活，进行“外引内联”；从生产型企业转变为生产经营型企业，以达到上质量、上品种、上水平，降低消耗，提高经济效益的要求，力争粮油机械的产品质量和技术水平在 2000 年以前达到和超过发达国家 20 世纪 70 年代末、80 年代初的水平，为进一步实现粮机产品的国产化，为粮食部门加工、仓储、销售等方面现代化作出贡献。这次会上，我们提出的《粮油机械工业“七五”行业规划》，大家已经讨论研究。下面讲三个问题：

1. 走联合成套的道路。为了方便用户，加快项目建设速度，全面提高产品的整机性能和质量，搞活经营，打开粮机工业的新局面，要通过各种粮油机械成套联营公司和工程公司，组织成套设备的生产供应，研制新产品、新技术；开展对引进设备的消化吸收；承揽承包工程项目；开展技术培训和咨询；协调好公司各联营单位的产供销。在成套联营工作中，各单位一定要从全局出发，同心协力做好工作，真正抓出成效来。联营公司抽调的人员要相对稳定，不要轻易变动。

2. 加强与军工、机械等部门的合作。为了加快粮食部门现代化的步伐，要解放思想，打破部门、地区界限，积极主动地与军工、机械部门和有关单位取得联系，加强合作，共同攻关，研制生产粮食部门急需而目前我们又无能力解决的粮机产品和成套设备。

3. 改变经营作风，全心全意为用户服务。粮油机械工业企业，要根据用户和市场需要生产适销对路的产品，做到质量优良、品种多样、价格合理、服务周到。要建立产品销售档案，做好产品质量的信息反馈工作，经常听取用户对产品质量的意见，及时解决存在的问题。要积极开展对用户的技术服务工作，保证零配件的供应。

（四）充分利用资源，搞好综合利用。

多年来，各地粮油加工厂在开展综合利用方面做了许多工作，发展和生产了一些新产品，取得了较好的经济效益。每百元产值提供的利润，1981 年为 20.79 元，1985 年为 46.07 元，高于米面油和粮油食品，效益成倍增加。再从综合利用提供的产品来看，更是多种多样，单是医药、化工产品就有三四十种，在全国同类产品中占有一定比重。因此，开展综合利用，应继续成为粮油工业今后发展生产的一项重要任务。

1. 要抓紧抓好米糠油、玉米胚油生产。米糠油、玉米胚油生产自 1977 年开始列入国家重点技措项目推广以来，有较大的发展。1985 年生产米糠油 8.9 万吨、玉米胚油 1.11 万吨，1977～1985 年，八年共生产米糠油 54.9 万吨、玉米胚油 9.7 万吨，创利约 4.2 亿元，超过国家技措拨款（0.8 亿元）和企业自筹资金（0.18 亿元）的 3.28 倍。对平衡食油收支起了积极作用，并为国家积累了资金。湖南省 1976 年以来生产的米糠油有 37.5％用于食用，56.2％做工业用油，米糠油及其综合利用所创造的利润约占粮油工业利润的 36％，效果是极其显著的。但是由于我们工作抓得不紧，有些地区生产略有下降，这应引起我们足够的重视。当前国家食用油消费增加，库存并不宽裕，我们应继续抓好米糠油、玉米胚油生产。请各地认真采取措施，并在增加国内生产供应的同时，积极扩大出口。对于农村米糠资源的利用也要予以关注，进行帮助。

2. 要开展小麦胚和油料饼粕的开发利用。目前，已有不少地方提取小麦胚添加到饼干、面包、挂面等食品中去，增加食品营养，受到人们的欢迎。我国小麦胚资源很多，一定要充分利用。我国的油料蛋白资源也十分丰富，近几年各地在开发利用上做了许多工作，取得了一定的成绩。希望继续做好油料蛋白资源的利用工作。

3. 广泛利用皮壳作燃料。粮油加工过程产生的大量皮壳，可以用作燃料或发电，既能减少占用场地，又能节省燃料、降低成本，是一举多得的好事。黑龙江省利用葵花籽壳作燃料，湖北省在煤中掺入棉籽壳烧锅炉，湖南省用稻壳烧锅炉等都节约了大量煤炭。江苏省利用稻壳煤气发电已搞了多年，积累了一些经验。凡是利用得好的，都获得了效益，对国家和企业都有好处。目前米糠饲料生产逐年减少，对稻壳更应充分加以利用。

4. 积极开展对油脚的利用。这些年来，在粮油加工厂利用油脚生产化工产品，变废为宝，取得了一定的成绩。现在国家对工厂的“三废”进行综合利用，生产精细化工产品十分重视。我们要继续搞好对油脚的利用。目前有些产品销路不畅，要注意调查研究，开辟产品的新用途。

开展综合利用，要继续实行“原材料落实、辅助材料落实和产品销路落实”的原则，要加强计划性，避免盲目性。

（五）加强企业管理，提高企业素质。

当前粮油工业的企业管理水平低、职工素质差、问题较多。不少企业基础工作薄弱，原始记录不全，计量检斤流于形式；劳动纪律松弛，有章不循，不遵守生产操作规程，缺乏严格的责任制；设备维护保养差，车间卫生差；“三废”治理环境保护成效不大；违犯财经纪律，乱发奖金、实物，乱挤乱摊成本、任意扩大开支增加费用支出，等等；造成有些企业经济效益不高，甚至发生亏损。这些问题亟待解决，根据全国经济工作会议的要求，我们要把企业管理作为一个突出的问题来抓，一定要在一两年内抓出成效，重点要做好以下几方面的工作：

1. 努力提高企业素质。企业素质包括的内容较多，主要是人的素质。企业整顿以后，一批年轻干部走上领导岗位，他们虽然年富力强，具有一定的专业文化水平，但是缺少领导工作经验，特别是现代企业管理经验，要帮助他们尽快提高管理水平。从职工队伍的现状看，多数是进厂不久的青年工人，他们虽然热情高，有干劲，但文化、专业知识不足，操作技能偏低，难以适应生产管理需要。因此，要积极办好各种专业培训班、文化补习班，利用各种形式和多种途径培养提高，使之适应“四化”建设需要。对新入厂的工人要坚持先培训后上岗，确保生产顺利进行。

2. 要认真实行科学管理。企业要建立和完善科学管理制度，进一步强化企业管理的基础工作，健全原始记录、计量检斤、岗位责任、交接班等制度，严格执行劳动纪律和生产操作规程，加强设备维护保养，确保安全生产。要充实和加强计划、统计、财会等职能机构的力量，充分利用现代化的科学管理手段加强企业管理，严格经济核算。大中型企业要加强生产指挥、技术管理和企业管理，形成具有企业特点的系统化、标准化、程序化、科学化的基础工作体系；小型企业也要有专人负责，各司其职，各负其责，使各项管理的基础工作做到健全、完善，以适应企业发展的需要。要把企业的生产、管理建立在科学、严密、有效的基础上，努力提高企业管理水平，推动生产发展。

这次全国工业普查是一次重大的国情国力调查，也是我国经济工作中的一项重要的基础工作。由于普查规模大、范围广、工作量大，请各地一定要按照国务院的要求，积极做好普查工作，认真搞好普查表的填报、审核、汇总上报，按时、按质、按量地完成普查任务。并充分利用普查资料，为经济领导部门提供比较全面的工业经济基础资料，加强企业的经济核算，改善企业经营管理，提高企业管理水平。

3. 坚持两个文明建设一起抓。在抓好物质文明建设的同时，要抓好精神文明建设。当前尤其要加强企业的思想政治工作，加强对职工开展“四有”教育和革命传统教育、共产主义理想教育，提高职工的思想政治觉悟。要利用先进人物的先进事迹进行思想政治工作。不久前，商业部召开了全国商业系统先进企业、劳动模范表彰会议，并做出了《商业部关于表彰学习先进和加强思想政治工作的决定》(以下简称《决定》)，在这个会议上，我们粮油工业企业和职工受到表彰的特级劳动模范 1 人、劳动模范 32 人、文明单位 3 个、先进企业 30 个，这是粮油工业 55.5 万多名职工的光荣。在我们这次会上，介绍了武汉第三米厂的英雄群体和上海酿造六厂在扑灭造漆厂大火中的先进事迹。这些都是值得我们学习和发扬的。我们要向本行业的先进企业和先进个人学习，要向全国的所有先进企业和先进个人学习，要认真贯彻商业部的《决定》，并落实到实际工作中去。这里还要强调一下严肃纪律的问题，在反对新的不正之风和打击经济领域刑事犯罪活动中，粮油工业企业存在的问题也不少，有的问题也很突出，必须引起足够的重视。我们一定要按照中央的部署认真进行清查，对大案要案一定要坚决查清，一抓到底，严肃处理，不能护短。要利用正反两方面的经验教育职工，堵塞漏洞。

(六) 加强企业的技术改造。

中央关于“七五”计划的建议指出，要坚决把建设重点切实转到现有企业的技术改造和改建扩建上来，走内涵型为主的扩大再生产的路子。几年来，粮油工业的技术改造虽然取得了一定成效，但还存在一些问题。有的项目准备工作不够充分，仓促上马，工程进度缓慢，迟迟不能竣工投产；有的项目摊子铺的太大，造成投资大、工期长，妨碍了投资效益的发挥；有的项目在改造时起点低，体现不了技术进步，以致改造后仍不适应生产发展的需要。为了认真贯彻中央关于“加强现有企业的技术改造和改建扩建，运用先进技术武装国民经济各部门”的方针，粮油工业必须加强现有企业的技术改造。

1. 粮油工业技术改造，应以提高产品质量、扩大品种、降低消耗、节约能源、提高经济效益为中心，依靠现代科学技术，积极应用国内外的先进经验，采用新设备、新工艺、新技术，把产品质量、品种搞上去，把消耗降下来，不要片面追求扩大生产能力，增添设施。我们拟订的《粮油工业技术进步规划》，提出了有关技术改造的指导思想、奋斗目标、具体任务和需要采取的措施，会议期间，大家对这个文件进行了认真的讨论，提出了许多的修改意见，会后，我们将修改后发给大家，请各地结合当地情况组织实施。

2. 要制订科学的、切实可行的技术改造规划。制订技术改造规划应与当前正在开展的粮油工业普查工作密切结合，在查清企业现状的基础上，应先改造技术、管理基础较好，而又急需改造的老企业和承担出口任务的企业，使之在行业技术进步中起示范作用，以推动全行业的技术进步。技术改造应当量力而行，改造的项目要建立在资金、材料落实，技术力量和管理力量相适应的基础上。凡是能够通过技术改造解决问题的就不搞基本建设；凡是能够通过改建、扩建提高生产的就不搞新建。同时，要控制改造的规模和投资，充分利用原有的场地、厂房，积极利用国产设备进行改造，注意节约资金，提高经济效益。计划必须周密，项目管理必须健全。各地粮油工业管理部门要组织好调研论证和项目审批，掌握工程进度，做好检查督促和验收总结工作。

3. 技术改造的资金要从多方面筹集。企业的税后留利应留足生产发展基金，并同折旧基金统一安排使用，不足时，可以采取多方集资联营或通过银行贷款解决。各地主管部门，也可从税后留利中适当集中一部分，用于补助重点项目和微利企业的技术改造项目。要改变依靠上级拨款进行技术改造的做法。建议各地技术改造总投资在100万元以上的项目，上报审批项目建议书和可行性研究报告时，请抄送我局一份，我局将根据情况提出意见和建议。1985年国家安排粮油工业的技改项目完成不够好，资金使用很不理想，影响了今年计划的安排。今年的技改项目计划最近将下达，请各地务必抓紧落实。

另外，1984年国家计委安排一亿元基建贷款，新建八个面粉厂，由于前期准备工作没有做好，使1984年、1985年两年的贷款5 000多万元没有完成，废了指标，我们是有责任的，地方也有责任。今年是关键的一年，请有关省、直辖市粮食局以基建处为主，粮油工业公司（处）积极配合，切实把面粉厂建设抓好，保证按期投产，发挥投资效益。

4. 把节约能源工作作为技术改造的重要内容。“六五”期间，粮油工业的节能工作取得了一定的成绩，有的企业评选为全国节能先进、表彰单位。目前全国粮油工业平均能源消耗中，浸出制油的溶剂消耗有所降低，制粉、碾米的电耗则有所上升。其中有加工精度的变化，也有使用浪费的问题。我国能源不足，电力供应紧张的状况仍然是今后一个比较突出的薄弱环节。最近国务院以国发［1986］4号文件发布了《节约能源管理暂行条例》，各地粮油工业管理部门必须认真贯彻执行，继续加强对节能工作的领导，广泛宣传节能的重大意义，切实把节能工作抓好。所有粮油工业企业都应建立、健全能源消耗原始记录和统计制度，配备能源计量器具，加强能源计量管理。对米、面、油、挂面等主要产品要建立能源使用责任制度，制订先进、合理的消耗定额，认真进行考核；新建、改建和扩建的工程项目要采用合理用能的先进工艺和设备；产品能耗高于平均水平的企业，应把节能列为企业技术改造的重点内容；要抓好工业锅炉的节能工作，总结推广热介质油炉，提高热效率，降低消耗；要逐步实现用Y系列电动机更换旧型号的电动机。前面讲的利用皮壳作燃料和利用稻壳煤气发电等综合利用途径，也是节能的重要措施，应积极推广。对生产、生活用煤用电一定要严格分开，分别负担，不能混同，吃大锅饭。在整个节能工作中一定要从点滴做起，处处精打细算，在短期内抓出成效来。

（七）把粮油工业产品质量提高到一个新的水平。

“坚持把提高经济效益特别是提高产品质量放到十分突出的位置上来，正确处理好质量和数量、效益和速度的关系”是党中央“七五”计划建议的基本指导原则之一，我们要把提高产品质量作为一个突出问题来抓，牢固树立“质量第一”的观点，把粮油工业产品质量提高到一个新的水平。

目前粮油工业产品的质量还存在一些问题，有的地方大米含砂，面粉牙碜，油脂杂质多、水分大，粮油食品卫生差，尤其是粮机产品粗制滥造，主要零部件加工精度不合要求，产品项次合格率低，产品装配、焊接质量不高。这些问题虽然发生在部分企业的部分产品，但不能忽视。为了进一步提高粮油工业产品质量水平，需要采取一些措施：

1. 要进一步推行全面质量管理。

全面质量管理是企业管理的中心环节，也是企业经济体制改革的重要基础。企业的所有职工都要学习和参加全面质量管理，人人对产品质量负责。要结合经济体制改革和经济责任制的实行，建立起以厂长为首的质量责任制和质量保证体系，做到每个科室、车间、班组，每个职工和每道工序有明确的质量责任制，从产品设计、试制、生产到售后服务等全过程都要实行质量管理，把全厂各项工作纳入质量管理的轨道，把不合格品消灭在生产过程之中。

2. 加强对产品质量的监督检验，认真做到“五不准”。

目前，粮油工业产品质量监督检验工作尚未很好开展起来。机构不健全，技术素质不高，力量比较薄弱，特别是有些企业领导对质量检验工作不够重视，工作上支持不力，致使一些不合格的产品流入市场，严重地损害了用户和消费者的利益。为了加强对产品质量的监督检验，各级粮油工业产品质量监督检验机构要认真进行工作，充分发挥作用，切实按照商业部（85）商科字第 35 号文件要求，做到“五不准”。对于那些粗制滥造、质量低劣、不符合质量标准要求的产品，质检部门有权报告上级主管部门，制止产品出厂或建议上级主管部门对企业采取限期改进或停产整顿措施。要树立质量检验人员的权威，对打击质检人员的人要严肃处理。各级粮油工业主管部门和企业要加强对产品质量监督检验机构的领导，支持他们开展工作。今后凡是申请优质奖的产品，必须经过各级质量监督检验机构检查，提供检查结果和意见后才能申报和审批。

3. 重视和加强标准化工作，严格按照质量标准组织生产。

标准化是质量管理的技术基础，是组织现代化生产不可缺少的重要手段，是科学管理的重要组成部分。标准化工作的一项重要内容，就是制订和贯彻各项技术标准。粮油工业标准化工作基础还比较薄弱，标准的水平低、不完备，远远不能满足粮油工业生产发展的需要。各地粮油工业管理部门和企业领导，要对标准的制订、执行情况进行一次检查，对没有国家标准、部标准（专业标准）的产品，要迅速制订企业标准，报地方标准化部门审批发布。今后，凡是没有标准的产品，一律不准生产。

在标准化工作中，还有计量标准问题，要按国务院规定，采用国际标准。

4. 严格执行国家有关产品质量的法规。

《食品卫生法》、《药品管理法》、《商标法》、《工业产品生产许可证试行条例》、《锅炉压力容器安全监察暂行条例》等，都是与粮油工业产品有直接关系的法规，所有粮油工业企业都必须结合本企业的实际情况认真贯彻执行。

5. 积极开展创优评优活动，努力生产更多的优质品牌产品。

近几年，通过开展优质产品评选活动，对粮油工业产品质量的提高起了一定的促进作用。但有的企业只注意“创”而不注意“保”，评优以后，不再注意进一步提高产品质量，有的甚至有所下降。因此，获得优质名牌产品的企业，一定要珍惜产品的信誉。各级监督检验机构要加强检查，发现质量下降的要通报批评，限期改进；限期达不到者，要撤销优质产品称号，收回优质产品证书。今后各地、各企业要制订产品创优规划，积极开展创优活动，进一步提高粮油工业产品的优质品率。

（八）进一步做好技术引进的消化吸收工作。

利用外资、引进技术、开展技术交流，对加速实现粮油工业现代化的进程，具有积极意义。回顾几年来的情况，有成绩，也存在一些问题。主要问题：一是管理混乱，多头审批，引进的全面情况难以掌握。有的省粮食局掌握不了全省的引进情况，我们也掌握不了全国的引进情况，这就难以避免不必要的重复引进。二是各地分散引进，没有实现技贸结合。三是有的引进项目未作详尽的调查研究和专家论证，在资金不落实的情况下就签订合同，仓促成交，不仅价格上吃了亏，而且有的设备由于不能及时付款，造成工作被动；有的设备引进后不能很好地发挥作用。四是消化吸收不够。各地引进设备一般偏重于增加生产能力，有的引进后自己既缺乏消化吸收的积极性，又不让人家参观学习，甚至搞技术封锁。五是由于引进的设备来自不同的国家和不同的厂商，型号、规格、技术要求各不相同，国内难以组织相应的零配件生产，为了维持生产，不得不依赖外商供应零配件。

根据国务院国发［1985］90号《国务院批转国家经委关于控制重复引进、制止多头对外的报告的通知》精神和商业部领导关于粮油机械的引进要实行归口管理的意见，粮食部门必须加强对技术引进的管理工作。今后凡是国内可以正常生产供应，在技术性能上能满足工艺要求的就不要再进口了。对于我国目前还不能制造的少数关键设备，应该把引进的重点放在引进生产工艺和制造技术上，实行技贸结合，在购买设备的同时买进技术，以利制造和创新，增强自力更生的能力。各级企业主管部门对技术引进工作都要加强管理，每个引进项目（包括利用外资项目）都必须严格按照有关部门的规定程序办理，做好归口管理、统一对外工作。要认真进行审查，切实抓好项目的立项到安装、投产以至消化吸收的整个过程。省、自治区、直辖市粮食部门在申报引进的项目建议书和可行性研究报告时，请抄送我局一份，以便掌握情况并向有关部门提供审查意见。订货卡片和引进设备的分交明细表，应经我局负责签注意见和盖章。各地派出的出国考察团组、人员，要严格按照中共中央办公厅、国务院办公厅的有关通知办理。

对引进的技术和设备，要做好消化吸收工作，采取消化吸收与改进创新相结合的方针，不能满足于测绘、仿制，要根据我国的实际情况进行必要的改进和创新，使之形成新一代的、具有我国特色的、技术先进的设备。请各地认真作好这项工作，搞好规划，组织实施，并将进行情况及时告知商业部粮油工业局。部里将对制粉、制油等关键设备组织力量，搞好测绘、设计和研制工作，争取在一两年内抓出成效，尽快使引进的粮油机械设备国产化。希望各引进单位顾全大局，积极配合，为消化吸收工作提供方便。

（九）积极帮助农村乡镇企业发展粮油加工。

按照今年中央1号文件要求和农村工作会议精神，为了发展农村商品生产，兴办农副产品加工工业，实现“以工补农”，各级粮油工业主管部门和国营粮油加工厂要积极帮助农村乡镇企业发展粮油加工生产。

新中国成立以来，粮食部门一直重视支农工作，国营粮油加工厂在支农工作中作了不少工作，取得了一定的成效。根据中央指示精神，为进一步帮助农村乡镇企业发展粮油加工，我们意见是：

1. 积极帮助农村建立粮油和食品（如挂面）加工厂。在建厂的规模、布局、选点和工艺、技术、设计、安装等方面提供帮助和指导。除我局按照国家“星火计划”要求，拿出先进的、不同规模和类型的粮油加工工艺、技术设计方案供农村选择外，各地也要结合本地区实际情况，拿出适合本地区特点的设计方案供农村选用。

2. 帮助农村培训生产操作和技术、管理人员，传授生产和管理知识，要举办各种形式的培训班，利用各种报刊、知识读物进行宣传介绍。各地还可结合地区特点编印有关的生产操作规程和管理规则。

3. 要积极帮助乡镇企业维修粮油加工机具，并在条件许可的情况下，对农用机械（如电动机、柴油机、拖拉机）的维修，也要积极帮助，热情服务。磨辊拉丝是粮食部门特有的服务内容，要尽可能帮助解决，如有能力，也可以向农村提供一些拉丝机床，增强农村的磨辊拉丝能力。

4. 在农村加工能力不足或缺少加工能力的地方，要继续开展代农加工，代农加工要处处提供方便，服务热情周到，方式灵活多样，可以采取定点加工、流动加工、上门兑换等形式，加工与兑换相结合，成品与食品加工兑换相结合，有条件的地方也可以代存代储原粮，分期分批提取成品。代农加工要合理收费，不克扣粮油产品和副产品。另外，对一些农村加工企业生产技术较强，产品质量有保证而国家加工能力不足的地区，也可以采取国家委托乡镇企业加工。

5. 发展多种形式的联合，主要是城乡之间的联合。农村有丰富的资源和劳力，国营加工厂有一定的技术优势，可以与农村联营办厂，共同承担加工任务，实现城乡两利。在一些国家加工能力不足的地区，也可利用农村资金、劳力的优势，联合办厂，互惠互利。总之，要因地制宜地发展多种形式的城乡联营，推动农村乡镇企业的发展。

为了更好地了解情况，从今年起将恢复统计报表中有关支农的内容。请各地加强调查研究，总结经验，为农村乡镇粮油加工企业的发展做出贡献。

同志们，这次会议在江西省九江市召开，会议得到了江西省人民政府、江西省粮食局、九江市人民政府、九江市粮食局的大力支持与帮助，借此机会，我代表商业部粮油工业局和全体与会代表，对他们再次表示衷心的感谢！

在第二次全国粮油工业公司经理（处长）座谈会上的讲话

1988年4月7日

全国粮油工业公司经理（处长）座谈会，从4月2日开始共开了6天，今天就要结束了。会议期间，大家回顾了1987年的工作；交流了深化企业改革，开展增产节约、增收节支运动和加强企业管理等方面的经验；对今后的工作提出了许多很好的意见。这次会议是一次经验交流会、信息沟通会，也是我们的一次调查研究会。会议开得生动活泼，达到了预期的目的。

现在，我先向大家通报一下，去年全国粮油工业生产情况。

1987年，全国粮油工业进一步贯彻执行党的改革开放方针，遵照国务院对经济工作的部署，以提高经济效益为中心，着重抓了深化企业改革、“双增双节”、加强企业管理和安全生产等项工作，取得了可喜的成绩。

一是，生产稳步增长。

去年，国家计划安排的稻谷、杂粮和油料加工任务有所减少，能源供应不足，各种材、物料普遍提价，给粮油工业生产带来一些困难。然而，各地粮油工业企业，在“双增双节”运动的推动下，加强企业管理，努力节能降耗，提高出品率，广开生产门路，“找米下锅”，搞活经营，使生产保持了稳定增长的势头。全年完成工业总产值279亿元，比1986年增长6.49%。除杂粮外，大米、面粉、油脂、粮油食品、饲料和粮油机械等产品的产量都比上年有不同程度的增长，其中粮油食品的产量达到245万吨，比上年增长16.1%，超过全国粮油工业“双增双节”的增产目标。

二是，经营结构和产品结构进一步得到调整。

在经营结构上，随着粮油购销实行“双轨制”，各地粮油工业企业在保证完成国家计划任务的前提下，积极开展自营业务，发展多种经营，使企业由生产型向生产经营型的转变又跨进一步。去年，全国粮油工业自营粮油成品266万吨，比1986年增长78.5%，其中河北、山西、内蒙古、辽宁、吉林、上海、江苏、浙江、安徽、湖北、广西等11个省、直辖市、自治区自营产量都比上年增长1倍以上，尤其是油厂的自营业务更为活跃，全国自营油脂的产量达48万吨，占油脂总产量的16.6%。

在产品结构上，各地注意了积极增产适销对路的产品。1987年精米产量比上年增加84.5万吨，精面产量增加212.2万吨；粮油食品的生产，在发展大众化食品生产的同时，方便食品和其他中、高档食品的生产有较大的发展，全国挂面产量比上年增长6.8%，快食面产量比上年增长58.1%；饲料产量达到834万吨，比上年增长6.54%，其中配、混合饲料582.5万吨，比上年增长22.9%。粮油机械产品总产量达到10.4万吨，比上年增长13.9%，出口创汇176万美元，比上年增长9.3%。在各种粮油工业产品中，优质产品愈来愈多，到1987年，全国累计已有3个产品在国际上获奖，有16个产品获国家优质产品称号，439个产品获商业部优质产品称号，还有更多的产品被评为各省、直辖市、自治区的优质产品。

三是，经济效益不断提高。

1987年，全国粮油工业实现利润21.78亿元，比上年增长16.97%，超过全国粮油工业“双增双节”要求增长10%的目标。每百元产值提供的利润为8.53元，平均每个职工创利3 663元，全员劳动生产率为42 956元，都是历史最高水平。去年，江苏省粮油工业利润达到2.3亿元，居全国首位；辽宁、黑龙江、上海、湖北、山东、吉林、浙江等7个省市实现的利润，都在1亿元以上，四川、安徽两省已接近1亿元，贵州、广西、河南、安徽、山东、云南、内蒙古等省、自治区，利润增长的幅度都较大。

“双增双节”取得成效。据18个省、直辖市、自治区统计，去年通过提高产品出品率，增产粮食7.4万吨，油脂3.4万吨，增收1.7亿多元。全国总计节约标准煤12.2万吨，节电3 664万度，节约溶剂油3 998吨。

自营业务的开展使粮油工业利润构成发生了较大的变化。据全国12个省统计，1987年自营利润约4.4亿元，其中浙江、江苏两省自营利润分别占全省产品销售利润的76.7%和53%。

四是，企业改革逐步深化，管理工作进一步加强。

据统计，到去年年底，全国粮油工业已有1 936个企业实行厂长负责制，有809个企业实行承包经营责任制，有11个企业试行了租赁经营。

去年，先后有辽宁省大连市油脂工业总厂、辽阳市油脂厂，黑龙江省哈尔滨市粮油综合加工厂、鹤岗市制油厂，浙江省杭州市味精厂、温州市味精厂、德清县新市油厂，四川省绵阳粮食机械厂和新疆石河子市粮食加工厂等9个企业，经过当地有关部门的评审，被批准省（区）级先进企业。

在设备管理评优活动中，天津市第一面粉厂等29个企业被评为商业部系统设备管理优秀单位，其中青岛市第二面粉厂还获得全国设备管理优秀单位称号，受到国家经委的表彰。

1987年，安全生产工作有所加强，全国粮油工业企业的设备、火灾事故和职工重伤事故都有所减少。

以上这些成绩，是在各省、直辖市、自治区粮食厅（局）领导的重视和支持下取得的，是粮油工业广大职工辛勤工作的结果，我们应该充分肯定，以便在今后工作中取得更大的成绩。

下面我就1988年的工作，讲几点意见。

一、进一步深化企业改革

当前，粮油工业企业改革的主要内容是：全面推行承包经营责任制；积极开展自营业务；发展横向经济联合；巩固价拨经营成果。

最近，国务院发布了《全民所有制工业企业承包经营责任制暂行条例》，对实行企业承包经营的方针、政策和承包的内容、形式作了明确的规定。到去年年底，全国工交系统已有百分之七十的企业实行承包，而粮油工业企业只有百分之十几。1988 年各地要根据省、自治区、直辖市政府的部署，全面推行企业承包经营责任制，把它作为今年深化企业改革的首要任务来抓，态度要坚定，工作要细致，步子要加快。在推行企业承包经营责任制中，我们要结合粮油工业的特点，注意以下几点：

1. 合理确定承包基数。粮油加工受农业丰歉和粮油购销政策的影响较大，并且实行以销定产，加上还有相当多的企业亟待改造。因此，在确定企业承包基数时，要充分考虑这些特点，做出正确的评估，使它有利于调动企业经营者和生产者的积极性，保证实现国家增收、企业多留、职工多得，推进企业技术进步，发展生产，增强后劲。河北省的同志在会上介绍了成立专门评估小组，按照一定的程序，对企业全面解剖分析，客观地、合理地确定企业承包基数的做法，值得各地借鉴。

2. 确定好承包方式。粮食部门购、销、调、存、加各个环节是一个有机的整体，关系十分密切。从这次会议交流的情况看，目前已实行承包的企业，大多采取市、县粮食局向财政部门承包，企业再向粮食局承包。大家认为，这种方式反映了粮油工业企业的特点，有利于理顺和协调粮食部门内部工商之间的关系，扬长避短，便于统筹安排；有利于防止企业承包后，产生偏重追求利润指标，拼设备的短期行为和不顾产品质量、忽视安全生产的错误做法。另外，对少数微利、亏损的小型企业可以试行租赁经营等更加灵活的形式。

3. 积极引入竞争机制，对承包经营者实行公开招聘。鉴于粮油加工政策性、计划性较强，在选择企业承包人时，应首先考虑由粮食部门内的干部、职工公开竞争，让熟悉粮食政策、熟悉企业情况，敢于承包、善于承包的能人脱颖而出。

4. 完善企业内部各项配套改革。要按照所有权与经营权分离的原则，放手让企业进行内部组织结构和经营结构的调整，促进生产要素的优化组合，实行承包的企业，应建立厂长负责制、厂长任期目标责任制和任期终结审计制，认真贯彻三个《条例》①。根据承包企业的特点，采用岗位工资、定额工资、计件工资等各种分配方式，把职工的劳动贡献同经济利益挂钩，积极推广“厂内银行”和“满负荷工作法”。

“满负荷工作法”内容十分丰富，对挖掘企业潜力意义重大。根据粮油工业的实际情况，当前是否侧重抓好以下方面：对开工不足的企业，通过搞活经营，“找米下锅”，使企业吃饱开足，充分发挥现有生产能力的作用，对企业的富余人员，通过开展一业为主，多种经营，进行合理安排，为国家创造财富；对粮油机械厂，要想方设法增产适销对路的短线产品，更好地满足粮油加工企业设备更新和技术改造的需要。

开展自营业务是搞活粮油工业的重要途径。粮油工业是粮食工作的组成部分，积极开展自营业务，有利于掌握粮源、稳定市场、平抑粮价、保证供应，更好地发挥粮食部门在粮食流通中主渠道和“蓄水池”的作用。各地要不断总结经验，加强管理，严格执行物价政策，使这项工作健康地发展。

价拨经营是粮油工业企业改革的一项重要内容。田纪云副总理去年在全国粮食厅

---

① 《全民所有制工业企业厂长工作条例》、《中国共产党全民所有制工业企业基层组织工作条例》和《全民所有制工业企业职工代表大会条例》，简称三个《条例》。

（局）长会议的讲话中，对价拨经营作了肯定，并指示要进一步推广，我们要认真贯彻执行。对实行价拨经营的企业，要巩固和发展价拨经营成果，完善作价办法，推广“全价拨”。

目前，全国粮油工业省际间的经济技术协作网已经初步形成，并逐步向纵深发展。全国出现了一批跨地区、跨部门、跨所有制的经济联合体和企业集团，尤其是同农村乡镇企业横向联合，有较快的发展，到去年底与乡镇企业的联营企业已有 83 个，这次大家参观的新津县油厂就是其中一例。他们为加强行业管理、合理生产布局、充分发挥资源和技术优势、提高社会效益和经济效益等方面，提供了成功的经验。今后，各地要继续按照“扬长避短、形式多样、互惠互利、共同发展”的原则，进一步发展横向经济联合。

二、深入开展“双增双节”运动

今年 2 月，全国粮食厅（局）长会议和最近商业部下发的《粮食企业进一步开展增产节约、增收节支运动的意见》中，对粮食企业进一步广泛深入地开展“双增双节”运动，提出了要求。粮油工业企业要在继续执行去年武穴会议拟订的“双增双节”十条意见的基础上，着重抓好以下工作。

1. 要有计划、有控制地发展精米、精面的生产。1987 年全国精米、精面的比重，分别为 79.91%和 46.78%，已接近 1990 年规划的目标，考虑到目前我国粮源偏紧，对于精米、精面的生产，应在现有水平上稳定一个时期，防止互相攀比，不顾现实可能，盲目扩大精米、精面的生产。

2. 努力提高产品出品率。在保证产品质量的前提下，提高产品纯度，努力提高产品出品率，这个方针要长期坚持下去。目前地区之间、企业之间出品率的高低差距较大，希望各地粮油工业企业，通过加强管理，完善工艺，充分发挥设备效能，把提高出品率的工作落到实处。

3. 要进一步节能降耗。当前，尤其要抓好降低溶剂油消耗的工作。近两年，各地浸出油厂发展较快，溶剂油供需矛盾十分突出，已经影响这一先进技术的推广。企业溶剂消耗过高，不但浪费溶剂油资源，而且影响创造更大的经济效益，也是安全生产的一大隐患。要解决这一矛盾，一方面要积极开辟油源，但更重要的是降低消耗。各地应当按照粮油工业开展“双增双节”意见的要求，对溶剂油消耗吨料超过 8 公斤的企业，要坚决停下来。同时，要认真执行商业部关于严格控制新建浸出油厂的通知，在溶剂油供应没有保证的情况下，不要再新建、扩建浸出油厂。

各地要继续积极推广、选用先进的节能技术和设备，如介质油加热技术、稻壳发电机组等。

4. 进一步搞好米糠和玉米胚榨油。近两年，我国油料产量徘徊，国家收购减少，群众消费增加，形势不可乐观。最近，个别地区食用油放开，增加米糠油、玉米胚油生产，这对于满足市场需要将起更重要的作用。湖南省开展米糠油生产较早，产量最多，国营大米厂的米糠已基本全部用于榨油，现在又在研究进一步利用农村资源的问题；去年，四川省人民政府制定了鼓励米糠油发展的一些政策，促进了米糠油生产的发展；湖北省在最近召开的全省粮油工业会议上，安排了今年糠油生产计划，并提出到1990年全省油米比达到0.9%，产量达到27 000吨的目标，这些都是积极的做法。希望各地重视这项工作，把它作为一项长期的任务来抓．争取米糠油、玉米胚油的生产有一个较大的发展。

5. 继续抓好扭亏增盈。1987年各地把扭亏增盈作为“双增双节”的一项重要任务来抓，收到了成效。北京市1986年有6个企业亏损，1987年全部实现扭亏为盈。特别是1986年亏损企业较多的广东省，由于领导重视做了大量的工作，到去年年底全省亏损企业比上年减少一半以上，成绩显著。事实证明：抓与不抓大不一样。

1987年，全国粮油工业还有150个亏损企业，亏损额达992万元，比上年增加184万元。要迅速改变这一状况，仍须付出很大的努力。我们要通过深化改革，调动职工的生产积极性，广开生产门路，“找米下锅”，开展一业为主，多种经营，加强管理等措施，实现扭亏为盈。

三、加强企业管理，提高企业素质

最近，赵紫阳总书记指出：必须清醒地认识到，技术落后，管理落后，靠消耗大量资源来发展经济，是没有出路的。不改变设计落后、装备陈旧、工艺粗糙、管理松懈的状况，工业和其他部门的发展也难以为继。产品水平低、质量差、消耗大、成本高，不仅糟蹋资源，不能缓解我国社会经济生活中的矛盾，在国际市场的竞争中也站不住脚。赵总书记还说：很多外国人到中国看了以后，都讲两个没有想到，一是没有想到你们的设备这样好、这样多，二是没有想到你们的管理这样落后、效益这样差。目前我国粮油工业，就是这种状况。虽然近几年，各地粮油工业采用了一些国内外先进设备和技术，改造了一批老企业，但是，企业管理水平低，管理手段落后的问题仍没有解决，有些企业还相当突出，严重影响企业效益的发挥和提高。尤其是企业脏、乱、差的问题比较普遍，必须引起我们的高度重视，希望各地采取措施，下大力好好抓一抓。

去年以来，各地把抓管理、上等级、提高企业素质的工作摆到了重要的议事日程。到目前为止，已有17个省、直辖市、自治区颁发了省级碾米、制粉、制油等行业先进企业标准，还有一些地方也将在近期颁布。企业升级工作有力促进了企业各项基础管理工作的加强，目前，全国已有相当多的企业，通过了标准化、计量、全面质量管理以及节能管理、档案管理等单项工作的升级验收。

今年企业升级工作，要迈出新的步伐。首先，要继续抓紧制订企业升级标准。我们准备年内再制订粮油机械、挂面、方便面三个行业的国家二级企业标准，这样粮油工业国家二级企业标准一共有6个，其他暂不制定国家级企业标准，各省、直辖市、自治区可根据具体情况制订省级标准。要使企业升级工作全面展开，重要的是各地要抓紧制订、颁发省级先进企业标准，使企业首先瞄准省级标准，开展升级工作。其次，要主动与有关部门配合，把粮油工业企业升级工作，统一纳入计划，做好申报、考核和审批工作。

开展企业升级工作的目的，是为了加强企业管理，全面提高企业素质。针对当前一些企业对升级工作存在的单纯追求优惠政策的思想，我们要进一步加强宣传，增强企业的升级意识，做到升级从管理抓起，管理从基础抓起，基础从班组抓起，班组从职工素质抓起，使这项工作扎扎实实地开展起来。

文明生产是企业基础管理工作的直接表现。近几年，北京市通过开展“五好文明企业”活动，在加强企业管理，改变企业面貌方面起了很大作用。河南省提出开展“文明企业”活动，制订了实施细则，他们决心大抓三年，改变企业面貌，这些做法值得提倡。

在加强基础工作中，要把质量管理、设备管理放到重要的位置。粮油工业企业要广泛推行全面质量管理，树立质量第一的思想，严格把好质量关。这里应特别强调，在粮油食品生产中，使用各种添加剂要十分慎重，必须讲究科学，严格执行卫生标准。去年，曾发生有的企业在面条、米粉中掺用有毒增白剂；还有一些地区把工业用油做食用油销售以及个别企业使用不符合卫生要求的溶剂等问题，都是违反《食品卫生法》的，必须坚决制止，今后要特别注意防止类似事故的发生。

加强设备管理，是提高企业管理水平的一个重要方面。当前粮油工业设备管理不善，敲敲打打，跑冒滴漏的现象，在一些企业还很严重。为此，要进一步开展设备管理评优活动，通过加强设备的正确管理使用和维护保养，改善生产环境，保证产品质量，提高经济效益。

在加强企业管理工作中，要十分重视安全生产管理，严格执行“安全第一、预防为主”的方针，建立健全安全保障体系和规章制度，不断提高干部、职工的安全意识，确保安全生产。粮油工业要把粉尘治理和浸出油厂的安全生产放在突出位置，切不可有丝毫的麻痹。去年我们会同有关省抽查了一些企业，发现了不少事故隐患。今年以来，全国又发生几起死亡和火灾事故，这些事故都是思想麻痹、纪律松弛、违反操作规程造成的。今后所有企业都要明确厂长是事故的第一责任者，管生产同时必须管安全，出了事故，要逐级分清责任。今年我们准备收集、整理近几年粮油工业的事故案例，以便有针对性地对职工开展安全生产教育。同时，还准备委托郑州粮食学院举办浸出油厂厂长（车间主任）培训班，以加强浸出油厂的安全生产管理。各地也要组织职工学习有关安全生产法规和操作规程，做好专业培训工作。

搞好劳动保护和工业卫生，预防职业病的发生和蔓延，也是安全生产的重要方面。去年，河南省粮食局会同省职业病防治所等单位，对粮油工业企业粉尘和噪声危害情况做了深入细致的检测调查。结果表明，一些企业存在的尘毒危害十分严重，应当引起各地普遍重视。同时，希望有关院校和科研、设计单位，也将安全生产和劳动保护的内容，纳入教学和科研计划，共同做好安全工作。

四、抓好引进技术、设备的消化吸收和技术改造

十一届三中全会以来，在改革开放的方针指引下，我国粮油工业陆续引进一些先进的技术和设备，改造了一批老企业，这个成绩应予肯定。现在摆在我们面前的一个迫切任务是，要加快引进技术、设备的消化吸收。

国家经委确定，“七五”期间全国消化吸收三百条“龙”，其中商业部有九条，包括粮食系统的五条，即米、面、油、饲料、仓储机械。为了把这一任务完成好，我们已会

同商业部科技司和商科院共同组成了专门班子，进行了定向调研、技术咨询和论证等工作，并拟定了可行的方案。

在粮油工业消化吸收的项目中，制粉专业有 115 项，其中设备 93 项，包括 125 个品种；制粉技术 22 项，涉及 16 个省、直辖市、自治区的 60 多个单位，完成后建示范面粉厂一座。制油专业共 117 项，包括 96 项设备和 21 项成套工艺技术，参加单位有 50 多个，完成后建 50 吨油脂精炼和大豆低温脱溶示范厂各一座。碾米专业共 34 项，其中设备 22 项，完成后建日加工 150 吨稻谷综合示范厂一座。以上这些项目品种多、涉及面广、技术起点高、时间紧、任务重、难度大，请各省、直辖市、自治区粮食局继续给以关心和支持。引进设备的企业要从大局出发，积极配合有关单位做好这项工作。各省、直辖市、自治区也要按照中央与地方相结合，主机与配件相结合的原则，发挥优势，避免重复，安排好当地引进技术设备的消化吸收工作。希望大家共同努力，为尽早实现引进设备的国产化，提高我国粮油工业技术装备水平做出贡献。

对于老企业进行技术改造的工作，近几年已取得了很大的成绩。据 22 个省统计，仅 1987 年就安排技改项目 928 项，总投资 14.21 亿元，到年底已完成 6.5 亿元，已有 523 个项目竣工投产，占全年安排项目的 56%。

按照国务院关于进一步稳定经济的方针，有关部门采取了收紧银根、压缩固定资产投资规模等措施。国家经委对今年技改资金的使用，规定只保结转工程，原则上不开新项目，对商业部的技改贷款额度，在去年的基础上压缩了 43%。因此，今年通过商业部列入计划的技改项目只是极少数，无法满足各地的要求，对必须上的项目，请各地通过其他渠道筹集资金。对列入技改计划的项目，要加强项目管理，抓紧施工，力争早投产，早见效。

浸出法制油是国家“六五”期间推广的 40 项重大科技项目之一，实践证明，无论是技术上还是经济效益上，都取得了很大的成效。现在有必要进行全面的总结，请各地做出具体安排。

五、加强行业管理

我国粮油工业经过几十年的发展，已经形成了较为完整的体系。长期以来，我们粮油工业管理部门着重抓了系统以内的工作，随着政治、经济体制改革的发展，政府行政部门将逐步转变职能，从对企业的直接管理，转变为间接管理，于是，加强行业管理的任务已经摆在我们面前。去年根据全国浸出油厂发展过快，溶剂油供应紧缺的情况，商业部发出严格控制新建、扩建浸出油厂的通知。安徽、辽宁、吉林等省政府有关部门，也先后发了类似的文件，明确了粮油加工生产的布局，由粮食部门实施行业管理。今后，我们要在抓好粮食部门内部企业管理的同时，加强粮油工业全行业的管理。

这次会议，大家座谈研究了粮油工业行业管理的职能，归纳起来大致包括：

（一）贯彻执行国家粮食和工业政策、法规；研究制订粮油工业经济、技术的方针、政策、法规和规章制度，编制中、长期发展规划。

（二）实行粮油工业全行业的管理，协调部门关系，调整工业布局。

（三）组织协调跨地区、跨行业的横向联合。

（四）制订粮油食品、粮油机械产品质量标准，组织开展产品创优、评优；开展粮油工业产品的质量监督、检验。

（五）归口管理粮油工业加工设备的进口和技术引进，组织消化吸收，组织粮油工业的技术攻关和成果的鉴定。

（六）组织安排专业技术和管理培训；编制财会、统计资料；收集、传送经济、技术信息和开展咨询服务；组织粮油工业管理和技术经验交流。

（七）组织安排粮油工业的技术改造，推进技术进步。

（八）制订粮油工业企业升级标准，组织企业升级的考核、审定。

（九）编制粮油加工、粮油机械年度生产计划和粮机产品分配计划；组织安排粮机产品的成套供应和产品出口。

（十）申请、分配国家计划和部管的物资，统一掌握溶剂油的管理、分配、使用。

与会代表认为，从我国国情和粮食工作的实际情况出发，不论机构如何设置，以上这些职能，不会有所削弱。因此，各地在研究机构设置时，都考虑了保留与之相适应的业务技术骨干，这些作法都是可取的。希望各级粮油工业管理部门兢兢业业做好工作，为我国粮油工业的进一步发展做出贡献。

这次座谈会，在四川省乐山市召开，得到四川省粮食局和乐山市粮食局的大力支持和帮助，借此机会，我代表商业部粮油工业局和全体与会同志，再次表示衷心感谢。

在河北省粮油工业会议上的讲话

1988 年 4 月 24 日

首先让我祝贺河北省粮油工业工作会议的召开，并预祝会议圆满成功。省粮食局刘局长、工业公司赵经理让我到会讲几句话。由于全国粮油工业公司经理（处长）座谈会刚刚结束，会议对全国粮油工业 1987 年的情况和 1988 年的几项重点工作做了总结、部署，这里我就不再多讲。为了沟通情况，交流信息，现就有关情况作简要通报：

1987 年，全国粮油工业企业在各级领导的关怀和支持下，认真贯彻执行党的改革开放方针，深化企业改革，搞活经营，积极开展“双增双节”运动，加强企业管理和安全生产，克服了计划内加工任务不足、能源供应紧张和各种材、物料提价等困难，取得了较好的经济效益。全国粮油工业完成工业总产值 279 亿元，比 1986 年增长 6.49％；实现利润 21.78 亿元，比 1986 年增长 16.97％。突出的有以下几点：

（一）深化企业改革取得新的进展。

根据企业所有权与经营权分离的原则，1987 年粮油工业企业在普遍实行厂长负责制和企业内部多种形式经济责任制的基础上，又在推行承包经营责任制方面做了积极的工作，取得一定的成效。据不完全统计，到去年年底全国粮油工业有 800 多个企业实行承包经营责任制，还有一些企业实行了租赁经营。河北、云南结合粮油工业的特点，制订了粮油工业企业实行承包经营责任制的具体做法。为全国粮油工业提供了经验。

（二）自营业务有了较大的发展。

随着粮油购销实行“双轨制”和经济体制改革的不断深入，各地粮油工业企业加快了从单一的生产型向生产经营型转变的步伐。在保证完成国家计划加工任务的前提下，充分利用现有的生产能力，对国家合同定购以外的粮食、油料，积极开展收购—加工—销售成品的业务。去年全国粮油工业自营粮：出成品 266 万吨，比 1986 年增长 78.5％。自营业务的开展，不仅为粮食部门掌握更多的粮源、稳定粮食市场发挥了作用，而且使粮油工业本身的利润构成发生了变化。据 12 省统计，1987 年粮油工业自营利润约 4.4 亿元，占这 12 个省全部利润的 36％。

（三）增加了适销对路的产品。

1987 年，各地根据粮源的可能和市场需要，有计划、有控制地增加了精米 84.5 万吨、精面 212.2 万吨。同时，本着“薄利多销”的原则，根据市场的需要和季节性变化，积极安排好粮油的食品、饲料和粮机产品的生产。1987 年共生产粮油食品 244.97 万吨，比上年增加 33.74 万吨，其中大众化食品和方便食品增长幅度较大，挂面产量比上年增长 6.8％，快食面产量比上年增长 58.1％。配、混合饲料产量达到 582.5 万吨，比上年增长 22.9％。粮油机械产品产量达到 10.4 万吨，比上年增长 13.9％。

（四）企业管理和安全生产得到了加强。

去年各地把抓管理、上等级、全面提高企业素质的工作摆到了议事日程。先后有辽宁省大连油脂工业总厂等 9 个企业，经过当地有关部门的评审，被批准为省（区）级先进企业。

在设备管理评优活动中，天津市第一面粉厂、河北省唐山市第一面粉厂等 29 个企业被评为商业部系统设备管理优秀单位，其中青岛市第二面粉厂还获得全国设备管理优秀单位，受到国家经委的表彰。

安全生产也有所加强。特别是在哈尔滨亚麻厂发生粉尘爆炸事故和大兴安岭火灾事故后，引起了各级领导的高度重视。针对粮油工业的实际情况，采取了有效措施，在治理粉尘、防止溶剂油泄漏、加强安全管理教育等方面做了大量工作，并且收到了实效。据统计，1987 年全国粮油工业因工伤亡、设备、火灾事故次数比上年减少了 1 125 次。

有的地区开展了文明企业评比竞赛活动，推动了企业管理的加强，企业面貌有了较大的改观。

其他方面的成绩还有很多，例如，在开展“双增双节”运动方面；在引进、消化、吸收国外先进技术、设备方面；在加速老企业的技术改造，推进技术进步方面等等，这里就不再多讲。

河北省粮油工业与全国一样，在 1987 年里取得了可喜的成绩。

首先是生产稳步增长。据了解，去年河北省也受到了计划任务不足、代农加工量减少、能源供应紧张、原粮质量较差等不利因素的影响，但是经过广大干部、职工的辛勤劳动，仍然取得较好的效益。粮食加工总产量达到 192.87 万吨，比 1986 年增长 7.69％，粮油食品产量 4.17 万吨，比上年增长 14.47％；粮机产量 4 830 吨，比上年增加 12.56％。完成工业总产值 7.77 亿元，比上年增长 0.35％；实现利润 4 977 万元，比上年增长 14.47％。利润的增长幅度大于产值的增长。

第二，深化企业改革取得成效。河北省实行承包经营的粮油工业企业已经发展到 119 个，占本省粮油工业企业的 61％。在全国粮油工业中，也占相当比重。石家庄地区 7 个承包企业仅今年 1 月、2 月份实现利润就比去年同期增长 31％。邯郸地区在承包前的三年里利润增长不大，去年实行了承包经营责任制，利润比上年增长了 67％，成效非常显著。遵化县粮油加工厂自实行利润与工资比例包干的承包经营责任制以后，三年迈了三大步，1987 年实现利润 140 万元，比 1984 年增长了 367％，是河北省实行承包经营较早，效果也较好的企业之一。去年我们向全国介绍了他们的经验，《中国商业报》也作了报道。

最近在全国粮油工业经理（处长）座谈会上，赵经理对河北省粮油工业推行承包经营责任制的情况作了介绍，引起与会代表的关注。河北省在推行承包经营责制任中，组织评议小组，合理核定承包基数；结合粮油工业特点，引入竞争机制，先企业或系统内部，然后再向社会公开招标。应该说，河北省为全国粮油工业推行承包经营责任制提供了经验。

第三，粮机生产为全国粮油工业的发展作出了贡献。去年，河北省粮油机械产量达到 4 830 吨，比上年增长 12.56％；完成工业总产值 1 260 万元，比上年增长 13.11％；实现利润 231 万元，比上年增长 15.5％。

在粮油机械产品产量中，液压磨粉机的产量占全国的 29.58％；高方筛产量占全国的31%；磨辊产量占全国的23.6%。产品质量逐年有所提高。为缓和全国制粉机械紧张的状况，解决面粉工业的技术改造的需要起了很大作用。尤其是石家庄市粮食机械厂，在加强企业管理，提高产品质量方面一直走在前列，享有较高的信誉。最近在消化吸收意大利高方筛技术方面，抓得紧，行动快，在较短的时间内就生产出样机，试运行效果较好。

第四，企业管理工作进一步加强。到去年年底，河北省粮油工业有123个企业实行厂长负责制，占本省粮油工业企业63.4%；168个企业实行了价拨经营，占本省粮油加工企业的92.82%。并有保定市新中国面粉厂、石家庄市粮食机械厂等14个企业荣获河北省粮食系统先进企业称号，有10名同志被评为河北省粮食系统先进工作者。与此同时，河北省粮油工业安全生产工作也有所加强，因工伤亡、设备、火灾事故比上年减少76次。

河北省粮油工业所取得的成绩远远不只这些，现仅仅是就突出的几点大概地表述一下。主要靠你们自己去总结，以便充分肯定成绩，在今后的工作中进一步发扬。

下面对河北省粮油工业工作提几点建议。

近几年，河北省粮油工业有进步、有提高、有发展，仅实现利润1987年比1980年增长了一倍多。但是，应该看到河北省粮油工业的一些经济技术指标、发展速度，与国内先进省、市相比还有一定的差距。就是本省之内，地区之间、企业之间发展也很不平衡。为了实现河北省政府提出的“科技兴冀”的宏观战略，我们应该充分利用怀抱京、津两大城市周围的地理优势，靠深化改革，搞活企业；靠技术进步和加强企业管理，更好地发展粮油工业。在此我提几点个人意见，因没有做更多的调查研究和论证，仅供参考。

一是要进一步深化改革，搞活经营。在粮食购销实行“双轨制”的政策下，搞活经营、开展自营业务是深化粮油工业企业改革的重要一环，也是进一步发展粮油工业的重要途径。要认识到，粮油工业是粮食工作的组成部分，粮油工业开展自营业务，有利于粮食部门掌握粮源，稳定粮食市场，平抑粮价，引导消费，保证供应，更好地发挥主渠道和“蓄水池”的作用。同时，也有利于促进粮油工业企业内部运行机制的改革，增强企业对市场的应变能力，取得显著的经济效益。浙江、江苏粮油工业发展较快的主要原因之一，就是自营业务开展得较好。浙江省去年自营利润达7 973.29万元，占全省产品销售利润的76.7%；江苏省去年自营粮油成品37.98万吨．实现利润6 011万元，占本省粮油工业销售利润总额的26.65%。加上粮机等其他自营产品的利润，全部自营利润达1.21亿元，占该省粮油工业销售利润额的53.67%。辽宁省大连油脂工业总厂去年国家计划内加工的油料只占全年加工量的5%，由于广开门路，积极开展自营业务，全年实现利润2 500万元，创外汇1 800万美元。河北省粮油工业去年自营粮油产品、粮油食品8.3万吨，实现利润451万元，比往年有了大幅度的增长，但绝对额较小，还有潜力。据了解，河北全省每年社会粮食商品量大体为130亿斤，其中议价部分约占65%，市场调节的比重很大。如果议价部分的一半经议购、加工、销售成品，那么这笔效益是相当可观的。因此，我建议河北省粮油工业，要进一步解放思想，转变观念，摆脱自我封闭的局面，挖掘企业内部潜力，在开展自营业务方面取得更大的成绩。

二是要一业为主，发展多种经营。粮油工业企业在国家计划内加工任务逐年减少的情况下，要充分利用现有的人力、物力等生产要素，根据社会和市场的需要，广开门路，做到以粮油加工为主，开展多种经营。诸如：积极开展粮油加工副产品的综合利用；利用企业富余人员，兴宏第三产业；在发展饲料生产的同时，发展养殖业，等等。在开展多种经营时，尽管有些产品可能获利不多，也要坚持薄利多销，积少成多，总比“坐吃山空”要好得多。辽宁省有相当一部分粮油工业企业开设饭店、旅馆，自办养殖场，不仅丰富了市场，改善了本企业职工的生活，也为企业增加了收入。当然，开展多种经营也要注意因地制宜，要在搞好市场预测的基础上，制订出切实可靠的规划。

三是改善产品结构，组织粮油产品的深加工。河北省去年人均占有粮食约为 673 斤，低于全国平均水平。而且小麦定购、支出逆差近 11 亿斤。这就决定了粮油工业要充分利用有限的粮源，不能把发展规划定在大幅度增长精米、精面上。要利用怀抱京、津城市的地理优势，组织粮油产品的深加工。发展粮油食品生产，要以大众化食品为主，开发一些营养食品、疗效食品；对玉米要进行“粗粮细作”，开展深度加工；要开展小麦胚芽、玉米胚芽的综合利用，使产品逐步打入京、津市场。近几年，上海市每年开发粮油食品新品种有几十种之多，仅去年就有 20 余种，创产值 1 184 万元。浙江省去年粮油食品销售利润已达 1 741 万元，占全省粮油工业销售利润的 17.64%。由此可见，粮油产品的深度加工，大有文章可做。

四是要加强企业管理，向管理要效益。粮油工业企业要结合开展企业升级工作，着重加强企业管理的基础工作，完善计量器具和检测手段，做好计量定级工作；建立健全原始记录、凭证、台账、统计报表；加强设备管理，开展“文明企业”的评比活动，逐步消灭跑、冒、滴、漏现象，治理企业中的脏、乱、差。争取两三年内把企业脏、乱、差的问题解决好。同时，要通过加强企业管理，达到降低消耗，降低成本，提高经济效益的目的。

在加强企业管理中，要十分重视安全生产。去年河北省粮油工业因工死亡两人，设备及火灾事故直接损失十多万元。不论什么原因，发生任何事故，都将使人民生命和国家财产遭受到不可弥补的损失。各级粮油工业企业的领导，都要把治理粉尘和浸出油厂的安全生产，放到首要位置，切不可有丝毫的麻痹。争取 1988 年在安全生产方面做出更大的成绩。

最后，借此机会，预祝大家在 1988 年里取得更加优异的成绩！并请大家转达商业部粮油工业局向河北省粮油工业战线上的全体职工表示亲切的问候！

粮油工业在改革开放中不断前进

——介绍我国粮油工业的基本情况

1988年11月21日

食品是人类赖以生存、社会向前发展的物质基础。自古以来，就有“民以食为天”的说法。粮油工业是食品工业的基础工业，是国民经济的组成部分，它与人民生活息息相关。我国粮油工业的发展有着悠久的历史，我国的面粉、大米加工与纺织工业一样是我国最早发展的民族工业之一。

粮油工业是在粮油加工工业基础上发展形成的一个比较完整的工业体系，它包括大米加工、面粉加工、杂粮加工、植物油加工、粮油食品、粮油机械、饲料和粮油加工副产品综合利用等。国营粮油工业企业担负着全国城镇、军需粮油供应的粮油出口的加工任务，是整个粮食工作的重要组成部分。

一、粮油工业的基本情况和地位

全民所有制的粮油加工由粮食部门归口管理，95%以上的生产能力集中在粮食部门。轻工、供销、司法、农垦、民政等部门也有一些粮油加工能力，但大多是自给性生产。农业人口自食的口粮、口油，由乡镇企业和个体专业户加工，国家也开展代农加工。

到1988年底，全国粮食部门所属的粮油工业企业有10 737个（其中：大米厂5 382个；面粉厂1 749个；杂粮厂366个；植物油厂1 436个；粮油机械厂242个；粮油食品厂1 134个），职工63.7万人。年末生产能力：大米5 157万吨、面粉4 289万吨、植物油（料）1 989万吨、粮油食品500多万吨、粮油机械12.3万吨、饲料1 579万吨，具有点多面广、小型分散的特点，大部分粮油加工能力分散在县城和县城以下，而且综合性的加工厂较多。

1987年，全国粮油工业总产值达到298亿元，占全国食品工业总产值的23%，在全国七个食品行业中占第一位，占全国商办工业总产值的40%。主要产品产量为：粮食5 377.2万吨（其中：面粉产量为2 899.3万吨，占54%）、植物油281万吨、粮油食品283万吨、粮油机械11.3万吨、饲料970万吨；全年实现利润25.5亿元，占全国商办工业利润总额的44.6%，全年出口创汇约3.2亿美元。粮油工业的产值较高，经济效益较好。粮油工业的产值在许多县的工业总产值中有着举足轻重的地位。

二、近十年来，我国粮油工业发生了显著变化

新中国成立以来，随着我国国民经济的发展，我国的粮油工业通过调整布局，加强企业管理，依靠技术进步，得到了迅速发展，保证了军需民食。但是，应该承认，我国

的粮油工业技术水平与先进国家相比，存在着较大的差距。在过去较长的时期内，鉴于我国人均粮食占有量一直偏低，为了保证供应，我国粮油工业在“保证产品质量、提高纯度、降低精度、努力提高出品率”的思想指导下，基本上是在初加工上做文章，产品档次低、品种少。党的十一届三中全会以来的近十年中，随着我国食品工业的发展和人民生活水平不断提高，我国粮油工业认真贯彻改革开放的总方针，积极改革，不断探索，稳步前进。在取得了显著经济效益的同时（1988 年粮食部门所属粮油工业企业完成总产值 298 亿元，按可比价格计算，比 1978 年增长 1.04 倍；实现利润 25.5 亿元，比 1978 年增长 3.7 倍），粮油工业开始向精加工、深加工方向发展。通过技术改造、改进工艺、设备和引进国外的先进技术装备，提高了粮油工业的技术水平，产品档次不断提高，品种不断增加，丰富了市场，受到了群众的欢迎。近十年来，我国粮油工业发生了以下主要变化：

（一）搞活了经营。

自 1985 年起，我国粮油购销实行了“双轨制”，这一改革加快了粮油工业从单纯的生产型向生产经营型转变的步伐，企业在完成国家计划内加工任务的同时，开始从市场自购原料加工销售产品，搞活了经营，提高了社会效益和企业的经济效益。据统计，1988 年全国粮食部门所属粮油工业企业自产自销大米 82.8 万吨，面粉 238 万吨，植物油 63 万吨，粮油食品 82.4 万吨，饲料 390 万吨。自营业务的发展，使企业增强了市场观念，促进了转轨变型；弥补了企业计划内加工任务的不足，“找米下锅”，发挥了设备优势，扩大了生产，活跃了市场；通过市场竞争，加速了企业内部管理体制的改革，不断提高产品质量，降低消耗，提高管理水平。经营的灵活使粮油工业利润构成发生了很大的变化。江苏省的自营利润已占全部产品销售利润的 70.66%，取得了显著的经济效益。

（二）价拨经营有新发展。

长期以来，粮食部门内部工商企业之间一直沿用解放初期对私改造时的代加工经营方式。随着生产的发展，这种经营方式已不利于保证产品质量，不利于出品率的提高，影响了粮油资源的综合利用；不利于全面经济核算和正确划分政策性亏损与经营性亏损，影响了企业加工管理、提高经济效益的积极性。

为了增强企业活力，几年来，各地以改革的精神，在独立核算企业中积极推广价拨经营，即在工商企业之间，把粮油原料和成品按照合理的价格拨交对方，使工商企业的全部经济活动和经营成果，通过价值形式用货币表现出来。实践证明，这种经营方式能够理顺工商之间的关系，调动双方的积极性，促使企业逐步成为相对独立、自负盈亏的商品生产者和经营者，据统计，到 1988 年底实行价拨经营的企业已达 4 311 个，占独立核算企业的 70%。部分地区还改革价拨经营的作价办法，使价拨经营日趋完善，更有利于加工企业改善经营管理，调动职工的积极性。

（三）改善了产品结构。

随着我国人民生活水平的不断提高和食品工业的发展，粮油工业企业在国家计划的安排下，根据粮源情况和市场的需要，开展了精加工、深加工，改善了产品结构，增加了产品品种，初步改变了过去的“老三样”（即标准粉、标二米、二级油）状况，能够生产各种精制粉、专用粉、颗粒粉、精制米、清洁米、营养米、精制油、高级烹调油、色拉油、调和油等几十种产品。据统计，1988 年精米比例占大米产量的 79.31%；精粉比例占面粉产量的 46.78%。有些地区还恢复生产了一些传统优质产品，如无锡茂新面粉厂“水船牌”特制粉、武汉市的“牡丹牌”面粉、芜湖市的“鹰牌”富强粉、广州市的“红牡丹牌”优质面粉、黑龙江的“颗粒粉”等等，受到了消费者的欢迎。

（四）发展了粮油食品生产。

粮油工业实行一业为主，搞活经营，初步打破了粮油工业单一生产米、面、油产品的局面。以发展大众化食品、方便食品为主，同时发展一些中高档食品、传统风味食品、营养食品和疗效食品等，丰富了市场，受到了消费者的欢迎。现在已基本上形成生产体系，粮油食品生产车间发展到 6 317 个，比 1980 年增加 1 倍多，粮油食品产量达 283 万吨 ，共有 13 个大类、40 多个品种、上千种产品。1987 年粮油食品总产值 22.3 亿元，比 1983 年增长约 1 倍多，占全部粮油工业总产值的比例由 4.4%上升到 7.5%。

在发展粮油食品生产的同时，各地坚持“科学、经济、适用、美观”的原则，注意改进产品的包装，力求造型新颖、款式大方、装潢图案美观。

（五）加快了技术改造步伐。

为了改变粮油工业企业长期以来存在的设备陈旧、工艺落后等问题，以适应国民经济不断发展的需要，逐步实现粮油工业的现代化。这些年来，粮油工业多方筹集资金，企业通过加强国际间的学术交流，派人出国进修、考察，筹集资金，立足于国内并引进部分国外先进技术和设备，对现有企业进行技术改造。据统计，1981～1988 年的 8 年间，全国粮油工业累计完成技改项目 2 167 项，投资 27.3 亿元。用于技术改造的资金达 27 亿元，共安排技改项目 4 956 个，到 1986 年底已投产 4 200 个，占技改项目的 84.7%。到 1988 年底，全国粮油工业固定资产原值为 86.5 亿元，比 1980 年增长 2.1 倍。经过改造的企业，更新了设备，改进推广了先进工艺，提高了一部分企业的自动化程度，改善了生产条件，保证了产品质量，取得了明显的经济效益和社会效益。

（六）消化吸收国外先进技术。

粮油工业通过国际交流、技术和设备引进，逐渐缩小了与国外先进水平的差距。据不完全统计，截至 1988 年底，全国粮油工业共引进粮油加工食品生产线 256 条，引进单机 59 项、制造技术 6 项，总用汇额约 1.45 亿美元。其中：引进大米加工成套设备 4 项、单机 1 项；面粉加工成套设备 57 项、单机 19 项；油脂加工成套设备 35 项、单机 14 项；面包生产成套设备 36 项；方便面生产成套设备 31 项、单机 2 项；挂面生产成套设备 29 项、单机 2 项；其他粮油食品生产成套设备 37 项、单机 12 项、引进粮机生产制造技术 6 项。上述这些引进项目来自瑞士、英国、意大利、德国、瑞典、日本、美国、比利时、法国、加拿大、澳大利亚、丹麦、奥地利、匈牙利、罗马尼亚、波兰等十多个国家及我国香港和澳门地区。这些技术和设备基本上代表了当前的国际水平。

为了使引进技术和设备尽快实现国产化，各地对引进技术和设备的消化吸收工作十分重视，并已经研制了一批新产品，填补了国内一些产品的空白，完善了一些产品系列。如在粮油食品方面，消化吸收日本油炸方便面设备，已生产销售近百套；在面粉加工设备方面有：K 型磨粉机、金属高方筛、电脑定量包装秤、重力分级去石机、滚筒精选机、卧式打麦机等；在制油设备方面有：日产 15 吨香麻油成套榨油设备、50 吨油脂连续精炼成套设备、轧胚机、150 吨碟式离心机、炒籽机、蒸汽喷射泵等；在碾米设备方面有：砂铁组合碾米机，丰收特号碾米机组、重力谷糙分离机等。上述产品大多已经通过鉴定，并已投入批量生产，少数产品正在进行生产考核，不久将组织鉴定。

为了使消化吸收工作有计划地进行，使之成套化，商业部组织了制粉、油脂和饲料设备消化吸收领导小组，并列入了国家经委确定的“七五”期间全国消化吸收的规划之中。在粮油工业消化吸收的项目中，制粉专业有 115 项，其中设备 93 项，包括 125 个品种；制粉技术 22 项，涉及 16 个省、自治区、直辖市的六十多个单位，完成后建示范面粉厂一座。制油专业共 117 项，包括 96 项设备和 21 项成套工艺技术，参加单位有五十多个，完成后建 50 吨油脂精炼和大豆低温脱溶示范厂各一座。碾米专业共 34 项，其中设备 22 项，完成后建日加工 150 吨稻谷综合示范厂一座。以上项目到 1991 年底全部完成，到那时，我国的粮油工业技术水平和装备水平将有较大的提高。

（七）粮油机械生产有了进一步发展。

近十年来，粮油机械工业发展迅速。截至 1988 年底，全国粮食部门有粮油机械厂 242 个，现有职工 4.2 万余人，粮机产量为 11.3 万吨，比 1978 年增长 74%；生产粮油加工设备 10.7 万台（套），完成工业总产值 5.8 亿元，比 1978 年增长 180%。除了产量、产值增长幅度较大外，粮油机械工业发展迅速还表现在以下方面：一是产品品种不断增加，1978 年粮机产品只有 300 多种，经过近十年的研制开发，粮机产品已增加到 500 余种，规格、型号已基本系列化；二是注重了成套设备的生产，如日产 30 吨、50 吨联合成套碾米设备，LF.24 联合成套制粉设备，日处理 30 吨、50 吨、80 吨、100 吨、200 吨成套浸出设备，日处理 30 吨、50 吨油脂连续精炼设备、香麻油成套设备，日产 1 吨、1.5 吨、2 吨、3 吨、5 吨饲料加工机组，FM.3 方便面成套设备，挂面生产成套设备，米粉生产成套设备等；三是粮油机械产品的出口不断增加，并由过去的单机出口逐步走向成套设备的出口。1979 年以来，创汇总额达 2 450 万美元，平均每年创汇 240 多万美元。浙江省余姚粮机厂已向泰国出口了 5 套浸出设备。总的来说，我国的粮油机械工业发展是快的，已经成为一个品种齐全、自成体系的行业。产品除了能满足国内要求外，还能向世界 40 多个国家和地区出口。

（八）开展了横向经济联合。

近几年来，粮油工业企业突破了部门所有的界限，开展了跨地区、跨部门、跨所有制的横向经济联合。目前，大体上有以下几种联合形式：

1. 以优质、拳头产品为龙头，组织联营公司。如江苏无锡粮机厂的 M.Y 型液压磨粉机，1984 年荣获国家银质奖。该厂与部分省、市的八个粮机厂、一个面粉厂和商业部科研院、无锡粮科所组成了“华粮制粉设备工程公司”，承揽国内外面粉厂新建、扩建工程。这种联合能够合理利用各个企业现有的各种生产要素，扬长避短，共同受益，增强了应变能力。现在粮食部门已有制粉机械联营公司五个，油脂机械联营公司二个，粮仓机械联营公司一个，饲料机械联营公司一个，粮油食品机械联营公司一个，综合性粮油机械联营公司三个。这些联营公司成立以来做了大量的工作，取得了一定的成绩。据不完全统计，共完成大小项目 147 个，其中：中小型面粉厂 58 个、大型面粉厂 14

个、大米厂3个、榨油厂2个、浸出油厂4个、饲料厂6个、钢板仓成套工程50个、仓库储运设备配套工程5个、酒厂粉碎车间5个。这些项目，大多工程进度快、质量好、效益高，受到了用户的称赞。

2. 科研与生产联合，组成科研生产联合体。如黑龙江省安达市制油厂与科研单位联合研制生产的食用和药用卵磷脂；山东省淄博市以面粉厂为骨干，与地、县粮油加工厂，乡镇粮油加工厂以及科研单位组成粮油工业联营公司。这种联合有利于推广科研成果，开拓新产品。

3. 联合投资办厂。如辽宁省鞍山市第一粮谷加工厂与鞍山钢铁厂共同投资建立了“碳化稻壳厂”，利润按投资比例分成，碳化稻壳灰由鞍钢做保温材料，使每吨钢降低生产费用0.2元，年可节约40万元，提高钢坯成材率1.3%，多创利130万元。

4. 工贸结合，扩大了产品销售能力。如山东省聊城市油厂利用加工技术的优势，与农村、外贸部门组成松散联合体，扩大产品出口创汇能力。仅1986年4个月内，农村提供原料1.1万吨，出口花生油2 000多吨，创汇140万元。

5. 与外商（及港商）合资经营。如广东省粮油饲料工业公司与美国亨氏集团食品有限公司联合兴办了联合食品企业中心，并建立了儿童营养食品中心工厂，盈亏按入股比例分成；福建省厦门市副食品厂与我国香港万泰行合资引进面包生产线；山东省烟台市粮食部门与新加坡百龄麦有限公司在烟台市合资兴办了新烟食品有限公司。

（九）实行承包经营责任制进度较快。

粮油工业企业实行承包经营责任制，只有两年多的实践，已取得明显成效。据统计，1988年底全国粮油工业企业实行承包的企业有3 199个，占独立核算企业数的51.9%。今年年初以来，根据国务院“经济要进一步稳定，改革要进一步深化”的要求，各地粮食工业企业普遍加快了实行承包经营责任制的进度，到今年6月底，据对13个省市的统计，实行承包的企业已达2 205个，已占企业总数的63%，其中，吉林、山东两省达90%以上。

粮油工业企业在实行承包经营责任制中，坚持了“包死基数、确保上交、超收多留、歉收自补”的原则，兼顾国家、企业职工和承包者各方面的利益，在保证国家财政收入稳定增长的前提下，企业效益提高，留利增加。增强了企业发展的后劲，职工生活有所改善。目前，实行的承包形式主要有三种：一是，包上交基数，超基数全留，一般以承包前三年上交国家利税平均水平或者以前一年实际上交国家利税为基数；二是，包上交基数，超基数分成，分成的比例有的“三七”，有的“四六”，大头留给企业；三是，一些经营状况较好、生产发展较稳定的企业，实行上缴利税递增包干，超额全留，递增比例视企业情况而定，一般在5%～10%之间，除此之外，一些地区根据当地的情况，创造了形式多样的承包形式，如有的实行“全省所得税”大包干；有的区分企业不同情况，分别实行“总额承包”、“递增承包”、“百元固定资产利税承包”、“产值利税额承包”等等。

目前，粮油工业企业的承包经营责任制还在积极地、有计划地发展，各种承包方式正在日趋完善。

（十）推广应用现代管理方法。

随着经济的发展，粮油工业企业应用现代管理的方法有：价值工程、全面质量管理、网络技术、滚动计划、ABC 管理法、量本利分析、目标成本管理、计算机辅助企业管理等，开拓了企业视野，增强了现代化管理的意识和观念，促进了企业管理水平的提高，产品质量和企业经济效益都有了较大的改观。1982 年以来，粮油工业有 16 个产品获国家质量奖，482 个产品获商业部优质产品称号。有些产品还受到省、直辖市、自治区政府及有关部门的表彰。江苏省镇江市生产的小磨香油，1985 年在巴黎博览会上荣获国际美食学会和国际旅游观光委员会授予的金质荣誉奖。浙江省杭州味精厂生产的“口得福”牌味精，1986 年荣获巴黎第十二届博览会金牌奖。

（十一）企业升级全面发展。

粮油工业已制定下发稻谷碾米、小麦制粉、植物油加工、粮油机械 4 个国家二级企业标准，各省市也制定了省级先进企业标准。经过考核审定，已有 18 个企业晋升为国家二级企业，100 多个企业晋升为省、市级先进企业。

总之，自党的十一届三中全会以来，我国的粮油工业在党的改革开放政策的指引下，在各级党政领导的关怀下，在粮食部门的重视下，经过广大职工的共同努力，粮油工业在深化企业改革、加强企业管理、加速技术改造、努力发展生产、调整产品结构、增加花色品种、提高产品质量、研究开发新产品等方面，取得了可喜的成绩，企业面貌焕然一新，基本上适应了国民经济发展的需要和人民生活水平不断提高的需要。

三、粮油工业要进一步发展

随着我国国民经济的不断发展和人民生活水平的不断提高，粮油工业作为食品工业的基础，无疑将会得到进一步发展。但是，当前粮油工业的发展重点，主要不是在新建工厂继续扩大产量上做文章，而是应该把重点放在粮油工业的技术进步上，以便接近和赶上国外先进技术水平，实现我国粮油工业的现代化。

为推动粮油工业的技术进步，商业部粮油工业局曾经制定了“七五”期间粮油工业的技术进步规划，各地粮油工业主管部门根据本地区的实际情况也相应地制定了规划。现在我就今后粮油机械制造工业、大米加工、面粉加工、油脂加工和粮油食品加工等方面的工作重点注意的问题，讲点自己的看法，供大家讨论。

（一）关于粮油机械制造工业。

粮油机械制造工业是为粮油加工，粮油储藏、粮油食品加工和饲料加工提供技术装备的行业，是为粮油工业、饲料工业、粮库、粮店实现机械化、现代化服务的，从这个意义上来说，粮油机械制造工业是“先行官”，粮油机械制造工业能否率先实现现代化，能否提供质量高、性能好、品种齐全的设备，将直接关系到粮油工业能否实现现代化以及何时实现现代化的大问题。因此粮油机械工业的发展必须先行一步。当前，要针对粮油机械制造工业存在的制造工艺落后、检测手段薄弱、制造质量不高、产品更新换代慢、产品规格系列不全、成套能力差、缺乏出口竞争能力等主要问题，采取有力措施，尽快改变面貌。

我们要针对粮油机械制造工业技术水平低和制造质量差等突出问题，下力量对粮油机械厂进行技术改造。鉴于当前资金短缺，我们只能采取挖掘企业潜力，多方筹集资金，对一些重点厂、重点产品以及基础零部件的生产环节进行技术改造。要从提高粮油机械制造工业自身的装备入手进行技术改造。要充分利用现有的工作母机进行改造，对精度要求较高的零部件，其加工机床要逐步配上微机，采用程序控制；要根据产品的特点，积极开展技术革新，采用专用机床和工艺装备；对钣金工、冷作工较多的粮油机械厂，有条件时要增设剪板机和冲压设备，做到剪板、折边、弯曲等一次成型。对薄板件要积极创造条件，尽量采用工夹模具、冲压成型；对生产受压容器和焊接要求较高的设备，要注意选用能保证质量的焊接设备；对铸件生产，要在保证设备强度的前提下，减少厚度、减轻重量，注意表面精度、注意棱角清晰，做到在油漆时少用腻子或不用腻子；要注重油漆质量，要按食品机械的要求，符合食品卫生要求，颜色美观大方，表面光滑平整，有条件时要采用烤漆技术；要十分重视装配质量。凡是运动件，在装配时都要进行表面清洗，防止磕、碰损伤，涂加防锈漆和润滑油。装配后，要进行试运转，待达到正常后才能装箱；要提高零部件的质量，延长零部件的寿命，解决好零部件的互换性和通用性。我们要围绕着以上几方面下些功夫，下点本钱进行技术改造，以确保粮油机械产品的质量。

粮油机械制造工业要注重新产品开发研制，当前特别要集中力量搞好引进技术和设备的消化吸收工作，做到精心试制，不断改进，以增加品种，填补空白。在此基础上，所有粮油机械厂都要积极发展自己的拳头产品，以便在竞争中立于不败之地。

我们还要在发展单机生产、提高单机质量的同时，积极发展成套设备的生产和供应。我们要加强横向经济联合，打破地区、行业限制，走联合生产的道路，以增强配套能力，满足用户需要。

粮油机械制造工业不仅要满足国内的需要，提供质量高、性能好、品种齐全、成套性强的设备，而且要立志多出口、为国家多创汇。今后粮油机械产品出口的指导思想是：在继续搞好单机、配件出口的同时，积极组织成套设备的出口，要把组织成套设备的出口作为主攻方向。各地都要密切配合，花大力气，经过几年努力，把更多更好的代表我国水平的成套设备打入国际市场。为了组织好成套设备的出口，各企业在承包组织成套设备出口时，一要注意与科研设计部门的结合；二要注意与技术水平、管理水平较高的加工厂结合；三要注意设备的选用。在设备选用时，不要只考虑本单位、本地区的利益，不要保护落后，要择优选用，全国配套，切实保证成套设备的先进性。为了做到多出口、多创汇，要特别注意产品质量，以取得用户的信誉。根据目前粮油机械出口产品状况，我认为，所有出口产品，一要保证内在质量；二要讲究外表质量；三要注意包装质量。为了保证出口产品的质量，所有粮油机械厂都要有全局观点，做到既会配合当主角，又会当配角，一丝不苟地把好出口产品质量关，为民族争光，为国家争光。

（二）关于大米加工。

我国盛产稻谷，稻谷产量约占世界稻谷总产量的 38%，居世界之首，我国人民，尤其是南方各省一直把大米作为主食，1985 年全国大米消费量占整个粮食供应量的 45%。我国的大米加工历史悠久，现在全国粮食部门所属大米加工厂有 5 000 多个，我国出口的大米加工成套设备以及单机配件等，在国外有一定的声誉。但也存在不少问题，需要我们继续改进提高。我觉得，在今后几年内大米加工方面的工作重点要放在以下几个方面：

第一，各地粮食部门要针对当前不少大米加工厂厂房、设备破旧，开工不足，经济效益不高，企业缺乏自我改造能力等突出问题，积极向政府有关部门反映，想方设法给点扶植政策，以加快企业技术改造的步伐。在粮食部门内部，要协调工商等各方面的关系，积极组织原料，使工厂吃饱开足，以提高企业的经济效益和自我改造能力。

第二，要继续推广“先砻后碾”的生产工艺，现在还有少数地区仍在采用稻谷直接碾米的工艺，这种状况要尽快改变；要恢复和采用 20 世纪 50 年代总结的“多机轻碾”经验。今后新建或改建碾米厂时，要提倡采用二机或三机出白；在生产过程中，要认真做到“通风密闭”，防止尘土飞扬，污染环境。

第三，要继续贯彻在提高产品纯度，保证产品质量的前提下，努力提高大米的出品率。当前要针对杂交水稻加工出米率普遍较低的状况，组织攻关，并及时发现和总结交流，提高杂交水稻加工出米率的经验；要继续研究适用于不同稻谷的精米加工技术，进一步提高大米加工技术。

第四，要根据市场的需要适当发展免淘洗米、营养米等。对于精米的生产，要视粮源情况来定，根据当前大米供需矛盾较大的实际情况，在今明两年内各地要控制精米的生产和供应。据统计，1987 年精米（包括特制米、标一米）的比例已经达到 79.3%。这个比例显然是高了，是不符合当前我国粮源情况的，需要认真加以调整。

第五，要积极开展米厂副产品综合利用，要把米糠、米胚芽、碎米、米粞、稻壳等充分利用起来。要积极发展利用稻壳作燃料发电，降低工厂生产成本；要把米糠用于榨油；要把碎米、米粞等尽量用于食用或用作食品原料，以节约粮食。

第六，要认真搞好引进大米设备的消化吸收和部分设备的研制工作。只要我们在高效谷糙分离装置、白米精选装置等方面的研制取得突破性的进展，加上能够按照不同国家的要求进行工艺设计和配备设备，那么我们就有可能占领更多的出口市场。

（三）关于面粉加工。

我国的面粉加工这几年发展较快。1988 年粮油工业企业的面粉产量达 2 899 万吨，占成品粮食（包括大米、面粉、杂粮）产量的 54%，在加工设备和技术方面也有很大进步。根据我国的国情和面粉工业的现状，面粉加工工业的发展趋势是：

1. 面粉工业的产量将随着农业提供商品小麦的增长而得到发展；居民对精度较高的面粉需求往往受到农业生产增长速度和粮食供应条件的制约，因而精粉的产量不可能增加很快（由于受到粮源的制约，今明两年要控制精米、精面的生产和供应）；精度高于特制粉的面粉和各种专用面粉的生产，将与食品工业的发展和居民消费能力的提高相协调发展；面粉小包装的生产会逐步得到发展，但数量不会太大，小麦面筋粉和小麦淀粉将会得到有限度的发展。根据我国的国情，我认为，在相当一段时间内，精面的主要构成仍然是特一粉和特二粉。标准粉的产量在多数地区仍占较大的比重。

2. 根据我国小麦质量和面粉质量与工业发达国家存在的差异，对于国外的工艺不能生搬硬套，必须按照中国的国情适当吸收运用，从而逐步形成具有中国特点的、适合生产不同面粉要求的制粉工业。

面粉工业的技术装备，要在引进、消化吸收、改进、创新的基础上，发展我国新一代的设备，逐步实现面粉工业技术装置的更新换代。当前，要下大力抓好高方筛、磨粉机和清粉等关键设备的消化吸收工作。

3. 某些工艺技术、技术装备和设施将得到进一步的应用。如：清麦工艺的进一步完善；随着水资源和环境保护管理的加强，湿法清理将更多地为干法所代替；重视运用水分、温度、时间三个因素，取得搞好小麦水分调节的新经验；制粉工艺和设备的采用，将根据原料质量和产品质量的要求，做到长短、繁简适度，制粉效果有新的提高；随着麦胚用途的开发，将发展与之相适应的提胚工艺；随着面粉生产的发展，会促使企业相应建立一些必要的散粉仓和配备配粉系统。

（四）关于杂粮加工。

我国的杂粮品种较多，大宗的有玉米、高粱和小米。历史上有吃杂粮的习惯，在主食构成中占有一定比重，尤其是一些杂粮产区，更以它为主要口粮。近几年，我国粮食逐年增产，粮食消费水平不断提高，大米、面粉已成为主食中的主要品种，而且精米、精面的比重增加，杂粮在主食中的消费量愈来愈少，从国营粮食加工厂的杂粮加工产量来看，1962 年曾达到 623 万吨，占粮食加工总产量的 25%，按当时粮食定量人口计算，人均约 114 斤。这些年来，杂粮加工产量逐年减少，1986 年、1987 年两年杂粮加工量都未超过 200 万吨，不到粮食加工总量的 4%，1988 年 210.8 万吨，占 3%。其中，1987 年的玉米粉加工产量仅为 130 万吨，1988 年为 153 万吨，人均 15 斤，按全国定量人口计算，平均每人只有 13 斤。

最近，国务院领导同志提出“城市的口粮结构要适当调整一下，南方要多吃一点面粉，北方要多吃一点粗粮”。根据国务院领导同志的指示精神，我们要把杂粮加工工作认真做好。要尽快恢复一些杂粮加工车间，安排好粗粮加工，做到保证市场供应；要完善工艺，增设设备，努力提高杂粮加工的产品质量；要注重研究高效的玉米提胚设备和脱皮设备，以提高玉米产品的纯度；玉米产品也要努力增加花色品种，如采用玉米联产加工工艺，同时生产大、中、小[illegible]和玉米粉以满足群众的选用；要努力增加粗粮制品的生产，开发研制粗粮细作的新产品，抓好在粮油食品加工中适当掺入玉米粉的研制工艺，做到既可扩大粗粮的食用范围，又有利于营养的合理搭配。鉴于杂粮加工及其用途的文章很多，今后，我们要把杂粮加工技术以及杂粮制品的开发研究提上议事日程。

（五）关于油脂加工。

这些年来，我国油脂加工业的发展，可以说是令人满意的，不仅在生产能力上有很大发展，而且在技术进步上也上了一个台阶，学习应用了许多国外的先进技术。以新型平转浸出器、混合油蒸发器、DT 蒸烘机、高料层蒸烘机、尾气回收装置等为主机的成套浸出设备，已经实现国产化，不仅能满足国内的需要，而且还能成套出口，有些浸出油厂的经济技术指标已接近国际 20 世纪 70 年代的水平；在油脂精炼方面，连续碱炼及其主机碟式离心机、真空脱色、连续高温脱臭工艺及设备，国内已先后研制成功；在油脂深加工方面，采用引进设备的方法，生产人造奶油、起酥油、代可可脂等产品；油脂副产品综合利用得到了良好的发展，为社会增加了财富。

为使我国的油脂工业继续健康地向前发展，当前要注意抓好以下几点：

1. 要严格控制浸出油厂的盲目建设和重复建设。现在溶剂资源紧缺，为了避免损失，我的意见是：在“七五”期间，甚至“八五”期间，原则上不再铺设新点了。今后，要把发展浸出制油技术的重点，从新建、改建扩大生产能力，转移到加强管理，确保安全生产，更新、完善工艺设备，降低消耗，提高技术水平，提高经济效益上来。

2. 发展油脂的精加工和深加工要注意我国的国情。对油脂进行精加工和深加工是发展食品工业和人民生活水平不断提高的需要，是今后油脂工业发展的重点。要有计划地扩大精炼能力，有关生产规模、精炼的程度都要认真研究、反复论证。扩大油脂精炼能力，要提倡采用国产设备。

在油脂精炼的基础上进行深加工，生产各种油脂制品（如人造奶油、起酥油等）以丰富市场，满足各方面的需要，这是油脂工业发展的重要内容。这项工作我们已经有了一个较好的开端，今后会将继续发展。但对这类产品，我们更要从国情出发，要考虑群众的生活习惯。在布点时，各地一定要加强宏观控制，要特别警惕一哄而起。

3. 积极开展油料蛋白的利用。在大豆、花生、葵花籽、棉籽和油菜籽等植物油料中，不仅含有丰富的油脂，而且含有丰富的蛋白资源。今后我们要积极地开展利用这些资源。当前工作的重点是抓大豆、花生两个食用油料蛋白的利用上。要在油料蛋白提高质量、降低成本以及油料蛋白在食品开发利用上下功夫；对于棉籽、油菜籽等油料蛋白的利用，当前应该在去毒上有所突破，作为饲料蛋白的资源。我认为，未来的油厂，不只是单纯生产植物油的工厂，还应该是生产油料蛋白的工厂。要改变过去油厂的主产品只是油的传统观念，今后油厂的主产品应该是蛋白（饼、粕）加工。

4. 进一步搞好以米糠、玉米胚榨油为中心的综合利用。米糠油、玉米胚油的生产自 1977 年列入国家重点科技项目推广以来，有了较快的发展。这项工作的开展，不仅对平衡食油收支起了积极作用，并取得了较好的经济效益，为国家积累了资金。现在我们已经积累了许多开展米糠、玉米胚综合利用的经验，为今后的进一步利用提供了条件。现在要进一步提高米糠、玉米胚的利用率，规划到 1990 年米糠油产量要突破 10 万吨、玉米胚油产量达 1.5 万吨，米糠、玉米胚的利用率达到 70%以上。与此同时，要积极开展油脚、饼、粕等副产品的综合利用，除了巩固和发展现有的综合利用产品外，今后要在开发磷脂系列产品、脂肪酸及其衍生物、VE 等新产品方面多做文章。今后有条件的油厂要在搞好本职工作的同时，开辟新产品逐步向化工产品方向延伸。

5. 认真搞好油脂引进技术和设备的消化吸收，研制新产品。油脂引进技术和设备消化吸收的内容有：油料的前处理（清理、轧胚、压榨）；成套浸出设备；油脂精炼（“三脱”、“五脱”）；油脂氢化和深加工；大豆蛋白的利用及生产自动控制等 6 大类，共 117 项，包括 96 项设备和 21 项成套工艺技术。参加消化吸收的单位有 50 多个，要求到 1991 年全面完成，并同时建成两个示范厂，一个是建在合肥的日处理 50 吨油脂精炼车间，包括连续脱胶、脱酸、脱色、脱臭、脱蜡、冬化等技术；一个是建在西安的日处理 50 吨大豆低温脱溶及组织蛋白生产技术。现在看来，这些项目品种多、涉及面广、技术起点高、时间紧、任务重、难度大，因此需要各地从大局出发，全力以赴积极配合才能做好这项工作。我相信，这项工作做好了，又能使我国的油脂加工技术和设备再上一个新的台阶。

（六）关于粮油食品加工。

这几年来，粮油工业企业生产粮油食品发展较快，已经成为粮油工业企业生产、经营的重要组成部分，它受到了广大消费者的欢迎。今后发展粮油食品生产的指导思想是：要在发展大众化食品的同时，进一步发展中、高档食品，提高食品的档次，发展旅游食品、快餐、配餐食品、方便食品、营养保健食品，增加饮料生产，搞好大豆蛋白、花生蛋白的利用，并相应发展与食品配套的产品生产，努力增加花色品种，提高质量，确保食品卫生。有关粮油工业企业发展粮油食品生产的设想，已在“七五”规划中讲了，这里我想就为实现“七五”计划，促进粮油食品生产的进一步发展，讲点看法。

1. 继续抓好大众化食品生产。近几年，粮油食品品种、产量大幅度增长，1988 年产量达 283 万吨。其中：挂面、面饼、方便面、面包等大众化的方便食品产量约占 65%。按全国定量人口计算，每人每月只有 1 斤左右，远远不能满足消费者的需要，尤其是现在国务院领导提出“南方要多吃一点面粉”后，为了方便群众食用，更要下大力发展以挂面为中心的大众化食品的生产。同时需要进一步扩大生产价廉物美的早餐食品、课间食品，以及进入三餐的各种食品和半成品；要努力开展以玉米为主的各种杂粮食品，真正做到粗粮细作。

2. 积极发展新产品。目前，高糖、高油食品滞销。因此注意发展低糖、低油盐型、高蛋白型等新品种；在发展保健营养食品时，要注意发展市场上紧缺的婴儿断奶食品、妇女妊娠营养食品；充分利用粮食部门特有的米胚、麦胚生产营养食品，利用大豆及其他植物蛋白资源生产高蛋白食品；在发展淀粉生产时，要注意生产国内外紧缺的高档产品；在发展方便食品时，要生产出让人们喜欢的各种风味食品；我国糖源比较紧缺，淀粉糖生产将会引起重视，并得到发展。但目前要注意生产糖果、糕点需要的低甜度糖，如高麦芽糖、低聚糖和低能量的糖；在发展粮油食品的同时，可以发展与之相配套的饮料。要充分利用粮食部门的资源优势，发展蛋白饮料和其他新型饮料。

3. 发展粮油食品要因地制宜，面向城乡市场。各地要努力发展有特色的食品；要适合我国的消费结构和生活习惯，不要盲目照搬国外的产品；要注意地区特点，充分利用当地特有的资源发展食品。与此同时，发展粮油食品要面向城乡市场，特别要注意开拓农村市场。

4. 发展粮油食品要坚持“质量第一”，讲究包装。要建立粮油食品质量监督检验中心，所有粮油食品厂都要健全检化验制度，加强检化验手段，改进检化验方法，逐步实现检化验手段仪器化、科学化，并积极开展营养成分分析研究，不断提高产品质量。粮油食品应尽量利用天然资源提高营养成分，对各种添加剂的使用要持慎重态度；在保证质量的同时，要讲究精美、精细、精致，要注意花色品种、包装装潢、规格系列、档次品质以及口感风味。

在全国商业粮食部门饲料公司经理会议上的讲话

1989 年 8 月 1 日

全国商业粮食部门饲料公司经理会议原打算今年年初开，因部里进行机构改革，才推迟了。现在，商业部的机构改革已经完成，新的饲料管理机构已正式运转，中国饲料公司已经成立并正式营业。为了衔接好商业系统饲料工业各方面工作，保证饲料工业顺利发展，经部领导批准，商办工业管理司和中国饲料公司联合召开这次会议，请大家来一起总结一下 1988 年及十年来商业系统的饲料工作；研究当前发展中的问题，部署今后的工作。下面，我先就这些问题作个简要发言，供大家讨论。

一、1988 年饲料工作情况及十年来饲料工作成就

党的十一届三中全会以来，在各级政府和粮食厅（局）的领导下，全国商业（粮食）系统饲料工业战线的同志们，以改革开拓精神，艰苦创业，克服重重困难；积极发展饲料工业，取得了显著成就。

（一）饲料工业建设已初具规模，在全国基本形成了饲料的生产、经营网络。

饲料工业在我国是个新兴行业，各级领导都很重视，在资金很紧的情况下，给予了大力扶持。十年来，中央与地方合资安排饲料基建和技改项目共 309 个，中央投资 1.9 亿元，建起了一批骨干企业。据估算，地方对饲料工业共投资 20 亿元左右。截至 1988 年底，共建成年双班饲料生产能力 2 434 万吨，饲料厂 3 975 个（其中年双班产 4 000 吨以上的 2 213 个，20 000 吨以上的 219 个），固定资产原值达 17.8 亿元。省、地、县建立饲料公司 2 168 个，销售网点 24 423 个，从业职工 12.6 万人。除个别边远地区外，县县都有饲料机构。这些企业已初步形成了产、供、销、服务的独立体系，成了全国饲料行业的主体，是今后发展饲料工业的一支骨干力量。

（二）饲料产量逐年增加，促进了畜牧业发展。

1988 年全国粮食部门饲料产量达到 2 219 万吨，比 1987 年增长 28%，占全国产量 3 000 万吨的 73%，比 1981 年的 175 万吨翻了三番半。十年共生产饲料 8 208 万吨，平均每年递增 47.3%。

饲料工业的发展，首先保证了大中城市的大中型现代化畜禽饲养场、集体饲养场的饲料供应；其次是对我国分散饲养业向适度规模经营转化起了积极作用，促进了畜禽养殖业向现代化发展，对改善人民的“菜篮子”做出了贡献。1938 年全国肉类总产量达 2 320.8万吨，比 1978 年的 862.3 万吨增加 1 458.5 万吨，增长 1.7 倍；禽蛋产量为 644.7 万吨，比 1978 年增长 1.8 倍；奶类产量达到 415.9 万吨，比 1978 年增长 3 倍多；水产品总产量达 1 040 万吨，比 1978 年增长 1.2 倍。1978～1987 年这十年，肉、蛋、奶、鱼的产量，每人每年平均增加 0.5 公斤，较之前 30 年，以 10 倍的速度增长。到

1988 年，我国人均肉、蛋、奶、鱼的占有量已经别达到 21.4 公斤、6 公斤、3.9 公斤和 9.6 公斤。十年来，我国肉蛋奶产量和水产养殖业产量迅速发展。当然主要是党在农村的经济政策调动了养殖业生产的积极性，但饲料工业的迅速发展，对养殖业发展的促进作用是应充分肯定的。

（三）饲料工业发展，带动了饲料机械工业发展。

过去，饲料机械在我国几乎处于空白。现在，时产 10 吨以下的全套设备，我们自己均可生产。1980 年就对 30 种设备进行了选定型工作，在全国 14 个重点厂组织批量生产，还制定了 17 个饲料机械标准，促进了饲料机械的标准化和系统化生产。1988 年生产饲料机械 5 470 台（套），比 1981 年的 2 393 台（套）翻了将近一番。十年共生产各种设备 32 507 台（套）/33 114 吨。目前，国内设备在外观和质量上与国际水平虽有一定差距，但在价格上只相当于国外设备的 1/3 或 1/4 ，我国饲料厂的建设基本上都是采用国产设备。为使国产设备赶上国际水平，1987 年又组织了 51 种引进设备的消化吸收工作，完成后争取达到国际上 80 年代水平。

（四）取得了明显的社会效益和部门效益。

发展饲料工业可以大大节约粮食，用配合饲料比用传统的单一饲料，一般可提高饲料报酬 20%～30%，即以 20%计算，那么十年生产配合饲料 8 208 万吨，就可以节约粮食 1 642 万吨，1988 年生产 2 219 万吨，一年就节约粮食 440 万吨。

发展饲料工业为饲养业发家致富创造了条件。根据一般情况计算，每吨饲料可为饲养业创造效益 100～200 元，即以最低 100 元计算，那么十年生产饲料 8 208 万吨，可以为饲养业提供效益 82 亿元，仅 1988 年就提供 22 亿元。

饲料工业的兴起，带动了原料工业的发展，促进了饲养业的发展，因此，为社会提供了相当数量的就业机会，对社会也是一大贡献。

饲料企业的部门效益也是较好的。1988 年工业总产值 65 亿元（按不变价格计算），产品（商品）销售额 112.6 亿元，比 1981 年的 3.29 亿元翻了四番多。1988 年实现利润 6.25 亿元，比 1981 年的 2 487 万元翻了四番半。十年共创利润 21.3 亿元（包括经营利润、付营利润，平均每吨饲料 22 元）。基本上收回了十年的投资。

（五）饲料质量不断提高，品种增加。

随着饲料工业的发展，饲料战线的广大职工不断提高质量意识，加强质量管理。几年来，各地除定期组织饲料产品质量检查外，还认真贯彻质量管理办法，开展全面质量管理工作，从原料控制、产品配方设计、生产工序的各个环节采取具体措施，保证产品按标准生产，逐步提高配合饲料比例。配合饲料占配、混合饲料的比例已由 1981 年的 12.2%，发展到 1988 年的 70%。大部分省、市开展了优质产品评选工作，使产品质量有很大的提高。几年来，评选了一批部优、省优产品。获得部优的有北京、上海、天津、黑龙江、哈尔滨、吉林、辽宁、沈阳、安徽、广东、福建、山东、四川、河南、河北、山西、新疆、湖北 18 省、市、自治区 48 个产品（包括 1989 年新评产品 18 个），其中有的已经赶上了国际水平。

饲料品种也不断增加。现在，除可以生产猪、鸡、鸭、奶牛、鱼、虾、鹌鹑、兔等数十个品种以外，还可以生产水貂、鹿、貉、鸽等经济动物和观赏动物饲料，许多饲料还形成了系列产品。

原料构成又逐步趋向合理，产品营养成分趋向全面、平衡。谷物类和动、植物蛋白类原料由 1981 年的 31.33%、11.09%分别上升到 52.49%和 15.19%；糠麸由 51.07%下降到 22.63%。为了促进和支持饲料工业发展，提高产品质量，从 1982 年起，中央拿出了些外汇，共进口鱼粉 34.6 万吨，蛋氨酸 6 091 吨，赖氨酸 5 012 吨，维生素 357 吨，预混合饲料 705 吨。北京、广东、上海、福建等许多地方政府也挤出了些外汇支持发展饲料，弥补了国内某些原料的不足。

（六）饲料科技教育有了较大发展。

几年来，饲料科技指导了饲料工业发展，而饲料工业的发展又推动了饲料科技教育的提高。到 1988 年，全国已建立的专门饲料研究所（室）约有 20 来个。涌现了一批饲料科研成果。“六五”期间，获得商业部科技进步奖的就有 48 项，受国家表彰的 4 项。特别是各省、直辖市、自治区研究所（室），结合本地生产实际，做了大量的应用研究工作，对开发利用资源，不断完善饲料配方，提高饲料技术水平，起了积极作用。

在人才培养方面，部属武汉粮食工业学院、郑州粮食工业学院和无锡轻工业学院先后设立了饲料专业，已有毕业生 250 名。有些粮校还开设了饲料专业或专业课程。商业部和各省、直辖市、自治区还举办了各种类型的在职人员培训班，全国性的就达 20 余次，共培训 830 多人次，提高了职工的技术水平。同时，还广泛地开展了国际技术交流，对提高我国的技术水平起到了显著作用。

（七）发展横向联合，实行饲料、饲养一体化。

1985 年杭州会议上，提出饲料工业实行饲料—饲养—加工一体化方针。几年来，各地粮食部门本着因陋就简的精神，办起了一批饲养场和饲料—饲养联合体。山西省饲料企业，1988 年饲养鸡 45 万只、猪 1.5 万头、牛 830 头、产蛋 300 吨、肉 200 吨、肉鸡 10 万只。江苏省粮食系统已建有 2 000 多个饲养场（点），向市场提供肉、蛋、奶、鱼 2 200 多万公斤。江苏省太仓县，1988 年向市场提供肉、禽、蛋、鱼 207 万公斤，平均每个职工提供 1.098 公斤。按全县 7.4 万城镇人口计算，平均每人 27.88 公斤。湖北、山东、河南、浙江、吉林等地也办起了不少饲养场和一体化企业，有的地方还为饲料部门开展与饲养、加工等部门横向联合进行了试验，积累了经验。这样做也是联系饲养业，更好地为饲养业服务的一种形式。

（八）深化改革，加强企业管理。

几年来，饲料企业认真贯彻深化改革的方针，不断进行企业内部配套改革，全行业实行了利改税。大部分企业实行经营承包责任制、厂长负责制和岗位责任制，为企业发展注入了活力。近几年来，进行企业升级，采用现代化手段管理生产和企业，使企业素质不断提高。1988 年，评出国家二级企业 2 个（1989 年已验收 6 个）。省级先进企业 23 个，为饲料企业树立了榜样。

二、当前存在的问题

十年来，商业粮食部门饲料工业发展很快，取得了很大成绩。但是，应当看到，饲料工业的发展还不平衡，现在的饲料产量、质量和品种与市场需要相差很远，与中央领导同志的要求还有很大差距。在实际工作中各方面都存在不少困难，亟需各级政府和有关部门领导把它作为重点发展的产业对待，摆上位置，解决发展中的实际问题，使饲料工业登上新的台阶。

饲料工业起步晚，基础差，设备简陋，现在已出现后劲不足的现象。饲料工业虽然实行多部门、多渠道的方针，但是粮食部门作为饲料工业的主体，发展的快慢，对整个饲料工业的发展和市场的供应，将会起到举足轻重的作用。几年来，粮食部门虽然建起了年双班 2 400 万吨的能力，但是在过去受到技术和投资的限制，大都是因陋就简的小厂子。不仅生产现在已经不适应规模饲养的需要，设备经过几年的磨损，不少已到淘汰的年限，亟待更新改造。

饲料原料紧张，缺乏稳定、固定的供应渠道是当前影响生产比较普遍的问题。从全国饲料资源来看，我国有饲料粮约 6 500～7 500 万吨，各种饼粕 1 090 万吨，生产 3 000万吨饲料，原料供应发生紧张。但是，由于原料分布不平衡，运输比较紧张，有的原料出口过多，有的原料未充分利用，所以，现在饲料生产所用的玉米、饼粕、鱼粉、氨基酸等都比较紧张。

价格不顺也是影响饲料发展的障碍。饲料价格也是一件新的事物。在 1982 年我们提出了“合理利润”的原则，并在 1985 年 11 月由商业部与国家物价局制定了饲料产品的定价原则和办法，联合下达了《关于试行饲料产品定价原则的通知》。几年来，贯彻基本上是好的。但 1987 年以来，粮食、饼粕、鱼粉、氨基酸、添加剂等价格全面上涨，而饲料价格上涨较少，造成粮食、饲料、畜禽产品之间比价不尽合理，因而使饲料企业的利润率不断下降。长此下去，不仅不利于饲料工业的发展，也不利于饲养业的发展。

三、今后工作意见

随着饲养业规模饲养的不断发展，对配合饲料的需求是越来越大。1988 年以来，许多地方出现饲料产量、质量、品种不能满足市场需要，供求矛盾突出。1989 年上半年粮食部门饲料工业总的形势还是好的。饲料产量大体上与去年持平，少数省、直辖市、自治区饲料生产出现滑坡，比去年同期产量有所下降。1989 年下半年及今后几年饲料工业的形势仍是严峻的，困难还很多，需要我们努力工作，认真对待。

李鹏总理在《政府工作报告》中提出“治理经济环境，整顿经济秩序，是今明两年我国建设和改革的重点，也是政府工作的重点”。在具有重要意义的十三届四中全会上，党中央提出要特别注意抓好的四件大事中，其中一件是“继续搞好治理整顿，更好地坚持改革开放，促进经济持续稳定协调地发展”。饲料工业工作必须遵循这一原则，认真贯彻中央关于治理整顿的方针，深化改革，加强管理，积极组织采购原料，努力增加生产，提高产品质量，搞好供应和服务，使饲料工业能够保持持续稳定协调发展，为发展饲养业，丰富人民的“菜篮子”做出更多的贡献。现在我就今后饲料工业工作提出以下意见：

（一）要进一步提高认识，加强领导。

我们粮食部门发展饲料工业已经十年，达到现在的规模，首要的是各级领导重视。但从全国发展的不平衡和当前存在的问题和困难来说，有些地方还需要加强舆论宣传。

重视来源于认识，来源于对国情民情的了解，光我们饲料行业各级领导提高认识还不够，还要宣传呼吁，以引起各有关领导普遍重视。要进一步认识饲料联系看“菜篮子”，肉、禽、蛋、奶、鱼的供应关系着稳定市场、稳定群众生活大事。十年改革带来的巨大变化之一是国民经济不断发展，人民生活逐步改善，人们的消费水平普遍提高，11亿人口已基本解决了温饱问题。现在我们的国家正处于由温饱向小康水平转变的历史时期。

随着物质条件的变化，人们的消费心理和实际需求也跟着发生变化，即吃饱了再要求吃好。亿万人民群众要求吃好一些，也就是要求多吃一点肉、蛋、奶、鱼。增加一点动物性食品的消费量，这个要求不算高，也合理。但是，在一个11亿人口的国家，都要多吃一点，不是容易的事，一人一月多吃一斤肉，一年就是660万吨肉；一人一月多吃一斤蛋，一年就是660万吨蛋，奶、鱼也是如此。肉、蛋、奶、鱼从何而来？人要吃肉，畜禽要吃料，就得发展饲料工业，满足畜禽饲养的需要。所以饲料工业是同国民经济、人民生活息息相关的，在发达国家都把它作为一项支柱产业来对待，如果市场上没有肉蛋供应，大家可以设想将会出现什么样的后果，安定团结的政治局面、治理整顿和深化改革都可能受到影响。我讲这些是需要我们共同呼吁，引起各有关领导的重视，加强对饲料工业的领导，使饲料工业生产中出现的困难和问题，能得到解决，使饲料工业持续稳定协调发展。

在这里我讲一讲商业部对饲料工业的领导问题。国家机关机构改革，经过一年多的时间，“三定”工作已基本结束，商业部饲料工业管理职能由原来的饲料局转移到新成立的商办工业管理司。商办工业管理司是全国商业、粮食、供销社系统工业综合管理和行业领导部门，负责商办工业行业对上对下归口管理。根据党中央、国务院有关工业发展的方针、政策、决定和部领导的有关要求，结合商办工业实际，积极做好宏观指导、管理、调控和统筹、协调、监督、服务工作，推动横向经济联合，促进商办工业发展（具体职责范围略）。对饲料工业管理的机构为商业部饲料工业办公室（在司内为饲料工业处），编制七人。其职责为：编制商业（粮食）系统饲料生产规划和年度计划；制定饲料工业的基建、技术改造规划、计划，并组织实施；组织制定专业技术质量标准和技术操作规程，管理办法；归口管理饲料工业企业质量奖评选和产品评优工作；组织制定饲料工业企业升级标准，开展升级定级工作，做好饲料工业管理；管理饲料企业的引进技术和设备，配合有关局搞好消化吸收工作；组织新产品研制开发；组织国内外技术交流和专业技术培训，负责饲料工业的统计工作；负责审核国家计划内外汇进口鱼粉、添加剂的作价原则和分配原则。从以上职责可以看出，机构改革商业部虽然撤销了饲料局，但对饲料工业管理职能并未削弱，新的管理机构将集中力量做好宏观指导、管理、调控和统筹、协调、监督、服务工作。另外，根据政企分开的原则，中国饲料公司也已成立，通过公司经营、服务，将对饲料工业的发展给予支持。公司的工作将由中国饲料公司做具体介绍。不过，我想指出一点就是我们与饲料公司只是分工上的不同，都是在商业部的领导下，为发展饲料工业搞好服务的机构。特别是饲料公司刚刚组建，我们要给予大力支持。至于各省、自治区、直辖市和计划单列市饲料工业管理机构如何设置，职责如何划分，各地应从实际出发，怎样合适，怎样对发展饲料工业有力，就怎样定，不强求一致，上下对口。现在有许多省、市公司以经营为主，并设立行业管理科或企业管理科履行行政管理的职能，这种形式可以参考。

（二）要千方百计解决饲料原料供应。

解决原料不足是当前增加饲料生产的关键问题。各地饲料部门应积极疏通购销渠道，建立原料供应基地（北京市投资 1.115 亿元，建起了五个原料供应基地）。要充实自身的采购力量，大力开展原料采购。要依靠粮食局组织议价、储运部门解决饲料原料采购，运输方面的问题。饲料部门要采取多种行之有效的办法广泛开展以粮换料、品种兑换、来料加工等业务，把分散在饲养户手中的饲料粮利用起来，多方扩大原料来源。南方稻谷产区要尽可能地把群众用于饲喂的稻谷、大米换出来，以饲料换回的稻谷，还可和北方玉米产区串换玉米，既解决南方原料，又解决北方大米紧张问题，这是利国利民的好事。

进一步加强粮油副产品的管理，各级粮食部门要严格执行各项有关粮油副产品管理的规定。除了开展综合利用，保证计划内军供、特供和食品、酿造等行业用外，都要首先用于饲料生产的需要。严禁批条子、走后门，不要向饲养户销售单一品种。各种油料饼粕（包括豆粕、花生饼、菜籽饼、棉籽饼等）也是生产配合饲料的主要原料。我国植物蛋白严重不足，鱼粉等动物蛋白生产有限，国际市场价格上升，进口用外汇逐年减少。为此，对饼粕（大豆饼粕）出口要严加控制，禁止计划外出口。对返还农民的饼粕，要多换回一些，尽量减少用饼粕直接肥田的数量。

从长远打算，要投资于饲料原料工业，开发各种蛋白资源。如利用屠宰畜禽下脚生产血粉、肉骨粉、羽毛粉；利用医药、造纸、食品、酿造等行业的废渣、废液生产饲料酵母、单细胞蛋白等。在酒糟利用方面也大有文章可做。此外，有条件的地方还可发展草粉、叶粉、非蛋白氮等，以解决饲料原料特别是蛋白质原料不足的问题。

（三）努力增加饲料生产，改善饲料供应工作。

1988 年粮食部门配、混合饲料产量 2 219 万吨，考虑到原料紧缺等各方面的因素和各地生产计划数，1989 年度粮食部门饲料生产计划只下达 1 900 万吨。据初步统计，1989 年上半年的饲料产量为 1 088.5 万吨，完成年计划的 57.29%，大体上与去年同期持平。下半年还需要各地尽最大努力完成商业部下达的饲料生产计划，并力争超额完成，在去年的基础上有所增长。设想 1990 年配、混合饲料产量达到 2 500 万吨。要增加生产，除努力解决原料外，重要的是要充分发挥现有设备的生产能力。饲料行业搞一业为主、多种经营，主要还是发展饲料生产为主，饲料部门各级领导要把主要精力放在发展饲料生产上。当前，因原料、电力的问题，有些地方饲料生产设备利用率不高，有的单班生产能力还达不到 50%，有的打打停停，甚至有的厂每周只开工生产一两天。这种状况必须尽快改变，希望各地针对不同情况，认真研究，加以解决。各个饲料厂和饲料车间尽可能的都要进行双班生产，创造条件力争开三班，使现有生产能力充分发挥作用，增加饲料生产。

在增加生产的同时，要进一步改善饲料供应工作，提高服务质量，认真执行供应政策。在饲料供不应求的情况下，要坚持保证重点，优先供应国营集体大中型种畜、种禽场，饲养场，饲养专业大户等规模饲养的需要。有条件的地方可以兼顾城乡小型饲养户，在对饲料粮实行财政补贴，以平价或倒三七比例价供应饲料的地方，应实行与交售肉、禽、蛋、奶相挂钩的政策，使国家饲养业、消费者都受益，在饲料供应紧张的情况下，仍应坚持做好各项服务工作。

（四）抓科学技术进步，用先进的科学技术和科学的管理办法推动饲料工业的发展。

科学技术是第一生产力，在饲料工业领域里是大有潜力，大有可为的。我们要充分发挥、利用粮食部门的科研单位和企业现有的科技力量，为发展我们的饲料工业积极作出贡献。要在开发利用饲料资源，提高配方水平，开发饲料新产品；改进加工工艺；消化吸收引进先进设备，提高饲料机械设备水平等方面进行研究开发。通过几年的努力，使我们饲料工业生产的技术水平达到先进国家 70 年代末、80 年代初的水平。

通过科学的管理，不断提高饲料产品质量。十年来，产品质量逐年提高，但发展不平衡，有少数企业质量意识差，不注意抓产品质量。今年第一季度，原饲料局组织专业人员对 27 个省、市 287 个企业 383 个产品进行了检查，合格产品 240 个，合格率为 62.6%，有少数省合格品不到 30%。要树立质量第一，用户至上的观点，努力把产品质量提高到一个新水平，继续大力推行全面质量管理，建立质量保证体系，严格质量责任制。现已颁布了猪、鸡、鸭、奶牛配合饲料、预混合饲料、浓缩饲料国家标准和育肥猪混合饲料专业标准。饲料企业要严肃认真，坚持按标准生产，保证产品质量。要认真做好省（市）级和部级优质产品评比工作，使评比工作真正起到鼓励先进，鞭策落后的作用。

各级饲料主管部门要加强对饲料产品质量的监督检查、奖优罚劣，对不合格产品要限期改进；对生产劣质产品，损害用户利益的企业要严肃处理，维护配合饲料的声誉。

在抓科技进步工作中要继续搞好饲料工业建设。做到稳步发展，积极改造，大力提高。要把建设的重点放到现有企业的技术改造上，改造影响产品产量和质优的关键设备和部位，或为增加产品品种而增加某些专用设备，为实现饲料工业的技术进步和产品的升级换代创造条件。通过技术改造，提高产品质量，增加品种，扩大生产能力，改善劳动条件，实现技术进步，增强整个饲料工业发展的后劲。技术改造资金，除争取国家有重点、有条件的安排部分外，主要靠企业和地方自筹解决。

（五）理顺饲料价格，保护饲料工业的发展。

去年由于物价波动大，出现两种情况：一种是有些地方由于原料紧张，价格上涨，饲料成本提高，价格上调，影响饲养户的积极性，出现杀鸡宰鸭、大量提前出售畜禽产品的现象，也给饲料企业造成产品滞销，影响企业生产；另一种情况是有些地方，为保护饲养业生产不出现滑坡，在饲料原料涨价的情况下，不准饲料产品调价，又不给饲料企业补贴，造成企业亏赔。多产、多销、多贴，企业亏赔不起，只好减产或停产。这些影响饲料企业生产发展的情况，都是由于价格不顺造成的。因此，理顺饲料价格是亟待解决的问题，须上下共同努力。解决这个问题首先是饲料企业要发扬艰苦奋斗的精神，挖掘企业内部潜力，通过开展“双增双节”把原料涨价和其他影响价格的因素，尽可能地在企业内部进行消化；其次是经过努力，企业实在消化不了的，饲料主管部门要经常地、如实地向各级政府领导部门汇报反映，并与工商、财税、物价等有关部门沟通情况，做大量过细的工作，取得领导和有关部门的理解和支持，正确解决畜禽产品和饲料的合理比价，改变价格不顺的状况。我们也要与国家有关部门商讨有关政策，在新的政策制定前，我们的意见是对饲料价格还应当认真执行商业部和国家物价局联合制定的饲料作价原则，要兼顾国家、企业、用户三者利益，按质论价、优质优价，高进高出。饲料产品按实际成本和销售费用加合理利润的原则确定销售价格。允许有等级和品种差价，保证企业有合理利润。不要限价，这个问题已讲了几年，现在配合饲料70%以上是议价经营，原料都是从市场随行就市采购的，如对饲料产品价格限制过死，又不给企业补贴，企业要么自认亏赔，要么降低产品质量，我们认为这些做法都是不对的，是不利于饲料工业企业的生存和发展的。采取限价办法，看来一时保护了饲养业的利益，而饲料工业企业生产受损，反过来势必影响饲养业的正常生产和发展，从长远看对饲养业也是不利的。所以我们呼吁请各地主管部门认真考虑这一问题。

（六）加强企业管理、深化企业改革。

加强企业管理的根本任务在于认真贯彻执行国务院《关于加强工业企业管理若干问题的决定》（以下简称《决定》）。商业部《关于商办工业企业升级的管理工作要求》（试行）（以下简称《要求》）是贯彻国务院《决定》在商办工业的具体化。商办饲料工业企业，特别是大中型饲料工业企业都要把提高产品质量、降低物质消耗和增加经济效益作为考核本企业的管理水平的主要指标，从自己的实际情况出发，制定出“抓管理，上等级，全面提高素质”的规划，并采取措施，努力实现。饲料工业企业参加商办工业企业升级工作，已经两年，这项工作已经引起粮食部门饲料行业重视，许多地方已经积极行动起来。认真贯彻执行国务院《决定》和商业部的《要求》，1988年原饲料局制定了《饲料工业国家二级企业标准》（以下简称《标准》），经广泛征求意见后，已经试行。许多饲料企业按照《标准》和管理工作要求，经过艰苦努力，在达到省（自治区、直辖市）级先进企业标准后，积极申报国家二级企业。1988年经全面考核，有上海市饲料厂和哈尔滨市三棵树饲料厂升为国家二级企业。1989年各地申报饲料工业国家二级企业已达20多个，由于饲料行业企业升级工作今年仍属试点，指标不多，经过全面考核评比，又有沈阳市饲料一厂、北京市南苑配合饲料厂、天津市蓟县饲料厂、牡丹江市饲料厂和福建省龙海县饲料厂、山西省太原市饲料厂升为国家二级企业（待审批）。企业升级工作是一项长期的工作，是提高企业素质，提高管理水平的必由之路，关系到饲料企业的生存和发展，关系到国家实现现代化的预期目标。对此，必须有清醒的认识和强烈的紧迫感。把这项工作放在重要位置，绝不能可做可不做。相信通过各级饲料部门的工作，经过饲料企业干部职工的艰苦努力，饲料行业的素质和管理水平会有较大的提高。

同志们：在政治风波以后，党的具有重要意义的十三届四中全会已经召开；中央新的领导机构已经建立，我们饲料行业全体干部、职工要紧密团结在党中央周围，认真学习十三届四中全会文件和邓小平同志讲话精神，坚定地和党中央保持一致，坚持四项基本原则，切实反对资产阶级自由化，认真加强职工思想政治工作，努力开展爱国主义、社会主义教育，发扬艰苦奋斗精神，开展“双增双节”，克服困难，把政治风波造成的损失夺回来，努力增加生产，提高产品质量，努力完成并力争超额完成年度生产计划，把饲料工业提高到一个新水平，支持饲养业生产，为丰富广大人民的“菜篮子”，稳定市场供应，做出更大的贡献。

在全国第四次粮油工业处长（经理）座谈会上的小结发言

1990年4月5日于昆明

全国第四次粮油工业处长（经理）座谈会，从4月1日至5日，开了五天，今天就要结束了。参加这次座谈会的有各省、自治区、直辖市、计划单列市主管粮油工业的处长（经理）以及中国商业物资总公司和有关科研所的领导同志共63人。云南省粮食厅李世新副厅长、黑龙江省粮食局杨文汉副局长、大连市粮食局吕洪贵副局长、成都市粮食局彭崇熙副局长参加了这次座谈会并讲了话。

这次会议主要是：继续深入贯彻党的十三届四中、五中、六中全会的精神，总结1989年全国粮油工业的工作以及“七五”规划的执行情况；交流各地在治理整顿、深化改革，强化企业管理，依靠科技进步，提高产品质量，克服生产滑坡，提高经济效益等方面的经验；讨论修改《“八五”全国粮油工业技术进步规划（讨论稿）》，以保持粮油工业持续、稳定、协调地向前发展。会议期间，大家认真回顾了去年的工作，互通了信息、交流了经验，研究讨论了今年粮油工业工作，对《“八五”全国粮油工业技术进步规划（讨论稿）》提出了许多修改意见。会议达到了预期的目的。现在我就1989年粮油工业工作和1990年粮油工业需要重点抓好的几项工作，讲点情况和意见。

一

1989年，全国粮油工业企业在各级党和政府的领导和重视下，认真贯彻党的十三届四中全会、五中全会精神，坚持治理整顿和深化企业改革的方针，强化企业管理，充分挖掘潜力，千方百计搞活经营，深入开展“双增双节”运动，克服了原料不足，资金短缺，能源紧张和市场疲软等困难，经受了政治风波的考验，出色地完成了加工生产任务，保证了市场供应，为稳定市场、安定人心做出了积极贡献。

据统计，1989年全国粮油工业企业共加工粮食5 214万吨、生产植物油269.9万吨、粮油食品290万吨、生产各种饲料957.9万吨。其中面粉比上年增加65.7万吨、杂粮增加77.8万吨、粮油食品增加7万吨。但也有几项主要产品产量有不同程度减产，比上年减产的有：大米减少306.3万吨、植物油减少11万吨、饲料减少12.4万吨、粮油机械减少3 178吨。在市场疲软、生产出现滑坡的情况下，经过全国粮油工业企业广大职工的共同努力，工业总产值完成296.4亿元，比上年298亿元只下降0.54%；全年实现利税总额31.04亿元，比上年27.68亿元增长12.14%，其中利润达28.03亿元，比上年25.5亿元增长9.89%。江苏、黑龙江、湖北、吉林、山东、辽宁、上海、安徽、四川、浙江、河南、湖南、江西、北京等14个省、直辖市年实现利润都在一亿元以上，这14个省、直辖市的利润总额为22.05亿元，占全国粮油工业利润总额的 78.67%。

根据统计资料分析，1989 年粮油工业有以下一些情况变化：

一是，在调整产品结构中，各地认真贯彻了“三个一点”的精神，全年杂粮加工完成 288.6 万吨，比上年增加 77.8 万吨，增长 36.9%，通过新建、改建、扩建杂粮车间，生产能力比上年增加 11.8 万吨。与此同时，精米、精面的生产得到了控制，全年生产精米 1 627.4 万吨，占大米总量的 83%，比上年减少 201.6 万吨；生产精面 1 528.9万吨，精面占面粉总产量的比重为 51.56%，与上年基本持平。

二是，粮油食品产量继续有所增长。全年生产挂面、方便面、面包等各种粮油食品 290 万吨，比上年增长 2.47%，其中挂面生产 163.6 万吨，比上年增产 4.26 万吨，面饼、方便面也有不同程度增长。粮油食品中的调味品、副食品、儿童食品、糕点、小食品等人民生活必需品均比上年有所增长，尤其是随着杂粮加工的增长，杂粮制品生产 491 吨，比上年增加 220 吨，增长 81%。

三是，粮油工业企业在保证完成国家加工任务的前提下，坚持走自产自销、搞活经营的路子，克服了组织粮油原料困难和市场疲软等问题，全年完成自产自销粮油 355 万吨，为避免粮油工业产值的更大滑坡和保持较好的经济效益做出了成绩。

四是，通过开展“双增双节”见到了成效。全国稻谷加工平均出品率达 69.96%，比上年的 67.87%提高 2.09%；小麦加工由于去年芽麦比重大，各地采取了积极措施，使小麦加工出品率只降低 0.63%；花生、大豆、棉籽、米糠、玉米胚等五种油料的出油率均较上年提高。一些主要产品的电耗、煤耗有所降低，浸出油厂的溶剂消耗进一步下降，全年共节约生产用电 4 837 万度、节煤 33 583 吨、节约溶剂油 1 814 吨。

五是，支农工作进一步发展。全年共代农加工粮食 353 万吨，比上年增加 46 万吨，加工植物油 35.7 万吨，增加 0.7 万吨，当年共帮助农村建厂 77 个，安装粮油加工机具 484 台，培训技术人员 1 058 人，发展联营企业 36 个。

另外，由于 1988 年粮食减产、市场疲软等情况，也出现了一些新的问题，主要是：全员劳动生产率由上年的 43 899 元，降为 42 530 元；亏损企业由上年的 153 个增加到 239 个，亏损额由上年的 1 889 万元上升到 3 394 万元；可比产品成本比上年上升 19.05%，上升幅度较大；各种工伤事故、设备事故、火灾事故和死亡人数等虽有减少，但溶剂、粉尘等爆炸事故增多，需要引起我们的高度重视。

总之，1989 年全国粮油工业的生产形势是好的，成绩是显著的，这是全国 65 万粮油工业企业职工和各级主管部门辛勤劳动努力工作的结果。

二

今年是进入 90 年代的第一年，是执行“七五”计划的最后一年，也是治理整顿和深化改革的关键性一年。在新的一年里，我们要认真总结过去，分析现在，展望将来，以推动粮油工业持续、稳定、协调地向前发展。1990 年，粮油工业的工作重点是：坚定不移地贯彻执行治理整顿和深化改革的方针，把提高经济效益、强化企业管理和增强质量意识放在首位；要按照国家产业政策的要求，调整好产业结构和产品结构，积极开发新产品，增加产品品种，确保市场供应和竞争能力；要依靠技术进步，搞好技术改造；要大力开展“双增双节”运动，抓好节能降耗，提高出品率；要广开门路，积极开展自营业务；要支援农业，积极开展代农加工；要继续充分利用资源，搞好综合利用；要积极发展外向型经济，努力扩大产品出口；要深入调查研究，提出和制订优惠扶持政策，帮助企业解决生产、经营和管理中的问题；要两个文明一起抓，关心职工生活，充分发挥广大职工的生产积极性。保持全国粮油工业的持续稳定、适度发展。

这次会上，听了各地的介绍，对今年工作的指导思想、奋斗目标、工作重点和具体措施都很明确，很受启发。下面我就今年需要重点抓好的几项工作讲点意见，供各地参考。

（一）继续深入贯彻治理整顿和深化改革的方针，确保粮油工业持续、稳定、协调发展。

中央指出：“用三年或者更长一些时间基本完成治理整顿任务。”为此，我们要把治理整顿作为发展粮油工业的一项重要任务来抓，要制订治理整顿计划，抓住治理整顿的主要目标，落实治理整顿的任务、措施，使粮油工业在较短的时间内走到持续稳定、协调发展的轨道上来。继续深入贯彻执行治理整顿方针，是粮油工业摆脱困境，渡过难关的重要途径。当前粮油工业治理整顿工作的重点是：

1. 加强粮油工业建设的宏观管理，控制粮油加工厂的盲目发展。

近几年来，粮油工业新建项目较多，既有粮食部门的，也有乡镇企业和其他部门的，这些新建项目有些是必要的，有些是重复建设、盲目发展，不仅造成人力、物力、财力的浪费，而且投产后企业间争原料，生产能力过剩，企业吃不饱，经济效益差。因此，各地粮食部门要在地方计经委、银行的支持下，加强对粮油加工企业建设的宏观控制。

对在建项目，要认真进行清理整顿，该上的上，该下的下，对于已建成的项目，由于布局不合理、能力过剩、缺乏原料的，可进行转产处理，并注意把转产过程的经济损失减少到最低限度。

在治理整顿期间，要尽量少上或不上新项目，对于一些加工能力不足的地区，需要新建粮油加工厂时，要实行有效的宏观控制严格把关，做到统一规划、布局合理，必须在调查研究的基础上，对其可行性报告和项目建议书等，要严格执行审批手续，生产规模要严格控制资金物资要真正落实，不得突破。

各地粮油工业主管部门，要加强行业管理的职能，对粮油工业进行有效的宏观控制。要与地方计经委研究制订粮油工业宏观管理的办法和手段。对于一定规模的粮油加工厂，由粮食部门统一规划、统一管理，防止粮油加工厂的盲目发展。粮食部门要担负起粮油工业行业归口管理的职能。

粮油工业的发展必须依靠技术进步，走以内涵为主扩大再生产的路子，靠增加生产能力，片面追求产值产量来实现粮油工业的过高发展速度，只能使粮油工业走上歧途，粮油工业的发展必须与整个国民经济的发展相适应，与食品工业的发展和人民生活水平相适应。

粮油工业是我国最早的民族工业之一，是粮食工作的重要组成部分。粮油工业的产品与人民生活息息相关，任务十分艰巨。各地要加强对粮油工业的领导，调整和充实各级粮油工业管理机构。现在商业部成立了商办工业管理司，各省市粮食厅（局）都有粮油工业处或粮油工业公司。我们认为，不管叫什么名称，采取哪种形式，都要设立专门机构，充实得力人员，切实加强对粮油工业的领导和管理，并要担负起行业管理的职能，把粮油工业的行业管理放在首位。

2. 调整产品结构，增加有效供给。

粮油工业必须坚持为城乡人民生活服务的方向，坚持为社会主义经济建设服务的思想。粮油加工是粮油工业的主业，搞好粮油加工，按时、保质、保量完成粮油加工生产计划，确保市场有效供应，是粮油工业的主要任务。调整产品结构，应以保证这一主要任务的完成为宗旨，以提高产品质量，增加产品品种，促进技术进步，增强企业后劲，提高经济效益为前提。

调整产品结构要同时与现有粮油工业企业的治理整顿工作相结合。对那些产品质量差、出品率低、消耗高、经济效益不好、产品无销路的企业要进行整顿，有些企业经过整顿，可以转产其他产品。

粮油工业企业在完成国家计划任务的前提下，要根据市场需求，大力开拓适销对路的新产品，以适应市场多方面的需要。根据我国粮食的具体情况，要继续按照"三个一点"的精神，搞好产品结构的调整，要有计划、有控制地发展精米、精面生产。要搞好粗粮加工，特别是玉米加工，增加产品品种，在粗粮细作方面下功夫，创出一条新路子。粮油食品仍以与人民生活密切相关的大众化传统食品为主，同时要根据不同地区、不同消费水平的需要，生产具有地方风味食品以及一些中、高档多品种粮油食品。要努力开拓农村市场，大力生产农村所需产品。今后，粮油工业要通过精加工、深加工逐步向食品和油脂化工产品方向延伸。

粮油机械产品的生产要与粮油加工产品结构调整相适应。要改进工艺装备，采用先进工艺、技术，生产性能好、效率高、能耗低、技术先进的产品，坚决淘汰那些性能差、效率低、能耗高、技术落后的产品。同时，要充分发挥粮机工业优势，积极组织成套供应，生产国际市场和广大农村粮油加工所需的粮机产品。

3. 深入开展增产节约、增收节支运动。

增产节约、增收节支是我国社会主义建设的长期任务，是全面提高粮油工业经济效益的重要途径。深入开展"双增双节"运动，既有现实意义，又有长远意义。粮油工业开展"双增双节"潜力很大，其重点是：

（1）增强质量意识，努力提高产品质量。质量是企业的生命，企业在激烈的竞争中要靠质量取胜，没有质量就没有数量。质量低劣的产品，没有使用（食用）价值，生产这种产品是最大的浪费；质量好，使用（食用）价值高是最大的节约。而粮油产品质量尤为重要，质量问题不仅是个经济问题，从某种意义来说，也是个政治问题，产品质量不好，不能食用造成经济上的损失，如果食用将会损害人民的身体健康。因此，增强质量意识，确保粮油产品质量，是治理整顿的重要内容，具有重要的经济意义和政治意义，广大粮食职工必须牢固地树立质量第一的思想。

（2）加强设备管理工作。所有粮油工业企业要认真贯彻执行《设备管理条例》及其实施办法。要建立健全设备管理制度，加强对设备的维修保养，加强对老设备的更新改造，使设备经常处于良好的工作状态，这对提高产品质量，降低物质消耗，充分发挥设备效能，延长设备使用寿命，确保设备的安全运行，提高设备的投资效益有十分重要的意义。

（3）积极开展自营业务和代农加工。这是对国家下达计划不足的重要补充，是企业搞活经营、提高经济效益的重要途径。实践证明，凡是自营业务和代农加工搞得好的企业，经济效益十分明显。所有粮油加工企业在完成国家计划加工任务的前提下，要在国家政策允许的范围内，千方百计通过多种渠道，采购原料，积极开展代农加工，满足生产需要。

（4）继续积极开展粮油加工副产品综合利用。粮油加工副产品综合利用对增加企业经济效益有重要作用，是合理利用资源、增加产品附加值，为国家创造财富的重要途径。为了提高经济效益，各地对综合利用十分重视，取得了较好的效果。开展副产品综合利用时，也要防止一哄而上，各地要加强对综合利用的宏观控制，避免盲目发展造成综合利用产品积压过剩。对副产品综合利用要有计划地进行发展，尽量利用现有设备能力，挖掘内部潜力，使综合利用产品与市场需要相适应，充分发挥综合利用的效能，提高综合利用技术水平。

（5）不断提高粮油加工产品的出品率。提高粮油加工产品出品率是粮油工业的一项重要任务，对提高企业经济效益十分有效。从目前情况看，各地粮油加工出品率差异较大。出品率过低的企业要积极采取有效措施，改进和完善加工工艺，加强管理，严格操作，把粮油加工产品的出品率提高到一个新水平，为国家增产更多的粮油。

（6）节能降耗，努力降低生产成本。节约能源、原材料，对缓解我国能源、原材料紧缺状况，有着十分重要的意义，对于发展生产和国民经济的发展有直接影响。目前，有些地区由于能源和原材料不足，对粮油工业企业的生产已造成一定的影响。粮油工业点多面广，各地区、各企业间能源、原材料消耗差异很大，节能降耗的潜力也很大，各地各企业要把节能降耗作为一项重要工作抓紧抓好，取得成效。节能降耗的重点是节约煤、电、水、汽，降低原材料、溶剂消耗。要继续大力提倡节约“一度电、一吨水、一斤煤、一粒粮、一滴油”的节俭精神，形成节约光荣、浪费可耻的良好风尚，通过改进工艺、严格操作、加强管理、积极采用节能设备、淘汰能耗高的老设备等措施，把消耗降下来，要把节能降耗、降低生产成本纳入企业管理目标和技术进步规划，把节能降耗落到实处。

在开展“双增双节”运动中，各地粮油工业主管部门要把亏损企业的扭亏增盈作为重点工作之一来抓，要通过调查研究，帮助企业采取有力措施，千方百计地把亏损企业的数目和亏损总额降到最低限度。

4. 进一步深化企业改革，搞好承包经营责任制。

近几年来，粮油工业和其他工业一样，在深化企业改革中，大多数企业积极推进了承包经营责任制。通过实行承包经营责任制，调动了企业和职工的积极性，取得了明显的经济效益。为了使承包经营责任制更加健康地向前发展，我们要认真做到：一要坚持保持各项政策的连续性；二要总结经验，使其进一步深化和完善。当前，我们要认真贯彻中央有关深化企业改革的一系列指示精神，结合粮油工业的实际，认真总结企业承包经营责任制的经验，注意解决好以下几个问题：

一是承包基数要相对稳定。要坚持大稳定、小调整，对大多数企业来说一般不要轻易变动基数，对少数企业承包基数偏低的，最好在完成承包期后作适当调整。今后，在确定和调整承包基数时，仍要防止偏轻偏重的现象，处理好三者关系，保证国家增收，企业多留，职工多得。同时，要继续充分考虑粮油工业受农业丰歉、原辅材料供应和价格政策影响较大，加上还有相当一部分企业亟待改造等实际情况，做出正确的评估，使确定和调整后的承包基数更加有利于调动企业经营者和生产者的积极性，有利于粮油工业的进一步发展。

二是要进一步确定好承包方式。根据粮食部门购、销、调、存、加等是不可分割的一个整体的特点和近几年来各地的实践经验，粮油工业企业的承包方式，先由当地财政部门对粮食局，再由粮食局对所属粮食工业企业实行承包的方式较好，有利加强对企业的领导、管理和考核。

三是要选准承包人，处理好承包人与职工的关系。要按照德才兼备的原则和干部“四化”的要求选择和考核承包人，承包人确定后要相对稳定。要注意处理好两个承包期间的衔接工作。要正确处理好承包人的中心地位与职工的主人翁地位的关系。在分配上，既要反对平均主义，又要注意防止部分企业中承包人与职工收益悬殊，分配不公的问题。

四是要继续坚持和完善企业内部各项配套改革。实行承包经营责任制的企业，都要认真贯彻《企业法》，建立厂长（经理）负责制，厂长（经理）任期目标责任制和任期终结审计制，认真贯彻三个《条例》，以及坚持和完善企业工资总额同经济效益相挂钩的办法。当前要注意处理好厂长（经理）的中心地位与强化党组织的保证监督作用和政治核心作用的关系，充分发挥职代会的作用，实行民主管理、科学决策。

五是要及时纠正承包中出现的问题。现在，在少数承包企业中仍然存在着重经营、重效益、轻管理、轻安全文明生产，忽视质量和消耗，重眼前、轻长远，忽视企业技术进步和技术改造等短期行为，必须采取有力措施，坚决加以纠正。

（二）进一步强化企业管理、提高企业素质。

近年来，各级粮油工业主管部门重视和加强了企业管理工作，粮油工业企业管理水平上了一个台阶，有了较大提高，企业面貌发生了很大变化，涌现出了一批企业管理先进单位，但从全国情况看很不平衡，从总体上看管理水平还不够高，可以说“抓管理、上等级、全面提高企业素质”在粮油工业还刚刚起步。

当前企业管理仍是粮油工业的薄弱环节，加强企业管理是实现粮油工业现代化和生产发展的需要，因此，在抓技术进步的同时，要狠抓企业的管理进步，通过继续开展“抓管理、上等级、全面提高企业经济效益”的企业升级工作，强化企业管理、促进企业技术进步和管理进步，全面提高企业的管理水平。加强企业管理，首先要切实抓好企业管理中的标准化管理、计量管理、质量管理、技术管理、能源管理、设备管理、定额管理、财务管理、班组建设以及职工培训与教育等各项基础工作。要从设备管理入手，完善企业质量管理体系和标准化保管体系，逐步实现企业规范化管理。

开展企业升级是全面提高企业管理水平的重要措施，企业升级工作要以提高产品品质量，降低物质消耗，增加经济效益为重点，要端正企业升级的指导思想，做扎扎实实的工作，要讲究实效，不搞花架子。要以企业升级为目标，全面提高产品质量，制订创优规划，积极开展创优活动，提高企业优质产品率，产品不仅要满足国内市场供应，而且要努力争取有更多的产品打入国际市场，为国家换取外汇。

（三）扎扎实实地搞好安全文明生产。

安全文明生产是体现企业管理水平和企业素质的重要标志之一，凡是安全文明生产搞得好的企业，其管理水平和企业素质都比较高。确保设备的安全运转，对发展生产，提高生产效率，保障人身安全和国家财产不受损失具有重要的意义。但去年以来，粮油加工厂的安全事故和事故苗子有上升趋势，特别是去年发生了几起溶剂和粉尘爆炸事故，对此，必须引起各级主管部门的高度重视。从事故的性质看，主要是制度不严，违章操作。各地要加强对安全生产的领导，广泛开展安全生产教育和培训，提高职工安全生产意识，认真贯彻安全第一、预防为主的方针。为此，企业要首先从设备管理着手，建立健全各项安全管理制度，加强对设备的维修、保养和操作管理，严格执行操作规程，实行严格的安全监督检查制度，杜绝设备带病运转和拼设备超负荷运转的状况。

文明生产与安全生产是密切相关的，开展文明生产对促进企业安全生产有着重要作用。粮油工业在文明生产方面存在的主要问题，仍然是脏乱差。开展文明生产首先要从治理粮油工业企业的脏乱差入手，并把此列入工厂管理目标。粮油加工厂的跑冒滴漏问题始终没有得到根本解决，从而增加了企业生产的不安全因素。粮食加工厂要彻底根治粉尘外扬，使车间内外空气浓度达到国家规定的标准。油脂加工厂要以跑冒滴漏为重点进行治理。所有粮油加工厂和粮油食品厂都要采取有效措施，做到打扫卫生工作经常化、制度化。

安全文明生产将作为“八五”粮油工业技术进步的奋斗目标提出。我们将根据规划要求制定粮油工业安全文明生产企业标准，在“八五”期间开展安全文明生产企业活动，通过这一活动，推动粮油工业的安全文明生产，实现车间内外环境优美，车间内设备、地面、墙壁清洁无灰尘。我们的目标是在“八五”期间要有三分之二的企业达到安全文明生产标准，使整个粮油工业的厂容厂貌有一个很大的改观。

（四）检查总结“七五”规划执行情况，制订好“八五”粮油工业发展规划和技术进步规划。

今年是“七五”计划的最后一年，也是粮油工业完成“七五”规划的关键一年，各粮油工业主管部门要认真检查“七五”规划执行情况，对于执行中出现的困难和问题，要在总结经验的基础上加以分析，及早采取有效措施，确保“七五”规划规定目标和任务的完成。

“八五”是粮油生产技术发展极为关键的五年，各地要在“七五”的基础上，结合各地具体情况，通过调查研究认真做好“八五”粮油工业规划工作，规划的重点是技术进步规划。规划的重点要突出，目标要明确，任务要具体，措施要得力。制订的规划要实事求是，经过努力可以实现。这次会上我们搞了个《“八五”全国粮油工业技术进步规划》，算是抛砖引玉，大家在讨论中提出了许多补充修改意见，我们打算回去修改后，在明年处长（经理）会上讨论通过。

（五）几个有关问题。

1. 关于技术改造问题。

依靠技术进步，搞好粮油工业技术改造，是发展粮油工业的重要途径。“六五”以来，粮油工业技术改造工作取得了很大成绩，粮油工业生产水平和技术水平有了很大提高，对确保市场供应，满足人民生活的需要起了重要作用。

今后粮油工业的技术改造必须以促进企业技术进步，提高经济效益和社会效益为中心。必须采用成熟的特别是引进技术设备消化吸收的新工艺、新技术、新设备。改造重点应放在生产能力不足而市场又急需的产品上，以提高有效供给能力，确保市场供应；发展新产品、出口创汇和替代进口产品上；发展深加工、粗粮精加工和综合利用产品上；节能降耗、确保安全生产和提高生产率的项目上。技术改造项目的选择要优先考虑大中型粮油工业企业。“八五”期间，对技术改造，国家有新的精神，采取分专项贷款和一般贷款相结合的办法，500万元以上的项目，方可列入国家专项贷款，500万元以下的项目属一般贷款，由地方自行解决。申请列入国家专项贷款的项目，必须在调查研究的基础上，同时将项目建议书和可行性报告附上，否则，不予列项。凡属新建项目，不得列入技改项目。

为了搞好技术改造，加强宏观管理，有的省采取了“三管一保”的措施，即一管技改项目的前期论证、申报、审批；二管项目的技术设计和概（预）算；三管项目的设备选择和定购。项目实施前，企业与地（市）粮食局签订责任保证书，对技改项目的资金使用、施工质量和进度、达产和效益进行监督和考核。这种方法各地可以借鉴。

2. 关于104号文件精神的贯彻问题。

104号文件颁发以来，对扶持粮油工业发展起了重要作用，今年是贯彻执行104号文件优惠政策的最后一年，各地要充分利用国家对粮油工业的这一优惠政策，加速粮油工业的发展。在贯彻104号文件方面，各地有哪些经验和具体做法，起了什么作用，还存在什么问题，请各地认真调查研究，做出总结。另外，明年怎么办？也请大家反映意见，以便部里把大家意见向上汇报。

3. 关于引进技术设备消化吸收工作。

引进技术设备消化吸收是发展国民经济，提高我国科学技术水平的重要措施和技术路线。这项工作已列入国家“七五”重点科技攻关计划。通过消化吸收、改进创新实现国产化是提高粮油工业技术水平的一条捷径。这项工作在各地粮油工业主管部门的重视和支持下，已初见成效，到目前为止，已有三分之一的设备进行了鉴定，大部分设备进入了生产试验阶段。从已鉴定的设备看，其产品质量和技术水平基本达到或接近引进设备的对象水平，不少设备已投入批量生产，在生产中推广应用，发挥了作用，为我国粮油工业提供了先进的技术装备。

今年是消化吸收工作的关键一年，各承担项目单位正在抓紧抓好这项工作。但从目前的进度情况来看，还存在不少问题，主要是进度缓慢，少数单位对这项工作还不够重视，抓得不够得力，只重视对单位效益好的项目，没有把消化吸收工作看成是一项政治任务。当然也有一些具体客观因素和实际困难，如缺乏需要的项目材料，有些协作件难以解决等。希望各承担单位的上级主管部门重视这项工作，抓一下消化吸收的进度，帮助承担项目的单位解决一些具体问题，并给予必要的支持，千方百计保质保量按期完成，以确保国家项目的完成。

目前生产试验也遇到了一些困难，有些设备尚未找到试验点，希望已经安排的试验单位，继续给予支持，使已试制成功的设备尽快投入生产考核。生产试验单位要为试验工作提供便利条件，使试验工作得以顺利进行。

4. 关于认真做好新的不变价格的资料收集工作。

为了编制好粮油工业新的不变价格，部里已发文要求各省（市）将上报价格资料于4月25日前寄到商办工业管理司。上报价格资料共分三个时间段上报，即1989年1月至10月；1989年第四季度；1990年第一季度。均为平均价格资料。为使资料更具代表性，别的行业每省市选4个企业汇总整理，粮油工业的粮油部分要选地市的资料汇总。

在上报价格资料时，请注意提出以下几方面的意见：一是，根据粮油工业的特点和粮食行业的情况（如年景和行情的变化等），提出制定价格的建设性意见和方案。二是，提出需要注意处理好哪些关系和矛盾，以使其较为切合实际，又能被国家统计局所接受。三是，大体上取哪一个时间段的资料更有代表性。现在看来，单取一个时间段的资料可能都有问题，能否取1989年1月至10月加四季度的资料作为依据。四是，各省市对本省市现行价与不变价的价比关系有何看法，请进行分析研究后提出意见。

编制好粮油工业新的不变价格意义重大，时间紧、任务重，务必请大家按部里的要求，认真做好这项工作。

5. 切实加强对统计工作的领导。

统计工作是管理国家、管理企业的重要手段，是党和国家制定政策和计划的重要依据。粮油工业统计是粮油工业经济管理的重要基础工作。广大粮油工业统计人员尽职尽责、辛勤工作，为领导了解生产、经营情况、预测发展趋势、进行决策、指导工作，提供了大量的信息资料和统计分析，为粮油工业的发展做出了成绩。但是，目前有的粮油工业主管部门和基层企业对统计工作不够重视，加上统计人员调动频繁、统计制度不够完善、统计手段落后等问题，出现了部分统计数据不够准确，统计分析质量差等现象。为此，务请各级粮油工业主管部门要切实注意加强统计工作的领导，要配备与统计任务相适应的统计人员，要注意保持统计队伍的相对稳定，并在政治上、工作上和生活上多关心他们；要配备必要的计量检测仪器，建立相应制度，确保统计数字的准确性。

为推进统计工作的现代化进程，要尽快建立粮油工业统计信息自动化系统和统计数据库。我司已与部信息中心商议，拟在条件具备时，逐步把商办工业统计报表汇总工作转由信息中心承担，并由信息中心负责为各地选配微机和开办微机培训班，请各地给予支持，密切配合，抓好省级微机的配备和使用工作。

另外，为了做好统计工作，开展学术交流，我们已于1988年10月，在贵阳市成立了全国粮油工业统计研究会，希望各地支持研究会的工作，并帮助统计人员尽快建立学术小组，开展统计理论研究，充分发挥统计理论对统计实践的先导作用，更好地为粮油工业发展服务。

同志们，今年是治理整顿、深化改革的关键一年。全国粮油工业战线的广大干部和职工，要认真贯彻党的十三届四中、五中、六中全会精神，继续发扬党的优良传统和作风，团结一致，共同努力，坚定信心，克服困难，为稳定市场、保证有效供给做出努力，为粮油工业进一步的发展做出新的贡献。

这次会议在昆明市召开，得到了云南省粮食厅的大力支持，保证了这次会议的圆满成功。我再次代表商业部商办工业管理司和全体与会代表表示衷心感谢!

在全国商办工业工作会议上的总结报告

1990 年 11 月 11 日于山东泰安

全国商办工业工作会议从 11 月 7 日开始，开了五天，今天就要结束了。这次会议是商业部机构改革后召开的第一次全国性商办工业工作会议。傅立民副部长亲自参加会议并做了重要讲话，说明商业部领导对这次会议和商办工业工作是非常关心和重视的。

参加这次会议的有商业、粮食、供销社的二十多位厅、局长、主任，各省、自治区、直辖市主管商办工业的处长、经理，国务院有关部委、部内有关司局的同志共一百余人，是商办工业发展史上的一次盛会。

去年 4 月，商业部机构改革中，为加强商办工业管理，将原粮油工业局、饲料局、科技司、副食品局、茶畜局、土杂局等单位分别管理的工业统一由新组建的商办工业管理司负责管理。新机构成立后，我们主要抓了业务组织建设工作，加强与各地的联络，沟通情况，开展调查研究，并分系统、分专业就商办工业的优惠政策、“八五”计划、企业技术进步、行业管理等问题召开了一些会议，为商办工业发展和这次会议作了准备。各省、自治区、直辖市商业、粮食厅（局）、供销社领导，部内有关司局，国务院有关部委对商办工业发展十分关心，并给予大力支持。借此机会，我代表商办工业管理司全体同志表示衷心的感谢，对全国商办工业战线上的 288 万职工致以亲切的问候。

会议期间，大家听取了傅立民副部长的重要讲话，并进行了认真的讨论；回顾和交流了十年来特别是“七五”以来商办工业取得的成就和经验，商讨了商办工业发展中的一些重要问题；座谈讨论了商办工业“八五”计划和十年规划及有关政策措施；研究拟定了《商业部归口管理的行业及主要产品目录》以及《国家产业政策商办工业细化目录》；对商办工业的进一步发展提出了许多很好的建设性意见。会议开得认真、热烈，达到了预期的目的。现在，我受傅立民副部长委托，就这次会议作总结报告。

一、对过去工作的回顾与总结

商办工业是商业工作的重要组成部分，在国民经济中具有重要地位。商办工业生产与人民生活息息相关。粮、棉、油、肉、禽、蛋、调味品、副食品、果品、茶叶、服装、鞋帽、饲料等都是人们日常生活的必需品或“菜篮子”工程的重要组成部分，是丰富市场、保证供应、稳定人心的重要商品。商办工业以农副产品加工为主体，是农业的延伸产业，对引导农业结构的调整，合理利用农副产品资源，为农业发展提供系列化服务方面有着重要的作用。商办工业是轻纺、食品工业的基础工业，成品粮、油、肉、禽、蛋等是食品工业的原料；棉麻加工产品是轻纺工业的原料；饲料是现代畜牧业的基础；再生资源的加工利用既可为有关工业部门提供原料或成品，又能为社会创造财富，商办工业也是我国出口创汇的重要行业之一。由于商办工业具有其他工业行业无法替代的特点和作用，受到党和国家及各级政府领导有关部门的重视、关心和支持。

党的十一届三中全会以来，商办工业有了较快发展。特别是1984年国务院批转了国家经委、商业部、财政部《关于大力发展商办工业的报告》之后（即国发［1984］104号文件），各级政府更加重视商办工业的发展，加强了对商业工业的领导，并对商办工业实行优惠政策。商办工业在加速技术改造，发展传统名特产品的同时，注重加强企业管理，开发新产品，提高了产品质量，增加了经济效益，使商办工业得到了休养生息，增强了生机和活力。因此可以说，这一时期是商办工业发展的黄金时期。1989年底，全国商办工业企业达到5.8万多个，职工287.7万多人，年末固定资产原值347.6亿元。与1983年相比，企业增加1.8万个，职工增加81万人，固定资产原值增加235亿元，1989年完成工业总产值759.8亿元，实现利税74.8亿元（其中利润增长54.1亿元），分别比1983年增长46.9%和112.7%（其中利润增长133.8%）。分系统完成的情况是（与1983年作比较）：商业系统完成产值207.9亿元，实现利税22亿元，分别增长5.34%和25.85%；粮食系统完成产值359.9亿元，实现利税37.3亿元，分别增长60.55 %和202.55%；供销社系统完成产值191.8亿元，实现利税15.5亿元，分别增长100.87%和189.6%。主要产品产量已经达到年加工粮食5 214万吨，棉花162万吨，植物油269.9万吨，鲜冻猪、牛、羊肉270万吨，肉制品19万吨，酱油280万吨，食醋72万吨，酱、腌菜47.3万吨，豆制品49.6万吨，糖果、糕点185万吨，面包、饼干49.5万吨，各种粮油食品290万吨（其中挂面163.6万吨），茶叶16万吨，果脯蜜饯4.3万吨，果汁、果酱2.8万吨，白酒57.6万吨，啤酒36万吨，各种服装3 899万件，鞋1 354万双，帽679万顶，提炼贵稀金属481.6吨，加工废钢铁74.6万吨，生产饲料2 419万吨，生产各种商业机械25万多台套。

商办工业现已发展成为包括四十多个行业的、独立的、比较完整的、具有一定特色的工业生产体系。按现行价格计算的商办工业总产值已达1 200多亿元，占社会商品零售总额的三分之一；商办食品工业产值占全国食品工业产值37%，在市场供应中占有重要地位，是我国食品工业的主力军，为丰富市场、安排好人民生活，稳定大局起了重要作用；商业粮食部门生产的饲料占全国饲料总产量的75%，是我国饲料工业的主体；商业机械工业不仅为本部门的生产、流通提供了各种专用、通用设备，还为社会商业和饮食服务行业提供了大量装备；商办工业利用技术、管理和众多的网点优势，在为乡镇企业服务、为农业生产和农民生活服务，在科技兴农中贡献了自己的力量，在促进农村商品经济发展、开发农村资源、吸收安排农村剩余劳动力就业、发展农村专业合作和规模经营等方面起着重要作用，成为联结城乡经济的纽带之一。

在党的改革开放方针指引下，商办工业在国际交往中日益活跃。为扩大产品出口，建立了一批出口基地和“三资”、“三来一补”企业；引进了一批国外先进技术和关键设备。据统计，到1989年止，商办工业共引进技术（设备）700多项，用汇3.5亿美元，利用外资400多项，用汇9.2亿美元。相当一部分引进技术和关键设备组织了消化吸收；国际间的经济、技术合作与交流广泛开展，有2 000多个企业的产品打入了国际市场，年出口创汇达20多亿美元，占商业部门出口创汇额的70%，成为我国对外贸易和发展外向型经济的一个重要领域。

在不断深化的企业改革中，商办工业多数企业实行了厂长负责制和承包经营责任制，逐步建立和完善了内部经营管理机制。一些企业已从单一生产型转向生产经营型，逐步适应了激烈、复杂的市场竞争，积累了一些经验。

商办工业通过近年来的技术改造，企业面貌有了一定改观。1984 年以来，商办工业共投入资金约 85 亿元，对 8 000 多个企业进行了技术改造，企业技术装备条件有所改善，新增和扩大了一批名优产品的生产能力，提高了产品质量，发展了一批新产品，增强了市场有效供给能力。近三年来，国家计委还安排一些商办工业治理“三废”和环境保护的技改项目。据估算，商办工业技改的投入产出比大约是 1∶1.8，每投入 1 元，可创造利税 0.23 元，社会效益和企业经济效益较高。

认真贯彻国务院关于抓管理、上等级、提高企业素质的战略部署，经过各级主管部门和企业的努力，商办工业的全面质量管理、设备管理、节能管理、计量、标准化工作、档案管理、安全文明生产等管理水平有了明显提高，涌现出一批先进企业。目前已有 87 个企业晋升为国家二级企业；30 个企业获部质量管理奖，3 269 个产品获国优和部优称号（其中国家金奖 20 个，银奖 142 个）；40 多个产品在国际上获奖，经过国家批准享受免税的新产品 100 多个；5 个企业荣获全国设备管理优秀单位称号；312 个企业获商业部设备管理优秀单位称号；53 个企业获国家节约能源二级企业；去年国庆节受到表彰的先进单位和班组 40 个；不少企业通过了计量、标准化和档案管理工作验收。这些都表明商办工业企业管理工作得到了加强，企业素质有所提高。在十年的实践中，我们的管理干部水平也有了较大的提高，增强了经营观念和核算观点，管理意识有所加强，一大批优秀厂长、经理脱颖而出，已有 11 人评为全国优秀企业家，去年国庆节受到表彰的全国劳模和全国商业特级劳模 25 人。在政治风波中，各地商办工业职工立场坚定、旗帜鲜明、坚守岗位、加班加点生产和工作，较好地完成了加工调拨供应任务，为社会稳定、大局稳定、人心稳定做出了巨大的贡献，经受了严峻的考验和锻炼。在第十一届亚运会期间，商办工业选送的亚运会标志产品、捐赠产品、配餐食品、礼品等，其产品质量、花色品种及服务态度都受到各方面的赞誉。这充分反映了商办工业职工的爱国热情，展示了我国商办工业的实力，为国家赢得了信誉。

回顾商办工业十年来的发展、变化和所取得的成就，可从中归纳出以下五个方面的基本经验：

（一）在各级党和政府的领导下，认真贯彻执行改革开放方针和有关政策，围绕商业全局工作、促进工农业生产和保证市场有效供给发展商办工业，这是商办工业持续、稳定、协调发展的根本。

（二）国家、各级政府和各有关部门的重视支持，对商办工业实行优惠、扶持政策是商办工业发展的保证。

（三）依靠科技进步走内涵扩大再生产的路子，把产品质量放在第一位，重视提高投入产出率、搞好技术改造，强化企业管理，不断提高企业素质，提高企业经济效益和社会效益，是商办工业发展的关键。

（四）深化改革，挖掘企业内部潜力，加强思想政治工作，充分调动职工积极性，是商办工业发展的动力。

（五）重视商业机械的发展，不断提高生产、技术、管理水平，适应和满足生产发展对技术装备的需要，努力加快商办工业现代化的进程，是商办工业发展的基础。

商办工业近年来虽取得了一定成绩，但是也存在一些问题，主要是：商办工业企业不少是前店后厂，仍为传统生产方式，企业规模小，基础差，已不适应社会主义建设事业发展和人民物质文化生活水平提高的需要；商办工业的主导行业是农副产品加工业，受农业丰歉影响大，而且农产品收获加工季节性强，企业均衡生产较为困难；产品与人民生活关系密切，但受到物价的制约，社会效益好，企业效益差，缺乏自我改造能力和生产发展后劲；企业发展不平衡，相当数量的企业，生产管理水平和职工素质还不够高，少数地区商办工业尚未引起领导的足够重视，未能排上重要议事日程；对商办工业的宣传工作抓得不够有力，商办工业的重要作用和商办工业产品未被有关部门、单位所了解和认识。上述问题需要我们大家共同努力加以克服和解决。

二、关于“八五”计划和十年规划

去年和今年我们先后在商业、粮食、供销社系统的座谈会和机械、饲料的专业会上同各厅（局）、社就“八五”计划和十年规划进行了研究和讨论，形成了一些意见和设想；根据部里统一安排和对商办工业提出的要求，我们曾于5月份就商办工业的发展战略和重点、调整产业政策、加强行业管理、发展外向型经济和商办工业的优惠政策等五个方面的问题，请一部分省市提出专题研究意见；根据国家产业政策的要求，今年八月我们起草了《国家产业政策商办工业细化目录（征求意见稿）》，发各地征求意见，经过修改后，这次会上又提请大家讨论修改。这期间我们还通过调查和召开座谈会等方式，了解由商业部、国家计委、财政部、国家税务局、物价局联合起草，经国务院批准的《关于进一步发展商办工业的通知》［即（90）商工联字第8号文件］的贯彻执行情况，并就国务院国发［1984］104号文件贯彻执行情况和优惠政策的继续执行问题召开了专题座谈会；今年8月份，由中国科协、轻工业部、商业部、农业部、卫生部联合发起，在北京召开了中国食品工业发展战略研讨会；最近，我们起草了商办工业“八五”计划和十年规划要点，与会人对规划提出了许多好意见，会后我们将认真加以修改。现在我就规划中的几个主要问题再做一个简要说明。

（一）关于规划的指导思想。

遵照《中共中央关于进一步治理整顿和深化改革的决定》，结合商办工业实际，提出发展商办工业的指导思想是：

坚定不移地贯彻执行治理整顿深化改革的方针；按照国家产业政策的要求调整好产业结构和产品结构，增强有效供给能力；依靠科技进步搞好企业技术改造；充分利用资源，搞好综合利用，积极开发新产品；大力开展双增双节运动，抓好节能降耗，提高企业经济效益；进一步强化企业管理，增强质量意识，加强各项管理基础工作，提高职工素质和企业素质，确保安全生产，促进企业抓管理上等级；积极发展外向型经济，努力扩大产品出口，为促进工农业生产、繁荣经济、保证供应、稳定市场、安定人心做出积极贡献。

（二）规划发展重点。

重点抓好粮、棉、油、肉、禽、蛋、果品、茶叶的加工和调味品、副食品及各种食品、饲料的生产；抓好服装、鞋帽等与人民生活关系密切的各种日常生活用品的生产；搞好资源的综合利用和再生资源的加工利用；发展商业机械生产，全面提高生产流通等环节的装备水平。

主要行业的发展要求：

粮油工业——要继续贯彻在保证产品质量和提高产品纯度的前提下，努力提高出品率，减少粮油损失；面粉厂要适当延长粉路，发展等级粉生产；碾米厂要发展多级出白，加强白米整理工序，搞好杂交稻谷的加工；油厂要推广连续精炼；粮油工业要通过深加工、精加工，逐步向食品和油脂化工产品方向延伸；要积极生产市场需要的各种专用粉、专用油和粮油食品；重视杂粮加工，要充分利用资源再搞好粗粮细作；继续搞好米糠和玉米胚榨油的基础上，积极开展各类胚芽、糠麸、米粞、饼粕、油脚、皮壳等副产品综合利用，尤其是重视蛋白资源的开发利用。

棉麻加工——要分期分批地用现代技术和成套设备，装备大型棉花加工骨干企业；大力开展综合利用和精深加工生产产品及短绒生产；积极发展棉麻深加工。

肉禽蛋加工——要以肉联厂为龙头，推行畜禽产销一体化，以市场为导向，坚持“由粗到精，改大为小，变生为熟，变废为宝”的产品结构调整方向，开发多风味、小包装和系列化的肉禽蛋食品；要在发展生化药物、试剂、医药材料、食品、饲料添加剂及生化保健化妆品的同时，积极运用发酵工程、酶工程、细胞及遗传工程等生物技术开发新产品，搞好综合利用。

果品加工——要发展传统的水果和山野果的加工及残次果、落地果的加工利用，发展优质水果罐头和果味糖、果味糕点、果味面包、果味饮料等食品生产。

茶叶加工——要积极发展名优绿茶、花茶、乌龙茶生产，搞好速溶茶、优质红碎茶和小包装出口茶等深度加工，保证少数民族饮用的砖茶生产。

调味品和豆制品——要继续抓好传统工艺的改造，开发风味调料、天然调料、复合调料和花样豆制品，使产品多样化；要注意增加中、高档产品生产，提高产品档次，改善包装装潢，提高包装产品的比重。

糖果糕点和乳品生产——要积极研制各类低糖、低脂肪产品，儿童食品，老年食品，保健食品和适应市场需要的小食品，提高包装、装潢水平。

冷饮及饮料加工——要发展果汁型和复合营养型的饮料生产，在开拓国际市场和满足大城市对高档饮料需要的同时，面向中小城市、集镇和广大农村，生产中、低档质优价廉的产品。

酿酒工业——要开发和利用各种野生植物原料和代用原料，节约酿酒用粮；要发展名优白酒生产，增加低度白酒、果酒生产，严格控制一般白酒生产，搞好糟、渣的综合利用。

服装鞋帽工业——要继续发挥“老字号”的优势，增加各种名牌产品的生产；利用各种新面料，提高设计制造水平，开发新款式，增加中老年和儿童服装、鞋帽的生产。

畜产品加工——要在羊毛集中产地发展洗毛、毛条等初级加工，重点支持出口创汇的羊绒、猪鬃、肠衣的加工生产；在裘皮、皮革加工中采用先进技术，发展羽绒服装的出口和其他羽绒制品的生产，搞好畜禽、羽绒下脚的综合利用。

农副土特产品加工——要进一步搞好蜂胶、蜂蜡、蜂王浆、蜂花粉等深度加工及综合利用；重视植物香料、水溶性植物胶、天然色素等开发利用；积极发展市场需要的日用杂品生产，增加品种，提高质量，扩大出口竹木草藤制品和其他土特加工产品的生产。

饲料工业——要进一步发挥商业、粮食部门饲料生产的主体作用，发展饲料—饲养—加工一条龙或联合企业；要注重添加剂的生产和使用，确保产品质量，搞好系列服务；要研究开发全价配方，科学喂养，提高饲料转化率；要积极开发饲料资源，利用食品工业的下脚、废液以及糟、渣等生产植物蛋白饲料；利用价廉有效的代用品，降低成本，节约饲料用粮。

废旧物资加工——要重视废屑打包、压块及废材剪切、挑选、改制，搞好废橡胶、废旧纤维、废塑料、废贵稀金属、废纸、废玻璃等资源的再生利用。

商业机械工业——消化吸收工作要尽快形成生产能力，提高国产化水平，力争达到工业发达国家20世纪80年代的生产技术水平；要重点发展成套设备、基础零部件和出口创汇产品生产；要把产品质量放在首位，健全和完善质量监督、检测体系和手段；发展机电一体化的产品生产。

（三）关于规划的目标。

在1989年实际完成的基础上，“八五”期间商办工业总产值年平均按4.7%速度发展，利税年平均按5.0%的速度递增。计划1995年年产值达到1000亿元，利税达到100亿元；后五年产值、利税均按年平均5.4%递增，2000年产值达到1300亿元，利税达到130亿元。其中，食品工业产值按5%递增，利税按4.5%递增，1995年分别达到682亿元和67亿元，2000年分别达到870亿元和83.6亿元。

分行业的规划目标为：

商业系统工业产值，1995年278亿元，2000年355亿元（年平均增长5%）；利税：1995年27亿元，2000年33亿元（年平均增长3.9%）。

粮油工业产值，1995年350亿元，2000年400亿元（年平均增长3%）；利税：1995年40亿元，2000年55亿元（年平均增长7%）。

供销系统工业产值，1995年290亿元，2000年420亿元（年平均增长8%）；利税1995年23亿元，2000年34亿元（年平均增长8%）。

商办机械工业产值，1995年20亿元，2000年27亿元（年平均增长6%）；利税1995年4亿元，2000年5亿元（年平均增长6%）。

饲料工业产值，1995年100亿元，2000年140亿元（年平均增长8%）；利税1995年10亿元，2000年14亿元（年平均增长8%）；配合、混合饲料产量1995年达到3 500万吨，比1989年增长60%。

（四）关于规划的措施问题。

我想结合今后工作在下一部分讲，这里不再重复。这里着重讲一下有关商办工业的优惠扶持政策问题。

去年商业部机构改革后，我们曾就国发［1984］104 号文件规定给予商办工业优惠政策就要到期，下步如何继续贯彻执行问题，进行了研究，提出了意见。后来经国务院秘书局和有关领导协商，与有关部门取得了一致意见，报经国务院批准，于今年 2 月 6 日正式发出了《关于进一步发展商办工业的通知》。今年以来，先后有不少省市通过各种形式对商办工业的优惠政策问题提出建议和呼吁。四川省政府已表示 104 号文件在“八五”期间可继续执行；辽宁省对执行 104 号文件原来就没有规定期限，因此在“八五”期间仍然有效；安徽省政府决定在治理整顿期间，只要上级部门没有新的规定出台，104 号文件在安徽省继续执行。还有不少省市也在这方面做了大量工作，并取得一定成效。因此我们希望，在商业部向国务院有关部门反映，做争取工作的同时，请各地商、粮、供主管工业的领导采取多方做工作的办法，求得各方面的支持和理解，争取早日解决问题。请大家千万不要有等、靠思想。对各地争取到的优惠扶持政策，我们也将向大家通报、交流。

前不久，胡平部长看了北京市商委《关于商办工业的调查报告》后作了批示：要解决商办工业的问题，基本上是三条，一是从改革中找出路，二是政策上给予优惠，三是有些产品价格可以放开。这三条是今后商办工业继续发展的关键。关于优惠政策问题，最近我们又分别向国务院、国家计委、财政部等有关部门反映并写了报告，希望国发［1984］104 号文件在“八五”期间继续执行。

三、关于今后工作的意见

“六五”、“七五”期间商办工业取得的成就为今后的发展奠定了基础。但是也应该看到，商办工业底子薄、基础差的状况还未根本改变，面临的形势也很严峻。商办工业与其他行业之间，与合资、外资企业之间，商办工业内部各行业、各企业之间的竞争将日趋激烈，竞争的实质将是一场技术、人才、质量的竞争。随着改革的深入，部门内的保护政策将逐步被打破，靠保护政策取得的一些优势将会消失，国家的优惠扶持政策也不可能无限期地延长下去，平等竞争的局面不久就会出现。哪个企业管理水平高，产品更新换代快，档次和技术含量高，成本低，就能在竞争中立于不败之地。对这一切，我们要有清醒的认识，要有一种紧迫感和压力感。

遵照中共中央《关于进一步治理整顿和深化改革的决定》和十三届四中、五中、六中全会的决定精神，结合商办工业“八五”计划和十年规划提出的奋斗目标，商办工业要努力做好如下工作：

（一）认真抓好产品结构调整，增强有效供给能力。要按照国务院的部署，进一步搞好商办工业的治理整顿，当前要根据国家产业政策的规定，重点抓好产业结构和产品结构的调整。商办工业中大部分为农副产品加工业，大多数产品为人民生活必需品，属于国家重点支持发展的产业。这次讨论制定的《国家产业政策商办工业细化目录》，按照国家产业政策的要求，提出了商办工业重点支持和限制发展的行业和产品，作为编制规划，确定固定资产投资方向，调整产业结构、产品结构，指导生产、建设，引导消费，加强宏观管理的依据。凡是重点支持的行业和产品都要努力抓好有关的生产和建设，注重产品质量，增加花色品种，改进包装装潢。在继承、发扬、挖掘我国的传统文化遗产的同时，创立新的名特优产品，不断开发新产品，增强有效供给能力，缓解供求矛盾，满足市场需要。属于限制发展的产品一定要严格控制，下决心转到国家支持、鼓励发展的产品上来，转到市场急需而生产能力不足的短线产品生产上来。对于那些耗能高、消耗大、效率低、质量差的产品，要帮助企业研究改进措施，有的要转产，有的要限期整顿，尽快促使企业降低消耗，提高效率、提高产品质量、早日走上健康发展的轨道。商业机械产品的生产要与商办工业产品结构调整相适应，努力生产性能好、效率高、耗能低、技术先进的产品，为生产流通等环节提供优良的装备。各级商办工业主管部门都要把贯彻治理整顿、调整产业结构、增强有效供给能力放在首要位置，认真抓好。要紧密结合商业流通，协调好工商关系，搞好生产，确保市场供应。要注意发展与农业生产、农民生活有关的产品生产，稳定市场，做好支农工作。促使商办工业持续稳定，协调发展。

（二）依靠科学技术，振兴商办工业。科学技术是生产力。科技进步是改变企业落后面貌的关键，是调整产品结构、增强竞争能力的重要基础，是促进产品质量全面提高的强大动力，也是提高经济效益的前提。所有商办工业企业都应始终把科技进步置于先导地位，依靠科学技术振兴企业。由于商办工业95%以上为小型企业，大多沿用传统生产工艺，并与流通紧密结合，“前店后厂”、“厂仓结合”的企业比例较大，通过技术改造，走内涵扩大生产的路子，仍是“八五”期间和今后一个时期的重要任务。除了各级地方政府和企业自己安排的技改计划外，国家专项计划将继续对商办工业技术改造给予支持。根据产业政策规定，重点安排农副产品精深加工，开展综合利用和再生资源利用，搞好消化吸收三个方面。商办工业的技术改造应该做到事前进行充分地科学论证，技术起点要高，采用新工艺、新技术、新设备和现代化管理手段；在执行过程中，要加强督促检查，严把工程质量关；完工后要认真组织验收，做好项目的后评估工作。要努力提高投资效益，缩短工期，力争早投产，早见效益。今后技术改造不再安排搞新（扩）建项目。

企业要加强与科研所、大专院校的联合与合作，共同开发研制新产品，优化产品结构，提高产品档次，改进产品质量（包括包装质量）。

商业系统的科研院所、大专院校要面向企业，面向生产，搞好科技服务工作。与商办工业关系密切的科研单位（包括我们管理的四个部属科研所）更要把主要精力放在商办工业的科学决策与管理、课题研究、科技攻关、人才培养上来。

要注重推广应用先进实用的科研成果，加快科研成果转变为生产力的步伐，使之尽快应用到生产实践中去，形成生产能力。要大力提倡企业办科研，结合生产中的难题、关键技术、新产品开发，开展科技攻关，大搞技术革新，出成果，出效益。

（三）强化企业管理，进一步提高企业素质。“抓管理，上等级，全面提高企业素质”，开展企业升级工作是国务院继企业整顿后，加强企业管理工作的又一重大决策。1987年以来，商办工业已有19个行业制定下发了国家二级企业标准；87个企业晋升为国家二级企业。这些企业的产品质量、物质消耗、经济效益三项指标和企业管理水平在同行中领先，起着行业排头兵作用。

企业获得各级荣誉称号固然很重要，但更重要的是通过抓好企业管理的各项基础工作，逐步实现管理现代化，全面提高企业素质，以尽可能少的消耗为国家创造更多的财富。我们希望在“八五”期间能有3%的独立核算企业，也就是说有近1 500个商办工业企业全面达到国家二级企业标准；有约7%的企业达到省级先进企业标准；有3%的企业按商业部质量管理讲评比标准达到850分以上；5%的企业按商业部设备管理优秀单位评选标准达到85分以上；有5%的企业获得国家级节约能源企业称号。

“八五”期间我们还准备在商办工业企业中全面开展创建“安全文明生产先进企业”活动，以配合企业升级，推动企业全面提高企业管理水平。

抓好产品质量是企业中的一项重要工作。要继续开展产品的创优、评优活动。产品质量是企业生产成果的最终反映，也是衡量一个企业科技、生产、管理水平的主要标志。每个商办工业企业都要把抓好产品质量放在重要位置，建立切实有效的质量管理体系，修订和完善质量管理办法，保证产品质量，争取有更多的产品进入部优和国优行列。鉴于商办工业大部分产品是供食用的，食品卫生尤应注意，要严格执行《食品卫生法》，确保产品符合卫生标准。

要重视安全生产。每个企业领导都应把安全生产当作一件大事来抓，认真贯彻“生产必须安全，安全为了生产”的方针和“管生产必须管安全”的原则，健全和完善各项规章制度，严格操作规程，未经培训的人员一律不许顶岗作业，形成严密的安全保障体系。要认真治理事故隐患，把各类事故消灭在萌芽状态，防患于未然。力争在“八五”期间把各种事故减少到最低程度，基本杜绝死亡事故，一旦出了事故要按照“三不放过”的要求，认真查明原因，吸取教训，采取整改措施。

（四）深化企业改革，进一步搞活企业。《中共中央关于经济体制改革的决定》明确指出，“增强企业活力是经济体制改革的中心环节”。几年来，商办工业在企业改革中，已迈出了重要的一步，大多数企业实行了利改税，推行了厂长负责制和承包经营责任制，贯彻执行了“三个条例”，完善了企业内部结构和经营管理机制、改革了劳动人事制度和分配制度，有些企业还引进竞争机制、风险机制，组建了企业集团等。这些改革为搞活企业创造了较为宽松的环境，为提高企业经济效益和社会效益打下了基础，也积累了一些经验。为了进一步贯彻中共中央《关于进一步治理整顿和深化改革的决定》，商办工业要抓好以下几点：

首先，要进一步提高认识，正确处理治理、整顿同深化改革的关系，克服当前市场疲软、资金短缺所带来的困难，齐心协力保证生产正常进行。

其次，要继续稳定和完善承包经营责任制。在新的一轮承包中，要注意解决好以下几个问题：一是对承包基数要相对稳定。要坚持大稳定、小调整，对大多数企业不要轻易变动承包基础；要处理好国家、企业、职工个人三者关系；要考虑商办工业以农副产品加工为主，受农业丰歉、原材料供应和价格政策的影响较大的特点，照顾一部分正在进行改造或需要改造企业，有的企业正处在还贷高峰时期的现实状况，实事求是，合理评估，以调动企业经营者和生产者的积极性，进而保持生产的稳定；二是进一步确定好承包形式。商办工业小型企业多，大多与流通紧密相关。要从自己的行业特点出发选择承包形式，不拘一格，不求一律；三是要选准承包人，处理好经营者与生产者的关系。要按照“多数稳定个利调整”的原则，确定新一轮承包人。同时按照德才兼备的原则和干部“四化”的标准考核承包人。承包人确定后要相对稳定。对于上一轮承包中，领导班子稳定、经营者素质较好、生产效益较显著的企业，主管部门要积极支持和鼓励他们克服困难，为国分忧，继续承包要正确处理好承包人的中心地位与职工的主人翁地位的关系，在分配上要完善对经营者的奖惩办法，既要反对平均主义，又要防止经营者收入与职工悬殊，分配不公的问题；四是要认真贯彻《企业法》（全称为《中华人民共和国全民所有制工业企业法》），进一步建立健全厂长（经理）负责制，厂长（经理）任期目标责任制和任期终结审计制。注意处理好厂长（经理）的中心地位与强化党组织的保证监督作用和政治核心作用的关系，充分发挥职代会的作用，实行民主管理，科学决策，齐心协力做好工作；五是要增强企业约束机制，加强监督，及时纠正承包中出现的问题。目前，一些承包企业中存在着重经营、重效益，轻管理、轻安全文明生产，忽视产品质量的提高和降低消耗的偏向，部分企业重眼前、轻长远，忽视企业技术进步和技术改造，以致出现拼设备、吃老本等短期行为。这些问题必须采取有力措施加以解决。要建立健全科学的承包指标体系，完善承包合同，使之规范化、制度化。要健全考核指标。主要考核企业实现利润、上缴利润和技改任务完成情况，以及国家指令性计划完成情况、产品质量、物质消耗、设备完好率、安全文明生产等重点指标，并严格奖惩兑现。要建立包括消费者（用户）、生产者、新闻舆论和企业内部职工等在内的监督体系，加强立法工作，使企业纳入法制轨道。

组建企业集团，开展横向联合，发挥规模经营优势，也是商办工业深化改革的内容之一。商办工业的小型企业多，单个企业自身力量较弱，在生产发展和市场竞争中有一定的局限。通过组建企业集团，以生产名优产品、出口产品的大中型企业和重点骨干企业为龙头联合起来，将更有利于发挥规模优势，促进企业发展和提高经济效益。同时，也可考虑商业部门生产、流通紧密结合的特点，以工业生产为主体组织产、供、销，技、工、贸联合体，探索发展新路。在发展横向联合中，可以采用多形式：如原料产地与生产企业的联合，工贸、工技的联合，城乡联合，沿海与内地的联合，跨地区、跨部门和跨所有制的联合等等。在联合中要实行平等、自愿的原则，利益均沾、风险共担。在与农村乡镇企业联合中，还可利用商办工业的网点、技术优势，帮助其提高，促进其发展，为科技兴农做出贡献。

（五）加强宏观调控，搞好行业管理。由归口管理部门实行行业管理，是国家运用行政手段加强经济管理的一个重要方面。行业管理是包括全民、集体、个体企业和乡镇企业在内的全行业的管理。其主要内容有：产业政策、投资计划、产品质量标准的制定和监督执行，产品生产许可证的发放和管理，产品价格和不变价格方案的提出，企业升级、企业划类、工种划分、职工业务、技术等级标准的制定，产品鉴定评比等等。今年7月国务院国发［1990］45号文件《关于贯彻国家产业政策对若干产品生产能力的建设和改造加强管理的通知》中规定，对国家控制建设和改造生产能力的产品，不论其建设和改造规模大小、投资多少、资金来源，一律按现行审批项目的分工，报经国家行业归口部门按国家产业政策和国家批准的固定资产投资规模核准后，再按固定资产审批程序审批。并要求各行业归口部门应通观全局、综合平衡、统筹兼顾、严格审核。国家计委在关于贯彻执行国务院上述文件的通知中（计产业［1990］1139号文件）对有关事项提出了具体要求，要各行业归口部门及时掌握本部门归口管理产品的生产、建设及改造方向，提出加强控制和解除控制的建议，以便定期或不定期地调整需要控制建设和改造的产品目录。我们根据以往国务院综合部门协调过的分工，结合当前的实际情况提出了一个“目录”，这次会上大家进行了讨论，会后我们将加以修改再正式印发。对于这次会上大家提出的需要商业部加强宏观调控和行业管理的一些问题，我们将认真加以研究，并与有关部门协商，争取一些手段，尽快拿出办法。这里可以肯定地告诉大家，对于重复建厂，盲目扩大生产能力，我们一直都在采取措施，今后更要利用各种手段加以控制；对引进、合资要区别对待，属重复引进的，要坚决限制；属于两头在外的合资企业，要鼓励其发展；产品大部分内销且外汇难以平衡的，要严格控制。

产业政策的实施，行业管理的实行，宏观调控的实现，都需要各级政府的领导和依靠财政、金融、税收、工商行政管理、投资等部门的支持以及相应的政策、法律、法规配套，要求运用经济的、行政的和法律的手段协调一致地行动。请各地按照分级管理的原则，充分利用自身的手段，行使国家赋予的职能，并发挥行业协会等组织的作用，共同做好这项工作。同时也要把贯彻执行中的问题及时向当地政府汇报，与各有关部门联系，以取得他们的支持和帮助。

（六）重视和发展商业机械生产，加快消化吸收工作。商业机械工业包括商业、粮食、供销社系统的机械制造工业，是为生产、流通和社会商业、饮食服务业提供技术装备的基础工业，是商办工业的重要组成部分。近年来，商业机械工业已发展成为具有一定专业特色和规模的独立、完整的生产体系。1989 年底已有企业 693 个，职工 8.9 万人，年末固定资产 10.6 亿元，完成工业总产值 15 亿多元，实现利税 3 亿元。从产品发展到粮、棉、油加工机械，屠宰及肉类加工机械，仓储、零售机械，饮食服务机械，计量，运输机械和检化验仪器等共 28 个大类、1 500 多个品种，7 000 多个规格、型号。“七五”期间，商业机械工业开展了对引进技术、关键设备的消化吸收工作。目前已完成和即将完成的有碾米、制粉、制油、棉麻、果品、酱菜、豆制品、屠宰及肉制品、面条、饲料、饮食服务、制冷、畜禽废弃物处理和综合利用、包装等 500 多项设备和 40 多条生产线的消化吸收工作。用这些设备和技术建设 20 多个生产示范厂的工作正在顺利进行。已有 100 多个重点骨干机械企业进行了技术改造，其中有 17 个企业引进了先进制造技术、装备和检测手段。通过消化吸收和引进技术装备，不少产品已达到国际 20 世纪 80 年代先进水平。并开发了一批新产品，增强了成套设备供应能力，有的产品获得了国家专利。机电一体化工作得到了重视，设备的自动化程度有了提高。国际市场的开拓也取得了新的进展，现在已有 70 来个企业的十几个大类，180 多个品种的产品打入了国际市场，并利用我国的设备、技术到国外兴办了一些油脂加工、食品、酱油生产等合资、合作企业。1989 年商机行业为国家创汇 1 000 多万美元。为进一步发展商机生产，我这里再强调以下几个问题：

1. 进一步抓好消化吸收和国产化工作。“七五”期间已经鉴定过的消化吸收项目，要在试点基础上进行推广；尚未鉴定的要争取在 1991 年内完成鉴定、验收工作，尽快投入生产。并根据国内外市场需要，充实、完善制造条件和检测手段，逐步形成生产能力，争取使产品打入国际市场。在消化吸收基础上要进行改进、创新，实现国产化，力争国产化率达到100%。要加强消化吸收工作的领导和管理，要按照统一的计划和部署开展工作，防止重复布点、重复生产。参加消化吸收工作的科研、教学单位和企业，未经部里同意不得随意转让技术图纸和资料。对一些市场需求量大而生产能力又不足的消化吸收产品，也要由部里统一安排组织生产，各地不要轻易铺点制造，以免重复生产造成浪费。

2. 加强标准化建设，搞好产品质量标准的制订工作。目前，国家正在进行产品质量标准的整顿、调整工作，并组建了若干个标准化委员会，我部也成立了相应的组织。按照国家的要求，今后的产品质量标准，将调整为国家标准、行业标准和企业标准三个等级。标准一经确定就要严格执行。我们计划“八五”期间要有5%的产品制订国家标准，10%的产品要有行业标准，其余的产品都要有企业标准。今后凡是没有产品标准的一律不得生产，更不得组织鉴定、评优等活动。

3. 加强对商业机电产品出口工作的领导，积极做好出口产品的管理工作。根据国务院关于加强机电产品出口组织领导的要求，商业部成立了机电产品出口领导小组，由傅立民副部长担任组长，商办工业管理司、国际合作司、规划调节司、棉麻管理局、副食品管理局、商业部贸促会、商业对外经济技术合作公司、商业外贸公司等单位领导为成员。领导小组下设办公室，挂靠在商办工业管理司。这将有利于加强商业部机电产品出口工作的统一管理，更有效地组织、协调出口工作，进一步开辟国际市场，扩大产品出口，为国家多创汇。近期我们准备做好几件事：一是制订商业部机电产品出口计划和管理办法，把产品出口纳入商业部年度计划内；二是疏通与外贸、商检部门的关系；三是建立许可证的审核发放、价格管理等规章制度。这些工作，请各地给予支持、帮助。

（七）扎扎实实地开展“双增双节”运动，努力抓好扭亏增盈工作。“双增双节”是社会主义建设过程中需要长期开展的一项工作，必须充分发动群众，坚持不懈地搞下去。目前，商办工业企业成本增加，费用上升，有的企业发生亏损，除了客观上原材料、能源涨价等因素外，与企业自身的管理不善有很大关系。要教育职工继续保持和发扬党的自力更生、艰苦朴素的优良传统，从大处着眼、小处着手，千方百计的开展节约一分钱、一度电、一斤煤、一粒粮、一滴油等活动，处处精打细算，注意点滴节约；要加强财物管理，反对铺张浪费，加强各项经济活动的分析和审计监督，严格财经纪律；要认真制订扭亏增盈计划，扭亏增盈责任制，帮助和促进亏损企业和亏损行业提高经营管理水平，挖掘潜力，减少并逐步消灭亏损；要充分利用现有资源和各种副产品、废弃物、饼、粕、糟、渣、油脚、谷稗、皮、壳、骨血，病死牲畜以及废气、废液、废品等开展综合利用，变废为宝，为国家创造财富；要搞好节能降耗，从工艺、技术、管理上下功夫，把各种原材料、动力、燃料等消耗降低到最低限度；要努力提高各种产品的出率和得率，使有限的资源得到最大限度的利用；粮食加工企业和以粮食为原料的生产企业要特别注意节约粮食，减少损失浪费。“双增双节”扭亏增盈工作要扎扎实实地开展，不搞花架子，不追求形式，要注重实效，防止走过场。

（八）搞好商办工业自身的建设。

1. 抓好队伍建设。商办工业现有职工288万人，青年职工大约占70%左右，有的已成为生产、技术、业务骨干。我们要坚持不懈地对全体职工进行思想政治教育和业务技术培训，帮助他们提高科学、文化和业务技术水平，开展一些有利身心健康的文体活动，关心和解决他们工作上、生活上的合理要求，引导他们学文化、钻技术，以适应企业生产不断发展的要求。

要重视企业的厂长（经理），各级管理机关的工程技术人员、管理人员的继续学习和提高。只有进一步提高各类人员的素质，才能适应“四化”建设的需要，除了部里组织的“专业证书”班、各类专业培训班、短训班外，各省、自治区、直辖市和计划单列市的业务主管部门也要组织开办各种形式的培训，加快人才培养。同时，要特别抓好岗位培训。要鼓励职工参加电大、夜大、函大等学习和自学成材；并为他们创造学习条件。在人才培训问题上要舍得花钱，智力投资不论从现实还是从长远来看都是很值得的。

2. 搞好作风建设。商办工业既是生产者，产品又联系着消费者，只有搞好调查研究，密切联系群众，才能结合实际安排组织好生产，满足市场的需求。要树立为用户着想，对用户负责，为消费者服务的观念，切实纠正行业不正之风，加强廉政建设，以廉洁的形象，优质的服务，迎接竞争，赢得用户，取得效益。

要注重对政策的调查研究，及时掌握情况，并向领导和有关部门反映和提出建议，只有取得各级领导和有关部门的支持，我们的工作才能搞好。

3. 搞好业务组织建设。

①关于机构和人员问题。目前商办工业各级管理机构普遍反映人员紧、工作多。我们希望各省、自治区、直辖市和计划单列市的商业粮食厅（局）和供销社的领导，在机构调整时要考虑商办工业工作的需要，适当加强和充实商办工业的管理机构和工作人员，配备足够的力量以适应工作的需要。

②关于统计工作。统计资料是领导部门决策、制定政策和计划的重要依据。长期以来，广大商办工业统计工作人员尽职尽责，辛勤工作，提供了大量的数据资料和统计分析，为全面反映商办工业的现状做出了巨大贡献。但是，统计工作在有些地方尚未引起领导的足够重视，加上人手少、兼职人员多、工作不稳定、统计制度不完善、统计手段落后等，经常出现统计数字失准、统计分析质量差等现象。今年5月商业部发了《关于加强商办工业统计工作的通知》［商业部发（90）工字第667号］，请各地按照通知要求，加强对统计工作的领导，配备与业务工作相适应的人员，并保持相对稳定，要抓好在职统计人员的业务培训，并在生活上关心，激励他们进一步做好统计工作。

③关于信息工作。信息工作是现代管理工作的重要组成部分。今年6月我们召开了商办工业信息工作座谈会，傅副部长亲自到会讲话。会上经过大家研究，决定成立全国商办工业信息网。除了从工作上加强和建立必要的组织外，还要办好《商办工业》杂志和《商办工业信息》，以便更好地为全国商办工业服务。各地也要相应建立一些组织，按行业开展活动。这次会上大家提出要加强商办工业的宣传、报道，扩大影响的建议很好，傅立民副部长也很支持，我们将在会后抓紧组织开展工作。

4. 加强思想政治工作。当前商办工业面临市场疲软、生产滑坡、效益下降的困难，职工情绪受到一定影响。各地主管部门和企业党组织要按党的十三届四中、五中、六中全会精神，发扬我党思想政治工作的优良传统，教育职工坚定信心，正确认识形势，齐心协力，共渡难关。并投身到深化改革、强化管理、调整产品结构、开发新产品工作中去，以实际行动为商办工业的发展作贡献。

这次会上，各位代表在肯定商办工业工作成绩的同时，针对商办工业面临的形势、问题和今后的工作提出了许多好的建议，对我们提交会议的规划草案提出了宝贵的修改意见，我代表商办工业管理司的全体同志对大家表示感谢。这些意见和建议，会后我们将认真归纳、整理，修改好文件，改进我们的工作，并及时向领导汇报。争取早日得到落实。

这次会议在山东省泰安市召开，得到山东省政府和省商业厅、粮食局、供销社，泰安市政府、市商业局、粮食局、供销社等有关单位和会议、宾馆工作人员的大力支持，为会议作了周到的安排和充分的准备，保证了会议如期顺利召开。我代表商业部和与会全体代表向他们表示衷心的感谢!

进一步振兴我国的粮油工业

1990 年

食品是人类赖以生存、社会向前发展的物质基础。自古以来，就有“民以食为天”的说法。粮油工业是食品工业的基础工业，是国民经济的组成部分，它与人民生活息息相关。我国粮油工业的发展有着悠久的历史，我国的面粉、大米加工工业与纺织工业一样是我国最早发展的民族工业之一。

粮油工业是在粮油加工工业基础上发展形成的一个比较完整的工业体系，它包括大米加工、面粉加工、杂粮加工、植物油加工、粮油食品、粮油机械、饲料和粮油副产品综合利用等。国营粮油工业紧密结合粮油商品流通，担负着全国城镇、军需粮油供应和粮油出口的加工任务，是整个粮食工作的重要组成部分。

一、粮油工业的基本情况和地位

全民所有制的粮油加工由粮食部门归口管理，95%以上的生产能力集中在粮食部门。轻工、供销、司法、农垦、民政等部门也有一些粮油加工能力，但大多是自给性生产。农业人口自食的口粮、口油，由乡镇企业和个体专业户加工，国家也开展代农加工。

到 1990 年底，全国粮食部门所属的粮油工业企业有 11 661 个（其中：大米厂5 639 个；面粉厂 1 802 个，杂粮厂 405 个；植物油厂 1 392 个；粮油机械厂 241 个；粮油食品厂 1 329 个），职工 66.5 万人。年末生产能力：大米 5 430.5 万吨、面粉 4 696.2 万吨、植物油（料）2 267.4 万吨、粮油食品 500 多万吨、粮油机械 14.6 万吨、饲料 1 794万吨，具有点多面广、小型分散的特点，大部分粮油加工能力分散在县城和县城以下，而且综合性的加工厂较多。

1990 年，全国粮油工业总产值达到 294.2 亿元（按 90 年不变价为 540 亿元，按现价计算为 503 亿元），占全国食品工业总产值的 24%，在全国 7 个食品工业中占第一位，占全国商办工业总产值的 38.9%。主要产品产量为：粮食 4 869.4 万吨（其中：面粉产量为 2 681 万吨，占 55.1%）、植物油 292.5 万吨、粮油食品 298 万吨、粮油机械 8.2 万吨、饲料 933.7 万吨；全年实现利税 25.2 亿元，占全国商办工业利税总额的 3%。粮油工业的产值较高，经济效益较好。粮油工业的产值在许多县的工业总产值中有着举足轻重的地位。

二、十年来我国粮油工业发生了显著变化

新中国成立以来，随着我国国民经济的发展，我国的粮油工业通过合理布局，加强企业管理，依靠技术进步，得到了迅速发展，保证了军需民食。但是，应该承认，我国

的粮油工业技术水平与先进国家相比，存在着较大的差距。在过去较长的时期内，鉴于我国人均占有量一直偏低，为了保证供应，我国粮油工业的发展，在保证产品质量的前提下，提高纯度、降低精度，努力提高出品率的指导思想下，基本上是在初加工上做文章，粮油加工产品档次低，品种少。党的十一届三中全会以来的十年中，随着我国食品工业的发展和人民生活水平不断提高的需要，我国粮油工业认真贯彻改革开放的总方针，积极改革，不断探索，稳步前进。在取得了显著经济效益的同时（1900 年粮食部门所属粮油工业企业完成总产值 294.2 亿元，按可比价格计算，比 1978 年 152 亿元增长 93.4%；实现利润 22.38 亿元，比 1978 年 5.77 亿元增长 2.87 倍），粮油工业开始向精加工、深加工方向发展。通过技术改造，改进工艺、设备和引进国外的先进技术装备，提高了粮油工业的技术水平，产品档次不断提高，品种不断增加，丰富了市场，受到了群众的欢迎。近十年来，我国粮油工业发生了以下主要变化：

（一）搞活了经营。

自 1985 年起，我国粮油购销实行了“双轨制”，这一改革加快了粮油工业从单纯的生产型向生产经营型转变的步伐，企业在完成国家计划内加工任务的同时，开始在市场自购原料加工销售成品，搞活了经营，提高了社会效益和企业的经济效益。据统计，1990 年全国粮食部门所属粮油工业企业自产自销大米 97.2 万吨，面粉 222.6 万吨，植物油 68.8 万吨，比 1984 年增长 5～7 倍。自营业务的发展使企业增强了市场观念，有利于转轨变型，弥补了企业计划内加工任务的不足，“找米下锅”，发挥了设备优势，扩大了生产，活跃了市场；通过市场竞争，加强了企业内部管理体制的改革，不断提高产品质量，降低消耗，提高管理水平。与此同时，使粮油工业利润构成发生了很大的变化。据全国 19 个省、自治区、直辖市统计，1989 年自营利润约 8.4 亿元（占全部利润的 30%），其中不少省市的自营利润已占到全部利润半数以上，取得了显著的经济效益。

（二）价拨经营有新发展。

长期以来，粮食部门内部工商企业之间一直沿用解放初期对私改造的代加工经营方式。随着生产的发展，这种代加工经营方式不利于保证产品质量，不利于出品率的提高，影响了充分利用有限的粮油资源开展综合利用；不利于全面经济核算、正确划分政策性亏损和经营性亏损，影响了企业加强管理、提高经济效益的积极性。

（三）改善了产品结构。

随着我国人民生活水平的不断提高和食品工业的发展需要，粮油工业企业在国家计划的安排下，根据粮源情况和市场的需要，开展了精加工、深加工，改善产品结构，增加产品品种，改变了过去的“老三样”（即标准粉、标二米、二级油）的状况，发展到了能够生产各种精制粉、专用粉、颗粒粉，精制米、清洁米、营养米，精制油、高级烹调油、色拉油、调和油等几十种产品。据统计，1990 年精米比例占大米产量的 82.9%；精粉比例占面粉产量的 58.8%。有些地区还恢复生产了一些传统优质食品，如无锡茂新面粉厂“冰船牌”特制粉、武汉市的“牡丹牌”面粉、芜湖市的“鹰牌”富强粉、广州市的“红牡丹牌”优质面粉、黑龙江的“颗粒粉”等等，受到了消费者的欢迎。

（四）发展了粮油食品生产。

粮油工业实行一业为主，搞活经营，初步打破了粮油工业单一生产米、面、油制品的局面。采取以发展大众化食品、方便食品为主，同时发展一些中、高档食品，传统风味食品，营养食品和疗效食品等，丰富了市场，受到了消费者的欢迎。现在已基本上形成了以大众化食品为主的生产体系，粮油食品生产车间已发展到 7 009 个，比 1980 年 2 329个增加 2 倍，粮油食品产量达 298 万吨，共有 13 个大类、40 多个品种、上千种产品。1990 年粮油食品总产值 26.2 亿元，比 1980 年的 7.6 亿元增长约 2.5 倍，占全部粮油工业总产值的比例由 4.1%上升到 8.9%。

在发展粮油食品生产的同时，各地坚持“科学、经济、适用、美观”的原则，注意改进产品的包装，力求造型新颖，形式大方，装潢图案美观。

（五）加快了企业改造步伐。

为了改变粮油工业企业长期以来存在的设备除旧、工艺落后等问题，以适应国民经济不断发展的需要，逐步实现粮油工业的现代化。这些年来，粮油工业企业通过加强国际间的学术交流，派人出国进修、考察，筹集资金，立足于国内并引进部分国外先进技术和设备，对现有企业进行了技术改造。据统计，“七五”期间，全国粮油工业用于技术改造的资金达 45 亿元。到 1990 年底，全国粮油工业固定资产原值为 124.8 亿元，为 1978 年 23.8 亿元的 5.2 倍。经过改造的企业完善了设备，改进推广了先进工艺，提高了一部分企业的自动化程度，改善了生产条件，保证了产品质量，取得了明显的经济效益和社会效益。1990 年末，等级粉生产能力达到 1 900 万吨，精炼油能力达到 560 万吨，浸出油能力达到 1 300 万吨，仅“七五”期间浸出法即比机榨增产油脂 55 万吨。

（六）消化吸收国外先进技术。

据不完全统计，1981～1987 年的 7 年间，全国粮油工业共引进成套设备 220 项，引进单机 59 项，引进制造技术 6 项，总用汇额约一亿八千万美元。其中：引进大米加工成套设备 3 项、单机 1 项；面粉加工成套设备 53 项、单机 19 项；油脂加工成套设备 31 项、单机 14 项；面包生产成套设备 36 项；方便面生产成套设备 31 项、单机 2 项；挂面生产成套设备 29 项、单机 2 项；其他粮油食品生产成套设备 37 项、单机 12 项；引进粮机生产制造技术 6 项。上述这些引进项目来自瑞士、英国、意大利、德国、瑞典、日本、美国、比利时、法国、加拿大、澳大利亚、丹麦、奥地利、匈牙利、罗马尼亚、波兰等国家以及中国香港和澳门地区。这些技术和设备基本上代表了当前的国际水平。

为了使引进技术和设备尽快实现国产化，我部成立了消化吸收领导小组和技术小组，安排了 32 项工艺和 337 台设备并列入了“七五”期间国家重点科技攻关计划项目。经过四年多的努力，对绝大多数工艺和设备进行了鉴定、验收，大多数设备已投入批量生产。消化吸收工作的完成，将大大提高我国粮油工业的技术水平和装备水平。

（七）粮油机械生产有了进一步发展。

十年来，粮油机械工业发展迅速。截至 1990 年底，全国粮食部门有粮油机械厂 241 个，现有职工 4.1 万余人，粮机产量为 8.2 万吨，比 1978 年增长 27%，生产粮油加工设备近 9 万台（套），完成工业总产值 6.07 亿元，比 1978 年增长 1.2 倍。除了产量、产值增长幅度较大外，粮油机械工业发展迅速还表现在以下方面：一是，产品品种不断增加，1978年粮机产品品种只有300多种，经过十年的研制开发，粮机产品品种已增加到700种，而且规格、系列比较齐全；二是，注重了成套设备的出产，如日产30吨、50吨联合成套碾米设备，LF·24联台成套制粉设备，日处理30吨、50吨、80吨、100吨、200吨成套浸出设备，日处理30吨、50吨油脂连续精炼设备，香麻油成套设备，时产1吨、1.5吨、2吨、3吨、5吨饲料加工机组，FM.3方便面成套设备，挂面生产成套设备，米粉生产成套设备等；三是，粮油机械产品的出口不断增加，并由过去的单机出口逐步走向融套设备的出口。1979年以来，创汇总额达3 751.7万美元，平均每年创汇312万多美元，1990年最高，已达650万美元。浙江省余姚粮机厂1977年以来已向泰国出口了5套浸出设备，最近台湾向江苏省丹徒粮机厂采购饺子机30台。总的说来，我国的粮油机械工业发展是快的。现在我们已经建立起一个能够生产品种齐全，质量达到标准，自成体系的行业。产品除了能满足国内要求外，还能向40多个国家和地区出口。

（八）开展了横向经济联合。

近几年来，粮油工业企业突破了部门所有的界限，开展了跨地区、跨部门、跨所有制的横向经济联合。目前，大体上有以下几种联合形式：

1. 以优质、拳头产品为龙头，组织联营公司。如江苏无锡粮机厂的M·Y型液压磨粉机，1984年荣获国家银质奖。该厂与部分省、市的八个粮机厂、一个面粉厂和商业部科研院、无锡粮科所组成了“华粮制粉设备工程公司”，承揽国内外面粉厂新建、扩建工程。这种联合能够合理利用各个企业现有的各种生产要素，扬长避短，共同受益，增强了应变能力。现在粮食部门已有制粉机械联营公司五个，油脂机械联营公司二个，粮仓机械联营公司一个，饲料机械联营公司一个，粮油食品机械联营公司一个，综合性粮油机械联营公司三个。这些联营公司成立以来做了大量的工作，取得了一定的成绩。

2. 科研与生产联合，组成科研生产联合体。如黑龙江省安达市制油厂与科研单位联合研制生产的食用和药用卵磷脂；山东省淄博市以面粉厂为骨干，与地、县粮油加工厂，乡镇粮油加工厂以及科研单位组成粮油工业联营公司。这种联合有利于推广科研成果，开拓新产品。

3. 联合投资办厂。如辽宁省鞍山市第一粮谷加工厂与鞍山钢铁厂共同投资建立了“碳化稻壳厂”，利润按投资比例分成，碳化稻壳灰由鞍钢做保温材料，使每吨钢降低生产费用0.2元，年可节约40万元，提高钢坯成材率1.3%，多创利130万元。

4. 工贸结合，扩大了产品销售能力。如山东省聊城市油厂利用加工技术的优势，与农村、外贸部门组成松散联合体，扩大产品出口创汇能力。仅1986年4个月内，农村提供原料1.1万吨，出口花生油2 000多吨，创汇140万元。

5. 与乡镇企业联合。如四川省新津县关闭了所有乡镇油场，由国营油厂牵头建立一个较大规模的浸出油厂，提高了出品率，保证了质量，双方均获得好处。

（九）外向型经济有了新的发展，与国际交往日益增多。

在改革开放方针推动下，粮油工业的外向型经济有了新的发展。现在已建立起一批合资、合作企业和“三来一补”企业，如广东、福建、山东、河南等省已与我国香港，以及美国、新加坡等国家建立儿童食品、面包和面粉生产的合资企业。广东的“三来一补”企业生产的产品名目繁多，有玩具、服装、鞋、手表机芯、汽车拆卸等。国际间的经济、技术合作已广泛开展，与许多国家和地区建立了经济、技术合作关系，我国已参加世界榨油者大会三次，这个大会不久将在中国召开，我国的国际威望日益提高。

（十）粮食部门饲料工业已发展成为全国饲料工业的主体企业。

1978年以来，粮食部门的饲料工业有了长足发展，到1989年底，已建成饲料加工厂4 021个，年生产能力2 576万吨，年产量达到2 191.5万吨，其中配混合饲料2 178万吨，占社会产量的75%，预混合饲料、浓缩饲料也达到相当规模。1989年产值63亿元，实现利润5.48亿元。1980～1989十年间累计生产饲料10 386万吨，节约粮食2 600多万吨，有力地促进了畜牧业的发展。

（十一）实行承包经营责任制进度较快。

粮油工业企业实行承包经营责任制，只有三年多的实践，但已取得了初步的成效。据统计，1990年底全国粮油工业企业实行承包的企业有3 206个。

粮油工业企业在实行承包经营责任制中，坚持了“包死基数、确保上交、超收多留、歉收自补”的原则，兼顾国家、企业、职工和承包者各方面的利益，在保证国家财政收入稳定增长的前提下，企业效益提高，留利增加，增强了企业发展的后劲，职工生活有所改善。目前，实行的承包形式主要有三种：一是，包上交基数，超基数全留，一般以承包前三年上交国家利税平均水平或者以前一年实际上交国家利税为基数；二是，包上交基数，超基数分成，分成的比例有的“三七”，有的“四六”，大头留给企业；三是，一些经营状况较好、生产发展较稳定的企业，实行上缴利税递增包干，超额全留，递增比例视企业情况而定，一般在5%～10%之间。

目前，粮油工业企业的承包责任制还在积极地、有计划地发展，各种承包方式正在日趋完善。

（十二）推广应用现代管理方法。

随着经济的发展、粮油工业企业应用现代管理的方法有：价值工程、全面质量管理、网络技术、滚动计划、ABC管理法、量本利分析、目标成本管理、微机应用等。开拓了企业视野，增强了现代化管理的意识和观念；促进了企业管理水平的提高，产品质量和企业经济效益都有了很大的改观。1982年以来，粮油工业企业有19个产品获国家质量奖，838个产品获商业部优质产品称号。有些产品还受到省、市、区政府及有关部门的表彰。如江苏省镇江市生产的小磨香油1985年在巴黎博览会上荣获国际美食学会和国际旅游观光委员会授予的金质荣誉奖；浙江省杭州味精厂生产的“口得福”牌味精1986年荣获巴黎第十二届博览会金牌奖。到目前已有36个粮油工业和饲料工业企业荣升为国家二级企业，已有338个企业晋升为省、市级先进企业。今年又将通过审定7个国家二级企业。

总之，自党的十一届三中全会以来，我国的粮油工业在党的改革开放政策的指引下，在各级党政领导的关怀下，在粮油部门的重视下，经过广大职工的共同努力，粮油工业在深化企业改革、加强企业管理、加速技术改造、努力发展生产、调整产品结构、增加花色品种、提高产品质量、研究开发新产品等方面，取得可喜的成绩，企业面貌焕然一新，基本上适应了国民经济发展的需要和人民生活水平不断提高的需要。

十年来，我国的粮油工业虽然取得了很大的成绩，上了一个台阶。但是也存在一些问题，主要是：还有相当多企业设备陈旧，厂房简陋、破旧，亟待改造；有些企业社会效益好，经济效益差，缺乏自我改造和自我发展的能力；大多企业资金短缺，缺乏经营能力；地区之间、企业之间发展不平衡，相当数量的企业生产管理水平和职工素质不够高；等等。这些问题需要在今后的工作中和改革中认真加以解决。

三、关于粮油工业“八五”计划的指导思想、发展要求和奋斗目标

（一）指导思想是：继续贯彻执行治理整顿和深化改革的方针，以提高经济效益和社会效益为中心，在保证产品质量、调整产品结构、提高产品纯度和出品率、节能降耗、减少污染、充分合理利用资源、确保市场有效供给的前提下，依靠技术进步，不断提高粮油工业生产技术水平，逐步实现粮油工业的现代化管理。

（二）发展要求是：粮油工业要继续贯彻在保证产品质量和提高产品纯度的前提下，努力提高出品率，减少粮油损失；面粉厂要适当放长粉路，发展等级粉生产；碾米厂要发展多机出白，加强白米整理工序；油厂要推广连续精炼；粮油工业要通过精加工、深加工，逐步向食品和油脂化工产品方向延伸；要积极生产市场需要的各种专用粉、专用油和粮油食品；重视杂交稻谷和杂粮加工，搞好粗粮细作；要继续搞好米糠和玉米胚榨油，积极开展糠麸、米粞、油脚、皮壳等副产品综合利用，尤其是要重视蛋白资源的开发利用。

饲料工业：要坚持“稳定发展，积极提高”的方针，以内涵扩大再生产为主，进行工业建设和技术改造，以提高经济效益和社会效益为中心，以服务畜牧业、推动畜牧业现代化、改善人民生活为目的，依靠科技，强化管理，提高质量，增加品种，加强资源开发和饲料—饲养—加工—销售一条龙企业建设，使饲料企业持续、稳定、协调发展。

（三）总的奋斗目标是：主要产品质量和生产技术达到工业发达国家 20 世纪 70 年代末、80 年代初的水平。

1. 全国有四分之一的粮油工业企业通过技术进步达到国家二级企业及省级先进企业的标准。

2. “八五”期间粮油工业年产值按 3％的速度递增，利税按 7％的速度递增，到 1995 年总产值（按 80 年不变价格计算）达到 350 亿元，年创利税 40 亿元，依靠技术进步实现的产值要达到粮油工业总产值增加总额的 50％以上。到 2000 年总产值达到 400 亿元，年创利税 55 亿元。

3. 引进消化吸收的粮油机械产品要达到或接近消化吸收对象的水平，基本实现国产化，国产化率要达到 95％以上，部分设备达到同期工业发达国家先进水平。要有更多的粮油机械成套设备打入国际市场，年创汇达 1 000 万美元以上。

4. 积极推广并逐步采用微机监控与管理，到 1995 年要有 10％的大中型粮油工业企业有生产的计量、质量、安全控制等主要部位推广应用微机技术。

5. 所有企业都要努力做到安全文明生产，到“八五”期末要有三分之二以上的企

业达到安全文明生产企业的标准（标准另订）。

四、今后要注意做好的几项工作

为了完成粮油工业的“八五”计划和十年规划，使粮油工业再上一个新的台阶，今后，我们要注意做好以下几项工作。

（一）进一步加强对粮油工业的领导。

“六五”、“七五”期间，我们的粮油工业能有长足的发展，取得了很大的成绩，成为国民经济中不可缺少的组成部分，与各级粮食部门的领导重视和加强对粮油工业的领导是分不开的。现在，我国的粮油工业已经打下了较好的基础，大有发展前途。但我们也要看到，当前粮油工业存在的问题和困难较多，不少企业缺乏自我发展的能力，尤其是随着社会主义有计划商品经济的进一步发展，粮油计划市场逐步缩小，调节市场逐步扩大，竞争将越来越激烈。现在粮油工业与其他行业之间，与合资、外资企业之间，商办工业内部各行业、各企业之间的竞争将日趋激烈。竞争的实质将是一场技术、人才、质量的竞争。随着改革的不断深入，部门内的保护政策也不可能无限期地延长下去，平等竞争的局面不久就会出现。今后，哪个企业管理水平高，产品更新换代快，档次和技术含量高，消耗低，成本低，就能在竞争中立于不败之地。竞争局面的出现，这对过去依赖于粮食部门征购粮食、油料，然后进行代加工或价拨加工的粮油工业企业将是严峻考验。部领导对这个问题十分重视。指示我们，粮食部门是全民所有制企业，是国民经济的支柱，粮食工业搞得好不好会直接影响社会和政治安定。在激烈的竞争面前要有责任感、紧迫感和危机感，要提高粮食部门的整体经济实力，增强企业的活力和生存发展能力，要吸取兄弟部门的经验教训，学会竞争，守住阵地。要在新形势下研究对策，集中粮食部门的优势，开展本业为主，多种经营；要进一步搞好粮油的精加工、深加工，提高粮油食品在粮食供应中的比重，我认为，只要充分发挥粮食部门的优势，相互合作，拧成拳头，统一规划，迎接挑战，我们粮食部门的企业就能在竞争中立于不败之地，不仅能守住阵地，而且会有更大的发展，为国家作出更大的贡献。这里需要强调的是，我们粮食部门内部一定要加强统一领导，要相互合作，发挥各自的优势，千万不要搞内部竞争。例如，在提倡粮食部门“本业为主、多种经营”时，我们就有一个如何充分发挥现有设施作用的问题。据了解，现在有少数地区一方面现有的粮油加工能力有余，另一方面又在粮库、粮站新建小型粮油加工设施，造成重复建厂，内部互争原料。有人认为，在粮库、粮站新建小型粮油加工设施后所得的利润上缴比例小，优于粮油工业。我认为，这种眼光是短浅的，因为今后在竞争中谁能取胜，最后还得取决于谁的产品质量好、消耗低、出率高，谁的装备先进，谁的技术水平和管理水平高。在这方面现有的粮油工业企业相比之下有一定的优势。为此，各级粮食部门一定要从全局考虑；注意协调内部关系，统一规划，以保护粮油工业来之不易的优势。

特别是在今后激烈的竞争中，各级粮食部门的领导要更加重视和支持粮油工业，加强对粮油工业工作的领导。

（二）认真抓好产品结构的调整。

粮油工业要根据国家产业政策的规定，抓好产业结构和产品结构的调整。重点是要调整好产品结构。去年，粮油产品销路不畅，企业的经济效益下降。造成这种观象的客观因素很多，如油脂积压与进口油脂失控有关。但也应看到我们粮油工业企业的产品品种单一也是造成产品畅销不常的原因之一。有人在产品质量和品种问题上说："只有疲软的产品，没有疲软的市场"，这应该引起我们每个企业的深思和重视。为此，我们要下力量充分利用当前的时机，积极调整产品结构，增加花色品种。当前粮油工业企业，要根据各地粮源的许可和市场的需要，继续发展精米、精面、精油的生产。面粉生产要注意开发各种等级粉、食品专用粉、谷朊粉、颗粒粉、预混合面粉等；大米进一步发展精制米、免淘洗米、珠光清洁米、营养强化米的生产；杂粮加工要努力开发新的玉米制品、荞麦制品等。巩固提高已经生产的玉米粉、玉米渣、复合粉、玉米啤酒辅料等产品；油脂加工要充分发挥现有设备的作用，尤其是要发挥引进设备的作用，努力增加一级油、高级烹调油、色拉油、调和油、人造奶油、起酥油、蛋黄酱等食品专用油脂的生产。要想方设法把高级烹调油这个新产品投放国内市场。开始推广时可能会遇到一些困难，但要坚持，要做大量的宣传工作，必要时要靠当地政府支持，采取一些必要的行政措施，促使人们尽快改变旧的用油习惯。调整产品结构，着力内部挖潜，力求节省投入，着力产品开发，力求产品适销对路，切实做到投入少、见效快、品种多、效益高，以满足市场各方面的需要。

所有粮油工业企业都要充分利用资源，搞好综合利用，要巩固和发展脂肪酸、植酸钙、肌醇、谷维素等现有综合利用产品，进一步开展以米糠、玉米胚榨油为中心的综合利用。提倡用皮壳作为燃料或用以煤气、蒸汽发电。

（三）依靠科学技术进步，搞好技术改造。

在"六五"、"七五"期间，大多粮油工业企业进行了不同程度的改造，面貌有了改变。但是，我们还有相当一部分米厂由于缺乏自我发展的能力没有得到改造，任务仍很艰巨。就是已经改造过的企业，鉴于当时的条件，改造后的技术、装备不完善，到"八五"后期，有的需要重新改造，才能保持企业的发展后劲。从生产能力上讲，现有粮油工业的生产能力已大大超过实际需要量。今后的发展主要是对老厂进行技术改造，坚持走以内涵扩大再生产的路子，一般不再铺新点、建新厂。当然，对加工能力不足的粮食、油料集中产区，也可以新建，但要严格控制，规模不宜太小。对老厂进行改造时，要进行严格的科学论证，起点一定要高，从设计、施工、选用工艺设备都要注意起点高，要积极采用新技术、新工艺、新设备，尤其要注意选用过了关的消化吸收设备。通过技术改造，达到提高产品质量，降低消耗，增加花色品种，提高经济效益的目的，而不是简单的盖厂房、换设备，在低水平上的重复改造。要在设计、设备选型方面下功夫。现在有些厂自己设计，自己制造，往往达不到上述要求。为此，我建议在改造时，要舍得花钱，要请有关粮食科研院、所参加，请他们设计，到专业化设备厂购置设备。

此外，我们要注意积极采用微机技术，在全国粮油工业企业"八五"技术进步规划中，要求到 1995 年有百分之十的大中型粮油工业企业，在生产的计量、质量、安全控制等主要部位，推广应用微机技术，以保证产品质量，确保安全生产。最近，国家计委在安排今年技术改造贷款计划时强调，今后企业在技术改造时都要积极采用电子技术。为了贯彻这一精神，我们打算抓些典型，召开一些现场经验交流会，推动微机技术在粮油工业企业中的广泛应用，实现粮油工业的现代化。

（四）积极推进粮油工业向食品和油脂化工产品方向的延伸。

根据部领导“本业为主，多种经营”、“搞好精加工、深加工”的指示精神以及“八五”计划中粮油工业要向食品和油脂化工方向延伸的指导思想，各级粮食部门的领导都要认真加以研究，制定规划，采取措施，积极推进粮油工业向食品和油脂化工产品方向的延伸，以提高粮油工业的竞争能力，增加附加值，提高企业的经济效益，进一步满足市场的需要。

粮食加工企业要把生产多品种的粮油食品排上重要议事日程，要根据市场需要和预测，积极筹建食品车间（厂），生产各种米、面制品和粮油食品，尽快提高米、面制品和粮油食品在居民粮食供应中的比重。今后，大中型米、面加工厂要附设食品车间，也可以在粮食部门单独建食品厂。在发展食品时，既要保持生产挂面、米粉、方便面、方便粥、馒头等大众化的产品，又要开发中高档食品。同时，还要注意玉米的开发利用。我觉得，在新建食品车间（厂）时，对食品的档次问题眼光要放远些，在大中城市和经济较发达的地区可考虑以中高档为主，县城和集镇在发展大众化食品同时，也要考虑生产一些中档食品，以满足不同层次的需要。发展粮油食品，要面向城乡两个市场，利用粮食部门的整体优势，广泛开展粮油食品的经销和兑换业务。与此同时，有条件的食品车间（厂），要想方设法把产品打入国际市场。

油厂要在进一步搞好现有综合利用的基础上，选择有条件的大中型油厂，逐步向油脂化工产品发展，如脂肪酸的进一步利用、芥酸产品的提取及提用、磷脂产品的开发以及其他油脂精细化工产品的生产等等，开始这项工作时，各地主管部门一定要注意市场信息和市场的需求，合理布局，严格把关，严格审批制度，不要盲目延伸，可以选择在有条件的、大一些的油厂进行试验，有些原料（如油脚等），各地要适当集中，先在一个油厂中进行，不要搞遍地开花。要吸取过去有些综合利用产品盲目上马，一哄而起，造成产品大量积压、车间被迫停产的经验教训。向油脂化工产品延伸，投入和技术要求都比较高，不同于一般综合利用，一定要谨慎从事，认真抓好。

开发和利用油料蛋白资源，是油厂的又一重要工作内容。我国的油料品种繁多，油料蛋白资源十分丰富，要好好开发利用这一资源，为人民造福。过去，我们讲油厂的主产品往往只是说油脂，而把大量的饼粕看作是副产品，这种观念应该改变。今后油厂的主要产品应是油脂加蛋白，或者是油脂加蛋白和油脂化工产品，甚至蛋白和化工产品的地位要超过油脂。在开展油料蛋白资源利用时，首先要分档次。当前食用部分主要有大豆蛋白、花生蛋白和葵花籽蛋白。饲用部分主要有菜籽蛋白、棉籽蛋白。当然菜籽蛋白和棉籽蛋白也不排除食用的可能性，但目前应该把主要精力放在去毒后作饲料。在蛋白质资源利用上，“八五”期间食用级蛋白要在技术上有突破，要在产品质量上、成本上和推广应用上下功夫，并取得显著成效。尤其是在推广应用上，工作要跟上，再多做文章。要与其他行业（如肉联厂、食品厂、饮料厂等）联系，搞好应用。

（五）重视粮油机械工业的发展。

粮油机械工业是为粮食系统购、销、调、存、加等环节提供技术装备的基础工业。粮油机械工业的现代化是粮食系统现代化的基础。粮油工业的生产技术进步，很大程度上取决于粮油机械工业提供的装备水平。为了实现粮油工业的现代化，首先要实现粮油机械的现代化。为此，在“八五”期间，我们要下大力对粮油机械工业进行技术改造，提高其自身的装备水平。要充分利用现有的工作母机进行改造，对精度要求较高的零部件，其加工机床要逐步配上微机，采用程序控制，必要时要购置些精密机床；要增加工装，提高工装系数；要配置必要的检测仪器，增强检测手段。粮油机械工业要依靠科技进步，积极研制新产品，努力为粮油工业提供结构合理、先进、可靠、外形美观的各种粮油机械。当前，要特别注重粮油机械的产品质量，不仅要注重产品的内在质量，还要十分重视产品的外形质量、包装质量和售后服务质量。要继续发展成套粮油、食品加工机械的生产，并争取有更多更好的粮油食品加工机械产品打入国际市场。

（六）继续搞好引进设备的消化吸收国产化工作。

“六五”、“七五”期间，粮油工业引进了不少国外先进的米、面、油、食品等技术设备，为了使引进技术设备国产化，我部集中了大量的人力、物力，付出了辛勤的劳动，消化吸收了32条生产工艺，337台设备，大多进行了鉴定、验收，其机械性能和主要技术经济指标大多达到或接近了引进技术设备的先进水平，为粮油工业的发展提供了一批先进设备，上了一个台阶。但是，要全面完成这项任务，工作量仍然很大，我们要再接再厉、善始善终把这项工作抓好并抓出成果来。为了使“八五”期间粮油工业技术再上一个新台阶，消化吸收项目鉴定、验收后，我们还要组织力量进行改进设计，使之创新。现在可以说，我国的粮油机械已经能够满足国内的需要，可以不再依赖进口。随着消化吸收国产化工作的进一步提高，今后我们要严格控制粮油加工成套设备的引进。当然，不是说我们今后一点也不引进了，我的意见是，今后对国外新的先进的技术设备还要引进，组织消化吸收，为进一步提高我国粮油工业的技术水平服务。但要有计划、有目的地引进，避免再次出现重复引进。

（七）强化粮油工业的管理。

科学技术是生产力。管理是一门综合性的科学技术，从这个意义上讲，管理也是生产力。企业通过强化管理，可以出效益、出水平。有人说，一个工厂建成投产后，其经济技术指标的好坏、效益的高低三分靠技术、七分靠管理。我赞成这个观点。

近十年来，我国粮油工业企业的管理水平有了很大提高，出现了一批国家二级企业和哈尔滨市粮油工业企业管理水平普遍较高的企业。“八五”期间，我们进一步强化管理，把粮油工业的管理水平再上一个台阶。要向现代化科学管理方向发展，要认真贯彻国务院《关于开展“质量、品种、效益年”活动的通知》精神，所有粮油工业企业，都要在提高产品质量、增加品种、降低消耗、提高经济效益、重视安全文明生产上下功夫。

今年一季度召开的全国工业企业工作会议，强调要加强企业的现场管理。现场管理既是生产第一线的综合管理，又是各项基础管理和专业管理在生产现场的具体体现和有机结合。粮油工业企业，尤其是浸出油厂和面粉厂要十分重视现场管理，才能确保安全文明生产，在“八五”全国粮油工业技术进步规划中，要求在“八五”末期，全国粮油工业有三分之二以上的企业达到安全文明生产企业的标准。在安全义明生产中，要注意废水、废气、废渣、废物的处理。另外，我建议在管理上，所有粮油工业企业要有经营观念，积极开展自营业务。要加强经销工作，积极搞好市场调查、市场预测和市场分析，及时确定经销战略，要充实销售力量，调配懂技术、会经营的干部充实销售队伍，学会做生意。

（八）重视培养人才，提高人员素质。

粮油工业科技力量比较薄弱，技术人员知识老化问题比较严重，各种专业人员也不配套，整个职工队伍的素质较差，不能适应经济发展和对外开放的需要。因此，培养人才是一个长期应当注意的问题，不能忽视。

培养人才要注意抓三个结合，即全国性培训与地区性培训相结合；正规办班与岗位练兵相结合；技术培训与文化补习相结合。除继续依靠全国高等院校及各省中等专业学校培养输送高级、中级技术人员外，还要大力提倡鼓励学会、专业协会、研究单位、院校、工厂等多渠道、多层次、多形式开展培训，积极举办各种短训班、函授学习班、业余学习班、技术讲座、学术与经验交流、科普活动等，对职工进行广泛的专业培训，不断提高人员素质，造就一支智力型的职工队伍，为技术进步奠定基础。

进一步振兴北京市的粮食工业

1991年1月

“六五”、“七五”期间，北京市的粮食工业认真贯彻执行党的开放搞活政策，在保证首都市场供应、安定人心；加强企业管理，确保安全文明生产；依靠科技进步，加速企业技术改造；积极开发新产品，组织引进设备的消化吸收；不断提高企业的经济效益和社会效益等方面取得了显著成绩。今年是“八五”计划的第一年，我们要总结过去，展望未来，进一步振兴北京市的粮食工业。借此机会，提出以下三点建议。

一、继续重视粮食工业的技术改造

“六五”、“七五”期间，北京市的粮食工业技术改造的步伐较快，取得了可喜的成绩。为了适应生产发展和人民生活水平不断提高的需要，增强企业的发展后劲，“八五”期间要继续重视粮食工业企业的技术改造。目前还有不少企业没有得到改造，就是已经改造过的企业也有一个需要继续改造、提高的问题，尤其是“六五”期间改造的企业，由于当时的条件，改造后的技术、装备不尽完善，到“八五”后期，有的需要重新改造。

在制定技改规划时，不仅要重视市区企业的改造，也要有计划地对郊区的企业加以改造，郊区面粉厂的技术水平提高了，加工能力宽裕了，对保障市区粮食供应很有好处，在面粉供应急需时可以减轻市区面粉厂的压力，平时可以开展一些代农加工和自营业务。

在技术改造时，要注意起点高些。从设计、选用工艺设备、施工等方面都要注意起点高。要积极采用新技术、新工艺、新设备，尤其要注意选用过了关的消化吸收设备。通过技术改造，达到提高产品质量、降低消耗、增加花色品种、提高经济效益的目的，而不是简单地盖厂房、换设备、在低水平上的重复改造。

大型、中型面粉厂要注意采用微机技术。在全国粮油工业企业“八五”技术进步规划中，要求到1995年有10%的大、中型粮油工业企业在生产的计量、质量、安全控制等主要部位，推广应用微机技术。希望北京市的大型、中型面粉厂在采用微机技术方面带个头，并为全国粮油工业企业推广应用微机技术积累些经验。

二、积极开展新产品

近两年来，北京市的粮食工业企业为丰富首都市场，满足食品工业发展的需要，方便群众，先后开发了面包粉、强力粉、颗粒粉、高纤维面包粉、饼干粉、饺子粉、麦胚王精、膨松油炸粉、干吃面和自发馒头粉等十几种面粉系列产品，新产品的开发为全国之首。

为进一步开发新产品，开拓市场，提高企业的经济效益，建议：第一，要根据我国的粮食情况和加工能力，以及居民的需要，不断调整精粉生产的比例。1989 年，全国面粉产量中精粉的比例为 51.65%，北京市为 46.7%。全国的城市，尤其是京、津、沪三大市精粉生产的比例应略高于全国的平均数。第二，开发新产品的重要条件是稳定的原料质量。鉴于我国原料供应“有啥吃啥”的实际情况，为开发更多的面粉系列产品，需要尽快研制谷朊粉的生产。第三，对已经研制出的面粉系列产品，要巩固提高，广泛宣传，抓点带面，推广应用，尽快形成批量生产。第四，为了增加面粉厂的附加值，粮食工业企业要逐步向食品方向延伸。面粉厂可以附设食品车间，也可以在粮食部门单独建食品厂。在发展食品时，既要保持生产挂面等大众化的产品，又要开发中高档食品。像北京这样的大城市新建食品厂（车间）的产品应考虑以中高档为主。

三、强化企业管理

科学技术是生产力。管理是一门综合性的科学技术，从这个意义上讲，管理也是生产力。企业通过强化管理，可以出效益、出水平。有人说，一个工厂建成投产后，其经济技术指标的好坏，效益的高低，三分靠技术，七分靠管理。我赞同这个观点。北京市粮食工业企业的管理水平在全国来说是比较高的，但是也应该看到“山外有山”，管理是无止境的。哈尔滨市粮油工业企业的管理水平是全国粮油工业企业的榜样。最近，我从“粮工协会信息”上看到，为了学习哈尔滨的管理经验，北京市粮食工业公司组织所属企业去哈尔滨参观学习，并得到许多启发，希望哈尔滨的管理经验能在北京开花、结果，进一步提高北京市粮食工业企业的整体管理水平。

在企业管理中，安全文明生产是十分重要的。从前几年开始，北京市粮食局抓了以安全文明生产为重点的“五好评比”活动，收到了很好的效果。为了确保粮油工业企业的安全文明生产，强化企业管理，在全国粮油工业“八五”技术进步规划中，要求“八五”末期全国粮油工业企业的标准（标准正在制订中）有三分之二以上达到安全文明生产企业，希望北京市的粮食工业企业率先达到规划要求。

另外，我建议：在管理中，面粉厂要有点经营观念，要根据北京的实际，在市局和公司的统一安排下，积极开展自营业务，学会做生意。

在第五次全国粮油工业处长（经理）座谈会上的总结讲话

1991 年 7 月 14 日于苏州

第五次全国粮油工业处长（经理）座谈会，从 7 月 10 日开始，开了五天，今天就要结束了。参加这次座谈会的有各省、自治区、直辖市、计划单列市粮食局（厅）主管粮油工业的处长（经理），商业部无锡、武汉粮食科学研究所，商业部西安油脂科学研究所的负责同志共 80 余人。江苏省粮食局吴国梁局长、山东省粮食局吕金聚副局长、上海市粮食局范尚农副局长、武汉市粮食局陈式耀副局长、安徽省粮油食品局刘炳兴副局长、广东省粮食局张祖麟副局长、湖南省粮食局赵志兰副局长、福建省粮食厅茅同庆副厅长参加了这次座谈会并讲了话，与会代表受到很大鼓舞。

这次会议的主要内容是：总结交流“七五”期间，特别是 1990 年各地在发展粮油工业方面所取得的成绩和经验；认真领会、贯彻落实部领导对发展商办工业工作的指示精神；研究并提出做好今后粮油工业工作的意见；讨论修改《全国粮油工业安全文明生产先进企业考评细则（讨论稿）》。

会议期间，大家着重就随着粮食体制改革的深化，粮油工业面临的形势和对策以及增强市场意识、商品意识和竞争意识；粮食加工如何向食品方向延伸，油脂加工如何向油脂化工产品和植物蛋白产品方向延伸，以及粮油工业如何拓宽经营，进一步开展“本业为主，多种经营”；如何依靠科技进步搞好粮油工业的技术改造，提高产品质量，积极开发新产品；如何进一步加强企业管理，注重现场管理，强化经销工作，向管理要效益等方面的问题进行了认真的讨论，提出了许多建设性的意见。为推动粮油工业的“两个延伸”，会议期间，举办了小型粮油食品新产品展示，对各地一些各具特色的、有代表性的粮油食品，大家边参观、边交流，受到了启发。会议开得是好的，达到了预期的目的。现在我就“七五”期间粮油工业的发展和今后的工作讲点情况和意见。

一

“七五”期间，全国粮油工业企业在各级党和政府的关怀下，在粮食部门领导的重视下，经过广大职工的共同努力，粮油工业在深化企业改革，增强竞争意识，拓宽经营，依靠科技进步加速技术改造，提高产品质量，研制开发新产品，搞好精加工、深加工，强化企业管理，提高经济效益等方面取得了可喜的成绩，出色地完成了加工生产任务，保证了市场供应，为社会稳定做出了贡献。

到 1990 年底，全国粮食部门所属粮油工业企业达 11 661 个（其中：大米厂 5 639 个、面粉厂 1 802 个、杂粮加工厂 405 个、植物油厂 1 392 个、粮油食品厂 1 329 个、粮油机械厂 241 个）；职工 66.5 万人；年末生产能力：大米 5 430.5 万吨、面粉4 696.2

万吨、植物油（料）2 267.4 万吨、粮油食品 500 多万吨、粮油机械 14.6 万吨、饲料 1 794万吨；主要产品产量为：粮食 4 869.4 万吨（其中面粉产量为 2 681 万吨，占 55.1%），精米、精面的比重分别为 82.9%和 55.8%，植物油产量为 292.5 万吨，粮油食品产量为 298 万吨，粮油机械产量为 8.2 万吨，饲料产量为 933.7 万吨；工业总产值达到 294.2 亿元（按 90 年不变价计算为 540 亿元），占全国食品工业总值的 24%，在全国 7 个食品工业中名列第一；粮油工业全年实现利税为 25.23 亿元；年末拥有固定资产原值 124.85 亿元。

上述数据与“六五”末的 1985 年相比较，粮油工业企业增加 1 210 个；职工增加 11.35 万人；生产能力：大米加工增加 700 万吨、面粉加工增加 1 004.1 万吨、植物油（料）加工增加 419.6 万吨、饲料生产增加 534 万吨、粮油机械生产增加 4.22 万吨；主要产品产量：大米减少 351.9 万吨、面粉增加 156 万吨、植物油增加 50.5 万吨、粮油食品增加 107 万吨、饲料增加 247.7 万吨、粮油机械减少 1.67 万吨。精米、精面占大米、面粉总产量的比重分别提高 15.4 个百分点和 21.7 个百分点；工业总产值增加 51.2 亿元，增长了 21 个百分点；实现利税增加 9.91 亿元，增长了 64.7 个百分点；年末拥有固定资产原值增加 76.07 亿元，增长了 155.95 个百分点。

粮油工业“七五”期间规划要点和主要奋斗目标要求，到 1990 年粮油工业总产值应达到 300 亿元，应实现利税 22 亿元；经过浸出处理的油料达到 60%以上；粮油食品产量达到 350 万吨；精米、精面的比重分别达到 80%和 50%；米糠油产量突破 10 万吨，玉米胚油产量 1.5 万吨；粮油机械总产量达到 15 万吨。根据 1990 年全国粮油工业工作成绩，对照“七五”规划要点及主要奋斗目标，在实现利税、浸出油料的处理能力、精米和精面的比重、玉米胚油的产量等方面都超额完成了规划的要求；粮油工业的总产值、粮油食品和米糠油的产量接近完成规划的要求；粮油机械总产量虽然与规划要求相距较大，但“七五”期间粮油机械生产已满足了粮油工业发展和出口的需要。特别可喜的是，随着“七五”规划要点的实施，全国粮油工业依靠科技进步，重视技术改造，增强了企业的发展后劲；积极开发新产品，改变了成品粮油供应中的“老三样”，粮油工业的技术水平和管理水平有了很大进步，上了一个台阶，为粮油工业的进一步发展奠定了基础。上述成绩的取得是来之不易的，这是大家努力工作的结果。借此机会，我代表商办工业管理司向全国工作在粮油工业战线上的全体职工表示衷心的感谢和诚挚的慰问！

“七五”期间，各地粮油工业在发展中积累了许多成功的经验。主要有：坚持深化企业改革，适时调整产品结构；搞活经营，开展自营业务；依靠科技进步，提高产品质量，研制开发新产品；加快技术改造的步伐，增强企业发展后劲；搞好精加工和深加工，发展粮油食品；在搞好现有综合利用的同时，积极开展“本业为主，多种经营”；重视粮油机械生产，积极组织消化吸收；面向两个市场，积极发展外向型经济；强化企业管理，提高职工和企业的素质，向管理要效益等等。这些成功经验，不仅保证了全国粮油工业“七五”计划的顺利实施，同时也是我们“八五”期间需要继续坚持和发扬的。

“七五”期间，我国的粮油工业虽然取得了很大的成绩，积累了许多成功经验，上了一个台阶，但也存在一些问题，主要是：在变化了的形势下，缺乏市场意识、商品意识和竞争意识；还有相当一部分企业设备陈旧，厂房简陋、破旧，亟待改造；有些企业社会效益好，经济效益差，缺乏自我改造和自我发展的能力；大多企业资金短缺，缺乏经营能力；部分粮油工业产品价格不顺，微利和亏损企业较多；地区之间、企业之间发展很不平衡，相当数量的企业管理水平和职工素质不够高等。这些问题需要在今后的工作中通过改革认真加以解决。

二

今年是执行我国国民经济和社会发展十年规划和“八五”计划的第一年。为全面完成粮油工业“八五”计划，使粮油工业再上一个新的台阶，今后，我们要注意做好以下几方面的工作。

（一）进一步加强对粮油工业的领导，增强竞争观念。

粮油工业是粮食工作的重要组或部分，粮油工业的现代化是粮食部门实现现代化的重要标志，一个地区的粮油工业搞得好不好，在很大程度上反映了该地区粮食工作搞得活不活，搞得好不好，这些观点已经越来越被各级粮食部门的领导所接受。“六五”、“七五”期间，我国的粮油工业有了长足的发展，取得了很大的成绩，成为国民经济中不可缺少的组成部分，这与各级粮食部门的领导重视和加强对粮油工业的领导是分不开的。现在，我国的粮油工业已经打下了较好的基础，大有发展前途。但我们也要看到，当前粮油工业面临的困难和问题较多，不少企业缺乏自我发展的能力，尤其是随着社会主义商品经济的进一步发展，粮油计划市场逐步缩小，市场调节逐步扩大，竞争将越来越激烈。现在粮油工业与其他行业之间，与三资企业之间，以及商办工业内部各行业、各企业之间的竞争将日趋激烈；“你中有我，我中有你”的格局已经出现，粮油成品由粮食部门独家生产经营的局面将被打破。竞争将长期存在，特别是随着粮食流通体制和价格改革的不断深入，靠部门内保护政策取得的一些优势将会逐步消失，平等竞争的局面不久就会出现，竞争的实质将是一场技术、人才、质量的较量。在这种变化了的形势下，我们一定要改变观念，树立市场意识、商品意识，增强竞争观念。今后，哪个企业管理水平高、产品更新换代快、档次和技术含量高、消耗低、成本低，哪个企业就能在竞争中立于不败之地。竞争局面的出现，这对过去依赖于粮食部门征购粮食、油料，然后进行代加工或价拨加工的粮油工业企业将是严峻的考验。

这种在新形势下出现的激烈竞争不仅会影响粮油工业，还会影响粮办饲料工业，乃至粮食部门的所有企业。为此，我们要有足够的思想准备。部领导对这个问题十分关注，指示我们：粮食部门是全民所有制企业，是国家经济的支柱，粮食工作搞得好不好会直接影响社会和政治安定；在激烈的竞争面前要有责任感、紧迫感和危机感；要提高粮食部门的整体经济实力，要发挥自己的优势，一手抓贸易，一手抓实业；要自己靠自己，增强企业的活力和生存发展能力，要吸取兄弟部门的经验教训，学会竞争，守住阵地，责成部里有关粮食司局要在新形势下，研究对策，集中粮食部门的整体优势，开展“本业为主，多种经营”；要进一步搞好粮油的精加工、深加工，提高粮油食品在粮食供应中的比重；要针对粮食部门展开“本业为主，多种经营”，发展粮油食品，研究对策，搞好规划，并决定今年9月召开一次由各省、直辖市、自治区粮食局长参加的“本业为主，多种经营”工作会议等等。上述这些指示精神，充分体现了部领导对粮食工作的关心和重视，我们要深刻领会，认真贯彻。我们认为，只要加强领导，充分发挥粮食部门的整体优势，相互合作，攥成拳头，统一规划，迎接挑战，我们粮食部门的企业就能在竞争中立于不败之地，不仅能守住阵地，而且会有更大的发展，为国家做出更大的贡献。

这里需要强调的是，在激烈的竞争面前，我们粮食部门内部一定要加强统一领导，统一规划，要密切合作，发挥各自优势，对外形成一个整体，千万不要搞“内战”。要注意充分发挥粮办工业现有设施、装备、技术的优势和充分利用粮食商业点多面广的优势，实行产销结合。粮食商业网点应当优先安排粮办工业产品的销售，成为粮办工业产品的销售点、代农加工的兑换点。至于粮食部门内部工商之间利益的再分配，可以商量，必要时粮办工业可适当让利于粮食商业。要防止在粮库、粮站新建小型粮油和饲料加工设施，造成重复建厂，内部争原料的倾向。有人认为，在粮库、粮站新建小型粮油、饲料加工设施后所得的利润上缴比例小，优于粮办工业。我们认为：这是一种急功近利、短视的做法。这样做的结果不仅会造成社会财富的浪费，而且会削弱粮食部门的整体作战能力。因为今后在竞争中谁能取胜，最后还得取决于谁的产品质量好、消耗低、得率高；谁的装备先进；谁的技术水平和管理水平高。在这方面，现有的粮办工业企业相比之下有一定的优势。为此，我们希望各级粮食部门一定要从全局考虑，注意协调好内部关系，以保护粮办工业来之不易的优势。

为了增强企业的合力和竞争能力，粮油工业企业要注意做到“你无我有，你有我优，你优我廉”，要注重发挥粮食部门的群体优势和规模经营效益，走联合的道路，积极探索组建企业集团。组织联合或组建企业集团，要以大型骨干企业或拳头产品为龙头，粮油工业生产为基础，在自愿、平等、互利和共同发展的基础上，积极联合工业企业、粮油贮运部门、粮油商业销售网点和科研机构等单位组织不同形式的联合体或组建企业集团。开始时，要根据当地的条件，首先在粮食部门内部为主组建，从小到大逐步发展。为了探索组建企业集团的经验，我们建议在条件许可时，京、津、沪和广州市可先走一步，组建制粉集团公司。

为了进一步振兴我国的粮油工业，在今后的激烈的竞争中，特别是在面临困难和问题时，各级粮食部门的领导要更加重视和支持粮油工业，加强对粮油工业工作的领导。在今年2月5日和3月9日两次部办公会议上汇报商办工业工作时，胡平部长说：“今后商业部门的希望寄予商办工业。”针对商办工业产值在国民经济各部门中排列第五，仅次于机械、轻工、纺织和乡镇企业；比煤炭、建材、冶金、石化等工业部门还要高时，胡平部长说，“商业部也是工业部，要加强对商办工业的宣传，要宣传商办工业技术领先的、独一无二的、独具特色的生产和产品，宣传商办工业在国民经济中的地位和作用，要进一步加强对商办工业的领导”。部领导这样重视商办工业，我们很受感动。

对此，希望各地粮食部门的领导，要好好领会部领导的讲话精神，重视粮油工业工作，协调好内部关系，为粮油工业的进一步发展创造更多的有利条件。

（二）继续搞好粮油的精加工、深加工，推进粮油工业向食品和油脂化工、植物蛋白方向延伸。

粮油工业要继续按照国务院的部署，进一步搞好治理整顿，要根据国家产业政策的规定，抓好产业结构和产品结构的调整。对粮油工业来说，重点是要调整好产品结构。去年粮油产品销路不畅，企业经济效益下降。造成这种现象的客观因素很多，如油脂积压与进口油脂失控有关。但也应看到我们粮油工业企业的产品品种单一，也是造成产品销路不畅的原因之一。有人在产品质量和品种问题上说："只有疲软的产品，没有疲软的市场。"这应该引起我们每个企业的深思和重视。为此，我们要下力量充分利用当前的时机，积极调整产品结构，努力增加花色品种。根据部领导关于进一步搞好粮油的"精加工、深加工"的指示精神，今后粮油工业企业要根据各地粮源的许可和市场的需要，继续发展精米、精面、精油的生产。在这一指导思想下，面粉生产要注意开发各种等级粉、食品专用粉、谷朊粉、颗粒粉、预混合面粉等；大米加工要进一步发展精制米、免淘米、珠光清洁米、营养强化米的生产；杂粮加工要努力开发新的玉米制品、荞麦制品等，巩固提高已经生产的玉米粉、玉米[illegible]、复合粉、玉米啤酒辅料等产品；油脂加工要充分发挥现有设备的作用，尤其是要发挥引进设备的作用，努力增加一级油、高级烹调油、色拉油、调和油、人造奶油、起酥油等食品专用油脂的生产。要想方设法把高级烹调油这个新产品投放国内计划供应市场。开始推广时可能会遇到一些困难，但要坚持，要做大量的宣传工作，必要时要靠当地政府支持，采取一些必要的行政措施，促使人们尽快改变旧的用油习惯。为了进一步鼓励和推动粮油工业搞好精加工、深加工，我们打算，在今后的创优评优活动中，标准粉、标二米、二级油等粮油产品将逐步退出商业部评优范围，增加粮油精加工和粮油食品在评优中的比重。

遵照部领导有关"发展粮油食品"、"向生产领域进行渗透性的延伸扩展"等指示精神以及"八五"计划中粮油工业要向食品和油脂化工、植物蛋白方向延伸的指导思想，各级粮食部门的领导都要认真加以研究，制定规划，采取措施，积极推进粮油工业向食品和油脂化工、植物蛋白方向的延伸，以提高粮油工业的竞争能力，增加附加值，提高企业的经济效益，进一步满足市场的需要。

这些年来，各地粮食部门对发展粮油食品十分重视，产量不断增加，品种不断增多，丰富了市场，方便了群众生活，取得了很大成绩。但也应看到，粮油食品的产量只占我们粮食加工总量的6.1%，比重仍然不高。造成这种状况的原因很多，其中一个重要原因是粮油食品的价格偏低，企业薄利、无利，甚至亏损，影响了生产积极性。这也是今后进一步发展粮油食品的主要矛盾，理应得到解决。但是，为了满足市场需要以及今后粮油工业的生存和发展，我们不能因为目前粮油食品价格偏低而动摇粮食加工向食品方向延伸的信心。我们相信，只要大家积极向物价等有关部门反映，价格偏低的问题迟早会理顺。现在，我们不能等理顺了价格再去延伸，要吸取过去有的地方"自己不搞，人家占领"的教训，以"只争朝夕"的精神去延伸，去占领市场。6月7日，胡平部长在九江召开的全国商业粮食部门饲料公司经理会上讲话时说："今后粮店除了卖大米、面粉外，还要卖食品。"他主张将粮店改成粮油食品店，要卖食品，包括面包、饺子、面条等。按照胡部长的思路，今后粮店要卖丰富多样的食品，这些食品从哪里来？

应该靠粮食部门自己生产，除了粮店生产一部分小食品外，看来大部分要靠粮油工业企业生产，我们要有这个雄心壮志。为此，我们希望粮食加工企业要把生产多品种的粮油食品排上重要议事日程，要根据市场需要和预测，在积极利用现有设备生产粮油食品的同时，进一步筹建更多的食品车间（厂），生产各种粮油食品，尽快提高粮油食品在居民粮食供应中的比重。今后，大中型米、面加工厂要附设食品车间，也可以在粮食部门单独建食品厂。在发展食品时，既要保持和发展生产挂面、米粉、方便面、方便粥、馒头等大众化的产品，又要开发中、高档食品。部领导指示我们要继续发展挂面等大众化食品，不要放弃阵地。同时，还要注意玉米的开发利用。现在南方各省大米库存较多，要好好研究对大米的转化问题。我们建议，今后在新建食品车间（厂）时，对食品的档次问题要照顾沿海与内地不同层次的需要，眼光要放远些，在大中城市和经济较发达的地区可考虑以中、高档为主，县城和集镇在发展大众化食品的同时，也要考虑生产一些中档食品，以满足不同层次的需要。发展粮油食品都要注意在提高产品质量，开发新产品，改进包装装潢上下功夫。要面向城乡两个市场，利用粮食部门的整体优势，广泛开展粮油食品的经销和兑换业务。与此同时，有条件的食品车间（厂），要想方设法把产品打入国际市场。

油厂要在进一步搞好现有综合利用的基础上，选择有条件的大、中型油厂，逐步向油脂化工产品延伸。如脂肪酸的进一步利用；芥酸产品的提取及利用；磷脂产品的开发以及其他油脂精细化工产品的生产等等。鉴于向油脂化工产品延伸，投入和技术要求都比较高，不同于一般的综合利用，因此，开始这项工作时，各地主管部门一定要注意市场信息和市场的需求，合理布局，严格把关，要谨慎从事，不要盲目延伸。可以选择在有条件的大、中型油厂进行试验，有些原料（如油脚等），各地要适当集中，先在一个油厂进行，不要搞遍地开花。要吸取过去有些综合利用产品盲目上马，一哄而起，造成产品大量积压，车间被迫停产的经验教训。

开发和利用油料蛋白资源，是油厂的又一重要工作内容。我国油料品种繁多，油料蛋白资源十分丰富，要好好开发利用，为人民造福。过去我们讲油厂的主要产品往往只是说油脂，而把大量的饼粕看作是副产品，这种观念应该改变。今后油厂的主要产品应是油脂加蛋白，或者是油脂加蛋白加油脂化工产品，有的油厂甚至蛋白和化工产品的地位要超过油脂。在开展油料蛋白资源利用时，首先要分档次。当前食用部分主要有大豆蛋白、花生蛋白和葵花籽蛋白。饲用部分主要有菜籽蛋白、棉籽蛋白，当然菜籽蛋白和棉籽蛋白将来也不排除食用的可能性，但目前应该把主要精力放在去毒后做饲料。在蛋白资源利用上，“八五”期间食用级油料蛋白要在技术上有新的突破，要在产品质量上、成本上和推广应用上下功夫，并取得显著成效。尤其是在推广应用上，工作要跟上，要多做文章。要与其他行业（如肉联厂、食品厂、饮料厂等）联系，搞好应用。

（三）转变经营机制和发展战略，积极开展“本业为主，多种经营”。

粮油工业的本业就是米、面、油加工和粮油机械的生产，现已形成了一个完整的粮油工业体系，它是我国粮油加工的主渠道，为保证军需民食做出了重要贡献。党的十一届三中全会以来，在改革开放方针的指引下，为适应国民经济的发展和人民生活水平不断提高的需要，各地粮油工业企业在完成国家下达的计划任务的前提下，积极开展了多种经营，取得了较好的成效。特别是在发展粮油食品方面，有了长足的进步，粮油食品生产也将成为粮油工业的本业和支柱产业。但是，必须指出粮油工业在发展多种经营方面，思想还不够解放，步子迈得还不够大，面还不够广，思路还不够开阔。从整体上看，粮油工业开展多种经营还刚刚起步，或者说仅仅迈出了第一步，粮油工业发展多种经营的潜力还远远没有充分发挥出来。

前面我已讲过，随着粮食流通体制改革的深入和发展，粮食价格逐步放开，计划内加工任务逐步缩小，市场调节部分的比重越来越大，这对粮油工业是一个很大的冲击，带来了很大困难。当前的困难和挑战是前所未有的，正处在关键时刻。这一转折搞得好不好，影响到粮食企业的生存。是发展还是萎缩，是阵地被蚕食还是开拓。如果萎缩，将影响全民所有制的巩固和国民经济发展。我们的干部和职工一定要正视这个现实，要有紧迫感、危机感和责任感，要转变观念。出路在哪里？出路在于深化企业改革，转变企业经营机制和发展战略，及时调整产品结构，改变过去单纯靠计划分配式的生产经营机制，大力开发新产品，建立起本业为主、多层次、多形式、多品种、多领域的企业经营格局，不断增强企业活力。要认真坚持立足本业，综合发展，突出重点，服务社会的方针，这不仅是克服当前困难的重要途径，而且对粮油工业长远发展，增强企业发展后劲，锻炼队伍都有十分重要的意义。

本业为主，多种经营，首先要搞好本业，保证国家计划任务的完成，米、面、油这“老三样”不能丢，丢了它，就是丢了粮油工业这块阵地。不仅不能丢，而且要发展，要使“老三样”多样化、方便化、系列化、多用途、拉开档次，以满足食品工业和人民群众多层次、多方面的需要。在搞好本业的同时，积极开展多种经营。开展多种经营，首先要发展以粮油为主要原料的粮油食品。其次要充分利用粮油加工副产品，进一步搞好副产品的综合利用。其重点是饼、粕、糠、麸、胚芽、皮壳及油脚等副产品的综合利用。通过综合利用，变废为宝，提高其经济价值，为社会增加财富，为企业增加经济效益。第三，要开拓和发展跨行业、跨部门、跨地区、不同产业的产品，积极参与“你中有我，我中有你”的竞争格局，今后只要市场有销路、原料有保证、企业有条件、效益好，什么产品都可以搞。第四，多种经营在形式上要灵活多样，既搞计划加工，又搞自营加工、兑换业务和代农加工业务。

开展“本业为主，多种经营”，必须从企业的实际出发，因地制宜，突出特点，正确决策。要根据企业的具体条件，宜工则工、宜商则商、宜种则种、宜养宜养。要注重市场信息，围绕市场需求，全面规划，协调发展。各地要在调查研究的基础上，认真总结“本业为主，多种经营”方面的经验，抓好典型，以点带面，使粮油工业“本业为主、多种经营”的发展战略落到实处，不断增强粮油工业企业的经济实力和竞争能力，为社会创造更多的财富。

（四）继续抓好粮油工业技术改造，推动粮油工业技术进步。

科学技术是第一生产力。充分发挥科学技术的先导作用，对促进粮油工业的发展和技术水平的提高，有着十分重要的意义。经济建设必须依靠科学技术，科学技术必须面向经济建设。粮油工业的发展也必须依靠科技进步，加速粮油工业的技术改造，这是振兴粮油工业，推动粮油工业技术进步的重大战略措施。

“六五”以来，由于各级粮食部门领导的重视，粮油工业的技术改造工作取得了显著的成效，企业的面貌和技术水平发生了很大变化。但由于粮油工业点多面广，底子薄，技术基础差，改造资金不足，至今仍有一些企业没有得到很好改造，即使“六五”期间已改造过的企业，有的因受当时条件的限制以及管理不善等原因，也到了需要重新进行技术改造的时候了。从目前情况看，粮油工业的技术改造任务仍然十分繁重，必须认真抓好，以增强企业的发展后劲。

各地粮油工业主管部门要加强对技改工作的宏观管理，要按照国家产业政策的要求，统一规划，合理布局。要首先安排那些投资少、见效快、产品适销对路、效益好、出口创汇能力强以及加工能力严重不足地区的技改项目，并从资金、贷款、物资和政策上给予支持。对技改项目要严格审批手续，加强指导，严格管理。项目的可行性论证、规模投资、工艺设计、土建设计、设备的选择直到竣工验收和项目的后评估等，都要进行严格把关。特别要注意的是工艺设计和设备选择，绝不能为节省投资，企业自行搞设计，选择设备只图价格便宜而不考虑设备的性能和质量。我们提倡，工艺设计要找正规的设计单位，设备要选用技术先进、性能好的设备，使企业技术改造后真正体现技术进步，而不能搞在低水平上的重复改造。通过技术改造，要达到提高产品质量，增加花色品种，降低消耗，提高经济效益的目的。因此，企业的技术改造，一定要积极采用新工艺、新技术、新设备；有条件的大中型企业，要积极采用微机技术，以提高粮油工业的生产技术和管理水平，逐步实现粮油工业的自动化、现代化。

粮油工业技术进步的水平，与其技术装备密切相关。粮油工业的现代化，首先要实现粮油机械工业的现代化。为此，“八五”期间我们要下大力对粮油机械工业进行技术改造，提高其自身的装备水平。要对现有的工作母机进行改造，对精度要求较高的零部件，其加工机床要逐步配备微机，采用程序控制，必要时要购置些精密机床；要增加工装，提高工装系数；要购置必要的检测仪器，增强检测手段。粮油机械工业要树立“以质量求生存，以品种求发展”的思想。当前，要特别注重粮油机械产品的质量，不仅要注重产品的内在质量，还要十分重视产品的外观质量；要继续发展成套粮油加工机械的生产，并争取有更多更好的产品打入国际市场。要积极研制开发新产品，尤其要抓紧进行食品机械和包装机械的研制开发，为粮油工业的“两个延伸”服务。

“七五”期间，通过科技攻关在引进技术设备的消化吸收方面取得了很好的效果，不少消化吸收成果已在生产领域中推广应用，发挥了重要作用。但是，应当看到我国粮油工业生产技术水平和工艺装备的技术水平，虽然通过引进技术装备的消化吸收工作缩短了与先进工业国家的距离，但仍然存在一定的差距。消化吸收工作，从整体上说，远没有结束。“八五”期间，要在“七五”消化吸收成果的基础上，通过改进提高，实现其国产化。这项工作要比单纯消化吸收工作难度更大，需要花的力气也更多。粮油工业战线上的广大科技人员，要与科研单位、大专院校继续通力合作，使生产与科研密切结合，为我国粮油机械的技术水平在短期内赶上世界先进水平和向粮油加工工业提供先进的技术装备做出贡献。

这里我想顺便讲一下关于建立“三资”企业的问题。对这个问题，大家议论较多，已成为一些地区所关心的“热点”问题。我认为引进外资，发展三资企业，对加速我国国民经济的发展具有一定的作用，但对不同行业应该采取不同的政策，有的行业应积极发展，有的应适当限制，有的应禁止。粮油加工发展三资企业一定要慎重，要考虑本地区的实际情况，不要赶时髦赶浪潮。按照国务院国发［1991］14号文件《国务院关于加强外商投资重大项目审批工作的通知》中的有关规定，粮油加工属于限制发展的范围，加上我国的粮油机械生产已经能够满足国内的需要，为此，我们不主张大搞粮油加工合资企业。但对于两头在外的三资企业以及产品出口部分可使外汇平衡并有节余的合资企业，我们是积极支持的。对于那些产品全部或大部分内销的以及产品国内已有，生产、技术水平一般的三资企业，我们是不赞成的，以保护我国民族工业的发展。对已建成的三资企业，要真诚合作，双方要努力做好工作，在技术上、经营上不搞封锁；要加强对中方人员的管理，强化思想政治工作，使他们有强烈的爱国之心。

（五）强化企业管理，增强经营意识。

科学技术是生产力，管理是科学，从某种意义上讲，管理也是生产力。向管理要效益，已被粮油工业战线的广大干部和职工所认识。“抓管理、上等级，全面提高企业素质”的企业升级工作，已在企业中普遍展开并取得很好的效果，企业管理水平有了很大提高。出现了一批国家二级企业和像哈尔滨市粮油工业管理水平普遍较高的企业。但是，企业管理工作在全国很不平衡。因此，强化企业管理，全面提高管理水平仍然是粮油工业的紧迫任务。强化企业管理，首先要提高管理意识，积极采用现代化科学管理方法和手段，推动企业生产的发展。企业管理的内容很多，要从基础工作入手，班组建设、技术管理、质量管理、能源管理、标准化管理、财务管理、安全文明生产管理和生产指挥系统等项专业管理工作，都是企业管理的基础工作，通过抓各项专业管理工作，建立和完善企业管理体系。

这里我要着重强调的是要重视“现场”和“市场”。所谓重视“现场”，就是加强企业的现场管理。现场管理主要是对生产现场，运用现代化管理思想、组织方法和手段，综合贯彻各项专业管理对生产现场的要求，将生产力诸要素进行合理的配置和有机结合，对生产全过程进行有效的控制，实现均衡、安全文明生产。粮油工业企业要大力加强现场管理，全面开展安全文明生产活动，把安全文明生产作为企业各项评比的重要条件。今年，我们将根据修改后《全国粮油工业安全文明生产先进企业考评细则》试评第一批安全文明生产先进企业，评比的时间、方式、数额等具体要求，届时再通知大家。

所谓重视“市场”，就是要加强经销工作，要面向市场，增强市场意识，学会做生意。为了搞好经销工作，所有粮油工业企业的主要领导都要亲自抓，要充实和加强经销队伍，要把那些有知识、懂技术、会管理、善经营、熟悉经销业务的同志选拔到经营岗位上。要加强对经销人员的培训，提高他们的素质。要在市场调查、市场预测和市场分析的基础上，及时制订经销战略。要采用灵活多样的经销方式，研究制订合理的经销手段。要建立经销奖励办法，奖励有贡献的经销人员，调动他们经销的积极性。在经销活动中，要舍得花钱，重视广告宣传的作用。在开拓经营、克服市场疲软方面，不少企业采取了灵活的经销战略，摆脱了困难，救活了企业，取得了很好的经济效益。希望各地注意总结经营工作的经验，培育典型、以点带面，使粮油工业经营工作有一个新的发展。

（六）重视知识、重视人才，充分发挥科技人员的作用。

企业进步的关键是技术，技术的关键是人才。这是因为人是诸多生产要素中最积极最活跃的因素。企业的一切生产活动都离不开有知识、懂技术的人。科学技术越发展，就越显得科技人员的重要作用。不仅掌握先进技术、先进的设备需要技术人才，提高产品质量、研究开发新产品需要技术人才，企业技术进步需要人才，就是企业的现代化科学管理也同样需要技术人才。可以说，只有重视知识，重视人才，积极培养、大胆使用人才，充分发挥科技人员的作用，企业才能不断发展和进步。但是，从目前粮油工业企业的现实情况看，技术人才缺乏，职工整体素质不高，是粮油工业发展亟待解决的问题。

在科技力量不足的情况下，一定要使用好现有的科技力量，充分调动他们的积极性，发挥他们的作用，要同大专院校、科研机构相结合，进行长期的合作，进一步克服科研生产两张皮的状况。大专院校和科研机构的科技人员，要树立为生产服务，为经济建设服务的思想，走与生产相结合的路子。在科技工作中，要根据粮油工业生产发展和技术进步规划的要求，选择那些生产急需，对推动粮油工业发展有积极作用的项目作为研究课题，只有这样才能使科研成果及时转化为生产力，科技成果才能得到推广应用。

要加强科技队伍的建设，重视吸收和培养科技人才。根据粮油加工向“两个方向延伸”的需要，企业的技术人才要与其相适应，不仅要吸收粮油加工方面的人才，而且要有计划地吸收食品、营养、生化、发酵、化工和计算机以及经济方面的技术人才。有条件的企业要选择有一定基础的德才兼备、事业心强、有钻研精神的人员到大专院校进行培训。争取在较短的时间内实现企业科技队伍结构合理化。

企业科技队伍的建设和发展，要与企业的整体技术素质相协调。在增强企业科技力量的同时，一定要加强对全体职工的技术培训，举办不同层次的各种形式的技术、管理、操作培训班，不断提高职工的技术素质。

今年是“质量、品种、效益年”。粮油工业企业要积极响应国务院的号召，参照商业部有关商办工业开展“质量、品种、效益年”活动通知中的具体要求，扎扎实实地开展好这一活动，使粮油工业的产品质量、品种、效益有明显提高。

同志们，只要我们正视现实，统一认识，振奋精神，坚定信心，上下一齐努力，我们一定能在今后的工作中取得更大的成绩，为国家做出更大的贡献。

这次会议在江苏省苏州市召开，得到了江苏省粮食局、苏州市粮食局的大力支持。他们为会议作了周密安排，提供了优质服务，保证会议圆满完成了任务，我代表商业部商办工业管理司和全体与会代表向他们再次表示衷心的感谢！

在第六次全国粮油工业处长（经理）座谈会上的讲话

——转变观念、抓住机遇、奋力开拓，再振粮油工业的雄风

1992 年 6 月 26 日

第六次全国粮油工业处长（经理）座谈会今天在兰州召开。这次会议的主要内容是：认真贯彻邓小平同志的重要谈话精神；总结交流各地在深化改革中，解放思想，转变机制，搞活企业，开拓前进，积极发展粮油工业的好经验；按照部领导近期对商办工业的指示，座谈讨论粮油价格放开后，粮油工业面临的形势、出现的问题和对策，探讨粮油工业持续、稳定、协调发展的新路子。现在我先讲些情况和意见，供同志们参考。

一、1991 年全国粮油工业发展概况

1991 年，全国粮油工业在各级政府和粮食部门领导的关怀重视下，认真贯彻中央深化改革的方针，开展“质量、品种、效益年”活动；转变思想观念，积极参与市场竞争，转换企业内部经营机制，强化管理；坚持本业为主，积极开展多种经营；依靠科技进步，调整优化产品结构，研究开发适销对路的新产品；发展联合，发挥群体优势，发展适度规模经营；注重营销工作，努力开拓城乡市场和国内外市场；克服原材料涨价，资金短缺，生产成本增加等困难；相当一部分地区战胜了历史上罕见洪涝、干旱等各种灾害，取得了显著成绩。

据统计，1991 年全国粮食部门所属粮油工业企业为 11 293 个（其中：大米厂 5 488 个，面粉厂 1 812 个，杂粮加工厂 382 个，植物油厂 1 394 个，粮油食品厂 1 376 个，粮油机械厂 245 个）；职工 69.28 万人。主要产品年末生产能力为：大米 5 442.5 万吨、面粉 4 673.6 万吨、植物油料 2 204.8 万吨、挂面 417.8 万吨、方便面 35 万吨、面包 12.3 万吨、饲料 1 879.7 万吨、粮油机械 30.8 万吨；主要产品产量为：大米 2 044.5 万吨，其中精米占大米总产量的 86.76%，面粉 2 711.3 万吨，其中精面占面粉总产量的 63.78%，植物油 313.9 万吨，粮油食品 300.5 万吨，粮油机械 9.31 万吨，饲料 972.8 万吨，其中配合饲料 468.9 万吨、混合饲料 247.7 万吨；工业总产值达 581.7 亿元（按 90 年不变价格）；实现利税 27.386 亿元；年末拥有固定资产原值 146.39 亿元。

根据统计资料分析，1991 年粮油工业有以下一些情况变化：

一是，主要产品产量比上年普遍有所增长，其中大米产量增加 140.6 万吨，比上年增长 7.38%；面粉增加 30.3 万吨，增长 1.13%；植物油增加 21.4 万吨，增长 7.32%；粮油食品增加 2.5 万吨，增长 0.84%；粮油机械增加 1.1 万吨，增长 13.42%；粮油工业企业饲料产量增加 39.13 万吨，增长 4.19%，配混合饲料的产量达 716.6 万吨，占整个饲料产量的 73.7%。粮油工业主要产品产量的全面增长，为总产值和利税的增长

创造了有利条件。

二是，产品结构进一步调整，精加工、深加工得到了发展。1991年精米占大米总产量的86.76%，比上年增加4.66个百分点；精面占面粉总产量的63.78%，比上年增加4.98个百分点；高级烹调油、色拉油产量达7.47万吨，一级油产量达39.43万吨，人造奶油、起酥油产量达1万多吨，都比上年有较大幅度的增长。产品结构的调整，精加工、深加工的发展，不仅改变了过去成品粮油供应中的"老三样"，丰富了市场，同时也提高了粮油工业企业的经济效益。

三是，积极开展多种经营，自产自营产品增长幅度较大。粮油工业企业去年自产自营大米138.9万吨、面粉302.3万吨、杂粮4万多吨、植物油91.1万吨、粮油食品97.7万吨、饲料360.4万吨，分别比上年增长42.8%、35.8%、5%、33.3%、14.1%和14.1%，有力地促进了企业经济效益的提高。

四是，代农加工继续被粮油工业企业所重视。去年粮油工业企业代农加工大米97.7万吨、面粉237.6万吨、杂粮5.4万吨、植物油33.7万吨、粮油食品17.7万吨、饲料4.47万吨，其中代农加工大米、杂粮和粮油食品有较高的增长，面粉、油脂和饲料有所下降，需要引起注意。

五是，外向型经济有所发展。去年通过出口大米、粮油机械、磷脂、肌醇、挂面、豆粕、饴糖、淀粉、蓖麻油、味精、花生仁等产品，共创汇2.1208亿美元，比上年创汇1.9165亿美元增长10.7%，但增长幅度不大。

六是，企业亏损面和亏损总额有所减少。企业亏损面由上年的10.4%下降到8.61%，亏损总额下降12.65%，但仍有220个亏损企业，亏损总额达1.6721亿元，而且发展很不平衡，需要进一步开展扭亏增盈。

七是，一些主要财务指标差于上年。如每百元固定资产提供的工业总产值、每百元固定资产提供的利润、每百元工业总产值提供的利润、每一职工提供的利润和可比产品成本降低率等都比上年略有减少。

八是，工业总产值、利税总额实现同步增长。1991年粮油工业企业实现工业总产值581.7亿元，比上年增长7.68%；实现利税总额27.386亿元，比上年增长8.54%，利税增长高于产值增长。其中实现利税过亿元的省市有：江苏（2.81亿元）、黑龙江（2.46亿元）、山东（2.04亿元）、吉林（1.76亿元）、上海（1.66亿元）、浙江（1.47亿元）、湖北（1.44亿元）、四川（1.41亿元）、辽宁（1.24亿元）、北京（1.01亿元）等，这10个省市的利税合计为17.3亿元，占全国粮油工业利税总额的63.17%。

九是，固定资产原值有较大幅度增长。粮油工业年末固定资产原值为146.39亿元，比上年增加21.54亿元，增长17.25%，为粮油工业的进一步发展增加了后劲。

通过上述分析，说明了粮油工业企业经过治理整顿，克服了种种困难，已经走出低谷，生产形势是好的，成绩是显著的，这是全国近70万粮油工业职工和各级主管部门辛勤劳动、努力工作的结果。

二、1992年的主要工作意见

今年我们要在总结发展粮油工业经验的基础上，进一步解放思想，转变观念，抓住机遇，奋力开拓，在竞争中使粮油工业工作再上一个台阶。为此，我们要努力做好以下十个方面的工作。

（一）进一步认清形势，转变观念。

转变观念，就是要转变我们几十年来形成的产品经济、分配经济观念。在邓小平同志的重要谈话、中央政治局全体会议精神和七届人大五次会议精神的鼓舞下，全国出现了改革高潮，我国的经济体制正在大步进入市场经济的轨道。过去，粮油工业的大多数产品是属于保市场的，有的甚至是独家经营的，尤其是成品粮油的生产和供应，基本上都在粮食部门，形成了粮油加工企业生产什么产品，市场就供应什么产品。随着粮油购销同价和逐步放开经营，粮食部门吃平价饭、价差饭的局面已经结束；多种形式、多渠道经营和百家经商的局面已经出现，粮食部门独家经营的局面也将结束；人民生活水平逐步由“温饱型”向“小康型”过渡，粮食部门以经营原粮，经营“老三样”为主的局面即将结束，竞争越来越激烈，粮食部门面临着生存和发展的危机。从粮油放开经营的试点县、市看，粮食部门的成品粮油经营量有的占一半，有的只占四分之一。粮食部门粮油经营量的大幅度下降，不仅危及粮食商业企业的生存和发展，同时也一直影响粮油工业企业的产品销售。粮油工业如果失去了市场，就失去了生命，形势十分严峻。为此，必须引起我们的高度重视。要面对现实，认真对待，研究对策。

第一，要树立市场观念。在深化改革的大潮中，粮油工业要适应改革的潮流，实现思想观念的大转变，树立大商业、大市场、大流通的观念。要积极组织产品结构的调整，按市场需要，以市场导向组织生产，即按市场需要什么产品，就组织生产什么产品（在国家许可范围内），不要被过去的条条框框束缚手脚。

第二，要确立竞争策略。现在围绕着农副产品加工方面的竞争越来越激烈。粮油逐步放开经营后，粮油工业面临商、粮、供三家各自办厂以及乡镇企业、个体户、农业部门、轻工部门、外贸部门、“三资”企业等办厂的格局已是客观存在，不可逆转，竞争将是无情的。在优胜劣汰的客观法则下，我们有的地方在竞争中可能守不住阵地，有的企业有可能被人家吃掉。为此，我们一定要树立竞争的观念、联合的观念，依靠科技进步，增强质量意识，积极开发新产品，在竞争中求生存求发展。要坚持“本业为主，多种经营”的方针，在组织好本业生产的同时，思想要解放一点，要敢于打破部门界线和行业界线，进行延伸和扩展。有条件的企业，在市场调查的基础上，要敢于和善于跳出单纯搞粮油加工的狭隘天地。

第三，要有“超前意识”。粮油工业企业研制开发新产品，搞好现有产品的延伸时，在指导思想上要有“超前意识”。既要看到眼前，又要把眼看得远些；产品既要注意以市场为导向，又要注意引导市场，引导消费，以满足不同层次的消费需要和适应人民生活水平从“温饱型”向“小康型”过渡的需要。

第四，要有科技、质量意识。粮油工业企业要进一步树立“科学技术是第一生产力”的观念，依靠科技进步，积极研究开发新产品，改造传统产品，使企业都有自己的拳头产品、名牌产品。要注意产品的包装装潢，吸引消费者的心理。要十分重视产品质量，粮油工业产品要永远经得起市场和消费者的最终检验。

第五，要有营销战略。粮油工业企业要走向市场，产品销售要从过去“保市场”的天地里解放出来。走向争市场、挤市场，要讲究营销艺术、建立销售网络体系，千方百计拓宽市场，要把着眼点放在两个市场，即城乡市场和国内外市场。要在巩固城市“主战场”的同时，要把眼睛盯住广阔的农村市场，并积极开拓国际市场。在今后的竞争中，粮油工业企业要有丢失一部分市场的思想准备，又要有挤占、夺回另一部分市场的精神。我认为，只要有了市场，有了适销对路的产品，企业就能在竞争中立于不败之地。

（二）深化改革，转换企业的内部经营机制。

转换企业内部经营机制，就是要彻底破除旧体制下阻碍解放生产力和经济发展的弊端，建立独立自主、自负盈亏、结构合理的企业经营机制。为了搞活大中型企业，国家采取了一系列优惠政策，一些省市也相继推出了“四放开”、“五自主”、“六条船”等措施，收到了明显的效果。各地粮油工业的主管部门要根据本省、市的实际，在与地方政府有关部门协商一致的基础上，为本地区粮油工业企业选择恰当的经营方式，使企业走向市场、自主经营，真正成为自负盈亏的商品生产者和经营者。要学习和研究重庆商业部门实行的“四放开”经验，摸索实行经营放开、价格放开、用工放开和分配放开的做法和经验，搞活粮油工业企业。

在经营上：在进一步改革开放和百家经商的形势下，粮油工业主管部门和企业领导一定要尽快树立经营思想。我们提倡粮油工业企业在搞好生产的同时，要学会做买卖，学会做生意。现在，我们粮油工业企业身在商业部门，但大多不会做买卖、做生意，必须尽快改变这种局面。在经营中，要不断总结和积累经验，由小到大，不断拓宽自己的经营范围和摸索各种各样的经营方式。浙江省萧山市粮油工业企业，腾出繁华地段建商场、开饭馆，经营范围不断扩大，经济效益不断提高的做法值得各地借鉴。要积极开展自营业务（即企业自己采购原料、自己加工、自己销售），不断提高自营业务的比重。在这方面，浙江省的工作做得很有成效。1991 年，全省粮油工业实现利润 1.086 亿元，其中自营业务的利润为 8 945.12 万元，占全部利润的 82.34%，比上年增长 39.63%。

在价格上：由于粮油产品涉及千家万户，是物价稳定、社会稳定的重要物质基础，因此，当前必须严格按照政府规定的价格执行。但是，粮油工业企业有相当一部分产品是不属于上述范围的，开展自营业务的产成品、副产品、综合利用产品以及延伸、扩展产品、新产品的价格，应该是允许随行就市的。另外，还有个优质优价问题，这里大有文章可做。我们认为随着改革的深入，市场经济的不断发展。粮油产成品的价格亦将逐步摆脱行政干扰，按经济发展规律办事。我们主张，为了粮油工业企业有一定的发展后劲，为国家做出更多的贡献，企业应该有较高的合理的利润。为此，今后我们不要片面地再提“保市场”、“微利保本”等词句，人为地去束缚企业的手脚。

在用工上：为调动企业、职工的积极性，各地都在进行企业劳动用工、人事制度的改革，推行全员劳动合同制。粮油工业企业也要积极稳妥地进行试点，推进用工制度的改革。经过试点，逐步做到四个“三”：搬掉“三铁”，即铁交椅、铁工资、铁饭碗；做到“三能”，即职工能进能出、干部能上能下、工资能高能低；推行“三制”，即全员合同制、干部聘任制，内部待业制；实行“三岗”，即在岗、试岗、待岗。在进行企业劳动用工和人事制度的改革中，搬掉“三铁”是核心，现在各地提法不一致，反映出了一些问题和困难，希望各地粮油工业主管部门抓一两个企业进行试点，摸索经验，以点带面，逐步推广。在试点中，一要选择各项基础工作较好，企业素质较高的单位进行试点；二要注意做到舆论先行，要按中央的精神在企业中进行广泛深入的宣传和学习，在改革配套、外部环境良好、职工思想认识提高的基础上，进行大胆改革；三是对优化组合下来的待岗人员，企业要认真进行深入细致的思想政治工作和转岗培训，立足于在企业内部消化，可以搞第三产业和其他创收路子，要妥善安排好年老、体弱的老职工；四要允许职工合理流动，但对企业的业务骨干和重要岗位人员要注意保持相对稳定。

在分配上：深化企业内部分配制度的改革与企业劳动用工、人事制度的改革是相辅相成的。粮油工业企业要积极进行分配制度的改革，实行工效挂钩和岗位技能工资制，体现按劳分配原则，拉开分配档次。分配要向责任重贡献大的高技术岗位和一线苦、脏、累、险岗位倾斜。与此同时，要引导和提倡效益工资较高的企业，按照需要与可能，合理用于建立工资储备金，调整工资标准、考核增资、生产性岗位津贴和企业补充养老保险等，做到以丰补歉，正确处理好眼前利益与长远利益的关系。

（三）以市场为导向，继续搞好产品结构的调整。

这些年来，随着我国国民经济的发展，人民生活水平不断提高和食品工业的发展，粮油工业的精加工、深加工得到迅速发展，品种多、质量高、群众满意，企业有了新的发展，缩短了与国外的差距，取得了显著成绩。

有关发展精加工、深加工的原则要求，我在一年一次的全国粮油工业经理（处长）座谈会上和去年9月在烟台召开的全国粮食部门开展“本业为主、多种经营”会议上多次讲述过，不再讲了。这里我想讲几点意见。

第一，要继续发展精米、精面、精油的生产，尽快提高其在成品粮油中的比重，以适应“温饱型”向“小康型”生活过渡的需要。今后，企业组织生产时，要以市场为导向，要做到“市场需要什么产品，企业就生产什么产品”的顺向思维方法。要尽快改变一些地方群众不愿意吃标准粉、标二米、二级油，而企业还在继续生产上述产品，造成积压的局面。今后，精米、精面、精油的生产应以市场的需求为导向和企业的生产条件来决定，不再受其占成品粮油的比例的限制。

第二，注意满足不同层次的需要，在发展精加工的同时，对米、面产品也要注意研究开发生产一些粗米、粗面。但这种所谓的“粗”，绝不是重复过去的粗加工，而是要研究开发生产高档次的“粗”，制作出具有功能性、营养性和保健性的制品。与此同时，我们也不能忽视粗粮和小杂粮的加工生产和合理利用。为解决早籼米的出路问题，有的地方打算在精加工的基础上，对不同大米进行配制，生产出配制大米，希望大家注意总结这方面的经验。

第三，要采取有力措施，把深加工提高到一个新水平，这些年来，我们在精加工上做了许多工作，取得了成效。但在深加工上步伐迈得还不够快，我们要结合企业技术改造，尽快把专用粉、专用油搞上去，以满足食品工业进一步发展的需要，取代部分地区食品工业和大宾馆用粉、用油靠进口的局面。

第四，在发展精加工、深加工时，要关心农业生产的结构调整。最近农业部门邀请专家召开了“高产、优质、高效研讨会”，提出了一系列政策措施。我们粮食部门尤其是以粮食、油料为原料的粮油工业企业，不能等闲视之，要十分关注这一变革，积极参与农业生产的结构调整，参与和支持粮油生产基地的建设，以保证粮油工业企业足够的优质原料。

第五，发展精加工、深加工，必须十分重视成品粮油的小包装。这个问题，现在已到了亟待研究解决的时候了。发展小包装容器，不能每个厂都去搞。我们的意见是：一个省只能集中搞一两个点，供应一片，这样做有利于提高小包装容器的质量，有利于降低成本。

第六，油脂的精加工，如生产高级烹调油、人造奶油、起酥油等，要适当集中在大中型油厂中生产，以利于副产品的综合利用和获取规模经济效益，不要都去搞小型炼油车间。

（四）积极推进粮油工业的“两个延伸”。

关于粮食加工向食品方向延伸，油脂加工向油脂化工产品和植物蛋白方向延伸的问题，部里已在去年的两次会上明确指出，作为今后粮油工业的发展方向，并写入了《“八五”全国粮油工业技术进步规划》。各地对此十分重视，都在研究如何搞好两个延伸。为了积极、稳妥地搞好“两个延伸”，防止盲目性，今年 3 月 13 日、20 日，商办工业管理司与中国粮油学会油脂专业分会、粮食食品专业分会分别在宁波市、广州市召开了“油脂加工向油脂化工产品和植物蛋白方向延伸研讨会”、“粮食加工向食品方向延伸研讨会”。这两个研讨会在广泛听取专家们意见的基础上，形成了两个会议纪要。这次会上，将发给大家征求意见，会后进行修改后再下发各地，供大家参考。

有关“两个延伸”的具体内容和需要注意的问题，在纪要中都已详细提及，这里我再强调几点：

第一，发展粮油食品，在指导思想上，除了要继续搞好大众化食品外，要有“超前意识”。搞好“两个延伸”，既要看到眼前，又要把眼光看得远些；产品既要注意以市场为导向，又要注意引导市场、引导消费。在规划时，各地要根据自己的实际确定延伸的品种、档次。从全国而言，沿海与内地；大中城市、开放地区与县城、集镇应有所区别。这里需要特别强调的是，大众化食品千万不能丢，因为它不仅城市居民需要，而且广大农村市场需要，丢了它，就丢了我们相当一部分市场。

第二，积极发展速冻食品，如速冻饺子、包子、馄饨、窝窝头、烧麦、麻团、春卷、各类蔬菜等等。在国外超级市场上，速冻食品丰富多彩，已经普及。这两年我国的大中城市速冻食品发展较快，深受消费者的欢迎，是今后发展的方向。一套速冻装置，既可生产速冻食品、速冻菜，并能保持原有的风味，夏天还可以生产冷饮制品，而且投资不大，上马快，有优势。建议在消费水平较高的大中城市和经济较发达的地区，粮油工业企业要积极发展速冻食品，使粮食部门在速冻食品的市场上占有一席之地。

第三，在研究粮食转化时，当前要特别重视研究对早籼米和杂交稻的开发利用。粮油工业企业一定要主动与科研院所合作，下大力攻克转化关，要注意玉米系列食品的开发研究；要重视燕麦、荞麦、赤豆、绿豆、豌豆、蚕豆等各种杂粮、豆类的开发利用，在它们中间有的可以制成人们喜爱的食品，有的可以制成功能食品，有的可以制成各种糕点，在这方面，我们还没有下功夫去研究，需要引起我们的注意。

第四，要研究消费者心理和需求，注意开发功能性、营养性、保健性食品的生产。随着粮油精加工、深加工和粮油食品生产的不断发展，要重视食品添加剂的开发，如烘焙制品品质改良剂、乳化剂、酵母营养剂、食品调味剂、营养强化剂、天然香料、天然色素、防腐、防霉、抗氧化剂等食品改良剂的生产。

第五，要充分利用各地的资源优势，积极开发天然饮料和天然食品，如矿泉水、果汁饮料、蔬菜汁等等。现在农业部门推出了无污染“绿色食品”，受到了消费者的关注和喜欢，去年夏天，上海市矿泉水供不应求，占饮料市场的三分之一份额，我们应该从中得到启迪。

第六，注意宏观管理，合理布局。“两个延伸”的内容丰富，品种繁多，前景广阔。但有些产品，特别是油脂加工的延伸产品，市场有限，技术难度高、投入大、风险大。建议开始时要选择基础条件好、技术力量和经济实力较强、有一定承受能力的大中型企业进行延伸，切忌盲目上马、一哄而起。

第七，要重视食品机械的开发研制。食品机械门类较多，需要量大。但目前可供粮油工业两个延伸和城镇粮店选用的食品机械为数不多，为此，粮油机械厂要在安排粮机生产的同时，要拿出一部分力量投入到研究开发食品机械方面来。今后，粮油机械厂也要跳出粮油机械的小天地，渗透到生产食品机械、小包装机械和其他机械产品的行列中去。不要在生产粮油机械上东抄西搬，搞内部竞争。

（五）坚持“本业为主，多种经营”的方针。

粮食部门开展“本业为主，多种经营”，是经济和社会发展的客观要求，也是粮食部门在新形势下求生存、求发展，为国家多做贡献的必由之路。去年烟台会议后，各地粮食部门对开展“本业为主，多种经营”的重要性、必要性有了共识，付诸行动取得了成效。尤其可贵的是一些地区，在实践中不断探索，找到了开展多种经营的路子。有关粮油工业企业如何开展“本业为主，多种经营”的重要意义、指导思想、内容，去年烟台会议上都讲了，这里我想着重强调的是粮油工业企业开展多种经营要拓宽领域，敢于和善于打破部门和行业界限，走出单纯依靠米、面、油加工的狭隘天地。

几十年来，粮油工业企业在独家经营和“保市场”思想的影响下，一直围绕着米、面、油加工做文章，门路越走越狭窄，不能适应当前商品经济发展和激烈的市场竞争。为此，我们要有挤占的精神去拓宽领域。在这方面，台湾省油脂工业企业的做法很值得我们研究和学习，他们的经营范围已渗透进银行、建筑、房地产、食品饮料等行业，他们不但是生产型的，也是经营型的。在我们商、粮、供三家的工业企业中，供办工业的开拓精神强，门路广，产品有新意，企业充满了生机和活力，看了很受启发和教育。近几年来，供办工业的产值、利税一直保持着迅猛发展的好势头。1991 年商办工业总产值和实现利税分别比上年增长 8.21％和 16.28％，其中：供办工业的总产值和实现利税分别比上年增长 12.3％和 26.3％，为商办工业各行业之首。他们的闯劲和经验值得我们去总结和学习。现在我们有些企业的领导想把企业搞好，不断外出参观考察，但找不到门路心里很着急，认为延伸难，多种经营更难，拓宽领域难上加难。我建议，今后粮油工业企业组织外出参观考察，不要局限于在粮食系统内打圈子，要到就近的供销系统和其他部门，其他行业去学习取经，看看人家是怎么想的，怎么做的，以便从中得到启发，拓宽我们的视野。

今后，粮油工业企业要进一步发挥自己的优势，在搞好本业、搞好“两个延伸”和副产品综合利用的同时，鼓励有条件企业积极开拓和发展跨部门、跨行业的产品。总之，在竞争中，粮油工业企业要打破过去的条条框框，自己解放自己，只要市场有销路，原料有保证，企业有条件，效益好，什么产品都可以搞，什么产业都可以干（在国家允许范围内）。

为了解贯彻落实去年烟台会议的情况，进一步推动粮食部门开展“本业为主，多种经营”的工作，根据白副部长的指示精神，今年下半年将召开一次经验交流会。希望各地认真总结一年来开展多种经营的具体做法、措施、效果和经验，并请各省市选送一份具有自己特点的典型材料，于八月底前寄至商办工业管理工作司粮油工业处。

（六）依靠科技进步，加速粮油工业的技术改造。

深化改革，扩大开放，以经济建设为中心，科学技术是第一生产力的地位和作用越来越突出，越来越重要。粮油工业的发展也同样必须依靠科技进步，走科技兴业的道路。粮油工业企业要重视科学技术，增强科技意识，增强科技兴业的紧迫感、责任感。真正依靠科技来发展粮油工业，增加科技兴业的投入，加速粮油工业的发展速度。今后企业进行技术改造、开发新产品、提高产品质量、降低消耗、增强发展后劲都要依靠技术进步。要及时了解科技市场信息，舍得花钱买专利、买技术。现在凡是经济技术指标先进，企业效益好，有发展后劲的企业，都十分重视科技进步。甚至连许多乡镇企业也在开始重视和依靠科技进步，他们已经意识到今后企业的生存和发展要依靠科学技术，有的甚至不惜工本地买技术、聘人才。他们对技术、人才作用的认识比我们强。在商、粮、供三家的工业企业中，供办工业的科技意识比粮办工业强。最近，江苏省供销社在南京邀请了 11 家大专院校举办了科技成果发布会，使到会的企业开阔了视野，转让了不少高新技术，这种精神和做法值得我们粮办工业学习。为促进科研与生产相结合，使科技成果尽快转变为生产力，这次座谈会我们邀请了有关科研院所、大专院校的专家到会并将介绍他们的科研成果，希望各地选用。

当前，市场竞争激烈，一些企业面临着优胜劣汰的挑战。要求企业的生存和发展就必须积极采用先进工艺、先进设备，加速企业的技术改造。以利于企业提高产品质量、档次，增加品种，降低消耗，提高经济效益，增强企业发展后劲。

在面临激烈竞争的形势下，粮油工业企业要坚守阵地。坚守粮油工业阵地，不仅是粮食部门继续发挥主体地位和主渠道作用的需要，也是稳定市场、保证供应、稳定社会的需要。为此我们要有紧迫感和责任感。要坚守阵地，必须继续保持大中城市的粮油工业企业和大中型粮油骨干企业的优势，巩固县城一级和重要集镇的粮油工业企业，要想方设法筹集资金，突出重点，分期分批地加速对企业的技术改造，使粮油工业企业在质量、品种、技术、消耗等方面领先于其他部门的企业，高出乡镇企业一筹。做到人家有的产品我们都能生产，我们有的产品人家很难生产，只有这样才能继续保持粮油工业的优势并得到不断发展。

今后粮油工业的技术改造，要继续注意适度规模经营，重点支持具有竞争能力的大中型骨干企业；支持精、深加工及“两个延伸”的项目；支持看准了跨部门、跨行业的项目。与此同时，各地要关心县城一级和重要集镇粮油加工企业的改造。比如面粉加工，不仅大中城市的面粉厂能生产高精度的等级粉和食品专用粉，县城一级和重要集镇的面粉厂也要考虑必要的改造，适当延长粉路，使之能生产等级粉，不仅满足县内非农业人口的口粮和食品工业用粉的需要，而且设法占领广大的农村市场。

为推动粮油工业的技术进步，我们提倡粮油工业企业要做到：对新产品、新技术的开发要舍得花钱；对看准了的技改项目要敢于贷款，敢于负债，以增强企业的发展后劲。

（七）发展横向联合，组建企业集团。

发展横向经济联合，组建企业集团，是转换企业经营机制的一种有效途径。通过发展横向联合可使企业在资源、资金、设备、技术和人才等方面进行合理交流，发挥各自优势，促进经济结构和产品结构合理化，形成规模经济效益。粮油工业大多是中小型企业，抗风险能力和市场竞争能力较弱，通过联合可以使优势互补，求得共同发展，在联合的基础上组建企业集团，这也是今后企业生存、发展的必由之路。白副部长在去年烟台会议上指示我们："要加强横向经济联合，创造条件，逐步组建企业集团，发挥粮油企业的群体优势和规模经济效益，增强竞争实力。"当前，粮油工业企业在发展横向联合，组建企业集团中要注意以下几点：一是要进一步提高对发展横向联合，组建企业集团重要意义的认识，加快步伐。白副部长要求粮油工业企业要以大中型骨干企业为龙头，积极发展面粉加工、大米加工和油脂加工企业的横向联合，在各地组建集团的基础上，待条件成熟时，组建全国性的集团公司。二是发展联合，组建集团要先从粮食部门内部搞起来，充分发挥粮食部门的整体优势。白副部长指出："现在粮食部门内部存在条块分割、地区分割的现象，造成工业、储运、批发、零售互相脱节、互相交叉，各自为战，内耗严重，缺乏竞争能力和应变能力。因此，粮食部门内部各行各业如何密切合作，互惠互利，发挥整体优势，是一个急需研究解决的问题。"我们要按白副部长的指示精神，努力做好粮食部门内部的联合。现在，一些地区出现了大办小型粮油加工厂的势头，造成了"以小挤大"，内部竞争的不正常局面，需要认真对待，通盘研究，不能让此蔓延。三是由省市主管部门将本省市系统内的粮油工业企业组织起来成立集团，归属于省市工业公司领导，以便统一组织协调，发挥群体优势。有的省市粮食局已经这样做了，效果不错。希望各地探索总结自己的经验，使横向联合、组建企业集团的工作有领导地、健康地向前发展。

（八）继续做好引进技术，发展外向型经济。

粮油工业企业要按照邓小平同志的重要谈话精神，在引进国外先进设备和发展"三资"企业上，思想要解放一点。今后，既要加强宏观指导，又要注意灵活一点，千万不能束缚我们自己的手脚，控制了我们自己，过去在这方面我们是有教训的，一些"三资"项目，本应我们粮食部门搞，由于我们怕"肥水外流"，怕影响民族工业的发展，结果让其他部门搞了，这是很可惜的，从现在起我们要努力改变这种局面。

为贯彻落实邓小平同志的重要谈话精神，商办工业管理司将研究修改《国家产业政策商办工业细化目录》（试行）中有关限制发展"三资"企业的条文，并鼓励粮油工业企业引进国外先进技术、设备和发展"三资"企业。实践证明，发展"三资"企业，有利于动态跟踪国外先进技术；有利于利用外国资改造老企业；有利于出口创汇；有利于提高企业的科学管理水平；有利于提高企业的综合素质和经济效益；有利于促进企业内部机制的转换和提高企业的竞争力能力。利多弊少，应该努力争取。粮油工业发展“三资”企业，也要开阔视野，跳出单纯搞粮油加工的圈子，对有条件、有一定实力的企业，不仅可以搞与我们行业有关的“三资”企业，同时也可以搞其他行业的“三资”企业；不仅可以在国内办“三资”企业，也可以到国外去办“三资”企业。此外，我们还可以搞沿海与内地；经济较发达地区与经济较不发达地区之间的合作、合资办厂。这样做既可利用沿海、经济较发达地区的技术优势和一部分资金帮助内地、经济较不发达地区共同进步，又能充分利用内地、经济不发达地区的丰富资源，做到优势互补。

针对粮油工业的实际，当前在利用外资，发展“合资”企业时，我们要注意做到，工作要积极、仔细、头脑要冷静。在洽谈中要防止“过急”而受到不应有的损失；对具有我们自己特色的、经济技术指标先进、效益好的大型骨干企业，不要急于搞“合资”。

粮油工业企业不仅要立足于国内市场，同时要走出国门，积极开拓国际市场，争取多出口创汇。去年商办工业出口创汇达13亿多美元，其中供销工业为6亿多美元，商业工业为5亿多美元，粮油工业只有2亿多美元。可见粮油工业的外向型经济远远落后于供销和商业工业，需要积极开拓，奋起直追。前不久，商业部在广州召开了商业外向型经济经验交流会，部领导作了重要指示，希望各地认真学习、贯彻，推动粮油工业外向型经济的发展。为进一步扩大出口，我们要做到：第一，抓住机遇，拓宽市场。要在稳定原有市场的同时，积极开拓挤占新的市场。当前要特别重视独联体、东欧市场、海湾中东市场和拉美市场。第二，搞好工贸关系，多渠道出口。要坚持多渠道出口的原则，在巩固发展原有出口渠道的同时，积极开拓新的渠道。要充分利用商业部几家公司的对外窗口。第三，利用边境贸易扩大出口。现在广西、云南、新疆、内蒙古、黑龙江等省区的边境贸易十分活跃，要积极组织，加强联系与合作，为各地粮油工业企业利用好这些窗口服务。第四，探索多种扩大出口的形式。如在境外合资办厂、设维修点等。第五，要重视粮油机械产品的出口，积极组织成套、单机和零部件的出口供应；第六，要积极开发新产品，确保产品质量，下大力改进出口产品的包装装潢。为促进粮油工业的产品出口，商办工业管理司要积极为出口企业服务，提供信息，牵线搭桥，促进成交。

（九）继续抓好“市场”和“现场”。

去年，我在两次全国会议上，反复强调了粮油工业企业要重视“市场”和“现场”，引导起了大家的重视，可以讲有了共识，这里我想再讲点意见。

前面我已讲过，企业失去了市场，就失去生命。现在有些企业家说：“今后企业遇到了困难，不要再去找市长，而要去找市场。”这充分说明了市场的重要性。这几年来，在激烈的竞争中，我们粮油工业企业的市场观念有了加强，积累了许多宝贵经验。有的增加经销人员；有的提高营销队伍的素质，甚至请总工程师出来搞经销；有的在全国增设销售网点，设代理商；有的积极参与和利用各地的粮油批发市场；有的不惜工本做宣传、做广告；有的放下“架子”，改善经营作风，改进服务态度，以质量高、品种多、服务好来赢得消费者的信誉；有的讲究营销艺术，重视营销战略，敢于探索和利用乡镇企业和外资企业的营销方式等等，推动了促销工作，提高了企业的经济效益，救活了企业。这些经验值得我们学习和借鉴。希望大家继续创造和总结经验。我认为，做好营销工作的文章很多，在这方面，我们也要有点敢于“闯”和“冒”的精神。

有关“现场”问题。我认为企业的“现场”管理状况如何，不仅能反映出该企业总体管理水平的高低，也反映出该企业精神面貌的好坏，企业和职工素质的高低。一个“现场”管理工作脏、乱、差的企业，不可能有良好的企业精神和企业风貌，也不能有好的经济效益。就是一时有较好的经济效益，也不可能长期保持下去。为此，必须高度重视，常抓不懈。

这些年，在各级粮油工业主管部门和粮油工业企业的重视下，我国粮油工业的管理水平有了很大提高，上了一个台阶，出现了许多国家二级企业、省市先进企业和文明生产企业，但发展很不平衡，相当一部分企业脏、乱、差的现象没有根本改变。希望大家经过两三年时间的努力工作，彻底改变面貌。

强化企业管理，向管理要效益、要质量，已被大多数粮油工业企业所接受。根据国务院的通知决定，结合粮油工业企业的实际，今年要在效益、质量上狠下功夫，取得明显效果。

要深入开展企业扭亏增盈工作。近几年来，粮油工业企业在面临种种困难的情况下，通过各种措施注重经济效益，取得了可喜成绩。1991 年实现利税比上年增长 8.54%；企业亏损面由上年的 10.4%降低到 8.31%；亏损总额下降 12.65%。但是发展很不平衡，有的地区企业亏损面达百分之十几，个别的高达百分之二十几甚至一半以上。希望粮油工业主管部门在认真调查研究的基础上，采取有力措施，制订切实可行的扭亏增盈计划。通过深化企业改革，转换经营机制，向管理要效益，向质量、品种要效益，向节约降耗要效益，向开展多种经营要效益，向技术进步要效益。这两年，白副部长在出差期间看了许多粮油加工厂，作了许多指示，给了我们很大鼓舞。最近他对我们讲：“学习小平同志的重要谈话，一要加快改革开放，二要加快经济建设步伐，三要以提高经济效益为中心，两个加快一定要围绕着一个中心”。并要求粮油工业企业“再上一个台阶，狠抓扭亏增盈工作，力争今年利税创历史最高水平”。我们要按部领导的指示精神努力工作，在去年的基础上，今年将企业亏损面、亏损总额降低三分之一，实现利税创历史最高水平。

要牢固树立质量意识，把产品质量放在第一位。近期内，虽然不搞全国性的评比活动，但对产品质量问题我们决不能放松。今年，国家对产品质量问题采取了强有力的措施，《中国质量万里行》活动在全社会引起了强烈反映，现在有关部门正在制定《质量法》，加强质量法制管理。粮油工业企业要继续强化质量意识，抓住当前有利时机，发动全体职工在企业内产开展创优活动。据悉，今年下半年，在《中国质量万里行》活动中，要对粮油成品、粮油食品等进行抽查，对质量不好，用户反映强烈的企业，经调查核实后新闻单位要进行“曝光”，希望各地要有充分的思想准备。对群众反映的质量问题，要端正态度、认真对待，在主观上找原因，并采取有效措施，及时处理解决。

（十）进一步加强对粮油工业的领导。

商业部领导对商办工业工作十分重视，去年就商办工业工作做了一系列重要指示，并三次召开部办公会议研究部署商办工业工作。今年 2 月 2 日，胡平部长在他办公室约我和田元兰、罗梦传等商办工业管理司负责同志时的讲话中，进一步强调发展商办工业的重要性。他指出：像乡镇企业在农业中异军突起一样，商办工业是商业部系统的一枝花。今年商办工业要唱大戏，要更加突出宣传商办工业，并要求商办工业管理司今年要拍好商办工业电视片；组织撰写商业部也是工业部的论文；编写商办工业之最；公布几个百家企业，表彰商办工业十佳企业；开好商办工业各类会议，总结交流经验等五件大事。为了认真贯彻部领导的指示精神，推动商办工业工作，商业部以部发［92］工字第39号文件《部领导对加强商办工业的批示讲话》印发各地，希望大家认真学习，努力贯彻。我们认为，部领导这样重视商办工业工作，是对我们粮油工业战线上广大干部、职工的极大鼓舞。各级粮食部门的领导尤其是主要负责同志一定要带头转变观念，特别是在激烈的竞争中，粮油工业面临着转机和困难的时候，一定要进一步重视、关心、支持和加强对粮油工业的领导，协调好粮食部门内部关系，千方百计为粮油工业的发展创造良好的外部环境和内部环境，做到贸易、实业两手抓，坚持粮食商业和粮办工业两个轮子一起转，以增强粮食部门的生存和发展后劲。

为适应进一步深化改革的需要，管理体制的改革势在必行。现在不少省市粮油工业公司、工业处正在向实体过渡，对此，我们应该抱积极的态度，欢迎这种改革。我们认为，现在的时机十分有利，早过渡比晚过渡好。但机构不管如何改革，粮油工业的体系不能打乱，不能削弱行业管理的职能，并要想办法有所加强，这是粮油工业进一步发展的需要，也是我们1万多个粮油工业企业和近70万职工的希望所在。今后行业管理的职能，主要是管方针政策、统筹规划、组织协调、监督服务。粮油工业公司、工业处向实体过渡后，一定要做到一手抓贸易、抓实业，一手抓管理，两者不能偏废，都要做出成绩。向实体过渡，开始时会遇到许多困难，希望各级粮食部门的领导和各地粮油工业企业要关心、支持和帮助他们克服困难，搞好过渡。

同志们：今年是我国加快改革步伐，加速经济发展非常重要的一年，为加速粮油工业的发展提供了有利时机，希望各地结合学习贯彻中央2号文件精神，进一步解放思想，转变观念，抓住机遇，大胆改革，振奋精神，奋力开拓，再振粮油工业的雄风，以创造优异的成绩迎接党的十四大召开。

努力做好商办工业工作

1992年7月

一、要进一步转变观念，解放思想

首先要转变几十年来形成的产品经济、分配经济观念，由产品分配型向商品经营型转变。过去，商办工业的许多产品是属于保市场的，有的甚至是独家经营的，尤其是粮油成品的生产和供应，基本上都在粮食部门。粮油加工企业生产什么产品，市场就供应什么产品。随着粮油购销同价和逐步放开经营，多种形式、多渠道经营的局面已经出现，竞争越来越激烈，粮食部门粮油经营量的大幅度下降，也影响到粮油工业企业的产品销售。商业、供销社系统工业企业也不同程度地存在着类似的问题。为此，必须引起我们的高度重视，要面对现实，认真对待，研究对策。

第一，要树立市场观念。要适应改革的潮流，实现思想观念的大转变。要积极进行产品结构的调整，以市场为导向，按市场需要组织生产。

第二，要确立竞争策略。要树立竞争观念、联合观念，依靠科技进步，增强质量意识，积极开发新产品，在竞争中求生存、求发展。要坚持“本业为主，多种经营”的方针，在组织好本业生产的同时，思想要解放一点、要敢于和善于打破部门界线和行业界线，进行延伸和扩展。

第三，要有“超前意识”。在研制开发新产品时，要有“超前意识”。既要看到眼前，又要看到长远；既要注意以市场为导向，又要注意研究消费者心理，引导市场，引导消费，以满足不同层次的消费需要和适应人民生活水平从“温饱型”向“小康型”过渡的需要。

第四，要有科技、质量意识。要进一步树立“科学技术是第一生产力”的观念，依靠科技进步，积极研究开发新产品。要注意产品的包装装潢和消费者的心理。

第五，要有营销策略。商办工业企业要从过去“保市场”的天地里解放出来，走向争市场、挤市场、占领市场，要讲究营销艺术，建立销售网络体系，千方百计拓宽市场。要在巩固城市“主战场”的同时，把眼睛盯住广阔的农村市场，并积极开拓国际市场。在竞争中，商办工业企业既要有丢失一部分市场的思想准备，又要有挤占、夺回另一部分市场的精神。

二、深化改革，转换企业内部经营机制

各地商办工业的主管部门要根据本省（市、区）的实际，在与地方政府有关部门协商一致的基础上，为本地区商办工业企业选择恰当的经营方式，使企业走向市场，自主经营，真正成为自负盈亏的商品生产者和经营者。要学习和研究重庆商业部门实行“四

放开”的经验，结合商办工业实际，逐步推广经营放开、用工放开和分配放开的做法，搞活商办工业企业。

在经营上，为适应进一步改革开放和百家经商的形势，商办工业的主管部门和企业领导一定要尽快树立经营思想。商办工业企业在搞好生产的同时，要学会做买卖、学会做生意。现在，商办工业企业身在商业部门，但大多不会做买卖、做生意，要尽快改变这种局面。在经营中，要不断总结和积累经验，从小到大，不断拓宽经营范围和摸索各种各样的经营方式。积极开展自营业务，不断提高其自营业务的比重。

在价格上：由于商办工业的许多产品涉及千家万户，是物价稳定、社会稳定的重要物质基础，因此，当前必须严格执行政府规定的价格。但是，商办工业企业有相当一部分产品不属于上述范围，其价格应该允许随行就市。另外，在优质优价方面也大有文章可做。

在用工上：为调动企业、职工的积极性，各地改革企业劳动用工和人事制度，推行全员劳动合同制。商办工业企业也应积极稳妥地进行试点，推进用工制度的改革。经过试点，逐步做到四个“三”：搬掉“三铁”（即铁交椅、铁工资、铁饭碗），做到“三能”（即职工能进能出、干部能上能下、工资能高能低），推行“三制”（即全员合同制、干部聘任制、内部待业制），实行“三岗”（即在岗、试岗、待岗）。在进行企业劳动用工和人事制度的改革中，有的地方反映出一些问题和困难，也存在一些不同看法，希望各地商办工业主管部门抓一两个企业进行试点，摸索经验，以点带面，逐步推广。在试点中，一要选择各项基础工作较好，企业素质较高的单位进行试点；二要注意做到舆论先行，要按中央的精神在企业中进行广泛深入的宣传和学习，在改革配套、外部环境良好、职工思想认识提高的基础上，进行大胆改革；三是对优化组合下来的待岗人员，企业要认真进行深入细致的思想政治工作和转岗培训，立足于在企业内部消化，可以搞第三产业和其他创收路子，要妥善安排好年老、体弱的老职工；四要允许职工合理流动，但企业的业务骨干和重要岗位人员要注意保持相对稳定。

在分配上：商办工业企业要积极进行分配制度的改革，实行工效挂钩和岗位技能工资制，体现按劳分配原则，拉开分配档次。分配要向责任重、贡献大的高技术岗位和一线苦、脏、累、险岗位倾斜，与此同时，要引导效益工资较高的企业建立工资储备金，调整工资标准、考核增资、生产性岗位津贴和企业补充养老保险等，做到以丰补歉，正确处理好眼前利益与长远利益的关系。

三、在引进国外先进技术、设备和发展“三资”企业方面，思想要再解放一点

实践证明，发展“三资”企业，有利于动态跟踪国外先进技术，有利于利用外资改造老企业，有利于出口创汇，有利于提高企业的科学管理水平，有利于提高企业的综合素质和经济效益，有利于促进企业内部机制的转换。商办工业发展“三资”企业要开阔视野，跳出单纯搞农副产品加工的圈子，对有条件、有一定实力的企业。不仅可以搞与我们行业有关的“三资”企业，同时也可以搞跨行业的“三资”企业；不仅可以在国内办“三资”企业，也可以到国外去办“三资”企业。此外，还可以发展沿海与内地、经济较发达地区与经济不发达地区之间的合作、合资办厂。这样做既可利用沿海、经济较

发达地区的技术优势和一部分资金帮助内地、经济不够发达地区共同进步，又能充分利用内地、经济不够发达地区的丰富资源，做到优势互补。

针对商办工业的实际，当前在利用外资、发展“合资”企业时，我们要注意做到：工作要积极、过细，头脑要冷静。在洽谈中要防止“过急”，以避免不应有的损失；对具有我们自身特色的，经济技术指标先进、效益好的大型骨干企业，不要轻易搞“合资”。

四、依靠科技进步，加速商办工业的技术改造

要继续加速商办工业的技术改造。技改立项时，要注意适度规模经营，重点支持具有竞争能力的大中型骨干企业。通过技术改造，提高产品质量、档次，增加品种，降低消耗，提高经济效益。通过技术改造，增强企业的竞争能力，保持大中城市的商办工业企业和大中型骨干企业的优势，巩固县城一级的商办工业企业。

商办工业企业对新产品、新技术的开发要舍得花钱，对看准了的技改项目要敢于贷款，敢于负债改造，以增强企业的发展后劲。

五、积极发展商办工业的外向型经济

去年，商办工业出口创汇达 12.7 亿美元。为进一步扩大出口，我们要做到：第一，抓住机遇，拓宽市场。要在稳定发展原有市场的同时，积极挤占新的市场。当前要特别重视独联体、东欧市场、海湾中东市场和拉美市场。第二，坚持多渠道出口的原则。在巩固发展原有出口渠道的同时，积极开辟新的渠道，要充分利用商业部几家公司的对外窗口。第三，利用边境贸易扩大出口。现在，广西、云南、新疆、内蒙古、黑龙江等省区的边境贸易十分活跃，要积极组织并发挥这些窗口的作用，为商办工业企业服务。第四，探索多种扩大出口形式。如在境外合资办厂、设维修点等。第五，要重视商机产品的出口，积极组织成套设备、单机和零部件出口供应。

为促进商办工业的产品出口，商办工业管理司要积极为出口企业服务，提供信息，牵线搭桥，促进成交；要组织企业出国推销，在国外举办展销会等。

六、发展横向联合，组建企业集团

发展横向联合，组建企业集团，是转变企业经营机制的一种有效途径。通过发展横向联合，可使企业在资源、资金、设备、技术和人才等方面进行合理交流，发挥各自优势，促进经济结构和产品结构合理化，形成规模经济效益。商办工业企业大多是中小型企业，抗风险能力和市场竞争能力较弱，通过联合可以使优势互补，求得共同发展。组建企业集团重点放在以龙头产品的生产企业为核心，用共同的经济利益把同类企业紧密地联结在一起，形成规模经济。今年商办工业管理司打算协调组建以广州果子食品厂为龙头的“全国果脯蜜饯集团”和以浙江省畜产品公司为龙头的“羽绒集团公司”。

总之，经过我们的努力，商办工业一定能走上新的台阶，会有更大的发展。

抓住机遇、奋力开拓，加速粮油工业的发展

1992 年 7 月

1991 年，全国粮油工业有了进一步发展。工业总产值达 581.7 亿元，比上年增长 7.7%；实现利税总额 27.4 亿元，比上年增长 8.5%；年末拥有固定资产原值 146.4 亿元，比上年增加 21.5 亿元，增长 17.3%，取得了显著成绩。1992 年，我们要在总结发展粮油工业经验的基础上，进一步解放思想，转变观念，抓住机遇，奋力开拓，在竞争中使粮油工业工作再上一个台阶。为此，我们要努力做好以下几方面的工作。

一、进一步认清形势，转变观念

转变观念，就是要改变我们几十年来形成的产品经济、分配经济观念，由产品分配型向商品经营型转变。当前全国出现了改革高潮，我国的经济体制正在大步进入市场经济的轨道。过去，粮油工业的大多数产品是属于保市场的，是按国家计划进行安排的，尤其是成品粮油的生产和供应，基本上都在粮食部门，形成了粮油加工企业生产什么产品，市场就供应什么产品。随着粮油购销同价和逐步放开经营，粮食部门吃平价饭、价差饭的局面已经结束；多种形式、多渠道经营和百家经商的局面已经出现，粮食部门独家经营的局面也将结束；人民生活水平逐步由“温饱型”向“小康型”过渡，粮食部门以经营原粮，经营“老三样”为主的局面即将结束。从粮油放开经营的试点县、市看，粮食部门粮油经营量的大幅度下降，不仅危及粮食商业企业的生存和发展，同时也直接影响粮油工业企业的产品销售。粮油工业如果失去了市场，就失去了生命，形势十分严峻。为此，必须引起我们的高度重视，要面对现实，认真对待，研究对策。

第一，要树立市场观念。在深化改革的大潮中，粮油工业要适应改革的潮流，实现思想观念的大转变。要积极组织产品结构的调整，按市场需要，以市场为导向组织生产，即按市场需要什么产品，就组织生产什么产品（在国家允许范围内），不要被过去的条条框框束缚手脚。

第二，要确立竞争策略。现在围绕着农副产品加工方面的竞争越来越激烈。粮油逐步放开经营后，乡镇企业、个体户、农业部门、轻工部门、外贸部门、“三资”企业等办厂的格局已是客观存在，不可逆转，竞争将是无情的，在优胜劣汰的客观法则下，我们有的地方在竞争中可能守不住阵地，有的企业可能有被人家吃掉的危险。为此，我们一定要树立竞争观念、联合观念，依靠科技进步，增强质量意识，积极开发新产品。要坚持“本业为主，多种经营”的方针，在组织好本业生产的同时，思想要解放一点，要敢于打破部门界线和行业界线，进行延展和扩展。有条件的企业，在市场调查的基础上，要敢于和善于跳出单纯搞粮油加工的原有天地。

第三，要有“超前意识”。粮油工业企业研制开发新产品，搞好现有产品的延伸时，

在指导思想上要有“超前意识”。既要看到眼前，又要把眼光看得远些；产品既要注意以市场为导向，又要注意引导市场，引导消费，以满足不同层次的消费需要和适应人民生活水平从“温饱型”向“小康型”过渡的需要。

第四，要有科技，质量意识。要进一步树立“科学技术是第一生产力”的观念，依靠科技进步，积极研究开发新产品，改造传统产品。使企业都有自己的拳头产品、名牌产品。要注意产品的包装装潢和消费者的心理。要十分重视产品质量，粮油工业产品要永远经得起市场和消费者的最终检验。

第五，要有营销策略。粮油工业企业要走向市场，产品销售要从过去“保市场”的天地里解放出来，走向争市场、挤市场。要讲究营销艺术，建立销售网络体系，千方百计拓宽市场，要把着眼点放在两个市场，即城乡市场和国内外市场。要在巩固城市“主战场”的同时，把眼睛盯住广阔的农村市场，并积极开拓国际市场。在今后的竞争中，粮油工业企业要有丢失一部分市场的思想准备，又要有挤占、夺回另一部分市场的精神。我们认为，只要有了市场，有了适销对路的产品，企业就能在竞争中壮大发展。

二、深化改革，转换企业内部经营机制

转换企业内部经营机制，就是要彻底破除旧体制下阻碍解放生产力和经济发展的弊端，建立独立自主、自负盈亏、结构合理的企业经营机制。为了搞活大中型企业，国家采取了一系列优惠政策，一些省市也相继推出了“四放开”、“五自主”、“六条船”等措施，收到了明显的效果。各地粮油工业的主管部门要根据本省、市的实际，在与地方政府有关部门协商一致的基础上，为本地区粮油工业企业选择恰当的经营方式，使企业走向市场、自主经营，真正成为自负盈亏的商品生产者和经营者。

在经营上：为适应进一步改革开放和百家经商的形势，粮油工业主管部门和企业领导一定要尽快树立经营思想。我们提倡粮油工业企业在搞好生产的同时，要学会做生意。在经营中，要不断总结和积累经验，由小到大，不断拓宽自己的经营范围和摸索各种各样的经营方式。

在价格上：由于粮油产品涉及千家万户，是物价稳定、社会稳定的重要物质基础，因此，当前必须严格按照政府规定的价格执行。但是，粮油工业企业有相当一部分产品是不属于上述范围的，开展自营业务的产成品、副产品、综合利用产品以及延伸、扩展产品，新产品的价格，应该是允许随行就市的。另外，还有个优质优价问题，这里大有文章可做。我们认为随着改革的深入，市场经济的不断发展，粮油产成品的价格亦将逐步摆脱行政干预，按经济发展规律办事。为了粮油工业企业有一定的发展后劲，为国家作出更多的贡献，我们主张，企业应该有较高的合理的利润。为此，今后我们不应片面地强调“保市场”、“微利保本”等，人为地去束缚企业的手脚。

在用工上：为调动企业、职工的积极性，各地都在进行企业劳动用工、人事制度的改革，推行全员劳动合同制。粮油工业企业也要积极稳妥地进行试点，推进用工制度的改革。经过试点，逐步做到四个“三”：搬掉“三铁”，即铁交椅、铁工资、铁饭碗；做到“三能”，即职工能进能出、干部能上能下、工资能高能低；推行“三制”，即全员合同制、干部聘任制、内部待业制；实行“三岗”，即在岗、试岗、待岗。在进行企业劳

动用工和人事制度的改革中，现在各地提法不一致，反映出了一些问题和困难，也存在一些不同看法，希望各地粮油工业主管部门抓一两个企业进行试点，摸索经验，以点带面，逐步推广。在试点中，一要选择各项基础工作较好，企业素质较高的单位进行试点；二要注意做到舆论先行，要按中央的精神在企业中进行广泛深入的宣传和学习，在改革配套、外部环境良好、职工思想认识提高的基础上，进行大胆改革；三是对优化组合下来的待岗人员，企业要认真进行深入细致的思想政治工作和转岗培训，立足于在企业内部消化，可以搞第三产业和其他创收路子，要妥善安排好年老、体弱的老职工；四要允许职工合理流动，但对企业的业务骨干和重要岗位人员要注意保持相对稳定。

在分配上：深化企业内部分配制度的改革与企业劳动用工、人事制度的改革是相辅相成的。粮油工业企业要积极进行分配制度的改革，实行工效挂钩和岗位技能工资制，体现按劳分配原则，拉开分配档次。分配要向责任重、贡献大的高技术岗位和一线苦、脏、累、险岗位倾斜。与此同时，要引导和提倡效益工资较高的企业，按照需要与可能，合理用于建立工资储备金、调整工资标准、考核增资、生产性岗位津贴和企业补充养老保险等，做到以丰补歉，正确处理好眼前利益与长远利益的关系。

三、以市场为导向，继续搞好产品结构的调整

这些年来，随着我国国民经济的发展，人民生活水平不断提高和食品工业的发展，粮油工业的精加工、深加工得到迅速发展，品种多、质量高，群众满意，企业有了新的发展，缩短了与国外的差距，取得了显著成绩。

第一，要继续发展精米、精面、精油的生产，尽快提高其在成品粮油中的比重，以适应“温饱型”向“小康型”生活过渡的需要。今后，企业组织生产时，要以市场为导向，做到“市场需要什么产品，企业就生产什么产品”。要尽快改变一些地方群众不愿意吃标准粉、标二米、二级油，而企业还在继续生产，造成积压的局面。今后，精米、精面、精油的生产应以市场的需求为导向和企业的生产条件来决定，不再受其占成品粮油比例的限制。

第二，注意满足不同层次的需要，在发展精加工的同时，对米、面产品也要注意研究开发生产一些粗米、粗面。但这种“粗”，绝不是重复过去的粗加工，而是要研究开发生产高档次的“粗”，制作出具有功能性、营养性和保健性的制品。与此同时，我们也不能忽视粗粮和小杂粮的加工生产和合理利用。为解决早籼米的出路问题，有的地方打算在精加工的基础上，对不同大米进行配制，生产出配制大米，应当总结这方面的经验。

第三，要采取有力措施，把深加工提高到一个新水平。这些年来，我们在精加工上做了许多工作，取得了成效。但在深加工上步伐迈得还不够快，我们要结合企业技术改造，尽快把专用粉、专用油搞上去，以满足食品工业进一步发展的需要，取代部分地区食品工业和大宾馆用粉、用油依靠进口的局面。

第四，在发展精、深加工时，要关心农业生产的结构调整，走“高产、优质、高效”的路子。粮食部门尤其是以粮食、油料为原料的粮油工业企业，要积极参与农业生产的结构调整，参与和支持粮油生产基地的建设，以保证粮油工业企业足够的优质

原料。

第五，发展精加工、深加工，必须十分重视成品粮油的小包装。发展小包装容器，不能每个厂都去搞。一个省可以集中搞一两个点，供应一片，这样做有利于提高小包装容器的质量，有利于降低成本。

第六，油脂的精加工，如生产高级烹调油、人造奶油、起酥油等，要适当集中在大中型油厂中生产，以利于副产品的综合利用和获取规模经济效益，不要都去搞小型炼油车间。

四、积极推进粮油工业的“两个延伸”

关于粮食加工向食品方向延伸，油脂加工向油脂化工产品和植物蛋方向延伸的问题，这已作为今后粮油工业的发展方向，并列入了“八五”全国粮油工业技术进步规划。这里强调几点。

第一，发展粮油食品，在指导思想上，除了要继续搞好大众化食品外，要有“超前意识”。搞好“两个延伸”，既要看到眼前，又要把眼光看得远些；产品既要注意以市场为导向，又要注意引导市场、引导消费。在规划时，各地要根据自己的实际确定延伸的品种、档次。从全国而言，沿海与内地，大中城市、开放地区与县城、集镇应有所区别。大众化食品不能丢，因为它不仅城市居民需要，而且广大农村市场也需要，千万不可忽视。

第二，积极发展速冻食品。在国外的超级市场上，速冻食品丰富多彩，已经普及。这两年我国的大中城市速冻食品发展较快，深受消费者的欢迎，是今后发展的方向。一套速冻装置，既可生产速冻食品、速冻菜，并能保持原有的风味，夏天还可以生产冷饮制品，而且投资不大、上马快，有优势。建议在消费水平较高的大中城市和经济较发达的地区，粮油工业企业要积极发展速冻食品，使粮食部门在速冻食品的市场上占有一席之地。

第三，在研究粮食转化时，当前要特别重视研究对早籼米和杂交稻的开发利用。粮油工业企业一定要主动与科研院所合作，下大力攻克转化关。要注意玉米系列食品的开发研究；要重视各种杂粮、豆类的开发利用，在它们中间有的可以制成人们喜爱的食品，有的可以制成功能食品，有的可以制成各种馅点。

第四，要研究消费者的心理和需求，注意开发功能性、营养性、保健性食品的生产。随着粮油精加工、深加工和粮油食品生产的不断发展，要重视食品添加剂的开发，如烘焙制品品质改良剂、乳化剂、酵母营养剂、食品调味剂、营养强化剂、天然香料、天然色素、防腐、防霉、抗氧化剂等食品改良剂的生产。

第五，要充分利用各地的资源优势，积极开发天然饮料和天然食品。现在农业部门推出了无污染“绿色食品”，受到了消费者的欢迎。1991 年夏天，上海市矿泉水供不应求，我们应该从中得到启迪。

第六，注意宏观管理，合理布局。“两个延伸”的内容丰富，品种繁多，前景广阔。但有些产品，特别是油脂加工的延伸产品，市场有限，技术难度高、投入大、风险大，建议开始时要选择基础条件好、技术力量和经济实力较强、有一定承受风险能力的大中型企业进行延伸，切忌盲目上马，一哄而起。

第七，要重视食品机械的开发研制。食品机械门类较多，需要量大，但目前可供粮油工业两个延伸和城镇粮店选用的食品机械为数不多，为此，粮油机械厂要在安排粮机生产的同时，要拿出一部分力量投入到研究开发食品机械方面来。今后，粮油机械厂也要跳出粮油机械的小天地，渗透到生产食品机械、小包装机械和其他机械产品的行列中去。不要在生产粮油机械上东抄西搬，搞内部竞争。

五、坚持“本业为主，多种经营”的方针

粮食部门开展“本业为主，多种经营”，是经济和社会发展的客观要求，也是粮食部门在新形势下求生存、求发展，为国家多做贡献的必由之路。粮油工业企业开展多种经营要着重拓宽领域，敢于和善于打破部门和行业界限，走出单纯依靠米、面、油加工的固有天地。

几十年来，粮油工业企业在独家经营和“保市场”思想的影响下，一直围绕着米、面、油加工做文章，门路越走越狭窄，不能适应当前商品经济发展和激烈的市场竞争。为此，我们要有挤、占的精神去拓宽领域。在这方面，台湾省油脂工业企业的做法很值得我们研究和学习，他们的经营范围已渗透进银行、建筑、房地产、食品饮料等行业，他们不但是生产型的，也是经营型的。在我们商、粮、供三家的工业企业中，供办工业的开拓精神强，门路广，产品有新意，许多企业充满了生机和活力，看了很受启发和教育。近几年来，供办工业的产值利税一直保持着迅猛发展的好势头。1991 年商办工业总产值和实现利税分别比上年增长 8.2％和 16.3％，其中：供办工业的总产值和实现利税分别比上年增长 12.3％和 26.3％，发展速度为商办工业各行业之首。他们的闯劲和经验值得我们去总结和学习。要进一步发挥自己的优势，在搞好本业、搞好“两个延伸”和副产品综合利用的同时，鼓励有条件的企业积极开拓和发展跨部门、跨行业的产品。总之，在竞争中，粮油工业企业要打破过去的条条框框，自己解放自己，只要市场有销路，原料有保证，企业有条件，效益好，什么产品都可以搞，什么产业都可以干。

六、依靠科技进步，加速粮油工业的技术改造

深化改革，扩大开放，以经济建设为中心，科学技术是第一生产力的地位和作用越来越突出，越来越重要。粮油工业的发展也同样必须依靠科技进步，走科技兴业的道路。今后企业进行技术改造、开发新产品、提高产品质量、降低消耗、增强发展后劲都要依靠技术进步。要及时了解科技市场信息，舍得花钱买专利、买技术。现在凡是经济技术指标先进，企业效益好，有发展后劲的企业，都十分重视科技进步。

当前，市场竞争激烈，一些企业面临着优胜劣汰的挑战，要求得企业的生存和发展就必须积极采用先进工艺、先进设备，加速企业的技术改造，以利于企业提高产品质量、档次，增加品种，降低消耗，提高经济效益，增强企业发展后劲。

粮油工业是发挥国营粮食企业主渠道作用的重要物质基础。在面临激烈竞争的形势下，粮油工业企业要坚守阵地。坚守粮油工业阵地，不仅是粮食部门继续发挥主体地位

和主渠道作用的需要，也是稳定市场、保证供应，稳定社会的需要。为此，我们要有紧迫感和责任感。要坚守阵地，必须继续保持大中城市的粮油工业企业和大中型粮油工业骨干企业的优势，巩固县城一级和重要集镇的粮油工业企业，要想方设法筹集资金，突出重点，分期分批地加速对企业的技术改造，使粮油工业企业在质量、品种、技术、消耗、效益等方面领先于其他部门的企业，高出乡镇企业一筹。做到人家有的产品我们都能生产，我们有的产品人家很难生产，只有这样才能继续保持粮油工业的优势并得到不断发展。

今后粮油工业的技术改造，要继续注意适度规模经营，重点支持具有竞争能力的大中型骨干企业；支持精、深加工及“两个延伸”的项目；支持看准了的跨部门、跨行业项目。与此同时，各地要关心县城一级和重要集镇粮油加工企业的改造。比如面粉加工，不仅大中城市的面粉厂能生产高精度的等级粉和食品专用粉，县城一级和重要集镇的面粉厂也要考虑必要的改造，适应延长粉路，使之能生产等级粉，不仅满足县内非农业人口的口粮供应和食品工业用粉的需要，而且要通过开展代农加工、搞兑换，开办“粮食银行”等办法占领广大的农村市场。

为推动粮油工业的技术进步，我们提倡粮油工企业要做到：对新产品、新技术的开发要舍得花钱；对看准了的技改项目要敢于贷款，敢于负债，以增强企业的发展后劲。

七、发展横向联合，组建企业集团

发展横向经济联合，组建企业集团，是转换企业经营机制的一种有效途径。通过发展横向联合可使企业在资源、资金、设备、技术和人才等方面进行合理交流，发挥各自优势，促进经济结构和产品结构合理化，形成规模经济效益。粮油工业大多是中小型企业，抗风险能力和市场竞争能力较弱，通过联合可以使优势互补，求得共同发展，在联合的基础上组建企业集团，这也是今后企业生存、发展的必由之路。当前，粮油工业企业在发展横向联合，组建企业集团中要注意以下几点。一是要进一步提高对发展横向联合，组建企业集团重要意义的认识，加快步伐。粮油工业企业要以大中型骨干企业为龙头，积极发展面粉加工、大米加工和油脂加工企业的横向联合，在各地组建集团的基础上，待条件成熟时，组建全国性的集团公司。二是发展联合，组建集团要先从粮食部门内部搞起来，充分发挥粮食部门的整体优势。三是由省市主管部门将本省市系统内的粮油工业企业组织起来成立集团，归属于省市工业公司领导，以便统一组织协调，发挥群体优势。我们要探索总结自己的经验，使横向联合、组建企业集团的工作有领导地健康地向前发展。

八、继续做好技术引进，发展外向型经济

今后粮油工业企业既要加强宏观指导，又要注意灵活一点，千万不能束缚我们自己的手脚，过去在这方面我们是有教训的，一些“三资”项目，本来应由粮食部门搞，由于怕“肥水外流”，怕影响民族工业的发展，结果其他部门搞了，从现在起我们要鼓励粮油工业企业引进国外先进技术、设备和发展“三资”企业。实践证明，发展“三资”企业，有利于动态跟踪国外先进技术；有利于利用外资改造老企业；有利于出口创汇；

有利于提高企业的科学管理水平；有利于提高企业的综合素质和经济效益；有利于促进企业内部机制的转换和提高企业的竞争能力。粮油工业发展“三资”企业，也要开阔视野，跳出单纯搞粮油加工的圈子，对有条件有一定实力的企业，不仅可以搞与我们行业有关的“三资”企业，同时也可以搞其他行业的“三资”企业；不仅可以在国内办“三资”企业，也可以到国外去办“三资”企业，此外，我们还可以发展沿海与内地、经济较发达地区与经济较不发达地区之间的合作、合资办厂。这样做既可利用沿海、经济较发达地区的技术优势和一部分资金帮助内地、经济较不发达地区共同进步，又能充分利用内地、经济不发达地区的丰富资源，做到优势互补。

针对粮油工业的实际，当前在利用外资，发展“合资”企业时，我们要注意做到：工作要积极、过细，头脑要冷静，在洽谈中要防止“过急”而受到不应有的损失；对具有我们自己特色的、经济技术指标先进的、效益好的大型骨干企业，不要轻易搞“合资”。

粮油工业企业不仅要立足于国内市场，同时要走出国门，积极开拓国际市场，争取多出口创汇。1991 年商办工业出口创汇达 13 亿多美元，其中供销工业为 6 亿多美元，商业工业为 5 亿多美元，粮油工业（含饲料工业）只有 2 亿多美元。可见粮油工业的外向型经济落后于供销和商业工业，要积极开拓，奋起直追。为进一步扩大出口，我们要做到：第一，抓住机遇，拓宽市场。要在稳定原有市场的同时，积极开拓，挤占新的市场。当前要特别重视独联体、东欧市场、海湾中东市场和拉美市场。第二，搞好工贸关系，多渠道出口。要坚持多渠道出口的原则，在巩固发展原有出口渠道的同时，积极开拓新的渠道。要充分利用商业部几家公司的对外窗口。第三，利用边境贸易扩大出口。现在广西、云南、新疆、内蒙古、黑龙江等省区的边境贸易十分活跃，要积极组织，加强联系与合作，为各地粮油工业企业利用好这些窗口服务。第四，探索多种扩大出口的形式。如在境外合资办厂、设维修点等。第五，要重视粮油机械产品的出口，积极组织成套、单机和零部件的出口供应。第六，要积极开发新产品，确保产品质量，下大力改进出口产品的包装装潢。为促进粮油工业的产品出口，商办工业管理部门要积极为出口企业服务，提供信息，牵线搭桥，促进成交。

九、继续抓好“市场”和“现场”

企业失去了市场，就失去了生命。这充分说明了市场的重要性，几年来，在激烈的竞争中，我们粮油工业企业的市场观念有了加强，积累了许多宝贵经验。有的增加经销人员；有的提高营销队伍的素质，甚至请总工程师出来搞经销；有的在全国增设销售网点，设代理商；有的积极参与和利用各地的粮油批发市场；有的不惜工本做宣传、做广告；有的放下“架子”，改善经营作风，改进服务态度，以质量高、品种多、服务好来赢得消费者的信誉；有的通过开展代农加工、搞兑换、开办“粮食银行”等办法，拓宽了农村市场；有的讲究营销艺术，重视营销策略，敢于探索和利用乡镇企业和外资企业的营销方式等等，推动了促销工作，提高了企业的经济效益，搞活了企业。这些经验值得我们学习和借鉴，需要继续创造和总结经验。

有关“现场”问题。我们认为企业的“现场”管理状况如何，不仅能反映出该企业总体管理水平的高低，也能反映出该企业精神面貌的好坏、企业和职工素质的高低。一个“现场”管理脏、乱、差的企业，不可能有良好的企业精神和企业风貌，也不可能有好的经济效益。这些年，我国粮油工业的管理水平有了很大提高，出现了许多国家二级企业、省市先进企业和文明生产企业，但发展很不平衡，相当一部分企业脏、乱、差的现象没有根本改变。这要从抓基础工作着手，经过二三年时间的努力工作，才能彻底改变面貌。

要深入开展企业扭亏增盈工作。近几年来，粮油工业企业在面临种种困难的情况下，通过各种措施注重经济效益，取得了可喜成绩。1991 年实现利税比上年增长 8.5%；企业亏损面由上年的 10.4%降低到 8.6%；亏损总额下降 12.6%。但是有的地区企业亏损面仍然很大。粮油工业主管部门要在认真调查研究的基础上，采取有力措施，制订切实可行的扭亏增盈计划。通过深化企业改革，转换经营机制，向管理要效益，向质量、品种要效益，向节约降耗要效益，向开展多种经营要效益，向技术进步要效益。我们在 1991 年的基础上，1992 年应将企业亏损面、亏损总额降低三分之一，实现利税创历史最高水平。

要牢固树立质量意识，把产品质量放在第一位。粮油工业企业要继续强化质量意识，抓住当前有利时期，发动全体职工在企业内部开展创优活动。对群众反映的质量问题，要端正态度、认真对待，在主观上找原因，并采取有效措施，及时处理解决。

十、进一步加强对粮油工业的领导

各级粮食部门的领导需要带头转变观念，特别是在激烈的竞争中，粮油工业面临着转机和困难的时候，一定要更加重视、关心、支持和加强对粮油工业的领导，协调好粮食部门内部关系，千方百计为粮油工业的发展创造良好的外部环境和内部环境，做到贸易、实业两手抓，坚持粮食商业和粮办工业两个轮子一起转，以增强粮食部门的生存和发展后劲。

为适应进一步深化改革的需要，管理体制的改革势在必行。现在不少省市粮油工业公司、工业处正在向实体过渡，对此，我们应该抱积极的态度，欢迎这种改革。我们认为，现在的时机十分有利，早过渡比晚过渡好。但机构不管如何改革，粮油工业的体系不能打乱，不能削弱行业管理的职能，并要想法有所加强，这是粮油工业进一步发展的需要，也是我们 1 万多个粮油工业企业和近 70 万职工的希望所在。今后行业管理的职能，主要是管方针政策，统筹规划、组织协调、监督服务。粮油工业公司、工业处向实体过渡后，一定要做到一手抓贸易、抓实业，一手抓管理，两者不能偏废，都要作出成绩。向实体过渡，开始时会遇到许多困难，各级粮食部门的领导和各地粮油工业企业要关心、支持和帮助他们克服困难，搞好过渡。

在第七次全国粮油工业处长（经理）座谈会上的讲话

——顺应社会主义市场经济新形势，努力开创粮油工业新局面

1994年6月29日至7月3日在郑州召开的“第七次全国粮油工业处长（经理）座谈会”，是国内贸易部组建后工业司召开的第一次全国性的粮油工业会议。会议的主要内容是：总结交流在由计划经济向社会主义市场经济转变过程中，特别是在粮食流通体制改革不断深化的过程中，各地解放思想、转换机制、搞活企业、开拓前进，积极发展粮油工业的经验；座谈讨论粮食价格放开、经营放开后，粮油工业面临的形势、出现的问题和对策；探讨在新形势下，粮油工业发展的新路子。

一、当前全国粮油工业的概况

1992年6月兰州会议后，我们经历了由计划经济向社会主义市场经济的转变，特别是经历了随着粮食流通体制改革不断深化、新旧体制之间的摩擦碰撞，给粮油工业带来的巨大冲击。全国粮油工业企业在粮食价格放开、经营放开的形势下，普遍存在产品销售不畅、开工不足、亏损企业增加、经济效益大幅度下降的问题。面对空前困难的局面，我们全系统70万名职工在粮食部门的领导下，在竞争中求生存，在改革中求发展，坚守粮油加工主渠道阵地，在发展社会主义市场经济的道路上做出了最大努力，付出了艰辛劳动，取得了比预想要好的成绩。

据统计，1993年全国粮油工业企业生产大米1 393.8万吨，比上年减少21.4%，比粮价放开前的1991年减少31%；面粉2 162.5万吨，比上年减少15.6%，比1991年减少19.2%；植物油251.1万吨，比上年减少9.5%，比1991年减少17.9%；粮油食品257.3万吨，比上年增加1.07%；粮油机械生产了14万台，产量10.6万吨，比上年增长了44%。粮油工业主要产品产量的全面减少，影响了粮油工业的总产值和利税。

1993年全国粮油工业企业实现工业总产值以90年不变价计541亿元，比上年减少6.3%；实现利税总额14.3亿元，比上年减少44.3%。其中利税超过亿元的有江苏（3.23亿元）、浙江（1.28亿元）、四川（1.23亿元）。这三个省的利税合计为5.74亿元，占全国粮油工业利税总额的40.1%，比1992年利税过亿元的9个省市，减少6个。结合统计资料分析和1993年以来的工作实际，我国粮油工业有以下一些特点和情况：

一是，粮油工业企业在1993年下半年粮价波动和最近这一次粮食调价中，克服困难，服从大局，担负起稳定市场、平抑粮价的重任，充分发挥了粮油加工主渠道作用。

二是，在计划经济体制下形成的粮油工业企业依靠国家指令性计划，实行代加工或价拨加工形式已不复存在。全系统生产的3 555.8万吨粮食和251.5万吨植物油，绝大部分是通过企业自己采购原料、自行加工、自行销售完成的。这些成绩的取得要花费比指令性加工更多的精力和心血。可以这样说，大多数粮油工业企业已经走上自主经营、

自负盈亏的道路，正在逐步成为有竞争力的商品生产者和经营者。这是一种适应社会主义市场经济的进步。

三是，为农民服务、为农业服务的思想进一步得到加强，代农加工继续被粮油工业企业所重视。1993 年粮油工业企业代农加工的加工量占全系统加工量的比例：大米为 8.8%，面粉为 12.1%，植物油 12.7%，粮油食品 6.6%，比重均有所提高。

四是，粮机行业有较快的发展。通过“七五”以来，面粉、油脂设备的消化吸收和技术改造资金的投入，我国粮油加工的装备工业——粮机行业有了较快的发展。1993 年粮机行业的工业总产值虽然仅占全系统的 3.3%，但利税却占了全系统利税总额的 11.9%，为粮油加工的发展做出了贡献。

五是，1993 年粮油工业企业遇到了步入市场经济后空前激烈的冲击，亏损企业增加，经济效益滑到了近年来的最低谷，形势严峻。1993 年工业总产值比 1991 年下降 7%，比 1992 年下降 6.3%；利税比 1991 年下降 47.9%，比 1992 年下降 41.3%。利税下降的幅度，远远大于工业总产值下降的幅度，充分说明可比产品成本增加、各项费用增加、经营管理水平的下降。1993 年亏损企业由 1992 年的 840 个增加到 1 635 个，增加了 94.6%，亏损额由上年的 2.38 亿元，增加到 5.77 亿元，增加了 142.4%。

当前粮油工业存在的问题和困难，我认为主要有以下几条：

1. 相当一部分企业的经营观念和经营机制与迅速发展的社会主义市场经济不相适应，市场经济意识淡薄，缺乏应变的策略、手段；有的企业自立自强的精神不足，在诸多困难面前，缺乏主观能动解决困难的态度，仍抱有等、靠、要的幻想。这些企业，由于自身负担重、竞争环境不平等、有关政策不到位等不利因素，面对乡镇企业、个体企业，特别是“三资”企业的竞争，显得力不从心。

2. 企业流动资金匮乏，仓储设施不足。在粮食流通体制改革的今天，大多数企业原来核定的流动资金未能得到相应的增加，又没有贷款规模，购置原粮、油料的资金匮乏，甚至不能维持简单的再生产。另外，由于旧体制的原因，粮油加工企业多数缺乏仓储设施，有的库房即使在加工厂院内，产权也不归加工企业，这些加工企业使用仓库除了要支付租金外，有的还要承担过去由粮食商业承担的费用，致使企业的生产成本大幅度上升。

3. 粮油工业企业面临多渠道的竞争。随着粮食价格和经营放开，多种经济成分、多种形式、多渠道的竞争愈演愈烈，粮油加工企业受到了乡镇企业、个体企业和“三资”企业的夹击。

4. 行业管理不力。由于一些省、市、县粮油工业主管机构和人员不稳定，经费无着落，甚至有的撤并了粮油工业职能管理部门，一些职能部门纷纷变成了实体公司，大量的人力、精力都放到企业经营活动中去，行业管理、行业指导、行业服务被淡化弱化，造成行业管理处于停滞半停滞状态，影响了粮油工业整个行业的生产和经营。

二、1994 年粮油工业的工作要点

面对粮油工业当前严峻的形势，大家要正视现实，统一思想，转变观念，振奋精神，为粮油工业在最近二三年内尽快走出低谷献计献策。今年粮油工业的工作要点，共

11个方面，供同志们参考。

（一）深化企业改革，转换经营机制，探索建立有粮油工业特点的现代企业制度。

根据各类企业的实际情况，我们设想粮油工业企业在转换经营机制，建立现代企业制度方面有以下途径和类型：

对于大中型骨干粮油加工企业和接受国家委托承担政策性加工的企业，要切实树立竞争意识，按经济规律办事，在保证完成国家任务的同时，要积极开展自营和多种经营，充分发挥人员和设备潜力，提高企业经济效益。在企业组织结构改革方面要积极探索。那些符合国家产业政策，在一个地区或在粮油加工行业中占有重要地位、经济效益较好，以及已经实行联营的大中型粮油加工企业，可以由“工厂制”改组为“公司制”。进行公司制改组，一般应先改组为有限责任公司。连续三年盈利，并具备规定条件的少数有限责任公司，经批准可以依法变为股份有限公司。国有粮油加工企业实行公司制，是建立现代企业制度的有益探索。实行公司制，要着重于转换机制，绝不能把企业简单地改组为公司，更不是把全部企业都改组为公司，要防止简单更换名称、单纯筹集资金以及把不具备条件的企业硬性改为公司。

对大部分完全进入市场，独立承担风险的小型粮油加工企业，要彻底摆脱以产品为主的意识，真正投入市场竞争中去，以适销对路的产品和优质的服务，巩固和开拓市场，赢得消费者，继续发挥主渠道作用。要改变对小型企业产权控制过死的做法，采取承包经营、租赁经营、连锁经营、拍卖出售给集体或个人等方式调整小型企业组织结构，这样既可缓解资产所有者与经营者脱节的矛盾，把经营者和职工的切身利益与其劳动成果紧密联系起来，充分调动各方面的积极性，又可将出售企业和股权的收入投入新产品开发和急需发展的产业，促进企业组织结构的进一步调整。

在进行企业组织结构调整时，要妥善解决富余职工安置问题。企业要积极发展产品的深加工和综合利用，开办第三产业，使职工各尽所能、各有所养。要充分利用国家在安排富余人员方面给予的资金、税收等优惠政策，增加自我发展能力和社会保障能力，减少震动，维护人心稳定和社会稳定。

（二）抓好企业组织结构的调整，推进企业改组联合，发展规模经济。

根据粮油工业中小型企业占绝大多数、抗风险能力和市场竞争能力较弱的特点，我们要加快推进企业改组联合的步伐。目前全国粮油工业企业有1万多家，再加上乡镇企业、个体企业办的粮油加工厂，看起来一大片，很热闹，但是真正够规模的有几家？粮油工业系统能达到一定规模的大中型骨干厂也就200多家，这些企业占全系统独立核算企业约3%左右，工业总产值约占到全系统的25%，利税却占到总利税近33%。到处办厂，遍地开花，我认为是在走发达国家工业化初期的老路，不会长久，大浪淘沙，最终会被无情的市场竞争法则所淘汰。因此，我们与其被动的被淘汰，不如早下决心，主动走联合的道路，发展规模经济。只有通过企业改组联合，才能使资金、设备、技术、人才得到充分合理的配置，发挥各自优势，促进经济结构和产品结构的合理调整。在推进企业联合的问题上，我还是要强调以下几点：一是要进一步提高认识。联合的观点，我是逢会必讲，广为宣传，但是总感觉动作不大。我们要在充分认识市场经济条件下，多渠道竞争的特点，要增加紧迫感。白副部长多次要求我们以大中型粮油工业企业为龙头，积极推进面粉加工、大米加工和油脂加工企业的横向联合，逐步向集团化方向发展。二是粮油工业企业要按照因地制宜，大中小并举的原则，以新兴骨干企业、产业、拳头产品为龙头，发展跨地区、跨行业的企业集团。三是在联合的问题上，首先要做好我们粮食系统内部、粮油工业内部的联合。现在有个怪现象，我们的企业宁可与外系统、外地区甚至外国的企业搞联合、搞合资，而不与粮食系统内部、粮油工业系统内部的企业搞合资。说透了，无非是个权力、利益的再分配。希望我们粮食系统的同志要从全系统这个大局出发，维护全局利益，改变目前收购、储运、加工、销售各自为政、小而散的状况，使其有机地结合起来，实行工商、批零、购销的联合，充分发挥群体优势，提高规模效益。用经济的办法，推进厂厂、厂商、厂库之间的联合。

（三）贯彻粮油加工必须掌握在国有粮食部门手中的精神，加强行业管理。

国务院在《关于深化粮食购销体制改革的通知》（国发［1994］32号）中明确指出："要加强对粮油加工的行业管理，掌握住加工环节。"作为国有粮食系统重要一环的粮油工业部门，同样承担着保证军需民食、稳定市场、吞吐调节、平抑粮价的责任。经过新中国成立后45年的发展，国有粮油工业系统现已拥有固定资产原值186.3亿元，这是粮食部门的实力之所在，也是粮食部门走向市场经济的重要物质基础之一。这样重的责任、这样大的家业，确实需要有专门的机构、一定的人员和行之有效的办法来管理。如果是因为放松了行业管理，没有切实掌握住加工环节的原因，造成了几十年所形成的国有粮油工业系统萎缩，进而影响了市场粮油成品的供应，我们就无法向党和人民交代，无法向历史交代！

一年来，由于各级机构变动较大，再加上企业重经营轻管理的倾向，粮油工业行业管理工作有所削弱，企业反映听不到主管部门的声音。这些情况是多方面原因造成的。目前，国内贸易部组建任务已经完成，机构设置由原两部的40个职能司局减为19个，人员编制由1 960人减为800人。作为归口管理商、粮、供系统工业的工业司，仍然保留在19个司局内，体现了内贸部领导对商办工业的重视，表明了商办工业在全国流通领域确实有着重要地位和作用。当前，我们亟须把加强粮油工业行业管理的任务摆到重要议事日程。我们希望各地粮食厅局在机构改革中，即使编制再紧、人员再少，也要做到粮油工业行业管理有部门管、有人抓。千万不要把几十年形成的行之有效的粮油工业体系中断了，一旦中断，今后要恢复将增加很多难度。

在社会主义市场经济形势下，各级粮油工业管理部门要按照政企分开、转变职能、理顺关系、精兵简政、提高效率的原则，结合经济体制改革和粮油工业实际，搞好宏观管理、规划、协调、监督、服务。在新旧体制交替，市场竞争激烈的今天，企业需要我们提供的指导、服务不是减少，而是增加了。不管将来的机构怎么变，粮油工业行业是客观存在的，必然需要有一套行之有效的管理办法和相应的管理机构。只是管理的方法，要从微观向宏观过渡，从管钱、管物向管政策、管方向过渡。

（四）切实做好粮油工业的统计工作。统计工作是国家实行科学决策和科学管理的一项重要基础工作。粮油工业统计工作是粮油工业管理中不可缺少的重要组成部分，既是分析行业现状、预测发展趋势、进行科学决策的重要依据，也是企业进行生产、经营、管理等经济活动的重要依据。粮油工业统计工作一直比较薄弱，统计力量与其承担的任务不相适应，特别是在转向市场经济后，一些行业的主管部门转为经济实体，不再承担行业管理职能，放弃了统计工作，统计人员另有他用，而承担行业管理的行政部门又没有及时衔接，导致统计报表上报渠道不畅，统计资料收集困难，影响了报表的综合汇总；一些转为经济实体，但又有行业管理职能的粮油工业主管部门，则不同程度地存在把统计工作看作软任务，甚至是包袱的倾向，致使统计工作被弱化；一些基层企业存在着统计工作是为上级单位提供素材，与己关系不大的糊涂观念，撤销了统计部门和人员，再加上有的企业改为国有民营、集体经营或承包、租赁，也给统计工作带来了新的困难和问题。上述原因的结果，使全行业统计工作的难度越来越大，出现了个别省、直辖市统计数字和资料的空白，使“十年动乱”中尚未中断的统计项目、统计数字，在近两年被中断了。今后，在回顾这一段历史的时候，将会出现无法弥补的遗憾。为了尽快改变这种状况，我呼吁，各级粮油工业主管部门要切实重视和加强对粮油工业统计工作的领导，中断统计工作的要立即恢复，今后在粮油工业行业管理的职能部门中，编制再紧，人员再少，经费再缺，也要给统计工作、统计人员留有一席之地。

（五）坚持走内涵为主扩大再生产的道路，继续做好技术改造工作。技术改造工作，是粮办工业企业推进技术进步，开发新产品，提高产品档次，取得明显经济效益的主要途径。目前技改资金的来源除了企业自有资金外，还利用地方贷款和国家专项贷款。“七五”期间，有 3.45 亿元的国家专项贷款，用于粮办工业（包括粮油工业、饲料工业）318 个项目的技术改造。“八五”的前三年（1991～1993 年）国家安排粮办工业专项技改贷款 5.57 亿元，约有 260 个项目得到改造。通过技术改造，使粮办工业开始由粗加工向着深加工、精加工转变，产业结构、产品结构逐步有了调整。由于采用了先进技术、先进工艺和先进设备，一部分大中型企业与世界先进水平的差距明显缩小，已开始成为行业的骨干企业或示范厂。一部分经过技术改造的企业，基础管理工作有了提高，前几年，粮办工业中已审定的国家二级企业中有 80%是经过技术改造的。

粮办工业的技术改造工作之所以取得比较显著的成绩，主要是党中央、国务院对技术改造工作给予高度重视，国家经贸委给以明确的宏观指导，特别是银行系统给以大力的支持、扶持，以及各省、直辖市、自治区粮食厅局密切协作配合，充分发挥了企业积极性的结果。

由于目前各地粮办工业，尤其是粮油工业要求用国家专项贷款进行技改的项目都比较大，加上国家每年的专项贷款数目又十分有限，尽管“八五”期间国家专项技改贷款有所增加，但与各地的实际需要相比仍然是杯水车薪，缺口甚大。因此，今后两三年内结转续建项目任务大，能用来安排新开项目寥寥无几。特别是今年，在从紧从严控制社会固定资产总规模的情况下，能够在计划规模内新开一部分技改项目，实属不易，一定要把钱用到刀刃上，切实用好国家专项贷款资金。

（六）强化安全生产。去年以来，由于粮食系统机构、人员的变化和企业重经营、轻管理等原因，粮油工业的管理工作大大削弱，管理水平下降，粮油工业企业和一些非粮油工业部门办的厂，发生了许多不该发生的事故，给国家财产和人民生命造成了损失，影响很坏。例如，隶属于郑州粮贸公司的郑州食品添加剂厂，生产以过氧化苯甲酰为主要成分的面粉增白剂。由于厂领导盲目追求利润，忽视安全，管理混乱，造成过氧化苯甲酰未按规定大量堆放，最终造成去年 6 月 26 日爆炸起火，27 人死亡，30 人受伤；贵州瓮安县植物油厂今年 5 月 22 日由于违章在浸出车间气焊切割，造成浸出器顶盖爆炸，死亡 3 人，伤 1 人；上海面粉公司二车间，5 月 6 日停工检修，由于违章作业，被绞龙绞死 1 人。上述几项是多年罕见的特大恶性事故，人员、财产损失严重，必须引起各级领导的高度重视。

（七）强化质量管理，做好标准化工作。牢固树立质量意识，把产品质量放在第一位，是我们粮油工业系统多年来遵循的原则。但是近几年来，不顾质量，唯利是图的不良作风也在一些企业蔓延。

当前，我特别担心市场上面粉的质量。现在有些厂家，全然不顾面粉面筋质、含砂量、水分等内在的指标，不管设备、工艺条件如何一味追求白度，盲目添加增白剂，进而容易造成对人体的危害。在使用面粉增白剂问题上，我们考虑到专家们在学术上有争议，以及卫生部颁布的“食品添加剂国家标准”有作为面粉改良剂的规定，更考虑到我们系统面粉生产企业的效益，因此未作硬性禁止使用的明文规定。但是根据美国、欧洲共同体等发达国家由开始使用增白剂到明文禁止的历史，以及我国目前的现状，工业司的一贯观点是不提倡添加增白剂的。在几次全国粮油工业会议和有关刊物上，我们主张：使用面粉增白剂要慎重，切忌盲目使用。提倡生产不加任何添加剂的天然“绿色食品”，反对一味靠追求白度来提高面粉的竞争能力。使用增白剂的厂家，一定要选择国家允许使用、质量符合国家标准的增白剂，按照国家标准允许的添加量添加；厂家必须具备使用面粉增白剂的各项技术条件与设备，严格操作，确保添加增白剂面粉的质量和安全。

粮油工业企业及其主管部门要继续做好产品标准、管理标准、技术规范与规程的制定和监督执行工作，对以前制定的各类标准进行清理、修改，同时要研究制定产品更新换代、提高档次后的各项新质量标准，使其符合市场经济和产品更新换代的需要。

（八）切实抓好扭亏增盈工作，为粮油工业走出低谷，转向回升创造条件。今年改革的步伐很大，是几十年来改革措施出台最多的一年，涉及方方面面、各行各业。包括粮油工业在内的商办工业企业，主要是对新税制实施后的问题和困难反映比较强烈，工业司对新税制实施后，商办工业销售税金的税赋情况进行了初步测算。销售税金增加幅度最大的主要是粮食、食用植物油、棉花等加工行业。这些行业担负着保市场稳物价的职能，多年来享受免交增值税等政策优惠，实行保本、微利经营，让利于消费者。如不再实行免交增值税等政策优惠，粮油加工业预计销售税金增幅将达 317%，棉花加工业增幅达 441%。上述产品原定价时，都按免税计算，将优惠转让给了消费者或下一个生产环节。现要将增值税作为价格的组成部分，企业根本无法消化，部分企业可能被迫停产，如允许顺加价格，则势必引起粮油、食品、棉纺织品等价格的轮番上涨。基于上述测算和分析，我们已向财政部、国家税务总局作了反映，建议粮、棉、油加工应继续享受免征增值税的优惠政策至 1995 年底，以保证当前市场稳定和正常生产，逐步增强企业自我发展能力。

有关新税制实施后行业存在的问题和困难，我们还要进一步调查、研究、分析，积极向有关部门反映，争取优惠政策；各地粮油工业主管部门也要积极向当地财税部门反映；粮油工业企业也要不等、不靠，通过自身努力来取得财税部门的支持。

为了切实制止经济效益大幅度滑坡，使粮油工业尽快走出低谷，转向回升，我觉得要做到以下几点：

1. 粮油工业企业的干部、职工要振作精神、提高认识、总结经验、坚定信心，为走出低谷、转向回升作好思想准备。

2. 以市场经济为导向，积极进行产品结构调整，大力开发新产品、新品种、新花色，开发技术含量较高、附加值较高的产品，狠抓产品升级换代，努力增加适销对路产品和名、特、优产品的生产；树立竞争观念，依靠粮油工业的技术、装备、规模和信誉的优势，积极参与市场竞争；加强营销工作，搞好售前、售后服务，努力开拓城市与农村、国内与国际市场，提高产销率。

3. 要大力降低能源、材料消耗，节约费用开支，降低生产成本。粮油工业企业都要通过技术进步，努力降低原料消耗，提高出品率；要努力降低水、煤、汽、电、溶剂油的消耗，建立、恢复和完善各项定额考核、管理制度，杜绝跑、冒、滴、漏。要严格执行财经纪律，大力压缩非生产性开支，严格按照成本开支范围核算成本，制止乱摊成本的现象；要加速资金周转，减少资金占用，提高资金使用效率和效益。

（九）关于在粮油加工行业建立“三资”企业的意见。（略）

（十）进一步抓好粮机工业。各级粮食主管部门在抓粮油工业的同时，要有重点地抓好粮油机械（包括饲料工业机械）企业的进步与发展。粮机这个装备工业发展了，才能更好地保障和推动整个粮油加工业的技术进步和发展。

粮油机械去年总的形势是好的，尤其是上半年，产量和销售量都有较大幅度的增长。去年下半年，市场销售量开始下降，今年情况更严峻。据我们对部分企业了解的情况，今年1～5月的销售量比去年同期下降30％到50％不等。这种情况的出现，主要是受宏观经济形势的影响。

近几年来，粮机行业取得了长足的发展。尤其是在部里组织的“七五”消化吸收、国产化几条龙项目的推动下，粮机产品的技术水平、配套能力、产品质量都有相当程度的提高，使粮机行业在走向市场中具备了相当的实力。随着社会主义市场经济的建立和发展，粮机企业也遇到了前所未有的竞争。一方面是来自军工、乡镇企业和其他工业部门的竞争，另一方面是系统内粮机企业间的竞争。竞争给粮机行业的技术进步注入了强大的动力，同时也给企业增加了相当的压力，给工作带来了一定的难度，对此我们要有正确的认识，要主动地去参与竞争，而不是被动地适应竞争，要主动地把压力变为动力。使我们的粮机企业在市场经济中站稳脚跟，开拓进取，争取新的发展。

面对当前的形势，粮机企业应重点抓好以下几项工作：

1. 要认真研究市场。粮油机械产品服务于粮油加工业，因而它必须适应和跟上粮油加工业的发展和技术进步。要做到这一点，粮机企业就应该对加工业的发展有相当清楚的了解，不仅要了解现状，还要预测未来；不仅要了解国内情况，还要了解国际上的变化。这一方面我们的粮机企业做了大量的工作，取得了明显的成效，今后要继续加强这方面的研究。另一方面，粮机企业要注意和研究自身新的、先进的机械生产技术、生产工艺，把这些新技术、新工艺应用到粮机产品上来，使粮机产品在工艺性能、产品质量、节能降耗、经济寿命等各个方面不断改进和进步。

研究市场应注意的另一方面，就是根据总体的外部环境变化，诸如宏观经济形势，粮油加工业的形势以及购销市场的变动等因素，适时地调整企业的产品结构和产业结构。粮机企业在搞好粮机这个主业的同时，要开拓思路，向相关行业和产品延伸，大胆开辟新的生产领域和市场。这个问题讲了许多次，一些企业也这样做了，并取得了成效，但从总的情况看还不理想，一些企业还抱着一两个产品看家吃饭，这是不可取的。我们一定要合理地调整产品结构，多条腿走路。

2. 要切实提高产品质量，提高产品档次，完善售前、售中和售后服务体系。粮机产品的质量近年有了相当程度的提高，成效是令人可喜的。我今天强调这一点，一方面是强调产品质量丝毫不能放松，每一个企业任何时候都要扎扎实实抓好质量；另一方面，我提出粮机产品也要上一个档次。现在竞争这么激烈，同一个产品有 5 家、10 家企业在生产，技术水平相对来说，差距也并不十分明显，那么谁的产品能够占领更多的市场呢？这就要讲档次了。外观档次、质量档次、性能档次，还有安装、调试、维修谁更容易、谁更方便，这都是用户选择我们的条件。所以，在同一产品里，谁的档次高，同时又有合理的价格，谁就能赢得更多的客户和市场。

3. 进一步强化企业管理。机械生产是一个多环节、多工种、多层次的综合生产体系，任何一个环节的差错，都将影响到最终的产品。从这个意义上讲，它比一般的加工企业有更高的要求。因此，粮机企业一定要十分注意管理的科学和严谨，不能有丝毫的放松。一旦出现了问题，要弥补起来就绝非那么容易了。我们要充分认识到，企业管理是直接创造经济效益的一个十分重要的方面。

（十一）“九五”粮油工业发展规划和技术进步规划的初步设想。今年是“八五”规划的第四年，总结“八五”期间的工作，粮油工业在工艺、技术装备上有了长足的进步，缩短了与发达国家的距离；在发展方向上改变了只生产食品基础原料的状况，开始向食品生产、油脂化工和植物蛋白生产方向转化。希望各地粮油主管部门对“八五”规划的执行情况进行总结分析，结合当地的实际情况，通过调查研究做好各地“九五”粮油工业发展规划，我们将在此基础上制订全国的“九五”粮油工业发展规划与技术进步规划，为 2000 年后粮油工业的更大发展准备条件。下面我就“九五”规划谈谈初步设想，以达到抛砖引玉，集思广益的作用。

“九五”期间，粮油工业发展总的指导思想是：适应社会主义市场经济的需要，在保证市场有效供给的前提下，以提高经济效益为中心，依靠科技进步，以粮油工业的两个延伸（粮食加工向食品方向延伸，油脂加工向油脂化工和植物蛋白方向延伸）为突破口，积极进行产业结构、产品结构的调整，促使粮油工业持续、稳定、协调发展。具体做法是：

1. 根据粮食流通体制改革后，粮源、油源和消费者需求的变化，继续发展精米、精面、精油等基础原料的生产。大米加工要发展精制米、免淘米、珠光清洁米；面粉加工要进一步开发生产各种等级粉、食品专用粉、谷朊粉、颗粒粉；油脂加工要努力增加一级油、高级烹调油、色拉油、调和油的生产。

2. 积极发展粮油食品，改变目前粮油食品、制成品在居民消费中比例偏低的状况。

努力发展以新一代方便面为代表的工厂化食品生产；研究开发工厂化的中国传统食品生产；积极发展速冻食品；充分利用我国广泛的功能资源开发营养食品、功能食品。

3. 积极发展包装技术，推动流通现代化。当前改进粮油食品的包装已提到日程。今后大米、面粉的包装根据对象的不同，主要是发展两种形式：从粮油加工厂供应到食品厂、仓库、批发单位，要采用散装、散运、散存的“三散”形式；直接进入家庭面向消费者的要发展小包装。当前，我们要特别注意发展以纸袋为主的大米、面粉小包装，打算在“九五”期间，逐步淘汰面粉、大米的塑料袋包装，以减少对环境的白色污染。以纸代塑，这也是发达国家走过的路。经工业司研究决定，先由上海东东实业公司和日本新王子制袋株式会社及伊藤忠公司合资建一个年单班产 1 200 万个纸包装袋厂，这个项目目前正在进行中。在包装装备的研究上，要注意开发计量、灌装一体的包装机械，加热处理装备、真空装备、搬运装备、检测仪器，推广真空、辐射、微波保鲜技术。研究粮油食品流通服务体系以及与之配套的加工配送中心的工艺、设备的研究设计。

4. 依靠科技进步，积极应用新工艺、新设备、新技术，进行产品结构、产业结构调整，是粮油工业“九五”期间的重要内容。大米加工主要是完善后路白米整理工序，有出口任务和生产高档小包装大米的厂家要适当配置白米色选机；面粉加工，主要是采用经过消化吸收的制粉工艺和设备，为适应市场需要，一些前期改造的厂要适当增加完善配粉系统；油脂加工要努力提高浸出工艺水平，在以节能降耗的前提下，采用负压蒸发和闭路循环技术；油脂精炼，要在吸取国外先进技术的基础上，逐步向连续精炼过渡。要重视蛋白资源的开发利用，要以大豆、花生为重点，开展食用植物蛋白资源开发利用，以菜籽、棉籽为重点，研究去毒技术。

5. 注重天然食品添加剂的研制与开发。大力发展天然、营养、多功能类食品添加剂如优选各类面包添加剂，加强磷脂的开发，方便面汤料的研究，天然抗氧化剂的研究，改变当前添加剂品种少、产值低、价格高、应用面窄的状况。

6. 粮机行业，要认真总结“七五”以来消化吸收和近期的科研成果。重点放在市场前景好，但尚未开发应用的项目上。要研究这些项目的工业化生产和工艺条件。另外，粮油加工、饲料加工的“九五”发展方向所需要的设备，也是粮机行业研究、开发的对象。“九五”期间，粮机行业要把发展系列产品和成套性作为主攻方向，满足用户需要，增强粮机产品在国际市场的竞争力。

7. 积极推广应用微机技术。粮油加工首先要在质量、计量、安全等方面采用微机监控与管理，粮机产品要向机电一体化方向发展。

三、充分发挥粮油工业公司经济实体的作用，在社会主义市场经济中，开拓进取、不断壮大

随着社会主义市场经济体系的建立和机构改革的深入，两年多来，各地承担粮油工业行业管理的机构有了很大的变化，一些工业处和行政性公司转为实体性的粮油工业公司，一些原来的经营性公司也进一步扩大了经营范围，完善了内部经营机制，在市场经济的海洋中学会了游泳，成为颇具实力的经济实体。目前全国绝大多数省级粮油工业公司既承担着行业管理任务，又有解决自身生存、发展的任务。最近，在省级机构的调整

中，一部分省又相继从工业公司抽调人员或另组人员，成立了行业管理的处室，朝着“小行政、大实业”和“政企分开”的方向发展，这些省的公司不再从事行业管理，成为完全的经济实体。部里机构的演变也是这样。在原商办工业司和部有关直属企事业单位的基础上，组建的中商华天实业公司于去年4月15日登记注册，成为部属的五大公司之一。当时的商办工业司整建制地转到中商华天实业公司。由于去年7月新组建的国内贸易部确定保留工业司，一部分人又回到工业司，政企分开，从事行业管理工作。

今天，我们这三部分的负责同志都到会了，大家欢聚一堂，共商行业发展和公司自身发展的大计。今后，不管机构如何变革，在座的行政和公司负责人都是粮油工业战线的中坚分子和亲密战友，是一根藤上的两个瓜。在任何情况下，我们都不会忘记曾经为中国粮油工业的发展出过力、流过汗、付出过心血、做出过贡献的同志。以后，全国粮油工业会议都要向这次会议一样请行政和公司的负责同志参加。

在市场竞争十分激烈的今天，我觉得要充分发挥各地粮油工业公司经济实体的作用，具体建议是：

1. 中商华天实业公司、上海东东实业公司和各省粮油工业公司之间，要加强联系、互通信息、联合经营、逐步组成经营群体，发挥群体的作用，提高抗风险能力。由于我们这些公司多半都是从行政主管部门演变来的，对行业熟悉，有影响力，可以利用粮油工业系统的力量，发挥技术装备的优势，增强实力和抗风险能力，另外这些公司之间最熟悉，彼此也最放心，相互做生意有信任感。

2. 把部属中商华天实业公司联系面广、业务范围宽、信息渠道多和有一些政策性经营的优势与各省级公司距离产区、销区近，与加工企业联系直接的优势有机地结合起来，本着自愿、平等、互利、互惠的原则，互相支持，走联合之路，共图发展。

3. 建议在适当时机建立粮油工业公司经理联谊会和信息网，以沟通感情、交流贸易信息和合作意向。

4. 粮油工业行政管理部门要发挥已不承担行业管理职能的粮油工业公司的作用，发挥他们技术力量强，对行业熟悉，有一定管理经验的专长，配合行政部门做好粮油工业行业的管理工作。

5. 粮油工业行政管理部门和各级粮食部门的领导，要关心支持粮油工业公司，帮助他们克服困难，尽快地发展壮大。应当说公司离不开行政的扶持，同样行政也需要公司的支持与帮助。另外我还吁请全国粮油工业企业，对几十年来为我国粮油工业发展做出重大贡献的各省、直辖市、自治区粮油工业主管部门在向实体过渡时，要在精神上、资金上、经营上给予支持与帮助，帮助他们搞好转变，更好地为企业服务。

同志们，我在粮油工业战线工作了整整三十年，亲眼看到粮油工业尤其是近十几年来发生的巨大变化，这是党的改革开放政策的成果和粮油工业战线广大职工努力的结果。由于工作需要，现在我到中谷集团工作，但我对粮油工业怀有深厚的感情，我的心深深地怀念粮油工业战线，寄希望于粮油工业战线。最后，我感谢粮油工业战线广大职工和干部对我三十年来工作的支持和帮助。衷心地希望粮油工业战线的同志们，再接再厉，努力奋斗，开创在社会主义市场经济条件下粮油工业的新局面！

增强竞争实力　推动产业发展

改革开放30年来，随着社会发展和科技的进步，粮油食品工业突飞猛进，已成为保障粮食安全、满足食品消费需求的主体产业，已成为现代农业建设和城乡统筹发展的巨大引擎。馒头、面条等面制主食，作为食品加工业的重要分支和组成部分，顺应工业化、城市化发展需求，在不断满足人民日益增长的物质需要的同时，在改善饮食质量、带动农产品增值、促进社会就业等方面发挥出了越来越重要的作用。

近年来，在各级政府、学术界和企业界的共同努力和推动下，传统面制主食产业呈现出蓬勃发展之势。淀粉修饰、生物工程、冷链技术等前沿学科技术在行业内得到了推广和应用，河南省面制食品工程研究中心等单位对抗老化、防霉变技术和产品的开发，为行业注入了生机和活力，整体技术水平得以提升。具有区域竞争优势的传统主食的知名企业和品牌不断增多。智能化仿生主食馒头生产线等关键装备的研发成功，有效推动了我国面制主食生产的工业化和机械化水平。同时，我们也看到通过《中国食品报》、“中国面制主食网”等媒体的大力宣传，通过如河南兴泰科技实业有限公司等企业的积极倡导，行业发展理论得到了丰富和完善，传统主食在安全、营养、健康方面的优势逐渐深入人心，各级政府更加重视发展主食产业，行业企业更加积极投身主食产业，消费者更加喜爱传统主食。

主食产业取得的成绩和进步有目共睹，但我们也看到，由于基础薄弱，我国主食品工业与其他食品加业相比，无论是技术水平、生产装备，还是企业集约程度、产业整体规模，均存在着较大差距，“整体水平落后”的现状尚未得以根本改变。可喜的是越来越多的粮食加工企业，已开始将经营方向逐步向下游食品延伸，面粉加工企业同时从事馒头、面条生产的不在少数，并且有更多的企业也表现出了类似的动向。如何增强企业以及整个行业的竞争实力，推进我国主食品产业的健康发展，我认为需做好以下几项工作：

一是要积极推广应用新技术、新装备，以增强综合竞争实力。30年来包括主食在内的食品消费已逐步由家庭自制向社会化生产转变，走出了第一步；展望未来的发展，主食的社会化生产将由手工作坊和集约化生产并举，并逐步向工业化、机械化方向迈进。为此，我们要进一步加大现有科技成果推广应用和产业化步伐，提高主食品的科技含量和综合品质，增强综合竞争实力。

二是积极培育地区主食品牌。品牌是商品市场的通行证。主食品产业脱胎于传统的家庭手工，长期以小作坊式生产为主，缺乏品牌打造意识与实力。主食品生产企业要在激烈的竞争中不断发展，应在品牌定位、品牌塑造、品牌管理和品牌服务等多个方面常抓不懈。通过品牌建设，提高企业的经营管理水平、生产技术水平和产品质量水平。

三是强化新产品的开发，不断丰富产品结构。我认为，伴随总量增长的将是产品类型的丰富和产品档次的提升。主食品生产企业要在满足消费者一日三餐能量的同时，更应以营养科学为指导，优化主食品中营养素配比，积极开发荞麦、黑麦、小米、高粱等杂粮面食，以及加锌、加钙的营养强化面食，以满足人民生活水平不断提高对食品消费营养化、多样化的需求。

据预计“十一五”期间，食品工业产值将保持年均10%以上的增长速度。在当前复杂而严峻的国际经济形势下，为了拉动经济增长，政府将进一步加强对食品工业的扶持力度。作为食品工业的重要组成部分，相信发展空间更为广阔的主食品产业一定会乘势而上、异军突起，在扩大内需、带动就业等方面发挥出更为重要的作用。

在通州市食品工业产业研讨会上的发言

2005 年 10 月 26 日

应通州市人民政府的邀请，今天，我们高兴地来到了人杰地灵的通州，参加“通州市食品工业产业研讨会”，借此机会，我代表中国粮油学会、中国粮食行业协会和江苏省粮食行业协会，对研讨会的成功召开表示热烈的祝贺。

民以食为天，粮油是人们赖以生存的最基本的营养素。回顾历史，中国的粮油工业作为一个产业是从新中国成立后才逐步建立起来的。新中国成立时，我国的粮油工业大多设备陈旧，工艺落后，操作笨重，生产环境差，经济技术指标落后，有一定规模的、现代化的粮油加工企业屈指可数，这与我们这个泱泱大国和农业大国极不相称。因此，建设一个现代化的粮油工业是摆在每个粮油科技工作者面前光荣而又艰巨的使命。半个多世纪以来，通过中国粮油科技工作者一代代的不懈努力，特别是党的十一届三中全会以来，中国的粮油工业发生了翻天覆地的变化，取得了令人瞩目的成就。现在，我们可以这样说：中国的米、面、油加工业在许多领域已经接近和达到国际水平。最明显的是，粮油加工质量不断提高，产品琳琅满目。

众所周知，改革开放以前，我国的粮油市场大多以标准粉、标一米和二级油为主，品种单一，品质较低，不能满足市场和食品工业的需要。而如今，我们走进超市，各种等级的高品质小包装大米、小包装面粉、免淘洗米、专用面粉、营养强化面粉、色拉油、高级烹调油、浓香花生油、小磨香油和特种油脂等等琳琅满目。现在我们可以说：中国超市货架上的各类小包装米、面、油产品，应有尽有，与国外超市的米、面、油产品没有什么两样。改革开放 20 多年来，中国粮油市场上发生了这样巨大的变化，这对我们这个人口众多、粮油资源供应相对偏紧的国家来说，是一个了不起的进步！

随着人民生活水平的不断提高，对食品工业中最重要的基础原料——粮油产品的要求越来越高。为适应市场的需求，今后我国粮油工业的发展趋向是：

一、企业的生产规模日趋大型化、规模化

随着市场竞争的加剧和企业结构的调整优化，粮油加工企业的数量将进一步减少，规模逐步扩大，生产集中度明显提高。据中国粮食行业协会统计，2004 年，全国规模以上企业共有 8 546 个，比 2003 年减少了 33.1%，而汇总后的总产量、总产值和销售收入等均高于 2003 年。其中日加工能力在 400 吨以上的大型米厂达 48 家；日加工能力在 400 吨以上的大型面粉厂达 110 个；日加工能力在 400 吨以上的大型油厂达 121 个。

二、粮油加工企业将进一步整合、提升，向集团化方向迈进

我曾在多次会上讲过，粮油加工企业只有通过全面整合，才能提升整体水平；只有通过整合，才能使企业做大做强，才能出现一批有实力、超大型的“航母型”米、面、油企业集团；只有通过整合，才能实施名牌战略，创立在全国有影响、有声望的品牌，才有可能像油脂行业的“金龙鱼”、“福临门”和“鲁花”一样在全国市场上有相当的市场占有率；只有通过整合，才有实力和条件不断采用新技术、新工艺、新设备，才有可能使粮油加工向深度加工和综合利用方向发展；也只有通过整合，才能成为名副其实的龙头企业，实现向“公司＋基地＋农户”的经济联合体方向发展。我认为，粮油加工企业与企业之间，集团与集团之间的联合，是粮油加工企业整合、提升的必由之路。

三、粮油产品必须坚持朝着安全、优质、营养、方便的方向发展

粮油是人们最重要的食粮，也是食品工业的最基础原料，随着人民生活水平的不断提高，人们在关注粮油产品安全、放心的基础上，将进一步注重粮油食品的优质、营养和方便，为此积极发展绿色和无公害的粮油食品应该引起粮油加工企业的重视。

四、品牌意识将进一步增强

质量是企业的基础，是企业的生命线，也是产品品牌的基础。品牌是商品市场的通行证，一个以高质量为基础的品牌，一旦被人们认可，将为企业的发展提供可靠的保证。为此，近几年来，有相当一部分的粮油加工企业开始重视品牌意识，推动了经营管理水平和产品质量的提高。现在名牌产品越来越受到消费者欢迎，市场占有率越来越高。经过大家的努力，2004 年和 2005 年，全国粮油行业共获得 30 个中国名牌。其中大米 7 个、面粉 13 个、食用油脂 10 个。据了解，获得中国名牌称号的米、面、油生产企业的产品，深受百姓欢迎，有的出现了供不应求的情况。

五、环境保护将被高度重视

随着工业化的进程，环境污染在加剧，植物的生长环境在进一步恶化。与此同时，食品加工的“工业化”也在加快，成品、半成品在食品消费中的比重在上升，因此人们越来越关心在植物生长过程中对食品品质的影响。今后，人们在关系食品外表质量的同时，将会更加关心米、面、油产品的内在质量，如过氧化物、农药残留、黄曲霉毒素等等有害物质。

六、油加工的副产品综合利用将进一步发展

粮油加工中的副产品如米糠、小麦胚芽、饼粕以及油脂精炼过程中产生的皂脚、馏出物等等，大多含有丰富的营养物质，由于资源集中困难以及提取技术的限制，这些宝贵资源没有得到充分的开发利用。近几年来，随着粮油加工企业的大型化、规模化、集

团化以及提取技术的不断成熟，我国的粮油加工副产品综合利用将会不断有新的发展。

以上几点，是近两年来专家们在研讨今后粮油工业发展趋势时的主要共识。当然，还有其他一些内容，这里不再一一讲了。

前几天，我高兴地全文学习了《（2006—2010 年）通州市食品加工业发展规划》，深受启发。该规划对通州市食品加工业在“十一五”期间的发展思路、发展目标、基本原则、发展战略、重点发展领域和实现规划的主要措施作了科学的全面的论述。我认为，只要认真按照这个规划实施，通州市的食品加工业一定会得到进一步发展。

江苏省的粮油工业在全国是一直名列前茅的，通州的粮油工业也是江苏省粮油工业搞得好的地方。为了使通州市的粮油加工业得到更快更好地发展，有以下三点希望供通州市粮油行业的同仁们参考。

第一，要加快企业之间的联合。为适应“大粮食、大市场、大流通”的需要，增强企业的竞争能力，建议通州市的粮油加工企业要加快企业之间的联合，要以银河面粉有限公司等大企业为骨干。在企业自顾、互利的前提下，在米、面、油企业中各组建一个企业集团，以增强通州市粮油企业的整体竞争能力。

第二，企业要正确定位。纵横现在的通州市社会经济实力和人民生活水平，通州市属沿海经济发达地区；通州是粮棉油的主产区，与上海隔江相望，随着苏通长江大桥的贯通，拉近了与大城市——上海的距离，成为上海的示范园。从这两点出发，通州的粮油工业，其产品的定位档次要高；其销售范围不仅要满足本地居民和食品工业发展的需要，同时还要求通州市粮油加工产品的起点和档次都要高。由此可见，通州是粮油工业发展的好地区，是投资者的最好的选择。

第三，要进一步强化管理，要把实施名牌战略放在重要议事日程。《（2006—2010 年）通州市食品加工业发展规划》中指出“一个著名品牌不仅可以壮大一个企业，带动一个产业，乃至可以造福一个地区，振兴一个民族”，这是非常正确的。为此，我们希望通州市的粮油加工企业产品不仅要争创本地区、本省的名牌，同时要努力争创中国名牌。

我相信，在通州市委、市政府的领导下，通州市的食品工业一定会更加欣欣向荣，一定会更多地吸引投资者到通州来安家落户。

我国的粮油工业及今后发展趋势

——2006 年 3 月 3 日在武汉工业学院食品学院师生会上的发言

尊敬的各位老师，同学们：

上午好！

十天前，东平院长打电话给我，要我参加“全国粮油标准化技术委员会油料及油脂技术工作组”挂牌仪式，并邀我给大家讲讲我国的粮油工业及今后的发展趋势。前者我欣然同意，后者给我出了难题。因为这几天我正在撰写“2005 年的中国油脂工业”，觉得时间有些仓促，怕讲不好，耽误大家的时间。但是后来一想，我还是武汉工业学院的董事长，是自己人，讲好讲坏问题不大，于是我就鼓足了勇气，匆忙作了一些准备，讲得不好，望老师和同学们谅解和指正。

下面，我想就我国粮油行业的基本情况；我国粮油高新实用技术的推广内容和粮油科技的发展重点以及粮油工业的发展趋向介绍些情况，供大家参考。

一、我国粮油行业的基本情况

中国不仅是一个人口大国，同时也是一个粮食油料的生产大国，粮油消费大国和粮油加工大国。

就粮油加工而言，我国的粮油加工能力之大，企业之多均属世界之最。粮油加工是指对原粮、油料等基本原料进行处理制成成品粮油及其制品的过程。主要包括：稻谷加工、小麦制粉、玉米及杂粮加工、植物油加工和粮油加工机械装备的制造。粮油加工业是粮油再生产过程中的重要环节和基础性行业，是粮油产业化经营（或者说粮油产业链）中的重要组成部分，是搞活粮油经营，提升粮油附加值的不可缺少的中间环节，也是食品工业的基础工业。粮油加工的产品与人民生活息息相关，是一个永不衰败的朝阳行业。

我国的粮油加工遍及城乡，小型零散，经典型调查及折算，我国大大小小的粮油加工企业和加工点多达 20 多万个，其中大米加工企业和加工点就有 10 万多个。有一定生产规模的加工企业的比例相对较少。据中国粮食行业协会的统计，2004 年，全国入统规模以上①。粮油加工企业 8 546 个，其中，日加工能力 100～200 吨的 1 401 个，日加工能力 200～400 吨的 466 个，日加工能力400～1 000吨的 207 个，日加工能力 1 000 吨以上的 72 个。在所有制方面，国有及国有控股企业 1 949 个，占 22.8%；外商及港澳台商投资企业 105 个，占 1.2%；民营企业 6 492 个，占 76%。

入统企业现价工业总产值 2 459 亿元，利润总额 17.5 亿元，资产总计 1 394 亿元，

---

① 规模以上粮油加工企业是指大米加工厂日处理稻谷加工能力在 30 吨以上（含 30 吨），小麦粉加工厂日处理小麦加工能力在 50 吨以上（含 50 吨），食用植物油加工厂日加工油料能力在 30 吨以上（含 30 吨）。

利润总额 17.5 亿元，资产总计 1 394 亿元，年末从业人数 34.8 万人。总产值排序前 10 位的省份依次是：河南、江苏、山东、河北、安徽、黑龙江、湖北、广东、福建、辽宁。其中：河南、江苏、山东的工业总产值均超过 300 亿元。

在 2004 年的粮油加工业中，米、面、油加工企业的情况分别如下。

（一）大米加工业的基本情况。

2004 年，全国入统规模以上大米加工企业 5 666 个，年生产能力 9 463 万吨，其中：日加工能力 100 吨以下的企业为 4 741 个，100～200 吨的企业为 754 个，200～400 吨的企业为 132 个，400～1 000 吨的企业为 38 个，1 000 吨以上的企业为 10 个。

入统企业的大米总产量为 2 257.1 万吨，其中：特等米 764.2 万吨，占 33.9%；标准一等米 1 310.2 万吨，占 58.15%；标准二等米 139.2 万吨，占 6.2%。特等米和标准化一等米的产量占大米总产量的 92%。

入统企业的现价工业总产值 712 亿元，利润总额 9.2 亿元，资产总计 335.3 亿元，年末从业人数 11.5 万人。

（二）小麦粉加工业的基本情况。

2004 年，全国入统企业规模以上小麦加工企业 1 990 个，年生产能力 6 508 万吨，其中：日加工能力 100 吨以下的 1 184 个，100～200 吨的 460 个，200～400 吨的 236 个，400～1 000 吨的 95 个，1 000 吨以上的 15 个。

入统企业小麦粉总产量为 2 938.1 万吨，其中：特制一等粉 1 215.3 万吨，占 41.4%；特制二等粉 781 万吨，占 26.6%；标准粉 342.8 万吨，占 11.7%，专用粉 380.4 万吨，占 13%。特制一等粉、特制二等粉和专用粉的产量占小麦粉总产量的 81%。

入统企业的现价工业总产值 610.4 亿元，利润 4.6 亿元，资产总计 326 亿元，年末从业人数 11.6 万人。

（三）食用植物油加工业的基本情况。

2004 年，全国入统规模以上食用植物油加工企业 890 个，年生产能力为：油料处理能力为 5 138 万吨，精炼能力为 1 460.5 万吨。其中：日处理能力 100 吨以下的 475 个，100～200 吨的 187 个，200～400 吨的 107 个，400～1 000 吨的 74 个，1 000 吨以上的 47 个。

入统食用植物油总产量为 953.8 万吨，精炼油的产量为 817.3 万吨。其中：精炼油中的一级油为 346.8 万吨，占 42.4%；二级油 211.5 万吨，占 25.9%；三级油 68.7 万吨，占 8.4%；四级油 190.3 万吨，占 23.3%。一级油（原色拉油）、二级油（原高级烹调油）和三级油（原一级油）的产量占精炼油总产量的 76.7%。入统企业的现总产值 1 136.6 亿元，利润总额 3.7 亿元（注：2003 年为 21.89 亿元，2004 年受到进口大豆价格风波的影响），资产总计 732.8 亿元，年末从业人数 11.7 万人。

以上一些统计数字与十年前相比，至少发生了以下五个方面的重大变化：

第一，从粮油工业总产值前十名的排序看，多少年来，一直是江苏第一，现在变成了河南第一产粮大省，另外，河北、安徽、黑龙江、湖北等生产粮油大省排序也大大提前；过去粮油工业总产值中等偏后的广东和福建，现在已经挤进了前十名，这充分说明东南沿海地区经济发展速度快，食品工业发展快，抓住机遇，利用沿海港口优势发展粮油工业。尤其是油脂工业发展迅猛。反之，原来排序较前的吉林、湖南、四川、内蒙古等省份的排序后退了。这种变化，应该说是符合市场经济规律的。

第二，从年末从业人数34.8万人看，在产量、产值和资产总额大幅度提高的情况下，年末从业人数不但没有增加，反而减少了一半。这充分说明我国粮油工业的劳动生产率大有提高；分析原因，主要归功于生产装备的机械化、自动化程度提高和减员增效等用人机制改革的成功。

第三，从所有制性质来，在2004年全国入统的8 546个粮油加工企业中，其中国有及国有控股企业1 949个，占22.8%；外商及港澳台商投资企业105个，占1.2%；民营企业6 492个，占76%。这充分表明过去国有粮油加工企业一统天下的局面已经彻底改变，粮食方面的改制工作取得了明显成效。随着改革的进一步深入，国有粮油加工企业的数量继续减少，成为粮油加工企业中“少数民资”。看来，这也是必然趋势。

第四，从企业的生产规模上看，日处理原料在1 000吨以上的粮油加工企业有72个，这是一个了不起的数字。因为日处理1 000吨以上大米加工企业、小麦粉加工企业和植物油加工企业在国外大多数也不是多见的。据了解，目前全世界有11家日处理油料6 000吨以上的大型油厂，其中5家在中国，江苏张家港东海粮油日处理油料能力达12 500吨，是目前世界上日处理油料最大的油厂。另外，还有广西防城港的大海油脂，日处理油料能力7 500吨；河北秦皇岛的金海油脂，日处理量7 000吨；江苏连云港的益海油脂，日处理油料能力6 000吨；河北三河汇福粮油，日处理油料能力为6 000吨。这充分说明，我国粮油加工业的生产规模正在日趋大型化。

第五，从产品的档次看，为顺应市场的需求，精米、精面、精油的比重和档次越来越高，品种越来越多。这充分说明了我国粮油加工水平和人民生活水平的不断提高。

众所周知，改革开放以前，我国的粮油市场大多以标准粉、标二米和二级油为主，品种单一，品质较低，不能满足市场和食品工业的需要。而如今，我们走进超市，各种等级的高品质小包装大米、小包装面粉、免淘洗米、专用面粉、营养强化面粉、色拉油、高级烹调油、浓香花生油、小磨香油和特种油脂等等琳琅满目。现在我们可以说：中国超市货架上的各类小包装米、面、油产品，应有尽有，与国外超市的米、面、油产品没有什么两样。改革开放20多年来，中国粮油市场上发生了这样巨大的变化，这对我们这个人口众多，粮油资源供应相对偏紧的国家来说，是一个了不起的进步。

二、我国粮油高新实用技术的推广内容和粮油科技发展的要点

我常说，粮油科技和粮油工业是一对孪生子，粮油科技的发展推动了粮油工业的发展，粮油工业的发展促进了粮油科技的发展，谁也离不开谁。

为适应人民生活水平的不断提高和粮油工业发展的需要，我国的粮油科研院所和大专院校的科技人员，经过几代人的不懈努力，取得了数以百计的科技成果，推动了粮油工业的发展，为我国粮油工业的现代化，为我国粮油工业接近和达到国际先进水平做出了贡献。尤其是从“七五”开始，通过对国外粮油加工关键技术和装备的引进和消化吸收，使我国的米、面、油加工技术装备水平上了一个台阶，由粗加工实现了精加工。目

前，碾米、制粉和油脂制备工艺与国外先进水平接近，如面粉加工中的光辊碾磨制粉技术、小麦脱皮制粉技术；大米加工中的稻谷低温烘干、精选调质技术；油脂加工中的膨化浸出、负压蒸发及二次蒸汽利用技术、低温脱溶技术等新技术的应用，促进了技术水平的提高和产品的升级换代。与此同时，加工装备也完成了更新换代，实现了国产化，改变了过去主要设备依赖进口的局面，部分设备制造达到国际先进。由于我国引进外资、合作合资的深入和国内粮机制造业的发展，现在无锡布勒、苏州佐竹、安陆永祥、武汉友谊、扬州牧羊、溧阳正昌等粮油机械制造企业，能为我国提供业界一流和接近国际先进水平的制粉、碾米、制油和饲料生产的装备。

随着人民生活水平的进一步提高和粮油工业的进一步发展，制油科技也将得到进一步的发展。根据党的十六大提出的“制定国家中长期科学和技术发展规划”的战略任务，围绕全面建设小康社会的奋斗目标和粮油科技发展的重点，中国粮油学会在依靠各专业分会和广泛征求专家意见的基础上，先后提出了《粮食行业“十大”高新实用技术推广意见》和《我国粮油中长期（到 2020 年）科学和技术发展规划的意见和建议》，以推动粮油科技的发展和科技成果的转化。其中与粮油加工有关的内容十分丰富、具体，主要有以下一些内容。

（一）我国粮油高新实用技术的推广内容。

为进一步推动我国粮油工业的发展。前几年，中国粮油学会各专业分会组织专家，在认真总结几十年来我国粮油科技所取得的成绩的基础上，推出了我国粮油高新实用技术的推广意见。

1. 在大米加工新工艺及设备方面。

（1）推广稻谷低温烘干、糙米精选及调质、大米分级及配制等先进技术和立式双辊碾米机等设备。

（2）推广配米技术，生产配合大米、专用大米。

（3）开展对籼米、粳米、糯米的加工利用。扩大多种米制食品（如米粉、米糕、米饼、冷冻米饭、方便米粥、米汤丸等）的工业化生产。

2. 在面粉加工新工艺及新设备方面。

（1）推广光辊碾磨制粉、强化物料分级与磨膛均衡出粉、小麦剥皮制粉等新工艺，促进采用中低压正压气力输送技术和成套设备及 MFQ10 * 2A 系列气压磨粉机、八辊磨粉机等先进设备。

（2）加大推广配粉工艺及设备的力度，促进多种专用粉生产。

（3）加强面粉品质改良技术的推广，合理使用添加剂、应用活性面筋、维生素 C、酶制剂、乳化剂、活性大豆粉等改善面粉品质。

（4）利用面粉为载体，实施营养强化技术，添加不同人群缺乏的多种微量元素和维生素，改善人们的食物营养。严禁超标使用有害健康的化学合成物，如过氧化苯甲酰（增白剂）等，确保面粉食用安全。

（5）推广挂面、方便面、速冻水饺等面制主食品的成套生产线，加速主食品生产的工业化。

3. 在油脂加工工艺及设备方面。

（1）对高含油油料进一步推广预榨-浸出制油工艺及膨化浸出技术；

（2）对 200 t/d 以上浸出厂继续推广负压蒸发及二次蒸汽利用新工艺；

（3）推广低温脱溶技术，提高油料植物蛋白的利用价值；

（4）推广高效旋液分离器及其他分离装置在浸出混合油过滤中的应用，确保浸出油和大豆磷脂的质量及混合油蒸发、汽提的正常操作；

（5）1 000 t/d 以上加工企业推广应用分子蒸馏技术，从脱臭馏出物中提取天然维生素 E；

（6）推广高效节能的流化床干燥机、液压紧辊轧坯机、大型预榨机、大型破碎机、大型软化锅、蒸炒锅等成熟的先进设备；

（7）推广无机膜分离技术和装置在废水处理中的应用，回收油脂和提高废水处理的水平；

（8）扩大调和油、专用油、保健油的生产；

（9）推广在油脂中添加 VE、茶多酚等天然抗氧化剂，推广充氮保存技术，提高油脂稳定性；

（10）推广酶法酯交换技术生产功能性油脂；

（11）进一步重视对茶籽油、杏仁油、南瓜籽油、松子仁油、核桃油、紫苏油、月见草油、微孔草籽油、橄榄油、葡萄籽油等特种植物油的开发利用，提供相应的配套加工工艺和设备；

（12）大力提倡米糠、玉米胚芽、小麦胚芽资源等的提取与利用，并积极推广其先进的制油及 28 碳醇副产物的加工利用技术；

（13）推广酶法改性修饰技术生产花生蛋白乳；

（14）推广“水剂法”加工花生、核桃仁、葵花籽仁，制取优质食用油和花生蛋白产品；

（15）推广棉籽的混合溶剂浸出技术，生产棉籽蛋白和棉酚产品。

4. 在玉米加工新设备、新工艺方面。

（1）推广 TTPW45 * 120 脱胚机、TTP * 100 提坯机等新兴玉米加工设备；

（2）推广干法脱胚、超细粉碎、调质膨化等工艺，利用玉米开发多种早餐食品、休闲食品；

（3）推广应用玉米半湿法加工技术，生产低脂玉米粉等优质玉米食品原料；

（4）推广淀粉的酶法处理、化学改性技术，生产果葡糖和变性淀粉产品。

5. 在饲料生产新工艺、新设备方面。

（1）推广优质高效饲料配置技术、饲料加工保质新工艺及生产质量控制技术（如制粒加工新工艺、膨化新工艺及制粒后液体喷涂技术）；

（2）推广快速配料混合机、微量组分自动添加机、高速打包机等关键设备，提高老厂改造、新厂建设的水平；

（3）推广氨基糖苷类抗生素、植酸酶、纯品甜菜碱等新型抗生素及品质改进剂，实施饲料安全工程，确保饲料安全；

（4）推广应用无污染、对人体无害的新型饲料添加剂（如：有机微量元素、酶制剂、酸制剂、益生素、低聚寡糖、中草药、氨基酸和小肽类制剂），反对滥用抗生素、激素，停止进口肉骨粉，严禁使用盐酸克伊特罗等有害添加剂。

6. 在谷物、油料皮壳的利用技术方面。

谷物和油料加工的皮壳是一个大宗的副产物，要积极开展综合利用，提高其副产品附加值。要在认真总结已有应用成果的基础上，引入新技术、新材料，改进原有的工艺和设备，提高产品的质量和综合利用的经济效益。

（1）要继续推广稻壳煤气发电装置、稻壳纤维一次性餐具、稻壳纤维压缩板材、高效活性炭产品等加工技术与装备；

（2）推广棉籽壳、玉米芯生产木聚糖、食用菌新技术；

（3）推广花生壳、葵花籽壳、核桃壳为燃料的节能锅炉装置；

（4）推广利用麸皮加工膳食纤维、利用米糠生产米糠营养素和米糠营养素纤维等加工新技术。

7. 信息工程技术在粮油工业中的应用方面。

（1）在粮油加工企业，广泛推广 PLC 控制系统与计算机集成控制系统、集散控制系统，实现粮食加工企业生产过程的自动化控制；

（2）建立谷物、油料及其加工产品的标准信息库，与国际标准接轨，适应入世后经济一体化国内外粮油贸易发展需要。

（二）我国到 2020 年粮油科技的发展重点。

在中国粮油学会提出的《我国粮油中长期（到 2020 年）科学和技术发展规划的意见和建议》中，有关涉及粮油加工科技方面发展的重点任务有以下内容。

粮油科技的指导思想是：根据党的十六大精神，以邓小平理论和三个代表重要思想为指导，继续贯彻“经济建设必须依靠科学技术，科学技术工作必须面向经济建设”的战略方针，坚持以市场为导向，以确保粮食安全为目标，以粮食企业为依托，把握粮油科技的全局，突出战略重点，强调科技的前瞻性，体现粮油专业特色，为全面建设小康社会，保证国家粮食安全提供创新源动力，为提高人民的生活水平提供优质服务。在实施中，要重点坚持确保国家粮食安全；坚持原始创新与产业和产品结构调整相结合，创专利技术与创名牌效应相结合；以高新技术应用推动粮油科技跨越式发展；把粮油科技的基点放在企业上，把科技成果落实到多产品和坚持城乡兼顾协调发展等原则。

根据我国社会经济发展战略，到 2020 年人口将达到 16 亿，粮食产量达到 6 560 万吨（人均占有 437 公斤），油料产量达到 4 420 万吨（人均占有 29 公斤），全民生活要达到小康水平。根据科技自身发展的规律和粮油行业的实际，采取积极稳妥、由点到面、逐步推进的方针。粮油科技确立以下目标：要建立健全粮油科技创新体系；建立以生态储粮技术为基础的粮食储藏保鲜技术体系；建设以大宗粮油（小麦、玉米、稻谷、大豆、花生、菜籽）深加工利用为代表的粮油加工技术创新体系；应用现代物流理论，指导粮油物流科技体系的建设；以保证粮油食品安全为宗旨，完善粮油标准质量检测体系；应用计算机技术、网络技术建立粮食管理信息系统和专家决策支持系统。加强基础研究和应用基础研究，加大产业化成果开发的投资力度，使整体的粮油科技水平，到

2010年争取达到20世纪末发达国家水平，到2020年争取达到目前发达国家的水平。

在粮油储运与加工中，科技贡献率由现在的30%，提高到2010年的45%和2020年的55%。

到2020年，我国粮食科技发展的重要任务是：

1. 在粮食加工及资源综合利用技术开发方面。

以实现现代化粮食加工、深加工及资源综合利用为目的，研究开发一批具有推进行业技术进步的关键技术，开发一批粮食深加工利用新产品，使粮食加工向食品加工产品延伸，实现粮食精深加工和综合开发后产值增值50%以上的目标。重点开展：①粮食加工新型关键主机研制；②大型粮食加工工艺与配套设施优化设计；③加工过程控制技术和机电一体化设备开发；④稻壳、米糠综合利用技术；⑤小麦麸皮和胚芽综合利用技术；⑥玉米深加工转化增值技术。

2. 在植物油及植物蛋白开发利用技术方面。

针对大宗植物油料主要为大豆、花生、菜籽，研究提取油脂和制备植物蛋白技术，重点解决植物蛋白提取对制油工艺的特殊要求等油脂加工新工艺、新技术和新设备；应用油脂精细化工技术，开发油脂加工副产物综合利用新产品，借鉴国外先进成熟的技术，开发新型、大规模、机电一体化设备；研究木本油料等特种油料开发技术。重点开展：①植物蛋白产品功能性评价及检测技术；②油脂加工副产物的综合利用技术；③水剂法制油工艺研究；④油料冷榨膨化技术；⑤食品专用油脂和功能性油脂开发；⑥植物油精炼智能化装备开发；⑦特种油料制油技术研究。

3. 在杂粮开发技术方面。

由于我国具有地理、气候、资源等多方面的优势，杂粮生产一直居于世界前列，产量占世界的1/10，是出口创汇，增加农民收入的一种主要商品。杂粮种类很多，分布较广。杂粮营养价值高、无污染，且多含有特殊营养素，其营养保健功能越来越受到人们的重视。重点抓好杂粮豆几个主要品种，如荞麦、燕麦、黑麦、小米、高粱、扁豆、芸豆等开发，形成工业化、系列化产品。重点开展：①杂粮特有成分和营养功能研究；②杂粮精选设备开发；③杂粮加工技术与设备开发；④杂粮特有成分提取与精制技术；⑤风味营养杂粮新产品的开发。

4. 在粮油食品开发方面。

研究中国主食品工业化生产技术和集约化生产、配送、连锁营销的产品的配套体系。大力推广冷冻技术、膨化技术、高压蒸煮技术和焙烤技术，促进“一日三餐”传统主食品工业化生产的需要，重点开展：①发芽糙米、留胚米、配合米及方便米饭、方便米粉、糯米汤团、米果、米糕等工业化生产技术；②各种食品专用面粉的开发及传统主食品（馒头、面条、饺子、包子、烙饼等）成套工艺设备的选定型和工程设计；③各种地方特色主食品制作标准化工艺和设备的研究；④以玉米、燕麦、豆类、薯类等为原料的早餐食品、休闲食品、功能性食品的加工工艺和成套设备的研究开发；⑤中式快餐的集约化生产、配送、连锁营销配套工程的研究。

5. 在粮油食品添加剂开发方面。

适应粮食安全性的要求和世界食物消费向绿色食品、有机食品发展的趋势，重新审视和研究谷物所含的天然、功效、影响成分，开发各种天然的食品添加剂代替化学合成品，为保证食品安全，禁止添加有害物质，合理使用营养素和微量元素。重点开展：①天然食品色素的开发；②食品抗氧化剂的开发；③食品营养强化剂的开发；④食品类抗氧化剂的开发；⑤油脂中强化 VA、VE 的开发；⑥粮油食品品质改良剂的开发；⑦主食品配料的开发。

6. 在粮油标准质量检测技术体系建设方面。

根据粮油生产结构调整、优质优价和实行新的粮油质量标准的需要，研究快速检测方法和检测仪器；根据粮油的主要用途，研究科学评价粮油品质的指标及相应的标准和检测方法；为了确保粮油及其制品的安全，必须完善粮油标准体系，建立粮油收、储、运、加等全过程的 HACCP 技术规程。重点开展：①粮油及其制品质量标准体系的完善；②建立商品粮油及国家储备粮油品质测报体系；③粮油品质检测技术及设备的研究；④粮油收储快速检测仪器的开发；⑤粮油质量评价体系；⑥粮油储运与加工过程的 HACCP 技术规程应用。

7. 在信息技术应用方面。

建立符合我国国情和社会主义市场经济要求的粮食安全体系，迫切需要信息技术的保障和支撑。通过粮食信息资源共享数据库及远程通信、咨询、监测、示教、管理等技术集成和网络工程的建立，提高粮食生产、流通、消费、贸易、科技等信息资源的利用率，促进已有科技成果及相关信息资源的转化，为粮食宏观调控、综合平衡、科学决策、行业管理提供快速、高效、可靠的支持。重点开展：①建立粮食行业资源数据库；②建设粮食行业信息发布平台；③实施粮油市场电子商务工程；④开发粮库储粮远程监控系统；⑤建立国家粮食安全预警预报系统；⑥开发应用国家粮食储备管理决策支持系统；⑦建设集成的国家粮食信息系统。

通过上述高新实用技术的推广应用和到 2020 年粮油科技发展重要任务的完成与实施，我们的粮油加工工艺和粮油科技一定能再上一个新的台阶，达到中等发达国家的水平。

三、我国粮油工业的发展趋向

民以食为天，粮油是人们赖以生存的最基本的营养素，回顾历史，中国的粮油工业作为一个产业则是从新中国成立以后才逐步建立起来的。新中国成立时，我国的粮食工业大多设备陈旧，工艺落后，操作笨重，生产环境差，经济技术指标落后，有一定规模的、现代化的粮油加工企业屈指可数，这与我们这个泱泱大国和农业大国极不相称。因此，建设一个现代化的粮油工业是摆在每个粮油科技工作者面前光荣而又艰巨的使命。半个多世纪以来，通过中国粮油科技工作者一代代的不懈努力，特别是党的是十一届三中全会以来，中国的粮油工业发生了翻天覆地的变化，取得了令人瞩目的成就。现在，我们可以这样说：中国的米、面、油加工业在许多领域已经接近和达到国际水平。最明显的是，粮油加工质量不断提高，产品琳琅满目。

半个多世纪以来，特别是党的十一届三中全会以来，我国的粮油工业取得了举世瞩目的成就。但我们也很清楚地看到，我国的粮油工业存在着企业的集约化程度较低，大型粮油加工企业集团为数不多；粮油产品的深度加工、资源综合利用不够；产品品种，特别是专用米、面、油产品较少，不能满足食品工业发展的需要；传统粮油主食品的工业化、产业化滞后，不能满足城乡居民的需求，基础研究和基础应用研究薄弱，自主创新不足，产品技术储备匮乏，科技人才和管理人才不足；在发达国家，食品工业已广泛应用的挤压技术、超临界萃取技术、膜分离技术、微胶囊技术、生物技术等先进技术，在我国粮油工业的应用刚刚起步；消耗较高，与建设资源节约型、环境友好型的要求差距较大；工艺设备配套水平与机电一体化水平不高，信息的滞后等等。上述问题制约着我国粮油工业的进步发展。但我相信，我国的粮油工业和粮油科技已经有了相当的基础，解决这些问题我们应该充满信心。

随着人民生活水平的不断提高，对食品工业中最重要的基础原料——粮油产品的要求越来越高。为适应市场的需求，今后我国粮油工业的发展趋向是：

（一）企业的生产规模日趋大型化、规模化。

随着市场竞争的加剧和企业结构的调整优化，粮油加工企业的数量将进一步减少，规模逐步扩大，生产集中度明显提高。据中国粮食行业协会统计，2004 年，全国规模以上企业共有 8 546 个，比 2003 年减少了 33.1%，而汇总后的总产量、总产值和销售收入等均高于 2003 年。尤其可喜的是，在 8 546 个规模以上的粮油工业企业中，日加工能力 400 吨以上的大型米厂达 48 个，日加工能力在 400 吨以上的大型面粉厂达 110 个，日加工能力在 400 吨以上的大型油厂达 121 个。这充分说明生产集中度提高后产生的优越性和粮油加工企业生产规模向大型化、规模化的发展趋势。我认为，这种趋势今后将进一步加快。

我是一直主张油厂向大型化、规模化方向发展的，但我一直主张要从实际出发，规模要适中，不能一味追求越大越好。最近，我看了一下，2001 年我在中国粮油学会油脂专业分会第 11 届年会上曾经在对油厂大型化、规模化的问题说过以下一段话：

> 现在，对油厂的规模化、大型化不仅有了共识，而且还有迅猛发展之势。在这一时刻需要我们冷静思考，防止出现新的问题。当前值得我们注意的有二个问题，一是不能刮风，不能一哄而起；二是要注意合理布局。

所谓“不能刮风，不能一哄而起”是讲新建和扩建油厂，都要根据自己所处的地理位置、交通情况、油料供应、产品的销售和辐射范围并适当考虑将来发展的需要来确定建厂规模，不能一味追求大型化。也就是说要从实际出发，能大则大，不能大决不能勉强求大，否则会后患无穷。我始终认为，中国油脂工业总的发展趋势是规模化、大型化，是大厂挤小厂，但绝不是所有的中小油厂都不能生存下去，在经济、交通发达地区，在西北、西南地区，乃至一些油料产区，中小油厂只要改变基质、经营有方，充分利用当地优势，生存和发展的空间同样是很大的。

所谓“要注意合理布局”，是讲千吨以上的油厂建在什么地方。周围有多少油料加工能力，油料从哪里来，产品销到哪里去，都要经过详细调查和反复论证，绝不能头脑发热，轻举妄动。前面讲的已建成的 67 家千吨以上油厂和正在建设中的 10 来家千吨以上油厂，大多分布在东南沿海地区。这里我们要问，这些油厂布局都合理吗？有没有新的重复建设问题？我的回答是有，肯定有。而且可以预言，不用很长时间一些重复建设的大油厂会遭到经营不下去的困境。这里我还想提出一个问题，我国加入WTO后，进口植物油的数量将逐年增加，根据我国油脂市场的需求，我们还要建多少千吨以上的大油厂？希望大家认真加以研究。现在看来，这段话仍然值得我们深思。

（二）企业进一步整合、提升，向集团化方向迈进。

粮油工业企业通过重新整合、提升是集团化的必由之路。我曾在多次会议上讲过，粮油加工企业只有通过全面整合，才能提升整体水平；只有通过整合，才能使企业做大做强，才能出现一批有实力、超大型的“航母型”米、面、油企业集团；只有通过整合，才能实施名牌战略，创立在全国有影响、有声望的品牌，才有可能像油脂行业的“金龙鱼”、“福临门”和“鲁花”一样在全国市场上有相当的市场占有率；只有通过整合，才有实力和条件不断采用新技术、新工艺、新设备，才有可能使粮油加工向深度加工和综合利用方向发展，才有可能成为创新型企业；也只有通过整合，才能成为名副其实的龙头企业，实现向“公司＋基地＋农户”的经济联合体方向发展。总之，粮油加工企业与企业之间，集团与集团之间的联合，是粮油加工企业整合、提升的必由之路，也是粮油工业发展的必然趋势。

前几年，我国的粮油加工企业在“改制”的基础上进行了一些资产重组和联合兼并工作，出现了一些有一定规模和实力的企业集团，对我国粮油工业的发展起到了促进作用。由于当时在企业重组过程中想法较多，难度较大，因此大多起点较低，重组后在全国有影响的大企业集团屈指可数。针对当时的情况，为推进油脂工业企业的重组整合，2001年10月我在学会分会上讲述，我国的油脂工业企业大多规模不大，实力不强，经不起大风大浪的考验，为此必须进行战略性的调整，通过重组、联合和兼并等方式组成联合舰队，要寻找合适自己的有实力的合作伙伴，进行资产重组与联合。企业，特别是企业领导人要解放思想，乐意被有实力的企业兼并，不是一件不光彩的事情，相反说明了自己的企业还有自身价值，企业间进行资产重组、联合和兼并，是要有勇气的。只有远见的企业家才能做到，从这个意义上来讲，企业间的资产重组、联合和兼并，也是改革。我希望在不久的将来，通过企业间的资产重组，联合而后兼并，中国能出若干个有实力、有影响、有竞争能力的大型油脂工业企业集团。

最近，在国内粮食贸易做的较出色，拥有几十个现代化粮油仓库设施和强大粮油科技实力的中谷粮油集团公司将并入世界500强的中国粮油进出口集团公司进行重组，这是国内粮油企业进行强强联合的典范，是顺应时代发展潮流的。

（三）粮油产品必须坚持朝着安全、优质、营养、方便的方向发展。

粮油是人们最重要的食粮，也是食品工业的最基础原料，随着人民生活水平的不断提高，人们在关注粮油产品安全、放心的基础上，将进一步注重粮油食品的优质、营养和方便，为此积极发展绿色和无公害的粮油食品应该引起粮油加工企业的重视。粮油产品在朝着“安全、优质、营养、方便”的发展中，“安全”是第一位的，也是消费者最为关心的。

食品质量安全问题关系人民群众身体健康和生命安全，关系到社会安定和经济发展。而粮油产品又是人们一日三餐不可缺的主要食品，为了让百姓能够吃上优质安全的米、面、油及其制品，自2000年底开始，中国粮食行业协会在全国开展了“放心粮油工程”，这项工作始终得到了国家粮食局、各级政府和有关部门的大力支持，受到社会各界的好评和消费者的欢迎。

“放心粮油工程”是指粮油加工企业严格按照大米、面粉和食用油的国家标准和食品工业国家标准组织生产，生产出完全符合国家标准的粮油产品。“放心粮油工程”产品包括“放心大米”、“放心面粉”和“放心油”等三大系列产品，这样工作将会长期开展下去。

（四）以发展粮油食品为重点的粮油深加工将进一步加快。

为实现小康社会发展目标，满足现代生活节奏加快，消费趋向膳食方便化、营养化、多样化的需要，粮油食品工业化进程将进一步加快，方便面、方便米粉、方便米饭、速冻食品、主食面包以及工业化生产的馒头、花卷、豆包等各种米面食品将大量出现。与此同时，传统食品的各种生产工艺和设备的研究也将得到较快发展；冷冻技术、膨化技术、高压蒸煮技术和焙烤技术将大力推广应用；以粮油为主要原料的休闲、旅游食品的产量和销量将不断增加；中式快餐的集约化生产、配送、连锁营销配套工程将加快实施；为适应我国食品工业发展的需要，人造奶油、起酥油、煎炸油等专用油脂的生产以及利用油料饼粕生产各种功能性蛋白（如组织蛋白、浓缩蛋白和分离蛋白）等也将得到快速发展。

（五）杂粮、杂豆和特种油脂的开发利用将进一步引起重视。

杂粮、杂豆一般是指小麦、稻谷、玉米和大豆（含青豆、黑豆）四大粮食产品以外的其他谷物和豆类，习惯上也叫“小杂粮、小杂豆”。它虽然产量较少，在粮食中属于小品种，但它却有四大产品不可替代的作用。中国是世界上杂粮、杂豆的主要产地，品种繁多，有“杂粮王国”的美誉，年产量在2 000万吨以上，约占世界产量的百分之十。据资料表明，杂粮杂豆中包括荞麦、燕麦、黑麦、小米、高粱、绿豆、红小豆、扁豆、蚕豆、芸豆等200多个品种。我国杂粮杂豆种植历史悠久，品种繁多，地区分布较广，而且由于生产环境特殊，大多不施化肥、农药，无污染，是天然的有机绿色食品。它营养丰富，有多种保健功能，随着人民生活质量的提高，杂粮杂豆及其制品越来越为人们所喜爱。

与杂粮杂豆一样，我国特种油脂的资源也很丰富。在油料作物中，除了油菜籽、大豆、花生、葵花籽和棉籽五大油料作物外，我国还有许多特种油料资源，通常称为“小油料”。所谓小油料，是相对于五大油料作物而言，因为它们生产范围、播种面积不如五大油料作物地广和量大，其产量自然不能与五大油料作物相比。

我国特种油料产品多达上百种。目前，产量较大且已开发利用的有：油茶籽油、茶叶籽油、翅果油、亚麻籽油、红花籽油、葡萄籽油、紫苏油、月见草油、核桃仁油、杏仁油、南瓜籽油、苍耳籽油、沙棘油、松籽油和番茄籽油等等；另外还有米糠油、玉米胚芽油和小麦胚芽油等谷物油脂。

所谓特种油脂，就是利用特种油料生产的油脂。在这些油脂中，含有更丰富的不饱和脂肪酸，尤其是油酸和亚油酸含量高，还富含多种微量元素和生物活性物质。特种油脂，在市场上的价格，要比五大油料产品价格高几倍。在这些方面，是五大油料作物所不及的。因此，开发利用特种油料、生产调和油及功能性油脂，是繁荣食用油市场、提高经济效益和人民健康水平、增加出口创汇的重要手段。

（六）粮油加工的副产品综合利用将进一步发展。

粮油加工中的副产品如米糠、小麦胚芽、饼粕以及油脂精炼过程中生产的皂脚、馏出物等等，大多含有丰富的营养物质、多种微量元素和生物活性物质，但多年来由于我国的加工企业规模小，资源集中困难以及提取技术的限制，这些宝贵资源没有得到充分的开发利用。今后，随着粮食加工企业的大型化、规模化、集团化以及提取技术的不断成熟，我国的粮食加工副产品综合利用将会不断有新的发展。

（七）粮油工业企业的品牌意识将进一步增强。

质量是企业的基础，是企业的生命线，也是产品品牌的基础。品牌是商品市场的通行证，一个以高质量为基础的品牌，一旦被人民认可，将为企业的发展提供可靠的保证，为此，近几年来，有相当一部分的粮油加工企业开始重视品牌，积极实施名牌工程，通过大力培养和宣传品牌，增强了企业的质量意识和品牌意识，推动了经营管理水平和产品质量的提高。现在名牌产品越来越受消费者欢迎，市场占有率越来越高。经过大家的努力，2004 年和 2005 年，全国粮食行业共获得 30 个中国名牌，其中大米 7 个、面粉 13 个、食用油脂 10 个。据了解，获得中国名牌称号的米、面、油生产企业的产品，深受百姓欢迎，有的出现了供不应求的情况。有人说："一个著名品牌不仅可以壮大一个企业，带动一个行业，乃至可以造福一个地区，振兴一个民族"，这是非常正确的。今后，粮油企业将会进一步强化贸易意识和品牌意识，实施品牌工程，以促进企业的健康、稳定发展。

（八）粮油工业企业的节能、环保将被高度重视。

建设资源节约型、环境友好型社会，是党的十六届五中全会通过的《中共中央关于制定国民经济和社会发展第十一个五年规划的建设》中提出的重要任务之一，也是中国可持续发展战略的重大举措。文件中提出的有关建设资源节约型、环境友好型的内容和任务是完全适合我国粮油工业企业实际的。

在建设资源节约型社会中，粮油工业企业应该在以下几个方面努力取得成效。一是，粮油工业企业的生产原料及其产品，是国家的重要特殊商品。因此，节约一粒粮、一滴油，千方百计提高出品率仍然是我们必须长期坚持的；二是，粮油工业企业的用水、用电、用煤量较大，消耗指标较高，与国际先进水平仍有不小差距，只有适应强化管理，改进工艺和设备，才能努力把它降下来；三是，粮油加工产生的皮壳和下脚数量惊人，要采用各种方法加以利用，变废为宝，如利用稻壳发电和利用废油生产生物柴油等等。

随着工业化的进程，环境污染在加剧，植物的生长环境在进一步恶化。与此同时，食品加工的"工业化"也在加快，成品、半成品在食物消费中的比重在上升，因此人们越来越关心在植物生长过程中对食品原料的污染，同时也关心在加工过程中对食品品质的影响。今后，人们在关心食品外表质量的同时，将会更加关心米、面、油产品中的内在质量，如过氧化值、农药残留、黄曲霉毒素等等有害物质。我们要以对人民高度负责的精神，在粮油加工中努力消除粮油产品的再度污染。与此同时，粮油加工中产生的灰尘、粉尘和污水的排放将直接对环境的污染产生影响。对此，我们要想方设法，努力按国家规定的排放标准组织生产。

以上几点，是近两年来专家们在研讨今后粮油工业发展趋向时的主要共识。当然，还有其他一些重要任务，这里不再一一讲了。

由于时间的关系，我就将这些，耽误了大家的时间，讲的不妥之处，请大家批评指正。

最后，祝老师们身体健康，工作顺利；祝同学们学业有成！

我国粮油工业的现状及今后的发展趋势

2006年8月16日于山东博兴

一、我国粮油工业的基本情况

中国不仅是个人口大国，同时也是一个粮食、油料的生产大国，粮油消费和粮油加工大国。正常年景我国年产稻谷2亿吨左右，小麦1亿吨左右，玉米1.4亿吨左右；年产油料5 500万～6 000万吨，加上近几年每年进口油料2 000多万吨，这些丰富的粮油资源为我国粮油工业的发展提供了重要的物质基础。

就粮油加工而言，我国的粮油加工能力之大、企业之多均属世界之最。

粮油加工是指对原粮、油料等基本原料进行处理制成成品粮油及其制品的过程。主要包括：稻谷加工、小麦制粉、玉米及杂粮加工、植物油加工和粮油加工机械设备的制造。粮油加工业是粮油再生产过程中的重要环节和基础性行业，是粮油产业化经营（或者说粮油产业链）中的重要组成部分，是搞活粮油经营，提升粮油附加值的不可缺少的中间环节，也是食品工业的基础工业，粮油加工的产品与人民生活息息相关，是一个永不衰败的朝阳工业。

我国的粮油加工遍及城乡，小型分散，经典型调查及推算，我国大大小小的粮油加工企业和加工点多达20多万个，其中大米加工企业和加工点就有10万多个。有一定生产规模的加工企业的比例相对较少。据中国粮食行业协会的统计，2005年，全国入统粮油加工企业11 118个，比上年增加2 572个，其中：日加工能力100吨以下的8 321个，占74.8%；日加工能力100～200吨的1 762个，占15.8%；日加工能力200～400吨的670个，占6%，日加工能力400～1 000吨的264个，占2.4%；日加工能力1 000吨以上的101个，占1%。在所有制方面，国有及国有控股企业1 454个，占13.1%；外商及港澳台商投资企业120个，占1.1%；民营企业9 544个，占85.8%。

入统企业①现价工业总产值3 011.2亿元、利润总额42亿元、资产总计1 737亿元、年末从业人数37.8万人，分别比上年增长22.5%、140.8%、24.6%和8.7%。总产值排序前10位的省份依次是：山东、江苏、河南、广东、黑龙江、河北、安徽、湖北、福建、广西。总产值超100亿元的有9个省，其中：山东省的工业总产值达506.4亿元、江苏省达418.8亿元、河南省达230.7亿元。

在2005年的粮油加工业中，米、面、油加工业的情况分别如下：

（一）大米加工业的基本情况。

2005年，全国入统大米加工企业7 260个，年生产能力12 447.6万吨，其中：日

① 入统企业是指小麦加工日处理生产能力50吨以上的企业、大米加工日处理生产能力30吨以上的企业和日处理油料加工能力30吨以上的食用植物油加工企业。

加工能力100吨以下的企业为5 949个，占81.9%；100～200吨的企业为1 025个，占14.1%，200～400吨的企业为209个，占2.9%；400～1 000吨的企业为65个，占0.9%，1 000吨以上的企业为12个，占0.2%。在所有制方面，国有及国有控股企业978个，占13.5%；外商及港澳台商投资企业27个，占0.4%；民营企业6 255个，占86.1%。

入统企业的大米总产量为2 914.6万吨。其中：特等米984万吨，占33.8%；标准一等米1 646.5万吨，占56.5%；标准二等米239.7万吨，占8.2%。特等米和标准一等米的产量占大米总产量的90%以上。大米产量超过100万吨的有江西、黑龙江、江苏、湖北、安徽、湖南、福建、广西、四川、辽宁等10个省，其中：江西省达358万吨，黑龙江省达332.8万吨，江苏省达327万吨，湖北省达309.5万吨。

入统企业的现价总产值736.8亿元、利润总额13.1亿元、资产总计432亿元、年末从业人数13.7万人，分别比上年增长3.5%、42.3%、28.8%和18.8%。

（二）小麦粉加工业的基本情况。

2005年，全国入统小麦粉加工企业2 815个，年生产能力8 090万吨，其中：日加工能力100吨以下的企业为1 848个，占65.6%；100～200吨的企业为517个，占18.4%；200～400吨的企业为310个，占11%；400～1 000吨的企业为114个，占4%；1 000吨以上的企业为26个，占0.9%。在所有制方面，国有及国有控股企业326个，占11.6%；外商及港澳台商投资企业35个，占1.2%；民营企业2 454个，占87.2%。

入统企业的小麦粉总产量为3 480.4万吨。其中：特制一等粉1 481.1万吨，占42.6%；特制二等粉916.5万吨，占26.3%；标准粉408.4万吨，占11.7%；专用粉432.6万吨，占12.4%。特制一等粉、特制二等粉和专用粉的产量占小麦粉总产量的81.3%。小麦粉产量超过100万吨的有山东、河南、江苏、河北、安徽、陕西、广东、新疆、湖北等9个省，其中山东省达736.8万吨、河南省达717万吨、江苏省达372.5万吨、河北省达305.6万吨。

入统企业的现价总产值863.5亿元、利润总额9.8亿元、资产总计417.3亿元、年末从业人数14.2万人，分别比上年增长41.5%、116.3%、28%和22.7%。

（三）食用植物油加工业的基本情况。

2005年，全国入统食用植物油加工企业1 043个，年生产能力为：油料处理能力为5 731.5万吨，精炼能力为1 761.2万吨。其中：日加工能力100吨以下的企业为524个，占50.2%；100～200吨的企业为220个，占21%；200～400吨的企业为151个，占14.5%；400～1 000吨的企业为85个，占8.2%；1 000吨以上的企业为63个，占6%。在所有制方面，国有及国有控股企业105个，占14.4%；外商及港澳台商投资企业58个，占5.6%；民营企业835个，占80%。

入统企业的食用植物油总产量为1 384.1万吨，精炼油的产量为1 219.7万吨。其中：精炼油中的一级油为723.3万吨，占52.3%；二级油118.4万吨，占8.6%；三级油79.7万吨，占5.8%；四级油298.3万吨，占21.6%。一级油（原色拉油）、二级油（原高级烹调油）和三级油（原一级油）的产量占食用油总产量的66.7%。在总产量中，大豆油709.6万吨，占51.3%；菜籽油278.2万吨，占20.1%；花生油80.2万吨，占

5.8%；棉籽油 49.8 万吨，占 3.6%。总产量超过 50 万吨的有山东、江苏、河北、广东、黑龙江、上海、浙江、福建、湖北、河南等 10 个省市，其中山东省达 220.8 万吨、江苏省达 217.9 万吨、河北省达 120.9 万吨、广东省达 107.8 万吨。

入统企业的现价总产值 1 410.9 亿元，利润总额 19.1 亿元（注：2003 年为 21.89 亿元，2004 年遇到了进口大豆价格风波的影响，利润下降到 3.7 亿元，2005 年属恢复性增长），资产总计 887.8 亿元，年末从业人数 9.95 万人，分别比上年增长 24.1%、417.6%、21.2%和−15.1%。

以上一些统计数字与十年前相比，至少发生了以下五个方面的重大变化：

第一，从粮油工业总产值前十名的排序看，多少年来，一直是江苏稳居第一，现在变成了近几年来粮油工业快速稳步发展的山东第一；河南、黑龙江、河北、安徽、湖北等生产粮油大省充分发挥原料优势，积极发展粮油工业，排序大大提前；过去粮油工业产值中等偏后的广东、福建和广西，现在已经挤进了前十名，充分说明了东南沿海地区经济发展速度快，食品工业发展快，他们能抓住机遇，充分利用沿海港口的优势发展粮油工业，尤其是油脂工业发展迅猛。反之，原来排序较前的辽宁、吉林、湖南、四川、内蒙古等省区的排序后退了。这种变化，应该说是符合市场经济规律的。

第二，从年末从业人员 37.8 万人看，在产量、产值和资产总额大幅度提高的情况下，年末从业人数不但没有增加，反而比 10 年前（70 余万人）减少了一半。这充分说明了我国粮油工业的劳动生产率大有提高；分析原因，主要归功于生产装备的机械化、自动化程度大大提高；归功于民营企业、外商投资企业机制活，用人少；归功于国有粮油加工企业改制重组的成功。

第三，从所有制性质看，在 2005 年全国入统企业的 11 118 个粮油加工企业中，国有及国有控股企业 1 454 个，占 13.1%；比 2004 年占 22.8%又降低了 9.7 个百分点；外商及港澳台商投资企业 120 个，占 1.1%；民营企业 9 544 个，占 85.8%。这充分表明，过去国有粮油加工企业一统天下的局面已经彻底改变，粮食部门的“改制”工作取得了明显成效。随着改革的进一步深入，国有粮油加工企业的数量还会继续减少，成为粮油加工企业中的“少数民族”，看来，这也是必然趋势。

第四，从企业生产规模看，日处理原料在 1 000 吨以上的粮油加工企业有 101 个，这是一个了不起的数字。因为日处理 1 000 吨以上的大米加工企业、小麦粉加工企业和植物油加工企业在国外也不是多见的。据了解，目前，全世界有 11 家日处理油料 6 000 吨以上的大型油厂，其中 5 家在中国，江苏张家港的东海粮油，日处理油料能力达 12 500吨，是目前世界上日处理油料最大的油厂。另外，还有广西防城港的大海油脂，日处理油料能力 7 500 吨；河北秦皇岛的金海油脂，日处理油料能力 7 000 吨；江苏连云港的益海油脂，日处理油料能力 6 000 吨以及河北三河汇福粮油，日处理油料能力 6 000吨，这充分说明，我国粮油加工工业的生产规模正在日趋大型化。

第五，从产品的档次看，为顺应市场的需求，精米、精面、精油的比重和档次越来越高，品种越来越多。从 2005 年的入统企业中我们可以看到，在大米生产中，特等米和标准一等米的产量占大米总产量的 90%以上；在小麦粉生产中，特制一等粉、特制二等粉和专用粉的产量占小麦粉总产量的 81.3%；在食用植物油加工中，一级油、二级油和三级油的产量占食用油总量的 66.7%。这充分说明了我国粮油加工水平和人民生活水平的不断提高。

众所周知，中国改革开放前，我国的粮油市场大多以标准粉、标二米和二级油为主，品种单一，品质较低，不能满足市场和食品工业的需要。而如今，我们走进超市，各种等级的高品质小包装大米、小包装面粉、免淘洗米、专用面粉、营养强化面粉、色拉油、高级烹调油、浓香花生油、小磨香油和特种油脂等等琳琅满目。现在我们可以说：中国超市货架上的各类小包装米、面、油产品，应有尽有，与国外超市的米、面、油产品没有什么两样。改革开放 20 多年来，中国粮油市场上发生了这样巨大的变化，这对我们这个人口众多、粮油资源供应相对偏紧的国家来说，是一个了不起的进步！

（四）当前粮油加工业存在的突出问题是生产能力过剩，开工不足。

据不完全统计，2005 年入统企业中，未开工或基本未开工的企业约占 10%，还有许多企业开工不足，生产能力利用率低。据中国粮食行业协会测算，大米企业的年开工利用率平均为 34%；小麦粉生产企业的年开工利用率平均为 61%；食用植物油企业的年开工利用率也只有一半左右，特别是近几年各地新建了不少大型油厂，存在着不同程度的盲目投资，重复建设现象。与此同时，很多地方还在大量建设小米厂、小面粉厂。据某省调查，2003～2005 年新建的 171 个大米加工厂中，日加工能力在 100 吨以上的项目仅有 16 个，其余都是 100 吨以下的小机组，占建设总数的 90%以上。这一问题应该引起我们的高度重视。

二、我国粮油工业的发展趋向

民以食为天，粮油是人们赖以生存的最基本的营养素。回顾历史，中国的粮油工业作为一个产业则是新中国成立后才逐步建立起来的。新中国成立时，我国的粮油工业大多设备陈旧，工艺落后，操作笨重，生产环境差，经济技术指标落后，有一定规模的、现代化的粮油加工企业屈指可数，这与我们这个泱泱大国和农业大国极不相称。因此，建设一个现代化的粮油工业是摆在每个粮油科技工作者面前光荣而又艰巨的使命。半个多世纪以来，通过中国粮油科技工作者一代代的不懈努力，特别是党的十一届三中全会以来，中国的粮油工业发生了翻天覆地的变化，取得了令人瞩目的成就。现在，我们可以这样说：中国的米、面、油加工业在许多领域已经接近和达到国际水平。最明显的是，粮油加工质量不断提高，产品琳琅满目。

半个多世纪以来，特别是党的十一届三中全会以来，我国的粮油工业取得了举世瞩目的成就。但我们也应该清楚地看到，我国的粮油工业存在着企业的集约化程度较低，大型粮油加工企业集团为数不多；粮油产品的深度加工、资源综合利用不够；产品品种，特别是专用米、面、油产品较少，不能满足食品工业发展的需要；传统粮油主食品的工业化、产业化滞后，不能满足城镇居民的需求；基础研究和基础应用研究薄弱，自主创新不足，产品技术储备匮乏，科技人才和管理人才不足；在发达国家食品工业已广泛应用的挤压技术、超临界萃取技术、膜分离技术、微胶囊技术、生物技术等先进技术，在我国粮油工业上的应用刚刚起步；消耗较高，与建设资源节约型、环境友好型的要求差距较大；工艺设备配套水平及机电一体化水平不高，信息化滞后等等。上述问题制约着我国粮油工业的进一步发展。但我相信，我国的粮油工业和粮油科技已经有了相当的基础，解决这些问题我们应该充满信心。随着人民生活水平的不断提高，对食品工业中最重要的基础原料——粮油产品的要求越来越高。

为适应市场的需求，今后我国粮油工业的发展趋向是：

（一）企业的生产规模日趋大型化、规模化。

随着市场竞争的加剧和企业的结构调整优化，粮油加工企业的数量将进一步减少，规模逐步扩大，生产集中度明显提高。据中国粮食行业协会统计，2005 年，全国入统企业 11 118 个中，日加工能力在 400 吨以上的大型企业达 365 个，比上年增加 86 个，其中：1 000 吨以上的企业达 101 个，比上年增加 29 个。

从产品产量来看，年产量 10 万吨以上的企业达 103 个，比上年增加 29 个。在 28 个 10 万吨以上大米企业中合计生产大米 468.7 万吨，占大米总产量的 16.1%；在 47 个 10 万吨以上的小麦粉企业中合计生产小麦粉 1 217.8 万吨，占小麦粉总产量的 35%；在 28 个 10 万吨以上食用油加工企业中合计生产食用油 821.4 万吨，占食用油总产量的 59.3%；前 10 家企业的合计产量占本企业入统企业总产量的比重分别是：大米 8.5%，小麦粉 17.8%，食用油 42.3%。这充分明我国粮油工业企业的生产规模正在日趋大型化和规模化。我认为这种趋势今后将进一步加快。

我是一直主张油厂向大型化、规模化方向发展的，但我也一直强调要从实际出发，规模要适中，不能一味追求越大越好。最近，我看了一下，2001 年我在中国粮油学会油脂专业分会第 11 届年会上曾经在对油厂大型化、规模化的问题说过以下一段话：

> 现在，对油厂的规模化、大型化不仅有了共识，而且还有迅猛发展之势。在这一时刻需要我们冷静思考，防止出现新的问题。当前值得我们注意的有二个问题，一是不能刮风，不能一哄而起；二是要注意合理布局。

所谓“不能刮风，不能一哄而起”，是讲新建和扩建油厂，都要根据自己所处的地理位置、交通情况、油料供应、产品的销售和辐射范围并适当考虑将来发展的需要来确定建厂规模，不能一味追求大型化。也就是说要从实际出发，能大则大，不能大决不能勉强求大，否则后患无穷。我始终认为，中国油脂工业总的发展趋势是规模化、大型化，是大厂挤小厂。但绝不是所有的中、小油厂都不能生存下去，在经济、交通欠发达地区，在西北、西南地区，乃至一些油料产区，中、小油厂只要改变机制、经营有方，充分利用当地的优势，生存和发展的空间同样是很大的。

所谓“要注意合理布局”，是讲千吨以上的油厂建在什么地方，周围有多少油料加工能力，油料从哪里来，产品销到哪里去，都要经过详细调查和反复论证，绝不能头脑发热，轻举妄动。前面讲的已建成的 67 家千吨以上油厂和正在建设中的 10 来家千吨以上油厂，大多分布在东南沿海地区。这里我们要问，这些油厂布局都合理吗？有没有新的重复建设问题？我的答案是有，肯定有。而且可以预言，不用很长时间一些重复建设的大油厂同样会遭到经营不下去的困境。这里我还想提出一个问题，我国加入 WTO 后，进口植物油的数量将逐年增加，根据我国油脂市场的需求，我们还要建多少千吨以上的大油厂？希望大家认真加以研究。现在看来，这段话仍然值得我们深思。

（二）企业将进一步整合、提升，向集团化方向迈进。

粮油工业企业通过重新整合、提升是集团化的必由之路。我曾在多次会上讲过，粮油加工企业只有通过全面整合，才能提升整体水平；只有通过整合，才能使企业做大做强，才能出现一批有实力、超大型的“航母型”米、面、油企业集团；只有通过整合，才能实施名牌战略，创立在全国有影响、有声望的品牌，才有可能像油脂行业的“金龙鱼”、“福临门”、和“鲁花”一样在全国市场上有相当的市场占有率；只有通过整合，才有实力和条件不断采用新技术、新工艺、新设备，才有可能使粮油加工向深度加工和综合利用方向发展，才有可能成为创新型企业；也只有通过整合，才能成为名副其实的龙头企业，实现向“公司＋基地＋农户”的经济联合体方向发展。总之，粮油加工企业与企业之间，集团与集团之间的联合，是粮油加工企业整合、提升的必由之路，也是粮油工业发展的必然趋势。

前几年，我国的粮油加工企业在“改制”的基础上进行了一些资产重组和联合兼并工作，出现了一些有一定规模和实力的企业集团，对我国粮油工业的发展起到了促进作用。由于当时在重组整合过程中的想法较多，难度较大，因此大多起点较低，重组后在全国有影响的大企业集团屈指可数。针对当时的情况，为推进油脂工业企业的重组整合，2001年10月我在学会年会上讲过，我国的油脂工业企业大多规模不大，实力不强，经不起大风大浪的考验，为此必须进行战略性调整，通过重组、联合和兼并等方式组成联合舰队，要寻找适合自己的有实力的合作伙伴，进行资产重组与联合。企业，特别是企业领导人要解放思想，乐意被有实力的企业兼并。我认为一个企业能被比自己实力强的企业兼并，不是一件不光彩的事情，相反说明了自己的企业还有自身价值。企业间进行资产重组、联合和兼并，是要有勇气的，只有有远见的企业家才能做到，从这个意义上来讲，企业间的资产重组、联合和兼并，也是改革。我希望在不久的将来，通过企业间的资产重组、联合和兼并，中国能出若干个有实力、有影响、有竞争能力的大型油脂工业企业集团。

（三）粮油产品必须坚持朝着安全、优质、营养、方便的方向发展。

粮油是人们最重要的食粮，也是食品工业的最基础原料，随着人民生活水平的不断提高，人们在关注粮油产品安全、放心的基础上，将进一步注重粮油食品的优质、营养和方便，为此积极发展绿色和无公害的粮油食品应该引起粮油加工企业的重视。粮油产品在朝着“安全、优质、营养、方便”的方向发展中“安全”是第一位的，也是消费者最为关心的。食品质量安全问题是关系人民群众身体健康和生命安全，关系到社会安定和国民经济发展。而粮油产品又是人们一日三餐不可缺少的主要食品，为了让百姓能够吃上优质安全的米、面、油及其制品，自2000年底开始，中国粮食行业协会在全国开展了“放心粮油工程”，这项工作始终得到了国家粮食局、各级政府和有关部门的大力支持，受到社会各界的好评和消费者的欢迎。

“放心粮油”是指粮油加工企业严格按照大米、面粉和食用油的国家标准和食品卫生国家标准组织生产，生产出完全符合国家标准的粮油产品。“放心粮油”产品包括“放心大米”、“放心面粉”和“放心油”等三大系列产品。这项工作会长期开展下去。

（四）以发展粮油食品为重点的粮油深加工将进一步加快。

为实现小康社会发展目标，满足现代生活节奏加快，消费趋向膳食方便化、营养化、多样化的需要，粮油主食品工业化进程将进一步加快，方便面、方便米粉、方便米饭、速冻食品、主食面包以及工业化生产的馒头、花卷、豆包等各种米面食品将大量出现。与此同时，传统主食品的各种生产工艺和设备的研究也将得到较快发展；冷冻技术、膨化技术、高压蒸煮技术和焙烤技术将大力推广应用；以粮油为主要原料的休闲、旅游食品的品种、产量和销量将不断增加；中式快餐的集约化生产、配送、连锁营销配套工程将加快实施；为适应我国食品工业发展的需要，人造奶油、起酥油、煎炸油等专用油脂的生产以及利用油料饼粕生产各种功能性蛋白（如组织蛋白、浓缩蛋白和分离蛋白）等也将得到快速发展。

（五）杂粮杂豆和特种油脂的开发利用将进一步引起重视。

杂粮杂豆一般是指小麦、稻谷、玉米和大豆（含青豆、黑豆）四大粮食品种以外的其他谷物和豆类，习惯上也叫“小杂粮、小杂豆”。它虽然产量较少，在粮食中属于小品种，但它却有四大品种不可替代的作用。中国是世界上杂粮杂豆的主要产地，品种繁多，有“杂粮王国”的美誉，年产量在 2 000 万吨以上，约占世界产量的 10%。据资料表明，杂粮杂豆中包括荞麦、黑麦、小米、高粱、绿豆、红小豆、扁豆、蚕豆、芸豆等 200 多个品种。我国杂粮杂豆种植历史悠久，品种繁多，地区分布较广，而且由于生产环境特殊，大多不施化肥、农药，无污染，是天然的有机绿色食品，它营养丰富，有多种保健功能。随着人民生活质量的提高，杂粮杂豆及其制品将越来越为人们所喜爱。

与杂粮杂豆一样，我国特种油脂的资源也十分丰富。在油料作物中，除了油菜籽、大豆、花生、葵花籽和棉籽五大油料作物外，我国还有许多特种油料资源，通常称为“小油料”。所谓小油料，是相对于五大油料作物而言，因为它们的生长的范围、播种面积不如五大油料作物地广和量大，其产量自然也不能和五大油料作物相比。

我国特种油料品种多达上百种。目前，产量较大且已经开发利用的有：油茶籽油、茶叶籽油、翅果油、亚麻籽油、红花籽油、葡萄籽油、紫苏油、月见草油、核桃仁油、杏仁油、南瓜籽油、苍耳籽油、沙棘油、松籽油和番茄籽油等等；另外还有米糠油、玉米油和小麦胚油等谷物油脂。

所谓特种油脂，就是利用特种油料生产的油脂。在这些油脂中，含有更丰富的不饱和脂肪酸，尤其是油酸和亚油酸含量高，还富含多种微量元素和生物活性物质。特种油脂在市场上的价格，要比五大油料产品价格高几倍。在这些方面，是五大油料作物所不及的。因此，开发利用特种油料、生产调和油及功能性油脂，是繁荣食用油市场、提高经济效益和人民健康水平、增加出口创汇的重要手段。

（六）粮油加工的副产品综合利用将进一步发展。

粮油加工中的副产品如米糠、小麦胚芽、饼粕以及油脂精炼过程中产生的皂脚、馏出物等等，大多含有丰富的营养物质、多种微量元素和生物活性物质，但多年来由于我国加工企业规模小，资源集中困难以及提取技术的限制，这些宝贵资源没有得到充分的开发利用。今后，随着粮油加工企业的大型化、规模化、集团化以及提取技术的不断成熟，我国的粮油加工副产品综合利用将会不断有新的发展。

（七）粮油工业企业的品牌意识将进一步增强。

质量是企业的基础，是企业的生命线，也是产品品牌的基础。品牌是商品市场的通行证，一个以高质量为基础的品牌，一旦被人们认可，将为企业的发展提供了可靠的保证。为此，近几年来，有相当一部分的粮油加工企业开始重视品牌，积极实施名牌工程，通过大力培育和宣传品牌，增强了企业的质量意识和品牌意识，推动了经营管理水平和产品质量的提高。现在名牌产品越来越受消费者欢迎，市场占有率越来越高。经过大家的努力，2004 年和 2005 年，全国粮油行业共获得 30 个中国名牌。其中大米 7 个、面粉 13 个、食用油脂 10 个。据了解，获得中国名牌称号的米、面、油生产企业的产品，深受百姓欢迎，市场占有率越来越高，企业的销售量和经济效益都有较大幅度提高。其中：7 个大米名牌企业 2005 年的销售量平均比上年提高 39.3%；13 个小麦粉名牌企业 2005 年的销售量平均比上年提高 11.3%，利润总额增长 15.6%。黑龙江北大荒米业有限公司产量达 55.8 万吨，比上年增长 37%；河北五得利面粉集团产量达 157.3 万吨，比上年增长 56%，利润总额增长 222.9%。所以有人说："一个著名品牌不仅可以壮大一个企业，带动一个产业，乃至可以造福一个地区，振兴一个民族"，这是非常正确的。今后，粮油工业企业将进一步强化质量意识和品牌意识，实施名牌工程，以促进企业的健康、稳定发展。

（八）粮油工业企业的节能、环保将被高度重视。

建设资源节约型、环境友好型社会是党的十六届五中全会通过的《中共中央关于制定国民经济和社会发展第十一个五年规划的建议》中提出的重要任务之一，也是中国可持续发展战略的重大举措。文件中提出的有关建设资源节约型、环境友好型的内容和任务是完全适合我国粮油工业企业实际的。

在建设资源节约型社会中，粮油工业企业应该在以下几个方面努力取得成效。一是，粮油工业企业的生产原料及其产品，是国家的重要特殊商品，因此，节约一粒粮、一滴油，千方百计提高出品率仍然是我们必须长期坚持的；二是粮油工业企业的用水、用电、用煤量较大，消耗指标较高，与国际先进水平仍有不小差距，只有通过强化管理，改进工艺和设备，才能努力把它降下来；三是，粮油加工中产生的皮壳和下脚数量惊人，要采用各种方法加以利用，变废为宝，如利用稻壳发电和利用废油生产生物柴油等等。

随着工业化的进程，环境污染在加剧，植物的生长环境在进一步恶化。与此同时，食品加工的"工业化"也在加快，成品、半成品在食物消费中的比重在上升，因此人们越来越关心在植物生长过程中对食品原料的污染，同时也关心在加工过程中对食品品质的影响。今后，人们在关心食品外表质量的同时，将会更加关心米、面、油产品的内在质量，如过氧化值、反式脂肪酸的含量、农药残留、黄曲霉毒素等等有害物质。我们要以对人民高度负责的精神，在粮油加工中努力消除和防止粮油产品的再度污染。与此同时，粮油加工中产生的灰尘、粉尘和污水的排放将直接对环境的污染产生影响。对此，我们要想方设法，努力按国家规定的排放标准组织生产。

以上几点，是近两年来有关专家在研讨今后粮油工业发展趋向时的主要共识。当然，还有其他一些重要内容，这里不再一一讲了。

由于时间的关系，我就讲这些，耽误了大家不少时间，讲得不妥之处，望大家批评指正。

2006 年度中国粮油加工业的基本情况与特点

一、基本情况

2006 年全国入统粮油加工企业 11 719 个[①]，比上年增加 601 个，其中：日加工能力 100 吨以下的 8 625 个，占 73.6%；100～200 吨 1 887 个，占 16.1%；200～400 吨 767 个，占 6.5%，400～1 000 吨 312 个，占 2.7%；1 000 吨以上 128 个，占 1.1%。在全部入统企业中，国有及国有控股企业 1 252 个，占 10.7%；外商及港澳台商投资企业 125 个，占 1.1%；民营企业 10 342 个，占 88.2%。

入统企业现价工业总产值 3 734.3 亿元、产品销售收入 3 730.2 亿元、利润总额 76.7 亿元、年末从业人数 41 万人，分别比上年增长 24%、24.5%、82.6%和 8.5%。

按现价工业总产值排序，前 10 位的省区依次是：山东、江苏、河南、河北、黑龙江、广东、安徽、湖北、江西、福建。总产值超过 200 亿元的有 8 个省，其中山东省达 545.5 亿元、江苏省达 525.8 亿元。

（一）大米加工业。

2006 年，全国入统大米加工企业 7 548 个，年生产能力 14 778.4 万吨，其中：日加工能力 100 吨以下的 6 143 个，占 81.4%；100～200 吨 1 059 个，占 14%，200～400 吨 251 个，占 3.3%；400～1 000 吨 77 个，占 1%；1 000 吨以上的 18 个，占 0.2%。在大米加工企业中，国有及国有控股企业 848 个，占 11.2%；外商及港澳台商投资企业 24 个，占 0.3%；民营企业 6 676 个，占 88.5%。

大米总产量 3 844 万吨，其中：特等米 1 304.6 万吨，占 33.9%；标准一等米 2 229.4万吨，占 58%；标准二等米 239.6 万吨，占 6.2%。产量超过 100 万吨的有江西、湖北、江苏、安徽、黑龙江、湖南、福建、吉林、辽宁、四川、广西、浙江、广东 13 个省，其中江西省达 538.9 万吨、湖北省达 483.9 万吨、江苏省达 414.1 万吨、安徽省达 398.5 万吨、黑龙江省达 302.4 万吨。

大米企业现价工业总产值 1 078.9 亿元、产品销售收入 1 065.3 亿元、利润总额 18.4 亿元、年末从业人数 15.3 万人，分别比上年增长 46.4%、41.7%、40.5% 和 11.7%。

（二）小麦粉加工业。

2006 年，全国入统小麦粉加工企业 3 159 个，年生产能力 9 473.2 万吨，其中：日加工能力 100 吨以下的 2 014 个，占 63.8%；100～200 吨 603 个，占 19.1%；200～400 吨 371 个，占 11.7%；400～1 000 吨 136 个，占 4.3%；1 000 吨以上 35 个，占

---

① 入统企业是指小麦加工日处理生产能力 50 吨以上的企业、大米加工日处理生产能力 30 吨以上的企业和日处理油料加工能力 30 吨以上的食用植物油加工企业。

1.1%。在小麦粉企业中，国有及国有控股企业 296 个，占 9.4%；外商及港澳台商投资企业 31 个，占 1%；民营企业 2 832 个，占 89.6%。

小麦粉总产量为 4 345.8 万吨，其中：特制一等粉 1 874.7 万吨，占 43.1%；特制二等粉 1 250.6 万吨，占 28.8%；标准粉 456.8 万吨，占 10.5%；专用粉 512 万吨，占 11.8%。总产量超过 100 万吨的有河南、山东、江苏、河北、安徽、陕西、湖北、广东、新疆、四川 10 个省，其中河南省达 937.7 万吨、山东省达 886.7 万吨、江苏省达 503.5 万吨、河北省达 420.3 万吨、安徽省达 326 万吨。

小麦粉企业现价工业总产值 918.2 亿元、产品销售收入 925.2 亿元、利润总额 11.5 亿元、年末从业人数 15 万人，分别比上年增长 6.3%、16.1%、17.3%和 5.6%。

（三）食用植物油加工业。

2006 年，全国入统食用植物油加工企业 1 012 个，年处理油料能力 7 177.4 万吨，精炼能力为 2 166.2 万吨。其中：日处理能力 100 吨以下 468 个，占 46.2%；100～200 吨 225 个，占 22.2%；200～400 吨 145 个，占 14.3%；400～1 000 吨 99 个，占 9.8%；1 000 吨以上 75 个，占 7.4%。在食用植物油企业中，国有及国有控股企业 108 个，占 10.7%；外商及港澳台商投资企业 70 个，占 6.9%；民营企业 834 个，占 82.4%。

食用植物油总产量为 1 730.2 万吨，其中：大豆油 946.8 万吨，占 54.7%；菜籽油 285.3 万吨，占 16.5%；花生油 87.4 万吨，占 5%；棉籽油 57.9 万吨，占 3.3%。在总产量中，一级油 924.2 万吨，占 53.4%；二级油 170.2 万吨，占 9.8%；三级油 98.7 万吨，占 5.7%；四级油 292.7 万吨，占 16.9%。总产量超过 60 万吨的有江苏、山东、广东、河北、天津、黑龙江、福建、河南、上海、湖北、浙江、广西、辽宁 13 个省市，其中江苏省达 311.9 万吨、山东省达 224.5 万吨、广东省达 164.7 万吨、河北省达 117.1 万吨、天津市达 101 万吨。

食用植物油企业总产值 1 737.2 亿元、产品销售收入 1 739.7 亿元、利润总额 46.8 亿元、年末从业人数 10.7 万人，分别比上年增长 23.1%、20.2%、145%和 8.1%。

二、主要特点

（一）粮油加工业产权结构发生了变化，企业活力和市场竞争力不断加强。

随着市场经济的发展和粮食流通体制改革的深化以及国有企业改制重组步伐的加快，粮油工业采取改组联合、整体转制、股份合作、分离重组等多种形式，优化产权结构，形成了多种形式共同发展的局面。使企业在市场竞争中，实行自主经营、自负盈亏，充分调动和发挥了企业经营者和员工的工作积极性和创造性。非国有企业在市场竞争中得到了各级粮食行政管理部门、农业发展银行的支持，在粮食加工领域增加投资，扩大生产规模，对全国粮油加工业经济效益的提高起到了主导作用。

2006 年全国入统的粮油加工企业中，国有企业减少 202 个，民营企业增加了 798 个，充分说明国有企业逐年在减少，民营企业继续快速增加，已经成为粮油加工业的主导力量。民营企业占 88.2%，比上年增加 2.4 个百分点。民营企业与国有企业相比，除机制灵活外，还具有职工人数少、资产负债率低等优势。

（二）企业规模继续扩大，生产集中度进一步提高。

通过改制重组，优胜劣汰，一些条件差、质量低、效益差的小企业逐渐被市场淘汰，而具有经济实力和影响力的大型企业通过收购、兼并等呈上升趋势。在2006年入统企业中，日生产能力400吨以上的大型企业达440个，比上年增加75个，其中1 000吨以上的企业达128个，比上年增加27个。

从产品产量来看，年产量达到10万吨以上的企业达123个，比上年增加20个。其中：年产量10万吨以上大米企业33个，总产量达785.1万吨，占入统大米企业总产量的20.4%；年产量10万吨以上小麦粉企业60个，总产值达1 722.2万吨，占入统小麦粉企业总产量的39.6%；年产量10万吨以上食用植物油企业30个，总产量达1 079.9万吨，占入统食用植物油企业总产量的62.4%。在食用植物油加工企业中，外商及港澳台商投资企业70个，只占6.9%，但产量达到907.1万吨，占52.4%。前10家企业总产量占本行业入统企业总产量的比重分别是：大米10.4%，小麦17%，食用油44.7%。

（三）产品质量和档次进一步提高，名牌产品、放心粮油产品销售量扩大，效益显著。

2006年，粮油产品结构继续向优质和高档方向调整，特等米在大米中所占比重达33.9%，比上年提高0.2个百分点；特一粉在小麦粉中所占比重达到43.1%，比上年提高0.5个百分点；一级油在食用植物油中所占比重达53.4%，比上年提高1.1个百分点。

几年来，通过大力培育、宣传知名企业和品牌，普遍增强了企业的质量意识和品牌意识，推动了经营管理水平和产品质量水平的提高，名牌产品越来越受消费者欢迎，市场占有率越来越高，优势越来越明显。

2004年和2005年被国家质检总局和中国名牌战略推进委员会授予“中国名牌产品”称号的大米、小麦粉和食用植物油企业产品销售量和经济效益都有大幅度提高。7个大米名牌销售量为199.3万吨，平均比上年提高61.5%，利润增长77.2%；13个小麦粉名牌销售量为581.1万吨，平均比上年提高21.9%，利润总额增长148.3%；4个大豆油名牌销售量为267.6万吨，比上年提高46.2%；3个菜籽油名牌销售量为59.3万吨（南通宝港除外），比上年提高8.7%。黑龙江北大荒米业有限公司产量达58.9万吨，比上年增长5.6%；河北五得利面粉集团产量达180万吨，比上年增长14.6%，利润总额增长50%；中粮集团食用植物油产量达205.4万吨，比上年增长32.1%，利润总额增长395.5%。

（四）粮油加工企业各项经济指标创近年来最好水平。

2006年，入统企业工业总产值3 734.3亿元，比上年提高24%，其中大米企业1 078.9亿元，比上年提高46.4%；小麦粉企业918.2亿元，比上年提高6.3%；食用植物油企业1 737.2亿元，比上年提高23.1%。入统企业产品销售收入3 730.2亿元，比上年提高24.5%，其中大米企业1 065.3亿元，比上年提高41.7%；小麦粉企业925.2亿元，比上年提高16.1%；食用植物油企业1 739.7亿元，比上年提高20.2%。入统企业实现利润总额76.6亿元，比上年提高82.6%，其中大米企业实现利润18.4

亿元，比上年提高 40.5%；小麦粉企业实现利润 11.5 亿元，比上年提高 17.3%；食用植物油企业利润大幅提高，共实现利润 46.8 亿元，比上年增长 145%。

（五）资产负债率有所下降。

2006 年入统企业总资产负债率 64.3%，比上年降低 4.2 个百分点；其中：大米加工业的资产负债率为 61.6%，比上年降低 2 个百分点；小麦粉加工业为 59.9%，比上年降低 2.7 个百分点；食用植物油加工企业为 68%，比上年降低 5.7 个百分点。按所有制划分：民营企业资产负债率 57.6%，比上年降低 4.9 个百分点；国有企业 80.7%，比上年降低 2.1 个百分点；外商及港澳台商投资企业 70.5%，比上年降低 0.6 个百分点。

（六）当前粮油加工业主要问题仍是生产能力利用率低，开工不足。

据测算，2006 年大米企业生产能力利用率平均为 37%，比上年提高了 3 个百分点；小麦粉企业生产能力利用率平均为 64%，比上年提高了 3 个百分点；油脂企业能力过剩现象也很严重，特别是近几年各地新建了不少大型油厂，存在着盲目投资，重复建设现象。与此同时，很多地方还在大量建设小型米厂、小型面粉厂，由于资金短缺、设备老化、工艺技术落后，使得很多小企业举步维艰，抗击市场风险能力很低，处于停产、半停产状态。

粮油企业要抢抓机遇加快发展步伐

——在2008年粮油营销技术交流会暨粮油经销商联谊会上的发言

2008年7月28日于杭州

2008年粮油营销技术交流会暨粮油经销商联谊会，今天在美丽的杭州召开，借此机会，我代表中国粮油学会和中国粮油学会粮油营销技术分会对在座的各位代表、各位企业家表示最亲切的问候！本次会议是中国粮油学会粮油营销技术分会今年继徐州会议和牡丹江粮油经销商联谊会之后的又一次重要活动。本次会议将请专家分析当前小麦和油脂的行情走势，交流粮油产销企业营销和管理方面的经验；洽谈粮油产销企业之间的业务等等，内容十分丰富，相信会得到大家的喜欢。

大家都知道，近年来我们粮油行业的竞争日益激烈。当前，企业经营水平和管理水平的参差不齐，世界粮荒的出现，国家对粮油价格宏观调控力度的加强等等，给我们粮油产销企业带来了新的课题，需要我们认真研究。例如，从年初取消粮油出口补贴到征收粮食出口关税和限制粮食出口，对一些企业影响甚大，丢失了他们原来的海外市场，改变了他们的整体战略及工作计划，乃至对一些企业的经济效益产生了较大影响。又如，油脂行业，在去年我们遇到了前所未有的好机遇，无论是油脂加工企业还是营销企业效益都好于往年。根据中国粮食行业协会的统计，2007年在全国1 094个规模以上的入统油脂加工企业中，实现利润104.42亿元，较2006年增长了123.12%，占整个粮油加工企业利润总额的70%。可是，今年以来，市场行情变化较大，一些企业反映，去年是只要有货就赚钱，今年是货到就掉价，感到生意难做。再如，目前的面粉市场，出现了国际上小麦价格暴涨且居高不下，国内市场价格在政府的宏观调控下比较平稳。夏粮收购，国家虽然调高了小麦收购的保护价，但农民的惜售心理增强。大米市场的行情与面粉市场一样，国内外市场价格差异较大。前段时间，国家抛售了300万吨籼稻，这对大米市场价格和早稻市场的收购价格将会产生什么影响等等，都值得我们企业认真研究。

针对上述粮油市场价格走势的许多不稳定因素，应广大粮油生产企业和经销商的要求，今天我们特此在这里举办本次会议，希望通过专家们对粮油市场的走势分析与讲解，通过大家的交流与洽谈，有利于企业了解粮油形势和进行经营决策，有利于进一步加强全国粮油生产企业、营销企业以及其他相关企业之间的直接联系与沟通，增进友谊与合作，促进行业健康发展。

各位代表、各位企业家：在当前粮食危机危及世界粮食安全的时候，如何正确分析未来中国粮食市场的形势，这对我们所有粮油加工企业和营销企业在经营中进行科学决策，将是至关重要的。前些日子，我听了国家粮食局曾丽瑛副局长有关国内粮食供求基本平衡的讲话很受启发，她的讲话，可以简要归纳为以下三句话，那就是国内粮食产需仍处于紧平衡状态；国内粮食市场价格运行总体平稳，但仍存在上涨压力；全球粮食供求形势依然偏紧，但有缓和迹象。

“国内粮食产需仍处于紧平衡状态”是指，我国粮食生产连续四年丰收，2007 年粮食总产量达 10 030 亿斤，预计当年产需存在一定缺口（约 220 亿斤）。通过进出口调节（进口 647 亿斤，出口 206 亿斤，净进口 440 亿元），使当年粮食供求基本平衡。预计 2008 年我国粮食生产将继续获得丰收，但当年粮食产需仍有一定缺口，需要进口部分粮食（主要是大豆）来弥补。

“国内粮食市场价格运行总体平稳，但仍存在上涨压力”是指，2008 年，我国年末国家粮食库存仍将保持较高水平，国家完全有能力保证市场供应和价格的基本稳定。据国家粮食局价格监测，2008 年 6 月 17 日，小麦、早籼稻、中籼稻、晚籼稻、粳稻、玉米市场收购价格每市斤分别为 0.77 元、0.84 元、0.85 元、0.91 元、0.92 元和 0.77 元，比今年年初分别上涨 1.3%、5%、3.7%、7.1%、8.2%和 2.7%；比 2007 年年初分别上涨了 2.6%、13.5%、11.8%、16.7%、3.4%和 14.9%。上述涨幅远低于同期国际市场粮价上涨幅度。预计 2008 年国内市场粮价将继续保持基本稳定，但仍存在一定的上涨压力。这里讲的“2008 年粮价保持基本稳定”是基于第一，2007 年粮食总产量达到了 10 030 亿斤，通过进出 1∶2 调节做到了当年粮食供求基本平衡；第二，国家支持农业生产和支持粮食生产能力的力度加大：第三，在粮油价格上，国家加强了宏观调控的力度。这里讲的“粮价仍存在一定的上涨压力”是基于第一，自 2007 年以来，各类农业生产资料的价格上涨幅度较大；第二，国际粮价居高不下会对国内粮价产生影响；第三，国家提高了粮食最低收购价后，会对粮价在高价位上运行产生影响。

“全球粮食供求形势偏紧，但有缓和迹象”。这是根据美国农业部 6 月份预测 2008/2009 年度，世界粮食产量为 21.67 亿吨，同比增加 0.47 亿吨，消费量为 21.56 亿吨，同比增加 0.4 亿吨，当年产需基本平衡。预计 2008/2009 年度期末库存 3.44 亿吨，消费库存比只有 15.99%，是 27 年来的最低水平。在全球化背景下，国际、国内粮食市场将互为影响、互相作用，联系越来越紧密。所以总体来看，今后国际市场粮价将继续保持高位运行态势，并将对我国国内市场产生一定压力。但我们也应该看到，当前我国小麦、稻谷和玉米三大品种基本能够实现自给，这三大品种与国际市场的关联性并不是很强，受国际市场价格影响相对较小。

上述国内外粮食供求形势和价格的走势分析，我想对我们粮油的生产企业和营销企业在考虑今后的经营决策时，一定会有所启示和帮助。各位代表，各位企业家：中国粮油学会粮油营销技术分会是全国粮油生产企业、营销企业和其他相关企业之家，为企业服务，为大家搭建交流学习的平台是学会的职责，学会将不断创新模式，提高服务水平和服务质量，与粮油产销企业携手共谋发展，共创辉煌！

各位代表，各位企业家：本次会议在杭州召开，会议得到了承办单位——杭州粮食发展有限公司、杭州恒天面粉集团有限公司和协办单位——杭州路加粮油公司、温州瓯海兴达粮油公司、杭州江华粮油公司、南通大兴面粉有限公司的大力支持和鼎力相助；得到了中华粮网、中国面粉信息网、《粮油加工》杂志社等媒体的热情支持，在此，我代表学会和全体与会代表对他们一并表示衷心的感谢！

我国米、面、油加工业的现状、运行特点及发展方向

2010 年 3 月 15 日

粮油加工是粮油再生产过程中的重要环节和基础性行业，是确保国家粮食安全和质量安全，搞活粮油经营，提升粮油产品附加值，促进农民增收的不可缺少的中间环节，也是食品工业的基础工业。粮油加工业的产品与人民生活息息相关，是一个永不衰败的生命产业。

2008 年，对我国粮油工业来说是很不寻常的一年，我国米、面、油加工业在经受了国际粮价和国际原油价格大起大落影响的严峻考验后，总体经济运行状况良好，继续保持着持续、稳定、健康的发展势头，取得了很大的成就。

一、我国米、面、油加工业的现状

根据国家粮食局和中国粮食行业协会提供的统计数据及有关资料，2008 年全国入统米、面、油加工企业①数量为 11 352 个，比 2007 年的 11 977 个减少了 625 个，其中大米加工企业减少 387 个，小麦粉加工企业减少 365 个，食用植物油加工企业增加 127 个，总的减幅为 5.2%。其中，国有及国有控股企业 1 366 个，占 12.0%；民营企业 9 836个，占 86.7%；外商及港澳台商投资企业 151 个，占 1.3%。

2008 年，大米加工、小麦粉加工及食用油脂加工企业的不同情况分别如下：

（一）大米加工业的基本情况。

2008 年，全国入统大米加工企业 7 311 个，比上年减少 387 个。其中：日加工能力 100 吨以下的企业 5 296 个，占大米加工企业总数的 72.4%，比上年减少 796 个；日加工能力 100～200 吨的企业 1 498 个，占 20.5%，比上年增加 257 个；200～400 吨的企业 405 个，占 5.5%，比上年增加 143 个；400～1 000 吨的企业 88 个，占 1.2%，比上年增加 4 个；1 000 吨以上的企业 24 个，占 0.3%，比上年增加 5 个（图 1)。

2008 年大米加工年处理稻谷能力为 16 046.5 万吨，比上年增加 1 380.5 万吨，增长 9.4%。大米产量 4 783 万吨，比上年增加 401.2 万吨，增长 9.2%；实际处理稻谷 7 421.7万吨；产能利用率为 46.3%。产能和产量按企业经济类型分，民营企业产能和产量分别为 13 632.0 万吨和 4 079.4 万吨，所占比例分别为 85.0%和 85.3%；国有及国有控股企业产能和产量分别为 2 247.6 万吨和 629.9 万吨，占 14.0%和 13.2%（图 2 和图 3)。

---

① 入统米、面、油加工企业是指日处理稻谷 30 吨以上、日处理小麦 50 吨以上和日处理油料 30 吨以上的大米加工企业、小麦粉加工企业和食用植物油加工企业。

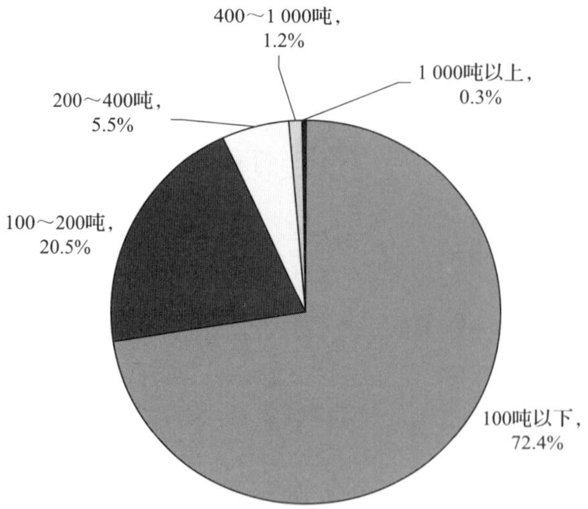

图 1　2008 年大米加工企业按日处理能力划分比重图

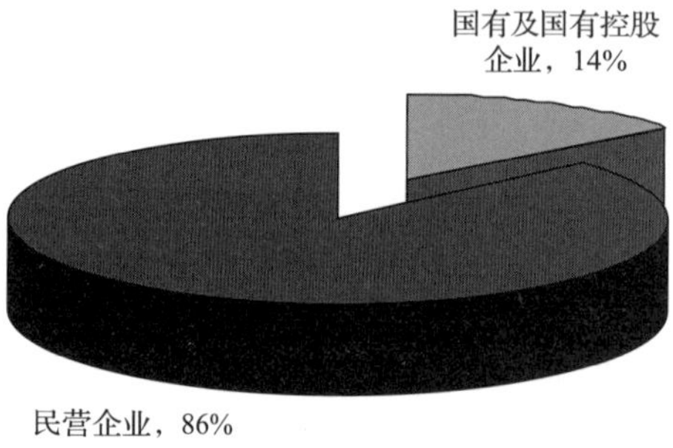

图 2　2008 年大米加工企业产能比重图

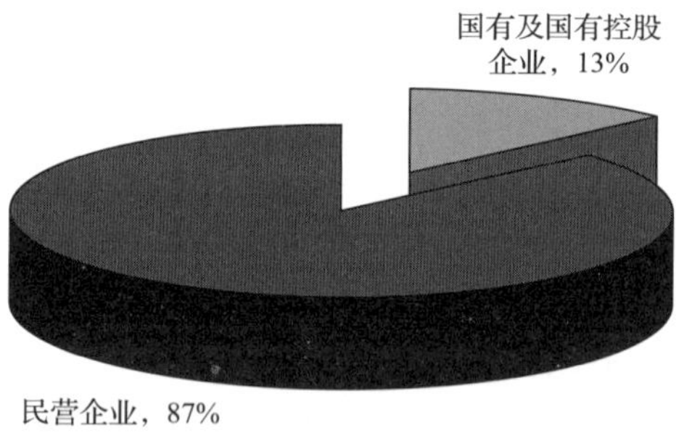

图 3　2008 年大米加工企业产量比重图

2008 年大米加工业产能排名前三位的是黑龙江（2 388.0 万吨）、江西（2 324.8 万吨）和湖北（2 123.0 万吨）。大米产量在 100 万吨以上的有：湖北（673.9 万吨）、黑龙江（598.6 万吨）、江西（588.9 万吨）、安徽（581.9 万吨）、江苏（474.6 万吨）、湖南（318.6 万吨）、四川（221.6 万吨）、福建（208.1 万吨）、辽宁（193.8 万吨）、广东（155.9 万吨）、吉林（144.3 万吨）、广西（111.3 万吨）和河南（101.0 万吨）等 13 个省区，其中湖北、黑龙江和江西的大米产量居前三位（图 4）。从产品结构看，以特等米和标准一等米为主，产量分别为 1 465.7 万吨和 2 944.0 万吨，分别占总产量的 30.6%和 61.6%；标准二等米产量为 266.0 万吨，占总产量的 5.6%；糙米产量为 47.7 万吨，占总产量的 1%。年产量 10 万吨以上大米企业 40 个，比上年增加 7 个，年产量达 941.5 万吨，占入统大米企业总产量的 19.7%。大米企业产量位居前三位的企业分别是：江西省粮油集团有限公司（100.7 万吨）、湖北福娃集团有限公司（70.7 万吨）和湖北国宝桥米集团（53.5 万吨）。

入统大米企业工业总产值 1 535.4 亿元，产品销售收入 1 533.7 亿元，出口交货值 15.3 亿元，利润总额 25.3 亿元（产值利润率为 1.65%），资产总计 782.8 亿元，年末从业人数 17.2 万人，分别比上年增长 22.1%、21.3%、－10%、3.3%、23.1% 和 8.2%。

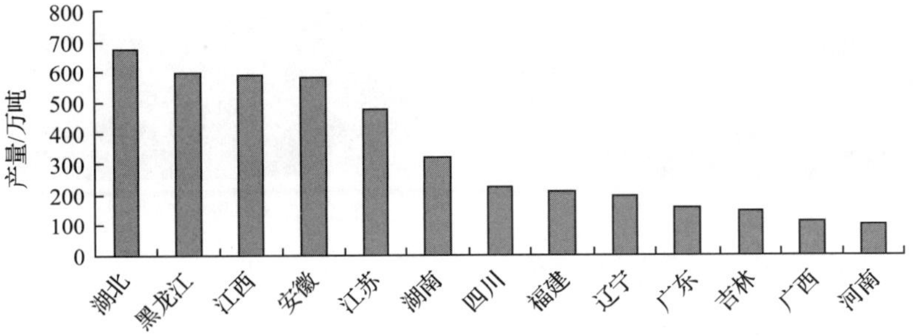

图 4 2008 年大米产量在 100 万吨以上的省份

（二）小麦粉加工业的基本情况。

2008 年，全国入统小麦粉加工企业 2 819 个，比上年减少 365 个。其中：日加工能力 100 吨以下的企业 1 411 个，占小麦粉加工企业总数的 50%，比上年减少 555 个；日加工能力 100～200 吨的企业 659 个，占 23.4%，比上年增加 53 个；200～400 吨的企业 514 个，占 18.2%，比上年增加 100 个；400～1 000 吨的企业 185 个，占 6.6%，比上年增加 27 个；1 000 吨以上的企业 50 个，占 1.8%，比上年增加 10 个（图 5）。

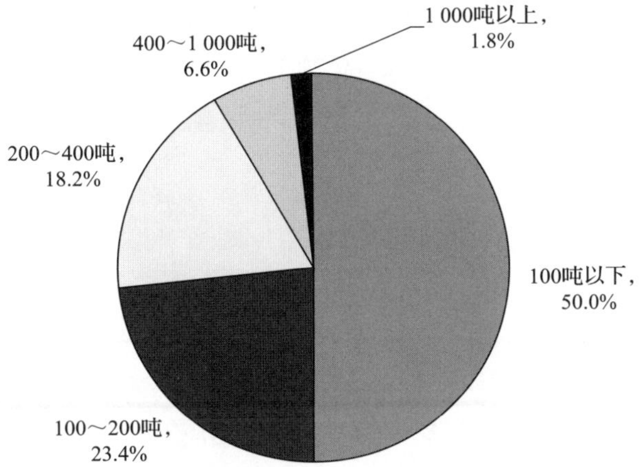

图 5 2008 年小麦粉加工企业按日处理能力划分比重图

2008 年，小麦粉加工业年处理小麦能力为 11 600.4 万吨，比上年增加 1 382.4 万吨，增长 13.5%。小麦粉产量 5 505.6 万吨，比上年增加 539.7 万吨，增长 10.9%；实际处理小麦 7 846.4 万吨；产能利用率为 67.6%。产能和产量按企业经济类型分，民营企业产能和产量分别为 9 692.9 万吨和 4 578.1 万吨，所占比例分别为 83.6% 和 83.2%；国有及国有控股企业产能和产量分别为 1 424.9 万吨和 611.6 万吨，占 12.3% 和 11.1%（图 6 和图 7）。

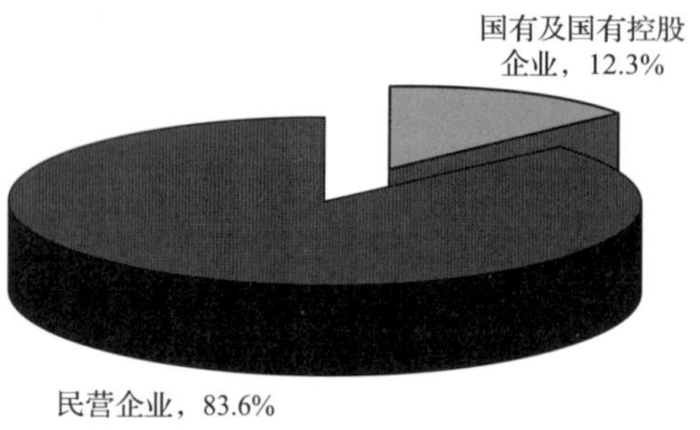

图 6　2008 年小麦粉加工企业产能比重

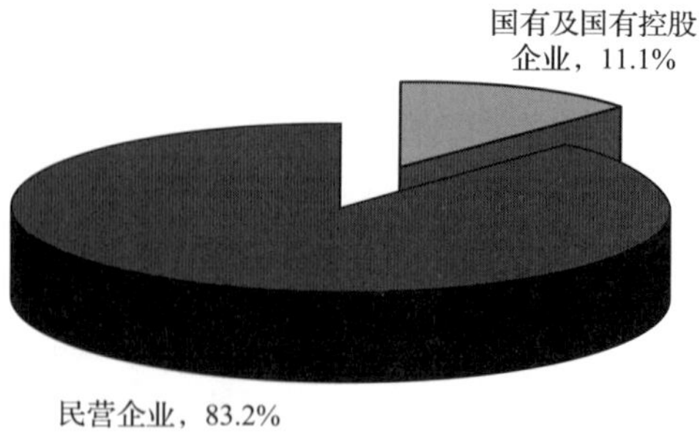

图 7　2008 年小麦粉加工企业产量比重图

2008 年小麦粉加工业产能排名前三位的是山东（2 349 万吨）、河南（2 313 万吨）和河北（1 090.4 万吨）。小麦粉产量在 100 万吨以上的有：河南（1 246.7 万吨）、山东（1 129.7 万吨）、江苏（679.1 万吨）、湖北（193.5 万吨）、甘肃（143.1 万吨）、广东（139.9 万吨）、四川（115.4 万吨）和新疆（113.6 万吨）等 11 个省区，其中河南、山东和江苏的小麦粉产量居前三位（图 8）。从产品结构看，以特制一等粉和特制二等粉所占比例较大，产量分别为 2 415.3 万吨和 1 368.9 万吨，分别占总产量的 43.9%和 24.9%；标准粉产量为 705.2 万吨，占总产量的 12.8%；专用粉产量为 702.6 万吨，占总产量的 12.8%；全麦粉产量为 88.7 万吨，占总产量的 1.6%。年产量 10 万吨以上小麦粉企业 96 个，比上年增加 36 个，全年产量达 2 056 万吨，占入统小麦粉企业总产量的 37.3%。小麦粉企业产量位居前三位的企业分别是：河北五得利面粉集团有限公司（172.9 万吨）、中粮集团有限公司（111.7 万吨）和江苏省银河面粉有限公司（58.3 万吨）。

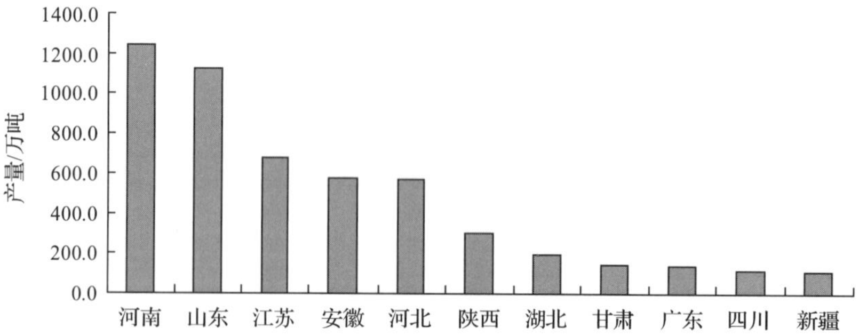

图 8　2008 年小麦粉产量在 100 万吨以上的省份

入统小麦粉企业工业总产值 1 385.4 亿元，产品销售收入 1 334.9 亿元，出口交货值 5.04 亿元，利润总额 23.58 亿元，资产总计 634.8 亿元，年末从业人数 15.67 万人，分别比上年增长 25.0%、24.5%、−38.5%，15.6%、26.0%和 6.6%。

（三）食用植物油脂加工业的基本情况。

2008 年，全国入统食用植物油加工企业 1 222 个，比上年增加 127 个。其中：日加工能力 100 吨以下的企业 598 个，占食用植物油加工企业总数的 48.9%，比上年增加 70 个；日加工能力 100～200 吨的企业 235 个，占 19.2%，比上年增加 2 个；200～400 吨的企业 211 个，占 17.3%，比上年增加 67 个；400～1 000 吨的企业 86 个，占 7.1%，比上年减少 5 个；1 000 吨以上的企业 92 个，占 7.5%，比上年减少 7 个（图 9）。

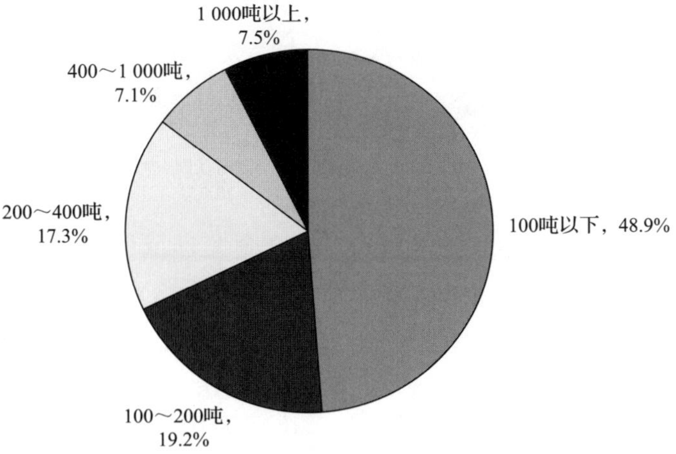

图 9　2008 年食用植物油加工企业按日加工能力划分比重图

2008 年，食用植物油加工业年处理油料能力为 7 865.7 万吨、油脂精炼能力为 2 728.6万吨，分别比上年增加 862.2 万吨和 382.3 万吨，增长 12.3%和 16.3%；食用植物油实际产量 1 927.8 万吨[①]；实际年处理原料 5 661.9 万吨。年油料处理能力、精炼能力和食用植物油产量按企业经济类型划分，外商及港澳台商投资企业分别为 2 311.4万吨、1 064.8 万吨和 1 238.6 万吨，分别占总数的 29.4%、39.0%和 54%；民营企业分别为 4 568 万吨、1 360.8 万吨和 889.6 万吨，分别占总数的 58.1%，49.9%和 38.8%；国有及国有控股企业分别为 986.3 万吨、303.1 万吨和 165.4 万吨，分别占总数的 12.5%、11.1%和 7.2%（图 10～图 12）。

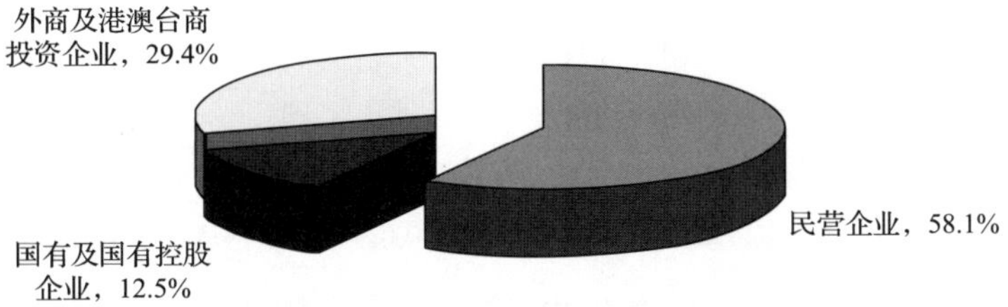

图 10　2008 年食用植物油加工企业年处理能力比重图

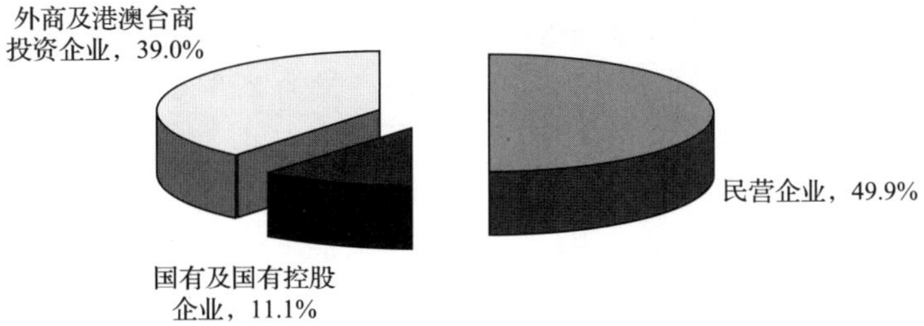

图 11　2008 年食用植物油加工企业精炼能力比重图

① 从食用油产量 2 293.6 万吨中扣除外购国内原油精炼量 291.7 万吨和外购国内成品油分装量 74.1 万吨。

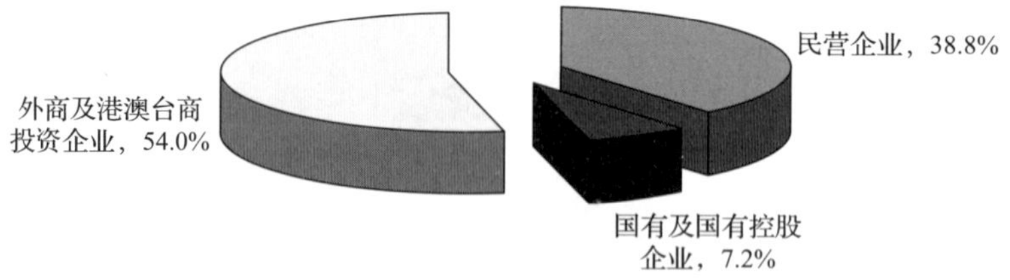

图 12　2008 年食用植物油加工企业产量比重图

2008 年食用植物油加工业油料处理能力排名前三位的是山东（1 244.9 万吨）、江苏（1 208.2 万吨）和黑龙江（664.8 万吨）；精炼能力排名前三位的是江苏（386.5 万吨）、广东（365.4 万吨）和山东（289.0 万吨）。食用植物油产量前十位的是：江苏（351.9 万吨）、广东（325.4 万吨）、山东（318.6 万吨）、天津（178.9 万吨）、河北（138.8 万吨）、福建（115.3 万吨）、上海（110.8 万吨）、河南（91.6 万吨）、湖北（85.9 万吨）和广西（85.5 万吨）（图 13）。从产品结构看，精炼油的产量为 1 570.7 万吨，其中一级油的产量为 956.1 万吨、二级油为 89.2 万吨、三级油为 153.6 万吨、四级油为 371.8 万吨。另外，食用调和油的产量为 114.3 万吨。年产量 10 万吨以上的企业 57 个，比上年增加 7 个，总产量达 1 448.1 万吨，占入统食用植物油企业总产量的 63.1%。产量位居前三位的企业分别是：益海嘉里（中国）（643.8 万吨）、中粮集团有限公司（215.3 万吨）和嘉吉公司（55.0 万吨）。

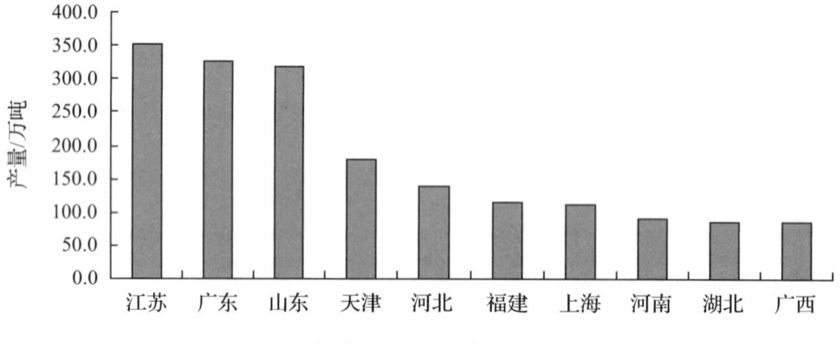

图 13　2008 年食用植物油产量前十位的省份

食用植物油产量以大豆油、棕榈油和菜籽油为主，产量达 1 888.0 万吨，占食用植物油总产量的 82.3%，其中大豆油产量为 1 243.5 万吨，占总产量的 54.2%；棕榈油产量为 368.5 万吨，占总产量的 16.1%；菜籽油产量为 276 万吨，占总产量的 12.0%。其他油品的产量和所占比重是：花生油 99.5 万吨，占 4.3%；棉籽油 92.7 万吨，占 4.0%；玉米油 85.6 万吨，占 3.7%；葵花籽油 28 万吨，占 1.2%；油茶籽油 9.8 万吨，占 0.4%；米糠油 9.4 万吨，占 0.4%；芝麻油 6.9 万吨，占 0.3%；其他油脂 73.8 万吨，占 3.2%（图 14）。

2008 年，入统食用植物油企业工业总产值 3 435.44 亿元，产品销售收入 3 429.44 亿元，出口交货值 46.51 亿元，利润总额 44.75 亿元，资产总计 1 463.21 亿元，年末从业人数 12.97 万人，分别比上年增长 36.6%、34.3%、51.5%、−55.5%、2.1% 和 14.8%。

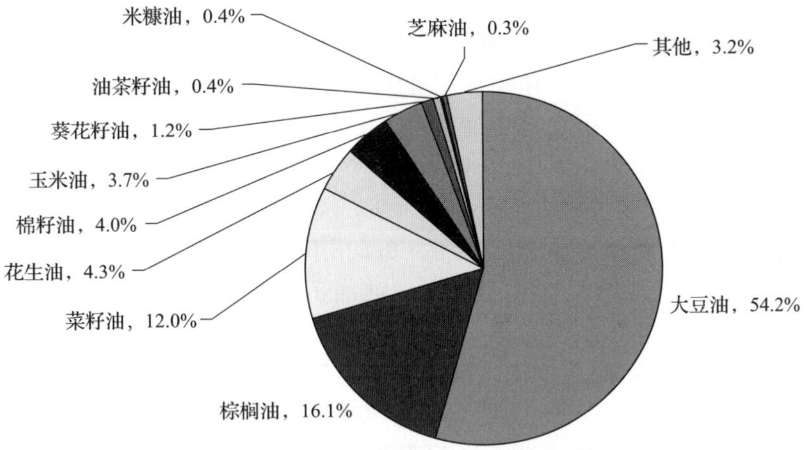

图 14　2008 年不同种油脂占总产量比重图

二、2008 年我国米、面、油加工业经济运行的主要特点

2008 年，我国米、面、油加工业在经济运行中主要有以下几个特点：

（一）生产能力和产量继续保持较高的增长速度。

2008 年，入统大米加工企业的年处理稻谷能力为 16 046.5 万吨，比 2007 年增加 1 380.5万吨，增长 9.4%；大米产量 4 783 万吨，比 2007 年增加 401.2 万吨，增长 9.2%。入统小麦粉加工业年处理小麦能力为 11 600.4 万吨，比 2007 年增加 1 382.4 万吨，增长 13.5%；小麦粉产量 5 505.6 万吨，比 2007 年增加 539.7 万吨，增长 10.9%；入统食用植物油加工企业年处理油料能力为 7 865.7 万吨、油脂精炼能力为 2 728.6 万吨，分别比 2007 年增加 862.2 万吨和 382.3 万吨，增长 12.3%和 16.3%。食用植物油实际产量 2 293.6 万吨，比 2007 年增加 395.1 万吨，增长 20.1%。这些数据充分表明：2008 年度我国米、面、油加工业的生产能力和产量继续保持着较高的增长速度。

（二）现价工业总产值、产品销售收入和资产总额等主要经济指标再创历史新高。

2008 年，入统大米企业的现价工业总产值 1 535.4 亿元，产品销售收入 1 533.7 亿元，资产总额 782.8 亿元，分别比 2007 年增长 22.1%，21.3%和 23.1%；入统小麦粉企业的现价工业总产值 1 424.5 亿元，产品销售收入 1 371.7 亿元，资产总额 678.1 亿元，分别比 2007 年增长 28.5%，27.9%和 34.5%；入统食用植物油企业现价工业总产值 3 435.44 亿元，产品销售收入 3 429.44 亿元，资产总额 1 463.21 亿元，分别比 2007 年增长 36.6%，34.3%和 2.1%。以上数据表明，2008 年我国米、面、油加工业的现价工业总产值、产品销售收入和资产总额等主要经济指标的增长率和绝对值均创历史新高。

（三）经济效益较好，资产负债率大幅下降。

2007 年除了食用植物油加工企业受国际原油及食用植物油价格大起大落影响而效益不如往年外，米、面加工企业的利润总额创造了历史最好水平。2008 年米、面加工企业积极应对国际粮价起落变化和全球金融危机爆发的影响，面对国家的宏观调控和出口大幅下降的不利局面，努力把握粮油市场走势，科学决策，谨慎经营操作，拓宽国内市场，从而取得了在2007年利润总额创纪录的基础上，2008年大米加工业和小麦粉加工业利润总额分别增长了3.3%和16.7%的较好经济效益。2008年米、面、油加工业在取得较好经济效益的同时，资产负债率也下降到了合理的水平。大米加工业的资产负债率由2007年的62.5%下降到2008年的55.3%，下降了7.2个百分点；小麦粉加工业的资产负债率由2007年的59.7%下降到2008年的52.4%，下降了7.3个百分点；食用植物油加工业资产负债率由2007年的68.6%下降到2008年的64.2%，下降了4.4个百分点。在很不寻常的2008年，米、面、油加工企业仍能取得较好的经济效益和资产负债率大幅下降的好成绩是来之不易的。

（四）企业规模增大，生产集中度进一步提高。

在大米加工企业中，2008年日加工能力100吨以下的企业较2007年减少796个；100～200吨的企业增加257个；200～400吨的企业增加143个；400～1 000吨的企业增加4个；1 000吨以上的企业增加5个。在小麦粉加工企业中，2008年日加工能力100吨以下的企业较2007年减少568个；100～200吨的企业增加53个；200～400吨的企业增加100个；400～1 000吨的企业增加27个；1 000吨以上的企业增加10个。在食用植物油加工企业中，2008年日加工能力400吨以上的企业178个，只占企业总数的14.6%，但其油料处理能力达5 491.5万吨，占油料处理总能力的69.8%，油脂精炼能力达1 566.1万吨，占油脂精炼总能力的57.4%。由此可见，生产规模小的企业逐渐减少，规模大的企业不断增加，减幅和增幅的比例较大。

另据统计，2008年年产量10万吨以上大米企业40个，比2007年增加7个，合计产量941.5万吨，占入统大米企业总产量的19.7%；2008年年产量10万吨以上小麦粉企业96个，比2007年增加36个，合计产量2 056万吨，占入统小麦粉企业总产量的37.3%；2008年年产量10万吨以上食用植物油加工企业57个，比2007年增加7个，合计产量1 448.1万吨，占入统食用植物油企业总产量的63.1%。以上数据表明，我国米、面、油加工业的规模化和集约化程度正在加快。

（五）企业所有制结构不断调整，民营企业占主导地位。

在米、面加工业中，不论是企业数量、生产能力和产量，还是工业总产值、利润和资产总额，民营企业均占绝对优势。在2008年入统大米加工企业中，民营企业数量为6 407个，占大米企业总数的87.6%；年生产能力13 632.0万吨，占大米企业年生产能力总数的85.0%；大米产量为4 079.4万吨，占总产量的85.3%；工业总产值为1 294.5亿元，占84.3%；利润总额21.3亿元，占81%；资产总额552.1亿元，占70.5%。民营小麦粉加工企业数量为2 454个，占入统小麦粉加工企业总数的87.1%；年生产能力9 692.9万吨，占总生产能力的83.6%；产量为4 578.1万吨，占83.2%；工业总产值为1 142.8亿元，占82.5%；利润总额20.4亿元，占86.4%；资产总额493.3亿元，占77.7%。在食用植物油加工业中，由于外资企业较多，规模较大，食用植物油的产量较大外，在其他几个指标上民营企业占有半壁江山。2008年食用植物油加工企业中，民营企业数量为996个，占入统食用植物油加工企业总数的81.5%；民营企业的油料处理能力、精炼能力和食用植物油产量分别为4 568万吨、1 360.8万吨和889.6万吨，分别占总数的58.1%、49.9%和39.9%；工业总产值1 374.9亿元、利润总额18.24亿元、资产总额685.1亿元，分别占总量的40%、40.1%和46.8%。

（六）产品结构以精米、精面、精油为主，粮食加工向食品方向延伸速度加快。

从产品结构看，2008年特等米和标准一等米的合计产量为4 409.7万吨，占入统大米加工企业大米总产量的92.2%；特制一等粉、特制二等粉和专用粉的合计产量为4 486.8万吨，占入统小麦粉加工企业小麦粉总产量的81.6%；一级油（色拉油）、二级油（高级调和油）和三级油（原一级油）的合计产量为1 198.9万吨，占入统食用植物油加工企业食用植物油总产量的52.3%。产品结构以精米、精面、精油为主导地位。从营养和满足部分消费群体需要出发，2008年全麦粉产量达88.7万吨、营养强化粉的产量为26.7万吨、糙米产量为47.7万吨、食用调和油的产量为114.3万吨，这是值得我们关注的发展新动向。

据统计分析，2008年粮油食品生产发展较快。在入统企业中，挂面产量达167.1万吨、方便面产量达134.9万吨、米粉（米线）产量达42万吨，发展势头被看好。

三、我国米、面、油加工业的发展趋向

《国家粮食安全中长期规划纲要（2008—2020年）》（以下简称《纲要》）中指出，随着人民生活水平的不断提高，粮油的消费需求将呈刚性增长。据预测，到2020年我国居民人均粮食消费量为395公斤，需求总量将达到5 725亿公斤，其中谷物消费需求4 775亿公斤，分别比2007年增加600亿公斤和465亿公斤。为适应粮油消费刚性增长的需求，《纲要》中强调要“大力发展粮油食品加工业”。

总结粮油加工业的发展经验，为落实《纲要》精神和顺应市场的需求，我认为今后米、面、油加工业的发展趋向是：

（一）企业的生产规模将进一步向规模化、大型化和集团化方向发展。

在激烈的市场竞争中，米、面、油加工企业将不断重组兼并，优化调整企业结构和产品结构，淘汰落后产能，企业必将呈现出数量进一步减少，规模逐步扩大，生产集中度进一步提高，规模化、大型化和集团化将成为米、面、油加工企业的必然发展趋势。从2008年的统计资料分析，这种发展趋势正在明显加快，出现了一批拥有较大粮食加工能力的企业和企业集团，诸如中粮集团、中储粮总公司、益海嘉里、河北五得利面粉集团有限公司、江苏银河面粉有限公司、江西省粮油集团有限公司、湖北福娃集团有限公司、湖北国宝桥米集团等著名企业。

（二）米、面、油产品必须按照“安全、优质、营养、方便”的要求方向发展。

在《全国新增1000亿斤粮食生产能力规划（2009—2020年）》通知中指出：要按照“安全、优质、营养、方便”的要求，大力发展小麦、稻谷食品加工业。鉴于米、面、油产品都是人们最重要的食粮，也是食品工业最基础的原料，随着人民生活水平的不断提高，人们在关注米、面、油产品优质、营养、方便的同时，将更加注重米、面、油产品的安全。为认真贯彻《食品安全法》，米、面、油加工企业要按照“安全、优质、营养、方便”的要求，把“安全”放在第一位。由于米、面、油产品是人们一日三餐不可缺少的主要食品，其安全关系着人民群众身体健康和生命安全，关系到社会的安定和国民经济的发展。

为确保米、面、油产品的绝对安全，米、面、油加工企业都要牢固树立质量意识、安全意识、诚信意识，要把提高产品质量和安全水平作为企业的首要任务。

一要进一步强化管理，健全质量保证体系，严格按照国家质量标准和卫生标准组织生产；

二要加强和严格检测检验制度，严把原料质量进厂关和成品质量出厂关，做到不符合质量要求的原料不进厂，不合格产品不出厂；

三要建立并严格执行产品质量追溯制度，要对原料采购、生产加工、包装、储存、运输、销售等环节实行全过程管理和监控，确保质量合格，卫生安全；

四要建立并严格执行产品退市召回制度，一旦发现产品存在安全隐患，要及时向社会公布有关消息，通知销售环节停止销售，告知消费者停止使用，并主动召回产品，以确保米、面、油产品质量安全、可靠、万无一失。

（三）要加快发展米、面制品的工业化进程。

为满足现代生活节奏加快，消费趋向膳食方便化、营养化、多样化的需要，要加快发展米、面制品的工业化进程。米、面加工企业要在进一步发展方便面、方便米饭、方便米粉、速冻食品、主食面包的同时，着力发展挂面、米粉（米线）等传统米、面制品，着力发展工业化生产的馒头、花卷、豆包、米糕等各类米、面蒸煮食品。

为弘扬我国米、面主食文化，发展传统米、面制品，2009 年 7 月，国务院办公厅以“国办发［2009］47 号”文件，印发了《全国新增 1000 亿斤粮食生产能力规划（2009—2020 年）》（以下简称《规划》）的通知，《规划》通知中指出，要“引导社会公众调整膳食结构，弘扬有中国特色的小麦主食文化，大力宣传我国传统面食制品营养知识，增加小麦及面制食品消费。针对我国多数小麦品种适合于加工蒸煮面制品的特点，改变以往把振兴小麦产业定位在发展面包和西式糕点的单一做法，加快推进以蒸煮面制品为代表的主食工业化、现代化、产业化。按照‘安全、优质、营养、方便’的要求，大力发展小麦、稻谷食品加工业，增强加工转化能力。重视传统主食品工业科技创新，加强小麦、小麦粉及面制食品的基础研究和成果产业化、成套设备和品质检测关键仪器的自主化开发，健全小麦粉及面制食品质量标准体系，开发系列品牌商品，全面改造和提升面制品加工业”。

《规划》通知为继承和发扬光大具有中国特色的传统米、面制品，为加快推进以蒸煮食品为代表的主食工业化、现代化、产业化指明了发展方向，提出了具体要求。

（四）要进一步加强品牌建设，推进名牌战略发展。

我曾多次讲过“品牌是企业的牌子，是企业的生命”。在 2009 年 6 月召开的“全国挂面产业发展战略研讨会”上我再次强调品牌建设的重要性。前年“三鹿奶粉”事件发生后，国家取消了食品产品“国家免检”政策后，大家很关心名牌建设的问题。有人问：“三鹿”这个名牌倒下了，是不是就不要品牌建设了呢？我认为，答案应该是否定的。我们需要的是在“三鹿奶粉”事件中吸取教训，而不是“否定一切名牌”。恰恰相反，越是出现这样的事件，就越要加强品牌建设，使今后产生的“名牌”成为百年企业，成为倒不下的名牌。纵观“三鹿奶粉”事件的全过程，我们需要看到的是树立名牌的艰辛和毁掉名牌的代价。创业更要守业，创名牌更要守名牌，这个道理我们要深刻理解。

在面对“三鹿奶粉”事件和目前中国名牌暂停评选的特殊时期，我们米、面、油加工行业，对品牌战略持什么态度？我认为应当继续坚定不移地推进名牌战略，这不仅符合社会发展的规律和国家相关政策，也符合企业健康发展的内在规律。为此，我希望已经获得中国名牌称号的28个大米加工企业、29个小麦粉加工企业、10个食用植物油加工企业和7个挂面生产企业以及有远见的米、面、油加工企业都要进一步加强品牌建设，推进名牌战略的发展。

（五）要重新审视米、面、油的精深加工。

前面讲述，为确保米、面、油产品的质量与安全，米、面、油加工企业要严格按国家质量标准和卫生标准组织生产，要配备足够的清理设备和提炼设备，以保证产品的纯度，堵截大米含砂、面粉牙碜和食用植物油酸价过高、混浊沉淀等现象的出现。为防止加工过程中片面追求粮油产品过精过细，造成微量营养素的大量损失和出品率的降低，我们要重新审视米、面、油的精深加工，要防止“过度加工”，纠正大米过精、面粉过细过白和油色过浅，以达到提高纯度，控制精度，千方百计提高出品率的目的。

要严格按规定使用添加剂。米、面、油加工企业在使用添加剂时应遵循以下原则：一是在加工过程中或在成品粮油中必须添加的，我们一定要添加。如在小包装食用植物油中添加抗氧化剂，以保证小包装食用植物油的保质期和消费时的质量与安全；二是要按规定严格控制添加范围和添加剂量，严禁超范围使用和超量添加；三是要按规定采用食用物质作为添加剂，严禁添加非食用物质和滥用食品添加剂；四是在加工过程中或在产品中可加可不加的食品添加剂一律不准使用。如在小麦粉加工中，我们要严防在小麦粉中已明令禁用的溴酸钾和吊白块等增白剂的变相使用；提倡大中型骨干企业停止在小麦粉中添加对小麦粉营养和对人体健康没有任何益处的过氧化苯甲酰等化学增白剂。

对副产品的综合利用，要在市场调查的基础上进行科学决策，切忌一哄而起，盲目上马。

对利用小麦粉生产谷朊粉出口和利用粮油生产生物燃料和化工原料等深加工项目，由于涉及耗用大量粮油、污染环境，要慎之又慎，因为事关国家粮食安全和环境保护。

（六）节能、环保意识将进一步增强。

建设资源节约型、环境友好型社会是我国的国策之一。米、面、油加工企业都要认真贯彻执行，增强节能、环保意识。要在日常工作中认真落实国家有关节能减排的要求，完成国家和当地政府规定的节能减排任务。要重视节能、环保，增加节能、环保的投入，改进工艺和设备，确保米、面、油加工中产生的灰尘、粉尘、噪声和污水的排放符合国家的标准要求，实施清洁、文明生产。

以上是我对米、面、油加工业发展趋向的几点主要看法，当然还有许多其他重要内容，诸如企业管理、产品开发、科技创新、工艺和设备的研发等等，这里不再一一讲了。

中国粮油加工业的基本情况及今后的发展趋势

——在第一届内布拉斯加大学-河南工业大学粮食论坛会上的发言

2013 年 11 月 18 日于郑州

很高兴应邀参加在第一届内布拉斯加大学-河南工业大学粮食论坛，并在会上作发言，下面我就中国粮油生产、粮油加工的简要情况以及今后的发展趋势介绍些情况，供参考。

一、中国是一个粮食、油料的生产大国

中国不仅是一个人口大国，同时也是一个粮食、油料的生产大国和消费大国。

在中国政府一系列惠农政策的支持下，我国粮食生产自 2004 年起连续九年取得了“九连增”的好收成。今年我国粮食生产，在战胜历史罕见自然灾害的基础上，有望再获丰年，取得“十连增”。据统计，2012 年，我国粮食总产量达 58 958 万吨，其中稻谷产量为 20 424 万吨、小麦产量为 12 102 万吨、玉米产量为 20 561 万吨。为满足人民生活水平的提高和品种调节的需要，近年来，粮食的进出口贸易有所增长。据统计，2012 年，中国进口谷类粮食合计 1 397.48 万吨。其中，进口玉米 520.74 万吨、进口稻米 234.46 万吨、进口小麦 368.86 万吨、进口大麦 252.77 万吨。另据统计，2012 年中国出口各类粮食合计为 87.97 万吨。由此可见，通过发展粮食生产和进出口调节，保持了中国粮食供给的自给率在 95%以上，确保了国家粮食安全。

在发展粮食生产的同时，中国政府高度重视发展油料生产，促进了油料生产的不断提高，据统计，2011 年中国油菜籽、大豆、花生、棉籽、葵花籽、芝麻、油茶籽、亚麻籽等八大油料的总产量为 5 941.3 万吨。其中：大豆产量为 1 448.5 万吨、油菜籽产量为 1 342.6 万吨、花生产量为 1 604.6 万吨、棉籽产量为 1 186 万吨、葵花籽产量为 231.3 万吨。但油料生产的发展速度仍跟不上人民生活水平不断提高的需求。为满足食用油市场日益增长的需求，国家采取了在提高国内油料产量的同时，增加了油脂油料的进口数量，并呈现不断上升的趋势。据统计，2012 年中国进口各类油料达 6 185.8 万吨，其中进口大豆为 5 838.4 万吨、油菜籽 293 万吨、芝麻 39.6 万吨、亚麻籽 14.8 万吨。另外，进口大豆油、棕榈油、菜籽油等合计 998.8 万吨，从而保证了中国食用油市场的供应。据中国食用油市场综合平衡分析，2011/2012 年度，中国食用油市场的总供给量为 3 061.1 万吨，总需求量为 2 894.6 万吨，按全国 13.5 亿人口计算，人均年消费量为 21.4 公斤。

二、中国是一个粮油加工大国

中国的粮油加工业是指对原粮、油料等基本原料进行处理制成成品粮油及其制品的

过程。主要包括：稻谷加工、小麦制粉、玉米及杂粮加工、植物油加工和粮油机械设备的制造。粮油加工业是食品工业的基础工业，粮油加工的产品与人民生活息息相关，是关系国计民生的生命工业。

中国丰富的粮油资源和广阔的粮油市场，为粮油加工业的发展创造了条件。据统计，2012 年，全国入统粮油加工企业[①] 19 330 个，另外，还有数以万计的小型粮油加工企业遍及城乡。

在 2012 年的粮油加工业中，大米加工业、小麦粉加工业和食用植物油加工业的情况分别如下：

（一）大米加工业的基本情况。

2012 年，中国入统大米加工企业 9 788 个，年处理稻谷能力 3.07 亿吨。其中：日处理稻谷能力 100 吨以上的企业为 5 156 个，年处理稻谷能力 6 605 万吨，分别占大米加工企业数和年处理稻谷能力的 52.7%和 21.5%；日处理稻谷能力 100～200 吨的企业为 3 017 个，年处理稻谷能力 9 371 万吨，分别占总量的 30.8%和 30.5%；日处理稻谷能力 200～400 吨的企业为 1 229 个，年处理稻谷能力 7 687 万吨，分别占总量的 12.6%和 25%；日处理稻谷能力 400～1 000 吨的企业为 324 个，年处理稻谷能力 4 274 万吨，分别占总量的 3.3%和 13.9%；日处理稻谷能力 1 000 吨以上的企业为 62 个，年处理稻谷能力 2 780 万吨，分别占总量的 0.6%和 9.1%。按所有制分，国有企业 833 个，产能 3 241 万吨，分别占总量的 8.5%和 10.6%，民营企业 8 907 个，产量 7 070 万吨，分别占总量的 91.1%和 9.1%；外资企业 38 个，产量 404 万吨，分别占总量的 10.4%和 1.3%。

入统大米加工企业的大米总产量为 8 882 万吨（实际处理稻谷 1.37 亿吨）。其中一级和二级大米（相当于原国标中的特等米）的产量为 8 024 万吨，占总产量的 90.3%；三级（相当于原国标中的标一米）和四级大米的产量分别为 724 万吨和 68 万吨，分别占总量的 8.2%和 0.8%。

入统大米加工企业的现价工业总产值 4 183.8 亿元，利税总额 109.3 亿元，资产总计 2 149.1 亿元，年末从业人数 26 万人。

（二）小麦粉加工业的基本情况。

2012 年，中国入统小麦粉加工企业 3 292 个，年处理小麦能力 2.03 亿吨。其中：日处理小麦能力 100 吨以下的企业为 1 047 个，年处理小麦能力 1 159 万吨，分别占小麦粉加工企业数和年处理小麦能力的 31.8%和 5.7%；日处理小麦能力 100～200 吨的企业为 748 个，年处理小麦能力 2 528 万吨，分别占总量的 22.7%和 12.5%；日处理小麦能力 200～400 吨的企业为 883 个，年处理小麦能力 5 866 万吨，分别占总量的 26.8%和 28.9%；日处理小麦能力 400～1 000 吨的企业为 507 个，年处理小麦能力 6 743万吨，分别占总量的 15.4%和 33.2%；日处理小麦能力 1 000 吨以上的企业为 107 个，年处理小麦能力 4 007 万吨，分别占总量的 3.3%和 19.7%。按所有制分，国

① 入统企业即规模以上的企业，是指小麦加工日处理生产能力 50 吨以上的企业、大米加工日处理生产能力 30 吨以上的企业和日处理油料加工能力 30 吨以上的食用植物油加工企业。

有企业254个，产能1 393万吨，分别占总量的7.7%和6.9%；民营企业2 991个，产量18 020万吨，分别占总量的90.9%和1.7%；外资企业27个，产量890万吨，分别占总量的61.4%和4.4%。

入统小麦粉加工企业的小麦粉总产量为9 613万吨（小麦消耗量为1.3亿吨）。以生产特制一等粉和特制二等粉为主，其中特制一等粉的产量为4 217万吨，占总产量的43.7%，特制二等粉产量2 590万吨，占总量的26.9%。特一粉、特二粉合计占总量的70.6%。

入统小麦粉加工企业的现价工业总产值3 136.4亿元，利税总额87.9亿元，资产总计1 435.2亿元，年末从业人数19万人。

（三）食用植物油加工企业的基本情况。

2012年，中国食用植物油加工企业1 734个，年生产能力为：油料处理能力为1.61亿吨。精炼能力为5 101万吨，小包装油脂灌装能力为1 606万吨，其中：日处理油料能力100吨以下的企业664个，年处理油料能力441万吨，分别占总量的38.3%和2.7%；日处理油料能力100～200吨的企业为316个，年处理油料能力983万吨，分别占总量的18.2%和6.1%；日处理油料能力200～400吨的企业386个，年处理油料能力2 433万吨，分别占总量的22.3%和15.1%；日处理油料400～1 000吨的企业为192个，年处理油料能力2 483万吨，分别占总量的11.1%和15.4%；日处理油料1 000吨以上的企业为176个，年处理油料能力9 736万吨，分别占总量的10.1%和60.6%。按所有制分，国有企业137个，产能1 891万吨，分别占总量的7.9%和11.8%；民营企业1 486个，产能10 305万吨，分别占总量的5.7%和64.1%；外资企业111个，产能3 880万吨，分别占总量的4%和24.1%。

入统食用植物油加工企业的实际食用植物油总产量为2 685万吨（实际处理油料8 494万吨）。以生产一级油为主，一级油的产量为1 820万吨，占总量的67.8%，二级、三级、四级油的产量分别为66万吨、245万吨和554万吨，分别占总量的2.5%、9.1%和20.6%。

在食用油的品牌上，以大豆油、菜籽油、玉米油、棉籽油、花生油为主，产量分别为1 350万吨、774万吨、165万吨、153万吨和138万吨。另外食用调和油产量为204万吨，小包装食用油产量为650万吨。

入统食用植物油加工企业的现价工业总产值6 008.2亿元，利税总额170.8亿元，资产总计4 151.3亿元，年末从业人数19万人。

以上一些统计数字与20世纪90年代末相比，发生了以下五个方面的重大变化：

第一，为满足中国国民经济的快速持续发展和人民生活水平不断提高的需要，中国不仅是一个粮食、油料的生产大国、加工大国和消费大国，也是一个粮食和油脂油料的进出口大国。在全球粮食和油脂油料的生产、加工、消费和贸易中具有举足轻重的地位和影响。

第二，从企业所有制方面看，民营企业占主导地位。在大米、小麦粉和食用植物油三个行业中，民营企业不论在数量、工业总产值、产品销售收入还是在资产总计、利税总额、从业人数等方面均占明显优势。与此同时，民营企业与国有企业、外资企业共同存在，同步发展的格局已形成。

第三，从年末从业人员看，在产量、产值和资产总计大幅度增长的情况下，年末从业人数不但没有增加，反而有所减少（2012 年米、面、油三个加工行业的年末从业人数合计为 64 万人，20 世纪末为 70 余万人）。这充分说明了中国粮油加工业的劳动生产效率大有提高，分析原因，主要归功于生产装备的机械化、自动化程度大大提高；归功于民营企业、外资企业机制活、用人少；归功于国有粮油加工企业改制重组的成功。

第四，从企业生产规模看，2012 年日处理原料在 400～1 000 吨的粮油加工企业达 1 023 个；日处理原料 1 000 吨以上的企业有 345 个。这些大中型企业大多是在进入新世纪后发展起来的，这充分说明，中国粮油加工业的生产规模正在日趋规模化、大型化。

第五，从产品档次看，为顺应市场的需求，精米、精面、精油的比重和档次越来越高，品种越来越多。从 2012 年的统计数据看，在大米生产中，一级和二级大米的产量占总产量的比例高达 90.3％；在小麦粉生产中，特制一等粉、特制二等粉和专用粉的产量占总产量的 80.4％；在食用植物油加工中，一级油、二级油和三级油的产量占总产量的 79.4％，这充分说明，中国的粮油加工水平和人民生活水平正在快速提高。

三、中国粮油加工业的发展趋势

为适应市场的需要，今后中国粮油加工业的发展趋势是：

（一）粮油产品的市场需求将持续增长。

随着我国人口增长、生活水平提高、城镇化进程加快和工业用途增加，我国对粮食和食用油消费需求在总量上将继续保持刚性增长的趋势，并预示着粮油加工将得到进一步的发展。

（二）利用两个市场满足中国粮油市场的需求。

近些年来，国家及相关部门发布了一系列支持发展粮食和油料生产的规划和措施，取得了粮食生产的“九连增”和油料生产的快速发展，粮食和油料产量双创历史最高纪录。但其增长速度仍然跟不上消费增长的速度，尤其是油料生产。为此，我们将进一步坚持在立足国内的同时，必须更充分地利用国内国外两个市场，才能更好地满足中国粮油市场的需求。这一趋向在相当长的时间内将成为常态。

（三）坚持安全质量第一，倡导“营养健康消费”和“适度加工”。

中国政府对食品安全高度重视，粮油产品是人们一日三餐都离不开的最重要的食物，也是食品工业的基础原料，其安全与质量关系着人民群众的身体健康和生命安全。为此，粮油加工企业必须始终把粮油产品的“安全”与“质量”放在第一位，严格按国家标准组织生产，严把粮油产品质量关，以确保粮油产品的绝对安全。

在粮油产品安全的基础上，粮油加工企业将把“优质、营养、健康、方便”作为今后的发展方向；大力倡导“适度加工”，提高纯度，合理控制精度，提高出品率，最大程度保存粮油原料中固有的营养成分，防止“过度加工”；树立健康消费观念，改变片面追求米、面产品的“精”、“细”、“白”和食用油产品“油色过淡”等过度加工现象。引导消费者健康消费、科学消费。

（四）推进结构调整，淘汰落后产能。

在今后一段时间里，粮油加工企业将会加快组织结构的调整，引导企业通过兼并重组，通过产业园区建设，进一步提高产业集中度，发展拥有知名品牌和核心竞争力的大型企业和企业集团，改造提高中小型企业发展的质量和水平。形成大中小企业分工协作，各具特色，协调发展的格局。

要进一步加大对粮油加工企业技术改造的力度，通过采用先进实用、高效低耗、节能环保和安全技术，开发新产品，实施节能减排，降低成本，提高工效。与此同时，将充分发挥市场机制，强化卫生、环保、安全、能耗的约束作用。加快淘汰一批工艺落后、设备陈旧、卫生质量安全和环保不达标，能耗物耗落后的产能。

要积极调整产品结构，加快对“系列化、多元化、营养、健康”粮油产品食品的开发；提高名、优、特、新产品的比重；大力发展米、面主食品工业化生产；扩大专用米、专用粉、专用油的比重；积极发展全麦粉、糙米、杂粮制品和特种油脂；进一步发展有品牌的米、面、油小包装产品，尤其是要加快发展小包装食用油，逐步替代乃至取消市场上的散装食用油。

（五）要把节能减排、实行清洁生产作为粮油加工企业发展的永恒主题。

节能减排，挽救地球家园的命运，维护人类的生存环境，已成为世界各国的共同任务和目标。

中国经济快速发展，各项建设取得巨大成就，但也付出了巨大的资源和环境代价。为此，中国政府高度重视，对各行各业提出了节能减排的要求，根据国家节能减排的总要求，粮油加工业将把节能减排的重点放在节电、节煤、节汽、节水等降耗上，放在减少废水、废汽、废渣、废物等产生和排放上，并按照循环经济的理念，千方百计采取措施加以利用和处置，实现污染物的零排放。

为防止粮油产品在加工过程中的“再度污染”，我们要推行清洁生产，通过对工艺、技术、设备、过程控制、原辅材料等革新，确保粮油产品的质量与安全，达到节能减排，企业增效的目的。

（六）重视资源的综合利用。

粮油加工企业在生产米、面、油产品的同时，还生产出大量的副产品，诸如稻谷加工中生产出的稻壳、米糠、碎米等，小麦加工中生产出的麸皮、小麦胚芽等，油料加工中生产出的饼粕、皮壳、油脚、馏出物等等。这些副产物都是宝贵的资源。充分利用这些宝贵资源，为社会创造更多的财富是粮油加工企业义不容辞的责任，当前，对这些资源利用的重点将放在大力推广米糠和玉米胚芽的集中制油上；放在稻壳和皮壳用作供热和发电上；放在提高碎米、胚芽和麸皮等副产物的综合开发利用上；放在饼粕的最佳有效利用上。

（七）要大力推进主食品工业化生产。

为适应城乡居民生活节奏不断加快的需要，方便百姓生活，逐步做到家务劳动社会化。国家对发展米、面主食品工业化生产高度重视，把发展主食品工业化生产列入了全国《粮油加工“十二五”发展规划》的重点。为此，粮油加工企业将积极发展以大米、小麦粉和杂粮为主要原料制成的各类食品，如以大米为主要原料生产的方便米饭、方便粥、米粉、米糕和汤圆等等；以小麦粉为主要原料生产的馒头、挂面、饺子、馄饨等等，以及用杂粮或用杂粮与大米、小麦粉搭配为主要原料生产的上述有关主食品，因为这些可以直接食用，或只要稍加工即能食用的半方便食品，是最适合中国百姓传统饮食习惯的健康方便粮油食品。

（八）要严格控制利用粮油资源生产生物能源。

解决中国13多亿人口的吃饭问题是历届政府最大的事。随着中国人民生活水平进一步提高和人口增加带来的粮油需求刚性增长，以及饲料和工业用粮油的强劲增长。在当前，乃至今后相当长的时期内，中国的粮油供应并不宽裕。

为确保粮食安全，在《粮油加工“十二五”发展规划》中明确指出要提高粮油的供给保障能力，确保口粮和饲料用粮供给安全，按照确保口粮和饲料用粮的需求，根据“不与粮争地，不与人争粮”的原则，从国家粮食安全和保护环境出发，对利用小麦粉生产谷朊粉出口的项目，以及利用食用油和粮食生产生物能源的项目，要予以严格控制。

“八五”全国粮油工业技术进步发展规划[①]

粮油工业是国民经济的重要组成部分，是食品工业的基础工业，它与人们生活密切相关，推动粮油工业的技术进步，对促进国民经济和食品工业的发展，改善和满足人们生活需要，有效利用粮食和油料资源，提高经济效益和社会效益有着十分重要的意义。

一、粮油工业现状

党的十一届三中全会以来，特别是“七五”期间，在改革开放方针的指引下，全国粮油工业企业制定了依靠科技振兴经济的战略目标，树立了科学技术为经济建设服务的思想，使粮油工业生产技术取得了巨大进步，生产能力不断扩大，产品及产业结构发生了明显变化，技术装备水平有了很大提高，生产力得到迅速发展，大大地改变了我国粮油工业行业的面貌，粮油工业进入了一个新的发展时期。十年技术进步主要表现在：

（1）技术装备水平提高。各地粮油工业企业根据企业发展的要求，先后从国外引进了一些先进技术装备，从总体上看，技术设备的引进是成功的，对粮油工业生产的发展和技术水平的提高起了积极作用。特别是引进技术设备的全面消化吸收工作取得了可喜的成果，是我国粮油工业企业的技术装备水平，在选定型标准化的基础上，又上了一个新的台阶，为加工厂的技术改造和新厂建设提供了先进技术装备。

（2）工业后劲增加。现有粮油工业企业 1.1 万个，加工能力和产品产量稳步增长。改革开放的十年是粮油工业较大规模进行技术改造的十年，也是技术进步迅速发展的十年，粮油工业的生产技术水平上了一个新台阶。已具备了利用现代化技术全面振兴粮油工业的基础和条件。

（3）产品结构得到调整。由过去的老三样（标二米、标准粉、二级油）发展到多品种生产，粮油食品已发展到 13 大类，40 多个品种，1000 多个产品。“七五”期间开发的新产品项目如：多种食品专用粉、高级烹调油、方便食品等深受食品行业和消费者欢迎。

（4）产品结构趋于合理。由原来的米、面、油粗加工及粮机生产，发展到粮油食品、饲料、综合利用及粮油精加工、深加工。基本形成了门类比较齐全，具有中国特色的粮油食品工业体系。

（5）工艺技术有了新的发展。稻谷多机轻碾，玉米联产，挂面中温中速或低温低速烘干，小麦等级粉、专用粉生产，油脂浸出，油脂连续精炼，氢化技术，多品种、高质量的配、混合饲料生产新工艺、新技术普遍得到推广应用。“七五”国家科技攻关项目引进技术设备的消化吸收工作基本完成。在工艺设备消化吸收国产化的基础上建立五个示范厂，其工艺技术和设备性能基本达到或接近国外先进水平。

---

① 《“八五”全国粮油工业技术发展规划》由王瑞元同志组织制定，其中二、三、四部分由王瑞元同志编著。

（6）优质产品增多。自国家开展质量奖评选活动以来，粮油工业获国家金质奖1项，银质奖14项，部优质产品奖808项，有些产品获国际奖，不少产品获得省优质产品奖，优质品率迅速增长。

（7）科研事业不断发展。全国粮食部门已建立独立的粮油科研院所共68个，建立了粮油学会及粮油食品工业、油脂工业等情报中心站，国家级、部级产品质量检测中心、技术培训中心等，粮油科技队伍发展到2.78万人，占粮油工业职工总人数的4.18%。“六五”取得的成果大部分已投入生产性应用，增强了出口创汇和替代进口的能力，同时也促进了新产品的开发。

（8）取得了明显的经济效益和社会效益。1990年粮油工业总产值完成294亿元（80年不变价），比1985年243亿元增加了51亿元，增长了21%，实现利润25.23亿元，比1985年的15.32%亿元，增加了9.91亿元，增长了64.7%。粮油工业总产值占食品工业总产值的24.88%，占商办工业总产值的40%。居食品工业的首位。

（9）强化企业管理，提高了企业管理水平。采用各种形式培养企业管理人才，加强了管理基础工作，提高了职工素质和管理水平。1990年已经有31个企业晋升为国家二级企业；有17个企业获得商业部质量管理奖；有2个企业获得全国设备管理优秀单位称号；有142个企业获商业部商办工业设备管理优秀单位称号，全国各地还涌现出许多安全文明企业。

但是，也要看到，我们在技术进步工作中还存在一些不足和值得注意的问题。注意表现在以下几个方面：

首先从总体上看，我们对企业技术进步的认识虽然有了很大提高，但认识上还很不够，依靠技术进步发展经济的思想不是那么牢固，对技术进步的必要性、重要性、紧迫性的认识不是那么深刻，加上我国粮油食品工业的现状与发达国家和先进水平相比还有较大差距，还远不能适应国民经济发展和人民生活水平不断提高的需要，相当一部分企业技术基础比较薄弱，后劲不足，缺乏竞争能力。

其次，对技术进步的投资方向和宏观调控不够有力。不少地方不是把有限的投资用在搞内涵上，而是继续搞外延，对重大项目和高水平、高附加值的产品以及大企业的技术进步抓得不紧，投资重点不突出，分散了力量。另外，重复引进、重复建设、盲目发展的问题仍没有得到有效控制。

再次，在促进科研与生产的结合上不够紧密，科研与生产“两张皮”的问题仍未彻底解决，在“面向”与“依靠”的结合上仅仅是刚刚起步。在研究开发新产品、新技术、新工艺方面，存在科研与生产脱节的现象。

除此之外，对引进技术的消化吸收工作还存在一定程度的宏观失效，重复开发，重复研制，造成开发速度缓慢，产品更新换代周期长。同时，由于科技经费严重不足，致使粮油工业企业缺乏研究开发和自我改造能力，直接影响粮油工业技术进步的速度。

二、指导思想与奋斗目标

总的指导思想是：坚持“一个中心，两个基本点”，确立“科技兴粮”的战略思想，以提高经济效益和社会效率为中心，以大中型企业为重点，以市场要求为导向，在保证市场有效供给和产品质量的前提下，依靠科技进步，努力提高企业资产的技术含量和职工技术素质，不断提高粮油工业生产技术水平，促进产业结构、产品结构和企业组织结构的合理调整；努力提高产品的纯度和出品率，节能降耗；深度开发利用粮油资源，增加产品的附加值；积极开发适销对路的新产品，提高成套设备供给能力，扩大出口和替代出口；搞好安全文明生产，减少污染。使粮油工业持续、稳定、协调地向前发展。

总的奋斗目标是：主要产品的质量和生产技术达到工业发达国家70年代末、80年代初的水平。2000年达到80年代末的水平。

1. “八五”期间粮油工业年产值按4%以上的速度递增，利税按6%以上的速度递增，总产值要达到350亿元，年创利税40亿元，依靠技术进步实现的产值要在粮油工业增长中所占比重达到30%以上，到2000年，总产值要达到450亿元，年创利税60亿元，依靠技术进步实现的产值在粮油工业产值增长中所占比重达到40%以上。

2. 引进消化吸收的粮油机械产品要达到或接近消化吸收对象的水平，部分设备达到同期工业发达国家先进水平，基本实现国产化，国产化率要达到95%以上。在消化吸收的同时，要重视新产品的开发和创新，逐步形成引进技术—消化创新—出口创汇—再引进技术的良性循环。要有更多的粮油机械成套设备打入国际市场，年创汇达1 000万美元以上，2000年力争达到5 000万美元以上。

3. 到1995年全国四分之一的粮油工业企业通过技术进步达到国家二级企业及省级先进企业的标准，2000年要有二分之一的企业达到标准。

4. 积极推广并逐步采用微机监控与管理，到1995年要有10%的大中型粮油工业企业在计量、质量监控，安全控制等主要生产部位推广应用微机技术，到2000年，实现主要产品微机监控的粮油工业企业要达到30%以上。

5. 所有企业都要努力做到安全文明生产，到“八五”期末要有三分之二以上的企业达到安全文明生产企业的标准，到2000年所有企业基本达到安全文明生产企业。

三、主要任务

为了提高粮油工业的经济实力，增强发展的后劲，改变企业的面貌，使我国的粮油工业持续、稳定、协调地发展，粮油工业科技的发展，必须适合我国国情，要根据我国的粮食形势和人民生活的实际水平，在相当长的时间里，粮油工业的技术进步仍要坚持以保证产品质量、提高产品纯度、增加品种、提高出品率、节能降耗、减少污染为原则。继续发展粮油的精加工和深加工，充分合理地利用资源，积极开展杂粮加工和副产品的综合利用，粮油加工要向食品和油脂化工产品方向延伸。调整产品结构，引导市场消费，增强有效供给，提高经济效益与社会效益，以推动我国的粮油工业稳步发展。今后的主要任务是：

（一）根据市场需求及各地的粮源情况，及时调整和优化产品结构，继续发展精米、精面、精油生产，增加有效供给。

粮油工业随农业生产的增长得到发展，其产品的结构必须与农业生产增长速度，食品工业发展速度及市场消费水平协调发展，“八五”期间要继续搞好精米、精面、精油的生产，积极推动粮油工业向食品和油脂化工产品方向的延伸。面粉生产要发展各种等级粉、食品专用粉、颗粒粉、预混合面粉等；大米加工要发展精制米、免淘洗米、珠光清洁米、营养强化米的生产；杂粮加工要努力开发新的玉米制品、荞麦制品等，巩固提高已经生产的玉米粉、玉米渣、复合粉、玉米啤酒辅料等，搞好粗粮细作；油脂加工要发展高级烹调油、色拉油、调和油、起酥油、人造奶油、代可可脂、蛋黄酱及其他专用油脂、油脂制品；粮油食品要在巩固和提高挂面、方便面、主食面包，米粉等大宗产品生产的同时，积极开发研制各种高档食品、名优产品，努力发展早餐食品、玉米食品、胚芽食品、植物蛋白食品、低糖、低油咸型高蛋白食品、婴幼儿食品、营养保健食品等。

（二）坚持自力更生，把引进技术设备消化吸收作为技术进步的重点认真抓好。引进消化吸收工作是当前我国粮油工业的一项紧迫而重要的任务，它是从根本上改变我国粮油工业的落后面貌，赶超世界先进水平的一项具有深远战略意义的工作，引进消化吸收工作必须从我国的实际出发，坚持自力更生为主的方针。

消化吸收要坚持引进技术和自主开发相结合的路子，把技术进步的重点放在消化吸收、国产化和替代进口方面。要根据我国的实际，在消化吸收国外先进技术设备的基础上，进行改进创新，实现引进技术和国产化，形成具有我国特色的先进技术装备；要采用先进的技术标准组织生产，提高产品的标准化水平；要运用消化吸收的先进技术进行系列设计，加快产品的更新换代，增强粮油机械设备成套设计、制造、供应能力，不断提高我国粮油机械工业的技术水平及设备制造水平。提高粮油工业产品在国际市场上的竞争能力，为出口创汇创造条件。

（三）把节能降耗作为主要任务，推广应用新工艺、新设备、新技术，走内涵扩大再生产的路子，加速企业的技术进步。

粮油加工是粮食生产的继续，是充分利用粮食资源这个“潜力巨大的无形粮田”的重要环节。粮油工业的发展必须依据我国粮食生产水平及市场消费水平来决定科研和技术路线。我国绝不能靠多投入、高消耗来求发展，必须依靠推进企业技术进步解决好速度、效益、结构问题。逐步实现工业生产从粗放经营向集约经营，向质量效益型、科技进步型、资源节约型的战略转变。要积极新设备、新工艺、新技术，走内涵扩大再生产的路子，把节能降耗，提高出品率和环境保护、安全文明生产作为我国粮油工业“八五”期间技术进步的主要任务，争取粮油工业的技术状况有较大的提高，开创粮油工业的新局面。

碾米工艺要继续推广“多机轻碾”的工艺，依据原料情况加强和完善清理工序的白米整理工序，以提高稻谷加工的清理效率，进一步提高完善杂交水稻加工技术，提高大米的纯度，减少碎米，提高出米率。

制粉工业要加强和完善清理工艺，提高清理效率。搞好小麦调质处理，改善小麦加工品质。制粉工艺技术的研究要充分考虑我国现行制粉工艺流程的特点，在试验、总结国外长粉路和我国短粉路的基础上，通过消化、吸收、改进、创新、研究适合我国国情，具有中国特色的长短相宜、适应性强、方便灵活的等级粉和专用粉生产工艺。采用合理的操作规程，强化工艺过程管理，提高面粉纯度、提高出粉率、降低消耗；要进一步提高完善提胚工艺技术，提高胚芽的纯度和提取率。要研究杜伦麦加工技术；要进一步提高预混合粉和颗粒粉的生产技术；要根据不同生产的要求，有步骤地发展面粉的“三散”和后处理技术。

杂粮加工要改进提高工艺技术，研究开发高效的提胚和脱皮设备，继续完善推广玉米联产加工生产技术，努力提高质量和出品率。要在适口性上下功夫，改善杂粮的食用品质，研究开发玉米加工系列产品，扩大粗粮的食用范围，充分利用可食资源。

油脂工业重点要巩固和完善浸出法制油工艺，努力提高浸出工艺技术水平，节能降耗，确保安全，提高经济效益。油脂精炼要在现有基础上，吸取国外的先进经验，结合我国的国情，进一步研究提高，以形成具有中国特色的油脂精炼技术。生产适合我国食用习惯的多品种、高质量的油脂及其制品，以满足市场需要，为食品工业的发展服务。要积极发展米糠和玉米胚制油技术。要改变油厂只生产油脂的传统观念，把油脂和植物蛋白的生产开发放在同等重要的位置。尤其是重视蛋白资源的开发利用。要以大豆、花生为重点，积极开展食用植物蛋白资源开发利用。以棉籽、菜籽为重点，研究去毒技术，开发饲料蛋白资源。要加强系列开发，通过精加工、深加工逐步使我国的粮油工业向食品和油脂化工延伸，向油料资源利用和深度和广度要效益。

粮油食品要在重点搞好口粮转化和大众化食品的生产，努力提高粮油熟制品比重的基础上，积极发展新产品，粮油食品要上档次，上水平，创名牌。要研究开发食品加工技术及设备，对传统名、特、优产品，在保持其传统风味的基础上，用机械化代替手工操作，采用先进的包装机械和包装材料，改善食品的安全卫生状况，不断提高食品质量，为扩大产品出口创造条件。总之，要充分发挥粮油工业部门的资源优势和生产条件，提高名、特、优产品的覆盖面，形成具有粮油工业特色的食品加工体系。

饲料工业重点要放在产品质量、提高饲料报酬上。研究新的营养型科学配方及高质量的添加剂，优选、推广最佳饲料配方。在保证提高多品种，高质量配、混合饲料的同时，研究开发高效特种饲料，积极推广颗粒饲料，大力开发饲料资源。

粮油机械要牢固树立“质量第一”的观点，完善检测手段，要在改进工艺与工艺装备上下功夫，有计划地对重点企业进行技术改造。要使生产的产品特别是引进消化吸收的产品接近和达到消化吸收对象的水平。要从市场需要出发，调整产品结构，要把组织成套设备与技术开发作为主攻方向，不断创新提高国产化水平，为粮油加工企业提供高质量的先进技术装备，增强粮油机械在国际市场上的竞争能力。

粮油工业要积极推广应用微机技术，逐步提高粮油工业自动化水平。首先要在质量、计量、安全等方面采用微机监控与管理。要把科技兴农作为粮油工业的一项任务，要充分发挥粮油工业的技术优势，积极开展代农加工业务，为农产品加工、资源的综合开发利用充分发挥作用。要研究开发粮油成品和粮油食品小包装技术，发展小包装生产。

（四）充分利用资源，搞好综合利用。

积极开展粮油加工副产品的综合利用是粮油工业的一项重要任务，也是充分利用资源提高经济效益和社会效益，增强企业自我发展能力的重要途径，要巩固和发展植酸钙、肌醇、谷维素等现有的综合利用产品。解决浸泡提取植酸钙后的湿糠的干燥问题。进一步开展以米糠、玉米胚、小麦胚制油为重点的综合利用。在“八五”期间，争取米糠和玉米胚制油的利用率达到70%，积极开展胚芽、糠蜡、糠麸、米糁、油脚、饼粕、皮壳等的综合利用。开发磷脂系列产品，脂肪酸及其衍生物，维生素E等新产品。充分利用丰富的稻壳资源开展稻壳煤气（蒸汽）发电，为国家增长能源。充分利用现有条件开发以玉米等为原料的淀粉生产及其深加工技术。要使粮食部门的原料优势变为商品优势和经济优势。

（五）积极发展外向型经济。

粮油工业要充分利用其资源优势和技术优势，积极开拓和发展外向型经济。要在巩固现有出口产品市场的同时，根据国家市场的需要，努力增加产品品种，提高产品质量，不断改进包装装潢。要进一步抓好粮机产品的出口，要在继续搞好单机、配件出口的同时，改变出口产品结构，积极组织成套设备出口。要把组织成套设备出口作为主攻方向。以骨干企业和重点名优产品为龙头，组织跨地区、跨行业的外向型企业集团，拓宽市场，提高规模经济效益。粮油工业必须以国内市场为基础，以国际市场为导向，根据国际市场的需要和国内资源的可能，广开渠道，兴办一些合资、合作和“三来一补”等形式的外向型企业，大力提倡来料加工，开展两头在外的加工和经营任务。要充分利用沿海地区的优势与内地资源的结合，组织好国内商品大循环，发展外向型经济。同时还要充分利用外资，引进国外的先进技术和设备，以提高粮油工业的现代化水平，促进粮油工业外向型经济的迅速发展。

四、主要措施

（一）牢固树立科学技术是第一生产力的观点，依靠科技进步振兴粮油工业。

科学技术是第一生产力，是推动经济发展和社会进步的强大力量。党中央和国务院把发展科学技术推动科技进步列为一项基本国策，确定了经济建设必须依靠科学技术，科学技术工作必须面向经济建设的战略方针。我们要认真学习和贯彻这一战略方针，把粮油工业的发展逐步转移到依靠科学技术，不断提高劳动生产率的轨道上来，各级领导要认真学习。

当今世界科学技术正以空前的规模和速度向前发展，经济的竞争越来越表现为科技成果向生产领域转移的深度、广度和速度的竞争，表现为科技实力的较量。科学技术已经成为生产力中起决定性的因素。我国粮油工业经过“七五”期间的引进、改造已具备了利用现代化技术全面振兴的基础和条件；我们要把粮油工业发展的着眼点和立足点放到对现有企业的技术进步上来。这是实现粮油工业发展目标，加快现代化进程的一项重大战略措施，也是完成治理整顿任务，使我国粮油工业生产技术水平有较大提高。各级领导要进一步更新观念，树立依靠技术进步，实现经济振兴的责任感和急迫感，抓住时机，努力实现工业发展的战略转变，使我国粮油工业走上长期持续、稳定、协调发展的轨道。

（二）加强宏观调控，强化行业管理。

近几年来，由于宏观调控措施没有完全跟上，粮油工业一哄而上，盲目发展，重复引进、重复建设的现象在一些地区比较严重，投产后企业争原料，生产能力过剩，经济效益差，不仅造成人力、物力、财力的浪费，而且又因地区封锁和部门分割等原因，造成产品归口、项目审批、标准制定和生产许可证发放等工作混乱。各地粮食部门负责在地方计经委、银行的支持下，加强对粮油工业的宏观控制，强化行业管理，切实落实国家产业政策。由商业部归口管理的粮油工业，其新建、改造项目一律由粮食部门根据国家产业政策，在统一规划、合理布局基础上严格执行审批手续。没有可行性报告和项目建议书的项目不予审批，防止盲目发展、重复建设。要把粮油工业的结构调整和技术改造结合起来，大量发展效益型、科技先导型、资源节约型企业之路。要同经济调节部门联合行动，鼓励和支持优先发展的行业和产品，积极扶持大中型骨干企业，优先安排适销对路、质量高、效益好的企业。要做好质量监督和生产许可证的发放工作。要制定切实可行和计划与规划，科学地进行生产体系的调整，使我国粮油工业健康发展。

（三）进一步强化企业管理，全面提高企业素质。

加强企业管理是实现粮油工业现代化和生产发展战略目标的需要，各级粮油工业部门要继续开展“抓管理、上等级、全面提高企业素质”的企业升级工作，强化企业管理，促进企业不断提高技术水平和管理水平。

要从企业管理基础工作着手，切实抓好企业管理中标准化、计量、质量、技术、能源、设备、定额、财务、经营等管理工作，按照规范化管理的要求，不断完善管理体制。要坚持“质量第一”的方针，增强职工尤其是企业领导人的质量意识。进一步推行全面质量管理，大力开展质量管理活动，建立健全质量管理体系，充实完善质量管理与检验机构，把质量管理工作提高到一个新的水平。

重视培养人才，努力提高人员素质，是实现现代化管理重要条件，是粮油工业的一项长期任务。要通过各种渠道，多种形式的岗位培训，搞好企业全员培训，通过培训提高职工技术素质和管理素质，以适应粮油工业生产发展和技术进步的需要。

要扎扎实实地抓好安全文明生产。安全文明生产是体现企业管理水平和企业素质的重要标志之一，企业要从设备管理入手，建立健全各项安全管理制度，要从治理脏乱差入手开展文明生产活动，并把此列入工厂管理目标，各地要根据粮油工业安全文明生产先进企业标准积极开展安全文明生产活动，推动粮油工业的安全文明生产活动的开展。

（四）加强引进技术的消化吸收，把科技成果尽快向生产力转化。

引进技术设备消化吸收是发展国民经济提高我国粮油工业科学技术水平的重要措施，也是提高我国粮油工艺技术水平的重要途径。“八五”期间我们要在消化吸收基础上进行改进，创新实现引进技术设备国产化。各级领导应把这项工作摆在重要位置，走引进技术—消化创新—出口创汇—再引进技术的良性循环的路子。进一步扩大消化吸收的成果。

（五）制定鼓励企业技术进步的有关政策与措施。

粮油工作在国家政策的扶持下，有了长足的进步，为了使其稳步增长，协调发展，除要充分利用中央和地方各级政府有关推动企业技术进步的法规和政策外，还要切实解决在体制、投入、布局等方面存在的问题。要研究制定有利于推动企业技术进步的政策与措施：

·从政策上调动企业依靠科技进步的积极性。把企业技术进步与企业经营承包责任制挂钩，与企业升级挂钩，与工程及产品评优挂钩。

· 加强企业内部的技术管理，建立企业技术进步指标考核体系。以此作为考核的重要依据。

· 实行技术进步项目承包制，承包人的收益与项目直接效益挂钩。

· 争取地方政策和有关部门的支持，建立技术进步专项基金，增加科技投入。提取比例可参照中央和各级政府的规定，但企业生产发展基金要按不低于60%的比例用于技术进步。

· 加强科技成果推广工作，建立成果推广应用奖励制度。

· 要提倡优胜劣汰，坚决限制、淘汰落后的技术和产品。

· 积极推广技术成果在生产领域中的应用，使科技成果更多地转化为生产力。

五、加强对企业技术进步工作的领导

加强领导，首先在思想上要摆正位置。各级领导和各部门的负责同志，在经济工作中要真正把主要精力用在抓科技进步上。其次要在领导和指导经济工作中，把优化经济结构，强化企业管理，推动企业技术进步密切结合起来。在制定粮油工业发展规划、计划、政策措施时，要切实体现以技术进步为主的经济发展方针，指导企业制定切实可行的技术进步规划。既要充分利用现有技术资源着重推进传统产业的技术进步，又要大力发展高技术与传统技术相结合的技术结构。再就是要扎扎实实地抓好技术进步各项措施的落实。

六、大力支援农业

农业是国民经济的基础。利用现代科学技术的成就，综合开发农业资源，全面发展农业资源为基础的农村加工是振兴农业经济的有效途径。农业与粮油加工关系最为密切，休戚与共，大力支援农业义不容辞，农村粮油资源大有开发潜力，用现代粮油加工技术开发农村粮油资源对国民经济发展有重大意义，各级粮油工业部门要把“科技兴农”作为当前和今后科技工作的一项重要任务，建立健全服务体系，要充分利用粮油加工企业技术、设备的优势，为农副产品深加工、资源综合开发利用发挥应有的作用，要采用多种形式广泛深入开展支农工作变资源优势为商品优势，为充分有效地利用资源，脱贫致富振兴农村经济，开拓市场发展粮油工业做出新的贡献。

学习《天津滨海新区粮油产业集群竞争力提升与转型升级对策研究》的心得

——在第十一届天津滨海新区粮油产业第十一次座谈会上的发言

2015 年 1 月 20 日

最近，我认真地学习了由天津市粮油学会组织编写的《天津滨海新区粮油产业集群竞争力提升与转型升级对策研究》一书，受益匪浅。读完本书后，我有以下三点感受：

第一，在深入调查研究基础上，科学总结和实事求是介绍了近些年来我国粮油产业及集群发展的情况，对我国正在发展中的“粮油产业园区”和“粮油产业集群”给予了“定义”，这些情况和“定义”对我国发展粮油产业园区和集群很有参考价值。

第二，对天津滨海新区粮油产业集群的发展了如指掌，全书不仅全面介绍了天津滨海新区粮油产业集群的发展历程，同时客观地总结了天津滨海新区粮油产业集群在发展中取得的成功经验，并对今后的发展提出了许多实事求是的可操作的建议，其中有些建议不仅对滨海新区发展有用，乃至对全国都有参考意义。

第三，天津市粮油学会不愧是一个熟知国家和行业政策，深知产业和政府要求的行业群众性组织，并是发挥企业与政府间桥梁和纽带作用的典范。

下面我想介绍一下读完本书后，我最难忘一些内容。

一、在粮油产业集群发展方面

对粮油“产业园区”和“产业集群”两个各自的解释较为正确，可以说是给“产业园区”和“产业集群”作出了“定义”。即为：

“产业园区”是指在一定的区域范围内，以市场为导向，以大型加工龙头企业和重要物流节点为依托，聚集各种资源和要素，进行规模地、集约地、专业地生产，形成区域优势明显、产业特色突出、功能布局优化、结构层次合理的现代化产业核心区，或分工明确、协作紧密，是有企业纵向一体化特征的产业聚集区。

“产业集群”是指在地理上靠近，同处或相关于一个特定产业领域的企业，高度地聚集在一起。是指在特定的区域中，有竞争和合作关系且在地理上集中，把有交互关联性的企业、专业化供应商、服务商、金融机构、相关产业的厂商及其他相关机构等组成的群体。集群是形成多种多样，主要包括高新区、开发区、科技工业园区、特色产业园等等。

我认为这种对粮油“产业园区”和“产业集群”的解释比较完整，可以说为粮油“产业园区”和“产业集群”给出了“定义”，我赞成这种解释。

1. 总结归纳了粮油“产业集群”的运作模式。

本书在简要介绍了我国粮油加工的情况，在介绍了国内有代表性的 11 家大型粮油加工企业集团和10个有代表的园区、集群发展的有关情况的基础上，总结归纳了粮油产业集群在发展中的运作模式、存在的问题，强调了地方政府在建设集群中的作用。其中对“产业集群”的运作模式归纳为：“龙头牵引，品牌带动”、“科技先导，重点突破”、“依托产业，两头延伸”、“循环经济，综合利用”和“工商一体，优势互补”等五句话，四十个字，是非常精辟和有现实指导意义的。

2. 国外粮油产业发展的做法值得我们借鉴。

本书简要介绍了控制目前世界粮食市场80%交易量的世界四大知名粮商及其他知名四项粮商的经营内容、特点以及与中国粮油进出口贸易和合作的相关情况；很有代表性的国家与地区食用油产业的概况，其中美国食用油产业的油厂规模庞大、机构简单、人员精干、油厂设备条件一般但生产技术比较先进和采用合作化办企业的方式值得我们参考。尤其是本书介绍了美国目前的油厂大多比较老旧，国际上最新技术与设备引用不多，但有很多做法比较实用。如在油厂的自动化方面，除了在炼油车间采用仪表自动控制外，在预处理、浸出车间都是采用仪表显示，人工调节，没有一味采用仪表自动控制。不仅减少了投入，降低了费用，同时能确保产品质量的稳定和很好的经济效益。这种做法，值得我们在企业改造时认真研究。

二、在天津滨海新区粮油产业集群的发展方面

本书较为详细介绍了天津滨海新区优越的地理位置、开发的基础等特点，以及在全国开发区的地位；介绍了新区粮油产业集群发展的历程，目前现状、特点、存在的主要问题；对新区粮油产业集群未来发展的展望、战略选择以及保障措施和对策建议，提出了许多好的中肯意见。

天津滨海新区粮油产业集群经过20年的耕耘，从20世纪末3家企业率先抢滩，发展至今已有19家企业，历经三次建设高潮；经历了由分散到集中，由单一到多元化；完善了产品结构，延伸了产业链条；建成和即将建成的企业大多数来自各国各地和世界各国。据介绍，2010年滨海新区的生产总值达5 000多亿元，增速达25%以上，超过了上海浦东新区，这是可喜的。在粮油产业方面，19家企业，除一家外，都是油脂加工企业。已经成为全国最大油料油脂进口、加工基地和全国最大的油、粕供应基地。

天津滨海新区粮油产业集群的发展，不仅为天津市、天津滨海新区的发展作出了贡献，也为全国粮油产业集群的发展提供了经验，作出了贡献。

1. 本书全面总结了新区粮油产业群发展的功能特点，即为14句话112字：粮油企业，高度集聚；横向配套，纵向延伸；产品结构，三足鼎立；企业结构，三分天下；高新技术，奠定基础；质量保证，品种齐全；满足国内，发展出口；占领市场，淘汰落后；节能低碳，全面达标；综合利用，蓄势待发；信息技术，不断提高；企业管理，逐步加强；园区和谐，文化积累；克服困难，抱团发展。

与此同时，本书总结出了新区粮油产业产业集群在发展时的做法与特点，那就是“高、大、全、优”，即为：引入式聚集，高起点发展；大企业齐聚，产业规模大；新建企业多，企业成分全；设备技术新，产品质量优。

以上这些做法与特点，大多内容值得各地在建设粮油产业园区和产业集群时研究

参考。

2. 本书为今后新区粮油产业集群的发展提出了许多好的建议。

在粮油产业定位方面，鉴于我国粮食供应依然处于“紧平衡”状态，从国家粮食安全考虑，建议滨海新区粮油产业必须在确保国家粮食安全，特别是天津市粮食安全的前提下做好规划和部署。

在产业发展导向方面，提出了要在确保食用规模不减的原则下，引入并适当增加粮食和饲料产业的比重；提出了要发展利用节能低碳技术，实现节能减排低碳发展；提出了要关注大数据、云计算和移动互联网等新技术对粮油产业的影响与应用，努力为粮油产业的发展装上智慧脑袋；提出了要整合新区资源，分工协作，积极开展综合利用；提出了要关注和利用天津自贸区的发展，为新区资源粮油产业的发展创造更加有利的环境；建议新区的粮油产业朝着“高新、集群、链条”的发展思路，通过实施粮油加工的规模化、集群化、国际化和全产业链战略，实现新区粮油产业的大发展，从而带动全国粮油产业的健康发展。

我觉得上述定位和导向很有价值，值得新区和粮油企业的重视。

三、几点建议

读完本书，我有以下三点建议，供参考。

第一，要始终坚持食用油加工是滨海新区粮油产业集群的最大亮点。本书中提出的要在确保食用油规模不减的原则下，引入并适当增加粮食和饲料产业的比重是对的。要把通过适当增加粮食和饲料产业的比重进一步推动和促进食用油加工业的发展。

第二，本书在充分肯定天津滨海新区粮油产业集群发展所取得成就的同时，也很客观地指出了存在的不足之处。其中给我印象最深的是“开发区的能源价格较高，蒸汽价格高居全国之首”。对此，应该引述开发区有关部门的重视。建议有关部门认真分析价格高的原因并千方百计想办法把蒸汽价格降下来，以实际行动来进一步支持企业的发展。

第三，本书总体水平较高。但我读完感觉，有些内容前后有点重复。建议个别章节、内容作适当合并、简化。另外，第 8 页至第 10 页的图表用“万吨”单位表示，我认为不正确，应该改为“吨”；第 74 页第 10 行中称“目前，国内主要食用油大型生产企业中粮和益海嘉里，占据国内粮油加工市场 60%以上的份额，……”，此表述不正确，绝对没有这么大的份额，建议纠正或删去。

以上是我学习后的粗浅心得，很不全面，评价也不一定到位，所提建议不一定正确。

第二章　注重管理与安全生产

在全国粮油工业节约能源座谈会上的发言

1982 年 11 月 19 日于九江

这次全国粮油工业节约能源座谈会，从 11 月 13 日开始，到 19 日结束，共开了六天。参加座谈会的有 28 个省、直辖市、自治区粮食厅（局）工业处或粮油工业公司的负责同志、工程技术人员、部分基层企业以及粮食院校和商业部所属粮油科研单位的代表共 125 人。

这次会议是在全国深入学习、贯彻党的十二大文件和开展第四次“节能月”活动期间召开的。座谈会期间代表们学习了中央、国务院有关节能的指示和文件；总结交流了几年来各地粮油工业节能工作的开展情况和取得的经验；还根据国家对节能的要求，针对当前存在的问题和薄弱环节，座谈讨论了今后的节能措施和途径。会议开得是成功的。

现在，我就粮油工业如何进一步贯彻中央有关节能指示，在近期内搞好节能工作，讲几点意见：

1979 年开展第一次“节能月”活动以来，各地粮油工业在各级党委和粮食部门的领导下，贯彻中央和国务院关于节能工作的指示，做了大量工作，取得了较好的成果。据统计，1979 年到今年上半年，共节约生产用电 6 000 多万度、煤 19.5 万多吨、溶剂油近 3 000 吨；有 17 台工业锅炉由燃油改燃煤，每年可节油 4 万吨。主要产品的单位能耗：加工每吨标准粉耗电，1978 年为 42.30 度，1981 年下降为 39.79 度；加工每吨标大米耗电，1978 年为 20 度，1981 年下降为 19.90 度；浸出每吨油料（饼）耗溶剂油，1978 年为 14.80 公斤，1981 年下降为 8.15 公斤。综合这次座谈交流的情况，以上这些成绩的取得，大致有以下几个方面：

（一）各地粮油工业管理部门在当地党政府的领导下，加强节能工作的领导，建立健全了能源管理组织。通过多种形式向干部、职工广泛进行节能教育，提高了干部、职工对节能的认识；涌现出一批节能先进单位、先进个人和节能积极分子，并分别给予表扬和奖励。

（二）不少粮油加工厂进行了耗能情况的测定和调查摸底，积极开展技术革新和技术改造，在改进粮油加工工艺技术、设备的选用和管理维护、锅炉改造和热能的有效利用、粮食油料的皮壳用作燃料、合理调整动力设备、克服“大马拉小车”、提高电能利用效率和功率因数、改革物料输送方式等方面，采取了有效的节能方法，积累了经验，为粮油工业进行节能的技术改造和设备更新提供了途径。

（三）加强了能源的计量和管理工作。规定了能耗的管理、考核制度；制定了耗能计划和定额指标，初步克服了能源使用上的部分“吃大锅饭”现象；建立了锅炉及附属设备的技术档案。与此同时，对专业人员加强了技术训练，培养了能源管理队伍。

但是，从各地粮油工业开展节能工作的情况来看，发展是不平衡的。京、津、沪三大城市和部分省、自治区的节能工作抓得比较紧，开展得比较好，效果也较为显著。有些地区的粮油工业管理部门和企业对此工作尚未得到充分重视，没有排上议事日程。还有些企业不是从全面的经济效益考虑，对节能工作在认识上有一定的片面性。因此，几年来，节能工作虽然有一定的成绩，而存在的问题还是相当严重的。粮油工业节约能源的成绩，如按国家规定的要求来对照，还有很大的距离。加工标准粉和标二米的电耗，虽较 1978 年有不同程度的下降，但与 1966 年相比，还分别高出 1.9 度/吨和 2.7 度/吨。各地能源消耗的差距悬殊，据 1981 年省、直辖市统计，加工每吨标准粉耗电低的为 34.7 度，高的达 58 度，高低相差 23.3 度；加工每吨标二米耗电低的为 16.5 度，高的达 39 度，高低相差 1 倍多；浸出每吨油料（饼）消耗溶剂油低的为 2.4 公斤，高的达 29.4 公斤，高低相差 12 倍。企业之间的能耗差距则更大。由此说明，粮油工业节能的潜力很大，必须引起重视，认真采取措施，做好节能工作，努力实现国家对节能的要求。

根据国家经委提出，在开展“节能月”活动的基础上，制订出明年的节能计划，落实节能措施的要求，这次座谈会对粮油工业近期内的节能要求和采取的措施进行了认真的讨论，提出了节能的奋斗目标和节能的具体措施，为今后更好地开展节能工作创造了良好的开端。

一、节能的奋斗目标

粮油工业每年耗电近 20 亿度，煤 100 余万吨，能耗的费用一般占加工成本的 30%～40%。当前节能的潜力还相当大，如果能节约能源 1%，一年就可为国家节约一万多吨标准煤，这是一个很可观的数字。而且节能工作的开展，还可以促进改革生产工艺和设备，提高技术水平和管理水平，从而降低生产成本，提高经济效益。大家认为，粮油工业的节能要求应该按照国务院每年下达的指标，坚决贯彻落实。根据现有的统计基础，可首先就碾米厂、面粉厂的电耗，浸出油厂的溶剂消耗这三个主要项目提出全国平均指标；其他项目要创造条件，先由各地订出适合本地区的先进合理指标，付诸实施，待条件成熟后，再规定出全国的平均指标。

（一）加工每吨标二米的全国平均电耗不超过 19 度；

（二）加工每吨标准粉的全国平均电耗不超过 38 度；

（三）加工每吨油料（饼）的全国平均溶剂消耗不超过 7.5 公斤。

上述标二米和标准粉的电耗，比 1981 年的全国平均数降低 5%左右，溶剂消耗比 1981 年的全国平均数降低 8%左右。实现这三个项目的指标，估算一年就可节电 6 000 万度（折合标准煤约 2.5 万吨）、溶剂油 1 500 吨左右。由于各地区、各企业的潜力大小不同，对于上述要求不能一刀切。每个企业都应查清潜力所在，采取有力措施，把节能工作搞好。

二、进一步明确节能在国民经济发展中的地位，打好节能工作的思想基础

胡耀邦同志在十二大报告中指出：“当前能源和交通的紧张是制约我国经济发展的

一个重要因素。这几年，我国能源生产的发展放慢了一些，而能源的浪费仍然十分严重。”“要保证国民经济以一定的速度向前发展，必须加强能源开发，大力降低能源消耗”。能源开发由于受各种条件的限制，在短期内不可能有大幅度的增长。据有关部门分析，“六五”期间，国民经济的发展速度每年要增长4%，能源生产只能增长1.5%左右，其余主要靠节能来解决。到20世纪末，能源供应量大体上可以翻一番，实现“翻两番”的奋斗目标所需要的能源，有一半要靠节约。所以大力节约能源在国民经济发展中占有十分重要的地位，直接影响着我国经济发展的速度和人民生活水平的提高。

粮油工业的广大干部、职工必须深入学习党的十二大文件，进一步明确节能在国民经济发展中的地位，打好节能工作的思想基础，把节能作为一项长期的重要工作来抓。这是粮油工业贯彻十二大精神的重要内容。

三、围绕实现全面提高经济效益的目的，搞好节能

粮油工业的生产，必须在保证产品质量的基础上全面完成各项计划指标，不断提高经济效益。一个时期以来，片面追求产值、产量，忽视产品质量、出品率和能耗的倾向，在一些企业中不同程度的有所表现。这种不讲全面经济效益的倾向必须注意防止和克服。必须明确认识粮油工业要围绕实现全面提高经济效益这个根本目标，要在保证产品质量，提高出品率，完成节能计划的基础上增加产值、产量，这才是实实在在的，否则反而招致损害经济效益和能源的浪费。

四、加强对节能工作的领导，抓好能源管理基础工作

目前，绝大部分粮油工业企业的能源管理基础工作还很薄弱，这与节能的要求很不适应。各地粮油工业管理部门要在近期内组织力量帮助企业按照国家经委、计委、能委1981年5月所发的《对工矿企业和城市节约能源的若干具体要求（试行）》，即“58条”的要求逐项落实。当前，要着重抓好以下几项工作：

（一）加强对节能工作的领导。要做到生产、节能一起抓，年初布置，定期检查督促，年末总结汇报。

各省、直辖市、自治区的粮油工业管理部门，首先要抓好本地区能耗较大企业的节能工作。要根据企业的不同条件，建立健全有懂行的技术骨干参加的能源管理组织，或指定专人负责节能工作。工厂、车间、班组要建立能发挥实效的节能网。

（二）配齐能源计量仪表，加强能源的管理和核算。

对能源实行计量管理，是开展能源管理的基础。各企业应根据耗能的具体情况和条件，定出计划，按车间、工序分期分批地配齐电表、水表、蒸汽流量计等等计量仪表。对煤、油等燃料要经过检斤计量，建立领用制度，实行能耗的班组核算，消灭能耗使用中“吃大锅饭”的现象。生产和生活的能源消耗（如水、电、汽等）要严格分开计量，分别核算。

（三）对能源利用情况进行全面检查，找出存在问题，定出采取措施的计划。

各企业应在1983年内开展一次能源利用情况的全面检查，摸清能源消耗的构成和

潜力所在，确定本企业节能的重点和技术改造的项目。有条件的企业，还应对典型设备、工艺流程进行一次工艺技术测定和热平衡的测试工作。

各地粮油工业管理部门，应组织力量督促和指导企业利用能源情况的全面检查，并重点掌握一两个地区或若干个企业的检查情况。

在进行全面检查和摸清情况的基础上，针对存在的问题提出改进措施，定出实施计划，逐步予以解决。

（四）建立健全产品耗能的定额管理制度。

各企业在能源利用调查的基础上，制定出产品耗能定额，并根据各工序的特点，逐步制定出分工序的耗能定额。建立健全定额管理的有关规章制度，把能源管理作为岗位责任制的一项重要内容。制定的定额必须先进合理，要做好各种能源消耗的原始记录，并按月、季、年进行结算和分析。

各地粮油工业管理部门应积极抓好这项工作。我局打算在明后两年内，通过面上的和典型的调研，逐步提出米、面、油厂各主要工序的耗能定额和工艺规程，经过讨论修改和试行，并在适当时期作为技术标准发布。

（五）开展节能教育，培训管理和使用能源的骨干队伍。

节能是一项综合性的科学技术工作，必须依靠广大工程技术人员、管理人员和全体职工共同努力才能做好。各粮油工业企业要对职工普遍进行节能教育，并把管理和使用能源的知识作为职工业务技术教育的内容。要认真抓好能源管理干部和能源使用操作工人的培训。培训工作要做到经常化、制度化。各省、直辖市、自治区的粮油工业管理部门，要组织培训本系统专业管理和使用能源的骨干队伍，督促检查所属企业的职工教育和培训情况。天津市粮食工业公司充分发挥技术研究会的作用，依靠工程技术人员，帮助和组织广大职工开展节能工作，发挥集体的智慧和力量，创造出许多成绩和经验。他们的做法值得借鉴。

（六）建立、完善节能奖惩制度。

各企业要根据国家的节能奖励办法和有关财务制度，建立与完善节能奖励制度，把节能和试行经济责任制挂起钩来，做到节约有奖、浪费要罚。要搞好考核评比，更好地提高职工节能的责任心和积极性。

五、搞好以节能为中心的技术革新和技术改造工作

《人民日报》10 月 30 日的社论中指出："把能源消耗降下来，必须依靠科学技术进步"，"要认真推广和采用行之有效的节能新技术、新工艺，以提高能源利用率"。粮油工业的生产设备大都比较陈旧，工艺和技术比较落后，技术管理工作薄弱，普遍存在浪费能源的问题，这是能源利用率低的主要原因。我们必须搞好以节能为中心的技术革新和技术改造，向技术要能源。

（一）粮油加工工艺技术的节能。

粮油加工工艺技术状况和设备效率是影响能耗的较大因素。粮油加工厂的各种设备必须配套，各工序之间的设备能力必须互相适应，要做到辅助设备与主要作业机的生产能力基本平衡。在生产中，要加强设备的操作维护，充分发挥设备效能，做到均衡生

产。目前，有不少加工厂设备不配套和操作技术跟不上，设备效率不能正常发挥，单位能耗增加。要采取适当措施，及时调整。

碾米厂的主要作业机是砻谷机、碾米机。其他清理、谷糙分离和副产品整理等设备，必须与砻谷机、碾米机的生产能力相适应。据调查，碾米厂由于设备不配套和操作技术跟不上，单位电耗相差悬殊。碾米厂的碾米机是耗电最大的设备，一般要占加工总电耗的50%左右，如合理调整工艺，加强操作，充分发挥碾米机的效率，就能使加工单位总电耗降低10%～20%。

多年来，不少面粉厂粉路过短，清理效果达不到规定要求，忽视着水、润麦，面粉质量不能保持稳定，出粉率下降，能耗高低缺乏共同的对比基础。对清麦部分的技术改造，要合理安排清理流程，适当减少提升次数，保证达到规定的清麦效果。对效果差、动力消耗大的清理设备，要有计划地在技术改造和设备更新中逐步淘汰。小麦清理方法采用干式还是湿式，关系到清麦效果和节能、节水的问题，必须通过试验研究后，得出科学论证。这项工作我们准备请无锡轻工业学院和有关工厂进行，争取在明年搞出结果来；制粉部分要在测定的基础上适当调整粉路。我们的初步意见是：在加工标准粉的情况下，四台复式磨粉机以上的粉路，皮磨系统一般应有四道，心磨系统不要少于三道；第一道皮磨的出粉量应适当控制，一般以掌握在20%～35%的范围内为宜，要重视发挥前路渣磨和前路心磨的作用。少于四台复式磨粉机的面粉厂，因设备限制，粉路只能短一些，第一道皮磨的出粉量可适当高一些，但也必须加以控制。磨粉机加工标准粉的单位产量一般应控制在6～7.5kg/(cm·h)。

磨粉机的动力消耗，一般占总动力消耗的70%，降低磨粉机的动力消耗是降低面粉厂生产能耗的最重要因素。为了保持磨粉机的正常操作和降低能耗，许多同志建议限制磨粉机动力的装机容量，这项措施对于磨粉机动力配备过大的厂是很有必要的。根据目前加工标准粉的情况，磨粉机所配备的总动力平均不要超过0.23 kW/cm。单独传动的磨粉机应按各道工艺需要，在上述总的要求内进行分别安排。

蒸汽是油厂普遍使用的热源，要注意掌握使用蒸汽的工艺条件，避免蒸汽的损失和浪费。各种加热设备，如蒸炒锅、200型榨油机上的炒锅、浸出制油的蒸脱机、蒸发器、浸出器以及蒸汽管路等，都要做好保温措施，严加密封，防止蒸汽泄漏。

要做好余热利用和提高冷凝水的回收率。利用间接蒸汽的设备，排水口要安装疏水器。疏水器必须选用适当，安装合理，减少热能的损失。经过疏水器排出的冷凝水应送回锅炉。

加热设备内所产生的二次蒸汽要充分利用，有的可作为加热其他介质的热源。

浸出法制油，要从改进工艺设备和工艺条件、提高操作水平、健全制度和加强管理入手，做好节约溶剂油的工作，注意冷却水的循环利用，减少冷却水用量。

（二）搞好工业锅炉的节能。

粮油工业企业必须认真执行国务院［1982］102号《关于节约工业锅炉用煤的指令》，限期更新低效锅炉。1981年，全国粮油工业共有蒸汽锅炉2 619台，总蒸发量4 512 t/h，其中兰开夏、康尼许、考克兰、铸铁锅炉等需要淘汰的有282台。这些老式锅炉必须定出规划，于1986年年底前分期分批地更新完毕。对其余各种锅炉，应做好热效率的测定工作，凡是热效率低于指令最低要求的，也要进行改造或更新，并于1990年以前改造更新完毕。更新下来的锅炉一律报废，交由物资回收部门收购处理，不得转移他用。

为了减少锅炉内的结垢，提高导热效率，锅炉用水可用离子交换法或永磁软水器进行软化处理。

要合理利用烟道余热，增设省煤器，用以提高锅炉进水温度，或用以提高送风机的进风温度，或用以提高燃料的温度，达到节约用煤的目的。

（三）搞好电器设备和内燃机的节能。

粮油工业大都用电作动力，采用的电器设备主要是变压器和电动机，此外，还有一部分内燃机。据我局去年对一些碾米厂节能的调查和测定，有不少电动机的负荷率达不到70%，甚至有低于50%的。各地组织的面粉厂工艺技术测定，只有少数面粉厂（如天津第二面粉厂）电动机的负荷率较高，多数面粉厂的电动机负荷率是比较低的。这就反映了粮油工业的动力配备或多或少地存在着“大马拉小车”的问题。对此，各粮油工业企业必须对现有的动力配备和实际正常负荷情况进行调查和测定，然后根据实际生产需要合理调整。要求在两年内通过合理调整，基本消除“大马拉小车”的现象。企业动力设备的负荷率一般要达到70%以上。

提高用电功率因数，减少无功耗电是节约能源的一项重要措施，消除“大马拉小车”是提高功率因数首先要做好的工作。天津第二面粉厂在未经电力电容器补偿的情况下，用电功率因数即可达到0.8左右；在加装少量电力电容器后，用电功率因数达到0.9以上，不仅节约投资，还可以节约用电。他们的经验，各企业应很好吸取。许多企业采取合理加装电力电容器进行补偿，提高功率因数达到或超过当地电业部门规定要求的经验，各企业可根据具体情况推广应用。希望各企业在明年内在提高用电功率因数方面做出成绩，消灭因达不到电业部门的规定而受罚的现象。

（四）粮油加工输送环节的节能。

在加工过程中，物料输送采用风运，前些年各地发展很快，经过不断调查测定和总结，对应用风运与电耗的关系已有比较清楚的认识。总的概念是输送粉状物料采用风运技术已较成熟，输送颗粒状物料采用风运，则问题较多，尚需商榷和改进。面粉厂粉间风运应用已很普遍，而麦间风运电耗一般要比机械输送多耗电1.5～2度/吨粉。有一部分麦间原采用风运的面粉厂，近三年来已陆续改为机械输送。碾米厂采用风运的，据各地调查测定，加工每吨标大米的电耗一般要比用机械输送的高2度左右。因此，从经济效益全面考虑，颗粒状物料的输送不宜采用风运。今后新建或改造碾米厂以及面粉厂的麦间，都不要采用风运。目前已用风运的，应逐步恢复使用机械输送；面粉厂的粉间，应通过合理选用风运参数和效率高的风运设备，调整风网，加强管理等措施，提高风运效率，降低风运电耗。

凡通风机、鼓风机效率低于70%的，要尽快安排分期分批改造或更换。

（五）逐步开展利用稻壳和油料皮壳作能源。

利用稻壳和某些油料皮壳作为能源，是粮油工业节能途径之一。每公斤稻壳的热值约为 3 000 大卡[①]。如利用稻壳产生煤气发电，1 度电约需耗用稻壳 2.5 公斤，成本（包括其他费用）约合人民币 0.04 元，较电业部门供应的电费低得多。花生、葵花籽、桐籽、油茶籽等油料的皮壳每公斤热值约为 4 000 大卡。碾米厂利用稻壳做动力能源和米糠榨油车间的蒸汽锅炉燃料，油厂利用油料皮壳做锅炉燃料，便于就地取材，解决一部分能源问题。

（六）积极研究和应用新设备、新工艺、新技术。

要使能耗有较大幅度的降低，必须用先进的装备，并采用节能的新技术、新工艺，提高能源的利用率。有关科研、设计、制造等部门，要为粮油工业开展以节能为中心的技术改造服务，积极研究新设备、新工艺、新技术。经过验证，对行之有效的，要大力推广应用。今后建设新厂，一定要根据节能和具有先进技术水平的要求进行。

粮油工业节约能源的潜力很大，门路很多，开展技术革新和技术改造的领域很广，以上仅是谈了几个主要方面。这次座谈会上交流的其他节能措施，各地可以参考应用。我们希望通过以节能为中心，开展技术革新和技术改造，使粮油工业的设备、工艺、技术出现崭新的面貌，能源的利用率有较大的提高，在科学技术上有一个大的发展。

同志们，粮油工业节能的前景是很广阔的，只要我们正视节能中的问题，加强节能管理，依靠科学技术进步，进一步降低产品的单位能耗，把节能工作提高到一个新的水平，就能取得更好的经济效益。

在全国开展第四次"节能月"活动期间，我们这次座谈会，将成为进一步发动群众、依靠群众，把节能推向前进的新起点。希望大家在深入学习和贯彻党的十二大文件中为节约能源做出更多的贡献。

座谈会期间，大家还就粮油工业在新的历史时期的任务进行了座谈，各省、直辖市、自治区粮食厅（局）工业处、粮油工业公司的领导和同志们对粮油工业在新时期的任务和对粮油工业局的工作提出了许多意见。这些意见，我们带回去，在考虑今后的工作时，要很好研究。

最近，季铭副部长在全国商业工作会议上讲："粮油工业要继续推行价拨办法。"希望各地认真执行，以提高经济效益。

这次会议在江西省九江市召开，由于得到了江西省粮食厅、九江地区、九江市党政领导和粮食部门的大力支持，为会议作了很好的安排，为开好会议创造了有利条件。我代表商业部粮油工业局和全体与会代表再次表示衷心的感谢！

---

① 1 大卡＝4 186.8J。

粮油工业重大事故案例汇总分析

1982 年

一、前言

近几年来，粮油工业企业各类重大事故发生不少，给国家造成了严重损失和不良的政治影响。为了吸取教训，作为前车之鉴，特将部分事故案例分类汇编，供粮油工业企业和各级管理部门作改进和加强安全生产工作的参考。

在伤亡事故方面。由于皮带、轴杠绞伤致死的人数约占死亡总数的 20%；由于高处坠落死亡约占死亡总数的 20%；由于触电致死的占死亡总数的 20%；还有工人掉进粮仓和米糠池里窒息致死的事故；由于缺乏安全常识和违反安全操作要求等原因，发生多次爆炸伤亡事故。

在火灾事故方面。多数是违反劳动纪律，违章操作；饼粕及米糠自燃；机械内物料含有金属摩擦起火；在车间、仓库等作业区吸烟，乱扔烟头引起火灾。

根据各地总结的经验教训看来，作好安全生产工作，关键是领导重视，依靠群众。企业、车间班组的安全工作一定要有专人负责，重大隐患要及时检查排除，经常注意对职工的安全教育、坚持执行规章制度，严格劳动纪律，同时，要采取以下一些安全措施。

1. 对总轴连接器上的螺丝头和轴杠上的键子，不应外露，并加盖防护罩，做到效果好，使用方便；凡使用皮带传动的设备，必须设置安全防护装置。挂卸带必须停车。使用挂带工具已有成效的不要停止使用；打皮带蜡，应顺打；地沟上面应有盖板。

2. 今后凡登高作业，必须考虑防护措施（如安全网、安全带、防护杆等），绝不能麻痹大意。

3. 加强对电工专业知识的学习和安全教育。新工人必须经过培训，掌握安全知识后方可进行操作。

4. 在原料仓和糠池等处上面，必须要安放篦子，以此防范。在处理堵塞事故时，事前必须与班长打招呼，并指定有关人员照看，以防意外。

5. 加强对原料的清杂工作，严禁机内混入金属杂质，防止输送系统堵塞，避免撞击起火。滑动轴承应定时检查加油，注意检查温升，发现问题，应及时研究处理，不留隐患。

6. 严禁热饼粕直接装包，防止自燃。油料、饼粕周围必须隔绝火源火种。

7. 在车间、仓库等作业区域内严禁吸烟，不能姑息容忍。

8. 工业锅炉必须配置安全阀、压力表和水位表，并保持准确有效，其他附件应符合劳动部门的规定，还应有保养、检修和水压试验等制度。

9. 生产车间的取暖用火和生产用火，必须严加控制，做到人人防火，班班检查，及时排除隐患。车间、仓库等重要场所，必须备置消防设备，同时要保证使用方便，效果良好。

浸出厂（车间）要认真试行粮食部粮油工业局 1979 年 7 月印制的《油脂浸出厂（车间）生产技术操作规程》及《建筑安装生产安全防火规范》，经常进行安全教育。

10. 严格报告制度。发生火灾及重大伤亡事故必须按规定立即上报。事故发生后要切实做到“三不放过”，即事故原因分析不清不放过，事故责任者和群众没有受到教育不放过，没有防范措施不放过。

事故查清处理后要做出书面的结案报告，逐级报告给粮食部。今后发生的重大事故，要做到一案一清。

二、事故案例目录及典型事故（因版面所限，仅列出典型事故案例）

（一）伤亡事故案例。

皮带、轴杠绞伤致死十三例；登高失坠致死七例；触电致死九例；粮食、米糠埋人窒息致死五例；容器等场炸事故五例。

广西壮族自治区平果县大米厂，1974 年 2 月 7 日，一名女工，没有停机即钻进比重去石机振动筛底清理杂质，被偏心轴固定的螺丝钩住包头巾，勒紧头颈，造成死亡。

黑龙江省阿城县永源粮库制油车间工人，1979 年 2 月 7 日，在处理原料堵塞掉带时，由于未停车挂带，被皮带轮上的键子挂住棉衣摔倒，挤在皮带轮与墙壁之间致死。

山东省聊城县粮食加工厂，1975 年 11 月 3 日，工人检修设备时，由于站在洗麦箱上，不慎失足跌落，头部和左臂重伤死亡。

河南省林县粮油加工厂，1977 年 3 月 25 日，电工用 500 V 低压测电笔去测试 10 000 V高压的变压器接线柱，电光一闪，整个线路跳闸，电工触电身死。

河南省内黄县油脂加工厂，1979 年 3 月 14 日，工人用手电钻进行钻孔时，因钻柄下滑脱落，急忙抓住钻柄上破口漏电的引线，当即触电死亡。

湖南省武冈面粉厂面条车间打料工，1979 年 10 月 31 日，生产时遇到停电，没有将开关拉掉，就用双手伸入料桶内扒料。突然来电，将打料工打入桶内，身负重伤死亡。

山西省晋城县粮油加工厂，1978 年 8 月 17 日，因玉米提胚车间的下料坑出口堵塞，工人下坑排除障碍时，由于坑上堆放的玉米塌下，流到坑内，将工人埋住闷死。

湖南省湘潭市湖头岭米厂统糠车间，1975 年 5 月 22 日，工人在扒细糠时，掉入斗内，被细糠闷死。

江苏省沙州县油脂化工厂，1978 年 8 月 14 日，趁着浸出车间停产进行检修，电焊工在补铁桶时，因桶内存有微量的溶剂气体，触火引起爆炸，造成死亡事故。

（二）火灾事故案例。

违反劳动纪律，违章操作十三例；饼柏及糠自燃四例；机内金属摩擦起火五例；车间、仓库等作业区吸烟酿成事故三例。

内蒙古呼和浩特市油厂，1974 年 1 月 23 日，因春节假期停产，对蒸炒锅和机身锅内的余料没有彻底清除，加之春节期间给锅炉房规定送气 5～7 个气压（防止冻坏暖气管片），结果造成机身锅内余料自燃，引起火灾。

浙江省名嘉善油脂化工厂浸出车间，1979 年 3 月 9 日，新工人从溶剂罐往油桶里灌油时，擅离岗位，桶满溶剂溢出，顺着墙脚的水洞，流入厂外水沟，社员在水沟舀水，顺手将烟头丢在水沟里，立即引起溶剂燃烧，火从水洞口反冲入厂内，造成火灾。

广东省惠州市粮食加工厂榨油车间，1977 年 1 月 14 日，榨油菜籽时，菜籽饼没有经过散热处理，就装入麻袋，自燃起火，烧掉榨油车间。

吉林省前郭尔罗斯蒙古族自治县植物油厂，1979 年 3 月 22 日，由于葵花籽自燃起火，烧掉全部厂房。

陕西省富平县油脂厂，1979 年 1 月 24 日，因剥壳机内铁块摩擦生热，火星落入坑道中的管内，没有及时发现，在停机后，火从管道上升到屋顶，造成火灾。

（三）浸出油厂（车间）事故案例。

违章操作事故八例；违反安全制度事故五例；擅离工作岗位事故三例；设备事故四例；误开阀门事故四例；避雷器、电气设备安装不符合要求事故三例；停电、停车时发生的事故三例；易燃物起火事故四例；设备检修时，残留溶剂未去净，动用明火，引起事故四例；非浸出车间操作人员乱开阀门，引起事故二例；废水中带走溶剂，引起事故四例；粕中残留溶剂过高，引起事故五例；溶剂中毒事故四例；其他事故三例。

1972 年 12 月 4 日，辽宁省开源制油厂，下午交接班后，中班看泵青工与装料青工未经班长同意，擅自互换工作岗位。由于操作不熟悉，原看泵青工把二号罐的料坯装满后，未给信号就开一号罐的阀门，将混合油压往二号罐，忘记了打开二号罐的阀门，致使一号罐内及通往二号罐的管道内压力增大，阀门蕊子顶出，混合油大量喷出，瞬时间车间内充满溶剂气体，二名青工昏倒。消息传到全厂，工人纷纷奔向浸出车间抢救。抢救时，有人叫喊停车。在慌乱中，按动开关，产生火花，引起爆炸，造成了重大人身伤亡事故。

辽宁省盘锦地区油脂厂，1975 年 6 月 27 日，浸出车间工人发现浸罐内压力上升到 1.5 kg/cm^2（正常生产是 0.5～0.8 kg/cm^2），没有查明原因，就调泵降速继续生产。之后，又有一个多小时没有查看压力表，以致通往九号罐的玻璃视管因压力过大突然破裂，大量混合油从裂口喷出，溶剂迅速挥发，引起爆炸起火。死亡四人重伤四人，国家财产也遭到严重损失。

上海市青浦油脂厂浸出车间，1977 年 10 月 28 日，当班工人违反操作规程，造成平转器阻塞，在排除故障时，又未采取安全措施，致使大量高浓度溶剂气体进入变电设备，开车时，继电器冒出火星，引起爆炸，有五名人员烧伤。

上海南汇油厂的地下溶剂库，因建造质量不好，地下渗水，池内积水深达 25 cm，长期不加清理，积水变质。加上溶剂罐进口接头接触不严，进溶剂时有渗漏，致使地下溶剂库内沉积了大量溶剂气体和污浊气体。1971 年 6 月 29 日，进溶剂时，一把扳手掉入地下库里，当工人下库底找扳手时，致使下库工人中毒，发生伤亡事故。

1973 年，吉林省德惠植物油厂停电停车，浸出器内的混合油全部蒸发回循环溶剂罐，因循环溶剂罐容量小，又未及时送回溶剂库，致使溶剂由循环罐溢流到分水器，又经排水管外流到下水道，损失溶剂 500 kg。

1972 年 12 月，安徽省芜湖市油厂浸出车间停车检修，残存溶剂气体沉积在下水道，电焊时，火花落入下水道，引起火灾。

1972 年 7 月，浙江省长兴油厂，由于对分水器放出的废水没有及时检查，溶剂随废水流入河内，值班工人在废水出口处吸烟，烟头丢入河内时，引起燃烧。

1973 年 2 月 28 日，吉林省山城镇植物油厂由于分水器跑溶剂，顺下水道流到水沟里，小孩玩火，将溶剂点着，沿下水道逆燃，致使院内管道爆炸。

1974 年 3 月 28 日早晨，吉林省蛟河植物油厂水源不足，冷凝器缺水，溶剂气体冷凝不下来，自由气体排出口的呼吸阀排气不顺畅，造成循环油罐压力增大，分水器和回油管路产生阻力，将分水器内的大量溶剂压到下水道，流到大河里。当时有一位朝鲜族老大娘在沿河用排出的热水洗衣服，在吸烟时引起燃烧，烧伤 3 人。火焰顺下水道进入车间，抢救中引起爆炸，伤 14 人。

1973 年 7 月，吉林省吉林市植物油厂，粕中溶剂未去净，出粕后又立即装袋，当载粕汽车开到厂外后，搬运工人点火吸烟，引起溶剂气体在麻袋表面燃烧，由于及时将麻袋推下汽车灭火，未造成损失。

在粮油工业规范化管理研讨会上的发言

1991年10月26日于哈尔滨

由商业部商办工业管理司和中国粮油学会粮食食品专业分会共同举办的粮油工业规范化管理研讨会，今天在哈尔滨召开，这是学会增设的工业管理学组开展的第一次很有意义的研讨活动。参加这次研讨会的有来自各地长期从事粮油工业管理的负责同志，有为粮油工业的建设和技术进步做出重大贡献的科研单位的代表，有来自生产第一线的工业企业的代表。黑龙江省粮食局吕金聚副局长、哈尔滨市粮食局王国庆副局长也出席了这次研讨会，我代表商办工业管理司和中国粮油学会粮食食品专业分会，对大家在百忙中到会表示热烈的欢迎。

这次研讨会在哈尔滨召开，会议得到了黑龙江省粮食局、哈尔滨市粮食局的大力支持，对此，我代表商办工业管理司、学会和全体与会代表表示衷心的感谢！

下面我就搞好工业管理学组的工作、粮油工业开展规范化管理等问题讲点自己的认识，供大家参考。

一、学会增设工业管理学组是学会工作面向粮油工业企业，为生产服务的体现

学会既是专家、学者和工程技术人员进行学术交流的场所，是专家、学者和工程技术人员自己的群众性组织，又是为工业主管部门提供决策咨询，为生产企业提供服务的群众性组织，两者要兼顾，不能偏废。前者是学会的性质所决定的，后者是学会的基础，不能忽视，只有两兼顾才能得到广大会员（包括个人会员和团体会员）的支持，学会才有凝聚力和向心力。我始终认为，粮油工业企业特别是大中型骨干企业的生产、经营和管理状况如何，集中反映了粮油科技水平的高低；专家、学者和工程技术人员从事的科学研究离不开工业企业的支持，他们取得的科技成果要转变为生产力；更离不开工业企业去变成现实。为此，学会工作必须面向粮油工业企业，为生产服务。那种将学会工作面向粮油工业企业，为生产服务认为是降低了学会水平的看法是错误的。我还认为，管理本身就是科学，而且是一门综合性的科学。研究工业企业的管理工作，总结交流管理经验，对提高企业的素质，提高经济效益，上等级、上水平都有着十分重要的意义。现在有许多管理科学需要我们的专家、学者和工程技术人员去研究去解决。所以，我认为中国粮油学会粮食食品专业分会增设工业管理学组的决策是完全正确的，是从我国实际出发的，我们商办工业管理司欢迎这个学组的成立并将积极支持这个学组开展工作。这次由中国粮油学会粮食食品专业分会发起，以商业部商办工业管理司和学会两家名义举办的粮油工业规范化管理研讨会就充分说明了这一点。我也相信工业管理学组一定会得到粮油工业企业的欢迎和支持。

二、关于对规范化管理的粗浅认识

这次由两家共同举办的粮油工业规范化管理研讨会，我是积极支持并决定到会的，但对规范化管理的含义及具体内容过去不了解，为了使自己对规范化管理有所了解，最近迫使我阅读了10多万字的有关企业实行规范化管理的提要及参考资料，受到了一些启蒙教育，增长了一些知识。这里我还要感谢学会工业管理学组发起的研讨会。下面就我学习的情况，对规范化管理谈点粗浅的认识。

管理，自古以来就有，它是人类共同劳动的产物。在遥远的年代，自从有了人类社会和社会组织以来，就存在着管理问题。管理活动是与人类的生产、生活相联系而发生的。换句话说，凡是有人群活动的地方就有管理。今天，管理这项活动已渗透到社会经济生活的各个领域，并保证了社会经济生活的正常运行。这是任何社会，任何人都能理解的。

管理需要规范，也是管理的应有之义，其思想和理论由来已久。规范，古已有之。远古时代，人类在征服自然界的劳动过程中，为组织劳动、交流思想感情、传递信息而产生的语言、文字便是规范。后来，随着科学技术和生产力的发展，人类社会实践活动范围的扩大，规范也由生产领域、技术领域逐渐向社会领域、管理领域发展。将规范用于企业管理，使规范从单纯的技术领域发展到管理领域，并形成一种管理理论。19世纪初，被管理学界誉为“科学管理之父”的泰罗，他的科学管理理论已萌发出规范化管理的基本思想并付诸工业企业的管理实践之中，泰罗科学管理的主要内容，就包括进行工时和动作的研究，制定“合理的日工作量”、“对每个动作、每道工序规定标准时间”、“采用标准化的工作方法”、“实行标准化作业”等等。这种定额方法和标准化原理，就是规范化管理的原型，由此可见，科学管理的形成和发展，一开始就伴随着规范化管理。

所谓规范化管理，简单地说是指工业企业围绕规范的制定、执行、考核和修改、完善而开展的一系列管理活动。它具体包括以下几层含义：第一，规范化管理的实质是通过规范去约束、引导人的行为，把人的行为特征和行为规律同企业的生产、经营管理活动过程的活动规律有机地结合起来，从而建立起有序、高效、稳定、整体优化的运行秩序，实现企业生产、经营管理目标。第二，规范化管理的基础是规范。规范化管理的目的和作用是通过制定和执行规范来体现的。所以规范化管理绝不是规范本身，而是要通过规范去达到管现的目的。要围绕规范的制定、执行、考核、修订、完善等环节开展一系列的管理活动。第三，规范化管理的对象是企业和企业劳动者的行为。企业行为主要表现为企业的生产、经营过程。这个过程包括生产活动，管理活动和服务活动等等。它把企业这些常规性活动都纳入了管理的范围。而任何生产、经营过程都是以个体行为为基础的，都是由一个个劳动者的劳动行为构成的。因此，它又把企业全体职工的日常劳动行为都纳入管理的范围，形成各种不同形式的规范，从而组成一个包括全员的、全过程的、覆盖整个企业生产、经营活动的规范网络体系。第四，规范化管理是一个动态过程。它以制订“规范”为起点，通过执行、考核、修订，不断完善规范，构成一次循环；然后再提出新的目标和标准，开始新的循环。可以说，规范化管理是一个不断循环、周而复始的运动过程。每次循环都使企业管理提高到一个新的水平。

规范化管理是管理的本质要求，是现代化大生产的客观需要，也是从经验管理走向科学管理的必然产物。它有利于提高企业领导者的决策水平，有利于职工参与管理，有利于企业实现以法治厂，有利于企业精神的培育和企业文化的建设。

工业企业规范化管理的内容很丰富，主要有生产过程的规范化，管理工作的规范化（包括各种定额、原始凭证、记录、数据、标准与计量等基础管理规范化，专业管理规范化，管理体制、组织机构的设置、权限的划分、监控反馈系统等综合管理规范化），经营规范化，服务规范化以及包括党务工作、行政事务工作、群众组织、后勤、福利等的工作规范化。

规范的制定要坚持系统性、继承性、实用性、先进性、统一性和三结合的原则。系统性：就是制定规范一定要从企业实际出发，逐步使规范化管理覆盖企业的各个方面，从而使规范化管理真正成为一个封闭有效的管理系统。继承性：是指各种管理规范是在原有规章制度的基础上产生的，规范标准的制定是对已有的行之有效的各种规章制度、各种管理方法和手段的扬弃，而不是全盘否定、另起炉灶。实用性：是指制定首先要从本地区、本行业、本企业的实际情况出发。这个“实际”就是指地区特点、行业特点、企业特点，以及企业所处的地理位置、经营管理状况、人员素质等。不同企业可以实行不同程度的规范化管理。比如，小型企业规模小，人员少，分工粗，工作与业务流转比较简单，就不一定非要有一套复杂的规范体系不可，可以根据企业情况需要什么搞什么；实用性还包括制定的规范必须通俗易懂、简明扼要、切实可行、易于操作、职工群众乐于接受，具有群众性。先进性：是指各种规范标准应当是平均先进的，即企业和职工经过努力可以做到的。高于平均先进的规范标准，是脱离实际的，难于实现的。低于平均先进的规范标准，那无助于企业素质的全面提高。统一性：是指制定的规范必须做到的内容统一、格式统一、编号统一、输入输出统一、定量批准统一等，防止互相矛盾，难以遵循。三结合：是指制定规范要由领导、业务骨干、职工组成的三结合的工作班子来进行。要树立积极依靠职工群众的思想。职工有实践经验，制定的规范切合实际，而且职工参与制定规范，自己制定自己执行，他们是执行者也是制定者，有利于职工自觉的实行自我控制。

关于规范化管理与标准化管理的关系问题。规范与标准，从原意上看，没有太大的区别，往往互为释义。用于管理，它们的内涵也有共同点。规范和标准，都是对重复事物所作的规定。但在人们的习惯上二者还有一定的差别。一般来说，标准的对象侧重于技术领域，侧重于“物”，如产品标准、工作标准等等；规范的对象侧重于“非物”，如道德规范、工作规范等等。随着科学技术和社会化大生产的发展，标准的对象已经从技术领域延伸到经济领域和人类生活的其他领域；规范的对象也从社会领域延伸到经济领域和技术领域。因此，它们的对象和外延，愈益向统一的方向发展。

以上所述，是我对规范化管理的粗浅认识，由于规范化管理的内容很丰富，对其的解释也很多，我讲的不一定对。

三、对今后在粮油工业企业试行企业规范化管理或标准化管理的几点意见

1. 进一步弄清规范化管理的含义、内容及其作用。我觉得规范化管理的含义、内容极其丰富，目前，对我们粮油工业系统熟悉了解的同志不是很多，需要通过多次研讨，提出其确切的含义、内容及其推广运用后在粮油工业企业中所起的作用。等到一定时期，在有关粮油工业杂志上广泛宣传，使企业和职工都能懂得，以便适时推行。这次研讨会开了个好头，建议今后再开几次。

2. 在粮油工业企业推行规范化管理和推行标准化管理要因地、因企业制宜。据我所知，黑龙江省粮油工业公司已制定了粮油工业企业规范化管理条例；湖北省粮食局工业处已制订了工业企业标准化管理条例。这是很好的，他们都为粮油工业企业逐步推行科学管理做了大量工作，为这次会议的研讨提供了基础材料。至于今后在粮油工业企业究竟推行哪种管理方法，大家可以讨论。我的想法是：鉴于规范化管理和标准化管理没有太大的区别，其对象在互相延伸、日趋统一。因此，可以不必忙于确定推行一种管理办法。

3. 注意通过试点，使条例更加完善。一切通过试点，这是我们的工作方法之一。为此，我建议学会、黑龙江省粮油工业公司、湖北省粮食局工业处，要积极选择有关粮油工业企业，分别对制定的规范化管理条例及标准化管理条例进行试点。通过试点总结经验，进一步修改完善条例。

4. 注意条例要简化，对不同企业提出不同要求。所有条例、规定都要注意简单易懂，以便企业和职工容易接受和掌握。同时，要注意区分大中型骨干企业与小型企业，从实际情况出发，采取不同的要求，区别对待，不能千篇一律。

我相信通过这次研讨会，一定会在理论上和在今后的实践中促进粮油工业企业管理水平的进一步提高。

坚持走粮食购销企业与粮食加工企业联合经营的路子

2003 年 5 月

《国务院关于进一步深化粮食流通体制改革的意见》中指出："鼓励和支持国有粮食购销企业、龙头企业和农民联合经营，形成生产、加工、销售一体化利益共同体，参与粮食流通。大力支持国有粮食购销企业、粮食加工企业和粮食经营企业在粮食播种前与农民按照《合同法》的有关规定签订合同。实行订单收购。"去年，国家发展计划委员会等八部委以《关于印发加快国有粮食购销企业改革和发展意见的通知》（计综合[2002] 677 号）中指出："有条件的国有粮食购销企业可以与粮食加工企业和科研单位实行联合，组成生产、收购、加工和销售一体化的经济实体，开展粮食产业化经营。"这就意味着国家提倡和支持国有粮食购销企业与粮食加工企业搞联合，以发挥各自的优势，推动粮食产业化经营的进程，提供企业参与市场竞争能力。我认为，这是一条正确的路子。

"购、销、调、存、加"，历来是整个粮食工作不可分割的整体。近几年来，随着粮食需求情况的变化，粮食疏通体制改革的深化和粮食购销市场化改革的推进，粮食调拨、调运工作已逐渐消亡，今后除了国家发生重大特发事件和个别地区发生重大灾害出现粮食短缺时，国家将会采取一定的粮食调拨、调运紧急措施外，通常情况下，粮食的调拨、调运将不复存在。但粮食的"购、销、存、加"，在我们这样一个大国里将会永远存在下去。现在，大家对粮食的"购、销、存"是粮食工作的重要组成部分认识是一致的，但粮食加工业（这里讲的粮食加工业不只是原来粮食部分的粮食加工业，而是全社会的粮食加工业）是否仍是粮食工作的重要组成部门，已经被人怀疑，或者说已经发生动摇，我认为这是不对的。因为粮食加工业不仅是一个重要产业，而且是粮食产业化经营（或者说粮食产业链）中的重要组成部分，是搞活粮食经营，提升粮食附加值的不可缺少的中间环节，也是食品工业的基础工业。粮食加工业既然是粮食产业化经营的重要组成部分，那么，为了发展粮食产业化经营，改变粮食购销企业"买原粮、卖原粮"的传统经营方式，粮食购销企业理所当然应该积极与粮食加工企业进行紧密合作，联合搞好经营。这是一条唯一正确的路子。

鼓励和支持粮食购销企业与粮食加工企业联合经营，组成粮食生产、收购、加工和销售一体化的经济实体，实现"从种子到餐桌"的粮食产业化经营，我认为至少有以下好处：

第一，有利于发挥企业的各自优势，防止重复建设。

粮食购销企业一般都拥有较多的粮食仓储设施和销售网点，而缺乏粮食加工设备；粮食加工企业一般都拥有较现代化的加工装备和充裕的加工能力，而缺乏原粮仓库和销售网点。为了搞活经营，现在有的粮食购销企业想投资增添粮食加工装备，有的粮食加工企业根据生产的需要想投资增加原粮仓库，造成不必要的重复建设。如果两者结合起来，形成利益共同体，可以做到优势互补，避免重复建设，这是“利国、利企”的好事。

第二，有利于粮食产业化经营的形成，提高粮食企业参与市场竞争的能力。

粮食产业化经营就是要把粮食生产、收购、加工和销售等环节组织、联合起来，形成一体化的利益共同体，这也是我们通常讲的“形成产业链”。这样的联合体可以做到取长补短，充分发挥各自优势，增强企业参与市场竞争的能力。粮食购销企业与粮食加工企业率先联合经营后，再与农场、粮食生产大户、优质粮油生产基地搞联合（包括与农民签订合同，实行订单收购等）就有了基础。我认为，随着我国粮食购销市场化进程的加快和世贸组织的加入，从长远看，粮食购销企业单纯地搞粮食买卖，粮食加工企业单纯地搞粮食加工，不走联合之路是没有出路的。

第三，有利于储备粮的轮换和陈化粮的减少。

粮食购销企业一般都承担着为国家或地方储存着一定数量的储备粮，在粮食生产的正常年景，尤其是丰收年景，这些储备粮的轮换任务就显得相当繁重，稍有不当粮食陈化就难以避免。如果争取与加工企业联合经营，可以较好地避免此类问题发生。可以设想为：粮食购销企业根据国家储备粮的轮换规定，分批作价交付给加工企业加工，加工企业分期分批将粮食如数付给购销企业，再由购销企业按储备粮的标准要求收购新粮。这样做既能确保储备粮的按时轮换，避免陈化，减轻国家财政负担；又能减少粮食购销企业轮换时的出库费用，降低粮食加工企业在采购原粮时的经营费用，提高企业的经济效益，这对国家、企业都有好处。

第四，有利于粮食队伍的稳定和社会的安定。

粮食企业由于历史包袱重、职工多、设施简陋，在激烈的市场竞争中缺乏竞争能力，困难重重，濒临破产，下岗人员较多。如果粮食购销企业与粮食加工企业采取联合经营，实现优势互补，定能提高企业的经济效益，这无疑能减轻粮食企业下岗人员多的压力，有利于稳定粮食职工队伍，维护社会安定团结的大好局面。

第五，有利于推进粮食企业之间的联合，组建企业集团。

粮食购销企业与粮食加工企业联合经营后，随着企业经济效益的提高，联合体的整体实力也将不断提高。在此基础上，联合体有可能向农业生产和粮油食品两个领域延伸，也有可能再与其他粮食购销企业和粮食加工企业的联合体进行再联合，组建粮食企业集团。如果经过几年努力，这个设想能够变为现实，这应该是国家的希望所在。我觉得，在我国有若干个乃至几十个有实力、有影响力的粮食企业集团，对实行粮食购销市场化后，应对国内外可能发生的突发事件将是有益的。

第六，粮食购销企业与粮食加工企业采取联合经营已有一些成功的经验可以借鉴。

早在 20 世纪 70 年代，原粮食部就要求粮油加工企业要与粮食仓储企业结合，提出了实行“厂仓结合，分别核算”。多年来的实践证明，凡按此要求进行结合的，企业都得到了较快发展。1991 年 9 月粮食部门在山东烟台召开了“全国粮食系统发展多种经营经验交流会”，会前的大量经验和会后的实践证明，粮食部门只有坚持走“本业为主，多种经营”的道路，才是粮食企业发展的唯一出路，尤其是购销企业通过开办加工业和服务业等一系列多种经营后，增强了企业活力，提高了企业经济效益。这样做既发挥了主渠道作用，又起到了更好地为城乡人民服务，为工农业生产服务的作用，受到了群众的欢迎。现在可以说烟台会议前后的几年时间里，是我国粮食部门的“黄金时代”。就粮食部门的粮食工业来说，1991 年总产值达 581.7 亿元，实现利税 27.4 亿元。可是后来，随着政策的改变，粮油加工作为附营业务分离出来，一些企业由于一时不适应变化了经营方式和经营环境，加上当时原粮收购价格提得过高，成品粮油价格难以同步提高，以及不准加工企业直接到产区收购原粮等的原因，使粮油工业企业经营一度处于困境，经济效益大幅下滑，甚至出现了全国国有粮油工业企业 1996 年亏损达 13.2 亿元的局面。反之，在此期间，有些粮食购销企业和粮食加工企业，从本企业的实际出发，在分清购销企业与加工企业责任的前提下，继续采取联合经营，经营状况都很好。由此可见，粮食购销企业与粮食加工企业采取联合经营，是搞活粮食企业的好办法，可以取得双赢的效果。

在粮油工业统计工作研讨会上的发言

2006 年 9 月 6 日于乌鲁木齐

为深入做好粮油工业统计工作，不断完善统计制度，进一步提高统计质量和统计人员的业务水平。在国家粮食局的关心重视下，今天我们在祖国边境美丽的乌鲁木齐召开“粮油工业统计工作研讨会”。本次会议将总结 2005 年度粮油工业统计工作，交流经验；表彰 2005 年度粮油工业统计先进单位和先进个人；研究讨论《粮油工业统计报表制度》修订方案；结合《国家粮食流通统计制度》进行粮油工业统计知识培训；布置 2006 年度粮油工业统计工作。借此机会，我代表中国粮食行业协会对大家的到会表示最热烈的欢迎，对多年来大家为粮油工业统计工作付出的辛勤劳动表示最衷心的感谢！本次会议得到了新疆维吾尔自治区粮食局和自治区粮食行业协会的大力支持，对此，我代表中国粮食行业协会和全体与会代表表示衷心的感谢！

下面我就粮油工业统计工作讲几点意见。

一、要进一步重视粮油工业的统计工作

统计工作是一切工作的基础，粮油工业的统计工作，是粮油工业发展最重要的基础工作。我认为，粮油工业统计有以下几方面的重要性。

第一，它为领导决策提供重要数据和依据。粮油工业与其他行业一样，其工业统计提供的数据是我们粮食行业各级领导研究加强和发展粮油工业工作的重要依据，也是各级领导为搞好粮油工业工作进行研究决策的重要依据。

第二，粮油工业统计提供的数据是研究粮油工业发展规划的重要依据。粮油工业与粮油的购、销、调、存一样历来是粮食工作的重要组成部分，粮油加工业与农业和提高农民收入关系密切，是粮油再生产过程中的重要环节和基础性行业，是粮油产业化经营（或者说粮油产业链）中的重要组成部分，是搞活粮油经营，提升粮油附加值的不可缺少的中间环节，也是食品工业的基础工业，粮油工业的产品与人民生活息息相关。为此，各级政府对此都十分重视，不同期间对食品工业（包括粮油加工业）的发展都要进行规划，其中粮油加工业的发展是规划的重要组成部分。而搞好粮油加工业发展规划的重要依据是粮油工业统计提供的数据。多年来的经验证明，没有粮油工业统计提供数据，就无法搞好粮油工业的发展规划。

第三，粮油工业统计反映的数据是我国粮油工业的基本情况，是写文章、进行对外交流和在国内研讨粮油工业的重要依据。我始终认为，没有粮油工业的统计，有关全国粮油工业的基本状况这篇文章就无法写好，也无法进行对外交流和在国内进行有的放矢的研讨粮油工业的发展。

第四，粮油工业统计数据是我国粮油工业发展的历史写照。在现在的全国粮油工业

统计中，包含了我国粮油工业规模以上的企业数、生产能力、产品产量、现价工业总产值、产品销售收入、资产总计、资产负债率、从业人数、产品出口和利润总额等重要数据。这些重要数据反映了我国粮油工业的现状，历年来的数字变化，反映了我国粮油工业的发展过程。为此，它是我国粮油工业发展的写照。没有这些数据，今后，我们就无法总结我国粮油工业的发展历史。

以上所述，充分说明了粮油工业统计工作的重要性，希望大家进一步重视粮油工业统计，做好粮油工业的统计工作。

二、粮油工业统计工作取得了很大成绩

众所周知，由于机构改革的变化，我国较为完整的粮油工业统计自 1997 年起不再进行了。由于统计的中断，粮食行业就缺少了粮油工业的统计数字，这给各级粮食部门研究提出粮油工业的发展规划、发展战略和产业政策等方面的意见和建议带来了困难。2001 年 4 月，中国粮食行业协会成立了粮油工业专业委员会，为了改变这种状况，专业委员会成立后，在国家粮食局的重视与支持下，经国家统计局批准同意，增加了几个除国家统计局已有的粮油工业统计数据外的统计数字，由此全国粮油工业统计工作逐步得到恢复。鉴于当时粮油工业的统计人员不足，加上粮油工业的统计数字要求是全行业的，所以恢复时工作十分困难，导致 2002 年度的粮油工业统计《汇编》和《分析报告》难以全面准确地反映全国粮油工业的基本情况，只能起到参考作用。但我们高兴的是，几年来，在国家粮食局和各省区市粮食局、粮食行业协会的重视和支持下，经过大家不懈的努力，特别是由于在座的各位统计人员的辛勤劳动，使我们现有的粮油工业统计资料与前几年相比有了很大进步和提高，统计数字越来越接近实际，可以这样说，现在的粮油工业统计数字可以供各级领导在决策和研究提出粮油工业发展规划、发展战略和产业政策时应用了。应该说，这是一个了不起的成绩，是对粮油工业的一大贡献，是来之不易的。对此，我要再一次代表中国粮食行业协会，对国家粮食局和各省区市粮食局、粮食行业协会的重视和支持表示衷心的感谢！对在座的各位统计人员的辛勤劳动表示衷心的感谢！

三、再接再厉进一步提高粮油工业统计质量

前面我已说过，从我国粮油工业发展需要出发，自 2002 年起，粮油工业统计逐步得到了恢复，取得了很大成绩。但与此同时我们也应看到，随着我国粮油工业不断发展和有关领导部门要求我们提供数字的需要，我们要在现有粮油工业统计项目的基础上进行修订和补充。从工作实际需要出发，我觉得有以下一些项目内容需要补充和修订。

例如，关于粮油工业统计对象的规定，是否可以再恢复为 2004 年规模以上的企业（即大米加工厂日处理稻谷能力 30 吨以上；小麦粉加工厂日加工小麦能力 50 吨以上；食用植物油加工厂日加工油料能力 30 吨以上），以便使数据的可比性强一些。

又如，是否应该增加企业纳税总额和能源消耗等两个重要经济技术指标。在今年的中国名牌评选中，为引导企业重视对社会的责任和回报，新添了“企业纳税总额”和

“申报产品纳税”两个评分点，并将这两个评分点作为“效益评价”中的主要内容。

再如，是否需要增加挂面和粮油机械制造的统计内容。近几年来，我国以挂面为主的面制主食品生产和以米、面、油、饲料加工机械为主的粮油机械生产有了很大发展。为推动挂面和粮油机械生产的进一步发展，中国粮食行业协会已经向中国名牌战略推进委员会推荐，希望将挂面生产作为“中国名牌产品”的评价目录范围，与此同时，我们也打算推荐粮油机械产品作为“中国名牌产品”的评价范围。鉴于这点，我们迫切需要增加这两项有关数据的统计。

为进一步提高粮油工业统计质量，国家粮食局的领导和有关司的领导对此高度重视，主持召开了粮油工业统计修订工作座谈会，并形成了《粮油工业统计报表制度》修订方案，供本次会议讨论通过。希望大家从实际出发，再总结经验，认真研究，取得共识，以促进粮油工业统计工作的更加完善。

关于“十二五”期间我国粮油加工在发展中应关注的几个重要问题

2009 年

《粮油加工发展规划（2011—2020 年）》和《粮油加工业“十二五”发展规划》，虽然至今尚未公布，但其基调和主要内容大体已定，根据规划中有关粮油加工业发展的一些提法，结合我自己的感受，我觉得，以下一些重要提法和观点应引起我国粮油加工企业在“十二五”发展期间的高度关注，并认真加以贯彻。

一、粮油的市场需求将持续增长

随着我国人口增长、生活水平提高和城镇化进程加快，我国对粮油消费需求在总量上将继续保持刚性增长的趋势。

据国家统计局 2009 年国民经济和社会发展统计公报，2009 年全国人口为 13.3478 亿人，比 2008 年增加 672 万人，自然增长率为 5.05%。预计 2015 年我国大陆人口将达到 13.69 亿人；2009 年全国城镇人口 6.2186 亿人，占总人口的 46.6%，比 2008 年增加 0.9%，预计到 2015 年城镇化水平将达到 51.5%左右，城镇人口将达到 7.05 亿人，比 2009 年增加 0.8332 亿人；随着国民经济的继续平稳较快发展和城乡居民收入普遍较快增加，人民生活水平将进一步提高。这意味着在“十二五”期间，我国对粮油消费需求必将呈现刚性的增长，同时也意味着在“十二五”期间，我国粮油加工业将得到进一步的发展。

二、粮油加工业的布局将进一步完善

根据“统筹兼顾，协调发展”的原则，提出了要按照粮油生产、消费需求、加工业现有的格局和未来发展的潜力，坚持与原料供应相匹配，因地制宜，产区为主，兼顾销区和重要粮油物流节点，调整优化粮油加工业布局，基本形成布局合理、协调发展、优势互补、特色明显的粮油加工业新格局。较前些年的粮油加工业“产业布局向主产区集中”的提法更加全面，更加科学。

与此同时，提出了要妥善处理好规模扩张与质量提高、总量平衡与结构优化、初加工与深加工比例、产区与销区协调发展、提升产业发展能力与创新调控保障机制并举等五方面的关系，以引导粮油加工业的健康发展，促进产区布局更加完善。

三、倡导“安全营养、健康消费”和“适度加工”等理念

规划将强调：以食品安全为基本要求，把“优质、营养、健康、方便”作为发展方

向；倡导适度加工，提高纯度，提高出品率，合理控制加工精度，避免过度加工。提出要增加全谷物营养健康食品的比重，树立健康消费观念，改变片面追求“精”、“细”、“白”的过度消费倾向。

为使这一理念变为现实，粮油加工企业要积极配合，要做好思想准备，研究改进装备和加工工艺，制修订好粮油产品的国家标准。

四、强调资源综合利用，绿色环保和节能降耗

按照循环经济的理念，提高粮油资源综合加工及转化利用水平。大力推广米糠集中制油，稻壳用作供热和发电，不断提高碎米、胚芽和麸皮等副产物的综合利用水平。树立高效、低碳、节能、节粮、环保意识，加快节能减排、环境保护力度，发展低消耗、低排放、高效率的加工模式，降低水、电、煤、溶剂等消耗和碳排量，减少污染物排放。到 2015 年，使粮油加工业的单位产值能耗比 2009 年降低 20%左右，单位工业增加值用水量降低 30%，单位产值二氧化碳排放量比 2005 年降低 20%，以建立安全、优质、营养、低耗、绿色、生态的现代粮食加工业体系。

五、推进结构调整，加快转变发展方式

强调要加快企业组织结构调整，培育壮大龙头企业，引导企业兼并重组，适度提高产业集中度，发展拥有知名品牌和核心竞争力的大型企业，改造提升中小型企业发展的质量和水平，形成大中小企业分工协作，协调发展的格局。

要调整产品结构，增加花色品种。按照“安全、优质、营养、健康、方便”的要求，加大新产品开发力度，增加花色品种，提高优、新、特产品的比例。要大力发展专用米、专用面粉、专用油、全麦粉等产品；实施“主食品工业化示范工程”，积极发展工业化生产的米、面制品和市场潜力大、附加值高、科技含量高的方便食品、休闲食品。

加快淘汰落后产能。充分发挥市场机制，强化卫生、环保、安全、能耗的约束作用，建立产业退出机制，逐步淘汰一批工艺落后、设备陈旧、卫生质量安全和环保不达标、能耗物耗高的落后产能。

粮油加工企业只有通过结构调整，才能实施转变发展方式，提高经济效益。

六、促进产业集聚，鼓励和支持粮油加工产业园区建设

充分利用现有资源和区位优势，推进企业适度集聚发展。鼓励和支持大型产业化龙头企业创建粮油加工产业园区，延伸产业链，产、加、销一体化向专业化、规模化、集约化方向发展。打造一批科技含量高、综合利用全、带动能力强的粮油加工产业园区，并引导加工企业向粮油加工园区集聚，促进上下游关联企业专业化协作配套，使之成为粮油产业化发展的新型载体，形成集粮油收购、储备、仓储、加工、配送、运输、质检、信息等为一体的粮油产业集群，以推进粮油加工业的集约化经营、规模化发展。

七、大力推进传统主食品生产工业化

为“适应城乡化建设加快的需要，结合早餐示范工程”，规划中将传统主食品生产工业化作为今后粮油加工业发展中的重点行业和重点工程之一，提出要加快传统主食品生产工业化发展的步伐。重点发展方便米饭、米粉（米线）、汤圆、粽子等米制工业化食品以及馒头、挂面、鲜湿面条、煎饼、饺子等面制工业化食品。并将支持建设一批优质米、面制主食品加工示范基地，以推动传统主食品生产工业化快速发展。通过努力，到2015年使我国的工业化米、面制食品占米、面产量的比重由2009年的10%以上提高到20%以上。

八、强调增强自主创新，提升技术装备水平

规划中将提出：要推进关键技术创新与产业化。应用现代技术，加强粮油资源深度开发和副产物综合利用、主食品工业化、健康谷物食品加工与绿色保藏等关键共性技术研发，加快推动高新技术产业化示范，提升粮油加工业整体技术水平；要加快企业技术改造升级。推进粮机装备自主化，依托骨干企业建设成套设备制造基地，提高关键设备大型化、智能化水平，重点发展稻谷、小麦、油料和玉米深加工大型高效节能节水设备，加强主食品工业化成套设备的自主创新。加大信息技术应用，推广先进实用技术装备，采用新型清洁生产技术，实施节能减排；要加强技术创新服务平台建设。建设粮油加工国家工程实验室和工程技术研究中心，搭建公共科技服务平台。以企业为主体构建产业技术创新战略联盟，加强产学研结合，提高自主创新能力。

九、完善应急加工供应体系，确保有效供给和国家粮油安全

提出要建立和完善粮油加工引导生产、满足消费、调节供求的长效机制，保证粮油供应，稳定粮油价格。建立高效便捷的现代粮油供应体系，加强大中城市及重点地区、敏感地区供应渠道网点建设，保障城乡居民食用安全。按照“平急结合、精简节约、布局合理、利于管理”的原则，选择确定一批粮油应急加工企业和供应网点，以应对突发事件和冰雪、地震等严重自然灾害条件下的粮油应急需要。

在这方面，粮油加工企业，尤其是大中型粮油加工骨干企业可以发挥应有的作用。

十、强调要健全安全保障体系，提高粮油产品的安全水平

要进一步完善粮油加工标准体系建设，加快制修订符合我国国情和特色饮食要求的粮油加工新产品标准，最大程度保存粮油原料中的固有营养成分，防止过度加工，科学提升我国粮油加工产品标准水平；要完善粮油产品的质量安全检测体系建设，强化对农药残留、重金属、污染物等指标的检测；要建立粮油加工企业的诚信管理体系，积极开展“放心粮油”示范工程，以确保粮油产品的安全。

十一、强调了行业的准入条件

提出了新建设项目的核准要求、企业资质、行业竞争、外商投资管理以及资源节约和环境保护等方面的具体要求。如在“行业竞争”中，提出为防止滥用市场支配地位或达成垄断协议，扰乱市场秩序，对单个企业或集团玉米、小麦、稻谷加工能力达到全国总量的 10%，或实际加工量达到全国总量的 15%以上的，粮食行政部门要依法对其生产运营状况进行重点监测，原则上不再准予继续新建、扩建或并购粮食加工项目；在“资源节约和环境保护”中提出，要大力开发和推广节能节水节粮技术装备，加快淘汰粮食加工高能耗、高粮耗、污染环境的工艺装备。对排放未达标企业整改后仍不符合环保标准要求的，责令停止生产。

粮油加工业在发展中应处理好的几个问题

——在中国粮油学会油脂分会第二十二届学术年会上的发言

2013 年 9 月 14 日于上海

中国是一个粮油生产大国、加工大国，也是一个粮油消费大国和进出口大国，在世界粮油生产、加工、贸易中有着举足轻重的地位。

改革开放以来，尤其是进入新世纪以来，为适应我国国民经济快速发展和生活水平不断提高的需要，我国粮油加工业取得了突飞猛进的发展，其发展速度、发展规模，在我国历史上，乃至世界历史上都是前所未有的。现在，我们可以不愧地说，我国粮油加工业的技术水平、装备水平、主要经济指标以及产品品种和质量等诸多方面已经达到和接近世界先进水平。

当然，在我国粮油加工业快速发展，取得举世瞩目成就的同时，我们也要清醒地看到，在发展中还存在着许多亟待研究解决的问题。为进一步促进我国粮油加工业的持续健康发展，我觉得当前应认真处理好以下一些问题。

一、要妥善处理好经营与管理的关系

对任何企业来讲，做好经营与管理两篇文章始终是企业生存与发展的根本保证。企业只有经营好，才能取得最大的经济效益和社会效益，才能为社会作出应有的贡献，才能做到自身发展做强做大。所以对企业来说，重视经营，千方百计搞好经营是理所应当的，是企业的头等大事，这也是粮油加工企业取得成功与发展的经验总结。

实践证明，粮油加工企业要想做好经营这篇文章，管理是基础。只有管理好，才能经营好。在强调企业管理时我过去曾多次讲过，“管理是一门综合性的学问，管理是科学，是生产力”。也可以说，一个经营好的企业，在管理上必然是严格、规范的企业，反之，一个在管理上紊乱、不规范的企业肯定不是一个好企业。为此，我们必须既要注重经营又要重视管理，两者不能偏废。根据我的观察，这些年来，在一些粮油加工企业“重经营、轻管理”的倾向有所抬头，管理工作不如过去，甚至倒退。只讲数量，不讲质量；只讲生产，不讲安全，不讲文明生产；只讲机械化、自动化和现代化，不讲发挥人的因素，不讲现场管理；只讲销售，不讲服务，不讲信誉；等等。从而造成产品质量不稳定，消耗高，缺乏竞争力；安全事故，乃至重大人员伤亡事故不断发生；给国家和人民生命财产造成重大损失，让人痛心；现场管理紊乱，脏、乱、差的现象屡见不鲜；在经营活动中，缺乏全心全意为消费者、为客户服务的思想，信誉差；个别企业在经营中唯利是图，以次充好，甚至造假售假，坑害百姓，败坏了粮食人有良心的美德。解决上述问题，必须从管理入手，从严管理，规范管理。要进一步提高对企业管理重要性的认识，做到在任何时候、任何情况下都不能削弱和放松企业的管理工作。

这里，我想强调一下，关于安全生产问题。安全是人类生存和发展的前提。当今社会，人人渴望安全，人人呼唤安全。现在，百姓谈论安全之多，政府重视安全程度之高，安全投入之大是从未见过的。但尽管如此，全国重大、特大火灾和人员伤亡事故连连发生。矿井、企业爆炸；火车、汽车相撞；桥梁、房屋倒塌；大型国家粮、棉、油仓库火烧连营等等。这些屡见不鲜的重大、特大事故，叫人听了不寒而栗。不仅造成人员大量伤亡和国家财产的重大损失，也给国家的声誉造成负面影响。近些年来，在我们粮油加工企业中，发生的浸出车间和粉尘爆炸、重大火灾和设备事故等并不少见。出现这些问题的责任在领导，最根本的原因是忽视管理，管理倒退。对此，粮油加工企业要引以为戒，吸取用鲜血和生命换来的教训。企业一把手要有“生命高于一切，责任重于泰山”的责任感来抓企业的安全生产。要在提高全体员工安全意识，营造人人“珍爱生命、关注安全”的基础上将实现安全生产的各项规程措施、制度标准、条例规定等责任落到实处，要一级抓一级，层层抓落实，做到安全人人有责、责无旁贷，形成安全生产事事有标准、有要求，处处有人抓的长效机制。要让所有领导和广大员工都认识到，做好安全工作只有起点，没有终点。只有真正做到领导重视，责任落实，教育到位，制度健全，才能确保安全生产，才能让广大员工切实领悟到“高高兴兴上班来，平平安安回家去”的真正涵义。

二、要把粮油产品的质量与安全放在第一位

民以食为天，食以安为先。食品是人类赖以生存和发展的最基本的物质条件，食品安全涉及人类最基本权利的保障。随着经济的全球化，食品安全日益成为备受关注的热门话题。近几年来，世界上一些国家和地区食品安全的恶性事件不断发生，随着食品加工中化学品和新技术的广泛使用，新的食品安全问题不断涌现，严重地危害着百姓的健康，成为当今世界各国最为关注的食品安全问题。在我国，食品工业在国民经济中占有重要地位。随着我国经济不断快速发展，食品的种类越来越丰富，产品数量供给充足有余，在满足食品需求供给平衡的同时，食品的质量安全问题越来越突出。假冒伪劣食品频频被曝光，危害消费者身体健康和生命安全的群发性事件时有发生，严重打击了广大消费者的消费心理。人们对食品安全谈之色变，食品质量安全问题已成为社会反映强烈的热点问题。针对三鹿奶粉、苏丹红事件、假药、毒酒等食品质量安全问题，我国政府高度重视，及时制定了《食品安全法》等，并采取了一系列治理措施，使食品质量与安全明显提高。

粮油产品是人们一日三餐都离不开的最重要的食物，也是食品工业的基础原料，其安全与质量关系着人民群众身体健康和生命安全，关系到社会的安定和国民经济的发展。为此，粮食加工企业必须牢记粮油产品的质量安全，与国家粮食安全一样是天大的事，必须始终把“安全”与“质量”放在第一位。要严格按国家标准组织生产，严把粮油产品质量关。绝不滥用或超量、超范围使用食品添加剂；绝不使用不符合卫生标准规定的原料、辅料、包装物料；绝不销售不合格产品、过期产品、变质产品、假冒伪劣产品；绝不容许有害物质混入粮油食品。要完善粮油产品的质量安全检测体系建设，加强对原辅料、半成品等的理化、微生物、真菌毒素、农药残留、重金属等指标的检测；要

加快推行食品管理体系（GB/T 22000）、危害分析和关键点控制（HACCP）、良好操作规程（GMP）等质量管理与控制体系建设，确保粮油产品的绝对安全。

当前，在暴露我国食品质量与安全的同时，我们也要客观、全面地评价我国食品的总体质量水平。也就是说，不能把我国的食品质量安全问题讲得一无是处，要施以正能量，要维护国家和民族的形象。对此，自去年以来，我在评价粮油产品总体质量安全水平时，多次对媒体的朋友们讲了以下一番话。就目前我国粮油加工业的技术与装备的总体水平而言，已经接近和达到国际先进水平。纵观粮油市场，现在我们可以说，目前我国的粮油加工产品质量和品种是我国有史以来最好最多的时期，但与此同时也是暴露问题最多的时期。分析“暴露问题多”的原因，一是随着人民生活水平的提高，对品质的要求越来越高，不同人群的需求多样化趋势越来越明显。二是随着科技的进步，对粮油产品及其可能存在与产生危害物的认识越来越清楚，诸如粮食烘焙食品中的丙烯酰胺；粮油产品的塑化剂污染；食用植物油中的反式脂肪酸、3-氯丙二醇酯（3-MCPO）等等。现在，我们不仅了解了这些有害物质的产生与危害，并有办法加以防范。三是个别企业由于管理不严，责任心不强，造成产品质量不稳定。四是人们的自由度增加，个别媒体不经科学调查，不征求行业的意见，以讹传讹，随意“炒作”，甚至将能点燃的挂面说成是“有问题产品”，将个别质量指标和卫生指标不合格的产品说成是有毒粮油产品等等，造成消费者的心理恐慌。

在谈到市场上出现的“以假充真”和“假冒伪劣”产品时，我认为这是经营者的不道德表现和非人行为，必须通过提高全民素质教育和强有力的社会综合治理才能解决，它与正常的粮油加工产品质量没有关系，不能混为一谈。但不管如何，粮油加工产品的质量，必须引起我们的高度重视。

三、要纠正成品粮油产品在生产和销售中的“三过度”问题

成品粮油生产中的过度加工，以及在销售中的过度包装和过度宣传问题，是当前粮油加工业出现的突出问题，必须引起我们的高度重视，认真加以限制。

为改变米面产品片面追求过“精”、过“细”、过“白”和食用油产品片面追求色值过“淡”的倾向，我们要大力倡导“适度加工”，做到提高纯度，合理控制精度，提高出品率，节约资源消耗，最大程度保留粮油原料中固有的营养成分，防止“过度加工”。为控制成品粮油产品的“过度加工”，《粮油加工业“十二五”发展规划》中指出，成品粮油产品的过度加工是粮油加工业发展中面临亟待解决的突出问题。多次强调要严格控制大米、小麦粉和食用植物油的“过度加工”。当前，我们要特别注意纠正大米加工中的“过度抛光”和食用植物油加工中的“过度精炼”问题。

为迎合消费者的感观需要，社会上的许多商品“过度包装”现象越演越烈，不仅造成产品成本加大和包装物料等宝贵社会资源的极大浪费，同时增加了大量城市垃圾和环境污染物。2013 年 2 月 28 日晚，中央电视台在焦点访谈前的广告中披露，全国城市的垃圾大多来自“过度包装”的废弃物，每年因“过度包装”造成的损失达 4 000 亿元人民币。近年来，我们粮油加工行业，受社会商品“过度包装”的影响，部分粮油产品的“过度包装”也很突出。在 2012 年举办的全国粮油精品展上，粮油产品的“过度包装”

现象到处可见，尤其是大米和食用油的“过度包装”更为突出。我们在现场看到，一款名为“2.5 kg/××一号木制礼盒”，内装5小包合计2.5 kg“××一号”有机大米和一小瓶枸杞油，零售价为588元，出厂价为370元。另一款“3 kg/××一号礼盒”（注：纸盒礼品装），内装8小包有机大米，合计3 kg，零售价为400元。另外，以高档食用用油为名的豪华“过度包装”也到处可见。我认为，这种靠“过度包装”，卖高价的粮油产品，日子是长久不了的，我们不应提倡。

企业在经营活动中，为让消费者知情，促进产品的销售，利用广告及产品标签对其产品进行宣传，这是一种商业行为，是无可非议的。但问题是，有些宣传不是实事求是，夸大和“过度宣传”的现象时有发生；有的宣传含糊不清，消费者看了不明其意，有虚假宣传和蒙骗消费者的嫌疑。今年6月29日，中央电视台在晚间新闻后的有关新闻评论中，披露了一些所谓功能性食品，采用“过度宣传”、“虚假宣传”等手法蒙骗消费者。其中提到了个别食用油也存在这类问题。对此，要引起我们的高度重视，自觉加以整治。

在粮油产品的广告宣传和产品标签上，不符合国家要求的“过度宣传”、“模糊宣传”、“不平等宣传”的形式和表现很多。诸如：“某某专用产品”、“某某指定用产品”、“某某宴会用产品”等等，尤其是食用油产品的“过度宣传”、“模糊宣传”现象更为突出，什么“不含胆固醇”、“非化学溶剂浸出”、“不含抗氧化剂”、“纯物理加工”等等，真是费尽心机，五花八门，有的玩弄玄虚，让消费者不知其意，其用意是贬低别的产品，抬高自己产品的身价。从长远看，这种做法既损害了别人，又不利于行业的健康发展，最终的结果是对自己也没有任何好处。纠正上述“三过度”现象，任务艰巨。我们一定要在提高认识的基础上，认真对待，有所作为。

四、要加快产业结构和产品结构的调整

要加快产业结构和产品结构的调整，研究新的经济增长点，加快产业和产品结构调整，是促进粮油加工业持续稳定发展的重要保证。

总结粮油加工业的发展经验，当前调整产业结构势在必行。根据“十二五”发展规划的要求，要大力培育粮油产业化龙头企业，鼓励和引导大型企业兼并重组，不断提高产业集中度，增强企业的核心竞争力和抗风险能力。要进一步推进粮油产业化经营，提升优质粮油基地建设规模化和标准化水平，逐步实现加工原料的专用化、规模化和标准化。要鼓励和支持中小企业通过改造升级，提高产品质量，降低消耗，具有特色，提高市场竞争能力。要依据国家产业结构调整指导目录，强化环保、卫生、能耗、出品率、安全等指标的约束作用，加大对技术水平低、卫生质量和安全环保不达标、能耗高、污染严重等落后产能的淘汰力度。

在调整产品结构方面，当前我们要加快对系列化、多元化、营养健康粮油食品的开发；提高名、优、特、新产品的比重；大力发展米、面主食品工业化生产；扩大专用米、专用粉、专用油的比重；积极发展全麦粉、糙米、杂粮制品和特种油脂；进一步发展有品牌的米、面、油小包装产品，尤其是要加快发展小包装食用油，逐步替代乃至取消市场上的散装食用油。

五、要正解处理好“产能过剩”问题

为促使粮油加工业的健康持续发展，我们要高度重视并下大力调整好粮油加工业的产能结构问题。现在，我国粮油加工业的产能利用率不高，产能过剩，一些地区和品种的产能过剩较为严重已是不争的事实。

根据国家粮食局的统计，2012年，我国稻谷、小麦和食用植物油加工业的产能利用率继续下降，产能过剩问题尤其突出。例如，稻谷加工业平均产能利用率只有44.5%，比上年又下降了0.4个百分点；小麦加工业平均产能利用率为64.0%，比上年下降了0.7个百分点；食用植物油加工企业油料处理产能利用率为52.8%，比上年下降了4.5个百分点；油脂精炼能力利用率为52.6%，比上年下降了8.3个百分点。上述统计数据表明，在产能过剩中，稻谷加工业的产能利用率最低，只有44.5%；食用植物油加工油料处理产能利用率和油脂精炼能力利用率在过去的一年里降幅分别高达4.5个百分点和8.3个百分点。另据统计，部分地区粮油加工业的产能过剩问题更加突出，调整和淘汰落后产能的任务十分艰巨。

在调整产能结构中，首先我们要下大力加快淘汰一批工艺落后、设备陈旧、卫生质量安全和环保不达标、能耗物耗高的落后产能；其次是要提倡走内涵扩大再生产的路子，通过采用先进技术和装备，对老企业进行技术改造，达到淘汰落后产能、增加先进产能、提高质量、降低消耗和提高经济效益的目的。要严禁盲目铺新摊子，随意新建、扩建，造成新的产能过剩；再次是要严格控制盲目投资、盲目求大和低水平重复建设，促进粮油加工业有序、健康和协调发展。这里要特别强调的是要警惕跟风，盲目求大，现在一些利用国产粮油原料的新建企业，不考虑原料供应，动不动就建年处理原料能力30万吨，甚至30万吨以上的规模，造成大多企业开工不足，半开半停的现象十分普遍，企业效益差，有的甚至已濒临倒闭，这种教训，应该引以为戒。

六、要把节能减排，实行清洁生产作为企业发展的永恒主题

节能减排，挽救地球家园的命运，维护人类的生存环境，已经成为世界各国的共同任务和目标。

我国经济快速发展，各项建设取得巨大成就，但也付出了巨大的资源和环境代价，经济发展和资源环境的矛盾日趋尖锐，百姓对环境污染问题反应强烈。对此，我国政府高度重视，自“十一五”国民经济发展规划开始，提出了单位国内生产总值能耗降低20%左右和主要污染物排放总量减少10%的目标和任务。这是贯彻科学发展、构建社会主义和谐社会的重大举措；是建设资源节约型、环境友好型社会的最佳选择；是推进经济结构调整，转变增长方式的必由之路；也是维护中华民族长远利益的必然要求。

根据国家节能减排的总要求，我们粮油加工业也不例外，在全国《粮油加工业“十二五”发展规划》中指出：“到2015年，粮油工业单位产值二氧化碳排放减少17%以上，单位产值能耗降低10%以上。”为此，粮油加工企业要按照规划提出的要求认真贯彻落实。要在进一步提高对节能减排重要意义的基础上，把节能减排的重点放在节电、

节煤、节气、节水等降耗上，放在减少废水、废气、废渣、废物等产生和排放上，并按照循环经济的理念，千方百计采取措施加以利用和处置，实现污染物的零排放。

从目前的现状看，粮油加工企业在节能减排方面的潜力是很大的。根据国家粮食局2012年度的统计，全国平均加工每吨大米的电耗高达50.3度，加工每吨小麦粉的电耗高达68.8度，加工每吨食用油的电耗为103.6度，与行业内的先进平均指标差距很大。只要我们高度重视，多管齐下，制订积极可行的措施，是可以做好节能减排这篇文章的。

粮油加工企业要做好节能减排这篇文章，必须依靠科技进步，实施创新驱动。从最近业内获得的一些科技成果看，粮油加工企业除了要认真实施"适度加工"、防止"过度加工"外，要加强新工艺、新技术的研究，积极探索缩短工艺、减少设备；粮油机械制造企业，要下大力开发高效节能装备，为粮油加工企业节能减排创造条件。

推行清洁生产，是节能减排的重要抓手。粮油加工业实行清洁生产是防治环境和加工过程中对产品的污染，实现节能减排的最佳选择；是现代粮油加工业发展和文明生产的重要标志。其目的是优质、安全、节能、降耗、减污、增效。粮油加工企业实行清洁生产，通过对技术工艺、设备、过程控制、原辅材料等革新，可以确保粮油产品的质量与安全，做到节能减排，企业增效的目的。为防止粮油产品在加工过程中的"再度污染"，2008年10月，河南中鹤纯净粉业有限公司建成了一座年加工小麦30万吨的"纯净面粉"生产线。他们按照清洁生产的要求，通过对小麦轻度剥皮、小麦着水采用净化水、粉间管道全部采用不锈钢管道等措施，使面粉中的菌落总数由通常的5 000左右降低到500以下，深受食品厂的欢迎，产品一直供不应求，经济效益显著。

前几天，我去山东潍坊的瑞福油脂股份有限公司参观学习，深受启发。该企业生产的崔字小磨香油是有600多年历史的中华老字号。为确保崔字小磨香油的质量，其十八代传承人——崔升扬早在20世纪30年代就提出了"料必优、水必好、器必洁、称必足"的十二字生产经营理念。我理解，其中前九个字就是实行清洁生产。

由此可见，节能减排和实行清洁生产，是粮油加工业发展的永恒主题，必须长期坚持下去。

七、要进一步重视资源的综合利用

粮油加工企业在生产米、面、油产品的同时，还生产出大量的副产物，诸如稻谷加工中生产出的稻壳、米糠、碎米等，小麦加工中生产出的麸皮、小麦胚芽等，油料加工中生产出的饼粕、皮壳、油脚、馏出物等等。这些副产物都是宝贵的资源。按照循环经济的理念，粮油加工企业要提高这些资源的综合加工和转化利用水平，为国家创造更多的财富。

根据国家粮食局的统计，2012年全国就稻谷和小麦加工生产出的主要副产物有米糠1 331万吨、碎米622万吨、稻壳2 519万吨、小麦麸皮2 989万吨、小麦胚芽19万吨等等。对这些宝贵资源的利用，当前的重点应放在大力推广米糠和玉米胚集中制油上，放在稻壳用作供热和发电上，放在提高碎米、胚芽和麸皮等副产物的综合利用水平上。

为充分利用这些宝贵资源，在全国《粮油加工业“十二五”发展规划》中明确提出，“要有效利用粮油资源，加强副产物综合利用。到 2015 年，稻壳、米糠、玉米胚等副产物综合利用率明显提高”。“要大力推广米糠和玉米胚等集中制油，为国家增产食用植物油。推广米糠膨化保鲜技术设备，采取‘分散保鲜、集中榨油（浸出）’或‘分散榨油、集中精炼’模式，明显提高米糠利用率”。至今，实施《粮油加工业“十二五”发展规划》已两年多时间了。以利用米糠和玉米胚芽制油为例已取得突破性进展。全国米糠油产量已由 2010 年的 23 万吨提高到 2012 年的 40 万吨，增幅达 74%；玉米油的产量已由 2010 年的 118 万吨提高到 2012 年的 165 万吨，增幅为 40%。米糠油和玉米油的合计产量已达 205 万吨，已经超过了原规划到 2015 年米糠油和玉米油的合计产量达到 180 万吨的计划，占 2012 年度食用植物油总消费量 2 894.6 万吨的 7.1%。也就是说为我国食用油自给率作出了提高 7 个百分点的贡献，这是很不容易的。

尽管我们在推广米糠和玉米胚集中制油上已经取得了突破性的进展，但具体分析，还有许多潜力可挖。以米糠利用为例，2012 年全国生产了米糠油 40 万吨，粗略估算约需米糠 300 多万吨，只占全国米糠产量 1 331 万吨的 22.5%，对此，我们要把进一步提高米糠榨油的利用率作为充分利用资源，为国家增产油脂的重中之重。我相信，在国家政策的支持下，经过大家的共同努力，几年后我国米糠油和玉米油的合计产量达到 300 万吨左右，约占国内油脂供给总量的 10%左右是有可能的。

八、要把发展主食品生产作为“调结构、转方式”的重要举措

粮油加工企业发展主食品生产，主要是指发展米面主食品。我们通常说的米、面主食品是以大米、小麦粉和杂粮为主要原料制成的各类食品，如以大米为主要原料生产的方便米饭、方便粥、米粉、米糕和汤圆等等；以小麦粉为主要原料生产的馒头、挂面、鲜湿面条、饺子、馄饨等等；以及用杂粮或用杂粮与大米、小麦粉搭配为主要原料生产的上述有关主食品。这些主食品有的可直接食用，有的为只要稍加加工即能食用的半方便食品，是适合中国人传统饮食习惯和符合城乡居民生活节奏加快需要的粮食制成品。

为方便百姓生活，逐步做到家务劳动社会化，国家对发展米、面主食品的生产高度重视，把发展主食品工业化生产列入了全国《粮油加工“十二五”发展规划》的重点，鼓励粮油加工企业在搞好传统的米、面、油加工产品的同时，积极发展米、面主食品工业化生产，提出到 2015 年，用于工业化生产的米面主食品占米、面产品总量的比例提高到 20%以上。为推进主食品产业化生产的发展，去年 5 月，国家粮食局在郑州召开了“全国粮油加工业暨主食产业化工作会议”；8 月颁发了《关于进一步推进主食产业化，增强口粮供应保障能力的指导意见》。

在国家政策的鼓励支持下，许多地方政府也将发展主食品工业化生产，作为一项民生工程；出台了许多优惠鼓励政策，发展势头很好。为促进粮油加工业的持续稳定发展，粮油加工企业要把发展主食品生产作为“调结构、转方式”的重要举措；作为改变传统的粮油加工业由生产成品粮油为主向生产成品粮油、主食品种同步发展转变，延伸粮油产业链的重要方式；作为满足城乡居民消费需要，扩大社会就业机会，促进农民增收、企业增效的重要内容。对此，粮油加工企业要把发展主食品生产作为今后的发展方

向，加快步伐，持之以恒地向前推进。

九、要正确认识发展全谷物食品和低温压榨制油

粮油产品为最大程度地保留其原料中固有的营养成分，满足不同人群的需要，近些年来，全谷物食品和低温压榨油品在我国发展较快，其产品受到部分消费者的青睐。对这两个产品的发展前景，业内有不同的看法。对此，我想讲点自己的看法。

全谷物食品是指完整、碾碎、破碎或压片的谷物，其基本的组成包括淀粉质胚乳、胚芽与皮层，各部分组成的相对比例与完整的颖果一样。全谷物食品含有丰富的B族维生素、维生素E、镁、铁和膳食纤维，还含有一些果蔬食品中没有的、营养价值很高的抗氧剂。由于它具有高膳食纤维、低脂肪、低饱和脂与低胆固醇和低热量等特点，所以具有一定的保健功能，是当今世界公认的营养健康食品的典型代表之一。近年来，发达国家正在掀起全谷物食品的热潮，美国是全谷物食品需求增长最快的国家，目前全谷物产品在美国谷物食品中占40%以上，在高端谷物产品中占70%以上。在我国，随着人们健康保健意识的增强，全谷物食品越来越受到更多人的青睐。糙米、发芽糙米、全麦粉、燕麦片等全谷物食品开始崭露头角，发展较快。据国家粮食局统计，2012年全国糙米产量为66万吨，比2011年的69万吨下降5.3%；全麦粉产量为174万吨，比2011年的104万吨，同比增长67.3%。总的来看，发展势头较好。对在我国发展全谷物食品，我曾发表过一些文章，归纳起来有以下四个观点：第一，全谷物食品在我国会得到较快发展，是今后发展的重点产品之一，但它不可能成为粮食加工中的主导产品，其发展速度与规模，一定要根据市场需要来合理确定。在发展全谷物食品的做法上既要积极，又要稳妥，切忌一哄而起，盲目发展。第二，全谷物食品不是粗加工，其产品是高端食品。不是所有的小麦和稻谷都能生产出全谷物食品的，只有品质优良，经过反复清选后的小麦和稻谷等优质粮食品种，才能生产出全麦粉、糙米、燕麦片等一类全谷物食品的。第三，全谷物食品要与我国的杂粮开发利用相结合，做到既要具有丰富的营养，又要下大力解决好“口感”和“吃法”问题。第四，要加强全谷物食品营养与健康的关系与作用机理的研究。在此基础上，根据中国的国情，针对不同地区、不同年龄段和特定人群的需要，不断开发新的全谷物食品，推动全谷物食品的健康发展。

关于对采用低温压榨制油方法，生产出各种“冷榨油”的看法。为在食用油中最大程度地保留油料中固有的各种生理活性物质和营养成分，这几年来，我国的一些食用油加工企业采用低温压榨制油方法，生产出了诸如冷榨花生油、冷榨菜籽油、冷榨大豆油等“冷榨油”，有的企业还在计划生产“冷榨葵花籽油”、“冷榨茶籽油”、“冷榨芝麻油”等等。这些“冷榨油”大多不加精炼，只需经过沉淀、过滤即能投放市场，其亮点是营养丰富，原汁原味，为此，受到部分消费者的认可。我对“冷榨油”的看法，有些类同对发展全谷物食品的看法。但对其今后的发展前景有些忧虑，怕在执行要求越来越高的食用油卫生标准上出问题，过不了关。对此，我希望生产“冷榨油”的企业，一定要更加严格把好原料的采购、储藏等质量关；把好加工各环节的清洁生产关；把好成品油的质量检测、检验关；把好成品油的包装、储存、运输和销售关，以确保“冷榨油”产品的质量与安全。

十、要严格控制利用粮油资源生产生物能源

解决中国13多亿人的吃饭问题是天大的事。为此，党和政府历来高度重视粮食生产和粮食供应，取得了历史罕见的粮食生产“九连增”，这是来之不易的。在充分肯定我国粮食生产和粮食供应取得辉煌成就的同时，也应看到，随着我国人民生活进一步提高和人口增加带来的粮食需求的刚性增长以及饲料和工业用粮的强劲增长，与耕地减少、水资源匮乏、气候变化等造成的粮食增产缓慢等极不相称的现状，以及近年来，我国进口粮油等数量之大，表明我国目前的粮食供应“紧平衡”状态没有根本改变，并预示“紧平衡”将成为我国粮食供需的常态。

为确保粮食安全，在《粮油加工业“十二五”发展规划》中明确指出要提高粮油的供给保障能力，确保口粮和饲料用粮供给安全。按照确保口粮和饲料用粮的要求，根据“不与粮争地，不与人争粮”的原则，从国家粮食安全和保护环境出发，对利用小麦粉生产谷朊粉出口的项目，以及利用食用植物油和粮食生产生物能源的项目，要予以严格控制。

为限制前些年玉米深加工无序发展，国家出于维护粮食安全角度，出台了一系列调控政策，引导玉米深加工产业健康良性发展，收到了成效。据统计，2012年玉米深加工原料处理量5 534万吨，同比下降1.2%，首次呈现玉米加工消费量下降。其中燃料乙醇的产量由2009年的278万吨，下降到2012年的154万吨，降幅达80%。这充分证明了国家调控政策的威力，与此同时告诉我们，粮油加工企业在考虑新上项目时，一定要认真领会和贯彻国家的有关政策，以便少走弯路。

第三章　市场分析与规划建议

粮油工业深化改革的几点意见

1992 年 4 月

粮油工业深化改革的总的指导思想是加强领导、转变观念、转换机制、依靠科技、调整结构、强化管理、提高效益，使粮油工业持续、稳定、协调发展。

一、转变观念，进一步加强对粮油工业的领导

商业部领导对商办工作十分重视，去年就商办工业工作做了一系列重要指示，并三次召开部办公会议研究商办工业工作。今年 2 月 2 日，胡平部长指出：发展商办工业是扩大社会影响，提高知名度，促进国合商业自身发展的需要。是调整经济结构的需要。商办工业作为工业的重要组成部分和流通领域的支柱产业，在我国各部门中列第五位，在消费品工业中也居前几位，有不少独具特色的产品要大力发展，很多鲜活商品要通过加工，方便人民消费，传统产品要采用新技术进行改造。食品工业的产品结构调整，涉及面广，与人民群众关系密切，大有潜力。20 世纪 90 年代商办工业要加快实现现代化的步伐，登上一个新台阶。发展商办工业也是流通体制改革的需要。商业改革，发展商办工业是一条路子。要发展精深加工、综合利用、多种经营，在国家许可范围内，社会需要什么产品，什么产品有较好的效益，商办工业就研制生产什么产品，使商办工业逐步向系列化、集团化、社会化、国际化方向发展。发展商办工业是新的历史时期，充分发挥国合商业主渠道作用，建立以公有制为主体的社会主义商业的需要。发展商办工业要坚持调整、开拓、改革、创新。调整：根据国家产业政策和商办工业实际，积极调整产品结构，努力发展适销对路的产品，同时调整企业的组织结构，适应产品结构调整的需要。开拓：首先要解放思想拓宽思路，其次是要搞好市场开拓，再次是根据市场需要研制开发新产品。改革：思维方法要改革，要发展大流通，大商业，大市场，坚持市场需要什么，工厂安排生产什么，商业收购什么的顺向思维，而不能搞逆向思维。要继续推行承包经营责任制，在试点的基础上在商办工业企业逐步推广重庆“四放开”的经验，最大限度调动商办工业 300 多万职工的积极性，通过深化改革促进商办工业发展。创新：重视研究国际国内市场信息，注意探索总结新经验，不断采用新技术、新工艺，开发新产品，开创新局面。

为进一步扩大商办工业宣传，推动商办工业发展，要做好五件事：

一要拍好商办工业电视片；二要组织撰写商业部也是工业部的论文；三要编写商办工业之最；四要公布几个百家企业，表彰商办工业十佳企业；五要开好商办工业各类会议，总结交流经验。

部领导这样重视商办工业工作，是对我们粮办工业战线上广大干部、职工的极大鼓舞。各级粮食部门的领导一定要带头转变观念，特别是在粮油体制改革不断深化，粮办

工业面临着转机和困难的时候，一定要进一步重视、关心、支持和加强对粮办工业的领导，做到贸易、实业两手抓，坚持粮食商业和粮办工业两个轮子一起转，以增强粮食部门的生存和发展后劲。

二、要进一步深化改革，搞活粮油工业企业的内部经营机制

要研究和学习重庆商业部门实行的“四放开”经验，摸索粮油工业企业实行经营放开、价格放开、用工放开和分配放开的做法和经验。

在经营上：在改革开放的形势下，粮油工业的主管部门和企业的领导一定要尽快树立经营思想。要学会做买卖，拓宽自己的经营范围和摸索各种各样的经营方式。随着粮油购销价格的理顺，要进一步巩固和扩大粮油加工产品的自营比重。在这方面，浙江省的工作做得好。据了解，1991 年，全省粮油工业实现利润 1.086 亿元，其中自营产品利润为 8 945.12 万元，占全部利润的 82.34%，比上年增长 39.63%。

在价格上：由于粮油产品涉及千家万户，是物价稳定、社会稳定的重要物质基础，因此，当前必须严格按照政府规定的价格执行。但是，粮油工业企业开展自营业务的成品粮油及其副产品的价格，应该允许随行就市。随着改革的深入，今后粮油价格的逐步放开，粮油产品优质优价亦将同步实行。

在用工上：粮油工业企业也要进行试点，逐步做到四个“三”：搬掉“三铁”（铁交椅、铁工资、铁饭碗），做到“三能”（职工能进能出、干部能上能下、工资能高能低），宣传“三制”（全员合同制、干部聘任制、内部待业制），实行三岗（在岗、试岗、待岗）。

在分配上：深化企业内部分配制度的改革与企业劳动用工、人事制度的改革是相辅相成的。各地粮油工业部门也应选择有代表性的、具备条件的少数企业试点摸索。要积极、稳妥地进行岗位技能工资制度的试点。实行岗位技能工资制，一定要向一线苦、脏、累、险岗位和高技术岗位合理倾斜。没有实行岗位技能工资制的企业，要适当提高苦、脏、累、险工种的岗位津贴标准。要加强对企业内部分配的指导。总之，我们要搞活粮油工业企业的内部经营机制，调动各方面的积极性，增强企业的活力与生机。

三、以市场为导向，依靠科技进步，继续搞好产品结构的调整

（一）关于发展精加工、深加工的原则和要求问题。

第一，要继续发展精米、精面、精油的生产，尽快提高其在成品粮油中的比重，以适应“温饱型”向“小康型”生活过渡的需要。企业组织生产要以市场为导向，应以市场的需求和企业的条件来决定。精米、精面、精油的生产应不受其占成品粮油比例的限制。

第二，注意满足不同层次的需要，在发展精加工的同时，对米、面产品也要注意研究生产一些粗米、粗面。制作出具有功能性、营养性和保健性的制品。同时也不能忽视粗粮和小杂粮的加工生产。

第三，发展精加工、深加工，必须十分重视成品粮油的小包装。发展小包装容器。

一个省只能集中搞一两个点，供应一片，这样做有利于提高小包装容器的质量，有利于降低成本。

第四，油脂的精加工，如生产高级烹调油、色拉油等，要适当集中在大中型油厂中生产，以利于副产品的综合利用和获取规模经济效益，不要都去搞小型炼油车间。

（二）关于粮食加工向食品方向延伸，油脂加工向油脂化工产品和植物蛋白方向延伸的问题。

第一，发展粮油食品，在指导思想上，除了要继续搞好大众化食品外，要有点“超前意识”。搞好“两个延伸”，既要看到眼前，又要把眼光看得远些；产品既要注意以市场为导向，又要注意引导市场，引导消费。

第二，积极发展速冻食品，如速冻饺子、馄饨、烧麦、麻团等等。在国外的超级市场上，速冻食品丰富多彩，已经普及。这两年我国的大中城市速冻食品发展较快，深受消费者的欢迎，是今后发展的方向。搞速冻食品，可保持原有风味，夏天还可搞冷制品，有优势，投资不大，上马快。建议在消费水平较高的大中城市和沿海较发达的地区，粮油企业积极发展速冻食品，使粮食部门在速冻食品的市场上，占有一席之地。

第三，要研究消费者的心理和需求，注意开发功能性、营养性、保健性食品的生产。随着粮油精深加工的不断发展，要研究开发添加剂、乳化剂、抗氧化剂、天然香料、天然色素等食品改良剂的生产。

第四，要充分利用各地的资源优势，积极开发天然饮料和天然食品，如矿泉水、果汁饮料、蔬菜汁等等。现在农业部门推出了无污染绿色食品，受到了消费者的关注和喜欢，去年夏天上海矿泉水供不应求，占饮料市场的三分之一份额，我们应该从中得到启发。

第五，注意宏观管理，合理布局。“两个延伸”的内容丰富，品种繁多，前景广阔。但有些产品，特别是油脂加工的延伸产品，市场有限，技术难度高，投入大，风险大。建议开始时要选择基础条件好、技术力量和经济实力较强、有一定风险承受能力的大中型企业进行延伸，切忌盲目上马，一哄而起。

第六，要重视食品机械的开发研制。食品机械门类很多，需要量大。为此，我们的粮油机械厂要在妥善安排粮机生产的同时，拿出一部分力量投入到研制开发食品机械方面来。要敢于走出粮油机械的小天地，不要东抄西搬，搞内部竞争。

第七，要依靠科技进步，增加产品的技术含量。企业开发新产品、提高产品质量、降低消耗、增强发展后劲都离不开技术进步，因此，粮油工业企业在进行延伸时，要及时了解科技市场信息，舍得花钱买专利、买技术。要发现人才，使用人才，这是关键问题。

四、继续重视企业的技术改造

当前，市场竞争激烈，一些企业面临着优胜劣汰的挑战。要求得企业的生存发展，就必须要求企业的产品质量好、技术含量高、品种多、档次高、消耗低、成本低。

要积极采用先进工艺和先进设备，加速企业的技术改造。通过技术改造，提高产品质量，增加花色品种，降低消耗，提高经济效益，增强企业发展后劲。

要保持大中城市的粮油工业企业和大中型粮油工业骨干企业的优势，巩固县城一级的粮油工业企业，要想方设法筹集资金，突出重点，分期分批加速对企业的技术改造，使粮油工业企业在质量、品种、技术、消耗、效益等方面继续保持粮油工业的优势并得到不断发展。

今后粮油工业的技术改造，要为精深加工服务。比如面粉加工，不仅大中城市的粮油工业企业能生产高精度的等级粉和食品专用粉，县城一级的面粉厂，也要考虑进行必要的改造，适当增长粉路，使之能生产等级粉。不仅满足县内非农业人口的口粮和食品工业用粉的需要，而且要想方设法占领广大农村市场。

五、继续抓好“市场”和“现场”

随着粮油的逐步放开，过去那种粮油经营由粮食部门一统天下的格局已被打破，多渠道经营的局面已经出现。在粮油放开经营的试点县、市，粮食部门的成品粮油经营量有的只占50%，有的只占四分之一，粮食部门粮油经营量的大幅度下降，不仅影响粮食商业企业的生存和发展，同时也影响粮油工业企业的产品销售。企业失去了市场，就失去了生命。对此，我们必须引起高度重视，要认真对待，研究对策，放下“架子”，改变经营作风，改善服务态度。想方设法拓宽市场，并以质量高，品种多，服务好来赢得消费者的信赖。拓宽“市场”的着眼点在两个市场，即城乡市场和国内外市场。特别是要把眼睛盯住广阔的农村市场。

关于“现场”问题，我觉得企业的“现场”管理状况如何，不仅能反映出该企业总体管理水平的高低，也反映出该企业精神面貌的好坏，企业和职工素质的高低。一个现场管理脏、乱、差的企业，不可能有良好的企业精神和企业风貌，也不可能有好的经济效益。就是一时有较好的经济效益，也不可能长期保持下去。为此，必须高度重视，常抓不懈。

浅析2009年我国粮油市场的价格走势和粮油企业的发展前景

2009年2月26日于德州

2008年对中国来说是一个多事难忘的一年，对我国粮油工业来说也是极不寻常的一年。世界50多个国家出现粮食严重短缺、粮油价格大起大落，国家对粮油价格及其出口的宏观调控力度的加强以及全球金融危机的爆发等等，无不对我国2008年的粮油工业产生深远的影响。

一、2008年我国粮油工业的经济效益普遍不佳

与2007年相比，2008年我国粮油工业的经济效益将有较大幅度的下降，我们还清楚地记得，在刚刚庆贺了2007年我国粮油工业创造了以经济效益为代表的多项历史之最的欢乐情景下，2008年我们遭受了上述诸多不利因素的影响，致使许多企业经营困难，举步维艰。尤其是油脂工业企业，2007年其产量、产值、销售量、销售额和利润总额等主要经济技术指标均创历史最高纪录，其中利润总额突破了百亿元。但可惜的是好景不长，预计2008年粮油工业的利润将大幅下降，其中油脂工业的利润总额又可能降到近年来的最低点。由于国内外油脂油料市场价格自去年第四季度起一路大幅下跌，企业经营困难，亏损严重，我国油脂工业与2004年一样，成为经营最难的一年，一些中小企业又濒临破产或被兼并收购的地步。这种急剧变化，是大家都难以预料的。

中国油脂工业在经过了2004年和2008年两次难忘的惨痛经历之后，给我们油脂界留下了个难得的启示，那就是：我们在庆祝胜利的时候，不要忘记困难有可能即将降临，反之，在遇到极端困难的时候，光明有可能即将来临。也就是说，我们要始终保持清醒的头脑，在胜利时，不能忘乎所以，在困难时，不能悲观失望。

分析2008年我国粮油工业的经济效益有可能下降至近年来最低点的原因，除了受国际石油和粮油价格大幅波动以及全球金融危机等影响外，受国家宏观调整的影响也是不小的。

为了保持我国粮油价格的相对稳定，去年年初国家发展和改革委员会作出了对成品粮及粮食制品、食用植物油、猪肉和牛羊肉及制品、乳品、鸡蛋等食品类商品的临时价格干预措施，在这一干预措施下并规定企业对相关商品的提价和调价要事先申报和备案，经批准后方可实施。与此同时，为了确保国家的粮食安全，政府及相关部门出台了《关于尽快规定并公布粮食经营者最低和最高库存量具体标准的通知》、《关于取消小麦粉等原粮及其制品出口退税的通知》、《关于对57种粮食出口、征收临时性的出口关税（税率在5%～25%之间）的通知》以及《关于下达2008年度部分农产品出口配额有关问题的通知》等，在上述措施和规定的影响下，2008年一些大中型粮油骨干企业顾全

大局，服从和服务于国家的宏观调控政策，使企业本来可以挣的钱没有挣到或没有挣够，为国家的粮食安全和粮油价格的稳定做出了贡献，大家是不会忘记的。

去年年底，国家发展和改革委员会公布，根据《价格法》第三十二条规定，自2008年12月1日起解除对食品类商品的临时价格干预措施。这表明“干预措施”已经发挥了作用，完成了历史使命。这里有我们粮油加工企业所付的代价和作出的贡献。

二、浅析2009年国内粮油市场的价格走势

如何分析2009年我国粮油市场的价格走势，这是企业都很关心的。对此业内已有许多专家发表了自己的看法，这对我们企业来讲都很有参考价值。

我认为，2009年国内粮油市场供应和价格走势总体上将是平稳的，粮油市场价格在低位上振荡的走势将会延续下去。这是基于以下四个方面的实际来进行分析得出的结论。

（一）粮油资源相对充裕，是国内粮油市场价格平稳的物质基础。

在谷物的生产和期末库存方面：

据美国农业部2008年12月发布的全球农产品预测报告显示；预计全球2008/2009年度谷物产量为22.1597亿吨，比上年度增加9 559万吨。预计全球2008/2009年度谷物期末库存为3.9375亿吨，比上年度增加4 008万吨。其中2008/2009年度的小麦、玉米和大米的产量和期末库存均比2007/2008年度有所增长。

据有关方面的估计，2008年我国粮食总产量约为5.258亿吨，比2007年度的5.016亿吨增产2 420万吨，创历史最高；其中稻谷产量达1.93亿吨，比2007年度的1.86亿吨增产700万吨；小麦产量达1.125亿吨，比2007年度的1.06亿吨增产650万吨；玉米产量达1.65亿吨，比2007年度的1.523亿吨增产1270万吨。

在油脂油料的生产和供应方面：

据美国农业部2008年12月发布的全球农产品预测报告显示：预计全球2008/2009年度油籽产量为4.1827亿吨，比上年增加2 696万吨。总供给量为4.7977亿吨，比上年增加1 571万吨。有望达到历史最高水平。

根据我国国家粮油信息中心2008年12月提供的估计数据，我国2008年大豆预计产量为1 650万吨，较上年的1 272.5万吨增加377.5万吨；油菜籽预计产量为1 150万吨，较上年的1 057.3万吨增加92.7万吨；花生预计产量为1 360万吨，较上年的1 302.7万吨增加57.3万吨；棉籽预计产量为730万吨，较上年的762.4万吨减少32.4万吨；芝麻预计产量为61万吨，较上年的55.7万吨增加5.3万吨；胡麻预计产量为34.7万吨，较上年的26.8万吨增加7.9万吨。2008年以上六种主要食用植物油料产量较2007年增加508.3万吨。

以上数据表明，2008/2009年度国内外粮油生产和库存与2007年比较相对充裕，为我国2009年粮油市场价格的平稳奠定了物质基础。

（二）国家粮油储备稳步增长，是调控国内粮油市场供应和价格稳定的又一重要物质基础。

众所周知，我国的粮食储备大大高于国际人均储量水平。在2008年的世界50多个

国家出现的粮食严重短缺、价格暴涨中，我国充足的储备粮食对确保粮食市场的供应、粮价的稳定以及抗震救灾的顺利进行发挥了不可替代的作用，做到了国家有粮，百姓不慌。

食用植物油也是国家食物安全的重要组成部分，与粮食相比，目前我国的油脂油料的自给率只有42%左右，不足一半。为保障国家在任何时候食用植物油市场的供应和价格的平稳，自2007年底开始，国家加强了食用植物油油料和油脂的储备。经过一年的努力，储备数量有了较大增加，已有足够能力应对油脂市场的不测风云。

由此可见，我国充足的粮食储备和食用植物油脂油料储备是保证今后我国粮油市场供应和价格平稳的又一重要物质基础。

（三）全球金融危机和原油价格的一路走低，将影响粮油市场价格的攀升。

现在看来，金融危机对全球的经济发展将产生巨大的影响，而且这种影响的时间将是较长的。在全球金融危机的影响下，将伴随着各国经济增速的下滑、部分出口产品的减少、企业经营不景气、失业人员增加等问题的出现，从而影响着人们消费水平的提高，甚至会出现各种生产资料和生活资料不会像前些年那样的活跃和价格的节节攀升。2月15日北京竞报刊登了一篇《玫瑰比去年少卖三成》的文章。文章报道了，2月14日是情人节，记者走访了北京市多家花卉市场，了解到情人节那天33枝装、99枝装等大束玫瑰销售不如往年同期，今年大概少销售了三成左右。说明由于经济不景气，人们对自己的钱袋子也捂得更紧了。这尽管是件小事，但也反映了当前群众对消费的一种趋向。

而国际原油价格一度达到每桶147美元，现在跌至每桶不足40美元，这样大的跌幅历史罕见。由于粮油是再生清洁能源的重要原料之一，所以原油的价格走向会对粮油的价格产生一定的影响。有人预测，只有当原油价格停留在每桶60美元时，生物燃料才会有利可图，国际原油价格一路走低，生物燃料发展的动力就会减少，自然对菜油和豆油的需要也会减少。除非原油价格每桶涨至60～80美元，否则食用植物油价格就不可能大涨。我认为，这是很有道理的。2009年1月30日，北京青年报上登载了中科院的一篇有关《今年国际原油价格平均每桶为35美元》的预测报告。报告称，WTI（美国西德克萨斯轻质原油）原油期货价格2009年全年均价预计在每桶30～40美元之间，平均每桶35美元。如果各国救市措施没有达到预期效果，经济形势再度恶化，则油价很可能在2009年跌破每桶30美元。报告预计，2009年全年农产品期货价格将呈现整体下跌走势。玉米均价在每蒲式耳[①]275～315美分，大豆均价在每蒲式耳690～780美元，小麦均价在每蒲式耳405～455美分，三种粮食期货的同比跌幅在40%左右。

综上所述，全球金融危机和原油价格的一路走低，将会影响粮油市场价格的攀升。

以上是我对2009年国内粮油市场供应和价格走势总体看法。由于在实际生活中，有时会出现粮油市场的价格变化较大，比如，今年天气和雨水是否正常？夏粮的收成如何？都会对粮油市场的价格产生直接影响。尤其是油脂油料市场的价格变化受多种因素的影响变化更大。为此，我希望有条件的粮油企业要设置专人，经常研究分析国家的宏

① 1蒲式耳=36.368 735升。

观政策和粮油市场的走势，在经营活动中谨慎操作，以期取得好的经济效益。

三、我国粮油工业有着美好的发展前景

粮油工业是粮油产业化经营中的重要组成部分，是搞活粮油经营，提升粮油附加值的不可缺少的中间环节，是食品工业的基础工业。半个多世纪以来，我国的粮油工业发生了翻天覆地的变化，取得了长足的发展。但与此同时，粮油工业在发展的道路上也会遇到这样那样的困难，对此我们不应丧失信心，相反，应该对粮油工业的发展前景充满希望。

在不久前公布的《国家粮食安全中长期规划纲要（2008—2020年）》中提出，随着人民生活水平的不断提高，粮油的消费需求将呈刚性增长。据预测，到2010年我国居民人均粮食消费量为389公斤，粮食需求总量将达到5 250亿公斤，其中谷物消费需求4 410亿公斤，分别比2007年增加125亿公斤和100亿公斤。到2020年人均粮食消费量为395公斤，需求总量将达到5 725亿公斤，其中谷物消费需求4 775亿公斤，分别比2007年增加600亿公斤和465亿公斤。另据预测，2010年我国居民人均食用植物油消费量为17.8公斤，比2007年增加1.1公斤；消费需求总量2 410万吨，比2007年增加210万吨。2020年人均消费量为20公斤，消费需求总量将达到2 900万吨。为适应粮油消费刚性增长的需要，纲要中强调要“大力发展粮油食品加工业”。

由此可见，《国家粮食安全中长期规划纲要（2008—2020年）》为我国未来的粮油市场和粮油工业的发展指明了方向，勾画了美好的发展蓝图。同时也充分说明了粮油工业是一个有发展前途的朝阳工业和生命产业，我们应该为粮油工业的发展前景充满信心和希望。

关于2008年我国油脂油料的生产情况及2009年我国粮油市场的价格走势分析

2009年5月19日于黄山

很高兴参加由安徽省粮食行业协会和中国粮油学会油脂分会共同举办的"2009年中国油脂（油菜籽）形势分析研讨会"。下面我就2008年我国油脂油料的生产情况、粮油市场的价格走势和对当前油脂（油菜籽）市场价格走势的一些看法介绍些情况和讲点意见，供大家参考。

一、2008年我国油脂油料生产与市场供需情况

在国家出台的一系列促进油料生产政策的影响下，2008年我国油脂油料的生产情况与2007年相比有较大的提高，八大油料作物的总产量超过6 000万吨，达6 015万吨，创造了我国油料生产的最高纪录，其中大豆产量为1 550万吨、花生产量为1 500万吨、油菜籽产量为1 180万吨、棉籽产量为1 350万吨，均比2007年有较大幅度的增长，见表1。

表1 2001～2008年我国主要油料生产情况 （单位：万吨）

	2001年	2002年	2003年	2004年	2005年	2006年	2007年	2008年
大豆	1 500	1 650	1 540	1 800	1 850	1 510	1 280	1 550
花生	1 447	1 495	1 342	1 431	1 434	1 276	1 302	1 500
油菜籽	1 132	1 053	1 142	1 304	1 305	1 270	1 060	1 180
棉籽	750	836	820	1 041	969	1 144	1 292	1 350
芝麻	84.2	90	59.3	82	90	95	98	95
葵花籽	177	200	174	197	200	220	210	220
油茶籽	82	83	85	88	95	100	110	120
合计	5 180	5 406	5 162	5 976	5 943	5 615	5 352	6 015

注：1. 芝麻、葵花籽和油菜籽的产量是有关部门估算数；2. 此表由中国植物油行业协会提供

2008年，我国的油脂油料生产虽然有了长足发展，但仍赶不上油脂油料市场消费增长的需求。为满足市场需求，2008年我国油脂油料的进口数量再创历史新高，进口油脂油料的总折油量达1 614万吨，扣去出口油料的折油39万吨后，我国2008年油脂油料的净进口折油达1 575万吨。据有关权威部门计算，2008年我国食用植物油的自给率只有41.6%。2008年我国油脂油料的进出口情况见表2。

表 2　2001～2008 年我国油脂油料进出口统计表　　（单位：万吨）

	2001 年	2002 年	2003 年	2004 年	2005 年	2006 年	2007 年	2008 年
进口折油	514.4	570.2	958.3	1 113	1 157	1 281	1 510	1 614
豆油	7.0	87.00	188.4	252	169	154	282	259
菜籽油	7.0	7.8	15.2	35	18	4.4	37.5	27
棕榈油	151.7	222.1	332.5	386	433	508	548	528
大豆	1 394	1 132	2 074	2 023	2 659	2 827	3 080	3 744
菜籽油	172.4	61.8	17.7	47	30	74	83	130
出口折油	39.9	28.9	35.5	38	43	53	35.6	39
净进口	474.5	531.3	922.8	1 072	1 113	1 228	1 475	1 575

注：此表由中国植物油行业协会提供

二、对 2009 年国内粮油市场的价格走势分析

如何分析 2009 年我国粮油市场的价格走势，这是企业都很关心的。对此业内已有许多专家发表了自己的看法，这对我们企业来讲都很有参考价值。

我认为，2009 年国内粮油市场供应和价格走势总体上将是平稳的，粮油市场价格在低位上振荡的走势将会延续下去。这是基于以下三个方面的实际来进行分析得出的结论。

（一）粮油资源相对充裕，是国内粮油市场价格平稳的物质基础。

在谷物的生产和期末库存方面：

据美国农业部 2008 年 12 月发布的全球农产品预测报告显示：预计全球 2008/2009 年度谷物产量为 22.1597 亿吨，比去年度增加 9 559 万吨。预计全球 2008/2009 年度谷物期末库存为 3.9375 亿吨，比上年度增加 4 008 万吨。其中 2008/2009 年度的小麦、玉米和大米的产量和期末库存均比 2007/2008 年度有所增长。

据国家统计局统计，2008 年我国粮食产量达到 10 570 亿斤，比 2007 年增加 538 亿斤，创历史最高。其中，夏粮产量 2 408 亿斤，同比增加 61 亿斤：早稻产量 632 亿斤，同比基本持平：秋粮产量 7 530 亿斤，比上年增加 476 亿斤。

在油脂油料的生产和供应方面：

据美国农业部 2008 年 12 月发布的全球农产品预测报告显示：预计全球 2008/2009 年度油籽产量为 4.1827 亿吨，比上年增加 2 696 万吨。总供给量为 4.7977 亿吨，比上年增加 1 571 万吨。有望达到历史最高水平。

2008 年，我国的油料生产创最高纪录，产量达 6 015 万吨。

以上数据表明，2008/2009 年度国内外粮油生产和库存与 2007 年比较相对充裕，为我国 2009 年粮油市场价格的平稳奠定了物质基础。

（二）国家粮油储备稳定增长，是调控国内粮油市场供应和价格稳定的又一重要物质基础。

众所周知，我国的粮食储备大大高于国际人均储量水平。在 2008 年的世界 50 多个

国家出现粮食严重短缺、价格暴涨中，我国充足的储备粮食对确保粮食市场的供应、粮价的稳定以及抗震救灾的顺利进行发挥了不可替代的作用，做到了国家有粮，百姓不慌。

食用植物油也是国家食物安全的重要组成部分，与粮食相比，目前我国的油脂油料的自给率只有42%左右，不足一半。为保障国家在任何时候食用植物油市场的供应和价格的平稳，自2007年底开始，国家加强了食用植物油油料和油脂的储备。经过一年的努力，储备数量有了较大增加，已有足够能力应对油脂市场的不测风云。

由此可见，我国充足的粮食储备和食用植物油脂油料储备是保证今后我国粮油市场供应和价格平稳的又一重要物质基础。

（三）全球金融危机和原油价格的一路走低，将影响粮油市场价格的攀升。

现在看来，金融危机对全球的经济发展将产生巨大的影响，而且这种影响的时间将是较长的，在全球金融危机的影响下，将伴随着各国经济增速的下滑、部分出口产品的减少、企业的经营不景气、失业人员增加等问题的出现，从而影响着人们消费水平的提高，甚至会出现各种生产资料和生活资料不会像前些年那样的活跃和价格的节节攀升。

而国际原油价格去年一度达到每桶147美元，今年年初曾跌至每桶不足40美元，这样大的跌幅历史罕见。由于粮油是再生清洁能源的重要原料之一，所以原油的价格走向会对粮油的价格产生一定的影响。有人预测，只有当原油价格停留在每桶60美元时，生物燃料才会有利可图，国际原油价格一路走低，生物燃料发展的动力就会减少，自然对菜油和豆油的需要也会减少。除非原油价格每桶涨至60～80美元，否则食用植物油价格就不可能大涨。我认为，这是很有道理的。据有关资料报道，由于国际原油价格的大幅下滑，今年以来，国际上许多国家以粮油为原料生产生物燃料的企业纷纷停产，这足以说明国际原油价格的波动将会对粮油价格产生一定的影响。

综上所述，全球金融危机和原油价格的一路走低，将会影响粮油市场价格的攀升。

以上是我对2009年国内粮油市场供应和价格走势总体看法。由于在实际生活中，有时会出现粮油市场的价格变化较大，比如，每年天气和雨水是否正常？夏粮的收成如何？都会对粮油市场的价格产生直接影响。尤其是油脂油料市场的价格变化受多种因素的影响变化更大。为此，我希望有条件粮油企业要设置专人，经常研究分析国际的宏观政策和粮油市场的走势，在经营活动中谨慎操作，以期取得好的经济权益。

三、对我国当前油脂（油菜籽）市场价格走势的一些看法

与去年同期相比，当前油脂油料市场的价格下跌到如此低的水平是谁也预料不到的，基于当前油脂油料的价格状况，我有以下一些看法：

第一，从目前的价格看，油脂油料的价格“已经到了低谷”。现在一级豆油的价格每吨在6 600元左右，四级菜籽油每吨在7 800元左右，价格继续下降的空间已经不大。

第二，企业的经营风险相对较小。由于目前油脂油料市场的价位“已经到了低谷”，与去年相比，再想大落的可能性极小，为此，今年油脂企业的经营风险不会太大。

第三，企业在经营过程中，“留点库存”的风险也不会太大。为此，我认为有资金实力的企业，在经营活动中可适当“留点库存”，以待价格的上扬。

第四，对即将上市的新油菜籽价格“不太乐观”。按目前市场的菜籽油和菜籽粕估算，对企业而言，今年的新油菜籽收购价每斤只能在1.7元左右才能做到保本，高了眼看企业就要亏损。但这一价格与去年相比实在太低，如果国家不出台最低保护价收购，那么，将会严重挫伤种植油料农民的积极性。前些日子，农业部农产品加工局为编制《2008中国农产品加工业发展报告》邀我写一篇“我国油料产业发展存在的问题”的稿件。其中的一条写的是“油脂油料价格偏低，不能调动农民种植油料的积极性”。文章中我认为，就当前而言，如果豆油的价格每吨低于8 000元、菜籽油每吨低于10 000元和花生油每吨低于12 000元，就很难调动种植油料农民的生产积极性，国家增产油脂油料提高我国食用植物油自给率的计划就难以实现。

把握粮油市场走势，以利企业健康发展

2009 年 8 月 18 日于哈尔滨

由中国粮油学会营销技术分会主持召开的“2009 秋季粮油营销技术交流会”今天在美丽的哈尔滨召开了，借此机会，我代表中国粮油学会和中国粮油学会营销技术分会对在座的各位企业家和专家表示最热烈的欢迎和诚挚的问候！本次会议的重点是分析粮油形势，沟通信息，增进友情，以利企业发展。为此，我们特邀了有关方面的知名专家，作粮油市场形势和价格走势等方面的报告。下面，我先开个头，做些有关情况的介绍。

7 月 3 日，中国粮食行业协会大米分会在江西南昌召开了“2009 中国优质稻米（南昌）交易会暨夏季稻米形势分析会”，国家粮食局任正晓副局长等领导和专家就我国粮食供求状况及价格走势发表了重要讲话，与会代表和企业听了深受启发。下面我就有关内容做些归纳和介绍，相信会对大家有所启示。

一、我国粮食供求的基本状况

近几年来，我国粮食供求的总体状况是：粮食生产稳步发展，消费平稳增长，产略大于需，粮食需求继续保持紧平衡格局。具体讲，自 2004 年以来，在中央各项强农惠农政策的指引下，粮食连续实现 5 年增产。2008 年粮食总产量达到 10 570 亿斤，创历史新高。与此同时，随着我国经济社会平稳较快发展，国内粮食需求也是平稳增长的态势。从近 5 年的生产和消费情况对比看，2004 年产不足需，要通过控库存来满足需求；2008 年产略大于需，在满足需求的同时，库存有所增加。各品种的消费情况是：小麦、稻谷消费比较平稳，逐年略有增加；大豆消费在油脂加工行业快速增长的带动下，产需缺口逐年扩大；玉米消费总体呈较快增长的走势，特别是工业消费增长较快，但自去年下半年来，受国际金融危机和原油价格大幅下降等因素的影响，工业和饲料需求开始下降。所以从总体上看，目前我国小麦、稻谷和玉米产需平衡有余，大豆产需缺口继续扩大。

今年，我国粮食生产继续保持着良好的发展势头，全年粮食种植面积比上年继续增加。根据农业部农情调查，全国夏粮，早季又获丰收，秋粮生产走势较好，初步分析，如最近两个月不发生重大的自然危害，全年粮食有望继续获得好收成。由此，我国粮食供求继续保持紧平衡的良好局面，这是我国的重要粮情。

二、我国粮食进出口情况

我国粮食进出口的总体情况是：粮食进口增加，出口减少，净进口继续增长。在粮食供求紧平衡的格局下，我国粮食进出口主要是进行品种调剂。今年以来，我国粮食进出口呈延续上年的态势。当前，世界经济发展低迷，前景还不明朗，全球金融危机对粮食消费和国际贸易的影响也难以准确预测。总体上看，下半年我国粮食进出口将取决于国内的经济形势和粮食产需形势的发展变化。初步判断，谷物进出口量将相对有限，大豆进口量将继续保持较高水平。

三、国际粮食供求状况对我国的影响

总的来说，国际粮食供求依然偏紧，价格大起大落，对我国影响程度逐步加强。美国农业部6月份发布的供需报告中，2008/2009年度世界谷物产量为22.2亿吨，同比增加1.07亿吨，继续保持恢复性增长态势；同期世界谷物消费量为21.4亿吨，同比增加0.43亿吨，产需基本平衡；期末库存4.41亿吨，同比增加0.8亿吨，库存消费比有所提高。预测2009/2010年度世界谷物产量为21.8亿吨，消费量为21.7亿吨，与上年度相比，产量有所减少，而消费量略增，期末库存基本稳定。受全球经济衰退影响，部分国家和地区购买力下降，预计国际谷物贸易量稳中略降，美国农业部6月份分析预计，2008/2009年度世界谷物贸易量为2.66亿吨，同比减少0.1亿吨，2009/2010年度世界谷物贸易量2.60亿吨，比上年度又有所下降。

2007年下半年至2008年上半年，国际粮价快速飙升。据美国农业部分析价格涨幅中，来源于对中基金等国际资本大肆炒作的因素占70%，供求变化对价格的影响仅占30%，国际市场粮价严重背离了供求的真实状况，2008年下半年以来，国际金融危机的爆发，对全球实体经济的负面影响日益加深，国际粮价快速回落。值得注意的是，当前我国粮食市场和国际市场的关联度虽然不是很高，国际市场对我国粮食供求和粮价的直接影响相对有限，但随着全球经济一体化进程的加快，国际、国内两个市场联系越来越紧密，国内市场受国际市场的影响将越来越明显，必须引起我们的高度重视。

四、国内粮价呈平稳的态势

对当前国内粮价的总体看法是：影响粮价的因素增多，政策支持力度加大，粮价将在合理水平上保持基本稳定。鉴于全球及我国经济增长明显减速，国内外资源性产品价格普遍下行，保持国内粮价合理水平的难度加大。主要影响因素是：一是我国粮食连续5年增产，尤其是去年增产较多，粮食库存增加，短期内供过于求；二是粮食需求增速明显减缓，特别是作为工业、养殖业主要原料的玉米需求下降较多；三是全球粮食产需偏紧的状况有所缓和，粮油价格大幅下跌，粮食出口难度较大；四是我国粮食结构和分布不尽合理，粮食流通和储备体系不够完善，也会对粮价波动产生放大效应。

为促进粮食稳定发展，农民持续增收，努力保持市场粮价在合理水平上基本稳定，国家已采取继续实行粮食最低收购价和临时收储政策，对政策性粮食实行顺价销售等措施。在这些购销政策的支撑下，加上国家粮食库存较为充裕，全年粮食价格将在政策引导的价格水平上小幅波动，总体呈平稳的态势。

五、对稻米和小麦供求状况的分析

在2009年夏季稻米形势分析会上，专家对当前我国稻米供求的特点进行分析，普遍认为，稻米是我国粮食消费的主要品种，在很大程度上影响和决定着我国粮食市场与价格的稳定，概括起来，当前我国稻米供求呈现的主要特点是：总产量稳健增长，消费量稳健增加，商品率逐步提高，产需基本平衡，进出口平稳趋紧（规模不大，数量较少），购销价格稳中有升。

参加本次交流会的各位企业家对小麦供求状况比较关注，下面我就国内外小麦供求状况简要介绍些情况。

根据美国农业部6月份的供求报告，将全球2009/2010年度小麦产量下调2.61亿吨，总产量为6.5606亿吨，但依然为历史上的第二高产年；全球消费量增加806万，总消费量为6.4181亿吨；全球小麦期末库存上调至1.8265亿吨，较上年度增加1 425万吨，为八年来最高值；与此同时，库存消费比达到28.5%，远高于18%的粮食安全警戒线，同样为八年来的最高值。鉴于上述，全球小麦供应货源充足，库存量大，需求下降，贸易量略减，这给国际小麦市场价格带来巨大压力，市场价格将呈稳中趋降态势。

国内小麦供求状况与全球相似，据新华社消息，农业部宣布今年夏粮实现了新中国成立以来的首次连续第6年夏粮增产，预计总产将超过2 450亿元。据国家粮油信息中心7月份预测，2009年小麦产量为11 320万吨，较上年增长70万吨；2009/2010年度，国内小麦新增供给量11 330万吨，同比增加58万吨，主要是产量同比增长。年度内预计消费总量为10 609万吨，同比增加171万吨。其中食用消费继续增长，主要原因是农村消费水平提高而增加。饲料小麦和工业用小麦消费量同比预计增加，主要原因是芽麦数量较多，部分不适宜食用的芽麦进入饲料和工业用途。预计年度内小麦结余量为711万吨，较上年度的822万吨，减少111万吨。综合上述，我国小麦供应资源充足，年度内产销平衡略有节余，当前受面粉消费低迷等影响，小麦市场价格将呈平稳态势。

六、小麦粉加工企业要振奋精神，努力创造好的经济效益

今年第二季度以来，小麦市场相对平稳，价格稳中走弱，受国际金融危机影响，我国商品出口总额持续降低，东部和东南部沿海经济发达地区农民工返乡数量较多，造成了以城镇为主要目标市场的大中型小麦粉加工企业的面粉销售逐渐疲软，开工率普遍不足，有的降至不足往年的三分之一，对一些企业的经济效益产生了负面影响。

对此，我们要面对现实，克服困难，振奋精神，增强信心。要坚信随着全球金融危机的逐步好转和经济的复苏，尤其是随着我国经济的稳健发展和农民工的不断回城，当前小麦粉加工企业出现的面粉销售疲软现象很快就会过去的。特别是盛夏已经过去，秋季已经来到，面粉销售的旺季就在眼前。只要我们把握好粮油市场的走势，在经营活动中谨慎操作，那么我们一定能在全球金融危机的特殊时期创造出好的企业经济效益。

我国粮油工业的基本情况及对农产品加工企业增值税改革的几点建议

2010 年 2 月 22 日于秦皇岛

很高兴参加国家税务总局货物和劳务司召开的关于农产品增值税抵扣政策座谈会。下面我就我国粮油工业的基本情况及对农产品加工企业增值税改革介绍些情况和讲点建议，供大家参考。

一、我国粮油加工业的基本情况

我国不仅是个人口大国，同时也是一个粮食、油料的生产大国，粮油消费和粮油加工大国。正常年景，我国年产稻谷 2 亿吨左右，小麦 1 亿吨左右，玉米 1.5 亿吨左右；年产油料 6 000 万吨左右，加上近几年每年进口油脂、油料 4 000 多万吨。这些丰富的粮油资源确保了我国粮油市场的供应，同时也为我国粮油工业的发展提供了重要的物质基础。

就粮油加工而言，我国的粮油加工能力之大，企业之多均属世界之最。

粮油加工是指对原粮、油料等基本原料进行处理制成各种成品粮油及其制品的过程。主要包括：稻谷加工、小麦制粉、玉米及杂粮加工、植物油加工和粮油加工机械设备、检测仪器的制造。粮油加工业是粮油再生产过程中的重要环节和基础性行业，是搞活粮油经营，提升粮油附加值，促进农民增收的不可缺少的中间环节，也是食品工业的基础工业。粮油加工的产品与人民的生活息息相关，是一个永不衰败的生命产业。

我国的粮油加工业遍及城乡，小型分散，有一定规模的加工企业的比例相对较少。根据国家粮食局和中国粮食行业协会提供的统计数据及有关资料，2008 年全国入统米、面、油加工企业[①]数量为 11 352 个，其中大米加工企业减少 387 个，食用植物油加工企业增加 127 个。在 11 352 个入统企业中，国有及国有控股企业 1 366 个，占 12.0%；民营企业 9 836 个，占 86.7%；外商及港澳台商投资企业 151 个，占 1.3%。

2008 年，米、面、油加工企业的工业总产值为 6 356.2 亿元，产品销售收入为 6 298.0亿元，利润总额 93.63 亿元（产值利润率为 1.47%），资产总计 2 880.1 亿元，年末从业人数 45.84 万人。

2008 年，大米加工、小麦粉加工及食用植物油加工企业的不同情况分别如下。

（一）大米加工业的基本情况。

2008 年，全国入统大米加工企业 7 311 个，其中日加工能力 100 吨以下的企业

---

① 入统米、面、油加工企业是指日处理稻谷 30 吨以上、日处理小麦 50 吨以上和日处理油料 30 吨以上的大米加工企业、小麦粉加工企业和食用植物油加工企业。

5 296个，占大米加工企业总数的 72.4%；日加工能力 100～200 吨的企业 1 498 个，占 20.5%；200～400 吨的企业 405 个，占 5.5%；400～1 000 吨的企业 88 个，占 1.2%；1 000吨以上的企业 24 个，占 0.3%（图 1）。

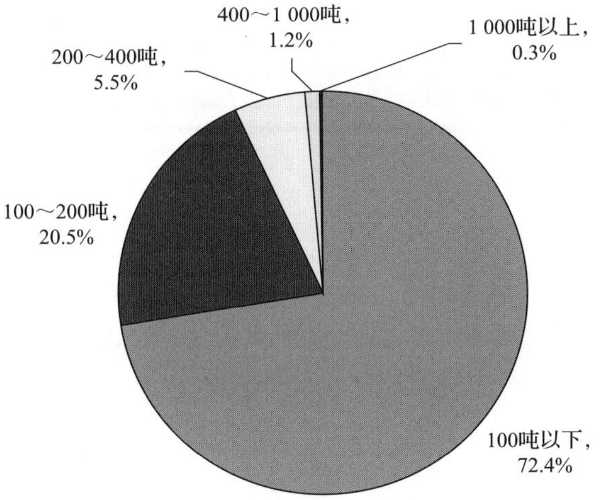

图 1　2008 年大米加工企业按日处理能力划分比重图

2008 年大米加工年处理稻谷能力为 16 046.5 万吨，大米产量 4 783 万吨，实际处理稻谷 7 421.7 万吨；产能利用率为 46.3%。产能和产量按企业经济类型分（图 2 和图 3），民营企业产能和产量分别为 13 632.0 万吨和 4 079.4 万吨，所占比例分别为 85.0%和 85.3%；国有及国有控股企业产能和产量分别为 2 247.6 万吨和 629.9 万吨，占 14.0%和 13.2%。

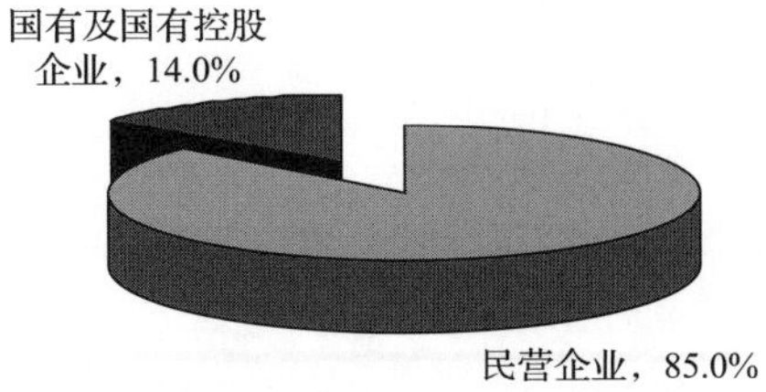

图 2　2008 年大米加工企业产能比重图

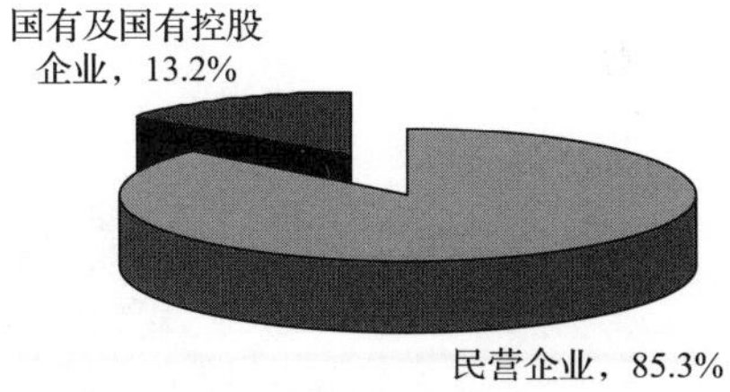

图 3　2008 年大米加工企业产量比重图

2008 年大米加工业产能排名前三位的是黑龙江（2 388.0 万吨）、江西（2 324.8 万吨）和湖北（2 123.0 万吨）。大米产量在 100 万吨以上的有：湖北（673.9 万吨）、黑龙江（598.6 万吨）、江西（588.9 万吨）、安徽（581.9 万吨）、江苏（474.6 万吨）、湖南（318.6 万吨）、四川（221.6 万吨）、福建（208.1 万吨）、辽宁（193.8 万吨）、广东（155.9 万吨）、吉林（144.3 万吨）、广西（111.3 万吨）和河南（101.0 万吨）等 13 个省区，其中湖北、黑龙江和江西的大米产量居前三位（图 4）。从产品结构看，以特等米和标准一等米为主，产量分别为 1 465.7 万吨和 2 944.0 万吨，分别占总产量的 30.6%和 61.6%；标准二等米产量为 266.0 万吨，占总产量的 5.6%；糙米产量为 47.7 万吨，占总产量的 1%。

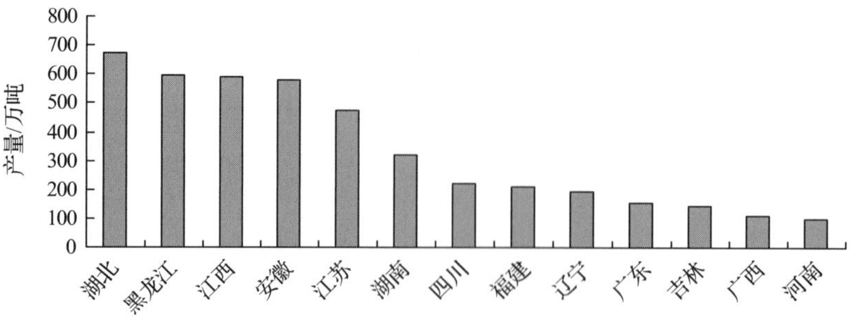

图 4　2008 年大米产量在 100 万吨以上的省份

入统大米企业工业总产值 1 535.4 亿元，产品销售收入 1 533.7 亿元，出口交货值 15.3 亿元，利润总额 25.3 亿元（产值利润率为 1.65%），资产总计 782.8 亿元，年末从业人数 17.2 万人。

（二）小麦粉加工业的基本情况。

2008 年，全国入统小麦粉加工企业 2 819 个，其中日加工能力 100 吨以下的企业 1 411个，约占小麦粉加工企业总数的 50%；日加工能力 100～200 吨的企业 659 个，占 23.4%；200～400 吨的企业 514 个，占 18.2%；400～1 000 吨的企业 185 个，占 6.6%；1 000 吨以上的企业 50 个，占 1.8%（图 5）。

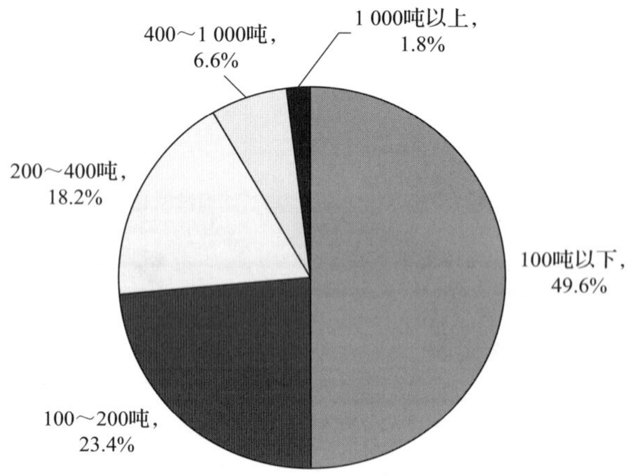

图 5　2008 年小麦粉加工企业按日处理能力划分比重图

2008 年，小麦粉加工业年处理小麦能力为 11 600.4 万吨，小麦粉产量 5 505.6 万吨，实际处理小麦 7 846.4 万吨；产能利用率为 67.6%。产能和产量按企业经济类型分（图 5 和图 6），民营企业产能和产量分别为 9 692.9 万吨和 4 578.1 万吨，所占比例分别为 83.6%和 83.2%；国有及国有控股企业产能和产量分别为 1 424.9 万吨和 611.6 万吨，占 12.3%和 11.1%。

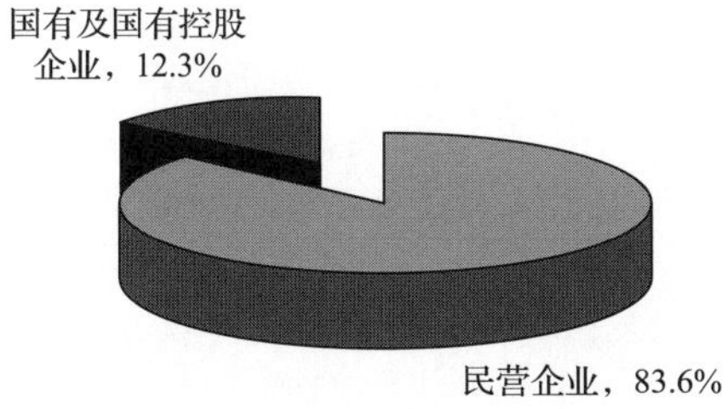

图 6　2008 年小麦粉加工企业产能比重

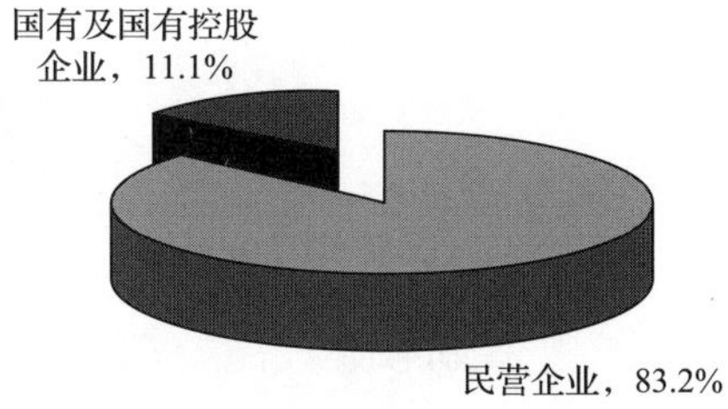

图 7　2008 年小麦粉加工企业产量比重图

2008 年小麦粉加工业产能排名前三位的是山东（2 349 万吨）、河南（2 313 万吨）和河北（1 090.4 万吨）。小麦粉产量在 100 万吨以上的有：河南（1 246.7 万吨）、山东（1 129.7 万吨）、江苏（679.1 万吨）、安徽（505.0 万吨）、河北（496.6 万吨）、陕西（225.5 万吨）、湖北（193.5 万吨）、甘肃（143.1 万吨）、广东（139.9 万吨）、四川（115.4 万吨）和新疆（113.6 万吨）等 11 个省区，其中河南、山东和江苏的小麦粉产量居前三位（图 8）。从产品结构看，以特制一等粉和特制二等粉所占比例较大，产量分别为 2 415.3 万吨和 1 368.9 万吨，分别占总产量的 43.9％和 24.9％；标准粉产量为 705.2 万吨，占总产量的 12.8％；专用粉产量为 702.6 万吨，占总产量的 12.8％；全麦粉产量为 88.7 万吨，占总产量的 1.6％。

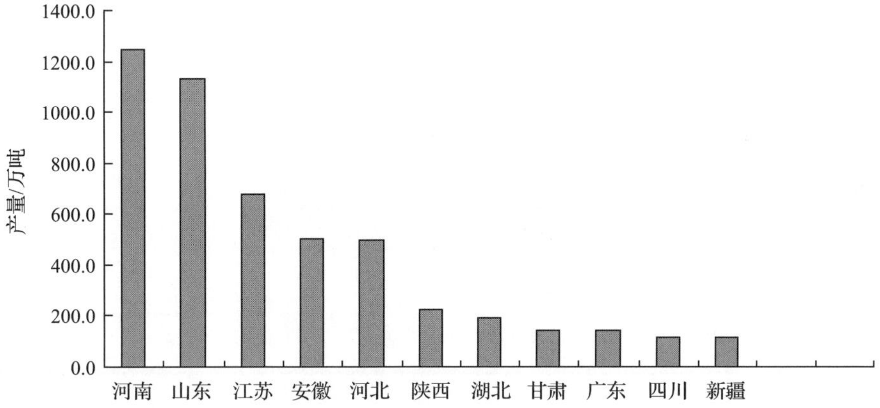

图 8　2008 年小麦粉产量 100 万吨以上的省份

入统小麦粉企业工业总产值 1 385.4 亿元，产品销售收入 1 334.9 亿元，出口交货值 5.04 亿元，利润总额 23.58 亿元（产值利润率为 1.7％），资产总计 634.8 亿元，年末从业人数 15.67 万人。

（三）食用植物油加工业的基本情况。

2008 年，全国入统食用植物油加工企业 1 222 个，其中日加工能力 100 吨以下的企业 598 个，占食用植物油加工企业总数的 48.9％；日加工能力 100～200 吨的企业 235 个，占 19.2％；200～400 吨的企业 211 个，占 17.3％；400～1 000 吨的企业 86 个，占 7.1％；1 000 吨以上的企业 92 个，占 7.5％（图 9）。

2008 年，食用植物油加工业年处理油料能力为 7 865.7 万吨、油脂精炼能力为

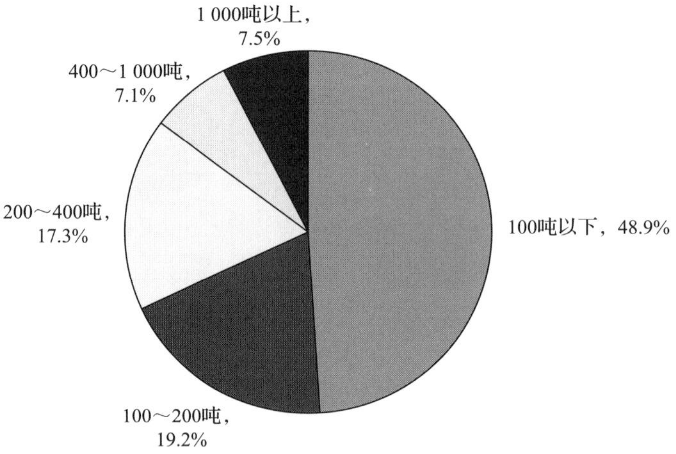

图 9　2008 年食用植物油加工企业按日加工能力划分比重图

2 728.6万吨；食用植物油实际产量 1 927.8 万吨[①]；实际年处理原料 5 661.9 万吨。年油料处理能力、精炼能力和食用植物油产量按企业经济类型划分，外商及港澳台商投资企业分别为 2 311.4 万吨、1 064.8 万吨和 1 238.6 万吨，分别占总数的 29.4%、39.0%和 54%；民营企业分别为 4 568 万吨、1 360.8 万吨和 889.6 万吨，分别占总数的 58.1%、49.9%和 38.8%；国有及国有控股企业分别为 986.3 万吨、303.1 万吨和 165.4 万吨，分别占总数的 12.5%、11.1%和 7.2%（图 10～图 12）。

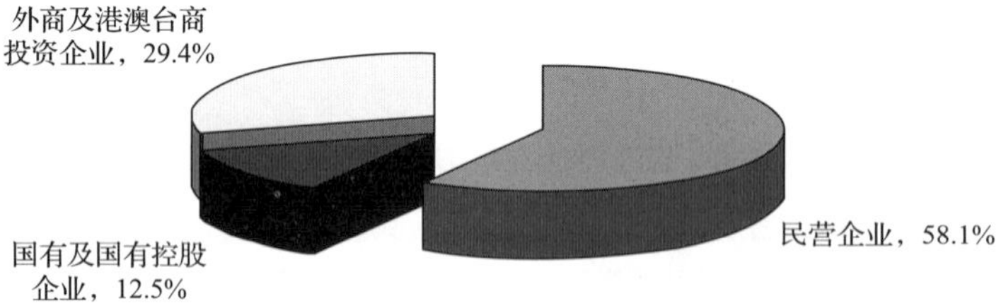

图 10　2008 年食用植物油加工企业年处理能力比重图

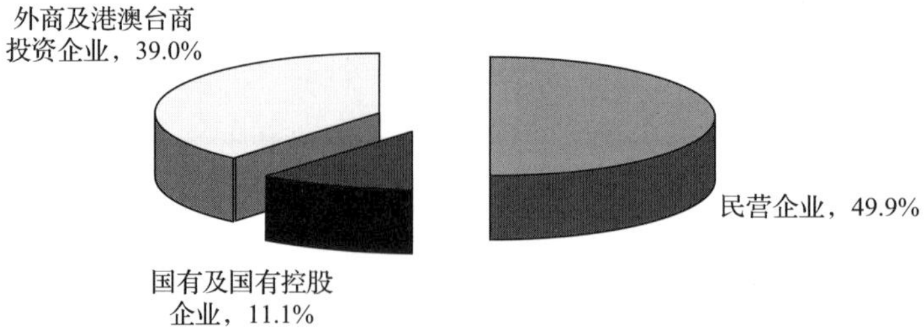

图 11　2008 年食用植物油加工企业精炼能力比重图

① 从食用油产量 2 293.6 万吨中扣除外购国内原油精炼量 291.7 万吨和外购国内成品油分装量 74.1 万吨。

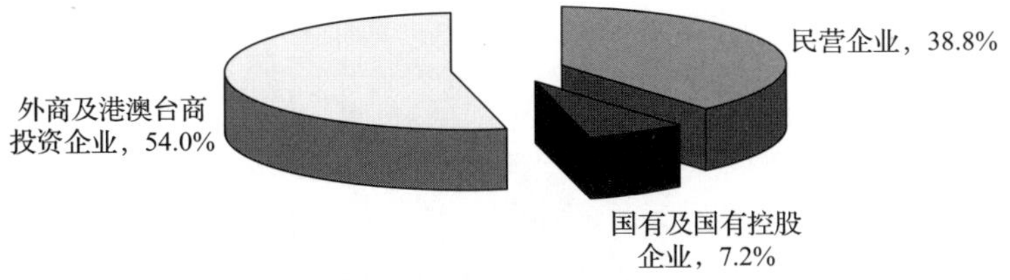

图 12　2008 年食用植物油加工企业产量比重图

2008 年食用植物油加工业油料处理能力排名前三位的是山东（1 244.9 万吨）、江苏（1 208.2 万吨）和黑龙江（664.8 万吨）；精炼能力排名前三位的是江苏（386.5 万吨）、广东（365.4 万吨）和山东（289.0 万吨）。食用植物油产量前十位的是：江苏（351.9 万吨）、广东（325.4 万吨）、山东（318.6 万吨）、天津（178.9 万吨）、河北（138.8 万吨）、福建（115.3 万吨）、上海（110.8 万吨）、河南（91.6 万吨）、湖北（85.9 万吨）和广西（85.5 万吨）（图 13）。从产品结构看，精炼油的产量为 1 570.7 万吨，其中一级油的产量为 956.1 万吨、二级油为 89.2 万吨、三级油为 153.6 万吨、四级油为 371.8 万吨。另外，食用调和油的产量为 114.3 万吨。

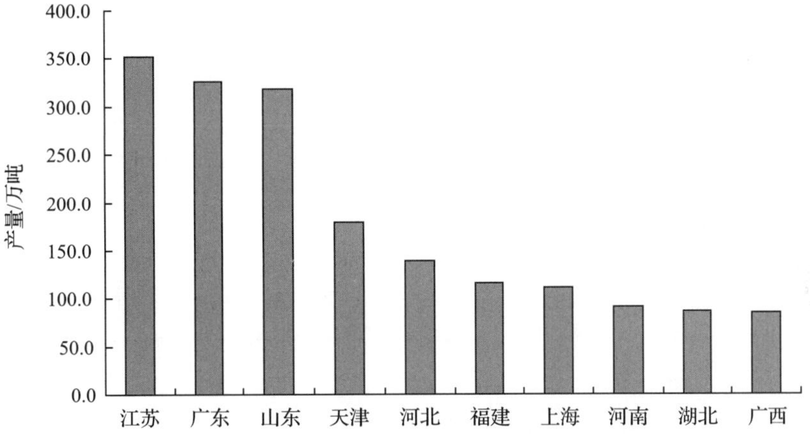

图 13　2008 年食用植物油产量前十位的省份

食用植物油产量以大豆油、棕榈油和菜籽油为主，产量达 1 888.0 万吨，占食用植物油总产量的 82.3%，其中大豆油产量为 1 243.5 万吨，占总产量的 54.2%；棕榈油产量为 368.5 万吨，占总产量的 16.1%；菜籽油产量为 276 万吨，占总产量的 12%。其他油品的产量和所占比重是：花生油 99.5 万吨，占 4.3%；棉籽油 92.7 万吨，占 4.0%；玉米油 85.6 万吨，占 3.7%；葵花籽油 28 万吨，占 1.2%；油茶籽油 9.8 万吨，占 0.4%；米糠油 9.4 万吨，占 0.4%；芝麻油 6.9 万吨，占 0.3%；其他油脂 73.8 万吨，占 3.2%（图 14）。

2008 年，入统食用植物油企业工业总产值 3 435.44 亿元，产品销售收入 3 429.44 亿元，出口交货值 46.51 亿元，利润总额 44.75 亿元（产值利润率为 1.3%），资产总计 1 463.21 亿元，年末从业人数 12.97 万人。

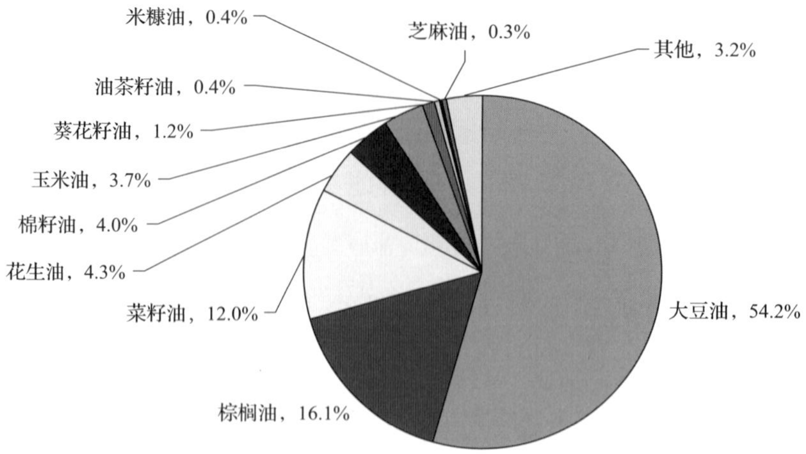

图 14　2008 年不同品种油脂占总产量的比重图

二、粮油加工业当前存在的主要问题

（一）现代粮食加工体系尚未建立。

粮食加工企业规模小、布局分散、经营粗放、结构不合理等格局仍没有得到根本改变，总体发展水平不高。粮食加工与生产、物流、消费等环节有效衔接不紧密，对粮食产业的带动能力有限。特别是粮食应急加工体系建设刚起步，应急加工、物流、供应等环节还不够完善，难以有效解决类似非典、冰雪、地震等突发事件或边远地区、弱势群体粮食应急供应问题。

（二）粮油产品安全保障体系不够健全。

从原料到产品的质量标准不完善，技术要求低，农药残留限量等安全卫生指标偏少，部分杂粮加工产品没有统一质量标准。食品安全检测手段薄弱，仪器设备不能满足快速检测的需要。快速检测仪器依赖进口，适用性不强。部分企业没有进行质量体系和食品安全体系认证，违规使用添加剂的现象依然存在。

（三）部分产品加工能力相对过剩。

2008 年，稻谷、小麦、玉米加工企业产能利用率分别在 46%、50%和 65%左右，加工能力相对过剩。这既存在需要淘汰的落后产能，也有因产品种类单一所导致的结构性产能过剩、布局不合理所导致的区域性产能过剩。相当数量的原粮特别是农户自留粮，主要通过小作坊加工，产品产出率低，副产品未合理利用，食品质量安全存在隐患。大中型企业未有效开拓农村市场，产能不能有效发挥作用。

（四）自主创新能力较弱。

粮食加工业科技投入少，2008 年仅占销售收入的 0.2%左右，大大低于发达国家 2%～3%的平均水平；平均每 100 家粮食加工企业仅拥有 3 项发明专利，科技成果储备不足，技术创新体系不完善，缺少国家级工程技术中心、工程实验室等创新平台。关键技术装备的开发多数处于仿制阶段，缺乏基础研究和自主创新。

（五）副产物综合利用率较低，企业经济效益较低。

粮食加工副产物未得到充分利用。稻壳发电和直接填烧锅炉仅占19%左右，65%左右的稻壳粉碎后被低效用作饲料配料；米糠用于制油仅占5%左右，绝大部分为经处理而用作饲料。大豆、马铃薯、杂粮等加工副产物利用更加有限，企业总体经济效益较低。2008年我国入统粮油加工企业的产值利润率仅为1.47%，其中大米加工为1.65%，小麦加工为1.7%，植物油加工为1.3%。

三、对农产品加工企业增值税改革的几点建议

中国加入WTO以来，我国部分高成本低品质的农产品面临着西方经济发达国家低成本高品质产品的竞争压力，为抵御市场国际化对我国农产品加工业的冲击，作为应对措施之一，财税［2002］12号及105号文件规定，增值税，一般纳税人购进农业生产者销售的免税农业产品的进项税额扣除率由10%提高到13%。

但是，现行的农产品加工企业增值税税收政策，已不能适应目前粮食收购市场的新变化，制约了农产品加工业发展，部分地方3‰以上的税收预警值的做法与实际不相符合，有不合理的一面。为了促进农产品加工业的发展，现行的税收政策应予以适当改革。

（一）当前粮油原料收购渠道的现状。

目前，粮油加工企业原料收购渠道主要有三种形式：

一是从国家储备库或地方粮库收购。这部分粮油由粮库开具增值税专用发票，粮油加工企业根据发票抵扣。但是只有在国家、地方粮库定期轮库或定期拍卖托市粮油原料时，企业才能购买，由于出库时间少、手续程序繁琐、运输困难等诸多原因，仅靠这一渠道收购原料是无法满足粮油加工企业正常生产需求的。

二是从周边农户收购。这部分原料占的比重不大，公司直接向提供身份证明的售粮农户支付现金，开具税务局指定的农产品专用发票，用于抵扣进项税额。

三是从粮食经纪人收购。这部分原料占的比重较大。根据当前我国相关税法规定，在农副产品收购发票使用方面，并未涉及承担着农民售粮中介的粮食经纪人，因此，粮油加工企业在发票抵扣方面存在着相当大的困难。

（二）农副产品收购发票使用方面存在的主要问题。

国家实行农副产品收购发票这一政策的初衷是支持农业发展，增加农民收入，保障粮食安全，但是，随着形势的发展和改革的不断深入，国家关于农副产品收购发票方面的部分政策已经不能适应这一发展形势，不能满足粮油加工企业收购原料需求和广大农民售粮要求，在一定程度上不利于国家惠农政策的贯彻落实。因此，关于农副产品收购发票方面的政策调整势在必行。

1. 在农民售粮环节。税务部门要求当地农民到粮油加工企业卖粮必须提供身份证明，但是大部分农民由于个人观念和其他原因，不愿意提供身份证明，若没有身份证明，粮油加工企业则不能抵扣这部分税款，只能将送货上门的农户拒之门外，造成了企业、售粮农民双输的局面。

2. 在粮食经纪人售粮环节。随着国家粮食改革的深入推进，粮油原料收购格局发

生了很大变化，由农户到粮所售粮改变为农户卖粮给活跃在农村的粮食经纪人，粮油加工企业真正从农户手中收到的粮油原料很少，大多来自粮食经纪人。但是，目前国家税务部门执行抵扣的农产品收购发票适用对象，仅是种植粮食的“农业生产者”个人，对于收购粮油原料的粮食经纪人是不能抵扣的。粮食经纪人大多是利用自己的运输工具（如三轮车、拖拉机等），采取夫妇组合、父子组合等亲属合作方式，走街串巷，赚取自己的劳力及运输费用。当没有办理营业执照和税务登记证的粮食经纪人出售给粮油加工企业粮油原料时，按照国家税法规定，企业不能抵扣进项税，这对微利的粮食加工企业而言，是不能承受的。如果要想抵扣，只能让粮食经纪人办理营业执照和税务登记证，这对于赚取微薄收入的粮食经纪人，同样很难做到，这样，就直接增加了企业收购粮油原料的难度和农民卖粮的难度。因此，对“农业生产者”进行定义扩展很有必要。

3. 在粮油加工企业收购环节。一是跨区收购问题。近年来，随着人们生活水平的提高，粮食产品品种不断增加，为适应市场需求，粮油加工企业就必须到市外或省外采购粮食原料，但是当前国家税法要求不能有效地支持企业跨地区收购粮油原料，影响了粮油加工企业的正常生产需要。二是农副产品收购发票票额问题。当前，农副产品收购发票为千元版，每张开具不能超过 1 万元。但是，随着粮食原料销售量的增加和销售价格的提高，目前一般销售额在万元以上，这就需要开多张发票，提高了农民结算难度，增加了粮食加工企业的业务量。

4. 按销售收入的 3‰或 4‰征收增值税不尽合理。

（1）部分地方税务部门对增值税实行最低预警值的征收办法，核定征收比例为销售收入的 3‰或 4‰，按照农产品加工业的特殊性质，大多企业达不到这个指标。以小麦加工业为例，自托市政策实行以后，面粉加工业的毛利率仅为 5%左右。

（2）由于农产品加工业的特殊性，首先是原料购进季节性很强，每年有 1～3 个月时原料收购的旺季，大量的原料入库，进项税必然大量倒挂。如果每月仍按 3‰或 4‰的标准上交税款，容易造成账实不符、账表不符的现象。

（3）农产品加工业是微利行业，税负达不到 3‰或 4‰，特别是 2008 年第三季度以来，受金融危机的影响，农产品加工制品严重滞销，有的企业处于停产半停产状态，产量和效益连续下滑。

（4）实现增值税转型政策后，有利于促进企业进行设备更新改造。若某企业集中购进一批设备，势必增加进项税，有可能出现零申报甚至负申报。若实行最低预警值的征收办法，增值税转型的优惠政策，企业就不能完全享受。

（三）相关建议。

针对上述现状和问题，提出如下调整建议。

1. 建议国家税务部门根据粮食改制后形势的发展，考虑粮食经纪人的利益诉求，对“农业生产者”这一概念进行扩展，把担负广大农户和粮食加工企业中介的粮食经纪人包括进来，这样不仅方便了粮油加工企业，更是方便了广大售粮农民。

2. 建议国家税务部门在售粮农民“身份证明”提供上调整相关政策，根据地方实际情况，放宽对售粮农民的身份要求，方便农民卖粮。

3. 建议国家税务部门在跨地区收购粮油原料上调整相关政策，根据地区实际情况，在发票抵扣上，给企业跨区收购提供更多的便利，方便企业收购原料，方便农民售粮。

4. 建议国家税务部门印制万元版农副产品收购发票，方便农民售粮，减轻企业负担。

5. 不再设立最低预警值的征收办法，允许企业据实申报，允许企业零申报，甚至负申报。

浅析我国粮油市场的价格走势

——在中国粮油学会油脂分会会长办公扩大会议上的发言

2010 年 4 月 8 日于浙江衢州

2009 年，我国经济在党和政府的坚强领导下，应对了历史罕见的国际金融危机和多年不遇的自然灾害，沉着应战，度过了进入新世纪以来经济发展最为困难的一年，取得了 GDP 增长 8.7%的好成绩。我们粮油企业也不例外，2009 年，我国粮油企业在经营活动中，克服了原材料涨价，国内外农产品市场异常波动、出口下降和一度粮油产品销售不畅等诸多不利影响，科学决策，谨慎运作，仍然取得了较快的发展速度和较好的经济效益。

在我国经济回升向好的重要时期，为促进粮油企业健康发展，大家对国内外粮油市场的产销形势和行情走向十分关注。下面，我就自己近期来学习有关文件和资料的一些体会介绍些情况和讲几点看法，供大家参考。

一、我国粮油供需的基本情况

近几年来，我国粮油供求的总体状况是：粮食生产稳步发展，消费平稳增长，产略大于需，粮食需求继续保持紧平衡格局；油料生产跟不上消费增长，油脂油料进口数量逐年增加，自给率下降，对外依存度增加，但货源充足，市场供应有保障。

（一）粮食连续六年实现增产。

自 2004 年以来，在中央各项强农惠农政策的指导下，我国粮食生产创举性地实现了六年连续增长。2009 年粮食总产量达到 53 082 万吨，比上年增长 0.4%，再创粮食生产的历史新高。其中夏粮产量为 12 335 万吨，比上年增长 2.2%；早稻产量为 3 327 万吨，比上年增长 5.3%；秋粮产量为 37 420 万吨，较 2008 年下降 0.6%。随着我国经济的平稳发展和人民生活水平的不断提高，国内粮食需求继续呈平稳增长的态势。从近几年的生产和消费情况看，2004 年产不足需，需要通过挖点库存来满足需求；自 2008 年起，由于产略大于需，我们可以在满足需求的同时，库存有所增加。

（二）油脂油料的自给率较低，对外依存度较大。

这些年来，我国油脂油料的生产也有不同程度的增长。2008 年，我国大豆、花生、油菜籽、棉籽、芝麻、葵花籽和油茶籽等七种油料的产量达 6 000 多万吨，创造了油料生产史上的最高纪录。2009 年，预计全国油料产量较 2008 年增长 5%左右，将再创历史新高。但，我们必须清醒地看到，我国的油料生产虽然也在逐年提高，但其增长速度远远跟不上消费增长的速度，必须利用国内外两个市场，通过进口来满足油脂市场的需求。据有关统计资料分析，目前，我国大豆进口量占世界大豆总进口量的 50%，大豆油进口量占世界大豆油总进口量的 24%，棕榈油进口量占世界棕榈油总进口量的 20%，成为世界油脂、油料的第一进口大国。

据海关统计，2009 年我国进口大豆 4 255 万吨，较 2008 年的 3 744 万吨，增加 511 万吨，增幅为 13.65%。另据统计，2009 年我国进口的各类油脂油料的折油总计为 2 056.8万吨，扣去出口油脂油料的折油 20.5 万吨，我国净进口油脂油料折油总计为 2 036.3万吨（见表 1、表 2）。

表 1　油脂油料进口统计表

商品名称	12 月份数量/t	1～12 月累计	
		数量/t	与上年同比/%
豆油	206 852.20	2 391 222.28	−7.52
棕榈油 （硬脂）	593 717.41 （146 908.70）	6 441 283.90 （1 327 095.11）	21.94 （108.92）
菜籽油	45 843.55	467 526.23	73.29
初榨椰子油	4 542.00	99 724.82	−15.27
其他椰子油	3 848.02	40 354.39	41.74
初榨棕榈仁油	39 119.33	492 819.47	55.57
其他棕榈仁油	4 187.62	18 317.07	−24.21
初榨亚麻籽油	1.62	11 939.40	71.87
其他亚麻籽油	0.27	874.53	7.47
芝麻油	199.69	1 593.98	−23.56
人造黄油 （混合油）	8 512.76 （690.06）	56 517.52 （9 488.48）	−74.59 （—）
橄榄油及其分离品	1 622.44	12 503.64	22.83
花生油	770.41	20 725.80	251.50
初榨的葵花籽油、红花油	5 855.16	144 849.48	2 747.61
其他葵花籽油或红花油	16.77	7 856.74	1 250.16
大豆	4 780 445.90	42 551 648.57	13.67
油菜籽	306 153.90	3 285 852.13	152.28
花生 （花生仁）	113.19 （113.19）	2 387.45 （2 387.45）	−75.34 （−74.88）
芝麻	20 796.87	311 270.63	45.33
葵花籽	565.48	2 274.63	24.00
折油总计	2 045 643.20	20 568 376.14	27.47

表 2　油脂油料出口统计表

商品名称	12 月份数量/t	1～12 月份累计	
		数量/t	与上年同比/%
豆油	21 758.68	69 245.51	−48.29
棕榈油	98.80	472.97	−58.13
（硬脂）	（—）	（—）	（—）
花生油	1 300.56	9 797.63	−8.46
菜籽油或芥籽油	1 043.75	9 134.91	28.59
芝麻油	353.48	3 021.86	−22.62
初榨亚麻籽油	76.00	464.53	59.03
其他亚麻籽油	95.28	1 111.70	−16.50
其他葵花籽油或红花油	0.38	39.92	−98.44
人造黄油	1 031.27	7 760.53	−46.96
花生	17 046.30	236 942.98	2.32
（花生仁）	10 200.77	174 655.18	4.56
大豆	21 675.40	346 557.22	−25.64
油菜籽	53.11	221.00	301.38
葵花籽	18 189.94	122 082.05	−7.98
亚麻籽	521.70	5 584.85	−12.36
种用芝麻	0.00	0.22	−99.94
其他芝麻	5 343.35	34 048.18	−18.37
其他红花籽	3.67	278.42	−89.70
折油总计	36 567.06	205 423.41	−47.49

据国家统计局公布，2009 年我国植物油产量为 3 280 万吨。按此数据计算，2009 年我国净进口油脂油料折油总计 2 036.3 万吨，占我国植物油总产量的 62.1%。反之，我国油脂油料的自给率已降到只有 37.9%，自给率较低，对外依存度越来越大。而且从我国耕地及水资源实际情况来看，这种状况难以改变。

二、全球粮油供需的简要情况

（一）全球谷物产供情况。

根据美国农业部 2010 年 1 月 12 日发布的全球农产品供需预测报告，预计全球 2009/2010 年度谷物产量为 22.0478 亿吨，比上年度减少 0.2613 亿吨；贸易量为 2.6445 亿吨，比上年度减少 1 696 万吨；期末库存为 4.6649 亿吨，比上年度增加 2 146 万吨。分品种来看，其中：

预计 2009/2010 年度全球小麦产量为 6.7613 亿吨，比上年度减少 655 万吨；贸易量为 1.232 亿吨，比上年度减少 1 987 万吨；期末库存为 1.956 亿吨，比上年度增加 3 166万吨。

预计2009/2010年度全球大米产量为4.3473亿吨，比上年度减少184万吨；贸易量为3 091万吨，比上年度增加249万吨；期末库存为9 066万吨，比上年度减少175万吨。

预计2009/2010年度全球玉米产量为7.9645亿吨，比上年度增加483万吨；贸易量为8 456万吨，比上年度增加256万吨；消费量为8.0623亿吨，比上年度增加3 098万吨；期末库存为1.3619亿吨，比上年度减少978万吨。

上述三大粮食品种，2009/2010年度全球小麦、大米两大主要食粮的产量有所下降，但降幅不大；玉米产量有所增加，但增幅不大，消费量增加较多。

（二）全球油脂油料供需情况。

据有关资料介绍，2009/2010年度，世界油料供应约为2.4394亿吨，需求2.3163亿吨，供应大于需求。其中需求增量1 020万吨，增幅4.6%；供应增量3 322万吨，增幅15.8%。由于供应大于需求，2009/2010年度的油料库存有望增加1 031万吨。分品种看，其中：

1. 大豆和豆油的供需情况。

预计2009/2010年度世界大豆产量为2.5338亿吨，比上年度增加4 252万吨；贸易量为8 061万吨，比上年度增加388万吨；消费量为2.3475亿吨，比上年度增加1 408万吨；期末库存为5 980万吨，比上年度增加1 693万吨。另据资料介绍，2009/2010年度（至2010年10月）全球豆油的供需平衡是供大于求。全球豆油的总供给为3 760万吨，总消费为3 737万吨。

2. 菜籽油的供需情况。

2009/2010年度（至2010年10月）全球菜籽油的供需平衡也是供大于求。预计全球菜籽油供应量为2 192万吨，需求为2 145万吨；期末库存为112万吨，比上年增加30万吨。

3. 棕榈油的供需情况。

2009/2010年度（至2010年10月）全球棕榈油的供需与豆油、菜籽油一样，也是供大于求。预计全球棕榈油的总供应量为4 513万吨，需求量为4 428万吨；期末库存有所增加，达460万吨。由此可见，全球棕榈油的产量已超过豆油。

从全球油脂油料的供需情况看，属于供大于求，但余量都不大。

三、浅析我国粮油市场的价格走势

上述全球粮油的产需情况，尤其是我国粮油的产需情况，对未来国内粮油市场的价格走势将起到决定性作用。

有关国内外粮油市场的价格和价格走势，国家粮食局、国家粮油信息中心、中华粮油网、中粮集团以及有关粮油交易所等都有权威性的分析报告，是我们粮油企业经营决策的重要依据。我今天要讲的只是自己看了一些资料后的学习心得，纯属个人的见解。

从2009/2010年度我国粮食和全球粮油的产需情况看，从逻辑上分析，未来我国乃至世界粮油市场的价格走势应该是平稳且在低位上振荡的，但我却认为不然，今后我国乃至全球粮油的价格有可能要逐步走高，并在较高价位上振荡。其理由，我认为有以下五个方面。

（一）提高粮食的最低收购价，意味着粮价的合理调高。

为保护农民利益，增加农民收入，国家已经决定，2010 年将继续提高小麦和稻谷的最低收购价。白麦、红小麦、混合麦的最低收购价分别提高到每 50 公斤 90 元、86 元、86 元，均比 2009 年提高 3 元，提高幅度分别为 3.4%、3.6%、3.6%；2010 年生产的三等早籼稻、三等中晚籼稻、三等粳稻的最低收购价分别提高到每 50 公斤 93 元、97 元、105 元，比 2009 年分别提高 3 元、5 元、10 元，提高幅度分别为 3.3%、5.4%、10.5%；另外，对油菜籽和大豆等油料实行临时收储政策。国家提高粮食的最低收购价，预示以粮油为原料的产品价格也将随之适度调整。

（二）农产品价格将会“小步快跑，年年略有提高”。

为解读中央一号文件将给农民带来什么，今年 2 月 2 日，央视网采访了国务院发展研究中心副主任陈锡文。陈锡文在谈到农民关心的农产品价格问题时，他表示农民尽可放心，国家的政策是，保证农产品价格年年都有提高。他又说，2010 年农产品价格提高的步子不会有 2009 年这么大，但是肯定会有所提高。他还说，今后农产品的价格将会“小步快跑，年年会略有提高”。这就意味着，为了保护农民利益和种粮积极性，今后农产品的价格走势将会不断调整提高。由此可见，粮油市场的价格走势也应按此规律发展。

（三）国际原油价格的上涨将会带动粮油价格的攀升。

由于粮油是再生清洁能源的重要原料，所以国际原油价格的走向将会对粮油价格产生较大的影响。有人预测，国际原油价格每桶达到 60 美元时，利用粮油生产生物燃料就有利可图，反之就无法维持生产。去年年初，国际原油价格一度跌至每桶不足 40 美元，造成利用粮油为原料生产生物柴油和乙醇燃料的企业纷纷停产，对当时粮油价格的攀升产生了负面影响。从去年第四季度后，国际原油一路上涨，现在已上升到每桶超过 80 美元，生产生物燃料有利可图，从而带动了利用粮油为原料生产生物燃料的企业纷纷恢复生产。随着生物能源的生产与发展，粮油的消耗也将随之增加，最终的结果是，必将带动粮油价格攀升。

（四）居民消费价格指数（CPI）上涨等诸多因素将推动粮油价格的上调。

历史经验证明，居民消费价格指数（CPI）的变化、农业生产资料的价格、粮油产品与其他农副产品的比价效益以及气候变化等诸多因素都会影响粮油价格。

在居民消费价格指数变化方面，2008 年我国居民消费价格指数（CPI）为 5.9%，2009 年为－0.7%，预计今年 CPI 的涨幅为 3%；在农业生产资料方面，这几年与粮油生产有关的农药、化肥、柴油、电价等生产资料的价格都有明显提高；在粮油的比价效益方面，粮油产品与蔬菜、水果和种植经济作物的比价效益明显较低；在气候变化方面，现在我国乃至全球的气候变化异常，给农业生产带来巨大挑战。今年我国西南地区出现的百年一遇的干旱将严重影响该地区的夏粮夏油产量；另外，在全球经济后危机的影响下，我国乃至全球的通胀预期形势不可忽视。上述诸多因素将会推动我国粮油价格的上调。

（五）在国内外粮油需求紧平衡格局没有改变的情况下，粮油价格不应下滑。

我国粮食连续六年增产，这是对国际社会的重大贡献，是来之不易的，但应该看到增产的幅度有限，仍然赶不上国民经济发展、人口增长和人民生活水平提高的需要，我国粮食需求仍然处于紧平衡的格局。在国际上，这些年来，粮油生产的总量增幅不大，全球粮油生产同样赶不上世界人口增长和人们生活水平不断提高的需要，加上粮油生产在地区间的不平衡，2009 年全球处于饥饿的人口增加 1 亿多，总数已超过 10 亿人口。由此可见，全球粮油供需总体偏紧的局面没有得到根本改变。

另外，粮油资源的多用途，今后将会给粮油的供需产生较大的矛盾。就生产生物能源而言，如果任意发展下去，有可能危及全球的粮食安全。据有关报道，2009 年，美国耗用了 1.7 亿吨的粮食生产乙醇燃料。按全球人均粮食消费水平计算，美国 2009 年用于乙醇生产的粮食数量相当于 3.3 亿人全年的粮食消费总量，超过了美国粮食年产量的 1/4，引起了国际社会的高度关注。

总之，对我国乃至全球来说，粮油的供需与安全是不能掉以轻心的。在粮油需求紧平衡的格局下，粮油资源就显得更加宝贵。从这个意义上讲，其价格也不应下滑。

当然，粮油在我国是人们每天都离不开的生活必需品，粮油的价格十分敏感，关系每个人，加上我国有足够的粮油储备，完全可以有节制地合理调整粮油价格，但上调是今后粮油价格发展的总趋向。

全谷物食品是“十二五”粮油发展大方向

——在首届全谷物食品研讨会上的发言

2011 年 9 月

大家好！今天我很高兴能为大家做这个主题发言。根据我在中国粮油学会工作对中国粮油产业的理解和观察，我认为，中国的全谷物食品在“十二五”期间将有一个巨大的飞跃发展期。

一、“十二五”期间“十二五”粮油规划面临大调整

日前，随着工信部逐渐公布一些食品业的“十二五”规划，业内普遍预期，中国食品产业将加速进入优胜劣汰、强者恒强的格局，一些龙头企业将成为行业的受益者。

粮油产业的政策变化将导致资金流向大企业、龙头企业，而这一点对发展全谷物食品是非常重要的。我们都知道，目前，全谷物食品面临的一个短板是其丰富全面的营养价值和口感上的差距。如何对全谷物食品进行“适当加工”，同时还能改善其口味是未来需要加大投入、加大研发的区域。大企业和龙头企业在研发方面有这样的资金和经验，因此未来在全谷物食品开发可能引发全谷物食品的大变革。

二、“十二五”期间是中国营养健康食品业的发展机遇期

改革开放 30 年以来，我国的经济发展翻天覆地，人民生活水平也有了巨大提高。但是人们在尽享生活乐趣的同时，由膳食结构不合理带来的营养失衡已经成为多种疾病的重要诱因，人类的健康正在遭受着严重的威胁。因此，目前，许多专家、学者、企业和普通百姓都非常关注如何让提升生活品质，改变不恰当的生活方式，做到平衡膳食、合理营养。我们可以看到，新的、健康的生活方式已经生根发芽，公众已经开始树立健康文化、普及健康知识、倡导健康管理、推广健康应用，这些都说明，“十二五”期间不仅是我国经济发展的攻坚期，也是公众生活方式的改变期。

2011 年在山东召开的全国粮油产销企业（春季）订货会暨全国粮油经销商联谊会粮油营销交流会上，企业和专家都倡导“安全营养、健康消费”和“适度加工”等理念，这反映了国民对营养健康有了新的理解和重视。公众健康生活方式的需要为营养健康食品业提供了巨大的战略机遇。目前，贵州、福建等地已经将营养健康产业作为当地在“十二五”期间着重发展的产业，并为之制定了相关的规划。不少企业也将目光从传统的制造业转移到了新兴的生营养健康产业。未来几年，营养健康食品业将面临历史发展战略机遇期。

三、全谷物食品是“十二五”粮油发展大方向

全谷物食品是营养健康食品的典型代表，它含有丰富的微量元素和膳食纤维，能有效预防慢性病。全谷物食品还能提高谷物利用率6%以上。如果全国1.14亿吨小麦中有10%的用于生产全谷物产品，全国将相当于增产粮食1 140万吨、相当于扩大1 628万亩耕地，同时减少约100万人罹患高血压。此外，发展全谷物产业链条能为各环节厂商提供新的发展机遇和空间。

国外非常重视全谷物产品的研发和生产。根据美国全谷物委员会的信息，全谷物食品的消费正处于快速发展的阶段，全谷物食品的新产品开发从2000年以来急剧增长。依据全球新产品数据库统计，2007年世界范围内全谷物新产品比2000年增长了15倍，截至2008年3月31日的统计数据显示，2007年全球约有2 368种全谷物产品进入市场，而在2000年只有164种，增长了1 344%。近年来，对全谷物食品需求增长最快的是美国，这主要是得益于美国全谷物委员会成功的教育行动。全谷物产品在美国谷物食品中占40%以上，但在高端谷物产品中占70%以上。但是中国这一块还存在大块空白。

基于以上原因，国家高度重视发展全谷物产业，发展全谷物产品已经列入国家“十二五”产业发展规划，这说明国家认识到“十二五”期间是全谷物食品发展的战略机遇期。全谷物食品在中国将面临快速起步阶段，全谷物食品将是“十二五”粮油发展的大方向。

在2012年秋季粮油市场形势研讨暨粮油营销技术交流会上的致辞

2012年10月19日于杭州

由中国粮油学会粮油营销技术分会、杭州市粮食行业协会和杭州粮油发展有限公司联合举办的“2012年秋季粮油市场形势研讨暨粮油营销技术交流会”今天在美丽富饶的天堂——杭州召开，借此机会，我代表中国粮油学会和中国粮油学会粮油营销技术分会对在座的各位嘉宾、各位企业家表示最诚挚的问候！

本次会议是中国粮油学会粮油营销技术分会今年继德州会议之后的又一次重要活动。为开好本次会议，我们特邀了国内粮油市场著名专家就当前国内外粮油市场的走势进行分析研讨；座谈、交流粮油产销企业在经营与管理等方面的经验；参观、学习杭州市粮食物流中心；通过新产品展示，洽谈粮油产销企业之间的业务等等，会议内容十分丰富，相信会得到大家的喜欢。

各位代表，本次会议的目的是通过对粮油市场形势的研讨，帮助企业了解当前的粮油市场形势，把握市场行情，促进企业健康发展。有关粮油市场的走势，等一会我们特邀的几位国内著名粮油市场专家将会给大家做精彩报告，这方面的内容我就不讲了。今天，我想给大家通报一下最近一些媒体在粮油价格、粮油质量等方面采访我时我讲的一些观点，供大家参考。

一、对当前粮油市场价格涨价等一些问题的看法

我对一些媒体讲，当前粮油市场价格最好不要说是在“涨价”，应该说是在“调价”比较恰当。“调价”的原因是国际粮油价格不断攀升，国内粮油成本提高，这是造成当前粮油市场价格调整的根本原因，尤其是我国油脂、油料的需求对外依存度较大，其价格受国际价格的影响更大。今后，它会像国际原油价格变化一样而不断调整国内的石油产品价格、粮油市场价格，尤其是食用油市场价格也应如此。

在谈到当前粮油市场“调价”是否合理时，我认为当前的粮油市场“调价幅度”看不出企业是为了利润的最大化而在哄抬价格，应该说是属于有理性的“合理调价”。

在谈到确定粮油市场价格时，我认为确定粮油价格必须做到“三兼顾”，即一要充分考虑广大消费者的利益和承受能力；二要充分体现粮农的利益，以保护种粮种油农民的生产积极性；三要考虑企业的合理利润，以调动粮油企业生产、经营积极性（目前我国粮油加工企业的平均销售利润率只有1.8%）。三者要妥善兼顾，缺一不可。

二、对有关粮油产品质量的看法

在谈到食品安全时，我认为食品的质量与安全世界关注，我国政府高度重视，通过

制定《食品安全法》，并采取了一系列措施，使食品的质量与安全显著提高。粮油加工产品是食品工业的基础原料，其产品质量与人民健康生活息息相关。就目前我国粮油加工业的技术与装备的总体水平而言，已经接近和达到国际先进水平。综观粮油市场，现在我们可以说，目前我国的粮油加工产品质量是我国有史以来最好最高的时期，但与此同时也是暴露问题最多的时期。分析“暴露问题多”的原因，一是随着人民生活水平的提高，对品质的要求越来越高，不同人群的需求多样化趋势越来越明显；二是随着科技的进步，对粮油产品及其可能存在与产生危害物的认识越来越清楚，如食用植物油中的反式脂肪酸、3-氯丙二醇酯（3-MCPO）等有害物质的产生与危害；三是个别企业由于管理不严，责任心不强，造成产品质量不稳定；四是媒体的自由度增加，有的甚至不经科学调查，随意“炒作”等等。

在谈到市场上出现的“以次充好”和“假冒伪劣”产品时，我认为这是经营者的缺德表现和非人行为，必须通过提高全民素质教育和强有力的社会综合治理才能解决，它与正常的粮油加工产品质量没有关系，不能混为一谈。但不管如何，粮油加工产品的质量，必须引起我们的高度重视。

三、今年世界天气变化无常，粮食生产很不乐观，会否影响我国的粮食供应与价格

今年确实世界天气变化无常，灾情严重，但由于我平时只看些零星的报道，对世界粮食产量的影响没有研究，加上这类问题不应该是我回答的，所以我没有正面回答媒体的提问。我只是假说，如果今年的世界灾情将严重影响世界的粮食总产量，那肯定会影响全球的粮食供应与粮价，当然也会影响中国，但对中国的影响会相对较小。我没有分析影响较小的原因，现在我觉得这个问题提得很好，很值得我们研究分析。以我看来，影响较小的原因至少有以下三点：一是，去年我国粮食实现了连续八年增长，今年有望实现“九连增”，这对保障我国粮食供应，稳定粮价起到了重要作用；二是，国家有充足的粮油储备，不仅能在关键时刻起到保障粮油供应的作用，同时又能掌控粮油价格；三是，粮价是百价之基，涉及全民，党和政府历来高度重视。在 2008 年全球粮食危机时，国际粮价暴涨，但在中国通过政府强有力的宏观调控，粮价依然十分平稳。为此，我相信，今后不管国际粮价如何多变，中国的粮油市场供应与价格是会相对平稳的。

四、对未来粮食供需的认识

“民以食为天，食以安为先”，解决中国人的吃饭问题是天大的事，为此我国党和政府高度重视粮食生产和粮食供应，取得了历史罕见的粮食生产“八连增”乃至“九连增”，这是来之不易的。在充分肯定我国粮食生产和粮食供应取得了辉煌成就的同时，也应看到还存在一定危机的一面。前些日子，一些领导和粮食专家认为，随着我国人民生活水平进一步提高和人口增加带来的粮食需求的刚性增长以及饲料和工业用粮的强劲增长，与耕地减少、水资源匮乏、气候变化等造成的粮食增产缓慢等极不相称的现状，说明我国目前的粮食供应“紧平衡”状态没有根本改变，并预示“紧平衡”将成为我国

粮食供需的常态；粮食和农业有可能成为制约我国国民经济发展的瓶颈。为此，必须进一步引起我们的高度重视，建立起符合中国国情的、可持续、抗风险、能自主的粮食保障体系。我很赞同这些观点。

各位代表、各位企业家，中国粮油学会粮油营销技术分会是全国粮油生产企业、营销企业和其他相关企业之家，为企业服务，为大家搭建交流学习的平台是学会的职责，学会将不断创新模式，提高服务水平和服务质量，与粮油产销企业携手共谋发展，共创辉煌。

各位代表、各位企业家，本次会议在杭州召开，会议得到了杭州市粮食行业协会、杭州粮油发展有限公司的大力支持；得到了会议承办单位——中国粮油发展网、杭州锡安贸易有限公司的大力帮助；得到了会议协办单位——温州瓯海兴达面粉经销公司、浙江永邦包装有限公司、江苏银河飞业面粉有限公司、江苏淮安新丰面粉有限公司、河南一加一面业有限公司、山东洪丰面粉有限公司以及宣传媒体——中国粮油发展网、中国粮油学报、中华粮网等单位的热情支持，在此，我代表学会和全体与会代表对他们一并表示衷心的感谢！

加快粮油加工业的转型升级

——在武汉轻工大学课题专家咨询会上的发言

2014 年 12 月 18 日

为编制好《粮食行业“十三五”发展规划》，武汉轻工大学受国家粮食局委托就“粮油加工业转型升级”召开了课题专家咨询会，以摸透、弄清粮油加工业的实际情况，面对新阶段、新问题、新情况，提出“十三五”期间粮油加工业转型升级的新思路、新战略、新举措，为编制好总体规划提供决策参考。这是一件很有意义的事，下面我就需要重点研究的四个问题提供些情况和讲点意见，供参考。

一、“十三五”时期粮油加工业面临的新形势

刚刚结束的中央经济工作会议上首次提出了中国经济进入了从高速增长转为中高速增长；经济结构不断优化升级；从要素驱动、投资驱动转向创新驱动的经济发展新常态。确定了明年乃至今后相当一段时间内的经济总基调仍然是“稳中求进”，中心工作是“提高经济发展质量和效益”。这也是我国各行各业今后工作面临的最重要的中心任务和制订“十三五”发展规划的指导思想。

“十三五”是我国全面建成小康社会的最后五年，随着人民生活水平和生活质量的不断提高，我们粮油加工行业面临着让百姓吃得“适口、营养、健康和多样化、方便化”的重任。

粮油加工业是一个传统产业，针对其相对饱和、产能过剩的实际，“十三五”期间将有一个调整和化解产能过剩的又一重任。

针对当前粮油加工行业经营状况不佳的现实、产品差异化程度低等问题，为确保在“十三五”期间粮油加工业产值等重要指标平均增长速度不低于 10%的水平，我们面临着转方式、调结构的艰难任务。

根据国家“爱粮节粮”的总体要求，粮油加工企业要在确保粮油产品质量与安全的前提下，通过努力提高出品率，限制过度加工，提高加工副产物的利用率，达到减少浪费损耗的任务十分艰巨。

另外，粮油加工业在节能减排、实施走出去战略、培养与造就一大批高素质科技与管理人才、实施创新驱动等方面面临的压力和任务也很繁重。

总之，“十三五”期间，粮油加工业面临着诸多艰难任务，需要我们勇敢面对，变压力为动力，以推动粮油加工业的稳定健康发展。

二、当前粮油加工业转型升级中存在的主要问题

当前粮油加工业在发展中存在的主要问题有以下六点：

一是产品结构调整不快，大路货多，差异性小。适合食品工业发展和不同人群需要的专用粉、专用米和专用油数量与品种都较少，粮油产品的附加值不高。

二是调整和化解产能过剩问题任务艰难。据国家粮食局统计，2012 年在 9 788 个入统大米加工企业中，产能利用率只有 44.5%；在 3 292 个入统小麦粉加工企业中，产能利用率为 64%；在 1 734 个入统植物油加工企业中，产能利用率为 52.8%。需要加快发展先进产能，才能淘汰落后产能，任务艰巨。

三是企业间兼并重组的步伐进展缓慢。小企业宁当鸡头不当凤尾，宁愿自生自灭，不愿被人兼并的思想，大企业在发展壮大中，宁可自己新建，不太愿意兼并他人的做法依然存在。中小型企业的特色不明显，其发展的质量和水平有待进一步提升。

四是资源有效利用率不高。以米糠、玉米胚和小麦胚芽等为代表的资源利用率不高，尤其是米糠资源的利用率目前只有 20%左右，远低于日本（利用率几乎 100%）、印度（利用率达 70%～80%）等周边国家。国家需要下大力，采取有效措施将利用率提高到 70%～80%，为增产油脂，提高利用食用油的自给力作贡献。

五是主食品工业化生产有待进一步提高。“十二五”期间，粮油加工业积极发展以大米、小麦粉和杂粮为主原料制成的各类食品，取得了较好的成就，但其发展速度仍然跟不上百姓的需求，需要进一步加快发展，以方便百姓生活。

六是粮油加工企业走出去的战略效果不明显。企业在走出去时，常常是单枪匹马，各自为政，缺乏统一规划和协同作战，造成走出去的效果和对外声誉一般化。

三、在保障粮食安全背景下，粮油加工业转型升级的新思路

在全国粮食科技创新大会上，国家粮食局党组书记、局长任正晓同志在讲话中指出，“粮食行业科技研究要紧贴国家粮食安全战略，聚焦保障粮食数量安全、粮食质量安全和粮食生态安全，重点攻克绿色生态储粮、粮食节约减损、质量卫生安全、粮情监测预警、信息技术运用等重大科技难题”。对此，粮油加工业在转型升级中可以为保障国家粮食安全做出应有的贡献。在“十三五”期间，我们要围绕粮食的数量安全和质量安全，继续突出和强调做好以下几项工作：

一要利用好两种资源、两个市场，为满足我国粮油市场需要服务。为确保国家粮食安全，党中央和国务院在去年的中央经济工作会议上，提出了“确保谷物基本自给、口粮绝对安全”和“以我为主、立足国内、确保产能、适度进口、科技支撑”的国家粮食安全新战略，对此，我们要深刻领会，认真贯彻。为满足我国粮油市场和部分品种余缺调节的需求，我们要根据“适度进口”的原则，利用好国内国外两种资源和两个市场，进行“适度进口”，以确保国家粮油安全。

二要继续坚持粮油产品安全质量第一，继续倡导“营养健康消费”和“适度加工”。粮油产品的质量安全与国家粮食安全一样，都是天大的事。为此，粮油加工企业不论在

任何时候、任何情况下都必须把质量安全放在第一位。在粮油产品安全的基础上，粮油加工企业要把“适口、营养、健康和方便”作为今后的发展方向。要继续倡导“适度加工”，提高纯度、合理控制精度、提高出品率，最大程度保存粮油原料中的固有营养成分，要下大力坚决纠正粮油产品的过精、过细、过白和油色过淡等“过度加工”现象。

三要转方式、调结构，重点是调结构。首先要加快组织结构的调整，要继续引导企业通过兼并重组、产业园区建设，进一步提高企业集中度；加大企业的技术改造，积极采用先进实用、高效低能、节能环保的新工艺、新装备，发展先进产能，淘汰落后产能。其次是要继续积极调整产品结构，加快开发“系列化、多元化和营养健康”的粮油产品；提高名、优、特、新产品的比重；扩大专用米、专用粉和专用油的比重；积极发展全麦粉、糙米、杂粮制品和特种油脂；要进一步发展有品牌的米、面、油小包装产品，尤其是要加快发展小包装食用油，以加快替代和取消市场上的散装食用油。

四要继续重视资源的综合利用。粮油加工中生产出的副产物很多，这些副产物都是社会的宝贵资源，必须充分利用。当前，对这些资源利用的重点仍将放在大力推广米糠和玉米胚的集中制油上，放在稻壳、皮壳作供热和发电上，放在提高碎米、小麦胚芽和麸皮等副产物的综合开发利用上，放在饼粕的最佳有效利用上。尤其是在米糠利用上，争取到 2020 年，使我国的米糠榨油利用率达到 70%～80%，达到和接近周边国家的水平，为国家多增产 100 万吨米糠油，为提高我国百分之三食用油自给率做贡献。

五要继续大力推进主食品工业化生产。粮油加工企业要把发展主食品工业化看作是向精深加工延伸，是调整产品结构的重要组成部分，是企业增收、方便百姓的有效途径。争取到 2020 年，我国生产各类主食品的总量达 4 000 万吨以上，占大米、面粉销售量的 20%左右。

六要重视关键技术装备的基础研究和自主创新。为适应我国粮油加工业不断发展的需要，我们要通过自主创新，把粮油机械制造业的发展重点放在大型化、自动化、专用化、智能化上；放在开发节能降耗、适应实行清洁生产和“适度加工”的需要上；放在研究和开发生产各种小杂粮和木本油料的加工、设备制造上。

七要进一步实施“走出去”战略。粮油加工企业走出去，要以粮机产品走出去为引路，走联合起来走出去之路。通过走出去不仅要让当地百姓受益，还要在有条件的地区，发展粮油生产，为我国的粮食安全添砖加瓦。

四、“十三五”时期粮油加工业转型升级的政策建议

为百姓提供更多优质安全和营养健康的粮油食品，为方便百姓生活，提高资源的有效利用率，建议要增加政府投入，研究解决粮油加工业的实际问题，促使粮油加工业转型升级和健康发展。

一是为提高米糠油的利用率，建议国家要像重视发展木本油料生产一样，出台有利于提高米糠油利用的奖励政策，即每生产出 1 公斤米糠油，国家奖励补贴 1 元钱的政策。

二是为避免粮油产品销售价格上下波动太大而影响种粮农民、消费者和经营企业的积极性，要及时研究解决兼顾三者利益的政策措施，以调动种粮农民的生产积极性，合

理保护消费者和经营企业的积极性。

三是要采取有力措施限制粮油产品的“过度加工”，重点要放在粮油产品的标准修订上，要修改哪些不利于“适度加工”的指标。另外，对大米加工的多次抛光要明令禁止。

四是要继续鼓励粮油加工企业发展主食品工业化生产，要在投资、税收政策等方面给予优惠，以进一步推动这项民生工程的快速健康发展。

第四章　品牌建设与争创名牌

粮油企业争创中国名牌应注意的几个问题

2004 年 12 月 15 日

今天，中国粮食行业协会、中国植物油行业协会在天津召开第二次全国重点粮油企业名牌工作会议，参加会议的除了荣获 2004 年中国名牌产品的 7 个大米生产企业和 13 个面粉生产企业的代表外，我们还特邀了部分油脂加工企业的代表参加本次会议。这次会议的目的是总结全国粮油企业争创名牌的经验，研究在全国粮油行业中培育和巩固更多的中国名牌，配合中国名牌战略推进委员会做好 2005 年中国名牌产品评价目录的确定工作。下面，我就粮油企业争创中国名牌应注意的问题讲点意见，供大家参考。

一、“中国名牌”来之不易

中国名牌是当前中国企业的最高荣誉，是要求最高最严、含金量最高的荣誉。可以这样说，获得中国名牌的多少，反映了一个地区综合经济实力的强弱，反映了其经济增长的质量与水平，同时也集中体现了一个行业的整体素质，标志着企业的信用和形象，反映了一个企业的管理水平、经营水平、产品档次和科技含量，是企业最重要的无形资产。为此，引起了各行各业的高度关注和重视，都把培育和争创中国名牌作为一项工程来抓，常抓不懈。

中国粮食行业协会对粮油企业培育和争创中国名牌高度重视，并作为一项工程来抓。2001 年上半年，国家成立了中国名牌战略推进委员会，同年 7 月，白美清会长在山东威海召开的中国粮油学会工作会议上就部署了在全行业开展培育和争创中国名牌和世界名牌的工作：7 月 30 日，中国粮食行业协会召开会长办公会议，成立了以白美清会长为组长的中国名牌战略推进委员会（以下简称“中国名推委”）粮食行业专业委员会，并把培育和争创中国名牌作为一项工程来抓。事后，我们多次向中国名推委汇报工作，反映粮油行业的实际情况，希望中国名推委将关系国计民生的粮油产品列入“中国名牌产品评价目录”。今年 2 月 10 日，中国粮食行业协会在北京召开全国重点粮油企业名牌工作会议，在广泛听取意见和征集资料的基础上，根据名推委秘函［2004］1 号《关于征求 2004 年中国名牌产品评价目录建议的函》的要求，中国粮食行业协会发文国家质检总局质量管理司和中国名牌战略推进委员会，要求将食用植物油、大米、小麦粉列入“2004 年中国名牌产品评价目录”。不久，中国名牌战略推进委员会于 3 月 30 日发出第 1 号公告，将大米、小麦粉列入了 2004 年中国名牌产品评价范围。接着，中国粮食行业协会向各省、直辖市、自治区粮食行业协会发出了《抓紧做好 2004 年中国名牌产品申报工作的通知》，由此开始，正式拉开了中国名牌产品在粮油企业的评审工作。

经过企业申报，各省、直辖市、自治区粮食行业协会和质检局的审核、推荐，至 7 月上旬，全国共有 27 个大米生产企业和 40 个小麦粉生产企业向中国名推委推荐为

2004年中国名牌产品的评选企业。在此基础上，中国名推委于7月中旬组织专家，成立相关专业委员会，对参评企业严格按照标准进行综合评选，并将初选名单向社会公开征求意见。最后由中国名牌战略推进委员会全体委员会议审核确定在粮油企业中，金健、北大荒等7个大米品牌和金像、金苑等13个小麦粉品牌为中国名牌产品。这是全行业多年来共同努力的结果，这一结果不仅是获得中国名牌企业的荣誉，也是我们全粮油行业的荣誉，实属来之不易。这一结果也充分体现了中国粮食行业协会为企业所想而想的服务宗旨。

二、争创中国名牌应注意的几个问题

在中国粮食行业协会的信任和推荐下，我有幸参加了2004年中国名牌产品评价工作的全过程，在工作中我体会到粮油企业（重点是粮油加工企业）争创中国名牌产品，必须注意以下几点：

（一）要注意基本条件是否符合要求。

专业委员会在评价审查时，发现以下之一者将取消参评资格，一是在近三年中，任何一年销量达不到申报条件的，即大米7万吨以上，小麦粉8万吨以上的，也就是说销量不过门槛的，取消参评资格；二是申报产品的注册商标，凡首次注册在国外的，不参加评价。申报产品的注册商标首次在港、澳、台地区的，均为境内商标。申报产品的注册商标是国外商标与中方联合品牌的，暂不参加评价；三是在市场准入条件审查时，申报企业尚未获得“全国工业产品生产许可”的，取消参评资格；四是在近三年内，被省、直辖市、自治区级以上质量监督抽查判为不合格的，取消参评资格；五是在近三年内，出口商品检验有不合格的，或者出口产品因质量问题造成较大损失遭到外方索赔的，取消参评资格；六是近三年内发生重大质量、安全事故，或者有重大质量投诉经查证属实的，取消参评资格；七是在近三年内有二年或二年以上亏损的；或评审前一年亏损的（如2004年评选时，2003年发生亏损的），取消参评资格。在这次评审时，有6家粮油企业在申报材料中发现有上述问题，根据规定被专家们一票否决，对此我感到十分惋惜。

（二）要注意填报数据的真实性。

在评审中，专业委员会根据所掌握的信息和统计资料（对外公布的、社会公认的），对申报企业的数据进行严格审查。其中对集团型企业要作重点审查，如销售量、销售额等重要数据。一旦查出，数据偏差在20%以上的，取消参评资格；数据偏差在20%以下的，专业委员会将根据公认的权威数据对该数据进行修正，依据修正后的数据进行评价、打分。

在这次评审中，有些企业在“总资产贡献率”、“成本费用利税率”和“研发比重”等方面数据太高，脱离实际。为体现公正的原则，对这些企业评价打分时，不仅不能给高分，而且还要扣分。专业委员会还对一家总资产贡献率严重不实的企业，取消了其参评资格。所以，我们希望申报企业在填报数据时，必须实事求是，不能抱任何侥幸的心理。

（三）参评企业要注意做强做大。

前面讲的两点是参评企业的必备条件，要想成为中国名牌企业，必须评得较高的分值。评价、打分是各专业委员会根据中国名牌产品评价细则，公正、公平和科学合理进行的，这里没有任何人为的因素。

评价打分包括“市场评价分”、“质量评价分”、“效益评价分”和“发展评价分”等。我认为，要想得到较高分值，首要的是必须把企业做强做大。也就是说在生产规模、产品销售量、产品销售额等指标上要在全行业名列前茅，成为全行业的第一集团军。只有这样，才能在专业委员会评价、打分时得到较高的分值，才有可能成为中国名牌。有位专家说：“粮油企业需要名牌，名牌需要规模。没有名牌，粮油企业就无法领取市场通行证；没有规模，名牌就不能扩大对市场的占有率。只有名牌与规模联动，才能将产品的‘优’转化为市场的‘优’，最大限度地提高经营利润。”这是非常正确的。在评价、打分的过程中，我深深体会到，没有相当规模的企业是不可能争创中国名牌的，也可以说，中国名牌只能在做强做大的企业和企业集团中产生。

（四）产品必须是高质量的。

有人说：“名牌就是著名品牌，大凡名牌都有特色，或功能先进、或工艺独特、或设计精巧、或服务周到、或质量上乘。名牌的特色就是要与其他品牌有差异，与众不同”。我赞同这种说法。为保证产品质量上乘，在评选中，鼓励申报产品采用的标准达到目前国际先进标准、或申报品牌出口发达国家、或申报产品的标准达到国内先进水平，同时，参评企业必须提供省级以上质检机构出具的检测报告，以便专业委员会按质量水平高低评价、打分。

为确保产品质量，对考核企业的“质量保证能力”是十分重要的。在评价打分中，对参评企业获“国家质量管理先进企业奖”、国家级“质量免检”证书、“省级质量管理奖”、省级“质量免检”证书、“中国驰名商标”称号、“省级名牌产品”称号，通过质量体系认证和通过环境体系认证以及通过 HACCP 认证的都将给予一定的分值。另外，对企业售后服务网点的建设、产品的“三包”情况以及对消费者的意见处理等都要给予评价打分。

在评审时，我们还鼓励申报产品出口，鼓励小麦粉生产企生产专用小麦粉，并给予一定的分值。

（五）必须有好的经济效益。

前面已经讲过，在近三年内有二年或二年以上亏损的，或评审前一年出现亏损的企业都将取消参评资格。说实在话，就是不取消参评资格，它的分值也不会很高，因此，也就不可能评上中国名牌。就是三年内都不亏损，但盈利不高的企业要想评上中国名牌也很困难。为此，我们希望申报企业一定要十分注重经济效益。与此同时，申报企业还要重视“工业成本费用利税率”和“总资产贡献率”这两个重要考核指标。

（六）要注重企业的发展后劲。

在评审中，评价企业发展后劲好坏的主要依据是看企业的技术开发情况和企业规模水平。在技术开发方面，要看“企业新产品产值率”的大小；要看“企业研发费用占销售收入总的比重”的多少；要看申报的产品有没有“专利”；要看申报企业是否拥有国家级和省级技术研究中心、或博士后流动工作站。在企业规模水平方面，主要看“企业总资产规模”的大小。

以上六个方面，是我参加2004年中国名牌产品大米和小麦粉专业委员会评审工作后的体会。总之，我认为，申报企业只要在以上六个方面努力作出业绩，那么，争创中国名牌的意愿一定能实现。

三、粮油企业要争创更多的中国名牌

争创更多的中国名牌是我们粮油企业的共同愿望。为了实现这一目标，我们要在今年的基础上，努力争取将食用植物油列入2005年中国名牌产品评价范围。我认为，食用植物油列入中国名牌产品评价范围的条件已经具备，主要表现在：一是油厂的规模较大，据不完全统计，全国日处理油料千吨以上的油厂有70多家；二是食用植物油的品牌意识较强，有些著名品牌已家喻户晓；三是，食用植物油的市场占有率较高，尤其是小包装食用植物油的市场占有率更高；四是经济效益较好，除今年外，这些年来油厂的经济效益普遍较好等等，这些都是我们申请列入2005年中国名牌产品评价范围的理由。我希望油脂加工企业，尤其是应邀参加本次座谈会的油脂加工企业，要做好思想准备，一旦名推委批准同意，就要积极申报，并精心组织材料。争取像大米、小麦粉一样，有几个油脂加工企业的产品荣获中国名牌。

我们还要做好准备，迎接2008年的大米、小麦粉中国名牌的复评工作。在这项工作中，一要加紧培育更多的大米、小麦粉的生产企业成为中国名牌产品；二要巩固现有20家大米、小麦粉生产企业继续荣获中国名牌产品牌子。这里，我想着重讲一下如何巩固现有20家中国名牌产品牌子的问题。

由于获得中国名牌产品称号的企业不是终身的，有效期只有四年。四年后要进行复评，复评的结果将是强者保留名牌、弱者丢失名牌，这是有先例的。所以有人说："创名牌难，保名牌更难。"这是有道理的。因为科技在发展、时代在进步，四年后企业的名牌意识比现在更强，竞争越来越激烈，创名牌的要求也越来越高，越来越严。所以我希望在座荣获中国名牌产品称号的企业要居安思危，从现在起就要作准备，努力在复评时保住中国名牌产品的牌子。为了在复评时保住中国名牌产品的牌子，我建议：第一，要按照上述应注意的六个方面，逐条对照，找出差距和薄弱环节，提出切实可行的补救措施。第二，要进一步通过整合、提升，做强做大企业，要按照白会长在"2004中国（南昌）稻米论坛"会上讲的：要坚持"在发展中创名牌，在创名牌中求发展"的指导思想来做强做大企业。据了解，在这次评上的20个中国名牌产品企业中，有些企业的规模并不很巨大，年销售量和销售额刚刚过门槛，这是很危险的。因为下次复评的门槛不会像今年那样低了。第三，要进一步强化管理。有人反映在获得中国名牌产品称号的20个企业中，有的企业管理水平不尽如人意，有的产品质量不够稳定，这是很不应该的。第四，要千方百计提高企业的经济效益，据了解，现在有的企业经济效益不很理想，我们不愿意看到在20个中国名牌产品企业中出现微利甚至出现亏损的现象。

我相信，只要我们早做准备，认真对待，粮油企业一定能争创和巩固更多的中国名牌。

再谈粮油企业争创中国名牌应注意的几个问题

——在中国粮食行业协会大米分会第二次筹备会议上的讲话

2005年9月7日

自2001年国家成立中国名牌战略推进委员会以来，全国粮油工业企业为争创中国名牌做了大量工作，取得了成效。在2004年的中国名牌评选中，金健、北大荒等7个大米品牌和金像、金苑等13个小麦粉品牌评为中国名牌产品。在今年的中国名牌评选中，又有10个食用植物油产品评为中国名牌产品，它们分别是：福临门、金龙鱼、富虹油品、口福的大豆油；金龙鱼、福临门、禧万年、大平的菜籽油和鲁花、胡姬花的花生油。两年中，粮油加工企业荣获了30个中国名牌产品，实属来之不易，这一成绩的取得是大家努力的结果，我们应该为荣获中国名牌产品称号的企业祝贺。

为进一步推进粮油企业争创中国名牌的工作，中国粮食行业协会、中国植物油行业协会去年底在天津召开了第二次全国重点粮油企业名牌工作会议。会上，我结合大米和小麦粉中国名牌的评选情况，就“粮油企业争创中国名牌应注意的几个问题”作了发言。今天，我想借此机会，结合今年食用植物油中国名牌产品评选中发现的一些新情况，就粮油企业争创中国名牌应注意的问题再讲几点意见，供大家参考。

（一）获得中国名牌产品称号的企业应该是“全能冠军”。

参加中国名牌评选的企业，要想获得中国名牌产品的称号，必须在评选时得到较高的分值。我曾讲过，对参评企业的评价，打分是各专业委员会根据中国名牌产品评价细则，公正、公平和科学合理进行的，这里没有任何人为的因素。

评价、打分包括“市场评价分”、“质量评价分”、“效益评价分”和“发展评价分”等四部分组成，总分设为1 000分，其中“市场评价分”为500分；“质量评价分”为300分；“效益评价分”为100分；“发展评价分”为100分。根据粮油企业产品的特点，经名推委秘书处批准同意，在“市场评价分”中，取消了“品牌知名度”30分和“顾客满意指数”100分，保留了其他的370分。也就是说，评价粮油企业中国名牌产品的满分设定为870分。在这个统一的标准下，专业委员会根据中国名牌产品评价细则和经过各省市审定、公示过的企业申报材料，按照计算公式，对号入座地进行计算机计算，最后按得分高低排出名次，并提出中国名牌产品的初选名单，供中国名牌战略推进委员会研究确定。

由此可见，一个企业要荣获中国名牌产品称号，不仅要重视“市场评价分”，而且要重视“质量评价分”、“效益评价分”和“发展评价分”。在评选中，我发现企业对“市场评价分”都十分重视，这当然是对的，因为“市场评价分”反映了一个企业申报产品的国内销售量、国内销售额、出口额、出口量、纳税额以及企业的纳税总额、总资产规模和总销售额等重要指标，其得分的高低，反映了这个企业在第一集团军中的位置，但问题是有些企业忽略了“质量评价分”、“效益评价分”和“发展评价分”，得分偏低，以致不能获得中国名牌产品的称号。所以，有人说：“评中国名牌产品像学生高考一样，报考理工科大学的不仅数理化的成绩要好，语文、外语、历史、地理和政治等功课也要好，是‘全能冠军’。只有这样，才能取得较高的高考总分，才能考取大学乃至名牌大学。反之，不仅考不上名牌大学，连一般大学也很难录取。”我觉得，这种说法有一定的道理。

（二）要十分重视企业管理，尤其是要重视“质量评价分”。

管理是科学，是生产力，是企业争创中国名牌的基础，荣获中国名牌产品称号的企业，应该是企业管理水平高的企业。这些年来，随着粮油加工企业规模化、大型化和自动化，粮油加工企业的总体管理水平有了提高，但也确有一些企业管理水平不仅没有提高，甚至有所倒退，脏、乱、差的现象并不少见，有的甚至出现产品质量不稳定，抽查不合格的现象等等，这是很不应该的。

在这次食用植物油中国名牌产品的评选中，我们也不难看出，参评企业的管理水平参差不齐，特别是有的企业对质量管理这个基础工作重视不够，因此得分不高，最后的结果是与名牌无缘。

这里，我想告诉大家，“质量评价分”高达 300 分，仅次于 370 分的“市场评价分”。在“质量评价”中，又分设为 150 分的“质量性能指标评价”和 150 分的“质量保证能力评价”两部分。在“质量性能指标评价”中又分为“产品质量检验指标得分”和“执行标准得分”，一般来说参评企业这两项都应该得高分。但也有少数企业在产品质量检验时，没有完成按新的国家标准进行检测，缺项、漏项，结果扣掉许多分数。在“质量评价”中，值得引起我们注意的是“质量保证能力评价”，这是保证一个企业生产出高质量的产品和确保产品质量稳定的重要基础工作。其中设有“获国家质量管理奖的得 25 分”、“获省级质量管理奖的得 15 分”、“获省级名牌的得 10 分”、“获中国驰名商标的得 15 分”、“通过质量管理体系认证的（ISO9001）得 10 分”、“通过环境管理体系认证的（ISO E400）得 10 分”、“通过 HACCP 认证的得 20 分”、“获 GMP 或二级以上计量确认的得 10 分”、“申报产品获省级科技进步奖的加 10 分、获国家级科技进步奖的加 20 分”等子项。在评选中，我们发现有些企业由于平时忽视了这些质量管理的基础工作，许多认证、取证工作没有进行，丢失了许多分数，十分可惜。

（三）不能小看“效益评价分”和“发展评价分”。

“效益评价分”为 100 分。其中分设为“工业成本费用利税率”和“总资产贡献率”各 50 分。这两项评价内容同样反映了企业的管理水平和经营水平的高低。从评价、打分的情况来看，企业之间的差距较大，这充分说明提高粮油加工企业的管理水平和经营水平的潜力还很大。

“发展评价分”也为 100 分，其中设有“企业新产品产值率”20 分、“企业研发费用占销售收入总的比重”满分 20 分、“申报产品获得的专利”得分 40 分和“拥有国家级技术（研究）中心的计 20 分”、“拥有博士后流动工作站或省级技术中心的计 10 分”。在“专利得分”一项中，每拥有一项外观设计专利加 5 分，最多累计两项，即 10 分；每拥有一项实用新型专利加 10 分，最多累计两项，即 20 分；每拥有一项核心技术发明专利加30分。为鼓励发明创造和企业拥有专利，专利的最高分数可超过规定的40分，但不超过100分。

在这次22个参评企业25个食用植物油产品评选中，“发展评价”得分最高的为65分，一半企业的得分在20～30分之间，而另一半企业的得分只有10分左右。我分析，得分低的原因有：一是在“企业新产品产值率”这一项中，按规定企业新产品应以科技部、国家税务总局、原对外贸易经济合作部、国家质检总局、国家环保总局等部委颁发的“国家重点新产品证书”为依据，企业得到2002—2004年国家认可的新产品证书的，可得20分，而在我们申报的22个企业中，一个也没有获得此类证书，所以在这一项大家都是“0”分；二是大多数企业缺乏申报产品专利，更缺乏实用新型专利和技术发明专利；三是缺乏“拥有国家级的技术（研究）中心和博士后流动工作站”等等。以上情况说明，我们的粮油加工企业在依靠科技进步方面重视不够，缺乏发展后劲，应该引起我们的高度重视。

（四）要进一步树立“质量第一”的观念。

产品质量是企业争创中国名牌的重要基础。荣获中国名牌产品称号的企业，其产品质量应该是稳定的、高质量的，是经得起任何时候抽查检验的。反之，一个产品质量不稳定的企业是不可能获得中国名牌产品称号的。

在中国名牌产品评价细则中，对申报产品的质量作了严格的要求，规定了有以下问题之一者的，取消企业的参评资格：即为“质检总局中国名牌申报产品专项质量抽查不合格的”；“在近三年内，被省（直辖市、自治区）级以上（含省级）质量监督抽查判为不合格的”；“在近三年内，出口商品检验有不合格的”；或“因出口产品质量问题造成较大损失引起外方索赔的”。

在今年的中国名牌评选中。有3个企业的产品经专业委员会评选，列为向名推委建议的2005年中国名牌产品初选名单，后经名推委全体委员会议讨论通过，列入了“2005年中国名牌产品的名录”之中，并进行了第二次公示。在公示期间，发现这3个企业的产品在质检总局中国名牌申报产品专项质量抽查中个别指标不合格，严格执行规定，经第二次名推委全体委员会议讨论，取消了这3个企业的名牌称号。这说明，在中国名牌的评选中，对申报产品的质量要求是毫不含糊的。

我曾经说过，中国名牌是当前中国企业的最高荣誉，是要求最高最严、含金量最高的称号，是企业的金字招牌。为此，引起了社会各界的广泛关注，其产品质量是社会关注的重要方面。我希望已经荣获中国名牌产品称号的粮油加工企业，一定要进一步树立“质量第一”的观念，严把质量关，使产品合格率达到100%。尤其是对一个名牌称号多家企业（含贴牌企业）使用的集团型企业，更要严格统一质量标准，强化内部质量管理，杜绝任何环节上可能会出现的质量问题。

最后，我希望通过大家的共同努力，粮油企业能争创更多的中国名牌，已经荣获中国名牌产品称号的企业能永远保住这一荣誉。

三谈粮油企业争创中国名牌应注意的几个问题

——2006年4月10日在“全国放心粮油进农村工作会议”上的发言

质量是企业的基础，是企业的生命线，也是产品品牌的基础。品牌就是企业的“牌子”，是“招牌”，也是企业赖以生存的基础。在品牌基础上创出的名牌是著名品牌的简称，它是在市场上具有更高的知名度、更大的市场份额和信誉价值的品牌；名牌战略（即名牌工程）是企业从长远利益考虑，根据自身的实际和品牌现状而制定的发展名牌总体规划。企业的名牌战略是以创名牌和保名牌为核心，带动企业持续、稳定、健康发展的战略。也可以说，谁获得了名牌，谁就获得了良好的企业形象，谁就获得了市场。所以它是企业的一项重要无形资产。所以有人说：“一个著名品牌不仅可以壮大一个企业，带动一个产业，乃至可以造福一个地区，振兴一个民族”，这是非常正确的。

为促进粮油企业持续、稳定、健康发展，中国粮食行业协会在全国粮油行业开展了实施“放心粮油工程”和“名牌战略”。自2001年起，粮油行业在全国范围开展了“放心粮油工程”，这一活动得到了社会各界的好评和消费者的欢迎。在此基础上，一些经营管理和经济效益好、产品质量高、科技投入大、创新意识强、有发展后劲的大型粮油加工企业积极开展了争创中国名牌的工程。为推动“名牌战略”的实施，中国粮食行业协会先后召开了二次全国重点粮油企业名牌工作会议和首次全国粮油行业大型企业联谊会，做了大量的工作，取得了成效。在2004年和2005年的中国名牌产品评选中，全国粮油行业共获得了30个中国名牌，其中大米7个、小麦粉13个、食用植物油10个。这是大家努力的结果。

为推进粮油企业争创中国名牌工作，根据中国粮食行业协会的要求，我曾以“粮油企业争创中国名牌应注意的几个问题”为题，作过两次发言。根据1月中旬和3月27日名推委委员会议的精神以及名推委《关于征求2006年中国名牌产品评价目录和十一五期间重点培育产品建议》的要求，粮油企业在争创中国名牌中，除了我以前讲过的“应注意的几个问题”外，今后还应特别注意以下6个方面的问题。

一、要注重企业的科技创新

在不久前召开的全国科技大会上，胡锦涛总书记发表了重要讲话，明确提出了要坚持走中国特色自主创新道路，动员全党全国人民为建设创新型国家而努力奋斗的号召。作为一个争创中国名牌的企业，必须认真贯彻总书记的讲话精神，努力建设一个创新型的企业。为贯彻全国科技大会精神，建设创新型国家的总体要求，在今后评选中国名牌产品时，将会更加注重对企业科技进步和自主创新能力的考评。为此，争创中国名牌产品的企业，一定要在“新产品的开发”、“企业研发费用占销售收入总的提取比重”、“是否拥有国家级技术（研究）中心”、“是否拥有博士后流动工作站或省级技术中心”、“是否拥有各类专利和发明创造专利”以及“是否能利用科技进步，节约资源，保护环境”

等等方面更加重视，以增强企业的发展后劲。现在，在研讨科技创新与中国名牌关系时，大家都认为："获得中国名牌称号的企业，应该是科技创新型企业。反之，就不可能获得中国名牌的称号，就是获得了，也难以保住这一称号。"这种说法，是很有道理的。前些日子，在"确定2006年中国名牌产品评价目录"时，把"拥有自主知识产权的高新技术产品"作为今年中国名牌的重点考虑产品，这类产品占了今年新增名牌产品评价目录的38.81%。经过2004年和2005年两次中国名牌产品的评选活动，我深深感到，科技创新是我们粮油企业的薄弱环节。我们必须下大力，才能改变目前的状况，才能跟上时代发展的步伐。

二、要注意控制同类产品的名牌数量问题

中国名牌的评选工作已经进行了5年。在总结5年来的评选工作时，大家认为，为确保中国名牌的评选质量，在今后的中国名牌评选中"要增加评选产品的种类，控制同类产品的名牌数量"。也就是说同一类产品的名牌评选数量不能太多。就粮油加工企业已经评选过的食用植物油来讲，今后大豆油、菜籽油和花生油等三类产品的每类名牌数量要受到控制，不能评得太多，因此增加名牌数量的空间有限。要想增加中国名牌的数量，只有通过培育新的产品种类，如调和油、芝麻油、葵花籽油、油茶籽油等等种类。在米、面加工方面，可以考虑重点培育米、面的延伸产品，如挂面、米粉等人民喜爱的主食品。另外，我们还可考虑对"小杂粮"和粮油机械产品的培育，以推动整个行业的发展。

三、复评产品与初评产品将放在同一起跑线上进行评选

在中国名牌产品的评选中，通常有复评和初评的说法。对复评和初评，我的理解是：所谓复评是指已经评选过的某类产品，时满三年后（中国名牌产品的有效期为三年），需要重新评选的叫复评。反之，没有评选过的任何一类产品，现在符合并列入评价目录的，进行首次评选的叫初评。所谓"复评产品"是指已经评选上的某类中国名牌产品，现已时满三年，需要重新申报评选的产品。所谓"初评产品"是指上次没有参加评选或没有评上现在申报选评中国名牌的同类产品。就粮油企业来说，2004年国家已经对大米和小麦粉进行了中国名牌的评选工作，并分别取得了7个和13个中国名牌称号。按规定每次获得中国名牌称号的产品，其有效期为三年，明年就要到期，按要求届时要对大米和小麦粉这两类产品进行"复评"。在"复评"中，原来的7个大米产品和13个小麦粉产品为"复评产品"，其余新参加同类产品（大米和小麦粉）评选的为"初评产品"。

据我所知，在已往的复评中，"复评产品"只要符合参评条件，在获得中国名牌称号的三年中没有出现亏损和重大质量问题的，一般都能保留其称号。而参加复评的同类初评产品能否获得中国名牌，要看其得分的高低以及同类产品名牌的控制数量，从严录取。而今后，这种做法可能会改变，变为把复评产品与初评产品放在同一起跑线上进行评选，以体现评选工作更加公正、公平。在3月27日的名推委委员会议上，强调在今

年的中国名牌产品评选时，坚持中国名牌不搞终身制和能上能下的原则。

四、参评企业的资格——门槛将加高

获得中国名牌产品称号的企业，其生产规模、产品销售量和产品销售额等指标，应该是在全行业中名列前茅的，是全行业的第一集团军。

为了体现中国名牌产品的水平，对参评企业的资格审查十分重要，其中“门槛”的设定尤为重要。在2004年大米和小麦粉的评选中，我们设定的最重要的“门槛”是大米年销量在8万吨以上；小麦粉年销量在7万吨以上。在这个基本条件下，全国共向中国名推委会推荐了27个大米生产企业和40个小麦粉生产企业，共计67个企业的产品，作为2004年大米类和小麦粉类中国名牌产品的参评企业。通过评选，最后只有7个大米品牌和13个小麦粉品牌被评为中国名牌，合计20个品牌，不足参评企业的三分之一。现在看来，造成这种状况的原因主要是“门槛”设低了。为了改变这种状况，在2005年大豆油、菜籽油和花生油的中国名牌评选中，我们将年销量的“门槛”分别设定为30万吨、8万吨和10万吨。参评的企业总数为23个，其中10个企业的食用油产品被评为中国名牌产品，占参评企业的43.5%。

总结以上经验，看来在明年大米和小麦粉的中国名牌复评中，其年销售量的“门槛”将要作较大幅度的提高，以真正体现粮油行业的水平。

五、数据一定要真实

衡量一个参评企业的好坏要看其实绩，实绩的好坏要靠数据来反映。如申报产品的国内销售量、国内销售额、出口量、出口额、纳税总额、总资产额、质量工程师及质量工作人员的数量、研发费占销售收入的比重、成本费用利税率、总资产贡献率等等，这一系列的数据是反映一个企业生产经营状况的主要依据，也是在评审中，专业委员会的专家进行评价打分的唯一依据，为此，这些数据必须真实可靠。为了公正、公平，对各地上报的参评企业的主要数据，要在网上进行公示，发现问题并经调查核实后，确有弄虚作假的将立即取消参评资格。在评选时，专业委员会的专家还将对申报企业的数据进行严格审查。在前两次评审中，发现有个别企业在“总资产贡献率”、“研发比重”等方面数据不实。为体现公正的原则，对这些企业评价打分时，不仅不给高分，而且还要扣分。对个别数据严重不实的，甚至取消了其参评资格。所以，我希望申报企业在填报数据时，一定要实事求是，不能抱任何侥幸心理。

六、要关注2006年中国名牌产品的评选要求

在3月27日名推委委员会议确定“2006年中国名牌产品评价目录”时，特别强调今年名牌产品推荐的基本要求和着眼点。

推荐的基本要求是：落实党的十六届五中全会精神，坚持科学发展观，有利于调整产业结构，转变增长方式；有利于促进科技进步，增强自主创新能力；有利于支持农业发展，增加农民收入；有利于节约资源，保护环境；有利于提高对外开放的水平，增加

自主品牌产品出口；有利于保障健康安全；有利于区域协调发展。根据基本要求，“2006年中国名牌产品推荐目录”的着眼点是：

（一）着眼于提高自主创新能力，重点考虑核心技术拥有自主产权的高新技术产品；

（二）着眼于建设社会主义新农村，重点考虑促进农业发展、增加农民收入的产品；

（三）着眼于调整产业结构和增强经济发展后劲，重点考虑先进制造业产品；

（四）着眼于建设资源节约型社会和环境友好型社会，重点考虑节约资源和环保类产品；

（五）着眼于提高出口产品的质量和效益，重点考虑具有自主知识产权的自主品牌出口产品和替代进口产品；

（六）着眼于健康安全，鼓励优势品牌做大做强；

（七）着眼于区域协调发展，向中西部地区和东北老工业基地倾斜。

我认为，以上推荐目录的基本要求和着眼点，不仅是对评选今年中国名牌产品的要求，同时也是对今后评选中国名牌产品的要求。

明年是大米和小麦粉产品中国名牌的“复评年”，对申报企业考核三年业绩中的两年已经过去了，今年是最重要的一年，希望打算申报参评中国名牌的企业要加倍努力，早作准备，以取得优异的成绩。

认真做好“中国名牌”产品的复评工作（四谈）

——四谈粮油企业争创中国名牌应注意的几个问题

2006 年 12 月 6 日于上海

按照中国名牌战略推进委员会和国家质量监督检验检疫总局的规定，获得中国名牌称号的产品其有效期为三年，到期后将进行复评。根据这一规定，2007 年是大米和小麦粉中国名牌的“复评年”。为了做好复评工作，白会长要我就如何做好“中国名牌”产品的复评工作讲些意见。由于我过去已就粮油企业争创中国名牌应注意的问题发过三次言，我觉得基本的要求没有太大变化。这里，我想再强调要重视以下六方面的工作。

一、注意做好申报材料的准备工作

鉴于 2007 年是大米和小麦粉中国名牌的“复评年”。为此，2004 年已经获得中国名牌产品的 7 个大米加工企业和 13 个小麦粉加工企业以及计划申报明年中国名牌产品的大米加工企业和小麦粉加工企业，从现在开始就要注意积累和整理资料，以便届时正确、全面地填报好《中国名牌产品申报材料》。这里需要强调的是，第一，准备工作一定要充分。填写申报材料时，要有专人负责，并要配备会统计、懂财务的人员参加。第二，填写申报材料要过细，切忌少报、漏项。做到要求附上的各种证件、证书不能少一个，产品质量检验报告中的检验结果不能少一项。第三，各种表格、文字和各类印章（尤其是复印件）必须清晰，不能模糊不清。第四，注意吃透填报“申报材料”的要求，要按“申报材料”的先后顺序组织编排材料，不要颠三倒四。第五，文字、材料要突出重点，不要面面俱到。与申报材料要求无关的内容要尽量删去，如各级领导的视察照片、企业获得的省级以下的奖项证书等等。

二、要注意填报数据的汇总整理工作

在申报材料时，要特别注意把所有子公司（包括贴牌企业）的数据汇总起来，注意不要遗漏。

申报中国名牌的企业，其生产规模、产品产量和销量等等一系列指标应该在同行业中名列前茅的，绝大多数申报企业都拥有若干个子公司。所以在填写申报材料时，不仅要填报母公司（总部）的各项数据，同时要把各地子公司的数据（包括贴牌企业）一起汇总起来，才能反映自己的真实情况。

在汇总各子公司（包括贴牌企业）的各项数据时，都要出具当地统计、财政、税务等权威部门的证明，否则是不予认可的。做好数据的汇总整理工作，说起来容易，做起来难，是一件十分细致而又繁琐的工作，希望申报企业一定要提前做好准备，尤其是要把今年的数据好好汇总整理，因为今年的数据是三年中最为重要的。

三、要注意填报数据的真实性

真实填写材料和填报各项数据是对申报中国名牌企业的最起码要求，也是企业诚信的表现。

在前几次发言中我讲过，衡量一个参评企业的好坏要看其实绩，实绩的好坏要靠数据来反映。如申报产品的国内销售量、国内销售额、出口量、出口额、纳税总额、利润总额、总资产额、质量工程师及质量工作人员的数量、研发费占销售收入的比重、成本费用利税率、总资产贡献率等等，这一系列的数据是反映一个企业生产经营状况的主要依据，也是在评审中，专业委员会的专家进行评价打分的唯一依据，为此，这些数据必须真实可靠。为了公正、公平，对各地上报的参评企业的主要数据，要在网上进行公示，发现问题并经调查核实后，确有弄虚作假的将立即取消参评资格，在评选时，专业委员会的专家还将对申报企业的数据进行严格审查。在前两次评审中，发现有个别企业在“总资产贡献率”、“研发比重”等方面数据不实。为体现公正的原则，对这些企业评价打分时，不仅不给高分，而且还要扣分。对个别数据严重不实的，甚至取消了其参评资格。另外，在以往的评审中，经常发现有些企业的生产能力、产量和销售额等等数据之间的矛盾较多，有的甚至不能自圆其说。对这类问题的处理是：轻者不能让其在专家打分时占到任何便宜；重者将作为弄虚作假处理。为此，希望申报企业在填报各项数据之间一定要合情合理，不要出笑话，更不能有意弄虚作假。这里我还想告诉大家的是：在今年的中国名牌评选中，有三个企业在最后一轮公示中，有人举报数据虚假不实，并经名推委调查证实：有一个企业数据不实，有一个企业数据疑问较大，有一个企业数据严重弄虚作假。针对上进三个企业的做法，在名推委全体会议上一致通过取消了它们的中国名牌产品资格。所以，我希望申报企业在填报数据时，一定要实事求是，不能抱任何侥幸心理。

四、要十分重视申报产品的质量

我曾多次讲过，产品质量是企业争创中国名牌的重要基础。荣获中国名牌产品称号的企业，其产品质量应该是稳定的、高质量的，是经得起任何时候抽查检验的。反之，一个产品质量不稳定的企业是不可能获得中国名牌产品称号的。

在中国名牌产品评价细则中，对申报产品的质量作了严格的要求，规定了有以下问题之一者的，取消企业的参评资格：即为“质检总局中国名牌申报产品专项质量抽查不合格的”；“在近三年内，被省（直辖市、自治区）级以上（含省级）质量监督抽查判为不合格的”；“在近三年内，出口商品检验有不合格的”或“因出口产品质量问题造成较大损失引起外方索赔的”。由此可见，对参评产品出现过重大质量问题的，在中国名牌的评选中将会被一票否决。

在今年的中国名牌评选中，有 4 个企业的产品经专业委员会评选，列为向名推委建议的“2006 年中国名牌产品的名录”之中，并进行了第二次公示。在公示期间，发现这 4 个企业的产品分别在 2004 年、2005 年和 2006 年的国家和省、直辖市、自治区质检部门的质量抽查中个别指标不合格，为严格执行规定，经第二次名推委全体委员会议讨论，取消了这 4 个企业的名牌称号。这说明，在中国名牌的评选中，对申报产品的质量要求是毫不含糊的。

在上述 4 个企业中，有 3 个是属于食品加工企业。其中有一个全国知名的粉丝生产企业，曾发生过在 2004 年有三批出口粉丝中“过氧化苯甲酰”添加剂超标被责令退货的事件而取消了中国名牌称号；另外有两个知名的饼干生产企业，一个在 2005 年质量抽查中因“菌落总数”指标不合格而取消了中国名牌称号。另一个企业，由于饼干产品的行业新标准于 2005 年 9 月开始实施，在此之前，该企业印刷了大量的旧版包装物，为节约成本，该企业采用不干胶在原标志处贴上了新标志进行更正，但由于在包装、运输和销售中存在着新标志漏贴或脱落的现象，致使被抽查的个别产品包装标志不清。在当地质检部门抽查中发现标志不合格，并作出了产品不合格的结论。根据这一结论，在名推委的讨论中同样取消了该企业中国名牌产品的称号。以上 3 个食品加工企业出现的产品质量问题，应该引起我们的高度重视。希望要想争创中国名牌产品称号的粮油加工企业，一定要进一步树立“质量第一”，的观念，严把质量关，始终保持产品合格率达到 100%，这是必须牢牢记住的“起码条件”。

五、要关注中国名牌评价通则的变化

在今年的中国名牌评选中，与过去相比，中国名牌产品的评价通则有些变化，变化较大的是在“打分评价”部分。虽然今年中国名牌产品的评价总分依然为 1 000 分，但是在分值的分配上有所调整：“市场评价”从 500 分改为 350 分；“效益评价”由 100 分增加为 150 分；“发展评价”由 100 分增加为 200 分。在“效益评价”的 150 分中，企业纳税状况占到了 110 分，新增了“企业纳税总额”和“申报产品纳税”两个评分点。在“发展评价”的 200 分中，新增了“企业规模水平”、“申报产品获得科技进步奖情况”、“企业参与行业、国家以及国际标准制定的情况”等 3 个评分点。

据了解，今后每年中国名牌产品的评价通则都会根据国民经济和社会发展的形势有所调整。今年之所以加大了对企业自主创新能力和纳税情况方面的分值，一是希望激发企业更加重视产品的技术含量，走自主创新之路；二是引导企业重视对社会的责任和回报。

另外，根据《2006 年中国名牌产品评价通则》规定，今后的中国名牌产品初选名单都将在网上进行公示，欢迎公众点击，公开征求消费者的意见。进行“网上公示、公众点击”这一举措是为了发动社会各界，发动广大的消费者来参与和监督中国名牌产品的评价工作，以确保中国名牌产品是社会认可、消费者满意的优秀产品。

在这里，我希望粮油企业要经常关心中国名牌产品评价通则的变化。

六、要重视培育新的粮油产品种类参评中国名牌

在总结六年来中国名牌评选工作时，中国名推委提出了在今后的中国名牌评选中“要增加评选产品的种类，控制同类产品的名牌数量”的要求。这就意味着，今后同一

类产品的名牌评选数量不能太多。也就是说，明年复评的大米和小麦粉两个种类的名牌数量将会受到控制，不会评得太多，增加名牌数量的空间有限。所以，要想增加粮食行业中国名牌的数量，只有通过培育新的产品种类。为了促使粮食行业能有更多的中国名牌，推动行业的健康发展，中国粮食行业协会曾多次向中国名牌推进委员会反映，要求将米、面、油的延伸产品，如挂面、米粉、食用调和油、芝麻油、葵花籽油、油茶籽油以及“小杂粮”和粮油机械等产品，列入今后的中国名牌评选范围之内。

11 月 8 日，中国名牌推进委员会公布了《中国名牌产品“十一五”重点培育指导目录》，这是在各地和有关行业协会提出的中国名牌产品重点培育指导目录建议的基础上，经广泛调查研究，由中国名推委研究确定的。该目录包含了 17 个行业的 500 个产品，其中粮食行业有 3 个，那就是 2007 年的挂面、2008 年的食用调和油和香油。另外，与粮食行业直接有关的“大豆蛋白”和几种饲料机械。对此，我们要引起高度重视，做好各项参评的准备工作，力争将挂面、食用调和油和香油分别列入 2007 年和 2008 年的中国名牌产品评价目录范围。在准备工作中，我觉得当前第一重要的是要做好“重点培育产品”的统计工作。也就是说，要在今年的粮油工业统计工作中要增加挂面、食用调和油和香油的统计内容。希望各地粮食行业协会积极配合粮食行政主管部门做好新增项目的统计工作。与此同时，粮油加工大型企业和企业集团要认真填报上述新增项目的有关数据，并为争创明年的挂面中国名牌和 2008 年食用调和油、香油的中国名牌做好充分的准备工作。

为推动粮油企业争创更多的名牌产品，我建议从明年开始将大米加工的延伸产品——米粉，粮油机械中的磨粉机、高方筛、清粉机、米机、砻谷机、谷糙分离机、轧辊机、膨化机、榨油机、碟式离心分离机等粮油机械产品也能列入粮油工业统计中去。因为没有全行业的统计数据，是无法申报和评定中国名牌的，这是一个行业争创中国名牌最起码的基础工作。当然这样做会增加大家许多工作量，为此希望能得到大家的理解和支持。

总之，希望经过大家的努力，使更多的粮油企业的产品能被评上中国名牌产品称号。

从大米和小麦粉中国名牌复评中得到的几点启示（五谈）

2007年9月2日

8月31日，中国名牌战略推进委员会召开全体委员会议，讨论确定了2007年中国名牌产品名单，并决定于9月11日在人民大会堂举行授牌大会。粮油行业在今年的中国名牌评选中获得28个大米产品中国名牌、29个小麦粉产品中国名牌和8个挂面产品中国名牌，总计获得65个中国名牌（名单见附表）。今年粮食行业取得这么多数量的中国名牌产品，是来之不易的，是大家努力的结果。

在今年的中国名牌产品评选中，对我们粮油行业来说，大米和小麦粉产品属于复评，同时又新增了挂面产品的评选。在评选中，我觉得有以下几点启示值得我们总结，以进一步推进粮油企业“名牌工程”的健康发展。

一、粮油企业争创中国名牌的水平有了很大提高

在国家粮食局的关心支持下，中国粮食行业协会自2001年起在粮食行业开展了“放心粮油工程”，与此同时，积极推进名牌战略，培育粮油名牌产品，从而推进了粮油企业争创中国名牌的积极性。经过2004年大米、小麦粉中国名牌产品的评选和2005年大豆油、菜籽油、花生油中国名牌产品的评选后，粮油企业对争创中国名牌高度重视，普遍增强了质量意识和品牌意识，推动了经营管理水平和产品质量水平的提高。从大米和小麦粉中国名牌产品的评选情况看，今年参评企业的整体水平较2004年评选时有了明显提高，主要表现在以下几个方面：

第一，参评企业的规模越来越大，申报产品的销售量和销售额有了大幅提高。参加复评的11个小麦粉生产企业，2006年的合计销售量为664.8万吨、销售额为136.73亿元、资产总额为61.88亿元，比2004年的销售量447.1万吨、销售额88.45亿元、资产总额47.64亿元，分别提高了48.68％、54.58％和29.89％；参加复评的7个大米生产企业，2006年的合计销售量为319.8万吨、销售额为78.3亿元、资产总额为61.22亿元，比2004年的销售量240.5万吨、销售额55.89亿元、资产总额52.43亿元，分别提高了32.96％、40.1％和16.77％。由此可见，获得中国名牌产品称号的大米和小麦粉加工企业在两年内得到了快速发展，企业的规模越来越大，市场占有率越来越高，这也是争创和保持中国名牌产品的重要基础。

第二，参评企业的产品质量保证体系建设有了明显加强。在质量评价中，大多参评企业对实物质量水平十分重视，在执行标准方面，有些企业的申报产品积极采用国际标准，并将产品出口到发达国家；在实物质量指标方面，参评企业都能出具合格的实物质量检测报告，检测项目齐全，没有发现一个企业有漏项掉项的现象。在质量保证能力方

面，大多参评企业对申报产品质量保证体系建设十分重视，在强化企业内部管理的基础上，进行了一系列与食品生产有关的体系认证和安全认证。在这方面，总的感觉是新参评企业做得更认真、更好些。

第三，在企业发展，经济效益提高的同时，注意了对社会的贡献。在评选中发现，参评企业2006年与2004年相比，申报产品的纳税额普遍有了提高，对国家的贡献越来越大。以参加复评的11个小麦粉生产企业为例，2006年申报产品的纳税总额（包括国税和地税）为1.1762亿元，比2004年的0.9890亿元提高了18.93%。

第四，重视科技创新，促进企业发展。大多参评企业注意研发费用的提取，提高了研发费用在销售收入中的提取比重；大米和小麦粉产品获得的外观设计专利、新型实用专利和发明专利等明显多于2004年；申报产品获得的省、部级科技进步奖也明显多于往年；一些企业还积极参与行业和国家标准的制修订工作；有的在企业中还设有省级技术中心和博士后流动工作站等等。

由于今年参评企业的整体水平较2004年评选时高，在专家评价时，参评企业的最终得分情况也明显高于2004年，其中大米和小麦粉产品的最高、最低分均高于2004年170分以上，有了很大提高。

二、获得中国名牌产品称号的企业必须再接再厉，才能保持名牌荣誉

粮油企业通过开展“放心粮油工程”和“名牌工程”，企业的集约化程度、经营管理水平、质量意识、品牌意识和依靠科技进步的理念有了很大提高，但也应看到我们还存在着许多不足之处，必须努力改进，主要有以下两点。

第一，企业与企业之间差距较大，需要努力赶上。前面讲过，在今年的中国名牌评选中，粮油企业共获得了65个中国名牌产品称号。这一成绩的取得，除了大家的努力外，与国家质量监督检验检疫总局、中国名牌推进委员会对粮油行业的理解和关心是分不开的，这点我们一定要心中有数。我们不能有“名牌评上了，就可以歇歇了”的思想。我认为，所有评上中国名牌产品称号的企业，都应该借此机会对照检查一下自己的不足。我感觉在评上中国名牌产品称号的企业中，在有关申报产品的销售量、销售额、质量保证体系的建设与认证、纳税情况、重视科技创新的程度等等方面差距甚大。从这次大米、小麦粉和挂面产品的评价得分情况看，同一类中国名牌产品，分值高低相差高达二三百分。在满分为1 000分的评价中，分值在600分以上的产品只有4家企业的5个产品，其余都是四五百分就获得名牌称号了，尤其是我们与其他行业的申报产品得分情况相比，差距就更大，因为它们有的最高分值达到900分以上。应该说分值的高低，反映了企业的整体水下，也反映了我们行业的整体水平，也是评选中排名的唯一依据。由此，我们每个参评企业都能找到自己的位置和差距。希望大家回去后认真找出差距，制订措施，努力赶上。

第二，参加复评的企业有进步，但进步不大。在这次参加复评的有7个大米生产企业和11个小麦粉生产企业，从它们申报的材料和得分情况看，与2004年相比，有进步，但进步不大，不如有的新参评企业进步快。主要反映在有的企业对质量保证体系的建设与认证重视不够；有的对申报专利、申报科技进步奖、在企业内设立技术中心和参

与行业和国家标准的制修工作等重视不够，致使有些复评企业的得分不高，排名较后，险些被淘汰，这是很不应该的。

根据名推委的讨论意见，今后对复评企业的老名牌产品不再有特别保护的精神和评选名牌产品要少而精的原则，再加上这次粮油行业获得的大米和小麦粉产品的中国名牌数量之多，是至今任何行业任何产品所没有的。为此，三年后再复评时，大米和小麦粉产品的名牌数量已增加无望，说真的，到时不减少就很好了。面对这一现实，要想保持大米和小麦粉中国名牌产品称号的企业，只有再接再厉，扎扎实实做好工作，才能保持名牌的荣誉。

三、参评企业要诚信为本，实事求是

企业在开展“名牌工程”时，必须扎扎实实地工作，在申报材料时必须实事求是，不能有半点虚假，这是对参评企业的最起码要求，也是企业诚信的体现。粮油企业在三次中国名牌产品的评选中，绝大多数企业在申报材料时都能做到诚信为本，实事求是。但也确有少数企业在申报材料时存在着数据不实，有的甚至数据严重不实。

由于中国名牌的评选工作始终坚持公开、公正、公平的原则，对参评企业的主要数据要进行两次网上公示，所以任何数据不实和弄虚作假的投机心理是不可能得到好处的。

在今年的中国名牌产品评选中，各地上报的粮油企业申报大米、小麦粉和挂面为中国名牌的材料合计为 89 份。这些申报材料在第一次公示后，国家质检总局和名推委共收到各类投诉意见达 26 份。其中反映公示数据与申报材料数据不一致 8 份；反映数据不实和严重不实的有 15 份；反映产品质量在当地监督抽查不合格的 3 份。这是粮油企业参加三次中国名牌产品评选以来反映问题最多的一次。

为贯彻公正、公平的原则，在评选时，专家小组根据各地主管部门对投诉的处理意见以及问题的性质和轻重程度，经过认真审核和讨论，取消了三个企业的参评资格；对公示数据与申报材料数据不一致的问题，由于申报材料数据均低于公示的数据，决定以申报材料的数据为准进行评价；对少数企业数据不合情理和不实的进行了严肃处理，在评价打分时不仅不给高分，而且还要扣分，使之不能让其占任何便宜。所以有人说，这是一桩偷鸡不成蚀把米的买卖。

对今年参评粮油企业申报材料反映问题多的情况，应该引起我们的高度重视。我们要在参评企业中提倡诚信为本、实事求是，希望大家要牢记任何伪造数据、弄虚作假的投机做法，不仅对企业没有好处，同时还会损害粮油行业的形象。我们千万不能把通过开展“名牌工程”，促进企业更好更快发展的好事办糟了。

四、参评企业要关心和重视名牌评价通则的变化

在今年中国名牌产品的评价通则中，与往年相比发生了较大变化。在分值的分配上又有调整，“市场评价”和“质量评价”各为 300 分：“效益评价”和“发展评价”各为 200 分。在“市场评价”中增设了“品牌历史分”；在“质量评价”中增设了“加入中

国产品电子监管网并激活上市分”、“获测量管理体系认证分”和“获国家标准化良好行为企业认证分”等；在“效益评价”中，增加了“申报产品国税赋税水平分”等等。这些评价通则的变化，都是在网上公开的。

为了使评价通则更加科学合理，今后中国名牌产品的评价通则还会根据国民经济和社会发展的形势有所调整，希望参评企业关心和重视评价通则的变化，以便高质量地做好材料的申报工作。

五、认真做好明年食用油脂产品的复评工作

明年是“大豆油”、“菜籽油”和“花生油”等中国名牌产品的复评年。希望参评企业按照上述大米和小麦粉的做法，早作准备，以期取得效果。这里我想重复强调三点：

第一，“申报材料”要过细，不要漏项掉项；

第二，证书和证明要齐全，复印件要清晰：

第三，填报数据一定要真实。

明年在搞好“大豆油”、“菜籽油”和“花生油”复评的同时，调和油和香油两个产品有可能作为中国名牌产品评选的新增项目。为做好准备工作，当前有两件事要做：一是要尽快促使调和油和香油的国家标准制订出台。这两个标准的制修订工作已经搞了几年了，至今不能出台的原因很多，我希望参与制订标准的企业和专家要从大局出发，采取求大同存小异的做法，早日完成标准的制修订任务。二是要了解清楚调和油和香油的生产情况，尤其是香油的生产情况，以便为参评产品设立合理的门槛提供依据。为此，过些时候中国粮食行业协会将会通知大家，做好这两个产品的统计数据，希望各地粮食行业协会和有关企业积极配合。

附表　2007 年挂面、大米、小麦粉中国名牌产品名单

产品	注册商标	生产企业名称
挂面	金健	湖南金健米业股份有限公司
	若男	四川省若男食品有限公司
	春丝	江西省春丝食品有限公司
	博大	郑州博大面业有限公司
	裕湘	郴州市裕湘面业有限公司
	金沙河	河北金沙河面业有限责任公司
	AFDG	安徽丰大股份有限公司
	塞北雪	宁夏塞北雪面粉有限公司
大米	金建	湖南金健米业股份有限公司
	国宝	湖北国宝桥米有限公司
	福娃	福娃集团有限公司
	五常	五常市绿风优质米开发有限公司
	金佳	江西金佳谷物股份有限公司

续表

产品	注册商标	生产企业名称
大米	东南香	莆田市东南香米业发展有限公司
	方欣	河南方欣米业有限公司
	北大荒	黑龙江省北大荒米业有限公司
	槐祥	安徽槐祥工贸集团有限公司
	天下农庄	莆田市佳腾食品工业有限公司
	梧桐	黑龙江泰丰粮油食品有限公司
	隆元	宜兴市粮油集团大米有限公司
	射阳	射阳县大米协会
	好雨	吉林裕丰米业股份有限公司
	盘锦	盘锦大米（集团）有限公司
	玉珠	江西省樟树粮油公司
	五峰	北镇市五峰米业加工有限公司
	御泉	吉林省德春米业集团有限责任公司
	天龙	湖南省天龙米业有限公司
	海兰江	延边宇星无公害农产品开发有限公司
	苏垦	江苏省农垦米业有限公司
	银光	湖南银利来粮油实业有限公司
	稼仙	安徽省稼仙米业集团有限公司
	乡里乡亲	安徽家乐米业有限公司
	双兔	高邮市双兔米业有限公司
	米	吉林粮食集团米业有限公司
	人和	重庆粮油集团人和米业有限责任公司
	川粮	四川省川粮米业股份有限公司
小麦粉	南山	江苏省银河面粉有限公司
	白樱花	青岛白樱花实业有限公司
	五得利	五得利面粉集团有限公司
	苏三零	江苏三零面粉有限公司
	香雪	沈阳香雪面粉股份有限公司
	利达	天津利金粮油股份有限公司
	皖王	安徽皖王面粉集团有限公司
	甲家	今麦郎食品有限公司
	半球	山东半球面粉有限公司
	豫花	河南省大程面粉实业有限公司
	老牛	陕西老牛面粉有限公司

续表

产品	注册商标	生产企业名称
小麦粉	民天	济南民天面粉有限责任公司
	发达	发达面粉集团有限公司
	古船	北京古船食品有限公司
	邯雪	河北邯雪面粉集团有限公司
	恒天	杭州恒天面粉集团有限公司
	丹星	丹阳市江南面粉有限公司
	中裕	滨州泰裕麦业有限公司
	腾永乐	山东永乐食品有限公司
	金像	蛇口南顺面粉有限公司
	利生	山东利生面业（集团）有限公司
	巨嘴鸟	德州巨嘴鸟工贸有限公司
	鸿马	夏邑县雪枫粉业有限公司
	东谷	滕州市东谷面粉有限公司
	陕富	陕西陕富面业有限责任公司
	神象	郑州海嘉食品有限公司
	金苑	郑州金苑面业有限公司
	湖雪	许昌湖雪面粉有限公司
	天山	新疆天山面粉（集团）有限责任公司

以创新和品牌促进江西省粮油集团的快速发展

——在江西省粮油集团有限公司成立两周年庆典等仪式上的讲话

2007年12月27日

今天，江粮集团成立两周年庆典暨首届职工运动会闭幕式、金佳谷物一期项目竣工暨二期项目开工仪式在“赣中粮仓”江西新干隆重举行，借此机会，我谨代表中国粮食行业协会和中国粮油学会对庆典的举办表示热烈的祝贺！

在党中央、国务院一系列支农惠农、促进粮食增产农民增收的政策措施支持下，我国粮食生产保持了稳定发展的态势，从2004年以来，实现连续4年增产，今年全国粮食产量有望突破1万亿斤，达到历史最高水平。

江西自古以来就是个农业大省，被称为“鱼米之乡”，是全国粮食主产省之一，全国重点商品粮基地。从计划经济时代到现在的市场经济新时期，江西粮食人都为国家的粮食供给和粮食安全做出了重要贡献。进入新世纪以来，在粮食生产取得连续三年超历史的喜人成绩之后，今年粮食总产有望突破380亿斤大关，连续四年创历史新高。江西省委、省政府对于粮食生产和粮食企业的发展一直非常重视，并站在保障粮食安全，促进农民增收的高度，做出了把粮食产业做成优势产业的战略决策，出台了许多扶持粮食企业做优做强的优惠政策。经过多年的不懈努力，特别是通过深化粮食流通体制改革，江西的粮食经济已进入了一个健康、快速的发展轨道，以江粮集团为代表的农业产业化国家重点龙头企业、金佳谷物为代表的农业产业化省级龙头企业异军突起，生产的“金佳”、“玉珠”系列大米获得了“中国名牌产品”、“全国免检产品”、“绿色食品”、全国“放心米”等诸多殊荣，在稳定粮食市场、加强宏观调控、确保粮食安全方面有效发挥了主渠道作用。在此，我代表中国粮食行业协会和中国粮油学会对江粮集团、金佳谷物近年来改革发展取得的成绩表示衷心的祝贺！

进入新世纪以来，粮食工作发生了前所未有的根本性的变化。以放开粮食购销市场为起点和以加入世贸组织为契机，中国粮食行业已走上市场化、国际化、产业化的发展新阶段。从粮油企业的情况看，总的形势是进入了成长的新时期，加上目前国内、国际市场需求旺盛，市场空间广阔。这与全国经济增长的大环境是一致的。作为国有粮食企业，一定要深入贯彻落实科学发展观，转变发展方式，调整发展战略，把握商机，乘势而上，在激烈的市场竞争中占据主动。根据党的十七大精神，我们要把“十一五”规划落实到企业上，要着重培育一批具有核心竞争力的大型粮食企业集团，形成以骨干企业为龙头、中小企业为依托，布局合理、分工合作的企业群体，成为国家宏观调控的主要载体和国家粮食安全的可靠支柱。这样，我们才能在国内市场占主导地位，在国际市场占相应的地位。根据对一些企业的调查，我认为，当前在粮食企业发展中要注意以下问题。

一、要加快经济发展方式的转变与创新

在企业发展时，要特别注意转变发展方式，创新发展模式，所有的粮油企业，特别是骨干企业一定要把习惯于量的扩张，转到质的提高上来；把外延扩张，转到内涵发展上来；把“以质取胜”，转到“以优取胜”上来。要切切实实在产品的创新、管理的提高、技术的更新上下功夫。

二、要实施科技创新与名牌战略，以自主创新塑造自主品牌

当今世界已从产品时代进入品牌时代。谁拥有科技含高、质地优良、知名度高的名牌，谁就拥有市场的控制权与主动权。我们对名牌战略，要有新的更高的认识。品牌是企业的科技、管理、经营等各个方面的综合体现，是企业极为宝贵的无形资产，是企业是否成熟的标志。只有有了大品牌，才有大市场，才会形成真正意义上的大企业。我们的骨干企业一定要下决心建造名牌工程，要通过科技创新拥有自主名牌。

三、要延伸完善产业链，推进粮食产业化进程

粮油工业是涉农工业，是食品工业，一方面连着农民，一方面连着消费者。要考虑从田间到餐桌的系统的、综合性的、完整的产业链，以资源的优质组合，实现效益的最大化。因此，要考虑向上下游延伸的问题，这也是企业快速发展的又一重大战略问题。向上游延伸，就是要向农民种植户延伸，为农民提供综合性的服务，并结成多种形式的利益共同体。如“公司＋基地＋农户”、“公司＋合作社”、“公司＋农村服务社＋农户”等模式，逐步发展为向农民提供种子、肥料以及售后服务等一系列服务，形成一体化经营。金佳谷物经过几年来的运作，在延伸完善产业链，推进产业化经营方面抢占了先机，积累了经验，实施的“六个统一”（统一供种、统一技术、统一收购、统一储存、统一加工、统一销售）对于发展产业化经营具有重要指导意义。向下游延伸方面，要在资源的精深加工和综合利用上下功夫，这方面的潜力很大。金佳谷物实施的年产 18 万吨优质米及其副产品综合利用项目就是一个很好的范例。这一项目的实施，可以使企业实现向资源节约型、循环经济型、环境友好型发展，取得更大的经济效益和更好的社会效益。

“十一五”时期，是粮食企业成长的关键时期。国有粮食改革发展任重道远。我坚信，有江西省委、省政府和省粮食局的正确领导，江粮集团一定能够实现又好又快发展，为壮大江西粮食经济、深化粮食流通体制改革、构筑新的粮食流通服务体系，为建设社会主义新农村和构建社会主义和谐社会做出新的更大的贡献。

最后，祝庆典活动取得圆满成功！

粮油加工企业的品牌、创新、开源和责任

——在中国粮油学会油脂分会第十七届学术年会上的发言

2008 年 9 月 18 日于河南郑州

为开好本届年会，中国粮油学会油脂分会于今年 4 月 8 日在长沙召开了会长办公扩大会议，认真研究了开好本届年会的各项准备工作。会议确定了本届年会的主题为：品牌、创新、开源、责任。会议认为，认真实施“品牌、创新、开源、责任”的战略。对当前乃至相当一段时期的油脂工业和油脂科技具有十分重要的意义，并要我就这一主题撰写论文。下面，我就粮油工业和粮油科技如何实施这一主题讲些意见，供参考。

一、品牌是企业的“牌子”，是企业的生命

自从人类社会进入原始的商品交换时代开始，就把交易中的货物内容和交易中的诚信程度看作为交易双方的必要条件。久而久之，这种交易货物的内容和交易中的信誉就变成了交易者的招牌，这种招牌又称为牌子，也就是现在我们常说的产品品牌，品牌好则生意好。

从我国出土的文物显示，中国是世界上最早使用品牌的国家。据有关资料记载，南北朝后期（公元六世纪中后期），中国生产陶器的工匠已经在其产品上使用商业性署名以作为区别其他产品的标志，这种标志也可以说是品牌意识的萌芽。到了宋代，山东济南有一家专造细针的刘家铺，因为其店铺门前有一石兔，有一天，铺主灵机一动，就在其产品包装上印上了兔子的图形与“兔儿为记”的字样来区分自己与其他商铺的产品。这个“白兔”牌细针，可谓我国历史上最早最完整的品牌。据说．这家铺子在经营活动中由于重质量守信用，曾扬名当地。这说明，我们的祖先早就有了对品牌是企业的形象，是企业的牌子，也是企业的生命的认识。回顾历史，显然在中国商品经济发展史上不乏品牌发展的资源，但由于我国传统社会重农轻商等主流思想的抑制，与商品经济和市场经济相匹配的品牌与品牌意识没有得到太大的发展。致使在现代市场经济中的所谓品牌还是属于西方的外来品，大多知名的世界品牌都被几个西方发达国家所占有。这与我们这个历史悠久，人口众多和产品丰富的泱泱大国极不相称。

改革开放以来，中国经济快速发展，“中国制造”的产品风行全球，随着“中国制造”的迅速崛起，对中国经济的发展起到了促进作用，但同时，我们也付出了巨大的资源消耗和巨额的环境成本，更心痛的是由于“中国制造”产品没有自己的品牌，致使产品价格较低，一度在全球市场上成为低质、廉价的代名词。这种巨额的付出与相对的收益极不成比例的状况引起了我们国家的高度重视，使我们清楚地认识到品牌对于一个企业乃至一个国家的发展有着十分重要的意义，决心要努力将“中国制造”变成“中国创造”，打造中国自己的品牌。要像“同仁堂”、“全聚德”和“狗不理”等中华老字号一

样，在消费者心目中占据着很高的地位；要像“海尔”、“联想”和“青岛啤酒”等产品一样，让更多的中国品牌成为全球市场最有影响力的品牌。现在，有人在谈到品牌对一个企业，乃至一个国家的重要性时说：“品牌是什么？品牌是武器！是力量！在西方，品牌被人们称之为‘经济原子弹’。品牌能见证一个国家的实力，是一个国家的形象和符号。像麦当劳、XO、奔驰、宝马……这些领袖级的世界品牌，向我们证明：谁拥有了世界品牌，谁就拥有了世界。”品牌对一个企业来说，“赢得用户时，品牌是影响力；开拓市场时，品牌是战斗力”。由此可见，品牌对一个企业，乃至一个国家有着多么重要的意义。

在日常生活中，品牌作为企业的牌子，是一个企业区别于竞争对手的重要标记。品牌知名度的高低也能反映一个企业技术和设备的先进程度、社会信誉的好坏、市场份额的大小和无形资产的高低等等。纵观国内外知名企业的成功经验，创立和发展品牌是企业长久不衰和保持市场旺盛生命力最有效的手段之一。品牌与企业具有同命运共存亡的特殊重要意义，因此企业都把创立和发展自己的品牌作为自己的战略任务。品牌建设包括：品牌定位、品牌设计、品牌塑造、品牌经营、品牌管理、品牌服务、品牌竞争、品牌推广、品牌创新、品牌升级、品牌保护、品牌扩张、品牌联合等等，内容十分丰富，所以企业常把它作为一项重要工程来抓，常抓不懈。我们粮油加工企业也不例外，通过抓品牌建设，增强了企业的质量意识、安全意识、诚信意识和服务意识，提高了企业的经营管理水平、产品质量水平、安全水平和技术水平，涌现出了一批全国性的和区域性的著名品牌。例如，在大米产品中，有北大荒、国宝、盘锦、五常和射阳等著名品牌；在小麦粉产品中，有五得利、白樱花、南山、古船、香雪、利达、皖王和金像等著名品牌；在食用植物油产品中，有金龙鱼、福临门和鲁花等三大全国著名品牌，有九三、海狮、红蜻蜓、绿宝、火乌、汇福、爱厨、如意等区域性著名品牌，还有金浩茶籽油、富味乡和崔字牌香油以及金胚玉米油等著名油脂品牌；在挂面产品中，有克明和塞北雪等著名品牌，等等。上述这些粮油加工产品品牌在消费者心中具有较高的知名度和美誉度。这些著名品牌，是企业长期精心培育和打造的结晶，是企业最宝贵的无形资产，也是企业不断发展的重要基础。

随着国民经济高速发展，我国已经进入了追求高质量的时代。这就要求我们的企业不仅要重视品牌建议，而且要实施品牌战略。因为实施品牌战略是时代发展的需要，是实现工业化和经济全球化的需要，是推动我国经济又好又快发展的需要。

党中央、国务院高度重视品牌战略。早在 1992 年，邓小平同志南行视察企业时就指出：“我们应该有自己的拳头产品，创出我们中国自己的名牌，否则就要受人欺负。”在小平同志讲话精神的推动下，为振兴我国的民族工业，2001 年，按照国务院赋予的职能，国家质检总局会同有关部委、行业协会、中介机构和主要新闻媒体成立了中国名牌战略推进委员会，有力地推动了中国企业争创中国名牌的积极性，我们粮油加工企业也不例外，把培育和争创中国名牌作为一项工程来抓。

几年来，粮油加工企业在中国粮食行业协会的组织推动下，在行业内全面开展“放心粮油工程”和品牌建设的基础上，积极实施名牌战略，做了大量的工作，取得了显著的成绩。在 2007 年的中国名牌产品评选中，粮油加工企业共有 65 个产品被国家质检总局和中国名牌战略推进委员会授予“中国名牌产品”称号，其中大米产品28个，小麦粉产品29个，挂面产品8个。连同2005年10个食用植物油产品被评为中国名牌产品，总计为75个粮油加工产品被授予“中国名牌产品”称号。

由于名牌产品越来越受消费者欢迎，市场占有率越来越高，优势越来越明显。根据中国粮食行业协会2006年的调查统计，2004年获得中国名牌称号的7个大米产品、13个小麦粉产品和2005年获得中国名牌称号的10个食用植物油产品的粮油加工企业，其产品产量和经济效益都有大幅度提高。其中，2006年，6个名牌大米生产企业（不含黑龙江五常）的总生产量达199.3万吨，利润总额达0.87亿元，比2005年分别提高61.5％和77.2％；2006年，13个名牌小麦粉生产企业的总生产量达581.1万吨，利润总额达5.87亿元，比2005年分别提高21.9％和148.3％。10个食用植物油名牌产品的生产量和利润也都有较大幅度增长，仅名牌企业——中粮集团食用植物油的产量就达205.4万吨，利润8.62亿元，分别比上年增长32.1％和395.3％。

由此可见，一个产品的品牌，尤其是一个著名品牌，对一个企业的生存和发展乃至做强做大具有多么重要的意义。

二、创新是企业发展的动力

在党中央、国务院的高度重视下，为适应我国社会经济发展和人民生活改善对科技进步和创新提出的迫切要求，国务院制定了《国家中长期科学和技术发展规划纲要(2006—2020年)》(以下简称《纲要》)，做出了建设创新型国家的决策。《纲要》指出，建设创新型国家的核心是增强自主创新能力。纵观人类社会发展的历史，创新是人类社会进步的强大动力；是一个民族进步的灵魂，是一个国家兴旺发达的不竭动力。一个国家、一个民族要想立于世界民族之林，就必须坚持不断创新。同样，一个企业要生存、要发展、要在竞争中立于不败之地，也必须勇于创新、坚持创新和善于创新。

创新是一个体系，企业创新由制度创新、技术创新、市场创新和管理创新等几个方面组成。下面我想就粮油加工企业管理创新和技术创新讲几点意见。

过去，我在强调管理对粮油工业发展的重要性时曾多次讲过，管理是科学，是生产力，是效益。对粮油工业来说，管理包括质量管理、经营管理、资金管理、现场管理、制度管理和人才管理等等，每一个方面都非常重要。粮油工业企业的管理创新就是要在不同时期，根据企业的特点能制订出一套保证产品质量、确保安全生产、资本运行良好、营销手段先进、现场管理文明、企业文化高尚的行之有效的方法，并随着时代的发展和外部环境的变化而不断改进，达到推动企业不断发展的目的。

改革开放三十年来，我国的粮油工业发生了翻天覆地的变化，企业的技术水平和管理水平上了一个新的台阶。涌现出了以著名品牌为代表的一批管理先进的企业，但我们也应该清楚地看到，粮油工业企业的管理水平仍然参差不齐，有些企业在重经营、轻管理思想的指导下，脏、乱、差的现象时有发生，有些企业的管理水平甚至不如过去，出现了倒退，这与上述讲的管理创新是格格不入的。我认为在这些管理无序，生产现场脏、乱、差的企业中什么质量第一、安全生产、文明生产都将成为一句空话，企业要想发展，做强做大也是不可能的。我认为，生产现场管理的好坏，能够反映企业质量管理水平的高低，安全文明生产的程度和精神面貌的好坏，可以判断出这个企业有没有发展前途。最近，我参观了一些企业，河南省阳光油脂公司粕库有序的堆放，黑龙江泰丰粮油食品有限公司整洁的大米生产车间，给我的感触很深。我跟同去考察的同志讲，看了他们的现场管理，可以相信他们生产的产品质量是可以放心的，安全文明生产是有保证的，企业做强做大是有希望的。由此可见，企业的管理创新也要脚踏实地，从最基础的点滴做起，才能取得成效。

下面我想讲讲关于粮油加工企业的技术创新。粮油加工企业技术创新的状况，反映了我们这个行业在国际上所处的水平，对一个企业来讲，还反映了是否具有发展后劲。

粮油加工企业技术创新的内容很多，重点包括对原材料、能源、设备、产品等硬件创新以及生产工艺程序设计、操作方法改进等软件创新。在粮油科技的技术创新中，自主创新是核心。自主创新从内容上主要包括：一是原始性创新，它是通过科研和开发，努力获得更多科学发现和技术发明；二是集成创新，它是通过各种与粮油加工相关的技术成果进行融合汇聚，形成具有市场竞争力的产品和产业；三是引进技术的消化、吸收和再创新。在自主创新中，企业是创新的主体。但我认为，根据粮油加工企业的特点和实际，原始性创新应该以大专院校和科研院所为主，企业积极参与并提供创新需要的试制、试验场所；集成创新和引进技术消化、吸收和再创新应该以企业为主，大专院校和科研院所是技术的后盾和支撑。当前，粮油加工企业在技术创新中，要注意以下几点：

第一，要充分认识技术创新，人才是关键。鉴于目前在粮油加工企业中，大型企业和企业集团为数甚少，人才缺乏是大多粮油加工企业普遍存在的问题。为此，企业在进行技术创新中，必须促进企业之间，企业与大专院校和科研单位之间的联合，实行产、学、研相结合的方针，进行联合攻关，以便早出成果，出好成果。与此同时，促进技术成果的转让，促进企业的技术集成和应用。江苏江南面粉有限公司与武汉工业学院联合，实行产、学、研相结合的方法，从小麦麸皮中成功研制出了“上一道”小麦膳食纤维，并很快应用于生产，产品上市后反映良好，现在有望出口美国等发达国家。这就是产、学、研相结合的范例。

第二，要进一步搞好引进技术的消化、吸收和再创新工作。据粗略统计，自 20 世纪 80 年代初至 90 年代中期，全国共引进各类粮油加工成套设备 330 多套，其中大米加工设备 40 多套，面粉加工及谷朊粉生产设备 200 多套，油脂浸出、精炼和低温豆粕生产设备等 91 套。为替代进口，自 1987 年起原商业部将引进技术的消化吸收国产化工作列入了国家“七五”重点攻关项目，组织动员了有引进设备的粮油加工企业、粮油科研院所、大专院校和粮油机械制造企业的数百名工程、设计人员共同参与。经过七年多时间的联合攻关，研制出了数十台（套）接近或达到国际先进水平的粮油加工设备，从而使我国的粮油工业和粮油机械制造水平上了一个台阶，缩短了与国外先进水平的差距。进入 21 世纪以来，随着技术的进步，我们又引进了不少先进的粮油加工设备，尤其是引进了不少米、面、油的深加工设备，希望有条件引进技术的生产企业，主动联合粮油科研院所、大专院校和机械制造企业，对引进技术进行消化、吸收和再创新，为进一步提高我国粮油工业的技术水平作贡献。

第三，要注重实用技术的创新。在科技成果的转化中，一般来说，实用高新技术的转化率较高。为此，粮油加工企业在开展技术创新时，要把在生产中遇到的技术难点问题组织攻关，并能出其成果，这不仅对企业有利，同时对行业的发展将是一大贡献。湖南克明面业，为提高挂面的质量，降低能耗，几年来，它们在和面、面带熟化、切面和烘干等环节开展了一系列技术创新活动，取得了成功，获得多项国家实用技术发明专利，受到专家和同行的赞扬。

第四，要把技术创新纳入到争创名牌工程中去。一个企业是否重视技术创新，反映了这个企业有多大的发展后劲。为此，粮油加工企业要把“新产品的开发”、“企业研发费用占销售收入的提取比重”、“是否拥有国家级或省级技术（研究）中心”、“是否拥有各类专利和发明创造专利”以及“是否获得省级以上各类技术进步奖”等作为实施名牌工程的重要考核内容。

为实施名牌工程。企业必须加大研发力度，努力掌握高端核心技术，提高自主创新能力，提高产品质量水平，从而增强品牌的核心竞争能力。

三、认真贯彻“开源”与“节流”并举的方针

“开源节流”是我国战国时期荀子论述财政投入和生产关系的理论，主张“节其流，开其源”，以实现“下上俱富”的目标。也就是说国家的财政收入要建立在发展生产的基础上，实行发展生产，撙节赋税的政策，是比喻增加收入，节省开支。这一思想，至今仍对我国经济社会发展具有重要的现实意义。

我国资源总量大，是世界资源大国。但人口众多，又是世界人均占有量较低的资源小国。根据这一国情，我们在任何时候都必须贯彻“开源”与“节流”并举的方针。坚持一手抓“开源”，一手抓“节流”。

贯彻“开源节流”的方针，在我们粮油加工领域最重要的是要十分珍惜和合理利用涉及国计民生的粮油资源，降低消耗，成为一个资源节约型企业。总结过去的经验，粮油加工企业在“开源节流”中可作的文章很多，当前重点要抓以下几方面的工作：

第一，要重视资源的充分利用。粮油加工中产生的次粉、碎米、米糠和各类胚芽等副产品数量很大，可以考虑将次粉和碎米供作食用或替代面粉和大米供作他用，这是最大的“开源”；将米糠和各类胚芽作为油料资源，充分加以利用，为国家增产油脂，是当前最具现实意义的“开源”。为进一步推动米糠和各类胚芽资源的开发利用，中国粮油学会油脂分会打算在今年晚些时候召开现场经验交流会，希望能得到大家的关注。

第二，要把注重纯度，控制精度，提高产品出品率看作是粮油加工企业贯彻“开源节流”方针的重要组成部分。为确保粮油产品的质量，粮油加工企业必须严格按国家标准组织生产，配备足够的清理和提炼设施，以保证产品的纯度，堵截大米含砂、面粉牙碜等现象的出现；为防止加工过程中片面追求过精过细和过度精炼，造成微量营养素的大量损失和出品率的降低，我们要纠正大米过精、面粉过白、油色过浅的现象，以达到控制精度，提高出品率的目的。

第三，要在建设资源节约型、环境友好型社会中做出应有的贡献。粮油加工企业在建设资源节约型社会中，在以下几个方面可以努力取得成绩。一是，粮油加工企业的生产原料及其成品，都是国家的重要特殊商品。因此，节约一粒粮、一滴油，千方百计提

高出品率仍然是我们必须长期坚持的，因为这与国家的粮食安全有着十分密切的关系。二是，粮油加工企业在生产过程中的用水、用电、用煤量较大，消耗指标较高，与国际先进水平仍有不小差距．需要通过强化管理，改进工艺和设备，才能把它降下来。九三集团天津大豆科技有限公司通过对蒸汽再利用、交频节电和污水膜处理等方面的8项关键技术攻关，进行了工艺、设备的优化和改造。经过两年的生产应用，每年节汽5万多吨、节电300多万度、节水20多万吨，综合效益1 200多万元，成为我国大型油脂加工企业节能减排技术改造的成功范例。三是，粮油加工中产生的皮壳和下脚料数量惊人，要采用各种方法加以利用，变废为宝。如利用稻壳发电和利用废油生产生物柴油等等。

第四，要配合社会积极进行节约用粮和科学用粮的宣传。“锄禾日当午，汗滴禾下土。谁知盘中餐，粒粒皆辛苦”。这首传诵至今的古诗充分说明了粮食的来之不易。“节约粮食，反对浪费”已成为中华民族的传统美德。但是，近几年来，社会上对节约粮食的观念开始淡薄，在食堂和餐厅，成碗米饭被倒，整个馒头被丢的现象屡见不鲜。这种现象不仅浪费粮食，也与人类文明不相匹配，亟须在全社会弘扬“节约粮食光荣”的风尚。与此同时，我们还要针对社会上存在的某些油炸、烹煎、“过油”、“水煮”菜肴，食油浪费惊人，危害人体健康的现象，正确引导食用油消费，鼓励人们改变传统膳食结构，提倡合理用油，科学用油和节约用油。

四、企业的社会责任是企业的应尽义务

企业是社会的组成部分，企业的发展离不开社会。反之，社会的进步和发展要靠企业所尽的社会责任。一般认为，企业社会责任是指：企业在追求利润最大化的同时，对社会应承担的责任或对社会应尽的义务。在当今世界，企业社会责任已经成为国际社会普遍适用的商业规则，成为所有国家市场的进入门槛和评价检验企业优劣好坏的重要标准。诸如，商业伙伴关系、市场营销、企业治理、产品质量、劳资关系、生产安全、环境保护、社会事业参与、对社会发展和进步的贡献等等，企业的一切市场商业活动和社会行为无不受到各国政府、国际企业社会责任组织、媒体和全球消费公众的高度关注，并上升为超越国界、超越社会制度、超越不同法律体系的全球普遍适用的企业规范性和强制性规则。

对中国企业来说，企业社会责任有的还不太熟悉。在和谐社会发展观指导下，中国企业有必要学习和借鉴国际上先进的企业社会责任观念和经验，打造出具有中国特色的企业社会责任，使中国企业家在发扬中国优秀传统商业文化的同时，积极回报社会，成为社会美德的楷模和典范。

为全面贯彻党的十七大精神，深入落实科学发展观，推动中央企业在建设中国特色社会主义事业中，认真履行好社会责任，实现企业与社会、环境的全面协调可持续发展，国务院国有资产监督管理委员会研究制定并下发了《关于中央企业履行社会责任的指导意见》，文件阐明了企业履行社会责任的重要意义、指导思想、总体要求、基本原则、主要内容和主要措施。我们认为，这个文件不仅适用于中央企业，它同样适用于不同行业不同所有制的所有中国企业。

企业社会责任包括的内容很多，根据粮油加工企业的特点，我觉得现阶段应把重点放在以下五个方面。

第一，坚持依法经营，诚实守信。在经营中，要模范遵守法律法规和社会公德、商业道德以及行业规则，及时足额纳税，忠实履行合同，恪守商业信用，反对不正当竞争。尤其是照章纳税，及时足额纳税是企业应尽的最起码的社会责任，而纳税的多少也反映了一个企业对社会贡献的大小。为此，粮油加工企业要把交纳国税、地税的多少和国税赋税率的高低作为考核自己对社会贡献大小的重要内容。

第二，切实把好产品质量关和提高服务水平。粮油加工产品的质量与人们身体健康息息相关，为此，要保证产品的绝对安全、可靠。要把粮油产品的安全、可靠作为最重要的企业社会责任。在此基础上，要完善产品的销售服务体系，努力为社会提供优质、安全、健康的产品和服务，最大限度地满足消费者的需求，以取得广大消费者的信赖与认同。

第三，确保生产安全。粮油加工企业，尤其是浸出油厂（车间）要认真落实安全生产责任制，严防粉尘和溶剂爆炸等重大人员伤亡事故的发生。要努力为职工提供安全、健康、卫生的工作和生活环境，保障职工职业健康。

第四，加强资源节约和环境保护。粮油加工企业要认真落实国家有关节能减排的责任，完成当地政府规定的节能减排任务。要重视环保，增加环保投入，改进工艺和设备，确保在粮油加工中产生的灰尘、粉尘和污水的排放符合国家的排放标准，实施清洁生产。

第五，参与社会公益事业。粮油加工企业要积极参与社区建设，鼓励职工志愿服务社会，热心参与慈善、捐助等社会公益事业，关心支持教育、文化、卫生等公共福利事业。在发生像四川汶川地震等重大自然灾害和突发事件时，积极提供财力、物力和人力等方面的支持和援助。另外，在价格、成品粮油的供应等方面要服从和服务于国家的宏观调控。

在 2012 年中国粮油财富论坛上的致辞

2012 年 11 月 30 日

今天我和宋丹丕、胡承淼两位秘书长很高兴参加“中国粮油财富论坛”，作为论坛的支持单位，我代表中国粮食行业协会和中国粮油学会，对活动的举办表示热热祝贺。

粮食工作事关经济发展、社会稳定的大局，长期以来，我国各级政府始终把粮食工作作为头等大事来抓。刚刚闭幕的党的十八大报告中提出了要“确保国家粮食安全和重要农产品有效供给”的战略部署，国家粮食局也提出了促进产业发展，打造“粮安工程”的明确要求，要保障粮食的有效供给，维护市场和价格的基本稳定，确保成品粮油市场供应充足、品种丰富、不断档、不脱销的目标，希望就寄托在优秀的粮油企业家们身上。

在粮食产业和企业发展改革过程中，我们许许多多的优秀粮企抓住机遇，锐意进取，内强素质，外塑形象，提高创新能力，强化战略布局，走上全国市场乃至国际舞台。但是，由于体制、宏观经济环境等多方面的原因，中国粮食企业规模还尚弱小，整体实力还不强，知名度还不高，一些好的产品不被社会民众广泛认可，这就亟须通过一种形式，宣传推介中国粮食企业的崭新形象，并通过主流企业的榜样价值，引导粮油行业健康可持续发展。

《粮油市场报》创刊 27 年来，始终坚持正确舆论导向，深入宣传党的粮食理论、路线、方针、政策，满腔热情地服务于国家粮食战略，传递政府主张，为企业解惑，为农民引路，为消费导航。不仅在宣传鼓动、舆论引导方面发挥了积极的媒体推动作用，而且在传播粮食产业信息、推动粮食文化建设等方面，做出了积极贡献。2011 年，《粮油市场报》利用其行业内唯一权威媒体的地位，倡导创办了中国粮油财富论坛暨中国粮油榜推介活动，开创了粮油行业榜单推介先河，向社会集中展示中国主流粮企的形象与品牌，同时通过各种研究交流，探讨中国粮油产业发展的难点热点话题，分享成功经验，这对于树立榜样企业、凝聚行业力量、促进粮食产业做大做强都具有重要意义。

今年是第二届中国粮油榜，我作为专家评委有幸参加了榜单的评审，从中欣喜地看到，获奖的很多企业和企业家也是中国粮食行业协会和中国粮油学会的会员单位。我衷心希望这些获奖的粮油行业的优秀企业和企业家们，在改革开放和转型升级的宏观格局中，从容应对，勇于担当，开拓进取，科学管理，树立起粮食行业的崭新形象，起到示范带动作用，使我们传统的粮食行业再创新的辉煌，为保障国家粮食安全，推进粮食产业发展做出新的更大的贡献。

与此同时，希望粮油市场报将中国粮油财富论坛和中国粮油榜推介活动办成行业知名品牌活动，搭建好行业交流的平台，积极向社会推介优秀的粮油企业家、企业及品牌，全面系统展示中国粮食企业的新形象、新风采。

第五章　小麦粉及其制品生产

在全国玉米加工座谈会上的讲话

1990 年 1 月 12 日于哈尔滨

全国玉米加工座谈会从 1 月 9 日到 12 日，开了四天，今天就要结束了。这次会议是在贯彻党的十三届五中全会“进一步治理整顿和深化改革”精神的形势下召开的，大家就进一步落实中央领导同志提出的“要吃粗一点，品种多一点和节约一点”的精神，在北方地区搞好以玉米加工为主的杂粮加工，促进玉米加工行业的技术进步，改进生产经营管理、增强企业自我发展能力进行了座谈。在座谈中，大家就有关问题进行了讨论，介绍了不少好的经验和建议，会议达到了一致的目的。会议期间，参观了哈尔滨的一些粮油工业企业和安达的玉米加工厂。现在我就有关的几个问题讲点情况与意见。

一、我国玉米加工行业现状

玉米是我国的主要粮食作物之一，其产量仅次于水稻、小麦。近年来我国的年产量在 7 000 万吨以上，收购的商品玉米主要用作饲料、工业用粮和城镇居民的口粮。但是，随着城乡人民生活水平的不断提高，人们的食物结构发生了很大的变化，对粗制的传统食用玉米制品，已不大感兴趣，致使作为居民主食之一的玉米粉产量从 1980 年的 182.5 万吨降到了 1988 年的 153.1 万吨。以加工玉米制品为主的杂粮加工厂与车间从 1980 年的 617 个和 1 561 个分别降到了 1988 年的 366 个和 956 个。

目前，我国玉米加工主要采用传统的干法加工工艺，它比湿法工艺简单，设备投资少。黑龙江、吉林、辽宁等地一些比较先进的大中型加工厂所采用的玉米联产加工工艺，颇具中国特色，适合我国国情，应总结经验逐步推广。

采用这种工艺在同一流程中，可分别提取玉米糙、玉米粉和玉米胚芽等多种产品。各地生产的玉米加工产品及数量因食用习惯的不同而有所差异。一般来讲产品有大、中、小糙，玉米粉，工业用玉米粉，玉米胚，玉米胚芽油等。采用联产加工工艺可以比较合理地利用玉米资源，能有效地把玉米颗粒中的不同成分按照不同需要分离出来，提高了其经济价值和企业的经济效益、社会效益。但是，就全国玉米加工行业来讲，不少老厂、小厂工艺流程短，设备简单陈旧，只是将玉米简单粉碎加工成玉米粉，不脱皮、不分糙、不提取胚芽，一筛到底，玉米制品的质量没有保证，不能满足人民群众的生活需要。

近几年来，玉米湿法加工开始在我国发展起来，湿法加工的特点是将玉米加工成淀粉和其他产品，这种加工方法在我们粮食系统为数不多。包括玉米淀粉在内，粮油工业系统 1988 年淀粉的总产量仅为 65 000 吨，产品以用作烹调的粗淀粉为主，用于制药和食用的精制淀粉产量较少，变性淀粉尚处在开发起步阶段。由于湿法加工可以把玉米中的各个成分更为有效地分离和利用，因此，随着我国玉米产量的增加，湿法加工将会在我国得到更快地发展。

二、认真搞好以玉米加工为主的杂粮加工

玉米具有人体所需的多种营养物质，据有关资料介绍，它的碳水化合物、维生素 B_1、维生素 B_2 含量高于小麦，蛋白质含量高于稻谷，略低于小麦，而且还含有稻谷、小麦所不含有的微量元素。从营养健康角度看，人们在生活条件得到改善，长时间食用精米、精面的同时，尤其应适当搭配一些玉米制品，以达到营养互补与增加粗纤维的目的。从这个意义上讲，我们应当多做宣传，从观念上改变人们对以玉米为主的杂粮的认识，提倡大家食用玉米制品。

从我国的国情与粮食形势上看，也需要人们食用一点以玉米为主的杂粮。1984 年以来，由于受各种自然灾害的影响，我国的农业一直处于徘徊的局面，但是人口却增加了 6 000 万，人均占有粮食从 800 斤降到了 732 斤。预计到 2000 年，人均占有粮食仍是 800 斤左右，而人口要控制在 12.5 亿。粮食总产量要达到 10 000 亿斤。实现这两个目标，看来是很艰巨的，今后很长一段时间内，我国的粮食不会那么宽裕。从这个意义上讲，中央领导同志提出的“吃粗一点，品种多一点，节约一点”，“北方要多吃一点粗粮”的指示精神绝不是权宜之计，而应当是今后一段时间内符合国情的长远的战略性措施，我们要认真贯彻落实。

自 1988 年第四季度以来，各地粮油工业系统按照 1988 年全国粮食工作会议精神，除了按时、按质、按量完成粮油加工生产计划，确保市场供应外，还努力调整产品结构，贯彻“三个一点”的精神，严格控制精米、精面生产，搞好杂粮加工，从而使以玉米加工为主的杂粮加工产量开始回升。1988 年第四季度杂粮加工量就比前年同期增长 16.3%。去年前三个季度，杂粮加工量比前年同期增加了近 67 万吨，增长 51.2%。在短期内杂粮加工，特别是玉米加工量的迅速增加，给各地粮油加工增加了很大的困难和压力。各地粮油工业主管部门采取了一些有效措施，确保了加工任务的完成，满足了市场的需要，缓解了供应紧张的状况。

为了努力搞好以玉米加工为主的杂粮加工，以适应一些省细粮供应减少、粗粮供应增加，提高有效供给，我认为要做好以下几项工作：

（一）注意市场变化，及时恢复和调整以玉米加工为主的杂粮加工业务。

各级粮食主管部门要从当前粮食形势，增加有效供给能力，确保市场供应，稳定市场供应这个高度来认识杂粮加工行业的重要性。要重视杂粮加工，特别是玉米加工工作。要会同政府有关部门尽可能地扶植杂粮加工行业，给企业一些特殊政策，创造点宽松的经济环境。要在技改立项、资金、物资、原料等方面给杂粮加工行业予以适当照顾。

（二）贯彻党的十三届五中全会精神，走以内涵挖潜为主，扩大再生产的路子。

目前我们粮食系统以玉米加工为主的杂粮加工年生产能力在 6 000 万吨左右，已超过杂粮年加工量的需要。所以不宜再盲目扩大再生产能力。现在存在的问题主要是地区间不平衡，工艺设备简单、陈旧、落后、产品品种少、质量差，生产能力不能正常发挥。为此，我们应当努力向科技与管理要效益，通过技术改造走以内涵为主扩大再生产

的路子，挖掘生产潜力，努力增加社会效益和企业经济效益。目前玉米加工能力严重不足的地区，要把已经改成面粉厂（车间）的企业尽快恢复成玉米加工厂（车间）。一些工艺简单设备陈旧，生产能力得不到正常发挥，产品质量得不到保证的玉米加工厂要及时更新、改造。对一些开工不足的小型面粉厂在必要时可改成玉米加工厂。今后对一些大中城市和人口稠密的工矿区应保持相应的以玉米加工为主的杂粮生产能力，不宜随意将新建、改造后的加工厂再改作他用。

（三）严格执行产品质量标准，把好产品质量关。

各级粮油工业主管部门的领导和企业领导必须十分重视产品质量，不断提高质量意识，教育职工牢固树立“质量第一”的思想，实行质量奖惩制度，质量与奖金挂钩，做到不合格产品不准出厂，发生质量事故要追究当事人和企业领导的责任。针对当前原粮杂质多、水分大的实际情况，玉米加工厂要加强全面质量管理，建立与完善质量保证体系，严格执行各项质量管理制度。同时还要完善工艺，充实加强清理设备，严格操作；加强检化验，确保产品质量，杜绝玉米粉牙碜、玉米糁含石超标等严重违反质量标准要求的现象。

三、积极开发新的玉米制品，深入开展玉米加工副产品的综合利用

开发玉米制品，开展副产品的综合利用是扩大玉米用途，增加玉米制品品种，提高玉米资源利用率的重要途径，对于微利的玉米加工行业来讲，尤为重要。经验表明，积极开发新的玉米制品，深入开展玉米加工副产品的综合利用，是玉米加工厂提高经济效益，增强企业自我发展的重要措施，是开展“以业养业”、“以副养业”为国家分忧解难的重要手段。下面我就这方面的内容讲点情况与意见。

（一）努力开发新的玉米制品。近几年来各地在开发新的玉米制品，发展玉米食品，开展粗粮细作方面做了不少工作。河北省唐山市将70%～80%的小麦和20%～30%的玉米搭配加工、生产“复合粉”，目前已形成年产3万吨的生产能力。这种“复合粉”灰分和粗细度在标准粉和特二粉之间，无明显玉米味，对食品饮食行业和集体伙食单位有较强的适应性，同时也受到了居民的欢迎。如若全市60%的面粉供应量改供“复合粉”，即可减少小麦耗用量3万吨，具有一定的社会效益。另外，吉林省吉林市江北粮油加工厂在现有玉米联产工艺基础上生产的脂肪含量低、淀粉含量高、粒度小而均匀的玉米啤酒辅料，也取得了较好的效果，经济效益和社会效益明显。利用玉米来代替大米作为啤酒辅料，可缓解我国大米的短缺，降低啤酒的生产成本。据测算，吉林市江北加工厂自1988年8月以来，已为啤酒厂提供玉米辅料近1 300吨，为啤酒厂节省原料费用77.5万元，为本厂创造经济效益20万元。

各地在开发新的玉米制品时，一定要根据当地的实际情况，通过科学论证，切忌一窝蜂，盲目发展。在发展玉米食品，开展粗粮细作时，一定要从我国国情出发，充分考虑群众的消费习惯，开发那些适销对路，群众喜爱，价格能够接受的食品。要认真吸取过去某些玉米食品昙花一现的教训，努力开发研制粗粮细作的新产品，抓好在粮油食品中适当掺入杂粮的研制工作，力求做到既可扩大粗粮的食用范围，增加适口性，又有利于营养成分的合理搭配。

（二）深入开展玉米加工副产品的综合利用。玉米加工副产品的综合利用，目前主要是指在玉米加工中提胚榨油。玉米胚约占玉米重量的10%左右，其含油率高达35%～40%，是很好的是食用油资源；玉米胚油又是不饱和脂肪酸和维生素E含量丰富的良好油品。但是，这项工作未能在全国得到很好的开展。据统计，1982年，全国玉米胚油产量曾达到13 700多吨，可是自1986年以来，全国玉米胚油的产量却始终徘徊在1万吨上下。这不能不引起我们的注意。在玉米胚油的生产中，各地的发展很不平衡，不少省几乎是空白，玉米胚资源白白浪费了。以1988年为例，这项工作开展得比较好的黑龙江、吉林两省玉米油的产量就占全国产量的76.7%，其中黑龙江省的产量就占全国产量的58.3%。起步早，工作抓得紧，玉米胚油生产一直名列全国之首的黑龙江省，去年1～9月份玉米胚油产量达到5 760吨，油粮比为0.8%，实现综合利用利润2 238万元，加工吨玉米综合利用利润达29.04元，取得了很好的经济效益和社会效益。在这次会上，介绍的黑龙江省和其他玉米副产品综合利用搞得比较好的单位的做法与经验很值得我们效仿。下面我就开展这项工作讲点看法与意见。

1. 大力发展玉米胚油生产。根据我国的国情，随着消费的增长，在今后很长一段时间内，我国的食用油资源不会宽裕。因此，开发利用玉米胚芽资源，对于增加油源，向人民提供优良食用油，增加玉米加工行业的经济效益，都有积极的现实意义。希望玉米生产区的各级粮油工业部门，特别是玉米提胚榨油开展得还不够普遍的地区，应当采取有力措施，调动企业积极性，努力把玉米胚油生产搞上去，力争在近两年内，全国产量超过历史最高水平。今后新建和进行技术改造的玉米联产加工厂，一定要考虑提胚榨油。

2. 制定有效的措施扶植玉米胚油生产。为了发展玉米胚油生产，各地需要根据实际情况，制定一些扶植政策。只有采取放水养鱼，给企业以发展的机会，增强企业的实力，整个玉米加工行业才能够得到发展。黑龙江省粮食局正是这样做的。他们将原来有商业系统销售的玉米胚油、玉米胚饼，一律改为自产自销，价格随行就市，调动了企业开发玉米资源进行综合利用的积极性。另外企业内部还有一套调动玉米加工车间多提胚积极性的办法，使玉米提胚榨油得到了保证。各地应该从中得到启发，通过在本地区抓点带面，逐步推广并对玉米提胚榨油的企业予以扶植，使玉米加工企业提胚榨油得到较快的发展。

3. 进一步提高玉米加工副产品综合利用水平。各地要认真总结推广现有的玉米加工提胚榨油的先进经验，依靠科技进步，选用先进设备，达到降低消耗，提高油粮比，提高得率增加效益的目的。另外，还要充分认识到玉米加工副产品的综合利用，绝不是单单的提胚榨油，今后还应当在玉米胚饼、粕中进行胚芽蛋白的开发和利用，并在开发脂肪酸及其衍生物、维生素E等新产品方面做文章，使玉米加工副产品的综合利用上一个新台阶。

（三）关于玉米深加工。玉米的深加工、精加工，主要是利用玉米生产淀粉、变性淀粉和高果糖浆。在这方面，一些工业发达国家的技术生产水平很高，我国则处在一个刚刚起步的阶段。对玉米进行深加工、精加工是玉米加工行业发展的方向，但是鉴于当前我国粮食的形势和资金的情况，并考虑到我国人民的生活习惯和生活水平对玉米淀粉生产，必须根据我国实际情况，有计划的发展；对新上玉米淀粉厂要取审慎的态度。对于一般性、普通淀粉的生产，要在消化吸收国外先进经验的基础上，利用先进技术有计划地改造现有的淀粉加工企业，不宜盲目扩大生产能力，更不宜盲目建新厂。另外，要有计划的发展变性淀粉的生产，逐步将淀粉生产的重点转移到适销对路的变性淀粉及淀粉衍生物上来。对于高果糖浆的生产，要从布点、规模、投资上实施严格的宏观控制，在市场有销路和条件成熟的时候，可在玉米重点产区有计划有控制地进行试点。以摸索经验。

四、依靠科技进步进一步搞好玉米加工行业的技术改造

“六五”以来，全国粮油工业技术改造得到了一定成绩。据初步统计，到 1988 年底，完成技术改造资金 27.3 亿元，完成项目 2 167 项。通过技术改造，积极采取新工艺、新技术、新设备，不仅使企业技术水平有了提高，生产面貌发生变化，而且企业在增加产量、提高质量、改善生产条件、改进产品结构、提高经济效益等方面取得了显著成果。但是，玉米加工行业，由于经济效益低、企业缺乏自我改造能力，多数未得到改造，致使当前不少玉米加工厂厂房破旧，工艺设备简单、落后，不能适应当前杂粮加工需要。如何发展和振兴玉米加工行业，我认为需要做到以下几点：

（一）依靠科技进步，改变玉米加工行业的落后面貌。我国目前的玉米加工行业在整个粮油工业可以说是一个比较落后的行业，有不少玉米加工厂仍在沿用粉碎机来生产不去皮、不提胚质量低劣的玉米糝和玉米粉。就是工艺相对比较先进的玉米联产加工厂也存在着工艺不够完善、合理；缺乏专用加工设备、车间内设备偏多、装机容量偏大、电耗偏高等缺点。为此：

1. 要加快玉米专用加工设备，特别是高脱皮，提胚设备的研制、开发。在总结各企业革新成果的基础上，通过择优选择，做好玉米加工专用设备的选型、定型工作。

2. 要进一步做好玉米联产加工工艺的改进与完善。组织力量对各地典型的玉米联产加工工艺进行测定，通过对比、分析，总结提高，制定经济技术指标比较先进合理的工艺流程，实现玉米联产加工工艺标准化。

3. 逐步做到玉米干法加工都要去皮、脱胚、综合利用，确保成品质量，提高玉米利用率。进一步调整玉米加工的产品结构，增加产品品种，积极发展特制玉米粉、精制玉米糝等精细玉米制品，满足群众需要。

（二）加快玉米加工行业技术改造步伐。自从中央领导同志提出“三个一点”精神以来，各玉米主产区，特别是东北三省非常重视玉米加工厂的技术改造，他们在当前压缩基建规模、紧缩银根的大气候下，在解决资金加快玉米加工厂技术改造方面的经验和做法可供各地借鉴：

1. 树立统筹兼顾思想，立足于本系统内筹集资。吉林省玉米加工厂技术改造资金是以市、县粮食局自筹和企业自筹为主，省厅拨补为辅的方法解决的。省粮油工业公司统筹兼顾，周密计划，精心调度，去年安排投资 1 059 万元，其中市、县粮食自筹 568 万元，企业贷款自筹 236 万元，省厅补贴 255 万元。使 30 个玉米加工车间得到了改造，占全省玉米加工能力的近三分之二。辽宁省则以贷款为主，自筹为辅的方式解决改造资

金。为了增强企业的还贷能力，各地粮食局积极会同工商、税收、财政等部门，调整了精制玉米粧、玉米粉的调拨价，并将综合利用后的副产品由工厂自行处理。

2. 积极向地方政府有关部门反映，争取得到各级政府的支持，多渠道筹集资金，把有限的财力集中到最急需、最关键的项目上去。黑龙江省针对玉米加工企业经济效益低，无力还贷的实际情况，积极向省政府反映，引起了省政府领导的重视。在财力偏紧的情况下，省政府动用了全省的机动费、简易建筑费、技措费、自筹基建投资等多方面资金约 953.5 万元，占总投资的 37.2%，各地、市、县从地方财政中拿出了一部分资金，有些市、县粮食局也拿出了大部分更改资金，使企业尽量少贷款或不贷款。1988～1989 年黑龙江省分三批对玉米加工车间进行了技术改造，总投资达 2 558.7 万元，使 39 个玉米加工车间得到了改造，增加玉米加工能力 36 万吨。

改造玉米加工企业，保证玉米制品的供应，事关稳定市场，安定人心。各级粮油工业主管部门只要决心大，措施得当，就可以妥善解决资金以及其他方面存在的问题，加快技术改造的步伐。

五、强化企业管理，提高企业素质

为了贯彻党的十三届五中全会提出的“坚定不移地把经济工作转到以提高经济效益为中心的轨道上来”的精神，包括玉米加工行业在内的粮油工业，在治理整顿期间，必须下大力，强化企业管理，提高企业素质。

（一）积极开展企业升级工作，努力提高企业管理水平。以加强企业管理，提高企业素质为目的而开展的企业升级工作，在粮油工业系统已进行了近三年。通过抓管理，上等级提高企业素质，企业管理的基础工作得到了加强，管理水平有了进一步提高。到 1989 年底，全国已有 18 个粮油工业企业进入国家二级企业，一大批企业进入省级先进企业行列。这次我们参观的哈尔滨粮油综合加工厂、哈尔滨市香坊粮库安达玉米加工厂分别是国家二级和省级先进企业。这些企业经济，技术指标先进，文明生产搞得好的一个重要原因是企业管理的基础工作比较扎实，企业职工的素质高。我认为他们代表了全国粮油工业企业管理工作的先进水平。但是从全国来看，发展不平衡。还有相当一部分企业经过技术改造，虽然技术装备有了改善，有的还是引进设备，但由于企业管理工作未能很好跟上，仍然存在物质消耗高、产品质量不稳定、管理基础工作薄弱、安全文明生产不够好、企业经济效益低等问题，需要从加强企业管理工作入手，积极开展企业升级工作，迅速提高管理水平：

1. 端正企业升级的指导思想。企业升级工作的目的是通过行政手段，结合企业改革，促使企业抓管理、上等级、上水平、提高经济效益。各地在创建和考核国家二级企业、省级先进企业时，一定要高标准、严要求，本着宁高勿低、宁少勿多、宁缺毋滥的原则开展这项工作。

2. 要扎扎实实地做好企业升级的基础工作。企业升级是建立在扎扎实实管理工作的基础上的，是加强管理工作的必然结果。企业领导要把主要精力逐步转到抓管理上来，克服重生产、轻管理的倾向，要建立和健全从定额管理、成本管理、资金管理、质量管理到经济核算的各项基础工作和规章制度，严格工艺规程和劳动纪律，要加强和完善计量、标准化、节能、设备和全面质量管理等各项管理基础工作，全面提高企业素质。

3. 进一步做好企业升级的总结、完善工作。在开展企业升级工作中，各地出现了一些好的经验与做法，要及时加以总结和推广。目前已制定的米、面、油、粮机四个行业的国家二级企业标准，在执行中，有什么问题和意见，请各地及时反馈，以便进一步完善、提高。我们将在适当的时候，举行全国粮油工业系统的企业升级工作座谈会，交流各地开展这项工作的经验，我们还将组织力量，对已经进入国家二级企业的单位进行抽查和复检，促使这项工作更加深入地开展。

（二）加强党的领导，认真做好企业职工的思想政治工作，充分发挥广大职工的生产积极性，全面提高职工素质，提高劳动生产率。要在全体职工中努力开展爱国主义、社会主义、自力更生、艰苦创业的思想教育，树立主人公责任感的思想、切实反对资产阶级自由化。在去年春夏之交的那一场政治风波中，各地粮油工业系统的职工积极努力，克服困难，坚持生产，较好地完成了任务，支援了首都、支援了解放军，为保证供应、稳定市场、安定人心发挥了积极作用。这说明，我们粮油工业这支队伍是好的。但是也应当看到，由于近几年思想政治工作被淡化和削弱，使我们职工队伍的思想受到不同程度的影响，给工作带来了不利因素。另一方面近年来青年职工的比例逐年上升，也加重了我们搞好思想政治工作的责任。因此，各级主管部门，特别是基层企业的党组织一定要把加强职工队伍的思想政治工作，作为强化企业管理，全面提高职工素质的一项根本任务来抓。

（三）切实加强安全生产。安全生产是一项极为重要的管理基础工作，是实现各项管理工作和规章制度的保证。这些年来，各地对安全生产是重视的，做了许多工作，保证了粮油工业的正常生产。但是我们也应该看到存在的问题还不少。在去年一年中，事故苗头不断出现，有的已酿成大祸。据不完全统计，到 1989 年 9 月，全国粮油工业系统已有 24 人因公死亡，发生火灾事故 45 次，重大设备事故 43 次。究其原因，主要还是麻痹大意，纪律松弛，违章操作，安全措施不力，隐患没有及时排除，有的主要还是领导失职。为此，我们希望各级粮油工业主管部门一定要进一步加强安全生产工作的领导，采取有力措施，经常对安全进行指导、检查和督促，切实抓好安全生产工作，要健全安全机构，加强安全教育，落实安全制度，改善安全条件，及时消灭事故隐患，提高自防、自救能力，防止重大事故的发生。今后凡是发生重大事故，都要通报批评，严肃处理，造成重大损失的，要追究企业领导的责任。我们希望安全生产工作一定要做到制度化、经常化，通过努力使今年的安全事故降到最低的限度。

同志们，新年伊始，我们已跨入了 90 年代。今年是治理整顿和深化改革的关键性一年，也是治理整顿进入了攻坚的阶段。如何对待治理整顿面临的困难，对我们粮油工业系统各级领导也是一次严峻的考验。正如中央所指出的那样，关键是要有一个好的精神状态。在新的一年里，我们既要看到粮油工业发展中确实遇到了不少困难，但也一定要看到我们有许多克服困难的有利条件。首先是全党、全国动员，集中力量办好农业，力争农业比去年有一个更好的收成，结束粮食生产几年徘徊的局面，这就为粮油工业的发展提供了可靠的物质基础；其次是去年 3 月 15 日国务院发布的《关于当前产业政策要点的决定》把粮油加工列为重点发展的产业，这也就为粮油工业的发展提供了倾斜政策；三是我国粮油工业经过40年的发展，已经有了一定的物质基础和技术基础，这是我们进一步发展的牢固基础；四是粮油工业系统具有一批有开拓、献身精神和丰富实践经验的干部、工程技术人员和广大工人群众，这是我们克服困难，迎接挑战的宝贵财富。我们要充分利用这些有利条件，克服当前的暂时困难。

最后，我想顺便对1990年粮油工业需要着重抓的几项工作讲点设想意见，供大家在安排工作时参考。

为了深入贯彻党的十三届四中全会、五中全会精神，贯彻执行中央《关于进一步治理整顿和深化改革的决定》，粮油工业在1990年的工作重点是：坚定不移地贯彻执行治理整顿和深化改革的方针，把提高经济效益放在首要地位；要按照国家产业政策的要求，调整好产业结构和产品结构，积极开发新产品，增强有效供给和竞争能力；要依靠科技进步，搞好企业技术改造；要进一步强化企业管理，增强质量意识，要大力发展“双增双节”运动，抓好节能降耗；要支援农业，积极开展代农加工；要继续充分利用资源，搞好综合利用；要积极发展外向型经济，努力扩大产品出口，为国家多创汇。

1. 进一步深化企业改革。我们要认真贯彻党中央有关深化企业改革的一系列指示精神，进一步搞好粮油工业企业的承包经营责任制，做到：一要矜持，以保持各项政策的连续性；二要总结经验，使其进一步深化和完善。当前，我们要结合粮油工业的实际，认真总结企业承包经营责任制的经验。注意合理确定和调整好承包基数；要根据德才兼备的原则和干部“四化”的要求选准和选好承包人，搞好两期承包的衔接工作；要正确处理好承包人的中心地位和职工主人翁地位的关系；要注意处理好厂长（经理）负责制和强化党组织保证监督作用的关系，充分发挥职代会的作用；要及时纠正承包中出现的问题，克服短期行为，以保证企业承包经营责任制的健康发展。

2. 按照国家产业政策的规定，认真调整好产业结构和产品结构。要积极开发新产品，增加适销对路的产品和短线产品，增强有效供给的能力，确保市场供应。要结合开发新产品，把引进技术和设备的消化吸收工作抓紧抓好。今年是粮油工业引进技术和设备消化吸收过程中的关键一年，绝大多数设备的样机进行生产考核和技术鉴定希望各地都要重视和支持这项工作，保证消化吸收工作的顺利进行。

3. 依靠科技进步，搞好企业技术改造。今后企业技术改造的重点应放在：生产能力不足而市场又急需的产品上，以提高有效供给能力，确保市场供应；发展名特优新产品、出口创汇产品和替代进口产品；发展深加工、精加工和综合利用，搞好节能降耗、确保安全生产和提高生产效率的项目上。为此，粮油工业的发展重点是：要继续贯彻在保证产品质量和努力提高产品纯度的前提下，努力提高出品率，减少粮油损失；要通过深加工、精加工逐步向食品和油脂化工产品方向延伸；要积极生产市场需要的各种专用粉、专用油和粮油食品；重视杂交稻谷和杂粮加工，搞好粗粮细作；要积极开展胚芽、糠麸、米粞、油脚、皮壳等副产品综合利用，尤其是要重视蛋白资源的开发利用；要支持农业，积极开展代农加工。

4. 强化企业管理，向管理要效益。要进一步树立质量第一的思想，增强企业和职工的质量意识，严格把好产品质量关。要加强各项管理基础工作，提高职工素质和企业素质，通过开展企业升级和创优评优工作，促使企业管理上等级，产品质量上水平，要进一步加强企业和职工的安全生产教育，确保安全生产。要积极开展“双增双节”运动，减少消耗，节约能源，降低成本，下大力把亏损企业的数目和亏损金额减少到最低限度。

5. 制订好“八五”期间的发展规划。为了保证粮油工业“八五”期间的持续、稳定、协调发展，各地都要结合本地区的实际，认真制订“八五”规划，请各地抓紧将你们“八五”期间的规划设想尽快报商办工业管理司，以便部里汇总制订全国粮油工业“八五”规划。为此，我们打算在今年召开的全国粮油工业处长（经理）座谈会上，把研究讨论“八五”期间粮油工业的发展规划设想作为主要议题，请各地认真做好准备。

在新的一年里，我们要做的工作很多，任务十分繁重，上面我讲的五条是要着重抓好的工作。希望各地进一步发动职工，同心协力，为粮油工业的持续、稳定、协调发展作出更大的成绩。

这次座谈会，得到了黑龙江省粮食局、哈尔滨市粮食局、安达市粮食局的大力支持，他们做了大量的会务、后勤工作，在这里我代表商业部商办工业管理司和全体与会代表再次表示感谢。

在2004年全国制粉技术研讨暨粮机产品展销会上的发言

2004年5月11日于无锡

由中国粮食行业协会面粉分会筹备组和《面粉通讯》杂志社联合主办，布勒设备工程（无锡）有限公司承办的“2004年全国制粉技术研讨暨粮机产品展销会”，今天在美丽的太湖之滨——无锡召开。在此，我代表中国粮食行业协会、中国粮油学会，代表白美清会长对这次会议的召开表示热烈的祝贺！对参加会议的各位代表表示亲切的问候！

这次会议是去年在武汉召开的“2003年全国面粉行业高峰论坛暨中国粮食行业协会面粉分会筹备工作会”上确定召开的，是继去年11月“全国面粉行业高峰论坛”后我国面粉行业的又一次盛会。从内容上看，本次会议与前两次高峰论坛不尽相同，侧重于制粉技术研讨，会上将向大家介绍国内外面粉行业的最新科技动态：研讨、解决制粉技术的难题；展示制粉机械“四新”产品和搜索市场信息平台等，内容十分丰富。我认为本次会议的内容是当前面粉行业十分关心的问题，一定会受到大家的欢迎。前些日子，我参加了“中国粮油学报工作座谈会”，会上有些代表说：在最近一段时期里，针对粮油工业的实际，召开不同类型的专题技术研讨会少了，建议学会、协会今后要多开一些企业关心的专题技术研讨会。我认为这个建议提得好，应该引起我们的重视。

下面，我想借此机会，向大家通报一下有关情况。

一、关于到2020年，我国制粉科技发展的重点任务

根据中国科协和国家粮食局的部署，中国粮油学会从去年起组织本行业的专家着手编制《关于我国粮油科技中长期（2006—2020年）发展规划的建议》（以下简称《发展规划》）。学会对此《发展规划》十分重视，在白美清理事长的亲自组织领导下，先后召开了数次理事长办公会议，提出了编写《发展规划》的指导思想和具体要求。接着，食品分会、油脂分会、储藏分会和饲料分会等根据总会的要求，分别召开专家座谈会，提出了本行业的《发展规划》。在分会提出的《发展规划》基础上，总会组织专家汇总，并于去年底形成了《发展规划》讨论稿。为了把《发展规划》搞得更好，总会又几次组织有关领导、专家对讨论稿进行具体讨论修改，最后于今年3月定稿并上报中国科协和国家粮食局，历时一年零三个月。

《发展规划》就我国粮油科技发展的现状、发展的指导思想和战略目标、粮油科技发展的重点任务以及粮油科技发展的配套措施建议等作了叙述。《发展规划》中对我国制粉工业的叙述，概括起来有如下主要内容：

在发展现状中讲到，粮油加工通过国家科技攻关和重大科技成果的推广应用，推动了粮油加工技术的发展。从“七五”开始，通过国外粮油加工关键技术和设备的引进、

消化吸收国产化，使我国米面油加工设备水平上了一个台阶，由粗加工转入了精加工。目前，制粉、碾米和油脂制备工艺与国外先进工艺水平接近，如面粉加工中的光辊碾磨制粉技术、小麦剥皮制粉技术等等。

在产品品种方面讲到，随着人民生活水平的提高，粮油加工产品品种增加，质量不断提高，现在特二级以上的精制面粉已占面粉总产量的70%以上；专用粉品种已达几十种。

在深加工和综合利用方面讲到，为实现小康社会发展目标，满足现代生活节奏加快，消费者追求膳食方便化、营养化、多样化的需要，粮油主食品工业化进程正在加快，方便面、方便米粉、方便米饭、速冻食品、主食面包以及工业化生产的馒头、花卷、豆包等各种米面食品大量出现。因此各种生产工艺和设备的研究，食品添加剂和调味料的开发得到了重视和较快发展。在综合利用方面，利用小麦生产谷朊粉、小麦淀粉、小麦胚芽油和维生素E等等。

在讲到存在问题时，主要表现在应用基础研究薄弱，自主创新不足；粮油深加工高新技术应用不能满足市场需求；工艺设备配套水平及机电一体化水平低，信息化滞后；粮食储运技术和物流系统跟不上产业发展需要；粮油标准质量检测体系不完善等等。

在战略目标中讲到：根据我国社会经济发展战略，到2020年人口将达到16亿，全民生活要达到小康水平。根据科技自身发展的规律和粮油行业的实际。粮油科技确立以下目标：一是粮油储藏与加工实现“五化”，即放心粮油普及化，功能食品系列化，粮食储藏四散化，工业生产自动化，流通管理信息化。二是建设以大宗粮油（小麦、玉米、稻谷、大豆、花生、菜籽）深加工利用为代表的粮油加工技术创新体系；以保证粮油食品安全为宗旨，完善粮油标准质量检测体系；应用计算机技术、网络技术建立粮食信息管理系统和专家决策支持系统。三是加强基础研究和应用基础研究，加大产业化成果开发的投资力度，使整体粮油科技水平到2010年达到20世纪末发达国家水平，到2020年达到目前发达国家水平。四是在粮油储运与加工中，科技贡献率由现在的30%提高到2010年的45%和2020年的55%。到2010年粮食油料加工增值20%～30%，到2020年增值50%～70%。五是粮食的散运量在现在10%的基础上提高到20%～25%，2020年达到50%左右。六是为建设一批大型企业（企业集团）和粮油加工基地提供技术支撑。在2010年前，把我国建成亚洲最大的植物油生产和大豆蛋白生产基地，建成世界上最大的杂粮加工基地。到2010年，创立粮油及粮油制品的全国名牌30个，世界名牌5～8个。

在粮油科技发展的重点任务时讲到，为实现现代化粮食加工、深加工及资源综合利用的目的，研究开发一批推进行业技术进步的关键技术，开发一批粮食深加工利用新产品，使粮食加工向延伸产品发展。在制粉方面的开发重点：一是粮食加工新型关键主机的研制；二是大型粮食加工工艺与配套设备的优化设计；三是加工过程控制技术和机电一体化装备的开发；四是小麦麸皮和胚芽的综合利用开发技术；五是各种食品专用面粉的开发及传统主食品（馒头、面条、饺子、包子、烙饼等）成套工艺设备的选定型和工程设计；六是重新审视和研究谷物所含的天然、功效、营养成分，开发各种天然的食品添加剂代替化学合成的添加剂，为保证食品安全，禁止添加有害物质，研究合理使用营养素和微量元素。重点放在天然食品色素的开发、食品抗氧化剂的开发和食品营养强化剂的开发上。

以上是《发展规划》中涉及制粉工业的有关内容。这个《发展规划》能否实施，关系到我国制粉业能否跟上世界制粉业的先进行列。为此，我希望各大专院校、科研院所、制粉设备制造企业和面粉加工企业，都能重视这个《发展规划》，并努力推动这个《发展规划》的实施。

二、关于协会、学会的有关工作

随着我国社会主义市场经济不断走向深入，企业逐渐与政府脱钩，走上了产权明晰、独立自主、自主经营、自负盈亏的社会主义市场经济道路。与此同时，企业失去了往常的“婆婆”，也失去了企业往常反映问题的渠道。为了适应市场经济的需要，一些为企业服务的协会、学会应运而生。中国粮食行业协会、中国粮油学会及其所属分会是由粮食生产、流通、加工企业和科研教育机构、社会团体、科技工作者共同组成的全国性行业组织。它以服务为宗旨，主要任务是发挥桥梁纽带作用和服务、自律、协调、监督职能。概括起来一句话，都是为粮油企业服务的。是我们粮油企业自己的组织，是企业自己的家。学会还是科技工作者之家。

中国粮食行业协会成立八年来，中国粮油学会成立十九年来，工作得到了全国各级粮食行政主管部门、广大粮油企业和广大粮油科技工作者的爱护和支持，做了一些应该做的工作，并得到了大家的认可。比较有影响的工作是“三大工程”，也可以说是“二大工程”、“一个中心”。

一是“放心粮油工程”：自 2000 年起，中国粮食行业协会严格按照会员企业申请、出具规定机构检验合格报告、专家评审等程序，分三批在会员企业中推出“放心粮油”产品 1 325 个，涉及企业 749 个，并推出“粮油销售放心店”试点单位 7 个。从各方面反映的情况看，“放心粮油”以“优质、放心、贴近大众”的形象，为市场提供健康、营养、安全的粮油商品，受到了社会的肯定和广大消费者的欢迎。中国粮食行业协会实施的“放心粮油工程”，得到了国家粮食局、国家食品药品监督管理局、各级政府和有关部门的大力支持。由于此项工作是利国、利民、利企的大事，是得民心、顺民意的举措，是粮食行业贯彻落实三个代表重要思想的具体体现，中国粮食行业协会将“放心粮油工程”作为重要的工作来抓，并长期坚持下去。今年还将进行第四批“放心粮油”的评审工作。

二是“人才培育工程”，这是中国粮油学会主抓的一项重要工作。它主要包括配合国家粮食局人事司在全行业开展“自然科学研究系列研究员和享受研究员同等有关待遇的高级工程师”的技术职称评审工作和在全行业开展“执业资格鉴定指导工作”；另外，根据中国科协的要求和部署在粮食行业培育和选拔优秀人才，向国家推荐中国科学院、中国工程院院士候选人名单以及在中国粮油学会建立专家人才库。

三是成立“争议仲裁中心”。为适应我国加入世界贸易组织和粮食流通市场化改革的需要，经中国国际贸易促进委员会批准同意，国家粮食局研究决定成立中国国际经济贸易仲裁委员会粮食行业争议仲裁中心。仲裁中心由中国粮食行业协会、中国国际贸易促进委员会粮食行业分会与中国国际经济贸易仲裁委员会共同组建。仲裁中心依据《仲裁法》的规定，以仲裁方式公正、独立地对粮食行业发生的各种契约性或非契约性商事纠纷进行裁决，协调和解决行业内的贸易纠纷，使仲裁逐步成为解决粮食行业经济贸易纠纷的主要方式之一，仲裁中心秘书处设在中国粮食行业协会和中国国际贸易促进委员会粮食行业分会法律事务部。

中国粮食行业协会、中国粮油学会除了要全力做好上述三项重要工作外，今年还有以下几项工作要认真做好。

一是要做好 2004 年中国名牌产品的申报工作。根据国家质量监督检验检疫总局的文件通知，今年将大米和小麦粉列入了 2004 年中国名牌产品的评选范围，这是几年来上下努力的结果，我们一定要按通知要求和条件认真填报。

二是认真做好粮食行业食品安全信用体系建设试点工作。为贯彻党中央、国务院关于加快社会信用体系建设的精神，国家食品药品监督管理局等八个部局共同制定了《加快食品安全信用体系建设的若干指导意见》，决定从今年 4 月起，全面启动食品安全信用体系建设试点工作。粮食行业被确定为试点行业，39 家粮油企业被选定为第一批试点企业。希望试点企业及所在省市的粮食行业协会，一定要高度重视，认真做好试点工作。

三是进一步搞好粮油工业统计工作。完成 2003 年度粮油工业统计汇编和统计分析工作，分专业提出大企业的排序名单，争取与国家统计局工交司联合召开全国粮油工业统计信息发布会。

四是开好“2004 中国杂粮豆类展示交易会”、“第五届中国粮油精品绿色食品展示交易会”和“首届中国国际粮油企业发展论坛”。这三个会的筹备工作已经就绪，将于 5 月 14 日起在南京国际会议大酒店分别召开。

五是开好“2004 上海国际粮油食品安全研讨会暨展示会”。这次会议是经国家粮食局、中国科协批准，由中国粮油学会（CCOA）和国际谷物科技协会（ICC）、美国油脂化学家协会（AOCS）、美国谷物化学家（AACC）共同主办的。会议定于 6 月 13 日至 17 日在上海光大会展中心国际大酒店举行，会议的主题是：建立健全粮油食品安全与质量保证体系。参加会议的中外专家在 400 人左右，发表论文 100 篇以上。

六是开好学会 9 月中旬在烟台召开的“第三届学术交流会暨会员代表大会”。做好学会、协会的换届工作。

七是根据工作的需要，经民政部和中国科协批准同意，在中国粮食行业协会成立杂粮分会；在中国粮油学会成立信息与自动化专业分会，希望大家关心和支持这两个分会的工作。

以上是向大家通报的今年协会、学会的主要工作。这些工作都需要得到大家的关心和支持，才能把它办好。

同志们，这次会议在无锡召开是有特殊意义的。我认为无锡的制粉工业发展历史与现状是我国制粉工业发展的缩影与代表。因为过去她是我国现代制粉工业的发祥地之一；而现在她是我国培养制粉工业高级人才的学府——江南大学所在地。再加上代表我国制粉工业设计水平的国家粮食局无锡科学研究设计院，代表我国水平，乃至世界水平的制粉设备制造企业——无锡布勒机械设备有限公司都坐落在无锡这块宝地上。为此，我们要感谢无锡为我国制粉工业的发展所做的贡献。

在 2007 年中国粮食行业协会小麦分会年会上的开幕词

2007 年 4 月 24 日

在国家粮食局、中国粮食行业协会的关心、支持下，2007 年中国粮食行业协会小麦分会年会暨高层论坛、新技术交流与新产品展示会，今天在美丽、富饶的杭州市召开，参加本次会议的有从事小麦生产、加工、科研、教育、管理等方面的专家、教授和企业家；有从事制粉设备、检测仪器和食品添加剂等方面生产和供应的厂商以及粮油行业的相关网站、报社等代表 400 多人，是中国粮食行业协会小麦分会继去年 3 月 23 日在郑州召开的成立大会后的又一次盛会，借此机会，我代表中国粮食行业协会、中国粮食行业协会小麦分会对在座的各位领导和代表表示最热烈的欢迎和衷心的感谢。本次会议在杭州召开，会议自始至终得到了会议承办单位——杭州恒天面粉集团有限公司的大力支持。与此同时，会议还得到了《面粉通讯》杂志社、河南工业大学、武汉工业学院、江南大学、山东农业大学、国家粮食局无锡科学研究设计院等协办单位的大力相助；得到了设备制造企业和相关企业的有力鼎助以及有关媒体的热情支持，对此，我代表协会和全体与会代表对他们一并表示衷心感谢。我们还要特别感谢张局长、白会长在百忙中亲临会议并作重要讲话。

各位代表，本次会议的主题是："小麦面粉、市场互动、创新发展"。为开好会议，我们邀请了行业内诸多知名领导、专家、教授和企业家，将就小麦生产、价格走势以及小麦粉加工业的发展、新技术的应用等进行广泛交流；为进一步推动以"馒头、面条、饺子"为三宝的中国传统面制主食品的生产和健康发展，等一会，白会长将要作重要讲话；为贯彻落实我国食品工业发展纲要精神，我们邀请了公众营养中心主任于小冬就面粉的营养强化做专题演讲，以促进我国营养强化面粉工作的进一步开展；为宣传企业形象，提高品牌知名度，会议期间，我们同时举办了制粉设备、检测仪器、食品添加剂及挂面等新产品展示会，以构建产品面向全国的营销网络。总之，会议的目的是为面粉生产企业、制粉设备生产企业以及相关企业搭建一个学习交流的平台，希望通过大家的努力，达到预期的目的。

各位代表，本次会议是中国粮食行业协会小麦分会成立后召开的首次年会，为开好本次年会，会前召开了分会理事长扩大办公会议，为防止制粉技术与制粉设备展示等方面的会议过多过滥，经过充分商量，一致同意本次年会及今后的年会均包括了以往由《面粉通讯》杂志社主办的"全国制粉技术交流暨粮机设备展示会"，包括了以往由河南工业大学、武汉工业学院共同主办的"现代制粉工艺与管理大讲堂"和"全国面粉行业高峰会"等会议组织形式，决定今后不再以任何形式另行举办。我认为，这是顾全大局的做法，也是这次会议召开的重要收获，希望大家珍惜。

各位代表，对面粉工业来说，2006年是不寻常的一年，难忘的一年，国家惠农政策不断出台，小麦、稻谷等主要农产品实行最低保护价收购政策，粮食流通体制改革进一步深化，下半年粮油价格恢复性提高，给面粉工业带来了新的机遇和挑战，我估计，2006年将是近年来面粉工业经济效益最好的一年，对此，我们要总结经验，再创辉煌。2007年，面粉工业除了要继续在整合提高，强化管理等方面多做工作外，建议注意做好以下几项工作。

第一，要关心国家的粮食政策，关注国内外小麦生产情况和国内外小麦市场价格的走势，以便对小麦原料的采购、加工和销售等环节作出科学决策，以防在价格变动时对企业产生不利影响，为此，建议有条件的大中型面粉加工企业要有专人重视和研究这项工作。

4月21日至22日，中国粮食行业协会在北京召开的“第十一届中国粮食论坛”会上，国家粮食局曾丽瑛副局长就当前的粮食形式和粮食政策做了重要讲话。她在讲话中介绍了有关小麦生产和供应形势，共有以下五点值得面粉加工企业重视。一是，今年的小麦生产形势较好，小麦产量仍有可能像去年一样，保持供大于需；二是，今年国家将继续争取保护收购小麦的政策（即托市收购）；三是，托市收购价格与去年相比，不会有什么变化；四是，由于新小麦有一个“后熟期”的问题，为保证小麦粉的质量和供应，在托市收购期间，小麦交易的拍卖活动将照常进行；五是，国际粮价的波动，不会对国内粮价产生大的影响。以上几点，值得我们的面粉加工企业进行经营决策时参考。

第二，要重视“放心粮油”和中国名牌的争创工作。在国家粮食局的关心、支持下，由中国粮食行业协会组织开展的“放心粮油”工程已经进行了第六批评审。为进一步扩大“放心粮油”在市场销售中的比重和适应“放心粮油”进农村、进社区的需要，这项评审工作，今年还将继续进行，希望没有获得“放心面粉”称号的企业积极申报；已经获得“放心面粉”称号，但有效期已过期的企业要积极参加复审。与此同时，今年又是“小麦粉”中国名牌的复审年和新增挂面产品中国名牌评选年，希望有关企业按照中国名牌推进委员会的要求，认真填报好材料，现在离正式向上申报材料只有个把月时间了。希望今年有更多的小麦粉加工企业、挂面生产企业能评上中国名牌。通过开展“放心粮油”和争创中国名牌，促使面粉加工企业在整合提升、经营管理、经济效益、产品质量、科技创新等方面上一个新台阶。

第三，要重视以“馒头、面条和饺子”为代表的传统面制主食品的生产。全国《食品工业“十一五”发展纲要》中指出：“到2010年，加工食品消费的比重提高到40%以上”，“要推进传统主食品生产工业化”。现在我国加工食品消费的比重较低。据有关资料介绍，目前，我国馒头、包子等发酵面制主食（面点）工业化加工部分仅为15%～20%，而欧美国家在20世纪50年代就已完成了以主食加工为主的食品加工的工业化和产业化，其工业化食品生产已达70%左右，有的高达90%以上。为落实全国《食品工业“十一五”发展纲要》，希望面粉加工企业，要把传统面制主食品的生产看作是面粉深加工的重要内容，根据市场的需求创造条件，积极生产馒头、面条和饺子等传统主食品，以推动中国的传统主食品由家庭加工转向社会化、工业化生产；希望粮油科研院所、大专院校要重视粮油主食品生产的研究，提高粮油主食品生产的科技含量；希望粮油机械制造厂，要重视粮油主食品生产机械的开发和生产，不断提高产品质量，以满足我国传统粮油主食品工业化的需要。

第四，要探讨粮油工业企业“走出去”的问题。随着我国粮油工业的快速发展，以制粉机械、碾米机械、制油机械、饲料机械和仓储机械为代表的我国粮油机械装备水平有了很大提高，尤其是改革开放二十多年来，通过消化吸收和自主创新，无论是单机的技术水平和单机的最大处理能力，还是成套设备和生产线的生产能力都得到了很大提高。现在可以这样说，我国的粮油机械装备业已经完全有能力为我国的粮油工业的发展提供技术含量高、生产能力可大可小、性能先进、质量可靠的单机和成套设备。鉴于我国粮油机械性能和制造水平的不断提高，加上具有明显的价格优势，所以我们完全有条件“走出国门，面向世界”，把产品销到国外去，或与有实力的国外企业合作，在当地合资合作办厂。我国粮机产品的出口，不仅要重视传统的亚洲、非洲和拉美地区，同时要研究到中亚和西亚的市场去。要研究“走出去”和“请进来”的办法，加快粮油机械“走出去”的步伐。与此同时，有条件有实力的粮油加工企业，也要研究“走出去”，到国外办企业，发展自己。

为促进粮油企业“走出去”，中国贸促会粮食行业分会和中国粮食行业协会将于5月16～17日在北京召开中国企业跨国投资研讨会暨粮油企业“走出去”战略研讨会，希望在座的粮油机械生产企业和大型面粉企业积极参加。

第五，要正确引导百姓消费，面粉也要讲搭配、讲营养均衡。我国《食品工业“十一五”发展纲要》中指出：食品工业要“注重以营养科学为指导，注重保存食物原料固有的营养成分，优化食品中营养素配比，维护和提升加工食品的营养品质，满足人民生活水平提高对营养健康的要求”。并提出要重点发展营养强化面粉、营养强化米。根据这一精神，为了最大限度地保存食物原料固有的营养成分，今后在面粉加工中要纠正面粉加工过精过细，造成微量营养素的大量损失；要纠正面粉越白越好，为了追求面粉的白度，甚至去添加对人体健康没有任何好处的面粉增白剂——过氧化苯甲酰增白等做法，以回归面粉的自然本色；为了优化食品中的营养素配比，自20世纪30年代末强化面粉问世的70多年来，世界上已有近80个国家开展了全国性面粉营养强化工作。我国政府对公众营养十分重视，“7＋1”面粉营养强化工作已取得了一定进展。3月7日，全球面粉强化联盟（FFI）在中国北京召开了核心管理小组（EMT）会议，介绍了各国营养强化面粉的做法，这将推动我国营养强化面粉工作的进程。希望面粉加工企业关注这项工作，并积极创造条件，加入到营养强化面粉生产的行列中去。

开辟挂面行业繁花似锦新天地

——在“中国强化食品宣传年湖南裕湘杯公益宣传活动启动仪式”会上的发言

2007年6月1日于长沙

为了进一步扩大营养强化食品的宣传和推广力度，提高公众健康水平，国家发改委公众营养与发展中心（PNDC），中国红十字基金会等单位于今年4月18日在北京启动了“中国强化食品宣传年（2007）”大型公益宣传活动。今天，由湖南省郴州市人民政府在这里主办的“中国强化食品宣传年湖南裕湘杯公益宣传活动启动仪式”是全国大型公益活动的重要组成部分，借此机会，我代表中国粮油学会、中国粮食行业协会对此次活动的成功举办表示最热烈的祝贺。

营养状况是决定公众健康和民族素质的重要因素。改革开放二十多年来，我国经济的迅速发展为公众营养改善提供了有力保障。但是，由于公众营养知识匮乏、膳食结构不尽合理以及食品加工过程中营养素流失等多方面的原因，目前我国公众营养素摄入不足较为普遍。经全球80余个国家半个多世纪的探索实践，强化食物以其所独有的安全、经济、简便、广谱、不用改变饮食习惯等特性而被各国政府首选为改善公众营养的途径。我国政府从1995年开始，就一直致力于全国公众营养改善的宣传、试验、试点和推动工作，取得了引人瞩目的成就。

2006年，公众营养改善行动已纳入国家“十一五”发展规划，食物营养强化是改善公众营养不良的绝佳途径，这种营养改善方式具有方便、安全、经济等优点。在去年颁布的《全国食品工业“十一五”发展纲要》中确定，把营养强化面粉（含用营养强化面粉生产的面条）列为今后粮食加工业的发展方向和重点。

从2002年开始，国家粮食局和卫生部在河北、甘肃两省进行了营养强化面粉的试点工作，由国家发改委公众营养与发展中心（PNDC）具体执行，中国疾病预防控制中心承担现场观察工作。通过3年数万人的食用效果观察，得出结论：营养强化面粉对改善人体微量营养素缺乏状况具有明显效果。其中河北省围场县膳食调查结果是：食用营养强化面粉36个月后，受试者血红蛋白水平增加，贫血率下降4.7%，血清铁水平显著增加；血清锌增加0.04 mg/L；维生素A亚临床缺乏率下降28.2%。甘肃省兰州市膳食调查结果是：食用营养强化面粉24个月后，受试者血清铁有增长趋势；血清锌显著增长；维生素A显著增加，维生素A亚临床缺乏率下降8.8%。居民反映说：“吃了营养强化面粉，老婆白了，孩子胖了，感冒少了。”上述试点结果受到了政府有关部门和国内外营养界、企业界的高度关注和重视。

营养强化面粉的推广是一件利国利民的大事，是一项开拓性的工作，推广实施的策略是学习借鉴国际上的成功经验，做好强制性执行的文章。结合中国国情，就是要做到制订国家标准、法令法规、政府行为和广泛宣传缺一不可。对此，建议相关部门和业界应该达成共识，抓好以下几项工作：

1. 加大宣传力度，提高生产企业和消费者对营养强化面粉的认知度。与此同时，要针对不同的生产企业和消费对象举办相关营养知识的普及教育，提高全民营养健康知识水平。

2. 将面粉、面条营养强化工作纳入国家“十一五”专项规划，争取国家的指导和支持。加强有关立法工作，借助政府的行政职能，为面粉强化创造良好的发展环境。

3. 促成《营养强化小麦粉国家标准》尽快颁布实施，在此基础上，鼓励和支持生产、消费营养强化面粉，减少普通面粉的生产。

4. 因地制宜，有所侧重，允许各地选择更加有效的推广方案和营养改善途径。在方案实施过程中，实行“全面规划，分步实施，以点带面，有序推进”的工作方针。

5. 把营养强化面粉及其制品的推广实施与扶贫脱困、民政救助、军粮供应、学生营养餐等专项工作和单位采购结合起来，加快推广进度。

6. 加强政府各相关部门的合作，共同做好监管工作，确保营养强化面粉及其制品的安全，维护消费者的合法权益。

我们相信，随着《营养强化小麦粉国家标准》的颁布实施，和国家对食用营养强化面粉的强制性推广执行，普通小麦粉和挂面的生产将会受到标准和强制性执行的限制，像不加碘的盐一样，逐步退出市场。最后，我们希望挂面行业要重视面粉和挂面的营养强化工作，要像湖南郴州裕湘面业有限公司那样重视营养强化挂面的生产，为市场提供了花色品种多和优质、营养的高档挂面，受到了消费者的欢迎。我们要以营养化带动产品的多元化和系列化，开辟挂面行业繁花似锦的新天地。

在第二届发酵面食产业发展大会开幕式上的发言

2007 年 8 月 25 日于洛阳

很高兴我和中国粮油学会胡承淼秘书长来到风景如画的白云山参加今天由中国粮油学会发酵面食分会召开的第二届发酵面食产业发展大会。借此机会，我代表中国粮油学会和中国粮油学会油脂分会、粮油营销技术分会对大会的隆重召开表示最热烈的祝贺，对前来参加会议的各位专家、企业家及各界朋友表示热烈的欢迎和诚挚的问候，对承办单位——河南兴泰科技实业有限公司的大力支持表示衷心感谢。

发酵面食在我国历史悠久、源远流长、文化内涵广博，它以营养丰富、产品多样，深受广大人民群众喜爱，有着广阔的市场发展空间。但是长期以来，我国发酵面食的工业化、产业化发展水平较低，发酵面食的安全性、多样性、营养性，与经济社会发展和人民生活水平不断提高不相适应。为增强行业的凝聚力和影响力，推动我国发酵面食产业的快速、持续发展，中国粮油学会成立了发酵面食分会。分会成立一年来，积极开展活动，倡导创新、务实的科学精神，通过各种方式团结和带领发酵面食及相关行业的企事业单位及广大科技工作者，促进了行业科技水平的提高和产业的健康发展。

《全国食品工业“十一五”发展纲要》中指出：“到 2010 年，加工食品消费的比重提高到 40％以上”；要“推进传统主食品工业化生产”。“馒头、面条和饺子”是我国传统面制主食品的主要代表。而馒头和各类包子等发酵而制主食品又是我国传统面制主食品中的首要代表。现在，我国加工食品消费的比重较低，以发酵面制主食品为例，据有关资料介绍，目前，我国馒头、包子等发酵面制主食（面点）工业化加工部分仅为 15％～20％，远远低于欧美等发达国家的加工食品消费比重和主食品生产工业化程度。为落实全国《食品工业“十一五”发展纲要》，推进我国发酵面制主食品生产的健康发展，我认为需要注意做好以下几项工作：

第一，要进一步宣传发展发酵面食产业的重要性。我们要大力宣传发酵面食不仅具有花色品种多、营养丰富等特点，而且是属于非油炸的蒸煮类健康面食；通过发酵面食的工业化生产和产品的商品化经营，可以使馒头等发酵面食成为中国特色的健康方便食品，为我国人民生活水平不断提高和生活节奏不断地加快服务；发酵面食价廉物美，适合于各类人群的消费与食用，是为百姓着想的信得过食品等等。通过宣传使大家进一步认识到发酵面食产业大有作为；使各级政府更加重视发展发酵面食产业，使生产发酵面食的企业积极性更加高涨，使消费者更加喜爱发酵面食。

第二，要重视发酵面食品生产的研发工作。我们要发动广大科技人员，尤其是粮油科研院所、大专院校重视发酵面食品生产的研究，不断开发研究发酵面食品的新技术、新设备和新产品，以提高发酵面食的技术含量；重视冷冻、保鲜和包装的研究，以确保产品质量，延长货架时间。通过新技术、新设备和新产品开发研究使发酵面食朝着安全、优质、营养和多样化方向发展。

第三，要重视发酵面食品生产的设备制造。现在，对发酵面食品生产的装备制造重视不够，要发动粮油机械制造厂和食品机械制造生产企业积极开发、生产各类发酵面食品的生产装备，包括各种单机和成套设备，并不断提高产品的质量，以满足我国发酵面食品工业化生产发展的需要，提高我国发酵面食品生产的工业化和机械化程度。

第四，要加快发酵面食品生产的步伐。鉴于目前我国发酵面制主食品工业化加工部分的比重较低的现状，要动员面粉加工企业，把传统面制主食品的生产看作是面粉深加工的重要组成部分，根据市场需求努力创造条件，积极生产以馒头为主要代表的传统发酵面食品，推动我国传统面制主食品由家庭加工转向社会化、工业化生产，为人民造福。在这方面，我觉得天津利金粮油股份有限公司和山东济南民天面粉有限责任公司等面粉企业做得很好，他们的做法和经验值得总结和推广。

第五，要积极创造条件，促使产品和标准的升级换代。我国现有的发酵面食品，其产品质量标准大多停留在企业标准上，缺乏高水准的行业标准和国家标准。在国家粮食局的关心、重视下，经过大家的努力，全国粮油标准化委员会已经完成了《小麦粉馒头》国家标准的制定工作，不久前已经颁布，这是至今面制品中最高级别的标准，希望以此为契机，加速我国发酵面食产业的发展，推动其他面制品产品标准的制修订工作。

为确保发酵面食品的质量，我们除了要严格按产品质量标准组织生产外，生产企业要强化管理，提高质量意识和品牌意识，增设检测仪器，严格产品检测检验，把好质量关。

我相信，通过大家的努力，以发酵面食品为首的我国民族面制主食品一定能振兴。

我注意到在本次“发酵面食产业发展大会”上，有许多知名专家、教授和企业家将要做报告，内容涉及传统膳食结构与健康烹饪文化；馒头制品的安全、营养和工业化生产；馒头的营养强化；馒头的分类和品质评价；优质小麦粉与传统食品产业化的关系；以科技创新推动主食馒头产业化；“馒头的营养与工业化”、“馒头制品的安全、营养及健康特性”、“营养强化馒头的开发及推广”、“农业、食品及面制主食产业化”、“优质小麦粉与传统主食品”、“馒头的分类及工业化体系建设”、“馒头的品质评价体系及方法”、“冷冻面点生坯技术与中国传统主食产业化”、“以科技创新推动主食馒头产业化”和“中华传统主食在台湾的发展”等等，内容十分丰富，大家听了一定会受益匪浅。

我希望，中国粮油学会发酵面食分会要以此次大会为契机，进一步开展各类学术交流，努力把学会办成“学术交流的主渠道，科普工作的主力军和国际科技交流的主要代表”，使学会成为发酵面食界的科技工作者之家、企业之家，以推动我国发酵面食产业的快速、健康发展。

在2008年中国小麦和面粉产业年会上的开幕词

2008年3月29日于合肥

在国家粮食局、中国粮食行业协会的关心、支持下“2008中国小麦和面粉产业年会”今天在合肥市召开了，参加本次会议的有从事小麦生产、加工、营销、科研、教育、管理等方面的领导、专家、教授和企业家；有从事制粉设备、检测仪器和食品添加剂等方面的生产商和供应商以及粮油行业的相关企业、网站和报社等代表，是中国粮食行业协会小麦分会继去年杭州会议后的又一次盛会。借此机会，我代表中国粮食行业协会、中国粮食行业协会小麦分会对参加本次会议的全体代表表示最热的欢迎和衷心的感谢！

本次会议在合肥召开，为保证会议的顺利召开，会议自始至终得到了安徽省粮食局、安徽省粮食行业协会的大力支持，得到了本次会议的承办单位——安徽皖王面粉集团有限公司、《面粉通讯》杂志社、河南工业大学和武汉工业学院的大力相助，得到了有关设备制造和相关企业以及有关媒体的热情支持，对此，我代表协会和全体与会代表对他们一并表示衷心的感谢！

各位代表，本次会议的主题是：“品牌、创新、发展、责任”。为达到会议的目的，我们特邀了业内诸多知名领导、专家、教授和企业家，将就国内外小麦市场、产销形势、市场行情、价格走势、小麦加工业的发展、新工艺、新技术的应用以及实施品牌战略等方面作专题报告，使大家了解国内外的粮油形式和面粉业的发展趋势，以利企业经营决策，健康发展；会议期间通过举办制粉设备、检测仪器、食品添加剂以及各类深加工产品的展示，以利企业在同行业内宣传自己，提高展示产品的知名度；为激励先进生产企业，还将为获得年度优秀产品称号的29个小生产企业，8个相关生产企业发纪念奖牌，总之，本次会议的目的是为小麦生产者和经营者，为面粉生产企业和营销企业，为粮油设备制造企业和相关企业服务的，是为大家搭建一个交流学习的平台。为此，我相信通过大家的努力，一定能达到本次会议的预期目的。

各位代表，中国粮食行业协会小麦分会成立已两年过去了，昨天召开了小麦分会一届一次理事会，会议在总结了去年工作的基础上，安排了今年的重点工作。会议一致认为，2007年小麦分会在中国粮食行业协会的领导下，认真按照总会的统一部署和分会自身特点在总会领导的支持下做了一些工作。取得了一定的成绩。归纳起来，主要做了以下六方面的工作：一是，配合总会积极实施“放心粮油工程”围绕提高粮油食品的质量和安全水平，为对消费者负责，又先后三次组织全国部分小麦粉加工骨干企业发出《禁止滥用面粉增白剂呼吁书》。组织小麦粉加工骨干企业积极参加“放心粮油进农村、进社区活动”，在此活动中，北京古船食品有限公司、河北黑马粮油工业有限责任公司等面粉生产企业受到了总会的表彰。二是，配合总会组织小麦粉生产企业认真贯彻《国务院关于加强食品等产品安全监督管理的特别规定》和《国务院关于加强产品质量和食品安全工作的通知》精神，积极参加总会在京举办的“全国百家粮油骨干企业公开承诺新闻发布会”，向社会庄重承诺，严格按国家质量标准和卫生标准组织生产，建立并严格执行产品质量追溯和退市召回制度，确保小麦粉产品质量安全。三是，配合总会大力推进粮油名牌工程，培育发展粮油名牌产品。通过开展名牌工程，提高了小麦粉加工企业的质量意识和品牌意识。在 2007 年的中国名牌产品评选中有 29 个小麦粉产品和 8 个挂面产品荣获“中国名牌产品”称号。另有 6 个小麦粉产品在 2007 年年初获得商务部颁发的“最具市场竞争力品牌”称号。四是，配合总会开展粮食行业食品安全使用体系建设试点工作。根据国家食品药品监督管理局、卫生部等八部局联合提出《关于加快食品安全使用体系建设的若干指导意见》，分会积极配合总会，制定试点工作方案，选择试点企业，组织专家起草《粮食行业食品安全使用管理规范》和面粉行业的《企业生产经营档案示范文本》，保证了试点工作的顺利进行。五是，积极开展调查研究和行业交流活动。为了帮助小麦粉加工企业更好地了解粮油市场行情和价格走势，了解行业发展趋势，掌握制粉业的新技术、新工艺、新设备，小麦分会在杭州成功举办了“2007 年中国粮食行业协会小麦分会年会暨高层论坛、新技术交流、新产品展示会”，与会代表达 400 多人。六是，积极参与标准化建设。分会组织部与小麦粉加工骨干企业参加国家计量法制委员会下达的课题《小麦粉定量装商品净含量计量检验规则》，为企业解决长期存在的实际困难。去年分会先后三次参加由国家质检总局、卫生部、添加剂协会、国家粮食局标准质量中心等部门针对小麦粉标准报批稿 GB 1355 中过氧化苯甲酰的使用问题，阐明了分会的观点，起到了沟通和协调的作用，并参与了小麦原粮收购标准的制修订工作。与此同时，分会在帮助小麦粉骨干企业积极申报国家农业产业化龙头企业、中国驰名商标、国家免检产品以及积极筹划职业高级技工的技能培训工作等方面做了不少工作。

关于小麦分会 2008 年的主要工作安排，除了继续配合总会搞好“放心粮油工程”，进一步推进“粮油名牌工程”，积极开展粮食行业食品安全使用体系建设和开好本次年会外，分会还要在鼓励企业走出去，开拓国际市场；与无锡布勒客户培训应用中心合作，搞好高级制粉工技能培训；加强对荣获“中国名牌产品”称号的小麦粉生产企业的调查研究，帮助他们进一步发展壮大；以及在新的小麦粉国家标准 GB 1355 发布后，组织专家分别到各地进行新国标的宣贯工作，以利企业正确贯彻新的国家标准等几方面多做工作。总之，分会要努力为企业的发展搭建平台，做好服务工作。

各位代表，根据有关资料介绍，最近一段时间，小麦粉加工企业对小麦原料的供应及其价格，对小麦粉及其制品的市场销售价格十分关注，在 2007/2008 年度全球小麦产量连续第三年低于需求，五大出口国的小麦库存降到了 30 年来的最低水平。小麦价格频创历史纪录。国际粮油价格的不断上涨，带动中国粮油市场的价格，我国政府为了稳定市场，稳定物价，出台了一系列政策措施，加强了宏观调控的力度，控制了小麦原料、面粉及其制品的价格过度上涨。在这种新形势下，小麦粉加工企业在生产经营中既要做到有利可图，获得适当的利润，以利企业发展，另一方面，又要承担社会责任，服从于和服务于国家的宏观调控。为此，企业要比任何时候更加注重和关心国家的粮油政策，注重粮油市场的调查研究，注重企业的经营决策。

在第三届发酵面食产业发展大会开幕式上的发言

2008年9月2日于安徽怀宁

由中国粮油学会发酵面食分会主持召开的“第三届发酵面食产业发展大会”今天在安徽怀宁召开，参加本次会议的有相关政府部门、发酵面食知名生产企业、科研机构、大专院校以及面粉和机械设备制造等相关配套企业的代表，大家冒着酷暑，千里迢迢，不辞辛苦出席会议，借此机会，我代表中国粮油学会和发酵面食分会向各位表示诚挚的欢迎和谢意！本次会议的召开，得到了安徽省粮食局的大力支持；得到了承办单位——安徽省怀宁县人民政府和协办单位——上海巴比餐饮有限公司的大力相助；得到了在座各位和媒体朋友们的关心、支持。对此，我代表学会向大家一并表示衷心的感谢！

各位代表，本次会议的主题是：“推动产业进步，促进经济发展。”为推动发酵面食产业的发展，我们将在会上邀请国内知名专家和企业家就世界各国发酵面食产业的发展情况；我国发酵面食产业的现状；市场准入与发酵面食产业的发展；《小麦粉馒头国家标准》的实施对行业的影响；纯正美味食品与专用面粉；专用设备对发酵面点品质的影响以及传统面食的连锁经营与品牌建设等方面做精彩报告。为了促进经济发展，本次会议在开展技术交流的同时，将举办发酵面食产业与地方特色经济发展论坛，交流通过发酵面食产业的发展，促进地方经济的发展的成功经验。

各位代表，探索发酵面食产业的发展与地方经济发展相结合，是本次会议的特点，也是学会工作为经济建设服务的一次重要尝试。在这方面，安徽怀宁地区有许多成功的经验值得我们学习。据我所知：怀宁地区有几万面点师在全国各地从事包子、馒头等面点加工和销售工作。其中，怀宁县的江镇则是包子、馒头等特色面点创业的核心乡镇，有近2万人在外从事该行业，年创收1亿元以上，并涌现出了如巴比馒头、麦喜馒头等一批规模企业和知名品牌。江镇的施群革书记是我们发酵面食分会的理事，他一直与分会合作，对江镇农村富余劳动力开展发酵面食科普宣传和面点加工职业技能培训等系列活动，培养了大批的面点能手，引导了该地区富余劳动力向非农产业和城镇的有序转移，带动了乡镇企业和小城镇经济的发展。为表彰先进，稍后，中国粮油学会发酵面食分会将举行“面点师之乡”的命名授牌仪式。

各位代表，近几年来，尤其是中国粮油学会发酵面食分会成立以来，我国发酵面食产业发展迅速，取得了一定的成绩。但在我们总结成功经验的同时，也应看到我们这个行业存在着工业化、产业化程度低，缺乏高水准的行业标准和国家标准，生产设备和工艺落后以及企业管理水平不高等问题，急待需要我们研究解决。随着国家对食品安全与QS（生产许可）认证等方面工作的重视，面对国内外非发酵食品的巨大冲击，发酵面食产业的生存与发展已经成为一个非常紧迫的问题。我们必须努力改变发酵面食行业以中小加工店铺为主的现状，积极对面点师进行职业技能培训，改善生产工艺，提高市场竞争力，促进产业发展升级。我们要加快建立行业的标准体系、管理模式，制定发酵面食行业的未来发展规划，以引领发酵面食产业的良性发展，实现发酵面食的产业化、机械化和现代化。希望发酵面食分会在推动行业发展中发挥更大的作用。

我国小麦粉加工业的现状及发展中应注意的几个问题

——在中国面粉大县授牌仪式暨粮油产业高层论坛会上的发言

2008年12月26日于山东夏津

今天，我们来夏津举办夏津县荣获“中国面粉大县”称号授牌仪式和粮油产业高层论坛，我感到非常高兴。

过去，我对夏津县面粉加工情况了解不多，去年以来，山东省粮食行业协会和夏津县产业办的同志们多次向中国粮食行业协会汇报夏津县面粉加工的一些情况，多次谈到夏津县委县府领导同志对这一支柱产业高度重视，多次谈到夏津县企业家们对加快发展粮油产业的信心和决心。

今年4月份，我陪白部长来夏津进行了一次调研，看了发达面粉集团有限公司和永乐食品公司两个企业。这两个企业都很好，都是中国名牌。在一个县的面粉产业中有两个中国名牌，夏津县还是第一家。从此，我们对夏津特别是夏津县的面粉产业有了一个初步认识。为了更好地鼓励夏津县将面粉产业做强做大、做精做好，经过多次研究和慎重考虑，中国粮食行业协会决定授予夏津县“中国面粉大县”称号。这个称号全国仅此一家。借此机会，我们衷心希望夏津县各级领导和企业家们倍加珍惜这一荣誉，充分发挥好中国面粉大县这一品牌的作用，结合夏津县面粉加工的实际，做出更好的成绩来。

下面，我就我国小麦粉加工业的现状及发展中应注意的问题介绍些情况和讲点意见，供大家参考。

一、我国小麦粉加工业的现状

我国不仅是一个人口大国，同时也是一个粮食生产、消费和加工大国。就小麦粉加工业而言，我国的小麦粉加工能力之大、企业之多均属世界之最。小麦粉加工业的原料及其成品是国家粮食安全的重要组成部分。小麦粉加工业的产品与人民生活息息相关，是一个永不衰败的朝阳工业和生命工业。

我国的小麦粉加工业遍及城乡，小型分散，经典型调查及推算，我国大大小小的小麦粉加工企业多达两万多个。有一定生产规模的小麦粉加工企业的比例相对较少。据中国粮食行业协会的统计，2007年全国规模以上（日处理小麦加工能力在50吨以上）入统小麦粉加工企业3 184个，比上年增加25个，年生产能力10 218万吨，其中：日加工能力100吨以下1 966个，占61.7%，比上年减少48个；100～200吨606个，占19%，比上年增加3个；200～400吨414个，占13%，比上年增加43个；400吨以上的大中型企业198个，占6.2%，比上年增加27个。在入统小麦粉企业中，国有及国有控股企业247个，占7.8%，比上年减少49个；外商及港澳台商投资企业35个，占

1.1%，比上年增加 4 个；民营企业 2 902 个，占 91.1%，比上年增加 70 个。

入统小麦粉总产量 4 966 万吨，比上年增加 620.1 万吨，其中：特制一等粉2 216.2 万吨，占 44.6%；特制二等粉 1 229.5 万吨，占 24.8%；标准粉 599.4 万吨，占 12.1%；专用粉 702.6 万吨，占 14.1%。

小麦粉企业现价工业总产值 1 108.5 亿元，产品销售收入 1 072.4 亿元，出口交货值 8.2 亿元，利润总额 20.4 亿元，资产总额 504 亿元，年末从业人数 14.7 万人，分别比上年增长 20.7%、15.9%、30% 、76.7%、6%和-1.9%。

2007 年全国小麦粉加工企业的运行特点是：一是现价工业总产值、产品销售收入、利润总额和资产总额等主要经济技术指标大幅提高，均创历史最好水平。二是产量增加，设备利用率提高。小麦粉企业平均产量由上年的 13 757 吨，增加到 15 596 吨，提高 13.4%，生产能力利用率由上年的 64%提高到 69.4%，增长 5.4 个百分点。三是生产集中度进一步提高。2007 年入统小麦粉加工企业中日生产能力 400 吨以上的大中型企业 198 个，占 6.2%，比上年增加 27 个。小麦粉加工企业年产 10 万吨以上的企业 77 个，比上年增加 17 个。其中前 10 家总产量达 851.7 万吨，占入统小麦粉企业总产量的 17.2%，比上年提高 0.2 个百分点。四是产品档次进一步提高。在 2007 年的小麦粉产量中，特制一等粉占 44.6%，特制二等粉占 24.8%，专用粉占 14.1%，合计为 83.5%，其中专用粉比上年提高 2.3 个百分点。五是企业所有制结构继续调整，国有企业比重继续下降。在 2007 年入统小麦粉加工企业中，国有及国有控股企业 247 个，比上年减少 49 个，占 7.8%，其比重降低 1.6 个百分点。民营企业 2 902 个，比上年增加 70 个，占 91.1%，其比重提高 1.5 个百分点。六是制粉机械生产水平和工程设计能力进一步提高。以无锡布勒、张家口粮机、河北苹乐集团和河南开封二粮机等生产的制粉设备分别接近和达到国际先进水平，不仅能满足国内小麦粉加工业发展的需要，同时远销国外。与此同时，我国小麦粉加工业的工程设计能力和水平也有了进一步提高。七是随着小麦粉、馒头粉和营养强化面粉等为代表的新的国家标准相继制、修订出台，对确保产品质量和小麦粉加工业的发展将起到积极的推动作用。

以上情况和数据表明，改革开放以来，尤其是进入 21 世纪以来，我国的小麦粉加工业发生了巨大的变化，取得令人瞩目的成就。现在，我们可以说：中国小麦粉加工业在制粉和设备制造等许多领域已经接近和达到国际先进水平。

二、我国小麦粉加工业发展中应注意的几个问题

在充分肯定我国小麦粉加工业自改革开放，尤其是进入 21 世纪以来，所取得的巨大成就的同时，我们也应看到存在着许多问题。诸如，设备利用率不高；重复建设、无序竞争的现象较为普遍；产品品种单一、传统主食品的工业化、产业化滞后；重经营、轻管理、品牌意识不强、文明生产程度不高；片面追求面粉的细度和白度，滥用增白剂的现象时有发生；自主创新能力不足，产品技术储备匮乏；消耗较高，与建设资源节约型、环境友好型的要求差距较大等等。上述问题，必须引起我们的高度重视，认真加以解决。

为贯彻落实科学发展观，促进我国小麦粉加工业的健康发展，我觉得当前应注意以

下几个问题。

（一）要充分认识“走联合之路”是做强做大小麦粉加工企业的有效途径。

2007年，我国入统小麦粉加工企业中，日生产能力400吨以上的大中型企业有198家，年产10万吨以上的小麦粉企业有77家。上述这些企业大多是近十年里发展起来的，大家的发展欲望很高，都想做强做大，这是好的，也是我们所希望的。但问题是如何做强做大，大家的想法是不一样的，大多认为只能依靠自己的力量，继续新建扩建生产能力，达到做大的目的。这种做法对少数有实力的企业目前尚能奏效，但从长远来看是不可取的。因为从2007年入统的3 184个小麦粉加工企业中，设备的平均利用率只有69.4%，还有30.6%的设备利用率没有发挥作用。如果按全国小麦粉加工企业的生产能力计算，其设备利用率估计不足40%。这就表明，继续盲目新建和扩建增加生产能力的做法将会加大重复建设，造成不必要的浪费。而对大多企业来讲，新建和扩建生产能力的资金需要银行贷款，从而加大了企业的风险程度。从2007年粮油加工业的统计资料看，小麦粉加工业的资产总额为504亿元，负债合计为301亿元，资产负债率高达59.7%。这样高的资产负债率，只要一有风吹草动，企业将难以为继。

由此可见，通过继续新建和扩建增加生产能力，达到做强做大的目的，不是唯一最好的方法。从当今世界特大型企业集团的发展史来看，企业“走联合之路”是做强做大的有效途径和必由之路。当前，由于企业对联合的重要性和必要性缺乏足够的认识，所以联合的难度较大。但是我们认为“联合”是大势所趋，一步到位有难度，但可以先搞品牌联合、销售联合、加工能力联合、技术联合、部分投资联合乃至租赁和兼并等等，以增强产品的竞争力和抗风险能力。

夏津是“中国面粉大县”，面粉企业很多，希望在县委、县政府的领导下，以中国名牌企业为核心，走联合之路。只有这样才能把夏津的面粉加工企业真正做强做大。

（二）要进一步重视企业管理。

过去，我在强调管理对粮油工业发展的重要性时曾多次讲过，管理是科学，是生产力，是效益。对粮油工业来说，管理包括质量管理、经营管理、资金管理、现场管理、制度管理和人才管理等等，每一个方面都非常重要。粮油工业企业的管理也有一个创新的问题，那就是要在不同时期，根据企业的特点能制订出一套保证产品质量、确保安全生产、资本运行良好、营销手段先进、现场管理文明、企业文化高尚的行之有效的方法，并随着时代的发展和外部环境的变化而不断改进，达到推动企业不断发展的目的。

改革开放三十年来，我国的小麦粉加工业发生了翻天覆地的变化，企业的装备水平、技术水平和建筑、设计水平上了一个新的台阶，涌现出了以著名品牌为代表的一批管理先进的企业，但我们也应该清楚地看到，小麦粉加工业企业的管理水平参差不齐。近几年来，我看了不少小麦粉加工企业，除了中粮集团旗下的小麦粉加工企业的管理水平较高外，不少企业的管理水平不尽如人意。有些企业在重经营、轻管理思想的指导下，脏、乱、差的现象到处可见，有些企业的管理水平甚至不如过去，出现了倒退，这与上述讲的管理创新是格格不入的。我认为在这些管理无序，生产现场脏、乱、差的企业中什么质量第一、安全生产、文明生产都将成为一句空话，企业要想发展，做强做大也是不可能的。我认为，生产现场管理的好坏，能够反映企业质量管理水平的高低、安全文明生产的程度和精神面貌的好坏，可以判断出这个企业有没有发展前途。最近，我在参观一些企业时看到，河南省阳光油脂公司粕库的有序堆放，黑龙江泰丰粮油食品有限公司整洁的大米生产车间，给我的感触很深。我跟同去考察的同志讲，看了他们的现场管理，可以相信他们生产的产品质量是可以放心的，安全文明生产是有保证的，企业做强做大是有希望的。由此可见，企业的管理创新也要脚踏实地，从最基础的点滴做起，才能取得成效。

希望夏津县的粮油加工企业在管理上更上一层楼，尤其是两个中国名牌企业，一定要在管理上作出更大的成绩。

（三）要充分认识品牌建设的重要性。

现在，有人在谈到品牌对一个企业，乃至一个国家的重要性时说“品牌是什么？品牌是武器！是力量！在西方，品牌被人们称之为‘经济原子弹’。品牌能见证一个国家的实力，是一个国家的形象和符号。像麦当劳、XO、奔驰、宝马……这些领袖级的世界品牌，向我们证明：谁拥有了世界品牌，谁就拥有了世界。”品牌对一个企业来说，“赢得用户时，品牌是影响力；开拓市场时，品牌是战斗力。”由此可见，品牌对一个企业，乃至一个国家有着多么重要的意义。

在日常生活中，品牌作为企业的牌子，是一个企业区别于竞争对手的重要标记。品牌知名度的高低也能反映一个企业技术和设备的先进程度、社会信誉的好坏、市场份额的大小和无形资产的高低等等。纵观国内外知名企业的成功经验，创立和发展品牌是企业长久不衰和保持市场旺盛生命力最有效的手段之一。品牌与企业具有同命运共存亡的特殊重要意义，因此企业都把创立和发展自己的品牌作为自己的战略任务。品牌建设包括：品牌定位、品牌设计、品牌塑造、品牌经营、品牌管理、品牌服务、品牌竞争、品牌推广、品牌创新、品牌升级、品牌保护、品牌扩张、品牌联合等等，内容十分丰富，所以企业常把它作为一项重要工程来抓，常抓不懈。我们粮油加工企业也不例外，通过抓品牌建设，增强了企业的质量意识、安全意识、诚信意识和服务意识，提高了企业的经营管理水平、产品质量水平、安全水平和技术水平，涌现出了一批全国性的和区域性的著名品牌。例如，在大米产品中，有北大荒、国宝、盘锦、五常和射阳等著名品牌；在小麦粉产品中，有五得利、白樱花、南山、古船、香雪、利达、皖王和金像等著名品牌；在食用植物油产品中，有金龙鱼、福临门和鲁花等三大全国著名品牌；在挂面产品中，有克明和塞北雪等著名品牌等等。上述这些粮油加工产品品牌在消费者心中具有较高的知名度和美誉度。这些著名品牌，是企业长期精心培育和打造的结晶，是企业最宝贵的无形资产，也是企业不断发展的重要基础。

随着国民经济高速发展，我国已经进入了追求高质量的时代。这就要求我们的企业不仅要重视品牌建设，而且要实施品牌战略。因为实施品牌战略是时代发展的需要，是实现工业化和经济全球化的需要，是推动我国经济又好又快发展的需要。

党中央、国务院高度重视品牌战略。早在 1992 年，邓小平同志南行视察企业时就指出：“我们应该有自己的拳头产品，创出我们中国自己的名牌，否则就要受人欺负。”在小平同志讲话精神的推动下，为振兴我国的民族工业，2001 年，按照国务院赋予的职能，国家质检总局会同有关部委、行业协会、中介机构和主要新闻媒体成立了中国名牌战略推进委员会，有力地推动了中国企业争创中国名牌的积极性。我们粮油加工企业也不例外，把培育和争创中国名牌作为一项工程来抓。

几年来，粮油加工企业在中国粮食行业协会的组织推动下，在行业内全面开展“放心粮油工程”和品牌建设的基础上，积极实施名牌战略，做了大量的工作，取得了显著的成绩。在2007年的中国名牌产品评选中，粮油加工企业，共有65个产品被国家质检总局和中国名牌战略推进委员会授予“中国名牌产品”称号，其中大米产品28个，小麦粉产品29个，挂面产品8个。连同2005年10个食用植物油产品被评为中国名牌产品，总计为75个粮油加工产品被授予“中国名牌产品”称号。

由于名牌产品越来越受消费者欢迎，市场占有率越来越高，优势越来越明显。根据中国粮食行业协会2006年的调查统计，2004年获得中国名牌称号的7个大米产品、13个小麦粉产品和2005年获得中国名牌称号的10个食用植物油产品的粮油加工企业，其产品产量和经济效益都有大幅度提高。其中，2006年，13个名牌小麦粉生产企业的总生产量达581.1万吨，利润总额达5.87亿元，比2005年分别提高21.9%和148.3%。

由此可见，一个产品的品牌，尤其是一个著名品牌，对一个企业的生存和发展乃至做强做大具有多么重要的意义。

（四）要重视企业的技术创新。

12月15日，胡锦涛总书记在纪念中国科协成立50周年大会上发表重要讲话时指出：“当今世界，科技发展突飞猛进，创新创造日新月异，科技竞争在综合国力竞争中的地位更加突出。”总书记又说：“当今世界，谁掌握了先进科技，谁就掌握了经济社会发展的主动权，谁就掌握了综合国力竞争的主动权。”我认为，这对一个国家是这样，对一个企业来说也应该是这样。

粮油加工企业技术创新的状况，反映了我们这个行业在国际上所处的水平，对一个企业来讲，还反映了是否具有发展后劲。

粮油加工企业技术创新的内容很多，重点包括对原材料、能源、设备、产品等硬件创新以及生产工艺程序设计、操作方法改进等软件创新。在粮油科技的技术创新中，自主创新是核心。自主创新从内容上主要包括；一是原始性创新，它是通过科研和开发，努力获得更多科学发现和技术发明；二是集成创新，它是通过各种与粮油加工相关的技术成果进行融合汇聚，形成具有市场竞争力的产品和产业；三是引进技术的消化、吸收和再创新。在自主创新中，企业是创新的主体。但我认为，根据粮油加工企业的特点和实际，原始性创新应该以大专院校和科研院所为主，企业积极参与并提供创新需要的试制、试验场所；集成创新和引进技术消化、吸收和再创新应该以企业为主，大专院校和科研院所是技术创新的后盾和支撑。当前，小麦粉加工企业在技术创新中，要注意以下几点：

第一，要充分认识技术创新，人才是关键。鉴于目前在小麦粉加工企业中，大型企业和企业集团为数甚少，人才缺乏是大多粮油加工企业普遍存在的问题。为此，企业在进行技术创新中，必须促进企业之间，企业与大专院校和科研单位之间的联合，实行产、学、研相结合的方针，进行联合攻关，以便早出成果，出好成果。与此同时，促进技术成果的转让，促进企业的技术集成和应用。江苏江南面粉有限公司与武汉工业学院联合，实行产、学、研相结合的方法，从小麦麸皮中成功研制出了“上一道”小麦膳食纤维，并很快应用于生产，产品上市后反映良好，现在有望出口美国等发达国家。这就是产、学、研相结合的范例。

第二，要进一步搞好引进技术的消化、吸收和再创新工作。据粗略统计，自 20 世纪 80 年代初至 90 年代中期，全国共引进各类粮油加工成套设备 330 多套，其中大米加工设备 40 多套，面粉加工及谷朊粉生产设备 200 多套，油脂浸出、精炼和低温豆粕生产设备等 91 套。为替代进口，自 1987 年起原商业部将引进技术的消化吸收国产化工作列入了国家“七五”重点攻关项目，组织动员了有引进设备的粮油加工企业、粮油科研院所、大专院校和粮油机械制造企业的数百名工程、设计人员共同参与。经过七年多时间的联合攻关，研制出了数十台（套）接近或达到国际先进水平的粮油加工设备，从而使我国的粮油工业和粮油机械制造水平上了一个台阶，缩短了与国外先进水平的差距。进入 21 世纪以来，随着技术的进步，我们又引进了不少先进的粮油加工设备，尤其是引进了不少米、面、油的深加工设备，希望有条件的引进技术的小麦粉生产企业，要主动联合粮油科研院所、大专院校和机械制造企业，对引进技术进行消化、吸收和再创新，为进一步提高我国小麦粉加工的技术水平作出新的贡献。

第三，要注重实用技术的创新。在科技成果的转化中，一般来说，实用高新技术的转化率较高。为此，小麦粉加工企业在开展技术创新时，要把在生产中遇到的技术难点问题组织攻关，并能出其成果，这不仅对企业有利，同时对行业的发展将是一大贡献。例如，湖南克明面业，为提高挂面的质量，降低能耗，几年来，他们在和面、面带熟化、切面和烘干等环节开展了一系列技术创新活动，取得了成功，获得多项国家实用技术发明专利，受到专家和同行的赞扬。

第四，要把技术创新纳入到争创名牌工程中去。一个企业是否重视技术创新，反映了这个企业有多大的发展后劲。为此，小麦粉加工企业要把“新产品的开发”、“企业研发费用占销售收入的提取比重”、“是否拥有国家级或省级技术（研究）中心”、“是否拥有各类专利和发明创造专利”以及“是否获得省级以上各类技术进步奖”等作为实施名牌工程的重要考核内容。

为实施名牌工程，企业必须加大研发力度，努力掌握高端核心技术，提高自主创新能力，提高产品质量水平，从而增强品牌的核心竞争能力。

（五）要把企业的社会责任看作是企业的应尽义务。

企业是社会的组成部分，企业的发展离不开社会。反之，社会的进步和发展要靠企业所尽的社会责任。一般认为，企业社会责任是指：企业在追求利润最大化的同时，对社会应承担的责任或对社会应尽的义务。

对中国企业来说，企业社会责任有的还不太熟悉。在和谐社会发展观指导下，中国企业有必要学习和借鉴国际上先进的企业社会责任观念和经验，打造出具有中国特色的企业社会责任，使中国企业家在发扬中国优秀传统商业文化的同时，积极回报社会，成为社会美德的楷模和典范。

为全面贯彻党的十七大精神，深入落实科学发展观，推动中央企业在建设中国特色社会主义事业中，认真履行好社会责任，实现企业与社会、环境的全面协调可持续发展，国务院国有资产监督管理委员会研究制定并下发了《关于中央企业履行社会责任的指导意见》，文件阐明了企业履行社会责任的重要意义、指导思想、总体要求、基本原则、主要内容和主要措施。我们认为，这个文件不仅适用于中央企业，它同样适用于不同行业不同所有制的所有中国企业。

企业社会责任包括的内容很多，根据小麦粉加工企业的特点，我觉得现阶段应把重点放在以下五个方面。

第一，坚持依法经营，诚实守信。在经营中，要模范遵守法律法规和社会公德、商业道德以及行业规则，及时足额纳税，忠实履行合同，恪守商业信用，反对不正当竞争。尤其是照章纳税，及时足额纳税是企业应尽的最起码的社会责任，而纳税的多少也反映了一个企业对社会贡献的大小。为此，粮油加工企业要把交纳国税、地税的多少和国税赋税率的高低作为考核自己对社会贡献大小的重要内容。

第二，切实把好产品质量关和提高服务水平。粮油加工产品的质量与人们身体健康息息相关，为此，要保证产品的绝对安全、可靠。要把粮油产品的安全、可靠作为最重要的企业社会责任。在此基础上，要完善产品的销售服务体系，努力为社会提供优质、安全、健康的产品和服务，最大限度地满足消费者的需求，以取得广大消费者的信赖与认同。

第三，确保生产安全。小麦粉加工企业，要认真落实安全生产责任制，严防人员伤亡事故的发生。要努力为职工提供安全、健康、卫生的工作和生活环境，保障职工职业健康。

第四，加强资源节约和环境保护。小麦粉加工企业要认真落实国家有关节能减排的责任，完成当地政府规定的节能减排任务。要重视环保，增加环保投入，改进工艺和设备，确保在小麦粉加工中产生的灰尘、粉尘和污水的排放符合国家的排放标准，实施清洁生产。

第五，参与社会公益事业。小麦粉加工企业要积极参与社区建设，鼓励职工志愿服务社会，热心参与慈善、捐助等社会公益事业，关心支持教育、文化、卫生等公共福利事业。在发生像四川汶川地震等重大自然灾害和突发事件时，积极提供财力、物力和人力等方面的支持和援助。另外，在价格、成品小麦粉和复制品的供应等方面要服从和服务于国家的宏观调控。

（六）要注重纯度，控制精度，千方百计提高出品率。

为确保粮油产品的质量，严格按国家质量标准和卫生标准组织生产，要配备足够的清理和提炼设施，以保证产品的纯度，堵截大米含砂，面粉牙碜等现象的出现；为防止加工过程中片面追求过精过细和过度精炼，造成微量营养素的大量损失和出品率的降低，我们要纠正大米过精、面粉过白、油色过浅的现象，以达到提高纯度，控制精度的目的。

鉴于粮油加工的原料及其产品，都是国家的重要特殊商品，与国家的粮食安全有着十分密切的关系。因此，节约一粒粮、一滴油，千方百计提高出品率仍然是粮油加工企业必须长期坚持的。

（七）要进一步提高对小麦粉深加工的认识。

在我国《食品工业“十一五”发展纲要》中，提出了“要重点发展专用面粉、专用米……推进传统主食品生产工业化……”，我认为这是符合我国国情的。为此，我们要把发展专用粉的生产作为小麦粉加工的发展重点。小麦粉加工企业要创造条件，积极生产我国食品工业需要的各类专用粉。今后，我们要在继续生产面包、饼干等烘烤食品专用粉和煎炸食品专用粉的同时，要把重点放在发展生产制作蒸煮面食的专用粉上来，如馒头粉、挂面粉和饺子粉等等。

为满足城乡居民的需要，我们要积极推进我国传统主食品生产工业化的进程。建议有条件的小麦粉加工企业，要根据市场的需求，积极生产馒头、挂面和饺子等我国传统面食“三宝”，并作为小麦粉加工企业开展深加工的重要组成部分。

对小麦胚芽和麸皮的综合利用，一定要在市场调查的基础上，根据市场需求进行科学决策，切忌一哄而起，盲目上马。

对利用小麦粉生产谷朊粉出口和利用粮食生产生物燃料和化工原料等深加工项目，要慎之又慎，因为事关国家粮食安全。

（八）要禁止滥用添加剂。

民以食为天，食品安全关系人民群众的健康与安全，关系企业的生存与发展，关系国家的形象。最近发生的“三鹿牌婴幼儿奶粉”事件，不仅给乳制品企业，也给我们粮油加工企业敲了一记警钟。

为了对人民负责，我们要吸取“三鹿”事件的惨痛教训。在小麦粉加工中，我们要严防在面粉中已明令禁用的溴酸钾和吊白块等增白剂的变相使用；我们要再次呼吁禁止在面粉中添加对面粉营养和对人体健康没有任何益处的过氧化苯甲酰、过氧化钙等化学增白剂。在国家标准未修改之前，我们希望大中型骨干企业，带头停用过氧化苯甲酰和过氧化钙。

在2009年中国小麦和面粉产业年会上的开幕词

2009年3月28日于济南

在国际金融危机持续蔓延、全社会高度关注小麦加工产品质量安全的特殊时期，在国家粮食局、中国粮食行业协会的关心、支持下，“2009年中国小麦和面粉产业年会”，今天在济南召开。参加本次会议的有从事小麦生产、加工、营销、科研、教育、管理等方面的领导、专家、教授和企业家；有从事制粉设备、检测仪器和食品添加剂等方面的生产商和供应商以及粮油行业的相关企业、网站和报社等代表，是中国粮食行业协会小麦分会继杭州会议和合肥会议后的又一次盛会，借此机会，我代表中国粮食行业协会、中国粮食行业协会小麦分会对参加本次年会的全体代表表示最热烈的欢迎和衷心的感谢！

本次年会在济南召开，为保证会议的顺利召开，会议自始至终得到了山东省粮食局、济南市粮食局、山东省粮食行业协会的大力支持，得到了本次年会的承办单位——济南民天面粉有限责任公司、《现代面粉工业》杂志社、河南工业大学和武汉工业学院的大力相助；得到了全球营养改善联盟（GAIN）、五得利面粉集团有限公司、布勒设备工程（无锡）有限公司、DSM（中国）有限公司、有关设备制造和相关企业以及有关媒体的热情支持，对此我代表协会和全体与会代表对他们一并表示衷心的感谢！

各位代表，为开好本次年会，去年12月，小麦分会在广州召开了理事长、秘书长扩大会议，专题研究了本次年会的内容，决定了本次年会的主题是：保证安全、应对挑战、科学发展。通过交流和研讨，达到进一步提升小麦粉的质量与安全，增强小麦粉加工企业的危机意识，回避经营风险，抓住机遇，科学发展。为使会议达到预期的目的，我们特邀了国内外知名专家和企业家，围绕年会主题，就小麦产业政策、产销形势、市场行情、进出口政策以及小麦粉加工业的发展、新技术的应用等方面作专题报告，使大家了解国内外的粮油形势和面粉业的发展趋势，以利企业经营决策、健康发展；会议期间，通过举办制粉设备、检测仪器、食品添加剂以及小麦粉、挂面等生产企业产品的展示，以利企业宣传自己，提高展示产品的知名度。总之，本次年会的目的是为小麦生产者和经营者，为小麦粉生产企业和营销企业，为粮油设备制造企业和相关企业提供服务和搭建学习交流的平台。希望通过大家的努力，使会议达到预期目的。

各位代表，中国粮食行业协会小麦分会昨天召开了一届三次理事会。会议在总结去年的工作基础上，安排了今年的工作重点。会议一致认为，2008年，小麦分会在中国粮食行业协会领导下，做了一些工作，取得了一定的成绩。归纳起来，主要做了以下五个方面的工作：

一是，配合总会继续推进“放心粮油工程”，确保面粉及其制品的质量与安全。针对“三鹿牌婴幼儿奶粉事件”，配合总会组织了全国55家粮油骨干企业共同签署《深入推进放心粮油工程，确保粮油食品安全承诺书》，向广大消费者作出了遵守国家法律法规，严格把好原料采购验收关、生产加工关和产品出厂检验关等四项承诺；针对面粉行业使用化学增白剂问题，多次参加国家有关部门组织的座谈会和研讨会，为维护消费者的利益，多次旗帜鲜明地发表了禁用过氧化苯甲酰作为面粉增白剂的观点；配合总会组织全国百家面粉骨干企业向有关部门发出《再次呼吁禁止在小麦粉中使用增白剂的呼吁书》，引起了有关方面的高度重视。

二是，配合总会积极推动行业使用评价，促进企业信用体系建设。根据商务部办公厅、国资委行业协会处关于印发《第二批行业信用评价试点单位名单的通知》精神，中国粮食行业协会被确定为第二批开展行业信用评价试点单位。为做好此项工作，保证信用评价的科学性、准确性和权威性，分会配合总会建立了领导小组、专家组和办事机构，并以招投标的方式选定了湖南大学作为开展信用评价工作的合作方。现在，这一工作已正式启动，计划在今年一季度完成第一批试点企业的信用评价工作。

三是，配合总会做好粮油工业统计工作，为政府决策提供依据。在国家粮食局和各省市粮食局、粮食行业协会的支持下，在各级粮油工业统计人员的辛勤努力下，分会配合总会较好地完成了 2007 年度小麦粉加工业的报表汇编和统计报告编写任务。粮油工业年度统计年报汇编自 2002 年起，经过 6 年的改进提高，日趋完善。粮油工业统计提供的数据已经成为粮食行业各级领导研究加强和发展粮油工业工作的重要依据，也是研究制订粮油工业发展规划的重要依据；粮油工业的统计数据，反映了我国粮油工业的基本情况，是粮油工业进行国内研究和对外交流的重要依据。

四是，充分发挥专家的作用，为行业健康发展献计献策。一年来，分会充分利用制粉界人才济济的优势，为行业的健康发展服务。根据国家发改委对粮油加工行业利用外资提出政策和建议的要求，分会协助总会完成了《关于对今后外商投资粮油加工企业的政策建议》，并上报了国家发改委；根据国家粮食局的组织安排，分会参与了国家发改委组织安排，分会赴河南调研组，调研河南省到 2020 年增产 300 亿斤粮食的可行性；为促进小麦粉加工业职业技能工作的开展，分会受国家粮食局人事司的委托承担了制粉工中技师和高级技师培训教程的编写任务。为保证任务的完成，分会成立了由粮食行业有关专家、学者和小麦粉加工企业高级专业技术人员 16 人组成的“制粉工（技师）培训教程”和鉴定试题编写组。经过专家半年多时间的辛勤劳动，现在“教程”和“题库”的编写工作已进入总纂阶段，不久就能完成“教程”的编写工作。

五是，开好年会，积极开展交流活动。为帮助小麦粉加工企业了解宏观经济形势，掌握市场动态，搞好生产经营，扩大贸易合作。分会与《现代面粉工业》杂志社、河南工业大学、武汉工业学院等单位在合肥成功举办了小麦分会年会暨新产品、新技术展示会。有关部门的领导、经济学家、专家、教授分别从宏观经济、国内外小麦市场形势、小麦加工技术、设备、新产品等不同方面作了专题报告，深受与会代表的欢迎。

2009 年小麦分会将认真贯彻党的十七大精神，准确把握形势、树立科学的粮食发展观，按照总会的工作部署，围绕粮油工业发展的中心任务开展工作。工作重点是：除了配合总会继续搞好“放心粮油工程”，积极开展粮食行业食品安全信用体系建设和开好本次年会外，分会还要鼓励企业走出去，开拓国际市场；积极发挥专家库的作用，为面粉行业的健康发展出谋划策；积极开展对外交流；组织行业相关国家新标准的宣贯工作；与无锡布勒客户培训应用中心合作，搞好制粉行业技师和高级技师的职业技能培训，以提高制粉行业的整体素质。总之，分会要继续努力为企业的发展搭建学习、交流的平台，做好服务工作。

挂面产业发展中应注意的问题

——在“全国挂面产业发展战略研讨会”上的发言

2009年6月27日于长沙

大家上午好！非常高兴参加此次挂面行业发展战略研讨会。与大家一起探讨挂面行业的发展大计，这是非常必要和有意义的。挂面在我国有着2000多年的历史，深受老百姓的喜爱。近几年来，挂面这一传统产业得到了长足发展，生产企业越来越多，产量和企业规模越来越大，竞争逐步升级，消费者消费理性不断增强，国家职能部门对产品的标准、制造和流通过程的监管越来越规范，特别是首批中国名牌产品的诞生，标志着中国挂面产业发展已进入了一个新的阶段。

然而，在挂面产业的发展中也存在着这样或那样的问题，诸如挂面企业的技术及资金门槛低，企业的不理性与消费者的不理性仍然存在，导致行业内竞争不规范，甚至出现“以劣驱良”的现象；一些企业的产品定位不够明确，盈利能力低，导致其发展的创新原动力不足；还有少部分面粉企业延长了产业链，利用自己的原料优势，开办了挂面厂，但是，其中的一部分企业，简单地把挂面生产作为消费其低端产品的一个渠道，将“挂面厂”作为面粉厂的“附属企业”等等。面对当前的竞争格局，致使许多挂面企业不能实现应有的盈利，更谈不上良性的发展。对此，一些业内人士，对挂面行业的发展前景十分担忧。一些面制品企业，想通过生产高端面食品或饮料等高附加值产品来寻求利润上的突破，但限于资金、技术和市场等诸多问题，不能使其规划得以实现。因而，这些企业对如何做好挂面产业感到十分迷茫。

尽管挂面产业在发展中存在着诸多问题，但结合近年来食品行业和挂面企业的发展现状，我认为，与其他食品生产相比较，挂面产业的发展仍然是大有可为的。尤其对有志于做大做强挂面产业，专注挂面产业的企业来说，其机会远远大于风险。首先，我们必须看到，随着我国经济社会的迅速发展和城市化进程的加快，挂面消费群体正在迅速扩大，巨大的市场需求为挂面行业的发展提供了良好的发展机遇；其次，人们生活水平不断提高，挂面产业升级换代已成必然趋势，中高端挂面产品的市场会逐步扩大，挂面产业的效益会随之上升，这给挂面行业的发展提供了更大的空间和动力；第三，我们还要看到，当前，主食产品的品质和品牌已成为消费者的首选，挂面行业迫切需要具有强大竞争力的知名品牌，随着市场的不断发展完善，政府的监管力度将进一步加大，“劣质产品”和“不规范企业”必遭淘汰，通过竞争、重组和资源整合后形成的有品牌、上规模的挂面企业将异军突起，成为面制品行业的佼佼者。

这里需要强调的是，在看到挂面行业发展前景的同时，企业必须要肩负社会责任，保障食品安全，脚踏实地，扎扎实实做好挂面生产和销售工作，并不断利用科技创新提高自己的核心竞争力，打造优势和特色品牌，按照市场规律办事，以利企业的健康发展。不仅如此，挂面企业还需要搭建行业发展的平台，与科研单位和政府管理部门形成良性互动，合理利用多方面的资源，才能事半功倍，快速成长。

下面，我就挂面产业发展中应注意的问题讲些意见，供大家参考。

一、做食品就是做“良心”，必须强化挂面产业的质量安全意识

以“三鹿奶粉三聚氰胺”事件为导火线，食品安全问题受到了政府和全社会的空前关注。考虑到食品的特殊性和导致食品安全事故因素的复杂性，为进一步加大食品生产企业的监管力度，确保食品安全，切实维护消费者利益，国家质检总局去年 9 月 17 日发布公告，决定停止所有食品类生产企业获得的国家免检产品资格，并停止实行食品类生产企业国家免检。可见，政府已下定决心要严防危害食品安全事件的发生。

挂面企业生产的产品是我们的主食食品，其影响面及其广泛，所以政府部门对挂面的质量安全问题极其重视。

为确保挂面的质量与安全，许多企业的管理和技术人员都认真学习了《食品添加剂使用卫生标准》（GB 2760—2007），其中对挂面中应用添加剂做出了严格的规定。虽然这个标准还有一些不合理的方面有待今后修订，但是作为食品添加剂领域的“大法”，我们必须严格按照该标准执行。

去年，为进一步促进挂面产品质量的提高，维护广大消费者的身体健康，国家质检总局对挂面产品质量进行了监督抽查。共抽查了北京、天津、山西、内蒙古、上海、江苏、安徽、福建、山东、河南、广东、四川、陕西等 13 个省、市 34 家企业生产的 36 种产品，经检验，合格产品 31 种，产品抽样合格率仅为 86.1%，与食品合格率达到 100%的要求相差较大。

具体来讲，在抽查的 36 种产品中，黄曲霉毒素 B1、汞等涉及人体健康安全的项目全部符合标准要求，这是好的。但在抽查中也发现了一些质量问题，主要是过氧化苯甲酰（增白剂）含量超标。过氧化苯甲酰作为小麦粉的增白剂，国家标准规定允许限量使用，适量加入，这对小麦粉的增白和熟化起到一定的效果，但过量加入会对小麦粉的品质产生一定的破坏作用。此外，过氧化苯甲酰分解产物为苯甲酸，长期过量食用苯甲酸对肝脏功能有损害。本次抽查中有 3 种产品因过氧化苯甲酰（增白剂）含量超标而被判为不合格产品。

针对本次抽查中发现的问题，国家质检总局要求各地质量技术监督部门，本着对人民群众身体健康安全高度负责的精神，认真执行公告、曝光、整改复查等后处理制度，对本次抽查不合格的生产企业，严格整改，认真复查，做到不合格的产品坚决不允许出厂。与此同时，对产品质量较好的企业要广泛宣传，引导消费，让广大人民群众吃上放心安全的挂面食品。

所以，我在这里还要强调，对于食品安全的问题，没有任何回旋的余地，我们必须严格按照国家的相关规定生产和销售挂面产品，共同维护挂面行业的社会形象，为行业的健康发展奠定基础。

对于大家比较关心的面粉增白剂的使用问题，我认为虽然现阶段还没有被禁用，但如果让知情的消费者来选择的话，其结果是可想而知的。大家知道，国内有些企业生产

的面粉，通过添加增白剂，越加越白，甚至“像瓷一样白，让人不敢吃”，假冒伪劣、一白遮百丑、以次充好的现象仍然存在。但我始终认为，这类“增白剂”的发展模式其生命力绝不会长久，我们挂面企业绝不可效仿，要让挂面“还原其本色”，要把生产安全的挂面产品作为企业的正确选择，作为企业开展“良心”工程的重要组成部分。

二、挂面行业要加强品牌建设，推进名牌战略发展

国家取消了食品产品“国家免检”政策后，大家很关心名牌建设的问题。“三鹿”这个名牌倒下了，是不是就否定品牌建设了呢？

答案应该是否定的。我们需要的是在“三鹿”事件中吸取教训，而不是“否定一切名牌”。恰恰相反，越是出现这样的事件，就越要加强品牌建设，使今后产生的“名牌”成为百年企业，成为倒不下的名牌。纵观“三鹿”事件的全程，我们需要看到的是树立名牌的艰辛和毁掉名牌的代价。创业更要守业，创名牌更要守名牌，这个道理我们要深刻理解。

去年以来，金融危机对我国经济发展造成了很大冲击，在这个非常时期我们挂面行业对品牌战略持什么态度？我认为应当继续坚定不移地推进名牌战略，这不仅符合社会发展的规律和国家相关政策，也符合企业健康发展的内在规律。

刚才我提到当前社会和经济环境为挂面行业的发展提供了广阔的空间。正是由于这个发展空间的存在，目前已经有很多企业参与到了挂面行业的竞争中。这些企业中有专门从事挂面生产的，还有面粉企业、方便面企业新开办的挂面企业，甚至还有一些从事房地产或其他行业的单位和个人也想转型生产面制品。可见，今后的竞争将是十分激烈的。怎样才能在竞争中胜出？我认为，品牌建设是根本。

在市场经济条件下，挂面行业和其他行业一样，市场竞争重点是价格竞争、质量竞争和品牌竞争等三个层面，而品牌竞争则是最高层次的竞争。

价格竞争是最初级的也是最普遍的竞争方式。主要靠价格便宜，你的挂面价格高，我的挂面价格低，我就可以卖出去，你就卖不动。价格竞争的基础是成本，成本低才能价格低。目前中国企业的成本一般比较低，所以大多数企业还停留在主要靠价格竞争的水平上；质量竞争主要是靠“东西”好，靠比较高的性能价格比（简称“性价比”），即“物美价廉”。随着生活水平的提高，人们在购买“东西”时，逐渐把“东西”好不好，即质量的好坏放在第一位了。但对于普通消费者而言，单凭感官很难判断挂面产品的优劣，因而选择品牌已成为必然；品牌竞争是市场竞争的最高层面。这种竞争主要靠牌子，看牌子响不响。虽然产品竞争主要是质量竞争，但进一步分析，我们就会发现，质量竞争存在着“信息不对称”的问题。主要是企业和消费者之间的信息不对称，卖家总比买家掌握的信息要多。俗话说：“买的没有卖的精。”厂家说他的质量如何如何好，消费者往往听不懂，更不知道他说的是不是真的，所以，难以下购买的决心。如果它是一个好品牌，消费者虽然不见得懂得那么多的质量知识，但凭着对这个牌子的信任，也可以下决心购买。所以，有了品牌，好质量才容易被确认；反之，没有好品牌，即使有好质量，也难以被确认。有人认为，质量竞争常常是通过牌子竞争来实现的，这是很有道理的。对于食品的选择，人们将更加谨慎，选择名牌产品无疑会让人“更放心”，更有

安全感。这是消费者的普通心理，也是他们的正确选择。

综上所述，价格竞争、质量竞争和品牌竞争是市场竞争永远存在的三个层面。世界的市场早已发育成为了品牌竞争的市场，我国的市场也已经进入了品牌竞争阶段。为此，挂面企业要想获得持续稳定的发展，就必须学会高层次的品牌竞争，要把品牌建设作为企业发展战略的重要高度来认识。

三、提高科技创新能力，才是提升挂面企业品牌核心竞争力的有效措施

“科技是第一生产力”，这句话对挂面产业同样非常适用。

有些人认为“挂面生产不就是轧挂面吗？有什么科技含量?!”这种认识显然是过于武断和肤浅，是缺乏对挂面行业了解的表现。

事实上，面制品行业是一个科技含量较高、充满科技创新亮点的朝阳行业。面粉做成挂面过程包含了诸多科技问题，包括了原料配方、工序选择、工艺指标、设备研制、影响因素、嗜好性评价等多个课题，涉及生物技术、谷物化学、发酵学、食品工程、机械学等多门应用学科的研究和技术。

虽然挂面行业的门槛不高，但却存在着许多技术上的难题。有些技术难题从现代面业诞生之日起，经历数十年，迄今仍未得到圆满解决。例如：夏天挂面容易哈变问题，挂面储藏中的生虫问题等在当今的许多企业中仍然广泛存在。另外，功能性食疗挂面的开发问题、功能性呈味物质的开发、鲜湿面条的保质期问题等都有待深入研究。再有，如何进一步提高挂面生产线的自动化水平，如无人操作、中央监控、故障显示、成品快速自动检重、调味包的自动投放、产品的自动包装和警示包装（能自动警示包装容器内的产品发生腐败变质）等新技术的开发应用，都是今后迫切需要努力解决的课题。

在科技创新中，挂面行业既要寻求用科技支撑来解决一些历史的老问题，又要结合市场需要，为新产品的开发提供支持。对于挂面企业来说，面对人们日益增长的物质需求，新产品的开发对提高企业的生命力意义重大。现代社会发展迅速，消费者的消费要求变化越来越快，所以要根据市场的不断变化，推出适应消费者需求的主食新品种。要将现代食品、生物、营养学等现代科技知识与我国传统饮食文化有机结合，开发出适应市场需要的新产品尤其是“安全、营养、保健”型产品，诸如适应糖尿病人和肥胖者食用的高纤维素挂面、蔬菜挂面、南瓜面挂面、无糖挂面、营养强化挂面等。

以当前而言，虽然在挂面行业科技创新还没有发挥出应有的作用。但是，近几年来我们高兴地看到，挂面行业的一些龙头企业，已经意识到了科技创新在企业发展中的重要性，他们通过不断加大科技投入，增强了企业的发展后劲。一些企业成立了自己的研究机构。有的企业与科研院所紧密结合，联合攻关取得了不少适应市场需求的科研成果；有的还加大了科研设备的投入，不仅购置了常规的检化验设备，还增加了粉质、拉伸等专用设备，部分有实力的企业还购置了质构仪等先进的仪器，为产品的研发打下了基础。比如克明面业有限公司，在武汉成立了面业研究所，主攻挂面品质的研究。并且已经取得了一系列的科研成果；白象食品集团也成立了自己的研究所，还积极与高校合作，在武汉工业学院建立了科研工作站；金健集团在积极进军挂面产业的过程中，也十分重视企业的科研创新，利用研究所、省企业技术中心及博士后科研工作站的力量，推

进产品研发和科技成果转化。希望今后有更多的企业重视科技创新，以提升企业的竞争能力。我们粮食行业的几所院校，武汉工业学院、河南工业大学及江南大学等，也要多承担起社会责任，为促进挂面行业的发展多做贡献。

搭建挂面行业的发展平台，对促进行业发展必不可少。

刚才我重点谈了3个方面，食品安全问题、品牌建设问题和科技创新问题。但是，企业要切实解决上述问题单靠自身的力量还是远远不够的，必须要借助社会力量，借助行业自身的发展平台，达到事半功倍的效果。

比如在食品安全问题方面，由于挂面产业进入门槛低，设备水平相差大，产品差异化小等，整个行业多年来难以摆脱无序竞争的状态。甚至出现少数企业使用明矾、福尔马林等违禁物质，滥用添加剂，产品卫生指标超标，使用不合格包装材料等行为；有的为了占领市场，一味采取低价策略，导致有的地方面条不如面粉贵的奇怪现象的出现。然而在市场产品抽查中，大型企业是重点抽查对象，而对一些小企业监管力度往往不够，造成一些感官良好，但不符合食品安全规定的劣质产品冲击优质产品，甚至导致食品安全事件的发生，影响整个挂面产业的声誉。为此，不少专家认为，如果没有行业内的监督和预防机制，类似问题很难得到根本解决。

又如在科技创新方面，更需要多部门之间共同联合。当前，国家科技部十分重视科技创新工作，同时又把科技创新的主体转移到了企业。但据调查发现，挂面企业经过多年的市场打拼，往往在生产销售方面具有很强的经验和实力，而在科研方面，尤其是面对一些老产品的品质改良和新产品的开发上，实力还明显不足。根据挂面行业的实际，当前解决这一问题的最好方法是借助高等院校和科研院所的科研资源——这就需要有人来牵线搭桥。

另外，对于挂面行业中存在的一些共性问题，必须要尽可能联合更多的企业、权威机构和技术专家联合攻关，才能最终加以解决。比如当前GB 2760的新标准中，对挂面中添加剂的使用做出了极其严格的规定。而且，今后相关的政策将会更加严格。我们要坚决支持禁用那些危害人民健康，而对挂面生产没有实质性益处的添加剂。但为保证挂面产品的综合品质，我们也有必要将一些新型的绿色产品列入挂面产品的添加剂中去。比如利用新型酶制剂改善挂面加工品质，利用天然抗氧化剂延长挂面产品的货架期等，这对挂面行业和对社会都是有益无害的，是符合行业和社会发展方向的。对这类问题的解决，在行业中首先要取得共识，集中向有关部门反映，才能取得好的效果。

综上所述，要完成这上述一系列的工作，最好的办法是借助一个公共平台，以加强行业自律，维护市场的公平，为挂面企业提供技术支持，并推进企业与政府间的沟通，使挂面行业沿着健康的轨道快速发展。

为此，我想，现在我们应该考虑在中国粮油学会的领导下，在近期成立一个挂面行业自己的中介组织，使之更好地为广大挂面企业服务，为行业发展铺路。关于成立中介组织的相关问题，我们将在下午的讨论会上进行研究，恳请各位企业界的老总和学术界的专家多多提出宝贵意见和建议。

总之，我认为，挂面行业的发展前途是光明的，同时也需要行业内的各位同仁共同努力才能取得长足的进步。我衷心地预祝各位企业家和专家能在挂面行业做出一番事业！

我国米、面加工业的现状与发展趋向

——“2009年国际面粉、大米和粮油食品技术交流会”发言

2009年11月7日于珠海

很高兴参加由中国粮油学会食品分会主持召开的“2009年国际面粉、大米和粮油食品技术交流会”。借此机会，我代表中国粮油学会和中国粮油学会油脂分会对会议的召开表示最热烈的祝贺，对在座的各位代表表示最诚挚的问候。根据会议的安排，我以“我国米、面加工业的现状和发展趋向”为题发言，供大家参考。

一、我国米、面加工业的现状

根据国家粮食局和中国粮食行业协会提供的统计数据及有关资料，2008年全国入统米、面加工企业数量为10 130个，比2007年的10 882个减少了752个，其中大米加工企业减少387个，小麦粉加工企业减少365个，总的减幅为6.9%。其中，国有及国有控股企业1 228个，占12.1%；民营企业8 840个，占87.3%；外商及港澳台商投资企业62个，占0.6%。

2008年，大米加工及小麦粉加工企业的不同情况分别如下：

（一）大米加工业的基本情况。

2008年，全国入统大米加工企业7 311个，比上年减少387个。其中日加工能力100吨以下的企业5 296个，占大米加工企业总数的72.4%，比上年减少796个；日加工能力100～200吨的企业1 498个，占20.5%，比上年增加257个；200～400吨的企业405个，占5.5%，比上年增加143个；400～1 000吨的企业88个，占1.2%，比上年增加4个；1 000吨以上的企业24个，占0.3%，比上年增加5个。

2008年大米加工年处理稻谷能力为16 046.5万吨，比上年增加1 380.5万吨，增长9.4%。大米产量4 783万吨，比上年增加401.2万吨，增长9.2%；实际处理稻谷7 421.7万吨；产能利用率为46.3%。产能和产量按企业经济类型分，民营企业产能和产量分别为13 632.0万吨和4 079.4万吨，所占比例分别为85.0%和85.3%；国有及国有控股企业产能和产量分为2 247.6万吨和629.9万吨，占14.0%和13.2%。

2008年大米加工业产能排名前三位的是黑龙江（2 388.0万吨）、江西（2 324.8万吨）和湖北（2 123.0万吨）。大米产量在100万吨以上的有：湖北（673.9万吨）、黑龙江（598.6万吨）、江西（588.9万吨）、安徽（581.9万吨）、江苏（474.6万吨）、湖南（318.6万吨）、四川（221.6万吨）、福建（208.1万吨）、辽宁（193.8万吨）、广东（155.9万吨）、吉林（144.3万吨）、广西（111.3万吨）和河南（101.0万吨）等13个省区，其中湖北、黑龙江和江西的大米产量居前三位。从产品结构看，以特等米和标准一等米为主，产量分别为1 465.7万吨和2 944.0万吨，分别占总产量的30.6%和

61.6%；标准二等米产量为 266.0 万吨，占总产量的 5.6%；糙米产量为 47.7 万吨，占总产量的 1%。年产量 10 万吨以上大米企业 40 个，比上年增加 7 个，年产量达 941.5 万吨，占入统大米企业总产量的 19.7%。大米企业产量位居前三位的企业分别是：江西省粮油集团有限公司（100.7 万吨）、湖北福娃集团有限公司（70.7 万吨）和湖北国宝桥米集团（53.5 万吨）。

入统大米企业工业总产值 1 535.4 亿元，产品销售收入 1 533.7 亿元，出口交货值 15.3 亿元，利润总额 25.3 亿元，资产总计 782.8 亿元，年末从业人数 17.2 万人，分别比上年增长 22.1%、21.3%、−10%、3.3%、23.1%和 8.2%。

（二）小麦粉加工业的基本情况。

2008 年，全国入统小麦粉加工企业 2 819 个，比上年减少 365 个。其中日加工能力 100 吨以下的企业 1 411 个，占小麦粉加工企业总数的 50%，比上年减少 555 个；日加工能力 100～200 吨的企业 659 个，占 23.4%，比上年增加 53 个；200～400 吨的企业 514 个，占 18.2%，比上年增加 100 个；400～1 000 吨的企业 185 个，占 6.6%，比上年增加 27 个；1 000 吨以上的企业 50 个，占 1.8%，比上年增加 10 个。

2008 年，小麦粉加工业年处理小麦能力为 11 600.4 万吨，比上年增加 1 382.4 万吨，增长 13.5%。小麦粉产量 5 505.6 万吨，比上年增加 539.7 万吨，增长 10.9%；实际处理小麦 7 846.4 万吨；产能利用率为 67.6%。产能和产量按企业经济类型分，民营企业产能和产量分别为 9 692.9 万吨和 4 578.1 万吨，所占比例分别为 83.6%和 83.2%；国有及国有控股企业产能和产量分为 1 424.9 万吨和 611.6 万吨，占 12.3%和 11.1%。

2008 年小麦粉加工业产能排名前三位的是山东（2 349 万吨）、河南（2 313 万吨）和河北（1 090.4 万吨）。小麦粉产量在 100 万吨以上的有：河南（1 246.7 万吨）、山东（1 129.7 万吨）、江苏（679.1 万吨）、安徽（505.0 万吨）、河北（496.6 万吨）、陕西（225.5 万吨）、湖北（193.5 万吨）、甘肃（143.1 万吨）、广东（139.9 万吨）、四川（115.4 万吨）和新疆（113.6 万吨）等 11 个省区，其中河南、山东和江苏的小麦粉产量居前三位。从产品结构看，以特制一等粉和特制二等粉所占比例较大，产量分别为 2 415.3万吨和 1 368.9 万吨，分别占总产量的 43.9%和 24.9%；标准粉产量为 705.2 万吨，占总产量的 12.8%；专用粉产量为 702.6 万吨，占总产量的 12.8%；全麦粉产量为 88.7 万吨，占总产量的 1.6%。年产量 10 万吨以上小麦粉企业 96 个，比上年增加 36 个，全年产量达 2 056 万吨，占入统小麦粉企业总产量的 37.3%。小麦粉企业产量位居前三位的企业分别是：河北五得利面粉集团有限公司（172.9 万吨）、中粮集团有限公司（111.7 万吨）和江苏省银河面粉有限公司（58.3 万吨）。

入统小麦粉企业工业总产值 1 424.5 亿元，产品销售收入 1 371.7 亿元，出口交货值 6.7 亿元，利润总额 23.8 亿元，资产总计 678.1 亿元，年末从业人数 16.0 万人，分别比上年增长 28.5%、27.9%、−18.3%、16.7%、34.5%和 8.8%。

二、2008 年我国米、面加工业经济运行的主要特点

2008 年，我国米、面加工业经受了国际粮价和国际原油价格大起大落影响的考验，总体经济运行状况良好，继续保持着持续、稳定、健康的发展势头。主要有以下几个

特点：

（一）生产能力和产量继续保持较高的增长速度。

2008 年，入统大米加工企业的年处理稻谷能力为 16 046.5 万吨，比 2007 年增加 1 380.5万吨，增长 9.4%；大米产量 4 783 万吨，比 2007 年增加 401.2 万吨，增长 9.2%。入统小麦粉加工业年处理小麦能力为 11 600.4 万吨，比 2007 年增加 1 382.4 万吨，增长 13.5%；小麦粉产量 5 505.6 万吨，比 2007 年增加 539.7 万吨，增长 10.9%。这些数据充分表明 2008 年度我国米、面加工业的生产能力和产量继续保持着较高的增长速度。

（二）现价工业总产值、产品销售收入和资产总额等主要经济指标再创历史新高。

2008 年，入统大米企业的现价工业总产值 1 535.4 亿元，产品销售收入 1 533.7 亿元，资产总额 782.8 亿元，分别比 2007 年增长 22.1%、21.3%和 23.1%；入统小麦粉企业的现价工业总产值 1 424.5 亿元，产品销售收入 1 371.7 亿元，资产总额 678.1 亿元，分别比 2007 年增长 28.5%、27.9%和 34.5%。以上数据表明，2008 年我国米、面加工业的现价工业总产值、产品销售收入和资产总额等主要经济指标的增长率和绝对值均创历史新高。

（三）经济效益较好，资产负债率大幅下降。

2007 年米、面加工企业的利润总额创造了历史最好水平。2008 年米、面加工企业积极应对国际粮价起落变化和全球金融危机爆发的影响，面对国家的宏观调控和出口大幅下降的不利局面，努力把握粮油市场走势，科学决策，谨慎经营操作，拓宽国内市场，从而取得了在 2007 年利润总额创纪录的基础上，2008 年大米加工业和小麦粉加工业利润总额分别增长了 3.3%和 16.7%的较好经济效益。2008 年米、面加工业在取得较好经济效益的同时，资产负债率也下降到了合理的水平。大米加工业的资产负债率由 2007 年的 62.5%下降到 2008 年的 55.3%，下降了 7.2 个百分点；小麦粉加工业的资产负债率由 2007 年的 59.7%下降到 2008 年的 52.4%，下降了 7.3 个百分点。在很不寻常的 2008 年，米、面加工企业仍能取得较好的经济效益和资产负债率大幅下降的好成绩是来之不易的，是大家努力的结果。

（四）企业规模增大，生产集中度进一步提高。

在大米加工企业中，2008 年日加工能力 100 吨以下的企业较 2007 年减少 796 个；100～200 吨的企业增加 257 个；200～400 吨的企业增加 143 个；400～1 000 吨的企业增加 4 个；1 000 吨以上的企业增加 5 个。在小麦粉加工企业中，2008 年日加工能力 100 吨以下的企业较 2007 年减少 568 个；100～200 吨的企业增加 53 个；200～400 吨的企业增加 100 个；400～1 000 吨的企业增加 27 个；1 000 吨以上的企业增加 10 个。由此可见，生产规模小的企业逐渐减少，规模大的企业不断增加，减幅和增幅的比例较大。

另据统计，2008 年年产量 10 万吨以上大米企业 40 个，比 2007 年增加 7 个，合计产量 941.5 万吨，占入统小麦粉企业总产量的 19.7%；2008 年年产量 10 万吨以上小麦粉企业 96 个，比 2007 年增加 36 个，合计产量 2 056 万吨，占入统大米企业总产量的 37.3%。以上数据表明，我国米、面加工业的规模化和集约化程度正在加快。

（五）企业所有制结构不断调整，民营企业继续占主导地位。

在米、面加工业中，不论是企业数量、生产能力和产量，还是工业总产值、利润和资产总额，民营企业均占绝对优势。在2008年入统大米加工企业中，民营企业数量为6 407个，占大米企业总数的87.6%；年生产能力13 632.0万吨，占大米企业年生产能力总数的85.0%；大米产量为4 079.4万吨，占总产量的85.3%；工业总产值为1 294.5亿元，占84.3%；利润总额21.3亿元，占81%；资产总额552.1亿元，占70.5%。民营小麦粉加工企业数量为2 454个，占入统小麦粉加工企业总数的87.1%；年生产能力9 692.9万吨，占总生产能力的83.6%；产量为4 578.1万吨，占83.2%；工业总产值为1 142.8亿元，占82.5%；利润总额20.4亿元，占86.4%；资产总额493.3亿元，占77.7%。

（六）产品结构以精米、精面为主，粮食加工向食品方向延伸速度加快。

从产品结构看，2008年特等米和标准一等米的合计产量为4 409.7万吨，占入统大米加工企业大米总产量的92.2%；特制一等粉、特制二等粉和专用粉的合计产量为4 486.8万吨，占入统小麦粉加工企业小麦粉总产量的81.6%。产品结构仍以精米、精面为主导地位。从营养和满足部分消费群体需要出发，2008年全麦粉产量达88.7万吨，这是值得我们关注的发展新动向。

据统计分析，2008年粮油食品生产发展较快。在入统企业中，挂面产量达167.1万吨、方便面产量达134.9万吨、米粉（米线）产量达42万吨，发展势头被看好。

三、我国米、面加工业的发展趋向

《国家粮食安全中长期规划纲要》（以下简称《纲要》）中指出，随着人民生活水平的不断提高，粮油的消费需求将呈刚性增长。据预测，到2020年我国居民人均粮食消费量为395公斤，需求总量将达到5 725亿公斤，其中谷物消费需求4 775亿公斤，分别比2007年增加600亿公斤和465亿公斤。为适应粮油消费刚性增长的需求，《纲要》中强调要“大力发展粮油食品加工业”。

总结粮油加工业的发展经验，为落实《纲要》精神和顺应市场的需求，我认为今后米、面加工业的发展趋向是：

（一）企业的生产规模将进一步向规模化、大型化和集团化方向发展。

在激烈的市场竞争中，米、面加工企业将不断重组兼并，优化调整企业结构和产品结构，淘汰落后产能，企业必将呈现出数量进一步减少，规模逐步扩大，生产集中度进一步提高，规模化、大型化和集团化将成为米、面加工企业的必然发展趋势。从2008年的统计资料分析，这种发展趋势正在明显加快，出现了一批拥有较大粮食加工能力的企业和企业集团，诸如中粮集团、中储粮总公司、益海嘉里、河北五得利面粉集团有限公司、江苏银河面粉有限公司、江西省粮油集团有限公司、湖北福娃集团有限公司、湖北国宝桥米集团等等著名企业。

（二）米、面产品必须按照“安全、优质、营养、方便”的要求方向发展。

在《全国新增1 000亿斤粮食生产能力规划（2009—2020年）》通知中指出：要按照“安全、优质、营养、方便”的要求，大力发展小麦、稻谷食品加工业。鉴于米、面产品都是人们最重要的食粮，也是食品工业最基础的原料，随着人民生活水平的不断提高，人们在关注米、面产品优质、营养、方便的同时，将更加注重米、面产品的安全。为认真贯彻《食品安全法》，米、面加工企业要按照“安全、优质、营养、方便”的要求，把“安全”放在第一位。由于米、面产品是人们一日三餐不可缺少的主要食品，其安全关系着人民群众身体健康和生命安全，关系到社会的安定和国民经济的发展。

为确保米、面产品的绝对安全，米、面加工企业都要牢固树立质量意识、安全意识、诚信意识，要把提高产品质量和安全水平作为企业的首要任务。

一要进一步强化管理，健全质量保证体系，严格按照国家质量标准和卫生标准组织生产；

二要加强和严格检测检验制度，严把原料质量进厂关和成品质量出厂关，做到不符合质量要求的原料不进厂，不合格产品不出厂；

三要建立并严格执行产品质量追溯制度，要对原料采购、生产加工、包装、储存、运输、销售等环节实行全过程管理和监控，确保质量合格，卫生安全；

四要建立并严格执行产品退市召回制度，一旦发现产品存在安全隐患，要及时向社会公布有关消息，通知销售环节停止销售，告知消费者停止使用，并主动召回产品，以确保米、面产品质量安全、可靠，万无一失。

（三）要加快发展米、面制品的工业化进程。

为满足现代生活节奏加快，消费趋向膳食方便化、营养化、多样化的需要，要加快发展米、面制品的工业化进程。米、面加工企业要在进一步发展方便面、方便米饭、方便米粉、速冻食品、主食面包的同时，着力发展挂面、米粉（米线）等传统米、面制品，着力发展工业化生产的馒头、花卷、豆包、米糕等各类米、面蒸煮食品。

为弘扬我国米、面主食文化，发展传统米、面制品，今年7月，国务院办公厅以国办发［2009］47号文件，印发了《全国新增1 000亿斤粮食生产能力规划（2009—2020年）》（以下简称《规划》）的通知，《规划》通知中指出，要“引导社会公众调整膳食结构，弘扬有中国特色的小麦主食文化，大力宣传我国传统面食制品营养知识，增加小麦及面制食品消费。针对我国多数小麦品种适合于加工蒸煮面制品的特点，改变以往把振兴小麦产业定位在发展面包和西式糕点的单一做法，加快推进以蒸煮面制品为代表的主食工业化、现代化、产业化。按照‘安全、优质、营养、方便’的要求，大力发展小麦、稻谷食品加工业，增强加工转化能力。重视传统主食品工业科技创新，加强小麦、小麦粉及面制食品的基础研究和成果产业化、成套设备和品质检测关键仪器的自主化开发，健全小麦粉及面制食品质量标准体系，开发系列品牌商品，全面改造和提升面制品加工业。”

《规划》通知为继承和发扬光大具有中国特色的传统米、面制品，为加快推进以蒸煮食品为代表的主食工业化、现代化、产业化指明了发展方向，提出了具体要求。

（四）要进一步加强品牌建设，推进名牌战略发展。

我曾多次讲过“品牌是企业的牌子，是企业的生命”。在今年6月召开的“全国挂面产业发展战略研讨会”上我再次强调品牌建设的重要性。去年“三鹿奶粉”事件发生后，国家取消了食品产品“国家免检”政策后，大家很关心名牌建设的问题。有人问：

“三鹿”这个名牌倒下了，是不是就不要品牌建设了呢？我认为，答案应该是否定的。我们需要的是在“三鹿”事件中吸取教训，而不是“否定一切名牌”。恰恰相反，越是出现这样的事件，就越要加强品牌建设，使今后产生的“名牌”成为百年企业，成为倒不下的名牌。纵观“三鹿”事件的全过程，我们需要看到的是树立名牌的艰辛和毁掉名牌的代价。创业更要守业，创名牌更要守名牌，这个道理我们要深刻理解。

在面对“三鹿”事件和目前中国名牌暂停评选的特殊时期，我们米、面加工行业，对品牌战略持什么态度？我认为应当继续坚定不移地推进名牌战略，这不仅符合社会发展的规律和国家相关政策，也符合企业健康发展的内在规律。为此，我希望已经获得中国名牌称号的28个大米加工企业和29个小麦粉加工企业以及有远见的米、面加工企业都要进一步加强品牌建设，推进名牌战略的发展。

（五）要重新审视米、面的精深加工。

前面讲述，为确保米、面产品的质量与安全，米、面加工企业要严格按国家质量标准和卫生标准组织生产，要配备足够的清理设备，以保证产品的纯度，堵截大米含砂，面粉牙碜等现象的出现。为防止加工过程中片面追求过精过细，造成微量营养素的大量损失和出品率的降低，我们要重新审视米、面的精深加工，要防止“过度加工”，纠正大米过精、面粉过细过白，以达到提高纯度，控制精度，千方百计提高出品率的目的。

要严格按规定使用添加剂。米、面加工企业在使用添加剂时应遵循以下原则：要按规定严格控制添加范围和添加剂量，严禁超范围使用和超量添加；要按规定采用食用物质作为添加剂，严禁添加非食用物质和滥用食品添加剂；在加工过程中或在产品中可加可不加的食品添加剂一律不准使用。如在小麦粉加工中，我们要严防在小麦粉中已明令禁用的溴酸钾和吊白块等增白剂的变相使用；提倡大中型骨干企业停止在小麦粉中添加对小麦粉营养和对人体健康没有任何益处的过氧化苯甲酰等化学增白剂。

对副产品的综合利用，要在市场调查的基础上进行科学决策，切忌一哄而起，盲目上马。

对利用小麦粉生产谷朊粉出口和利用粮食生产生物燃料和化工原料等深加工项目，要慎之又慎，因为事关国家粮食安全。

（六）节能、环保意识将进一步增强。

建设资源节约型、环境友好型社会是我国的国策之一。米、面加工企业都要认真贯彻执行，增强节能、环保意识。要在日常工作中认真落实国家有关节能减排的要求，完成国家和当地政府规定的节能减排任务。要重视节能、环保，增加节能、环保的投入，改进工艺和设备，确保米、面加工中产生的灰尘、粉尘、噪声和污水的排放符合国家的标准要求，实施清洁、文明生产。

以上是我对米、面加工业发展趋向的几点主要看法，当然还有许多其他重要内容，诸如企业管理、产品开发、科技创新、工艺和设备的研发等等，由于时间关系，这里不再一一讲了。

在 2010 年中国小麦和面粉产业年会上的开幕词

2010 年 3 月 27 日于南通

2009 年，我国经济在党和政府的坚强领导下，应对了历史罕见的国际金融危机和多年不遇的自然灾害，沉着应战，渡过了进入新世纪以来经济发展最为困难的一年，取得了 GDP 增长 8.71%的好成绩。我们小麦加工行业也不例外，2009 年，我国小麦粉加工业在经营活动中，克服了原材料涨价、国内外农产品市场异常波动、出口下降和一度面粉销售不畅等诸多不利影响，科学决策、谨慎运作，仍然取得了较快的发展速度和较好的经济效益。在我国经济回升向好的重要时期，中国粮食行业协会小麦分会在国家粮食局和中国粮食行业协会的关心、支持下，今天我们在美丽、富饶的江苏南通召开“2010 中国小麦和面粉产业年会”。参加本次会议的有从事小麦培育、生产、加工、营销、科研、教育、管理等方面的领导、专家、教授和企业家；有从事制粉设备、检测仪器和食品添加剂等方面的生产商和供应商以及粮油行业的相关企业、网站和报社等代表，是中国粮食行业协会小麦分会成立以来继杭州会议、合肥会议和济南会议后的又一次盛会。借此机会，我代表中国粮食行业协会和小麦分会对参加本次年会的各位领导、各位嘉宾和全体代表示最热烈的欢迎和衷心的感谢！

本次年会在江苏南通召开，为保证会议的顺利召开，会议自始至终得到了江苏省粮食局、江苏省粮食行业协会、江苏省南通市粮食局的大力支持；得到了本次会议的承办单位——江苏银河面粉有限公司、《现代面粉工业》杂志社、河南工业大学、江南大学、武汉工业学院的大力相助；得到了有关设备制造单位和相关企业以及有关媒体的热情支持，对此，我代表协会和全体与会代表对他们一并表示衷心的感谢。我们还要特别感谢张局长、白会长在百忙中亲临会议并作重要讲话。

各位代表，为开好本次年会，去年 12 月，小麦分会在三亚召开了理事长、秘书长扩大会议，确定了本次年会的主题是：诚信、安全、创新、发展。为使会议达到预期目的，我们特邀了国内知名专家和企业家，围绕年会主题，就小麦产业发展、产销形势、市场行情及小麦粉加工业发展、新技术应用等进行交流研讨，并同时举办制粉设备、检测仪器、食品添加剂及小麦加工产品的展示，使与会代表了解国内外的粮油形势和小麦粉加工业的发展趋势，以利企业经营决策，健康发展。我相信，通过大家的努力，会议一定能达到预期目的。

各位代表，中国粮食行业协会小麦分会自 2006 年成立至今已四年，为总结四年来的工作，小麦分会昨天召开了一届五次理事会。会议在回顾总结分会成立四年来工作的基础上，安排了今年的工作重点。会议一致认为，四年来，小麦分会在总会的正确领导下，深入贯彻落实科学发展观，紧紧围绕小麦加工健康可持续发展的中心任务，以服务为宗旨，以推进放心粮油工程、信用体系建设和名牌战略为重点，以培育和发展优势企业，促进企业整合提升、做强做大做久为目标，重点做了以下七个方面的工作：

一是，深入开展“放心粮油工程”，确保面粉及其制品的质量与安全。小麦分会成立四年以来，始终把“放心粮油工程”作为分会的重点工作之一，积极配合总会在小麦粉加工企业中开展“放心粮油工程”，推进“放心粮油”进农村进社区活动的深入开展。为确保面粉及其制品的质量与安全，分会利用每年召开的年会、中国粮食高层论坛、大型粮油企业年会以及召开各类交流会、研讨会等机会，积极宣传贯彻国家食品安全法律法规和小麦粉质量、卫生标准，总结推广企业强化产品质量安全管理的经验，研究制定小麦粉加工企业的生产技术规范，并配合总会先后组织百余家小麦粉加工骨干企业联合向全行业发出《生产放心粮油，对人民群众健康负责倡议书》、《禁止滥用面粉增白剂呼吁书》、《粮食行业食品安全诚信宣言》、《爱粮节粮宣言》等倡议和宣言，引起了全行业的高度反响和有关部门的重视。经过几年来的不懈努力，面粉质量不断提高。据国家质检部门对北京、上海、广东等 10 个省市面粉质量进行抽查，合格率由 2010 年的 40% 提高到 2007 年的 98% 和 2009 年的 99.9%。

二是，推进名牌工程，搞好品牌建设。在总会的统一部署下 2006 年，分会配合商务部进行了“最具市场竞争力品牌”产品的推荐、评定工作。通过评定，北京古船食品有限公司生产的古船牌小麦粉、五得利面粉集团有限公司生产的五得利牌小麦粉等 6 个小麦粉加工企业生产的小麦粉产品荣获商务部颁发的 2006 年度“最具市场竞争力品牌”称号。2007 年，是小麦粉中国名牌产品的复评之年，分会在积极推进名牌工程的基础上，经严格评审和多方努力，最终江苏银河面粉有限公司生产的南山牌小麦粉等 29 个小麦粉加工企业生产的小麦粉产品被授予“中国名牌”称号；湖南金健米业股份有限公司生产的金健牌挂面等 8 个企业生产的挂面产品被授予“中国名牌”称号。小麦粉加工行业获得的中国名牌数量之多，是来之不易的。

三是，积极开展信用评价，促进企业信用体系建设。根据《商务部办公厅、国资委行业协会联系办公室关于印发第二批行业信用评价试点单位名单的通知》，中国粮食行业协会被确定为第二批开展行业信用评价试点单位。为做好此项工作，保证信用评价的科学性、准确性和权威性，分会配合总会建立了领导小组和办事机构，确定了《粮食行业信用体系建设试点工作方案》，启动信用评价试点工作。经企业自愿申请和省级粮食行业协会审查推荐并经中国粮食行业协会和第三方评价机构严格评价，粮油行业首批信用评价试点共有 71 个粮油企业获得 A 级以上信用等级，其中小麦粉加工企业 26 个，获得 AAA 级 19 个，AA 级 7 个。随着这项工作的开展，对小麦粉加工企业加快信用体系建设起到了积极的作用。

四是，积极为企业健康发展搭建政策平台。分会积极与农业部等有关部门联系，参与了享受企业所得税优惠政策的农产品初加工范围定义的起草工作。经多方努力，财政部、国家税务总局于 2008 年 11 月 20 日正式下发了《财政部、国家税务总局关于发布享受所得税优惠政策的农产品加工范围（试行）的通知》，文件中采纳了我会的意见，使生产小麦粉及各种专用粉的企业享受到了免征所得税的优惠政策；根据克明面业等多家挂面企业的要求，2008 年 3 月分会配合总会向国家税务总局反映了行业税负过重，影响行业健康发展等有关问题。经过半年多时间的反复协商，国家税务总局于 2008 年 12 月 8 日向全国各级税务部门正式下发了《国家税务总局关于挂面适用增值税税率问题的通知》，文件中明确了挂面产品从发文之日起按照粮食复制品适用13%的增值税率征收税款，使挂面产品从原来征收17%的增值税率降低了四个百分点；今年2月22日，国家税务总局货物和劳务税司在秦皇岛召开了“农产品增值税抵扣政策座谈会”，我应邀参加了会议，会议期间，我根据山东半球面粉有限公司和安徽皖王面粉有限公司等企业反映的有关农产品加工增值税进项税额抵扣政策中存在的问题和改革的建议写了一份材料，交给了国家税务总局，看来会引起领导的关注和重视。

五是，充分发挥专家的作用，为行业健康发展献计献策。分会充分利用制粉界人才济济的优势，为行业的健康发展服务。根据国家发改委对粮油加工行业利用外资提出政策和建议的要求，分会协助总会完成了《关于对今后外商投资粮油加工企业的政策建议》，并上报国家发改委；根据国家粮食局的安排，分会参与了国家发改委组织的赴河南调研组，调研河南省到2020年增产300亿斤粮食的可行性；2009年8月，受国家粮食局委托，分会协助总会组织粮食行业各领域专家，经过两个多月的研究修改，完成了《粮食加工业发展规划（2009—2020年）》（送审稿）的编制工作；根据国家粮食局的安排，最近又组织专家，正在着手进行《粮油加工业“十二五”发展规划》和对《粮油加工业“十一五”发展情况总结评价报告》的编写工作；为促进小麦粉加工业职业技能工作的开展，分会受国家粮食局委托承担了制粉工中技师和高级技师培训教程和鉴定试题的编写工作；另外，分会组织行业内专家，积极参与国家标准的起草和制修订工作等等。

六是，开好年会，积极开展国内外的交流活动。为帮助小麦粉加工企业了解宏观经济形势，掌握市场动态，搞好生产经营，扩大贸易合作，分会与《现代面粉工业》杂志社、河南工业大学、武汉工业学院等单位合作，每年都成功举办小麦分会年会暨新产品、新技术展示会，深受企业的欢迎；2007年10月，小麦分会配合总会组织小麦粉加工企业赴台湾考察，寻求合作与贸易；去年5月，应GAIN（全球营养改善联盟）的要求，小麦分会派员参加了在荷兰首都阿姆斯特丹举办的GAIN全球高层论坛。另外，将分会的会刊——《面粉通讯》改为《现代面粉工业》，受到了业内企业和专家的欢迎。

七是，配合总会做好粮油工业的统计工作，为政府决策提供依据。在国家粮食局和各省市粮食局、粮食行业协会的支持下，总会自2002年至2007年承担了全国粮油工业的统计工作，分会积极配合总会较好地完成了每个年度小麦粉加工业的报表汇编和统计报告编写任务。

各位代表：2010年小麦分会将按照总会的工作部署，重点在以下几个方面多做工作：一是，继续深入推进放心粮油进农村进社区示范工程，搞好放心小麦粉加工示范企业的试点工作，不断提高放心面粉进农村进社区的覆盖面和服务水平；二是，继续帮助重点骨干企业搞好品牌建设，为争创更多的中国名牌产品做好准备；三是，继续做好粮食行业第二批试点企业信用评价工作，使更多的小麦粉加工企业关心、参与这项工作；四是，配合国粮局人事司搞好制粉工技师、高级技师的培训和考核工作；五是，继续充分发挥小麦粉加工行业专家的作用，为行业和企业的发展出谋划策。总之，在新的一年里，小麦分会要继续为企业的健康发展搭建学习、交流的平台，努力做好服务工作。

在“安琪酵母杯”首届中华发酵面食大赛上的讲话

2010 年 8 月 7 日于上海

由中国粮油学会发酵面食分会举办，安琪酵母股份有限公司冠名的“安琪酵母”杯首届中华发酵面食大赛决赛今天在上海隆重开幕了，这是推动我国发酵面食行业发展进步的一项重要举措。在此，我代表中国粮油学会向本次大赛的举办表示热烈的祝贺！对冠名单位安琪酵母股份有限公司，协办单位北京大磨坊面粉有限公司，赞助单位丹尼斯克（中国）有限公司、诺维信（中国）投资有限公司对大赛的支持表示感谢！向参加大赛的各位选手、评委和为大赛付出辛勤劳动的全体工作人员致以诚挚的问候！

不久前，胡锦涛总书记在中国科学院第十五次院士大会、中国工程院第十次院士大会上讲话时指出：要全面实施食品安全工程、国民健康工程，不断提升消费品和公共产品科技含量和质量。这是对我们食品及其相关行业提出的更高要求。为此，深入贯彻《食品安全法》、大力推动食品行业科技进步、提高食品行业的产业化发展水平、重视食品的营养与健康、提高国民的身体素质，是我们粮油行业义不容辞的责任。

中华发酵面食是世界公认的营养价值高、安全性好、美味可口的健康食品，深受全球华人的喜爱。举办中华发酵面食大赛，既是弘扬中国传统发酵面食文化、促进中国发酵面食产业化水平的需要，也是进一步贯彻《食品安全法》、《小麦粉馒头》国家标准等法律法规的要求。

我们相信，本次大赛，将会为广大发酵面食行业的人才提供展示个人才能的机会，又能为广大面点加工企业提供展示品牌形象的平台，大赛必将在行业中产生积极的影响。

最后，预祝所有参赛选手和参赛单位取得优异成绩，预祝本次大赛取得圆满成功！

南顺（香港）有限公司50周年纪念——访问题目

2011年2月25日于北京

问：请介绍一下中国面粉和食用油市场的发展历史及近况？

答：民以食为天，面粉和食用油都是人们赖以生存的最主要的食物，这对拥有13亿多人口的中国来说尤为重要。在中国改革开放前的很长时间里，我国面粉和食用油市场供应十分匮乏，品种少，质量档次低，为了“吃饱求生存”，粮油实施了“定量供应”。改革开放后，我国经济发生了飞跃发展，人民生活水平不断提高，现在我们走进超市就能看到粮油市场供应充裕，面粉和食用油产品质量档次高、花色品种琳琅满目，与发达国家没有多大差距。

问：南顺最初在中国销售面粉及食油，以致后来在中国投资设厂，（例如在蛇口的面粉厂和食油厂于1995年投产），这些发展计划对中国面粉和食油业有什么贡献？

答：南顺自1995年在深圳蛇口建设面粉和食用油厂，随后，又在江苏、山东等地建厂，是中国粮油市场开放的重要标志。“南顺”不仅为中国面粉和食用油工业的发展带来了现代化的装备和先进的技术，同时带来了先进的管理经验和经营理念，为中国面粉和食用油工业的快速健康发展树立了榜样，做出了贡献。

问：南顺是怎样和中国粮食行业协会开始合作的？

答：中国粮食行业协会成立于1996年，2003年“南顺”申请成为中国粮食行业协会的会员单位，从此就开始双方之间的合作。这些年来，在开展放心粮油活动、争创中国名牌、搞好粮食行业信用评价试点工作、进行职业技能培训等方面合作紧密，成果显著。

问：改革开放以来，消费者对面粉的要求有何改变？新时代消费者对面粉品质需求会如何不同？

答：改革开放以来，随着人民生活水平的提高，消费者对面粉和食用油的要求经历了“吃饱到吃好”的发展过程，从而推动了我国精面、精油和小包装市场的快速发展。随着人民生活水平的进一步提高，在新世纪，消费者将会从“吃好到吃得健康”方向发展，对面粉加工业来讲，专用粉、全麦粉、营养强化粉、多谷物混合粉等产品将得到较快发展。

问：南顺的优质面粉和食油能够紧贴市场需要，甚至推动业内提供更高素质的产品，对国内业界和消费者有什么好处？

答：“南顺”一贯重视品牌建设，产品质量在全国同行业中名列前茅。“金像”牌小麦粉荣获中国名牌产品称号，“刀唛”和“红灯”等食用油为全国食用油的知名品牌。“南顺”生产的粮油产品是深受消费者欢迎和青睐的“放心粮油”产品。

问：南顺举办全国首届“高级制粉职业技能培训”，如何为中国制粉业做出贡献？

答：2010年10月，根据“南顺集团”的申请，经国家粮食局同意，中国粮食行业协会为“南顺”单独举办了高级制粉工职业资格培训班，经过一个多月的培训，“南顺”的14名优秀学员荣获了国家粮食局颁发的“高级制粉工资格证书”，他们将为“南顺集团”今后的进一步发展做出贡献。“南顺集团”重视人才，培养人才的做法为中国制粉行业做出了示范，带了个好头。

问：请谈谈南顺如何成为中国制粉界的楷模?

答：“南顺集团”在重视人才，采用一流技术装备，管理严谨，经营决策科学，产品质量稳定、可靠等方面成绩卓越，成为中国小麦粉加工业的骨干企业之一。“南顺”的一些作法和经验成为中国制粉产业学习的楷模。

问：请谈谈您心目中的南顺?

答：我心目中的“南顺集团”是一个务实高效，重管理、善经营，讲品牌、重质量，发展前景良好的现代企业集团。

问：南顺成立50周年，您会送上什么贺词?

答：祝“南顺集团”“南顺北旺，事业兴旺”。

在2011年中国小麦和面粉产业年会上的开幕词

2011年3月26日于石家庄

难忘的2010年过去了。2010年，我国经济在党和政府的坚强领导下，面对复杂多变的国内外经济环境，面对来自国内外和自然界的严峻挑战，沉着应战，取得了国民生产总值达到近40万亿元，GDP增长10.3%和粮食连续第七年增产的举世瞩目的成就。在这不寻常的一年里，我们小麦粉加工企业克服了诸多不利影响，科学决策，谨慎运作，同样取得了较快的发展速度和优异的经济效益。

在我国经济继续朝着平稳较快发展和"十二五"发展规划开局之时，为进一步推动我国小麦和面粉产业的健康发展，中国粮食行业协会小麦分会在国家粮食局和中国粮食行业协会的关心支持下，今天我们在石家庄召开"2011中国小麦和面粉产业年会"。本次年会是小麦分会成立起继郑州、杭州、合肥、济南、南通会议后的又一次盛会。参加本次会议的有从事小麦培育、生产、加工、营销、科研、教育、管理等方面的领导、专家和企业家；有从事制粉设备、检测仪器和食品添加剂等方面的生产商和供应商以及粮油行业的相关企业、新闻媒体等代表，借此机会，我代表中国粮食行业协会和小麦分会对大家的到会表示最热烈的欢迎和衷心的感谢！

本次年会在河北石家庄召开，为保证会议的顺利召开，会议自始至终得到了河北省粮食局、河北省粮食行业协会的大力支持；得到了本次会议的承办单位——五得利面粉集团有限公司、《现代面粉工业》杂志社、河南工业大学、江南大学、武汉工业学院的大力相助；得到了有关设备制造单位和相关企业以及有关媒体的热情支持，对此，我代表协会和全体与会代表对他们一并表示衷心的感谢。

各位代表，为开好本次年会，去年12月，小麦分会在重庆召开了理事长、秘书长扩大会议，确定了本次年会的主题是"安全诚信、交流合作、科学发展"。为使会议达到预期目的，我们特邀了国内知名专家和企业家，围绕年会主题，就小麦产业的发展、产销走势以及小麦粉加工业发展、新技术应用等方面进行交流，并同时举办制粉设备、检测仪器、食品添加剂及小麦加工产品的展示，以宣传企业形象，提高产品品牌知名度。总之，会议的目的是为大家搭建一个交流学习的平台。我相信，经过大家的努力，会议一定能达到预期目的。

各位代表，中国粮食行业协会小麦分会昨天召开了一届六次理事会，会议在回顾总结分会去年工作的基础上，安排了今年的工作要点。大家一致认为，2010年，小麦分会在总会的正确领导下，配合总会深入推进"放心粮油工程"，创建放心小麦粉加工示范企业，开展放心粮油科普宣传，搞好粮食行业信用评价试点工作；以开好以年会为代表的多种形式的行业交流，促进企业健康发展；完成《制粉工技师、高级技师职业技能培训教程》及题库的编写工作，搞好高级制粉工职业技能培训工作；在开展调查研究，组织制粉专家积极参与粮食行业相关标准的制修订工作和国家粮食产业"十二五"发展规划，制订工作等方面做了许多工作。大家对分会在过去的一年里所取得的成绩，给予了充分的肯定。关于分会今年的主要工作是：一要配合总会继续推进“放心粮油工程”，搞好行业信用评价工作；二要围绕小麦粉产业安全和质量安全等问题开展有针对性的调查研究；三要加强技术培训，为企业服务；四要积极开展对外交流，探讨组织有实力的小麦粉加工企业如何“走出去”；五要开好本次年会和下半年的理事长扩大会议。

各位代表，今年是实施“十二五”发展规划的开局之年，大家对粮油加工业“十二五”发展规划的内容十分关心。鉴于《粮油加工发展规划（2011—2020 年）》和《粮油加工业“十二五”发展规划》至今尚未公布，但其基调大体已定，根据规划中有关粮油加工业发展的一些提法，结合我自己的感受，我觉得，以下一些问题应引起我国小麦粉加工企业在“十二五”发展期间的高度关注。

（一）粮油的市场需求将持续增长。

随着我国人口增长、生活水平提高和城镇化进程加快、我国对粮油消费需求在总量上将继续保持刚性增长的趋势。

据国家统计局 2009 年国民经济和社会发展统计公报，2009 年全国人口为 13.3478 亿人，比 2008 年增加 672 万人，自然增长率为 5.05%。预计 2015 年我国大陆人口将达到 13.69 亿人；2009 年全国城镇人口 6.2186 亿人，占总人口的 46.6%，比 2008 年增加 0.9%，预计到 2015 年城镇化水平将达到 51.5%左右，城镇人口将达到 7.05 亿人，比 2009 年增加 0.8332 亿人；随着国民经济的继续平稳较快发展和城乡居民收入普遍较快增加，人民生活水平将进一步提高。这意味着在“十二五”’期间，我国对粮油消费需求必将呈现刚性的增长，同时也意味着在“十二五”期间，我国粮油加工业将得到进一步的发展。

（二）粮油加工业的布局将进一步完善。

根据“统筹兼顾，协调发展”的原则，按照粮油生产与消费、加工业现有的格局与未来的发展，坚持与原料供应相匹配，因地制宜，产区为主，兼顾销区和重要粮油物流节点，以调整优化粮油加工业布局，基本形成布局合理、协调发展、优势互补、特色明显的粮油加工业新格局。这较前些年的粮油加工业“产业布局向主产区集中”的提法更加全面，更加科学。

与此同时，要妥善处理好规模扩张与质量提高、总量平衡与结构优化、初加工与精深加工比例、产区与销区协调发展等方面的关系，以引导粮油加工业的健康发展，促进产业布局更加完善。

（三）倡导“安全营养、健康消费”，和“适度加工”等理念。

粮油加工企业要以食品安全为基本要求，把“优质、营养、健康、方便”作为发展方向；大力倡导适度加工，提高纯度，提高出品率，合理控制加工精度，避免过度加工。要增加全谷物营养健康食品的比重，树立健康消费观念，改变片面追求“精”、“细”、“白”的过度消费倾向。

为将这一理念变为现实，小麦粉加工企业要积极配合，要做好思想准备，研究改进装备和加工工艺，制修订好小麦及加工产品的国家标准。

（四）要重视资源综合利用，绿色环保和节能降耗。

按照循环经济的理念，提高粮油资源综合加工及转化利用水平。不断提高米糠、皮壳、碎米、胚芽、麸皮和油脚等副产物的综合利用水平。树立高效、低碳、节能、节粮、环保意识，加大节能减排、环境保护力度，发展低消耗、低排放、高效率的加工模式，降低水、电、煤、溶剂等消耗和碳排量，减少污染物排放。到 2015 年，使粮油加工业的单位产值能耗比 2009 年降低 20%左右，单位工业增加值用水量降低 30%，单位产值二氧化碳排放量比 2005 年降低 20%。以建立安全、优质、营养、低耗、绿色、生态的现代粮食加工业体系。

（五）推进结构调整，加快转变发展方式。

要加快企业组织结构调整，培育壮大龙头企业，引导企业通过兼并重组，适度提高产业集中度，发展拥有知名品牌和核心竞争力的大型企业，改造提升中小型企业发展的质量和水平，形成大中小企业分工协作，协调发展的格局。

要调整产品结构，增加花色品种。按照“安全、优质、营养、健康、方便”的要求，加大新产品开发力度，增加花色品种，提高优、新、特产品的比例。要大力发展专用米、专用面粉、专用油等产品；实施“主食品工业化示范工程”，积极发展工业化生产的米、面制品和方便食品、休闲食品。在发展小麦专用粉方面，要扩大专用粉的品种和产量，提高蒸煮、烘培、速冻等面制食品专用粉、营养强化粉、全麦粉、多谷物混合粉等所占比例。

要加大对粮油加工企业技术改造扶持力度，鼓励和支持加工企业加大投入，采用先进实用、高效低耗、节能环保、安全技术，开发新产品，降低成本，提高工效。与此同时，要加快淘汰落后产能。充分发挥市场机制，强化卫生、环保、安全、能耗的约束作用，建立产业退出机制，逐步淘汰一批工艺落后、设备陈旧、卫生质量安全和环保不达标、能耗物耗高的落后产能。小麦粉加工企业只有通过上述结构调整，才能实施转变发展方式，提高经济效益。

（六）促进产业集聚，鼓励和支持粮油加工产业园区建设。

充分利用现有资源和区位优势，推进企业适度集聚发展。鼓励和支持大型产业化龙头企业创建粮油加工产业园区，延伸产业链，向产、加、销一体化、专业化、规模化、集约化方向发展。打造一批科技含量高、综合利用全、带动能力强的粮油加工产业园区，并引导加工企业向粮油加工园区集聚，促进上下游关联企业专业化协作配套，使之成为粮油产业化发展的新型载体，形成集粮油收购、储备、仓储、加工、配送、运输、质检、信息等为一体的粮油产业集群，以推进粮油加工业的集约化经营、规模化发展。

要重组和建设一批年处理小麦 30 万吨以上的加工产业园区，培育几个年加工小麦 150 万吨以上的大型企业集团。为此，小麦粉加工企业尤其是大型骨干企业应该在各地发展粮油加工产业园区建设中发挥积极作用。

（七）大力推进传统主食品生产工业化。

为“适应城乡化建设加快的需要，结合早餐示范工程”，粮油加工企业要将发展传统主食品生产工业化作为今后工业发展的重点工作，以加快传统主食品生产工业化发展的步伐。从产品上讲，要重点发展方便米饭、米粉（米线）、汤圆、粽子等米制工业化食品以及馒头、挂面、鲜湿面条、煎饼、饺子等面制工业化食品。各地要努力建设一批优质米、面制主食品加工示范基地，以推动传统主食品生产工业化的快速发展。通过努力，到2015年使我国的工业化米、面制食品占米、面产量的比重由2009年的10%以上提高到20%以上。在这方面，小麦粉加工企业要把发展传统主食品生产作为开展精深加工和调整产品结构、转变发展方式的重要内容。

（八）要增强自主创新，提升技术装备水平。

要推进关键技术创新与产业化。应用现代技术，加强粮油资源深度开发和副产物综合利用、主食品工业化、健康谷物食品加工与绿色储藏等关键共性技术研发，提升粮油加工业整体技术水平；要加快企业技术改造升级。推进粮机装备自主化，依托骨干企业建设成套设备制造基地，提高关键设备大型化、智能化水平，重点发展稻谷、小麦、油料和玉米深加工大型高效节能节水设备，加强主食品工业化成套设备的自主创新。要重点支持有一定基础、市场前景广阔、技术含量高、规模较大的关键设备自主化示范，包括砻谷机、碾米机、抛光机、色选机等稻谷加工大型高效节能设备，小麦脱皮机、磨粉机、清粉机等成套制粉设备；重点支持日产50吨以上发芽糙米、留胚米、营养强化米等新型食品加工设备，面粉后处理高效混合成套设备；日产5吨以上面制主食品等自动化成套装备，挂面和方便面自动包装设备、米粉（米线）、方便米饭、鲜湿面条生产装备等关键设备自主化示范。加大信息技术应用，推广先进实用技术装备，采用新型清洁生产技术，实施节能减排；要加强技术创新服务平台建设，搭建公共科技服务平台。提倡以企业为主体构建产业技术创新战略联盟，加强产学研结合，提高自主创新能力。

（九）完善应急加工供应体系，确保有效供给和国家粮油安全。

要建立和完善粮油加工引导生产、满足消费、调节供求的长效机制、保证粮油供应，稳定粮油价格。建立高效便捷的现代粮油供应体系，加强大中城市及重点地区、敏感地区供应渠道网点建设，保障城乡居民食用安全。选择确定一批粮油应急加工企业和供应网点，以应对突发事件和冰雪、地震等严重自然灾害条件下的粮油应急需要。

在这方面，小麦粉加工企业，尤其是大中型小麦粉加工骨干企业可以发挥应有的作用。

（十）要健全安全保障体系，提高粮油产品的安全水平。

要进一步完善粮油加工标准体系建设，加快制修订符合我国国情和特色饮食要求的粮油加工新产品标准，最大程度保存粮油原料中的固有营养成分，防止过度加工，科学提升我国粮油加工产品标准水平；要完善粮油产品的质量安全检测体系建设，推进加工企业HACCP（危害分析和质量控制点）、ISO22000（质量管理体系）、GMP（良好操作规程）等质量管理体系认证；要强化对农药残留、重金属、污染物等指标的检测；要建立粮油加工企业的诚信管理体系，积极开展“放心粮油”示范工程，以确保粮油产品的安全。

（十一）要强调行业的准入条件。

要提出新建设项目的核准要求、企业资质、行业竞争、外商投资管理以及资源节约和环境保护等方面的具体要求。如在“行业竞争”中，将要提出为防止滥用市场支配地位或达成垄断协议，扰乱市场秩序，对单个企业或集团玉米、小麦、稻谷加工能力达到全国总量的 10%，或实际加工量达到全国总量的 15%以上的，粮食行政管理部门要依法对其生产运营状况进行重点监测，原则上不再准予继续新建、扩建或并购粮食加工项目；在“资源节约和环境保护”方面，要大力开发和推广节能节水节粮技术装备，加快淘汰粮食加工高能耗、高粮耗、污染环境的工艺装备。对排放未达标企业整改后仍不符合环保标准和环境保护要求的，责令停止生产。按照确保口粮、饲料粮供应的要求，根据“不与粮争地，不与人争粮”的原则，从国家粮食安全和保护环境出发，对利用小麦粉生产谷朊粉出口的项目以及利用食用植物油和粮食生产生物能源的项目，要予以严格控制。

大力推进全谷物营养健康食品的发展

2011年7月21日

很高兴参加“2011年中国面粉（小麦）形势论坛”，褚会长要我发个言，今天我想就如何发展全谷物营养健康食品这个新兴产业为话题谈一些看法。

“五谷为养”、“安谷则昌”，谷物作为我国人民膳食结构中最重要的食物资源，其科学合理的消费将对公众的健康产生深刻影响。全谷物食品是指完整、碾碎、破碎或压片的谷物，基本的组成包括淀粉质胚乳，胚芽与皮层，各部分组成的相对比例与完整颖果一样。全谷物食品是营养健康食品的典型代表，它含有丰富的B族维生素、维生素E、镁、铁和膳食纤维，还含有一些果蔬食品中没有的、营养价值很高的抗氧剂。全谷物食品由于高膳食纤维、低脂肪、低饱和脂与低胆固醇和低热量，具有一定的保健功能，包括能降低中风、糖尿病、心脏疾病危险，同时还有利于人们的体重控制。下面我就以“大力推进全谷物营养健康食品的发展”为题讲四点看法，供大家参考。

一、发展全谷物营养健康食品是民生的需求，具有广阔的市场

目前，世界范围内慢性疾病高发，倡导营养健康消费已成为世界发展的大趋势。近些年，发达国家正在掀起全谷物食品的热潮，主要是由于消费者对全谷物保健作用的关注。欧美国家对全谷物的营养健康、加工技术、宣传教育、市场与消费等领域的研究非常重视，美国、丹麦、德国、加拿大、澳大利亚与日本联合成立了全谷物国际网络组织。根据美国全谷物委员会的信息，全谷物食品的消费正处于快速发展的阶段。世界全谷物食品的新产品开发从2000年以来急剧增长，截至2008年3月31日的统计数据显示，2007年全球约有2 368种全谷物产品进入市场，而在2000年只有164种，增长了13.5倍。近年来，对全谷物食品需求增长最快的是美国，全谷物产品在美国谷物食品中占40%以上，在高端谷物产品中占70%以上。

改革开放以来，我国经济建设飞速发展，人民生活水平不断提高。但是人们在尽享生活乐趣的同时，由于膳食结构不合理带来的营养失衡已经成为多种疾病的重要诱因，引起了社会的高度关注。特别是近几年，人们的健康保健意识越来越强烈，对食品的功能性要求越来越高，人们不仅关注吃好，而且更加注重营养，已经把营养与健康自然地联系在一起。如何提升生活品质，改变不恰当的生活方式，做到平衡膳食、合理营养已成为人们生活追求的新目标。全谷物食品以其特有的功能和不可替代性将成为人们青睐的营养健康食品。

近年来，我国的糙米、发芽糙米、全麦粉、燕麦片等全谷物食品也开始崭露头角，但是目前规模较小，产量较少。据国家粮食局对规模以上粮油加工业的不完全统计，2009年我国全麦粉产量为50.9万吨。只有少数企业生产，而且由于目前我国全谷物食

品的定义、标准等缺乏规范，市场上的全麦粉产品质量参差不齐。在全麦产品方面，品种更是稀少，市场上仅有的少量全麦面包等产品也是以外资企业产品为主。我国是一个粮食生产大国，也是一个杂粮生产大国。我国杂粮的栽培历史悠久，始于原始农业的新石器时代，品种繁多，有200多个品种，享有“杂粮王国”美誉。杂粮是公认的健康食物资源，但是至今未能很好解决食用方便化的问题。现在我们可以这样说，我国的全谷物食品市场在呼唤，人们期盼丰富多彩的全谷物食品能够早日像传统的粮油产品一样琳琅满目。我们可以预言，民众日益增长的需求，将会催生全谷物产品的不断涌现。从这个意义上讲，全谷物营养健康食品的发展前景极为广阔。

二、发展全谷物营养健康食品能有效提高资源利用率和增值效益

我国粮食食用率只有65%～70%，小麦和稻米的过度加工问题比较突出。全谷物食品既有利于国民营养需求和身体健康，又是高效利用粮食资源的有效途径。如果全国1.14亿吨小麦中有5%用于生产全麦粉，全麦粉的出粉率比精制面粉高20%以上，将相当于增产粮食100多万吨、相当于扩大300万亩耕地。

我国的杂粮基本上是由农民留做口粮自然消费，或者是以原粮投入市场，造成丰富的资源优势没有转化为商品优势和经济优势。据统计，我国杂粮种植面积9 059万亩，占全国粮食种植面积的8.73%；产量约2 000多万吨，占全国粮食总产量的4.14%。2009年全国粮食加工企业加工杂粮仅为116万吨，仅占全国杂粮总产量的5.8%，由于是初加工，利润率只有4.47%。发展全谷物营养健康食品，延长杂粮产业链，可以大幅提高增值效益。尤其是我国杂粮主要种植在黄土高原和边远地区，当地人民生活比较贫困，发展全谷物食品更有利于促进贫困地区脱贫致富并成为新的经济增长点。

三、“十二五”期间是我国全谷物营养健康食品的发展机遇期

加强我国全谷物食品的研究开发和推广应用，增加全谷物食品的消费，对改善我国大众营养与健康状况和提高我国粮食资源的利用效率与增值效益具有非常重要的意义，是大势所趋，势在必行。我国的全谷物食品将步入快速起步阶段，“十二五”期间全谷物食品产业将会迅速发展。其有利的条件为：

（一）国家政策给予大力支持。

我国党和政府历来高度重视和关心人民的身体健康，从事关民族兴衰的高度来倡导全民健康生活方式行动，采取综合措施，科学改善国民营养健康素质。卫生部于1997年和2007年分别制订和修订了《中国居民膳食指南》，以直观地告诉居民每日应摄入的食物种类、合理数量及适宜的身体活动量。特别指出要注意粗细搭配，经常吃一些粗粮、杂粮和全谷类食物，每天最好能吃50～100g。最近，国家“十二五”规划提出，要以更大力度惠民生促发展，保障全民族的健康素质不断提高。在我国“粮油工业（2010—2020年）和‘十二五’发展规划”中，将明确提出要推进全谷物营养健康食品的研发和产业化；提高专用米、配合米、营养强化米、发芽糙米、留胚米等所占比例，由2009年的3%左右提高到10%以上；提高全麦粉、多谷物混合粉等所占比例，专用

粉、营养强化粉、全麦粉等所占比重由2009年的11%左右提高到25%以上；要加强杂粮加工专用设备和关键技术研发，加快开发杂粮系列化传统食品、健康方便新食品，支持企业建设绿色、有机杂粮生产基地等。据了解，贵州、福建等地政府已经将营养健康产业作为当地“十二五”期间重点发展的产业，并为之制定了相关的规划。这些都给全谷物食品的发展提供了有力的政策支持。

（二）已经具备良好发展基础。

目前，我国粮食加工业已经发展成为世界上最大的粮食加工产业，建立了一大批现代化的加工厂，形成了一批具有较强经济实力和市场竞争优势的大中型骨干企业和企业集团；高新技术得到推广应用；高效节能与清洁安全生产取得突破性进展；粮食机械制造水平已达到和接近国际先进水平，粮食加工质量保证体系和品质控制新技术应用得到加强和提高。同时，我国粮食加工科学技术发展迅速，已接近国际先进水平，拥有一批专业化的理论研究、工程技术及设备开发的人才队伍。“十一五”期间，一些大型企业、科研院所、高等院校专门建立了全谷物食品等粮油营养健康食品的研发机构，做了大量的工作，并取得了可喜的成果。尤其是杂粮首次被纳入国家科技支撑计划重点项目，整个项目共设杂粮加工品质评价系统及加工适用性研究等8个专题，课题参与单位近40家，初步形成了一个有杂粮育种单位、杂粮产后品质与加工利用单位组成的杂粮研究单位联盟。产业发展、人才队伍、科研成果均为全谷物食品的发展奠定了坚实的基础。

四、推进我国全谷物营养健康食品发展的措施建议

（一）深入开展全谷物食品的基础理论研究。

要加强全谷物食品营养与健康的关系与作用机理研究，尤其是要开展全谷物中生理活性组分的鉴定、特性与生物有效性的研究；全谷物的合理摄入量方面的研究；全谷物营养基础数据库的研究；加工对全谷物营养素生物有效性的研究；多种产品“复合”营养功能的研究；全谷物营养与代谢的研究等，为全谷物的发展推广提供理论基础依据。

（二）积极研发全谷物食品的生产新技术和专用设备。

要继续全面开发营养强化米、发芽糙米、留胚米、营养强化面粉、全麦粉等产品的生产新技术；研究提高杂粮加工工业化程度、规模化和技术水平，重点研究主食荞麦粉、荞麦面条，燕麦米、燕麦片、燕麦主食面粉、速食快餐，小米主食面粉，杂豆类主食面粉和方便、休闲食品，高粱米和高粱主食面粉的生产新技术。

由于全谷物产品特别是杂粮加工工艺有其特殊性，亟待研发适应不同品种、条件各异、性能可靠的专用设备，以满足全谷物食品的生产要求。

（三）下力解决全谷物食品口感不适的难题。

全谷物食品具有很好的营养保健作用，但是口感风味有些人难以接受，影响了全谷物食品的推广消费。研究开发适口性好的糙米与发芽糙米及其制品、全麦粉及其制品等全谷物食品是当务之急，改变目前加工方式的缺陷，探索新工艺新技术，粗粮细作，为消费者提供口感好、色泽优良和货架稳定性高的传统与非传统全谷物食品。

（四）持续开展全谷物食品市场消费的研究。

全谷物食品市场是新兴的消费市场，功能、绿色是其市场的热点和亮点。全谷物食

品的理论研究和产品开发要紧紧围绕市场的需求来进行，通过不断对市场消费的广泛研究，要根据中国的国情，针对特定人群、不同年龄段、不同地区人群的新需求，随时调整研发方向，不断开发新的全谷物食品。这里需要强调的是，发展全谷物食品是今后的发展方向，但绝不会成为粮油加工的主导产品，所以在做法上既要积极，又要稳妥，切忌盲目发展。

（五）高度重视建立全谷物食品产业链。

全谷物营养健康食品的发展必须从源头原料抓起，贯穿整个产业链，精心组织好原料优质品种的选择、育种、种植、收获、储藏、加工、市场销售等诸环节。优良品种的选育、食用品质的改善，加工与储藏新技术的研究，质量与安全的控制等都要统筹考虑，需要相关学科的联合攻关。只有全谷物食品产业链的整体发展，才能促使全谷物食品的快速发展。这里需要指出的是，不是所有品质的谷物都能生产全谷物食品的。

（六）进一步加强政策支持和消费引导。

近年来，国家对粮食科技的投入有了较大增长，但仍缺乏长效机制，经费较为短缺，我们要呼吁国家有关部门要加大对全谷物食品研究开发的资金支持力度。同时对具有发展潜力的大中型全谷物食品加工企业在税收和技术改造资金等方面给予支持。

要经常组织专家对科学饮食、平衡膳食等专题开展科普宣传，对新研发的全谷物食品进行广泛宣传，提倡适合我国国情的、有利于人民身体健康的膳食结构模式，引导人们营养、健康、安全的消费粮食。

今年是“十二五”的开局之年，研究开发适应市场需求和人们消费变化的全谷物食品，是粮食加工业在新形势下不断发展的一个新课题，肩负的一项重要使命，我们要积极大力推进全谷物营养健康食品的发展，为使人们的身体更健康，生活得更美好做出贡献。

在“安琪酵母杯”第二届中华发酵面食大赛上的讲话

2011 年 8 月 6 日于成都

由中国粮油学会发酵面食分会举办，安琪酵母股份有限公司冠名的第二届“安琪酵母杯”中华发酵面食大赛决赛，今天在美丽的成都隆重开幕了，这是推动发酵面食行业发展进步的一项重要举措。在此，我代表中国粮油学会对本届大赛的成功举办表示热烈的祝贺！对冠名单位安琪酵母股份有限公司；协办单位：一加一面业有限公司；支持单位：蛇口南顺面粉有限公司、诺维信（中国）投资有限公司、安徽皖王面粉集团有限公司、丹尼斯克（中国）有限公司、《粮食与食品工业》杂志社、中华面点网等单位一并表示衷心的感谢！向参加大赛的各位选手、评委和为大赛付出辛勤劳动的全体工作人员致以真诚的问候！

2010 年，首届“安琪酵母杯”中华发酵面食大赛在上海举行，大赛得到了企业、学校、个人以及社会团体的广泛参与，受到新加坡、我国台湾等海内外国家和地区从业人员的关注，开创了中华发酵面食从业人员学技能、比技术的全国性赛事的先河。经过国家级专业裁判、高水平的专业辅导和评审，大赛的团体赛金银铜奖分别被广州华美职业技术学校、安徽青松食品公司、四川烹饪高等专科学校获得，个人赛冠亚季军也都花落名家。

今年的中华发酵面食大赛经过西南、华中、华东、华南、华北五个预选赛区的比赛，遴选出来的优秀选手和团队将于今天在成都一比高低，决出 2011 年的“中华面点王”，在此我预祝参赛的单位和选手赛出水平，取得好的成绩。

中华发酵面食是全球公认的营养价值高、安全性好、美味可口的健康食品，深受全球华人的喜爱。当前，在中国深入贯彻《食品安全法》和《小麦粉馒头》国家标准、大力推动食品行业科技进步、提高食品行业的产业化发展水平、重视食品的营养健康、提高国民的身体素质，是我们粮油食品行业义不容辞的责任。

我相信，作为面点行业人才展示才能和面点加工企业展示品牌形象平台的中华发酵面食大赛，将进一步促进我国发酵面食行业的技术交流，引导和带动广大发酵面食从业人员钻研技术，提高技能水平，弘扬发酵面食文化、推动中华发酵面食产业的创新发展。

最后，再次预祝所有参赛选手和参赛单位取得优异成绩，预祝本次大赛取得圆满成功！

在第六届发酵面食产业发展大会上的讲话

2011 年 8 月 7 日于成都

今天我和中国粮油学会胡承淼常务副理事长兼秘书长很高兴来到享誉“天府之国”美称的成都，参加由中国粮油学会发酵面食分会主办的“第六届发酵面食产业发展大会”。借此机会，我代表中国粮油学会和发酵面食分会向在座的各位专家和参会代表、媒体朋友们表示诚挚的欢迎！对承办单位：山东省乐陵市人民政府；协办单位：一加一面业有限公司；支持单位：蛇口南顺面粉有限公司、诺维信（中国）投资有限公司、安徽皖王面粉集团有限公司、丹尼斯克（中国）有限公司、《粮食与食品工业》杂志社、中华面点网等一并表示衷心的感谢！

我们清楚地记得，2006 年 8 月，发酵面食分会在湖北宜昌成立，分会会长，秘书长以及办事机构均挂靠安琪酵母股份有限公司，这是中国粮油学会第一次将学会的分支机构挂靠在行业标志性企业。从成立五年来取得的成绩看，当初我们的决策是正确的。

五年来，发酵面食分会在挂靠单位安琪酵母股份有限公司，在俞会长的领导下，努力团结和动员广大科技工作者深入实施科教兴国和人才强国的战略，立足科学发展，加强学术建设，促进学术交流，为推动我国发酵面食产业的快速发展，全面建设创新型国家发挥了积极作用。具体表现有三个方面。

第一，建立科普活动平台，普及了科普教育，促进了行业进步。

发酵面食分会在过去的五年里，结合中国科协“万名科技专家讲科普”，在全国 11 个省的 24 个县建立了发酵面食科普平台，深入宣传发酵面食、普及科普知识，成效显著。五年来近百万农民群众，超 20 万面点从业人员通过发酵面食科普宣传和面点加工职业技能培训等系列专题活动，学习了解了发酵面食科普知识和应用技能。

发酵面食分会通过深入开展科普下乡、为广大农民工开展职业技能培训活动得到了中央媒体的高度关注。2010 年，新华社专门刊发了标题为《我国上万农民工面点师春节在家乡接受培训》的长篇新闻专题报道。文章认为：发酵面食分会的科普活动影响深远、与实事结合紧密、利用科技力量为社会培育大批技能人才、实现农民工的创业创富、在社会反响良好、取得了良好的社会综合效益。应该说，这是社会对我们科普工作的一次高度肯定。

第二，举办发酵面食产业发展大会，促进行业发展。

在第一届理事会开始，发酵面食分会就十分重视为行业发展服务，为此，连续成功举办了六届中国发酵面食产业发展大会，通过高质量、高层次的学术交流，促进了行业的发展。与此同时，分会组织建立了第一届理事会专家委员会和发酵面食专家库，并不断发挥其作用，推进了创新型人才队伍建设，发挥了学会联系广大科技工作者的桥梁纽带作用。通过建立高层次科技人才服务平台，为人才培训、职称评定、技术创新、新技术推广、成果评价等提供了服务。

五年来，在发酵面食分会的会员中，多次获得了中国粮油学会评选的粮油科技一等奖、全国优秀粮油科技工作者、优秀科技创新型企业等多项荣誉，获奖奖项和人数均居学会各下属专业分会的前列。

第三，创新开展行业竞赛活动，意义与影响深远。

2010年，发酵面食分会在全国范围内，创新组织举办了中华发酵面食大赛。大赛作为我们发酵面食行业的第一项全国性大赛，得到了行业的积极参与和广大媒体的极大关注。应该说，发酵面食分会创新开展的这个活动，其目的明确、立意深远、组织严谨，取得了良好的口碑效应，是一次非常好的宣传发酵面食、推动发酵面食发展的活动。

现在，我们可以说，发酵面食分会已经成为了一个全面发展和影响力逐步增强的新兴分会，是成绩最为优秀的学会下属专业分会之一。

本次大会的主题是“重法规　讲诚信　推动发酵面食产业健康发展”。民以食为天，食品安全是民众最关心的问题。我们作为中国发酵面食主食的研发、生产与管理者，一定要严格遵守国家法律、法规和标准，守法诚信经营，为人民群众提供安全、营养、健康的食品。我们发酵面食分会也要积极为广大企业和从业人员提供食品安全方面的技术咨询与服务。

本次大会作为发酵面食行业的盛会，本届大会上将有许多行业前沿技术和经营管理方法在会上进行交流，比如《发酵面制品与食品安全》、《食品添加剂在发酵面食中的科学使用》、《健康膳食与中国特色全谷物食品的开发》、《酶对馒头的品质改善及研究新进展》等，另外还有一些发酵面食产业化发展方面的交流。这又将是一次内容丰富、学术价值很高的大会，希望各位参会代表都能有所收获。

在本届大会开幕前的昨天，2011年第二届中华发酵面食大赛已成功开赛，其赛事规格在第一届的基础上又得到了扩大，台湾地区的面食从业人员也参与了本届大赛。据我所知，发酵面食分会将进一步扩大赛事的规格和影响，将更大范围的邀请面食从业人员参与本项大赛，以此来推动中华发酵面食在世界的发展。我衷心地祝愿中华发酵面食大赛越办越好，能早日办成国际性赛事，成为发酵面食行业的世界性展台。

另外，在本届大会召开的同时，还将召开分会的会员大会，在总结分会五年工作的基础上进行分会的换届工作，在这里我预祝换届工作圆满成功，预祝发酵面食分会在新一届理事会和新一届领导班子的领导下，团结依靠广大会员，工作取得更大成绩，使分会越办越好。

最后，预祝第六届发酵面食产业发展大会取得圆满成功！

我国粮食加工的发展趋势

——在“2011全国米面杂粮营养安全和全谷物食品技术交流暨粮食、食品机械和谷物食品展览会”上的发言

2011年8月13日于呼和浩特

很高兴参加由中国粮油学会食品分会主办的“2011全国米面杂粮营养安全和全谷物食品技术交流暨粮食、食品机械和谷物食品展览会”与大家见面，并有机会在“十二五”开局之年与大家一起展望我国粮食加工业的美好未来。根据姚会长的安排，我就以“我国粮食加工业的发展趋势”为题谈些看法，供大家参考。

一、我国粮食加工业的简况

粮食加工业的范围很广，包括大米加工业、小麦粉加工业、杂粮加工业、粮食制品以及相应的机械装备和检测检测仪器等，这里主要介绍大米加工业和小麦粉加工业。

（一）大米加工业简况。

根据国家粮食局和中国粮食行业协会提供的统计数据及有关资料，2010年全国入统大米加工企业8 519个，其中日加工能力100吨以下企业4 785个，占大米加工企业总数的56.17%；日加工能力100～200吨的企业2 605个，占30.58%；日加工能力200～400吨的企业910个，占10.68%；日加工能力400～1 000吨的企业172个，占2.02%；日加工能力1 000吨以上的企业47个，占0.55%（图1）。

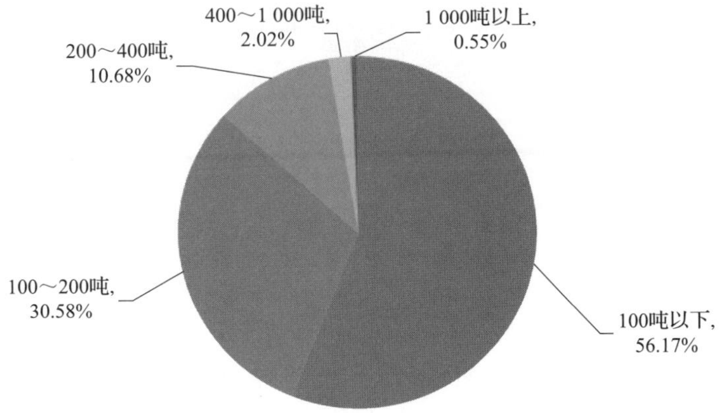

图1　2010年大米加工企业按日处理能力划分图

2010年大米加工年处理稻谷能力为24 339.3万吨；大米产量为7 294.8万吨；实际处理稻谷11 106.6万吨；产能利用率为45.32%。产能和产量按企业经济类型分，民营企业的产能和产量分别为21 110.2万吨和6 314.1万吨，所占比例分别为86.73%和

86.56%；国有及国有控股企业的产能和产量分别为 2 889.2 万吨和 879.1 万吨，占 11.87%和 12.05%；外商及港澳台商投资企业的产能和产量分别为 340 万吨和 101.6 万吨，占 1.40%和 1.39%（图 2 和图 3）。

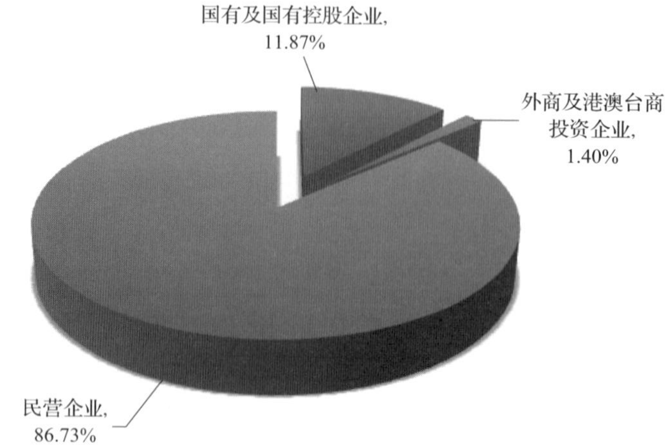

图 2　2010 年大米加工企业产能比例图

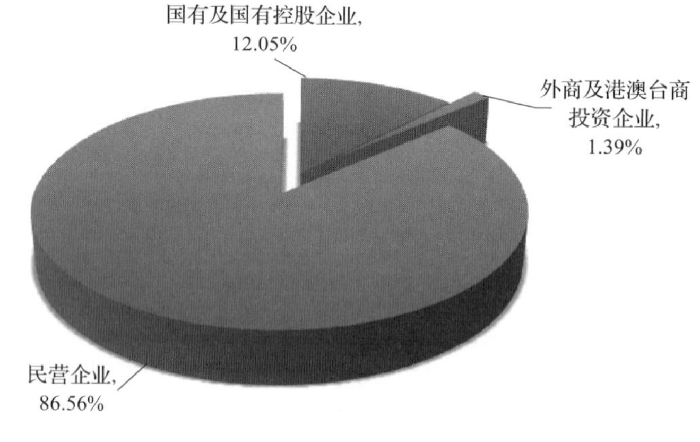

图 3　2010 年大米加工企业产量比重图

从产品结构看，以特等米（有质米）和标准一等米为主，产量分别为 2 284.4 万吨和 3 553.3 万吨，分别占总产量的 31.3%和 48.7%；标准二等米产量为 964 万吨，占总产量的 13.2%；糙米产量为 86.2 万吨，占总产量的 1.2%（图 4）。年产量 10 万吨以上的大米企业 60 个，合计产量达 1 329 万吨，占大米总产量的 18.4%。产量位居前三位的集团企业分别是：江西省粮油集团有限公司（88.7 万吨）、湖北福娃集团有限公司（72.2 万吨）和湖北国宝桥米集团（72.2 万吨）。

2010 年大米企业工业总产值 2 805.0 亿元，产品销售收入 2 875.1 亿元，利税总额 53.0 亿元（产值利润率为 1.89%），资产总计 1 511.2 亿元，负债合计 819.7 亿元（资产负债率为 54.2），年末从业人数 23.9 万人。

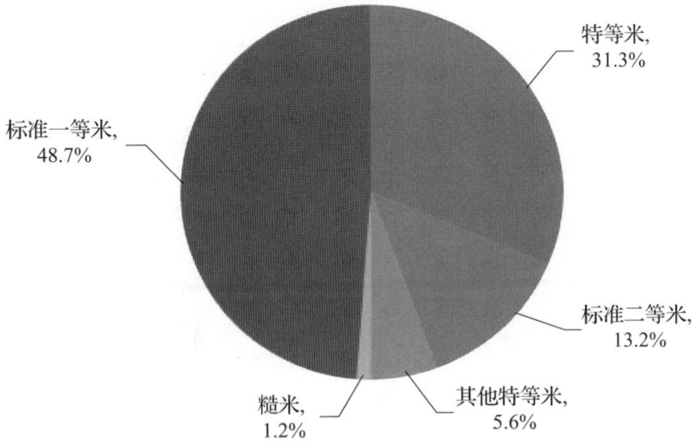

图 4　2010 年大米产量分品种比例图

（二）小麦粉加工业简况。

2010 年，全国入统小麦粉加工企业 3 027 个，其中日加工能力 100 吨以下的企业 1 110个，占小麦粉加工企业总数的 36.67%；日加工能力 100～200 吨的企业 779 个，占 25.73%；日加工能力 200～400 吨的企业 711 个，占 23.49%；日加工能力 400～1 000吨的企业 345 个，占 11.40%；日加工能力 1 000 吨以上的企业 82 个，占 2.71%（图 5）。

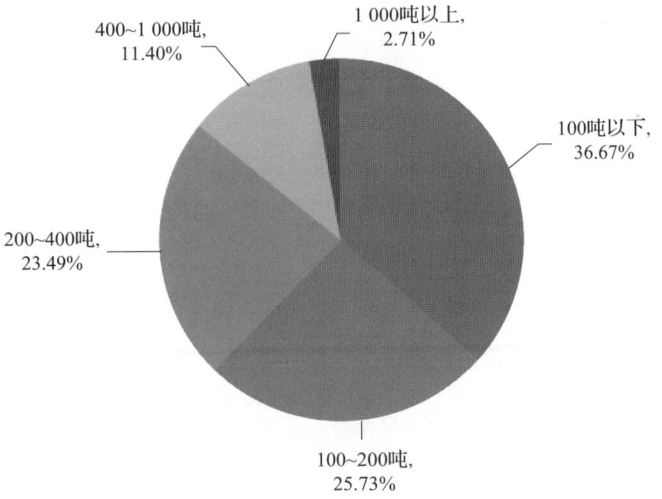

图 5　2010 年小麦粉加工企业按日处理能力划分比重图

2010 年，小麦粉加工年处理小麦能力为 15 953.7 万吨；小麦粉产量 7 528.6 万吨；实际处理小麦 11 221.7 万吨；产能利用率为 70.34%。产能和产量按企业经济类型分，民营企业的产能和产量分别为 13 815.5 万吨和 6 585.7 万吨，所占比例分别为 86.60%和 87.48%；国有及国有控股企业产能和产量分别为 1 439 万吨和 564.8 万吨，占 9.02%和 7.50%；外商及港澳台商投资企业的产能和产量分别为 699.2 万吨和 378.1 万吨，占 4.38%和 5.02%（图 6 和图 7）。

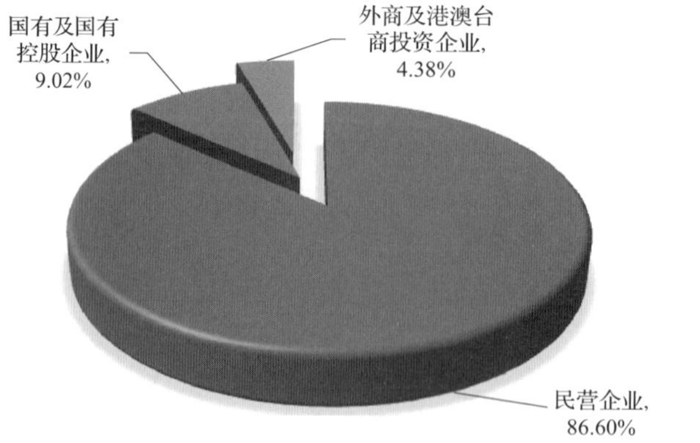

图 6　2010 年小麦粉加工企业产能比重图

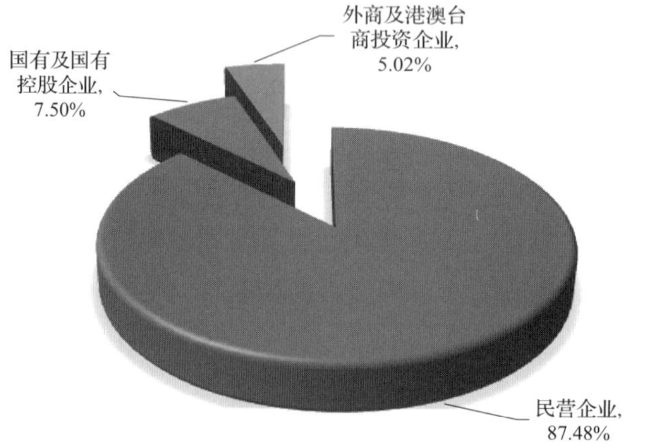

图 7　2010 年小麦粉加工企业产量比重图

从产品结构看，以特制一等粉和特制二等粉所占比例较大（图 8），产量分别为 3 351.7 万吨和 2 035.4 万吨，分别占总产量的 44.52%和 27.04%；专用粉产量为 580.8

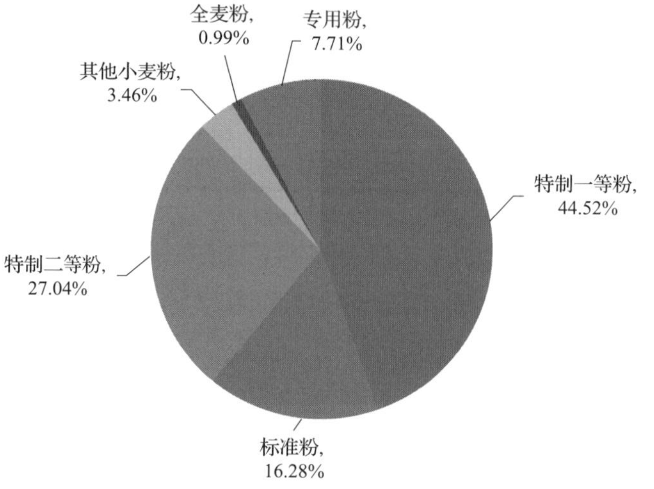

图 8　2010 年小麦粉分品种比重图

万吨，占总产量的 7.71%；全麦粉产量为 74.6 万吨，占总产量的 0.99%；标准粉产量为1 225.5万吨，占总产量的 16.28%。年产量 10 万吨以上小麦粉企业 123 个，合计产量达 2 480.6 万吨，占小麦粉总产量的 32.95%。小麦粉企业产量位居前三位的企业分别是：河北五得利面粉集团有限公司（296.6 万吨）、中粮集团有限公司（119.9 万吨）和益海嘉里（中国）集团（108.1 万吨）。

2010 年小麦粉企业工业总产值 2 251.0 亿元，产品销售收入 2 223.0 亿元，利税总额 54.0 亿元，利润总额 41.4 亿元（产值利润率为 1.84%），资产总计 1 059.5 亿元，负债合计 492.2 亿元（资产负债率为 46.46%），年末从业人数 18.8 万人。

二、“十一五”是我国粮食加工业发展最快最好的时期

改革开放三十多年来，尤其是进入 21 世纪以来，我国粮食加工业得到了快速发展，而“十一五”期间，又是我国粮食加工业发展最快最好的五年，主要反映在以下几个方面。

（一）粮食加工业的加工能力、产量持续增加。

据统计，2005 年入统大米加工企业的年处理稻谷能力为 12 447.6 万吨，大米产量 2 914.6 万吨。2010 年入统大米加工企业的年处理稻谷能力为 24 339.3 万吨，大米产量达 7 294.8 万吨，分别比 2005 年增加 95.5%和 150.2%，五年中平均年增长 19.1%和 30%。同样，2005 年入统小麦粉加工业年处理小麦能力为 8 090 万吨，小麦粉年产量 2 480.4 万吨。2010 年入统小麦粉加工业年处理能力为 15 953.7 万吨，小麦粉产量 7 528.6万吨，分别比 2005 年增加 97.2%和 116.3%，五年中平均年增长 19.4%和 23.3%。这样高的增长速度是大米加工业和小麦粉加工业发展史上罕见的。

（二）产品结构不断优化。

在大米产量中 2005 年特等米和标准一等米的产量分别 984 万吨和 1 646.5 万吨，2010 年特等米和标准一等米的产量分别提高到 2 284.4 万吨和 3 553.3 万吨，比 2005 年分别增加 132.2%和 115.8%。在小麦粉产量中，2005 年特制一等粉、特制二等粉和专用粉的产量分别为 1 481.1 万吨、916.5 万吨和 432.6 万吨，2010 年特制一等粉、特制二等粉和专用粉的产量分别提高到 3 351.7 万吨、2 035.4 万吨和 580.8 万吨，比 2005 年分别增加 126.3%、122.1%和 34.3%。

另外，为营养和满足部分消费群体需要，糙米、发芽糙米、蒸谷米、营养强化米、全麦粉、营养强化粉等产品不断涌现；其中 2010 年糙米产量为 86.2 万吨，全麦粉产量达 74.6 万吨。

（三）企业规模增大，生产集中度显著提高。

从日加工能力看，2005 年大米加工业日加工能力 400 吨以上的企业为 65 个，小麦粉加工能力 400 吨以上的企业为 114 个；2010 年大米和小麦粉日加工能力 400 吨以上的企业分别增加到 219 个和 427 个，比 2005 年分别增长 236.9%和 274.6%。

从产品产量看，2005 年年产量 10 万吨以上的大米加工企业 28 个，合计产量为 468.7 万吨；年产量 10 万吨以上的小麦粉加工企业 47 个，合计产量为 1 217.8 万吨。2010 年年产量 10 万吨以上的大米加工企业 60 个，合计产量为 1 329 万吨；年产量 10

万吨以上的小麦粉加工企业 123 个，合计产量为 2 480.6 万吨，合计产量比 2005 年分别增长 183.6%和 103.7%。五年中，大米和小麦粉加工企业中年产量 10 万吨以上的企业数量和合计产量的大幅度增加，充分表明我国粮食加工业的企业规模日益增大，生产集中度显著提高。

（四）主要经济指标创历史最高水平。

2005 年，大米加工业总产值为 736.8 亿元，产品销售收入 751.6 亿元，利润总额 13.1 亿元，资产总计 432 亿元，负债合计 274.9 亿元，资产负债率为 63.3%。到 2010 年，大米加工业总产值达 2 805.0 亿元，产品销售收入 2 875.1 亿元，利润总额 53.0 亿元，资产总计 1 511.2 亿元，负债合计 819.7 亿元，资产负债率为 54.2%，分别比 2005 年增加 280.7%、282.5%、304.6%、249.8%和 198.2%，资产负债率下降 9.1 个百分点。

2005 年，小麦粉加工业总产值为 863.5 亿元，产品销售收入 796.8 亿元，利润总额 9.8 亿元，资产总计 417.3 亿元，负债合计 261.1 亿元，资产负债率为 62.6%。到 201 0 年，小麦粉加工业总产值达 2 251.0 亿元，产品销售收入 2 223.0 亿元，利润总额 41.4 亿元，资产总计 1 059.5 亿元，负债合计 492.2 亿元，资产负债率为 46.5%，分别比 2005 年增加 160.7%、179%、322.4%、153.9%和 88.5%，资产负债率下降 16.1 个百分点。

“十一五”期间，粮食加工业以上主要经济指标都有大幅提高，创造了历史最高水平。

（五）产品质量水平不断提高，名牌意识明显增强。

按照国家粮食局和中国粮食行业协会的部署，粮食加工企业普遍开展了“放心粮油”工程和实施“品牌战略”，使粮食加工企业产品质量不断提高，粮油产品合格率总体水平不断上升。例如，2001 年初，国家有关部门对北京、上海、广东等 10 省市面粉质量进行检查，合格率仅为 49.6%；2002 年第四季度，国家有关部门对山东、河南、河北等 5 省面粉质量进行检查，由于增白剂超标等原因，合格率也只有 72.2%；到 2009 年，国家质检总局公布了米、面产品实物质量抽样检查结果。其中：大米共抽查了天津、辽宁、吉林、黑龙江、浙江等 13 个省、直辖市 177 家企业的 180 种产品，抽样合格率为 98.3%。小麦粉共抽查了北京、天津、河北、山西、江苏等 12 个省、直辖市 150 家企业的 150 种产品，抽样合格率为 99.9%。国家对米、面产品抽查合格率的不断提高，说明了粮食加工企业对产品质量的高度重视。

在开展“放心粮油”工程的基础上，企业的品牌意识不断增强，创品牌、争名牌在一些企业中蔚然成风。2007 年，在中国名牌产品评选中，以湖北国宝桥米集团和福娃集团有限公司为代表的 28 家大米加工企业生产的大米产品；以河北五得利面粉集团有限公司和江苏银河面粉有限公司为代表的 29 家小麦粉加工企业生产的小麦粉产品和以湖南金健米业股份有限公司为代表的 8 家挂面加工企业生产的挂面产品被评为“中国名牌产品”称号。在粮食加工行业，一次荣获 65 个中国名牌产品称号是很不容易的，是企业努力的结果。

（六）以米糠和玉米胚榨油为代表的副产物综合利用取得显著成就。

“十一五”期间，粮食加工企业在利用稻壳发电、利用碎米生产米露饮料、利用糠麸生产膳食纤维和利用米糠、玉米胚、小麦胚榨油等方面取得突破性成就。尤其是利用米糠和玉米胚榨油，为国家增产油脂方面取得的成就更为显著。据统计，2010 年我国生产米糠油达 21.1 万吨、玉米油 86.2 万吨，合计产量达 107.3 万吨，是我国历史上米糠油和玉米油最高合计产量 5 万吨左右的 20 多倍，成为我国油脂市场上仅次于大豆油、棕榈油、菜籽油和花生油之后的第五大食用油产品。

（七）粮食加工技术和装备水平得到快速提升。

“十一五”期间，通过自主创新和引进消化吸收，我国粮食加工技术和装备水平有了长足发展。粮机制造业通过应用计算机辅助设计和制造、精密铸造、数控加工中心、数控折弯冲压、激光切割、机电一体化和自动化控制等先进技术和手段，新产品不断涌现，质量和性能不断提高，从而使我国主要设备生产技术和性能达到和接近国际先进水平，并涌现出了一批粮机制造骨干企业，不仅能满足国内粮食加工业发展的需要，同时远销国外。

三、粮食加工业的发展趋势

为贯彻落实科学发展观，促进粮食加工业的持续健康发展，我觉得今后粮食加工业应朝着以下趋势发展。

（一）要发展和调整粮食加工业的产能。

随着我国人口增长、生活水平提高和城镇化进程加快，我国粮食消费需求在总量上将继续保持刚性增长的趋势。在《国家粮食安全中长期规划纲要（2008—2020 年）》（以下简称《纲要》）中预测，到 2020 年我国居民人均粮食消费量为 395 公斤，需求总量将达到 5 725 亿公斤，其中谷物消费需求 4 775 亿公斤，分别比 2007 年增加 600 亿公斤和 465 亿公斤。为适应我国国民经济的继续平稳较快发展、城乡居民收入普遍较快增加、人民生活水平将进一步提高和粮食消费刚性增长的需要，《纲要》中提出要“大力发展粮油食品工业”。这意味着在“十二五”期间乃至到 2020 年，我国粮食加工业将得到进一步的发展。

为促使粮食加工业的健康持续发展，我们必须下大力不断调整粮食加工业的产能结构。现在我国粮食加工业的产能利用率不高，产能过剩，个别地区和品种的产能过剩较为严重是不争的事实。但对粮食加工业的产能过剩要进行具体分析，我认为当前粮食加工业的实际是落后产能过剩，先进产能不足。为此，我们要加快淘汰一批工艺落后、设备陈旧、卫生质量安全和环保不达标、能耗物耗高的落后产能；与此同时，要发展一批不断采用新技术、新工艺、新设备的先进产能，促使粮食加工业的产能结构更加合理。另外，在加工业的布局上，要根据“统筹兼顾，协调发展”的原则，坚持与原料供应和产品销售相匹配，因地制宜，产区为主，兼顾销区和重要粮油物流节点，以完善前些年粮食加工业“产业布局向主产区集中”的提法，引导粮食加工业的健康发展，促进产业布局更加完善、合理。

（二）坚持安全质量第一，倡导“营养健康消费”和“适度加工”。

食品安全是世界各国关注的热点问题。我国政府对食品的安全与质量尤为重视，制定了《食品安全法》，采取了一系列措施。粮油产品是人们一日三餐都离不开的最重要的食物，也是食品工业的基础原料，其安全与质量关系着人民群众身体健康和生命安全，关系到社会的安定和国民经济的发展。为此，粮食加工企业必须始终把“安全”与“质量”放在第一位。要严格按国家标准添加食品添加剂；绝不使用不符合卫生标准规定的原料、辅料、包装物料；绝不销售不合格产品、过期产品、变质产品、假冒伪劣产品；绝不容许有害物质混入粮油食品。要完善粮油产品的质量安全检测体系建设，强化对农药残留、重金属、污染物等指标的检测，确保粮油产品的绝对安全。

在粮油产品安全的基础上，粮食加工企业生产的产品，要把“优质、营养、健康、方便”作为今后的发展方向；要大力倡导“适度加工”，提高纯度，合理控制精度、提高出品率，最大程度保存粮油原料中的固有营养成分，防止“过度加工”；要增加全谷物营养健康食品的比重，树立健康消费理念，改变片面追求米、面产品的“精”、“细”、“白”。为这一理念变为现实，粮食加工企业要积极配合，要做好思想准备，研究改进装备和加工工艺，制修订好粮油产品的国家标准。

（三）要推进企业组织结构和产品结构调整，加快转变发展方式。

粮食加工企业要加快企业组织结构调整，培育壮大龙头企业，继续引导企业通过兼并重组，适度提高产业集中度，发展拥有知名品牌和核心竞争力的大企业和企业集团，积极改造和提升中小型企业发展的质量和水平，形成大中小企业分工协作，协调发展的格局。

要调整产品结构，增加花色品种。按照“安全、优质、营养、健康、方便”的要求，加大新产品开发力度，增加花色品种，提高优、新、特产品的比例。要大力发展专用米、专用面粉、全麦粉等产品；实施“主食工业化示范工程”，积极发展工业化生产米、面制品和市场潜力大、附加值高、科技含量高的粮油方便食品、休闲食品。

粮食加工企业只有通过结构调整，才能实施转变发展方式，加快发展速度，提高经济效益。

（四）要重视资源综合利用，绿色环保和节能降耗。

按照循环经济的理念，要提高粮油资源综合加工和转化利用水平。大力推广米糠和玉米胚集中制油，稻壳用作供热和发电，不断提高碎米、胚芽和麸皮等副产物的综合利用水平。为提高米糠和玉米胚芽的利用率，要大力推广米糠膨化保鲜技术装备，推广“分散保鲜、集中榨油（浸出）”和“分散榨油、集中精炼”的加工模式，提高米糠利用率。力争到2015年，使米糠油和玉米油的产量由2010年的107.3万吨提高到180万吨，为提高我国食用植物油的自给率做出贡献。

要树立高效、低碳、节能、节粮和保护环境的意识，加大节能减排、保护环境的力度，积极发展和采用低消耗、低排放、高效率的加工模式，降低水、电、煤、汽等消耗，降低排碳量，减少污染物的排放。要采取有力措施，严禁再上高消耗、高污染的建设项目。确保到2015年，使粮油加工业的单位产值能耗比2009年降低20%左右，单位工业增加值用水量降低30%，单位产值二氧化碳排放量比2005年降低20%。以建立安全、优质、营养、低耗、绿色、生态的现代粮食加工业体系。

（五）要大力推进传统主食品生产工业化。

为适应城乡化建设和人民生活节奏加快的需要，结合早餐示范工程的发展，我们要把发展传统主食品生产工业化作为今后粮油加工业发展中的重点行业和重点工程之一，以加快传统主食品生产工业化发展的步伐。要重点发展方便米饭、米粉（米线）、汤圆、粽子等米制工业化食品以及馒头、挂面、鲜湿面条、煎饼、饺子等面制工业化食品。在“十二五”规划中，国家将支持建设一批优质米、面制主食品加工示范基地，以推动传统主食生产工业化快速发展。通过努力，到 2015 年使我国的工业化米、面制食品占米、面产量的比重由 2009 年的 10%左右提高到 20%以上。

（六）促进产业集聚，鼓励和支持粮油加工产业园区建设。

粮油加工业在“十二五”期间将充分利用现有资源和区位优势，推进企业适度集聚发展。鼓励和支持大型产业化龙头企业创建粮油加工产业园区，延伸产业链，向产、加、销一体化、专业化、规模化、集约化方向发展。打造一批科技含量高、综合利用全、带动能力强的粮油加工产业园区，并引导加工企业向粮油加工园区集聚，促进上下游关联企业专业化协作配套，使之成为粮油产业化发展中的新型载体，形成集粮油收购、储备、仓储、加工、配送、运输、质检、信息等为一体的粮油产业集群，以推进粮油加工业的集约化经营、规模化发展。

对此，粮油加工企业尤其是大型骨干企业应该在各地发展粮油加工产业园区建设中发挥积极作用。

（七）要增强自主创新能力，提升技术装备水平。

要推进关键技术创新与产业化。应用现代技术，加强粮油资源深度开发和副产物综合利用、主食品工业化、健康谷物食品加工与绿色保藏等关键共性技术开发，加快推动高新技术产业化示范，提升粮油加工业整体技术水平；要加快企业技术改造升级的步伐，推进粮机装备自主化，依托骨干粮机企业建设成套设备制造基地，提高关键设备大型化、智能化水平，重点发展稻谷、小麦、油料和玉米深加工大型高效节能节水设备，加强主食品工业化成套设备的自主创新；要重点支持有一定基础、市场前景广阔、技术含量高、规模较大的关键设备自主化示范；要加大信息技术的应用，推广先进实用技术装备，采用新型清洁生产技术，实施节能减排；要加强技术创新服务平台建设，建设粮油加工国家工程实验室和工程技术研究中心，搭建公共科技服务平台。以企业为主体构建产业技术创新战略联盟，加强产学研结合，提高自主创新能力。

这里我想强调的是，粮机行业研究开发节能节水和清洁生产设备是有难度的，但一旦研发成功，前景是广阔的。一个月前，我去了沧州北方粮机厂，他们开发研制的产量为每小时 10 吨的循环风去石机，在面粉厂的清理中使用，与传统的吸风去石机相比较，其耗电量仅为传统吸风去石机的 30%，排入大气的污染空气量仅为传统吸风去石机的 5%～10%。我认为，这样的设备是符合粮油工业发展要求的，它必将会深受用户的欢迎。

（八）要进一步严格行业的准入条件。

在《粮食加工业“十二五”发展规划》中，将会提出新建设项目的核准要求、企业资质、行业竞争、外商投资管理以及资源节约和环境保护等方面的具体要求。如在“行业竞争”中，为防止滥用市场支配地位或达成垄断协议，扰乱市场秩序，对单个企业或集团在玉米、小麦、稻谷加工能力达到全国总量的10%，或实际加工量达到全国总量的15%以上的，粮食行政部门要依法对其生产运营状况进行重点监测，原则上不再准予继续新建、扩建或并购粮食加工项目；在“资源节约和环境保护”中将提出要大力开发和推广节能节水节粮技术装备，加快淘汰粮食加工高能耗、高粮耗、污染环境的工艺装备。对排放未达标企业整改后仍不符合环保标准和环境保护要求的，责令停止生产。按照确保口粮、饲料粮供应的要求，根据“不与粮争地，不与人争粮”的原则，从国家粮食安全和保护环境出发，对利用小麦粉生产谷朊粉出口的项目以及利用食用植物油和粮食生产生物能源的项目，要予以严格控制。

在 2012 年中国小麦和面粉产业年会上的开幕词

2012 年 3 月 31 日于开封

中国粮食行业协会小麦分会在国家粮食局和中国粮食行业协会的关心、支持下。今天我们来到中国小麦生产第一大省——河南，来到美丽、富饶的历史名城开封召开“2012 中国小麦和面粉产业年会”。参加本次会议的有从事小麦培育、生产、加工、营销、科研、教育、管理等方面的领导、专家、教授和企业家；有从事制粉设备、检测仪器和食品添加剂等方面的生产商和供应商以及粮油行业的相关企业、网站和报社等代表，是中国粮食行业协会小麦分会自 2006 年在郑州成立以来继杭州会议、合肥会议、济南会议、南通会议和石家庄会议之后的第七届盛会。借此机会，我代表中国粮食行业协会和小麦分会对参加本次年会的各位领导、各位嘉宾和全体代表表示最热烈的欢迎和衷心的感谢！

本次年会在河南开封召开，为保证会议的顺利召开，会议自始至终得到了河南省粮食局、河南省粮食行业协会、河南省开封市粮食局的大力支持；得到了本次会议的承办单位——开封市天丰面业有限责任公司、《现代面粉工业》杂志社、河南工业大学、江南大学、武汉工业大学的大力支持；得到了有关设备制造单位和相关企业以及媒体的热情支持，对此，我代表协会和全体与会代表对他们一并表示衷心的感谢。我们还要特别感谢张局长、白会长在百忙中亲临会议并作重要讲话。

各位代表，为开好本次年会，去年 12 月，小麦分会在广东深圳召开了理事长、秘书长扩大会议，确定了本次年会的主题是“安全、诚信、创新、共赢”。为使会议达到预期目的，我们特邀了国内知名专家和企业家，围绕年会主题，将贯彻落实《粮油加工业“十二五”发展规划》，就小麦产业发展、产销形势、市场行情及小麦粉加工业发展、新技术应用等进行交流研讨，并同时举办制粉设备、检测仪器、食品添加剂及小麦加工产品的展示，使与会代表了解国内外的粮油形势和小麦粉加工业的发展趋势，以利企业经营决策，健康发展。我相信，通过大家的努力，会议一定能达到预期目的。

各位代表，中国粮食行业协会小麦分会自 2006 年成立至今已经 6 年了，为总结工作，小麦分会昨天召开了一届七次理事会。会议在总结了分会去年工作的基础上，安排了今年的工作重点。会议一致认为，2011 年小麦分会在总会的正确领导下，深入贯彻落实科学发展观，紧紧围绕小麦加工业健康可持续发展的中心任务，以服务为宗旨，以推进“放心粮油”工程、信用体系建设和名牌战略为重点，以培育和发展优势企业，促进企业整合提升、做强做大做久为目标，做了许多工作，取得了一定的成绩，决心在新的一年里以“稳中求进”的精神，做好工作，取得更大的成绩。

各位代表，为加快发展现代粮食流通产业，完善现代粮油加工体系，加快结构调整，推进转型升级，实现粮油加工业健康协调发展，充分发展加工对保障国家粮食安全的重要作用，去年年底和今年年初国家发展改革委、国家粮食局先后印发了《粮食行业

"十二五"发展规划纲要》和《粮油加工业"十二五"发展规划》(以下简称《规划》)。《规划》在明确了"十二五"期间粮油加工业发展的指导思想、基本原则、发展目标后,提出了今后五年发展的重点任务,产业布局和重点工程。就小麦加工业而言,我觉得要重点关注以下几点。

一要关注产业布局。要按照"坚持产区为主、兼顾销区和重要物流节点"的原则,优化小麦加工业的布局;小麦粉加工企业要根据《规划》中提出的小麦加工业的布局重点、规模和重点工程来规划自己的发展蓝图。

二要加快产业结构的调整。要大力培育和发展小麦加工业的龙头企业,鼓励和引导大型小麦粉加工企业兼并重组,不断提高集中度;要推进产业化经营,提升优质小麦基地建设规模化和标准化水平,逐步实现加工原料的专用化、规模化和标准化;要鼓励和支持企业改造升级,提高产品质量,增强市场竞争能力。强化环保、卫生、能耗、出品率、安全等指标的约束作用,加大对技术水平低、卫生质量和安全环保不达标、高能耗、高污染等产能的淘汰力度。

三要加快产品结构的调整。要加快系列化、多元化、营养健康小麦粉制制品的开发,提高优、新、特产品的比重,强化质量安全,加强品牌建设;要大力提倡适度加工,严格控制小麦粉的过度加工,提高产品出品率;要认真实施"主食品工业化示范工程",积极发展工业化生产的馒头、挂面、鲜湿面条等面制食品;要重点发展专用粉、营养强化粉、预配粉、全麦粉等产品,要求到2015年,各种专用粉等产品所占比重提高到25%以上;要加快推进麸皮、小麦胚芽等资源的利用。

四要健全安全保障体系建设。为确保粮油加工产品的安全,要完善粮油加工业技术标准体系,加快制修订符合国情的粮油加工重点产品标准、生产技术规范和检测方法标准;要加大粮油食品安全检验监督能力建设,满足企业对原辅料、半成品等的理化、微生物、农药残留、真菌毒素、重金属等指标快速检验的需要;要加快推行食品管理体系(GB/T 22000)、危害分析和关键点控制(HACCP)、良好操作规范(GMP)等质量管理与控制体系建设;要建立粮油食品质量安全产业链可追溯体系和企业诚信管理体系。

五要积极推动科技进步与创新。要在小麦粉加工领域推广适度加工先进实用技术装备、综合利用和质量安全技术,应用清洁生产技术,实施节能减排与产业升级;要推进全谷物食品、高效低耗节能加工、深度开发转化增值和副产品综合利用等新技术的研发和产业化;要发展小麦粉加工、面制品、焙烤食品、速冻食品等成套设备。要推进深加工关键技术创新与装备产业化,提高关键装备的智能化水平。鼓励构建产业技术创新战略联盟,加快全谷物食品、面制主食品工业化、粮油食品安全、薯类及杂粮、豆类食品开发等工程实验室和工程技术研究中心建设。

六要积极推进粮油加工园区建设。为延伸产业链,推动粮油加工业向专业化、规模化、集约化方向发展。《规划》中提出将建设60个粮油加工示范园区,并明确鼓励和支持粮食产业化龙头企业创建粮油加工园区。使之成为粮食产区化发展的新型载体,形成集粮食收购、储藏、现代化粮食产业集群。为此,大型企业和企业集团应积极参与,推进粮油加工园区建设。

七要重视国家粮油应急加工及供应体系建设。《规划》中鼓励符合资质条件的小麦粉加工企业要积极参与国家粮油应急加工及供应体系建设，以保障国家应对自然灾害或突发事件时粮油应急供应的需要。

以上是我学习《规划》后的几点体会，希望小麦粉加工企业进一步学习、领会《规划》的内容，结合企业的实际，制修订好本企业的发展规划，加强与有关行业主管部门的沟通，争取纳入本地区粮油加工发展划中的重点项目。

在 2013 年中国小麦和面粉产业年会上的开幕词

2013 年 3 月 30 日于成都

由中国粮食行业协会小麦分会主持召开的“2013 年中国小麦和面粉产业年会”今天在美丽、富饶的成都召开了。参加本次会议的有从事小麦培育、生产、加工、营销、科研、教育、管理等方面的领导、专家和企业家；有从事制粉设备和检测仪器等方面的生产商和供应商以及粮油行业的相关企业、网站和报社等代表，是中国粮食行业协会小麦分会成立以来继郑州、杭州、合肥、济南、南通、石家庄和开封等会议后的第八届年会。借此机会，我代表中国粮食行业协会和小麦分会对参加本次年会的各位领导和全体代表表示最热烈的欢迎。对为开好本届年会做出卓越贡献的所有承办单位、协办单位、媒体支持单位表示衷心的感谢！

各位代表，本次会议将认真贯彻党的十八大精神，促进小麦和面粉产业的健康发展。会议的主题是“安全优质低耗，绿色生态，转型升级，创新发展”。为使会议达到预期目的，我们特邀了国内市场行情及小麦粉加工业发展、新技术应用等进行交流研讨，并同时举办制粉设备、检测仪器及小麦加工产品的展示，使与会代表了解国内外的粮油形势和小麦粉加工业的发展趋势，以利企业经营决策，健康发展。我们相信，通过大家的努力，会议一定能达到预期目的。

各位代表，回顾 2012 年，中国粮食行业协会小麦分会在总会的领导下，在广大会员企业的支持下，小麦分会坚持以转变发展方式为重点，以促进小麦产业健康发展、保障小麦产品质量安全为核心，以为会员和小麦加工企业服务为宗旨，做了大量工作，取得了一定的成绩。分会积极配合总会深入推进“放心粮油”工程，进一步推动“放心粮油”进农村、进社区、进老少边穷地区，在总结前两批“放心粮油”示范企业创建工作经验的基础上，认定了第三批小麦粉加工及挂面示范加工企业 57 家；配合总会积极开展行业诚信体系建设，开展了第三批小麦粉加工企业信用评价工作，授予了 7 家企业为 AAA 级信用企业，1 家企业 AA 级信用企业；培育发展小麦粉加工骨干企业和知名品牌，在总会的统一部署下，围绕小麦粉加工企业的转型升级，做强做大，开展了重点企业的专项调查，评选出了 2011 年度中国小麦粉加工企业 50 强和挂面加工企业 10 强，授予了四家小麦粉加工企业为“百年面粉厂”称号，帮助知名品牌企业申报“中国驰名商标”；开展多种形式的交流活动，成功举办了“2012 年中国小麦和面粉产业年会”，交流了内容丰富的小麦粉加工管理、技术、经营等方面的经验，组织企业和专家参加了欧洲面粉协会、美国小麦协会、法国小麦协会、FFI、韩国等国际组织举办的各类学术交流活动，进一步了解了国际小麦市场及加工技术；注重培训行业高素质人才，经国家粮食局人事司和职业技能鉴定指导中心同意，分会于去年 8 月下旬在江苏无锡举办了第二期制粉技师国家职业资格培训班，培训学员 25 人，其中通过考试人数 22 人。另外，经批准，分会组织了由 16 人组成的小麦粉深加工技术与管理培训团，于去年年底赴瑞士培训，学到了许多先进的技术管理经验；积极发展会员，壮大队伍建设。去年 3 月，在河南开封召开的小麦分会一届七次理事会上，通过发展了新会员单位 85 个，在昨天召开的一届八次理事会上，又通过发展了 57 个企业为新会员单位，在一年的时间里，分会发展新会员达 142 个之多，反映了小麦分会有较高的向心力和凝聚力。总之，分会在过去的一年里，做了许多工作，成绩显著。

在新的一年里，小麦分会的工作将认真贯彻党的十八大精神，按照总会的工作部署，在推进“放心粮油”工程和信用体系建设；严把粮油产品的质量与安全；培养发展粮油骨干企业和知名品牌；加强行业交流和人才培养；加强分会建设等方面努力做好工作，取得更大的成绩。

各位代表，粮油产品的质量安全，与国家粮食安全一样是天大的事。为确保粮油产品的质量与安全，当前我们要特别重视防范塑化剂对粮油产品的污染问题。由于塑化剂对人类健康存在着潜在危害，从而引起了世界各国的广泛关注。现在，欧盟、美国、日本、中国等都先后将塑化剂（主要指邻苯二甲酸酯类物质）列入了优先控制的黑名单中。2011 年 6 月，我国卫生部规定了食品及食品添加剂中塑化剂的最大残留量。

近两年来，国内外先后发生某些食品被检测出含有塑化剂问题。从 2011 年 5～6 月间，我国台湾地区的“饮料塑化剂添加”事件，到稍后内地的“方便面塑化剂”事件，再到去年 11 月和年底前“酒鬼酒和白酒”等塑化剂事件的曝光。这一由塑化剂引发的食品安全问题，进一步引起了我国政府、社会各界和消费者的高度关注。今年 1 月中旬，国务院食品安全办召开专题会议，通报了有关食品中塑化剂风险监测结果，研究部署了处置食品中塑化剂问题的措施；2 月 8 日，国家粮食局任正晓局长在中国粮食行业协会王瑞元副会长附送的《塑化剂与粮油制品的安全》一文上批示：“塑化剂”是危及粮油食品安全的新“杀手”，必须引起高度重视，王瑞元副会长所提五点对策请予认真研究，在标准修订、企业生产加工和科技研发等环节都要高度关注、严格把关；2 月 27 日，工业和信息化部召开酿酒、乳品、植物油行业“以钢代塑”专题会议，会上要求各有关部门结合行业实际，尽快提出本行业防范塑化剂污染食品的实施意见；2 月 26 日，中国粮食行业协会在京召开米、面、油加工骨干企业座谈会，交流了粮油加工企业防范塑化剂污染粮油制品的做法，研究了防范措施。在此基础上，中国粮食行业协会于 3 月 6 日发出了《中国粮食行业协会关于防范塑化剂污染粮油制品确保粮油质量安全的实施意见》。文件结合粮油行业的实际，提出了六条防范实施意见。希望粮油加工企业（特别是食用植物油加工企业）要对塑化剂可能污染粮油制品的风险引起高度重视，采取切实有效的措施，严加防范，以确保粮油制品的质量与安全，促进粮油加工企业的健康发展。

在“安琪酵母杯”第三届中华发酵面食大赛上的发言

2013年8月9日

由中国粮油学会发酵面食分会举办，安琪酵母股份有限公司冠名的第三届“安琪酵母杯”中华发酵面食大赛决赛，今天在国际化大都市上海隆重开幕了。这是推动发酵面食行业发展进步的一项重要举措。在此，我代表中国粮油学会向本届大赛的举办表示热烈的祝贺！对冠名单位安琪酵母股份有限公司，协办单位：诺维信中国投资有限公司、五得利面粉集团有限公司、杜邦营养与健康；支持单位：中华面点网和《粮食与食品工业》杂志；友情赞助单位台湾快特励食品机械有限公司表示衷心的感谢！向参加大赛的各位选手、评委和为大赛付出辛勤劳动的全体工作人员致以真诚的问候！

馒头、包子等发酵面食是以面粉为原料，经过酵母发酵而制成的面食产品。它是中国传统优秀饮食文化的积淀产物，在国际上被誉为“东方面包”，是中国百姓喜爱的健康主食品。为进一步推动中华发酵面食的健康发展，中国粮油学会发酵面食分会三年前发起举办了中华发酵面食大赛，迄今为止已经举行了两届，今年是该赛事的第三届。前两届“安琪酵母杯”中华发酵面食大赛取得了巨大的成功，得到了企业、学校、个人以及社会团体的广泛参与，受到中国台湾以及新加坡、越南、马来西亚等海内外国家和地区从业人员的关注，开创了中华发酵面食从业人员学技能、比技术的全国性赛事的先河。首届大赛个人赛冠军文彦还受邀到台北授课，受到台北发酵面食从业者和爱好者的热烈欢迎。

发酵面食制作简单，是全球公认的营养价值高、安全性好、美味可口的健康食品，深受全球华人的喜爱，值得在全球广泛推广。当然，就目前而言，这个“东方面包”，没有西方面包有着那么广的影响力。所以，我觉得要想在全球推广好我们的发酵面食，就需要首先做好国内发酵面食产业。为此，我们国内的行业管理者和从业人员要深入贯彻《食品安全法》和《小麦粉馒头标准》，大力推动食品行业科技进步，重视食品的营养健康，提高食品行业的产业化发展水平，从而全面提升国内发酵面食行业水平，这也是我们粮油食品行业义不容辞的责任和使命。

据我了解，随着该赛事的影响力的不断扩大，本届共计有来自海内外的1 000余名参赛选手和50多家企业报名参与。比赛除了北京、上海、成都、广州、沈阳、宜昌等城市赛区外，台北、马尼拉（菲律宾）、新加坡、吉隆坡（马来西亚）等城市也有选手报名参赛。由此可见，经过3年的发展，中华发酵面食大赛已成为面点行业人才展示才能和面点加工企业展示品牌形象的平台。大赛已经由第一届的国内五个城市发展到现在海内外的十个城市进行选拔赛，我们期待其在未来发展得更好，让全球华人都有机会参与，共同弘扬中华发酵面食文化、推动中华发酵面食产业的创新发展。

在2014年中国小麦和面粉产业年会上的开幕词

2014年4月18日于北京

为进一步推动小麦和面粉产业的健康发展，中国粮食行业协会小麦分会今天在伟大祖国首都——北京召开“2014年中国小麦和面粉产业年会”。这是中国粮食行业协会小麦分会自2006年在郑州成立以来继杭州会议、合肥会议、济南会议、南通会议、石家庄会议、开封会议和成都会议之后的第九届盛会。参加本次会议的有从事小麦培育、生产、加工、营销、科研、教育、管理等方面的领导、专家、教授和企业家；有从事制粉设备、检测仪器和食品添加剂等方面的生产商和供应商以及粮油行业的相关企业、网站和报社等代表，借此机会，我代表中国粮食行业协会小麦分会对参加本次会议的各位领导、各位专家和全体代表表示最热烈的欢迎和衷心的感谢！

本次会议在北京召开，为保证会议的顺利进行，会议自始至终得到了北京市粮食局、北京市粮食行业协会的大力支持；得到了本次会议的承办单位——北京粮食集团有限责任公司的大力相助；得到了协办单位——《现代面粉工业》杂志社、河南工业大学、江南大学、武汉轻工大学以及有关设备制造单位、相关企业和有关媒体的热情支持，对此，我代表小麦分会和全体与会代表对他们一并表示衷心的感谢。我们还要特别感谢聂会长在百忙中亲临会议并作重要讲话。

各位代表，为开好本次年会，去年12月，小麦分会在河南郑州召开了理事长办公（扩大）会议，确定了本次年会将认真贯彻落实党的十八大和十八届二中、三中全会精神，主题是：改革创新，转型升级，优质安全。为使会议达到预期目的，会议期间，我们将围绕年会主题，举行小麦和面粉市场形势分析、新技术新产品交流研讨、电子时代下的小麦加工产品营销、小麦制品及机械设备展示、主食产业化参观等多项专业活动，并安排布置小麦粉及挂面示范加工企业和信用评价试点企业年审复评工作，使与会代表了解国内外的粮食形势和小麦粉加工业的发展趋势，以利企业经营决策，健康发展。我相信，通过大家的努力，会议一定能达到预期目的。

各位代表，中国粮食行业协会小麦分会自2006年成立至今已八年了，为总结八年来的工作，安排好今年的重点工作，小麦分会在去年理事长办公（扩大）会议的基础上，昨天下午又召开了一届九次理事会。大家一致认为，八年来，小麦分会在总会的正确领导下，在全体会员的支持下，认真贯彻党的方针、政策，紧紧围绕小麦加工业健康可持续发展的中心任务，以服务为宗旨；以推进“放心粮油工程”、信用体系建设和名牌战略，确保小麦制品的质量与安全为重点；以培育和发展优势企业，促进企业整合提升、做强做大做久为目标，重点做了以下几方面的工作：

一是，深入开展“放心粮油工程”，确保面粉及其制品的质量与安全。小麦分会成立八年来，始终把“放心粮油工程”作为分会的重点工作之一，积极配合总会在小麦粉加工企业中开展“放心粮油工程”，推进“放心粮油”进农村进社区活动的深入开展。根据总会的统一部署，分会积极开展“放心粮油”产品及小麦粉加工和挂面示范企业的认定工作，至2013年底全国已有324家小麦粉及挂面加工企业被认定为“放心粮油示范企业”。为进一步提升示范企业的经营管理水平，配合总会先后制定了《放心粮油示范企业试点工作实施办法》、《放心粮油示范企业质量安全诚信公约》、《放心粮油示范加工企业和示范主食厨房质量安全管理规则》、《放心粮油示范企业经营服务规范》等行规行约，为企业实现标准化生产、规范化经营、精细化管理提供了制度保证。针对粮油食品安全问题，分会积极倡导在小麦粉加工中取消添加过氧化苯甲酰，并与有关部门积极协调，多次组织全国百多家小麦粉骨干企业，联合发出了《禁止滥用面粉增白剂呼吁书》，引起了政府有关部门的高度重视，并于2011年2月11日由卫生部、工业和信息化部、国家质量监督检验检疫总局、国家粮食局等七个部门联合下发了2011年第4号《关于撤销食品添加剂过氧化苯甲酰、过氧化钙的公告》（以下简称《公告》），《公告》中指出：“自2011年5月1日起，禁止在面粉生产中添加过氧化苯甲酰、过氧化钙，食品添加剂生产企业不得生产、销售食品添加剂过氧化苯甲酰、过氧化钙；关于面粉（小麦粉）中允许添加过氧化苯甲酰、过氧化钙的食品标准内容自行废止。”从而使过氧化苯甲酰彻底退出了小麦粉加工的舞台，结束了长达十年之久的“加”与“不加”的争论。

二是，推进名牌工程，搞好品牌建设。在总会的统一部署下，2006年，分会配合商务部进行了“最具市场竞争力品牌”产品的推荐、评定工作。经过评定，北京古船食品有限公司生产的古船牌小麦粉、五得利面粉集团生产的五得利牌小麦粉等6个小麦粉加工企业生产的小麦粉产品荣获商务部颁发的2006年度“最具市场竞争力品牌”称号；2007年，是小麦粉中国名牌产品的复评之年，分会在积极推进名牌工程的基础上，经严格评审和多方努力，最终江苏银河面粉有限公司、五得利面粉集团等29家小麦粉加工企业生产的小麦粉产品被授予“中国名牌”称号。湖南金健米业股份有限公司、河北金沙河面业有限责任公司等8家企业生产的挂面产品被授予“中国名牌”称号；积极协助小麦粉加工企业、挂面生产企业向国家工商总局申报“中国驰名商标”。据不完全统计，目前全国已有34家小麦粉、挂面商标被认定为“中国驰名商标”；与此同时，分会在调查研究的基础上，经过向总会推荐，有4家企业被授予“百年面粉厂”称号。协助总会先后授予五得利集团为“面业之冠”的荣誉称号，命名山东夏津县为“中国面粉大县”，命名安徽亳州市为“中国面粉加工强市”，命名安徽萧县为“中国面粉加工强县”，命名湖南南县为“中国挂面之都”，命名河南新乡市为“中国优质小麦产业化强市”，命名河南延津县为“中国优质小麦产业化示范县”，并连续三年公布了小麦粉50强和挂面10强的企业名单。通过以上评选活动，在全行业和消费中树立了小麦粉加工骨干企业的形象，提高了企业和产品的知名度。

三是，积极开展信用评价，促进企业信用体系建设。经商务部、国资委行业协会批准，中国粮食行业协会被确定为第二批开展行业信用评价试点单位。为做好此项工作，保证信用评价的科学性、准确性和权威性，分会配合总会建立了领导小组和办事机构，确定了《粮食行业信用体系建设试点工作方案》，启动了信用评价试点工作。经企业自愿申请和省级粮食行业协会审查推荐并经中国粮食行业协会和第三方评价机构严格评价，现在已有 54 家小麦粉加工企业被认定为 A 级以上信用等级企业。此项工作的开展，对小麦粉加工企业加快信用体系建设起到了积极的推动作用。

四是，积极为行业反映实际情况，争取政策支持。分会积极与农业部等有关部门联系，参加了"享受企业所得税优惠政策的农产品初加工范围定义"的起草工作。经多方努力，财政部、国家税务总局于 2008 年 11 月 20 日正式下发了《财政部　国家税务总局关于发布享受所得税优惠政策的农产品加工范围（试行）的通知》，文件中采纳了我会的意见，使生产小麦粉及各种专用粉的企业享受到了免征所得税的优惠政策；根据克明面业等多家挂面企业的要求，2008 年 3 月分会配合总会向国家税务总局反映了行业税负过重，影响行业健康发展等有关问题。经过半年多时间的反复协商，国家税务总局于 2008 年 12 月 8 日向全国各级税务部门正式下发了《国家税务总局关于挂面适用增值税税率问题的通知》，文件中明确了挂面产品从发文之日起按照粮食复制品适用 13%的增值税率征收税款，使挂面产品从原来征收 17%的增值税率降低了四个百分点；2010 年 2 月，国家税务总局在秦皇岛召开了"农产品增值税抵扣政策座谈会"，分会应邀参加了会议。会议期间，分会根据山东半球面粉有限公司和安徽皖王面粉有限公司等企业反映的有关农产品加工增值税进项税额抵扣政策中存在的问题和改革的建议写了一份材料，提交给了国家税务总局，引起了领导的关注和重视。

五是，充分发挥专家的作用，为行业健康发展献计献策。分会充分利用制粉界人才济济的优势，为行业的健康发展服务。根据国家发改委对粮油加工行业利用外资提出政策和建议的要求，分会协助总会完成了《关于对今后外商投资粮油加工企业的政策建议》，并上报国家发改委；根据国家粮食局的安排，分会参与了国家发改委组织的赴河南调研组，调研河南省到 2020 年增产 300 亿斤粮食的可行性；参加了国家粮食局组织的赴各地对我国粮食产业人才队伍建设情况、国家《粮食法》修改建议等调查研究；2009 年 8 月，受国家粮食局委托，分会协助总会组织粮食行业各领域专家，经过两个多月的研究修改，完成了《粮食加工发展规划（2009—2020 年）》（送审稿）的编制工作；根据国家粮食局的安排，组织专家积极参与《粮油加工业"十二五"发展规划》的编写工作；为促进小麦粉加工业职业技能工作的开展，分会受国家粮食局委托承担了《制粉工中级技师和高级技师培训教程和鉴定试题》的编写工作；另外，分会组织行业内专家，积极参加国家标准的起草和制修订工作等等。

六是，开好年会，积极开展国内外的交流活动。为帮助小麦粉加工企业了解宏观经济形势，掌握市场动态，搞好生产经营，扩大贸易合作，分会与《现代面粉工业》杂志社、河南工业大学、武汉轻工大学等单位合作，每年都成功举办小麦分会年会暨新产品、新技术展示会，深受企业的欢迎；2007 年 10 月，小麦分会配合总会组织小麦粉加工企业赴台湾考察，寻求合作与贸易；2009 年 5 月，应 GAIN（全球营养改善联盟）的要求，小麦分会派员参加了在荷兰首都阿姆斯特丹举办的全球营养改善高层论坛；应瑞士布勒公司的邀请，2012 年 12 月，分会组织小麦粉加工的专家和企业家一行 12 人赴瑞士布勒公司进行加工技术与管理培训。通过考察与培训，大家深感到瑞士布勒公司的技术管理先进，产业化程度高，找到了我们在管理、加工、设备和技术上的差距。另外，将分会的会刊——《面粉通讯》改为《现代面粉工业》，受到了业内企业和专家的欢迎。

七是，重视行业人才队伍建设。根据《全国粮食行业中长期人才发展规划纲要（2011—2020年）》精神和国家粮食局职业技能培训鉴定工作计划，小麦分会受国家粮食局人事司和国家粮食局职业技能鉴定指导中心的委托，先后举办了2期制粉高级工和3期制粉技师职业技能培训班，共有41人获得制粉工（高级）职业技能证书，通过率为87.2%；72人获得制粉技师职业技能证书，通过率为96%。通过培训，使学员理论知识和实际技能得到有机的结合，为所在企业的健康发展奠定更加坚实的技术支撑。

八是，努力搞好分会自身建设。根据总会的要求，分会不断致力于完善现有制度，为会员服务；致力于分会会员的管理与发展，八年来，共发展会员327家，会员单位囊括了小麦粉加工企业、制粉机械制造企业、检验检测仪器设备生产厂家和粮食行业大专院校、科研单位，其中大部分为小麦加工的骨干企业，具有很强的行业代表性。

以上成绩的取得，离不开总会的指导与关怀，离不开全体会员单位的配合与支持，离不开分会全体工作人员的努力工作，在此，我代表小麦分会向所有关心、支持小麦分会工作的领导和同志们表示衷心的感谢！

各位代表，2014年小麦分会将按照总会工作的部署，重点在以下几个方面多做工作：一要继续坚持以服务为宗旨，提高服务功能，全心全意为会员单位服务，为行业发展服务，为国家粮食安全服务；二要继续深入开展“放心粮油”工程，进一步搞好放心小麦粉加工示范企业的创建工作，推进“放心粮油”进农村进社区活动的深入发展；三要继续开展好信用评价，促进企业信用体系建设；四要继续推进品牌工程，搞好品牌建设，要在行业内牢固树立质量第一的思想，确保小麦粉及其制品的质量与安全；五要继续按国家粮食局的要求，搞好制粉工技师、高级技师的培训和考核工作；六要继续充分发挥小麦粉加工行业专家的作用，为行业和企业的发展出谋划策。总之，在新的一年里，小麦分会要继续为行业和企业的健康发展做出应有的贡献。

我国挂面产业的发展前景十分美好

2014 年 5 月 7 日于郑州

为加快挂面产业的品牌建设，确保挂面产品的质量与安全，促进挂面产业的健康快速发展，由中国粮油学会粮油营销技术分会主办，河南工业大学、武汉轻工大学、江南大学、中国农业机械化科学研究院、青岛海科佳电子设备制造有限公司协办的“首届全国挂面产业发展论坛”今天在全国小麦生产大省河南省郑州市召开了，借此机会，我代表中国粮油学会粮油营销技术分会，对在座的各位专家、教授、企业家以及媒体的朋友们表示最热烈的欢迎和衷心的感谢！

本次会议将围绕着挂面产业的发展、产品的质量与安全、品牌建设、新技术、新设备的推广应用进行交流与研讨。为此，我特邀了全国在挂面产业中有很高造诣的著名专家、教授和挂面生产企业的杰出代表，他们将给我们做高水平的精彩报告，希望全国的挂面生产企业都能从中受益。

根据会议的安排，我先抛砖引玉地就挂面产业的发展讲几点看法。

一、挂面产业是粮油主食品工业化的重要组成部分

“挂面、馒头、饺子”是我国面制食品的传统“三宝”，是适合我国传统消费特点的深受百姓喜爱的面制主食品，是粮油主食品工业化的重要组成部分。其中挂面在我国已有 2000 多年的历史，不分南方北方，都是百姓喜爱的食品。有人推测，百姓通过食用挂面（含干、湿面条）和馒头（含包子）耗用的面粉各占我国面粉消耗量的 30%，其余 40%的面粉消耗在制作饺子、饼干、面包、馄饨等食品上。由此可见，挂面是我们粮油主食品工业化中最重要的代表品种。

挂面生产也是小麦粉加工业向食品延伸，实现精深加工的重要内容，是小麦粉加工业调整产品结构，转变经营方式，增值、增效的重要举措；是方便百姓，扩大社会就业机会的政府满意工程。

二、挂面产业有着广阔的发展前景

近几年来，在国家政府的支持下，挂面这一传统产业得到了长足发展，生产企业越来越多，规模和产量越来越大，品牌意识越来越强，产品品种越来越多，质量越来越好，这标志着我国挂面产业发展进入了一个新的阶段。

据国家粮食局统计，2008 年全国入统企业挂面生产能力为 308 万吨，2009 年为 358 万吨，2010 年为 442 万吨，2011 年为 513 万吨，2012 年为 691 万吨，2012 年的生产能力为 2008 年的 224%，四年中增长了 1.24 倍，平均每年增长 31%。增长速度之快是所有粮油主食品中最快的，也是面制品中增长速度最快的。展望未来，我们对挂面产

业的发展前景充满信心。归纳起来，有诸多方面，其中最有说服力的我认为有以下几点：一是城乡居民消费迫切需要。随着我国经济社会的发展，工业化、城镇化进程的加快，人民生活水平的提高和生活节奏的加快，对家务劳动社会化、主食供应社会化提出了新要求，挂面将成为百姓更加喜爱的半方便食品。二是国家产业政策支持主食品工业化。发展包括挂面在内的主食品工业化生产，列入了全国《粮油加工业“十二五”发展规划》的重点。2012 年，国家粮食局专门召开会议在全国进一步推进了主食品产业化，各级政府高度重视，把发展主食品工业化的生产作为为百姓办实事的“民心”工程。三是企业积极发展挂面产业有利于转变经营方式，增效增收。据国家粮食局统计汇总，2012 年挂面的平均销售价格为 3 751 元/吨，是特二等小麦粉平均销售价格的 1.3 倍，挂面的平均利润为 198 元/吨，是小麦粉平均利润的 2.6 倍。四是挂面是适合于我国居民传统饮食习惯的食品。挂面不仅是一个半方便食品，而且是一个健康食品。挂面的原料全部采用小麦粉或部分采用杂粮粉，不加任何添加剂，又是属于非油炸食品，是符合当今世界食品发展潮流的。也是我国消费者在考虑安全、健康时的必然选择。以上情况，充分表明，在我国挂面产业的发展前景十分美好。

三、遵纪守法和创新驱动是挂面产业发展的必由之路

为促使挂面产业的健康快速发展，必须坚持走遵纪守法和创新驱动之路，根据挂面产业的实际，我觉得要注重以下几个问题：

一要始终坚持“质量第一”的观念，要严格按照《挂面》质量国家标准和《食品安全法》组织生产。要遵纪守法、诚信经营。对添加剂的使用必须严格按国家卫生部 2011 年 4 月 20 日发布的《（GB 2760—2011）食品安全国家标准——食品添加剂使用标准》执行，决不允许超范围、超标准、超量使用食品添加剂，更不允许非法添加在国家标准规定以外的任何食品添加剂和改良剂。要把挂面产业作为“良心”产业，确保挂面产品的质量与安全。

二要根据市场需要，不断开发新产品。挂面产业要坚持将现代食品、生物、营养学等现代科学技术与我国传统饮食文化有机结合起来，开发出适应市场需要的新产品，尤其是要注重开发“安全、营养”型产品，诸如高纤维素挂面、无糖挂面、蔬菜挂面、南瓜挂面和各类杂粮挂面等等，以满足不同人群的需要。

三要加强企业与大专院校、科研单位之间的紧密合作，不断研究开发挂面生产的新技术、新工艺、新设备，提高效率、降低消耗，进一步提高挂面产业的现代化水平，近几年，我国挂面装备水平有了较大提高，如挂面的连续化、挂面烘干环节的节能降耗和挂面包装的机械化等等，但还有诸多难题亟待我们研究解决，如夏天挂面容易哈变的问题；挂面储藏过程中的生虫问题；挂面生产线的无人操作，中央监控、故障显示问题；成品快速自动检测问题等等都需要我们联合起来，依靠科技创新去解决。

四要树立品牌意识，创建名牌产品。目前我们尽管已拥有像克明面业那样的“中国驰名商标”，有金健米业和金沙河面业等八家企业生产的挂面产品被授予“中国名牌”称号，另外还有诸多的省市名牌产品，但与我们众多的挂面企业相比较，名牌产品的比例相对较少。对此，我们要加倍努力，推进名牌工程，提高企业和挂面产品的知名度。

第六章　稻米、杂粮及其制品生产

在全国稻谷加工座谈会上的讲话

1989 年 9 月 23 日

全国稻谷加工座谈会，从 9 月 20 日到 23 日共开了四天。会议期间，大家就进一步促进稻米行业的技术进步、改进生产经营管理、增强企业的自我发展能力进行了座谈；交流了提高稻谷加工出米率，开展稻谷加工、副产品综合利用和代农加工等方面的情况和经验；参观了湖北应城的粮油工业企业和荆门后港米厂的稻壳煤气发电。在座谈中，大家就有关问题进行讨论，提出了不少好的建议，会议达到了预期目的。现在我就有关的几个问题讲点情况和意见。

一、我国碾米行业的概况

我国的稻谷年产量约 16 000 万吨，居世界首位。全国近三分之二的人口以大米为主食。经过 40 年努力碾米行业已成为我国粮油工业重要的组成部分。截至 1988 年，全国有大米加工厂 5 382 个，每年加工能力 5 157 万吨，年产大米 2 267 万吨，为军需民用、国计民生做出了应有的贡献，取得了明显的社会效益和经济效益。我国的大米加工厂具有点多面广、小型分散的特点。据统计，县城及县城以下的加工能力占全国大米加工能力的 90%以上。

党的十一届三中全会以后，在改革开放的形势下，随着国民经济的发展和人民生活水平的提高，碾米工业产品结构有了明显的变化，已由过去加工精度较低的标二米为主发展成为以生产精度较高的标一米、特质米，即精一米为主。精米的产量 1988 年达到 1 829 万吨，占大米总产量的 80.7%。另外，免淘洗米、珠光精洁米、水磨米、营养强化米等新品种、新产品已逐步面世。在生产工艺上，先进的“多级轻碾”碾米工艺，在新建和改建大米加工厂时得到推广。根据原粮的品种及米质的实际情况，各地采用了“一砂二铁”或“二砂一铁”、三机或四机出白等多种组合形式的工艺，生产的白米比一机出白的精度均匀，碎米少，表面光洁，含糠粉少，提高产量的质量。另外，谷糙分离工艺以及白米后道的整理工序得到了改进和加强，在技术设备上，1976 年以来，碾米设备进行的选定型标准化工作，初步实现了定点生产，成套供应。为适应“多机轻碾”工艺及改进、加强谷糙分离，根据白米后道整理工序的需要，又推出一些新型号的碾米机，研制成功了利用谷糙混合物的比重、弹性差异来进行谷糙分离的仓格式谷糙分离机(巴基机)、重力式谷糙分离机等新设备。“七五”后期开展了对引进国外碾米设备的消化吸收工作，安排消化吸收项目 34 个，目前一些消化吸收项目，如清理设备、气压砻谷机、谷糙分离筛、碾米机组等陆续进入样机试制，生产考核阶段，有的设备已通过技术鉴定。这项工作完成后，碾米厂技术装备水平将得到改善和提高，并将进一步推动我国碾米事业的发展。可以这样说，无论在生产工艺还是技术装备上，具有中国特点的我国碾米工业技术水平将接近和达到世界发达国家水平。

二、努力提高稻谷特别是杂交稻的加工出品率

在严格控制精度，努力提高纯度，保证产品质量的前提下，努力提高出品率是我国粮油工业的一贯方针。在大米供需比较大的今天，提高稻谷，特别是杂交稻的出米率，更有现实意义。杂交稻具有高产的特点，大面积种植平均亩产400～500公斤，与普通水稻相比，可增产20%～30%，目前已在我国13个省、直辖市、自治区大面积推广。但是由于杂交稻谷粒形大小差异悬殊，给加工带来困难，存在着碎米高、出米率低问题。近年来，湖北、湖南在杂交稻加工，提高出米率方面做出了不少有益探索，取得了显著成果，总结出了一些好经验。如在工艺设备、操作方法上，湖北应城市的“改换谷糙分离设备，改用多机出米白碾米工艺，改进操作方法”与湖南省的“加强清理，稳定脱壳，注重选糙，多机轻碾”的做法，可供加工杂交稻的地区参考和借鉴。在生产工艺上，杂交稻加工的关键是谷糙分离工序和碾白工序。为提高出米率、减少碎米，在碾白工序采用“多机轻碾工艺”是行之有效的方法。这就要求我们在谷糙分离工序，能提供含谷低于40粒/公斤的净糙。这样的要求，仅靠筛孔进行分选的谷糙分离筛是难以解决的。因此，在加工杂交稻时，我们提倡利用稻谷和糙米的粒度差异以及比重差异相结合来进行分离的谷糙分离方法，也就是要采用选糙筛与重力谷糙分离机或巴基机相结合的谷糙分离工序，达到分离出含糙率低于10%的回砻谷和含谷低于40粒/公斤的净糙，以改变杂交稻谷谷糙分离难、碾白难的问题。

稻谷加工出品率的高低不仅与生产工艺、设备装备与操作方法等有关，而且与管理工作直接相关。各地碾米行业应当根据企业的实际情况和存在的问题有针对性的一项一项地加以研究解决，切实把提高稻谷加工出品率的工作落到实处。对提高稻谷加工出品率，我提出以下几点意见，供各地参考。

（一）加强稻谷加工技术方面的基础理论研究。我们要努力做到科研与生产密切相结合，大力开展对稻谷工艺品质、食用品质、碾米工艺机理等基础理论的研究，使碾米技术的提高、生产工艺的改进，稻谷加工出品率的增加以及新型设备的开发与研制有坚实的理论根据。在近期内要把稻谷特别是杂交水稻加工出品率的提高作为碾米工艺研究的重点工作来抓，要继续组织攻关，及时总结经验，把生产经验上升为理论，用科学理论来指导生产实践，要继续研究适用于不同品种稻谷的精加工技术：研究和完善加工胚芽米，免淘洗米和营养强化米等新品种的加工工艺。

（二）积极推广先进的稻谷加工工艺。针对当前原粮杂质多的情况，要加强和完善稻谷的清理工序，在通风除尘上继续贯彻“以密封为主，通风为辅”的原则，切实解决尘土飞扬，污染环境的问题。在杂交稻加工中，提倡利用稻谷与糙米在粒度和比重方面的差异相结合的谷糙分离工艺；要继续大力推广“多机轻碾”的碾米工艺，要增加白米后道的整理工序；有条件的米厂可以逐步增加调质工序，以改善糙米品质，减少碎米，提高出品率。有了先进的生产工艺，还要配备先进的设备，因此，工艺确定以后，设备的选择就十分重要。在选用设备时，一定要选择与工艺相适应的先进、高效、低耗的设备。例如：采用“多机轻碾”的工艺，在碾米机的选择上就不能用一机出白的米

机，而应当选碾白压力低、增碎率低、性能好的碾米机组。操作方法是否得当，对于保证生产工艺效果，充分发挥设备的潜力有着十分重要的作用。这一点大家在座谈中已经讲到。这里我想谈谈关于流量控制的问题，流量的稳定、物料的平衡是粮食加工行业操作方法的关键要素之一，否则工艺效果，提高加工出品率，降低消耗都是一句空话。目前有些碾米厂在生产中流量忽高忽低，甚至开“安全流”，造成生产不稳定，成品质量得不到保证。这些现象除了责任心不够强之外，主要是操作不熟练，顾此失彼。另外一些关键的设备，出厂时没有配置流量调节装置，有些碾米厂设备管理水平低，一些主机的流量调节装置不起作用或者干脆拆掉了，紧靠进料斗门的插板来调节，这也是造成流量不稳定的一个原因。因此，希望把解决流量稳定作为碾米厂提高操作水平的一个基础内容来抓。另外，生产碾米设备的主机如重力是谷糙分离机、巴基机、碾米机的粮机厂都应当在设备上配置和改进流量调节装置，以利于操作。

（三）制定严格的管理制度。在这方面，湖北、湖南等省制定了严格的管理制度和措施，使提高稻谷加工出品率工作有章可循，调动了碾米厂提高稻谷出品率的积极性。他们的规定有，一是实行加工折差办法：针对各地区稻谷品质不同，对各地、市下达稻谷出品率指标，凡达不到规定出品率的米厂，降低出品率的损失由工厂承担，出品率高出规定的部分，将好处交给工厂；二是对出品率实行目标管理：省局主管部门将稻谷加工出品率作为一项重要经济技术指标与地、市粮食局签订目标管理合同，实行奖罚兑现；三是加强计量管理：要求所有的碾米厂，稻谷进厂、进车间，白米出厂、出厂间均有计量，作为工厂核算的依据。这些做法对调动企业和职工的积极性，提高稻谷加工出品率，有一定促进作用。各地粮油工业的主管部门可根据本地的实际情况，参照湖北、湖南的经验，制定相应的管理措施与制度，严格管理，向管理要效益。

（四）严格控制加工精度。去年国务院领导同志提出要吃粗一点，品种多一点和节约一点的精神，强调要少搞点精米、精面。一年来，各地认真贯彻了国务院领导同志的指示精神，控制了精米的生产和供应，收到了一定效果。但是有的省市生产的大米不同程度地存在着没有严格按照精度等级加工，超标准的现象依然存在。有的省复制的大米标样本身精度就比国家发布的标准精度高出半个等级甚至一个等级。在实施过程中，碾米厂又往往为了使检验部门好通过，加工精度就常常就高不就低。大家知道，精度每差一个等级，每百斤糙米的脱糠量就差 1 斤到 1.5 斤。由于精度超标，不仅造成稻谷加工出品率下降，浪费了粮食，而且对我们企业的经济效益也带来影响，因此这个问题应当引起我们的重视。国家标准加工精度应当是我们遵守的原则，各省粮油工业的主管部门要会同供应、储运、检验部门严格按照国家标准实物复制本省的大米标准样品，对出厂的成品仍要严格按照国家标准要求把好关，各米厂在生产中要严格执行国家标准，严格控制加工精度，杜绝大米精度超标的现象。

三、深入开展稻谷加工副产品的综合利用

积极开展副产品的综合利用是粮油工业深加工的重要内容之一，对于微利的碾米行业来讲，尤为重要。经验表明：深入开展稻谷加工副产品的综合利用，是碾米厂提高经济效益，增强企业自我发展能力的主要途径。稻谷加工中产生的副产品，主要是稻壳和

米糠，下面我就开展稻壳和米糠的综合利用讲点情况和意见。

（一）关于稻壳的综合利用。稻壳约占稻谷重量的20%左右，含可燃物达70%以上，每公斤发热量在3 000～3 600大卡左右，约是标准煤的一半，是一种廉价的燃料。我们粮食系统加工的稻谷，每年产生的稻壳大约有630万吨。近年来，随着《环境保护法》的颁布和对饲料要求的提高，稻壳的处理和出路在一些地区已成为碾米行业急待解决的突出问题。目前各地在稻壳的利用上，主要是把稻壳作燃料，或再进一步产生煤气或蒸汽，用来发电；再则，由于稻壳含碳量高达33%以上，可以将其制成碳化稻壳，用作冶金、铸造业的保温材料。目前碾米行业利用稻壳燃烧作生产动力的主要形式有三种，即稻壳煤气机、稻壳煤气发电机组和稻壳蒸汽发电机组。据不完全统计，全国的稻壳煤气机、稻壳煤气发电机组有近百套，有效功率约1万瓦，另外，试点的发电功率为1 500千瓦的稻壳蒸汽发电机设备业已安装完毕，即将投产运行。除一些省还用单缸、低速，由过桥轴直接驱动碾米设备的煤气机外，目前碾米厂主要应用的是稻壳煤气发电机组。有不少米厂是将旧船用柴油机改装成煤气机来发电的。这样改造的稻壳煤气发电机组，价格低，投资少，上马快，但也存在规格不规范，零配件更新难的困难。目前比较新型的稻壳煤气发电机组是由四川红岩机械厂生产的发电功率为160千瓦的稻谷煤气发电机组，适合一砻、二砻厂型的小型碾米厂使用。在装机容量和生产规模大的碾米厂，适合用稻壳蒸汽发电。为此，我们在湖南岳阳城陵矶粮库搞了一个功率为1 500千瓦的稻壳蒸汽发电试点，以摸索稻壳蒸汽发电的经验。这个稻壳蒸汽发电是用稻壳代替煤燃烧蒸发量10吨的锅炉，产生400℃的过热蒸汽，驱动功率为1 500千瓦的汽轮发电机组发电。该机组正式投产后，预计每年可发电720万度，节约电费72万。还可利用余汽、余热进行生产，可节约蒸汽费用57.6万元，节约标准煤4 320吨，不仅节约了能源，每年还可增利润60万元。碳化稻壳目前已在江苏、辽宁、吉林、黑龙江等省的碾米厂生产。它是稻壳变废为宝的有一条途径。据鞍山市第五粮库介绍，每年两千吨碳化稻壳，可使企业提高综合效益70余万元，其中碳化稻壳创利20多万元，稻壳作为原料增值40余万元，利用余热蒸汽可节约标准煤1 200吨，价值10万元，用碳化稻壳作保温剂，不仅可以提高钢材的收得率，同时每年可为鞍山第一炼钢厂获利130万元以上。具有明显的社会效益。稻壳通过燃烧作为生产动力和制造碳化稻壳的利用，在碾米行业有一定的发展前景，我们要积极开发。在今后的工作中，请注意以下几点：

1. 稻壳综合利用一定要因地制宜。什么类型厂适合搞稻壳煤气发电，是通过旧的船用柴油机改装，还是搞新的稻壳煤气发电机组；什么类型厂适合搞稻壳蒸汽发电，哪些地方可以发展碳化稻壳生产等等。一定要根据当地实际情况，通过科学论证，在确定是否搞，如何搞，切忌一窝蜂，盲目上马。尤其是发展碳化稻壳，我们既要考虑自身的稻壳过剩，没有出路，又要考虑到冶金、铸造部门的需要量。

2. 通过技术革新，完善稻壳煤气发电、碳化稻壳的设备与技术。稻壳煤气发电普遍存在着煤焦油结焦卡缸，清洗频繁，周率不稳定等现象。各地在解决这些问题的过程中，已积累了不少好的经验与方法。希望各地在此基础上不断总结和提高，并在全行业推广。通过技术革新，使稻壳煤气发电在降低煤焦油含量，煤气机的出力，二级以上的并网上有所突破，进一步完善稻壳煤气发电的装备与技术。碳化稻壳，各地的生产方式不尽相同，技术不尽完善，希望生产厂家通过努力，使生产过程中的余热余气利用、含碳量与粒度的控制提高得率等技术日趋成熟，为碳化稻壳生产的进一步发展做好技术准备。

3. 开启稻壳煤气发电机组、稻壳蒸汽发电机组的系列化工作。我国目前批量生产的稻壳煤气发电机组有 160 千瓦的一种规格，而 1 500 千瓦稻壳蒸汽发电又刚刚处在开发、试制阶段，品种规格十分单调，为了适应不同厂型的要求特别需要开发 160 千瓦以上、350 千瓦以下的稻壳煤气发电机组和 400～750 千瓦之间的稻壳蒸汽发电机组。在这方面，我们要争取机电部门的支持与配合，抓好新系列的开发，使稻壳煤气发电装备和稻壳蒸汽发电装备更完善配套。

4. 稻壳煤气发电和蒸汽发电，一次性投资较大，单靠碾米厂自身的力量很难推广。目前建一个 160 千瓦的稻壳煤气发电机组，包括设备、安装、测试及土建，约投资 50 万元；建一个 1 500 千瓦的稻壳蒸汽发电则要投资 350 万元以上。开展稻壳发电，符合国家节约能源、群众办电和大搞能源建设的方针。我们希望各地多与当地政府联系，取得政府，特别要取得地方计委与三电办的支持，并在立项、投资、贷款、政策等方面给予优惠，以推动这项工作的开展。我们也要准备向国家计委等有关部门反映情况，吁请他们的支持。我们相信，通过上下多方面的努力，稻壳发电这项工作的步子会在我们粮油工业系统迈得更大些。

（二）深入开展以米糠榨油为中心的综合利用。米糠油的生产自 1977 年到 1988 年全国共生产米糠油近 80 万吨，1988 年糠油的产量为 8.16 万吨，为平衡食油收支，增加工业油源起了积极作用。多年来，各地在开展以米糠榨油为中心的综合利用方面，特别是在组织米糠油生产上，有许多行之有效的措施和办法，在生产技术上积累了丰富经验。起步早、米糠油生产一直名列榜首的湖南省，1988 年米糠油产量达到 2.33 万吨，油米比为 0.99%，米糠油生产创造的年利润为 2 400 万元，占全省粮油工业利润的 25.9%，米糠油已成为省内三大油源之一，取得了很好的经济效益和社会效益。浙江省狠抓了以米糠榨油为中心的综合利用，促使米糠油产量在三年内提高了 19.2%。反过来，米糠油的增加又进一步推动了综合利用的发展。1988 年综合利用产值为 3 580 万元，销售利润达 1 206 万元使百元产值利润率提高到 33.69%。在这次会上，湖南、浙江、湖北、江西介绍的经验很值得我们效仿。下面我就开展以米糠榨油为中心的综合利用，讲点看法和意见。

1. 大力发展米糠油生产。虽然从 1977 年到 1988 年米糠油生产有了很大发展，但近三年来，全国米糠油产量增长的势头不够理想，产量从 1985 年的 8.9 万吨掉下来，始终徘徊在 8 万吨左右（1986 年 8.3 万吨，1987 年 8.4 万吨，1988 年 8.1 万吨），没有随着大米产量的提高而增加，全国的平均油米比呈下降趋势（1986 年 0.371%，1987 年 0.376%，1988 年 0.360%）。现在看来，到 1990 年米糠油产量要达到 10 万吨的计划已经难以完成。另外，各地的米糠油生产不够平衡，湖南、江西、浙江三省的产量占全国 16 个大米主产省区米糠油产量的 64%左右，不少省米糠油生产几乎是空白，米糠资源没有得到充分的利用。这必须引起我们足够的重视。

随着消费的增长，今后很长一段时间内，我国的食油资源不会宽裕。因此，开发利用米糠资源，增加油源，越发显得重要。米糠油又是以米糠榨油为中心，开展综合利用的基础原料，它的开发与利用是增加碾米行业经济效益的有效途径。各级粮油工业部门，特别是米糠榨油开展的还不够普遍的地区，应当采取有力措施，调动企业积极性，努力把米糠油生产促上去，争取使米糠油的利用率达到 70%，力争在近两年全国米糠油的产量突破 10 万吨大关。今后，新建和进行技术改造的碾米厂，一定要考虑米糠综合利用。

2. 深入开展以米糠利用为中心的综合利用。米糠榨油是米糠综合利用的重点。各地要在把米糠油生产搞上去的同时，深入开展以米糠油及其副产品为基础的综合利用，这是巩固和扩大米糠油生产，提高经济效益的重要方面。根据浙江省的经验介绍，米糠经过综合利用，其经济价值可比本身价值提高 16 倍以上，这对我们是一个很好的启示。今后除了要进一步提高米糠油的利用率外，还要积极开展油脚、饼、粕等副产品的综合利用，巩固和发展植酸钙、肌醇、谷维素等老产品，开发脂肪酸及其衍生物等新产品，并使新产品逐步向化工产品方向延伸。但是在开展大米加工副产品综合利用方面，各地一定要从实际出发，要充分发挥现有设备的能力，注意合理布局，特别是新上项目，一定要慎重，要做好市场预测，在调查研究基础上，进行可行性论证，不要盲目建设，一哄而上以防止产品积压、过剩，避免历史上曾经出现的大起大落现象，给国家和企业造成不必要的经济损失。

3. 依靠科技进步，进一步提高米糠利用综合技术水平。各地的米糠利用综合技术水平参差不齐。以米糠油为例，1988 年各省主要技术经济指标就相差甚远。例如，米糠加工出油率高的达 9.82%，低的仅 7.02%；每吨米糠车间耗电量好的仅 16.2 度，差的达到 87.8 度；每吨米糠耗煤好的仅 84 公斤，差的高达 191 公斤，可见在米糠综合利用上，大有潜力可挖。

四、积极开展代农加工工作

新中国成立以来，粮食部门一直很重视支农工作。我们碾米行业 90%的生产能力分布在县城及县城以下乡镇，这是一支雄厚的物质力量。多年来，各地国营粮油加工厂在支农方面做了不少工作，取得了一定成效。在“六五”期间，代农加工大米共计 270 万吨。近年来，湖南、湖北两省在支农、代农加工稻谷方面作出了新的成绩。湖南省粮食局在农村推广小型组合米机代替黄谷米机，以提高稻谷加工出品率（每百斤稻谷可多出大米 3～5 斤），提高米糠资源的利用率，为农民增加收益，为社会增加财富。从 1986 年到 1988 年，全省已推广组合米机 119 套。1988 年全省兑换稻谷代农加工大米 15 万吨。如果这项工作在全省农村普遍推广，每年可多得大米 50 万吨、毛糠油 12 万吨，这项工作已引起部领导的重视和得到省政府的重视与支持。湖北省从自己的实际情况出发，充分发挥现有大米厂的作用，主要通过与农民兑换的形式来开展代农加工，他们把代农加工指标与合同订购任务一样下达给各地市县的粮食局，层层落实到基层，成为年终考核的重要内容。1988 年全省代农加工粮食计 25 万吨，食油 2.92 万吨。

用小型组合米机改造农村黄谷米机和以兑换形式开展代农加工使国有粮油工业的服务范围从城镇扩大到乡村。它用先进的生产力改造落后的生产力，可以减少粮食在加工过程中的损失，改善农民食品的结构和质量，减轻农民负担，具有一定的社会效益；又可以开辟广阔农村加工市场，挖掘农村丰富的粮油资源潜力，增加粮食加工部门的收入，具有一定的经济效益。对于这种利国、利民、利企业的事，我们应当提倡。

各地粮油工业主管部门要对农村的加工问题进行调查，摸清农村加工现状，要研究究竟采用什么样的形式，在什么时机来进行农村黄谷米机的改造。部领导最近在谈到开展这项工作时指示“要搞好规划，不要一哄而起，要多关注、引导、并给予支持”，在步骤上宜在重点产量区农民自己消费部分，搞国营加工厂应发挥作用，不要盲目设新点。我们要遵照部领导的指示精神，在用小型组合米机改造农村黄谷米机工作中，根据实际情况，因地制宜，统一规划，合理布点，稳步发展，不得与国营米厂争原料。在农村粮站下设的组合米机加工点，应当由粮油工业部门统一实施行业管理。

另外，开展代农加工，特别是在碾米生产能力过剩的地区开展代农加工，应当先立足于发挥国营米厂的作用，充分利用其技术、设备的先进性和富余的生产能力。要把国营米厂开展兑换代农加工和在农村推广组合米机相结合，并要以兑换代农加工为主，不宜盲目扩大生产能力。各地要从服务于农民、方便生活出发，不断完善兑换形式，方式要灵活多样，服务要热情周到，使农民真正体会到粮食部门是在真正为农民办好事、办实事。

五、加快碾米厂的技术改造步伐

“六五”以来，全国粮油工业技术改造取得了一定成绩。初步统计，到 1988 年年底，完成技术改造资金 27.3 亿元，完成项目 2 167 项。通过技术改造，使一些企业在增加产量、提高质量、改造生产条件、改进产品结构、提高经济效益等方面取得了显著的效果。当时，改造的重点是面粉和油脂行业，由于经济效益低，多数未得到同步改造。致使当前不少米厂厂房破旧，工艺设备落后，再加上开工不足，企业举步维艰，缺乏自我改造的能力，有的甚至连维持简单的再生产能力也没有。现在看来，碾米厂的技术改造已迫在眉睫。当前在治理整顿、压缩基建、紧缩银根的大气候下，如何解决资金匮乏，加快碾米厂的技术改造步伐？我认为可以有以下几点做法：

（一）给碾米厂创造点宽松的经济环境，想方设法要点扶植政策。四川省粮油工业公司为了使米厂改造后有偿还贷款和自我发展的能力，经粮食部门内部工商两家商定，并得到地方财政同意和支持，制定了四条措施，为其创造了还贷条件，从而对近几年碾米行业的技术改造起了推动和促进中作用，近几年先后投资 700 万元，改造了 33 个大米车间。

（二）积极向政府有关部门反映，争取得到各级政府的支持，多渠道筹集资金，把有限的财力集中到最急需、最关键的项目上去。黑龙江省由于水稻总产量的增加，稻谷加工的能力严重不足，加上厂房陈旧，设备落后，迫切需要更新和改造稻谷加工厂。为此，他们积极向省政府反映，引起了省政府领导的重视。省计委、经委在财力偏紧的情况下，多方给予筹集资金。在碾米厂的技术改造中，动用了全省的机动费、技措费、简易建筑费、更改金、自筹基建投资等多方面资金，有些市、县还从地方财政中挤出一部分资金，地、市、县粮食局也拿出更改金，企业则利用贷款筹集资金。总计筹集了资金

3 108 万元，其中省级投资占 47%，各地、市、县筹集资金占 18%，企业贷款占 35%。通过集中资金，他们一共新建、改造了大米车间 55 个，增加产值 2.02 亿元。我觉得四川、黑龙江的做法可供各地参考。

为了加快碾米厂的技术改造，近期内，碾米厂的技术改造应当以提高产品质量，扩大生产品种，增加稻米出米率，降低物料消耗，节约能源，提高经济效益为中心，采用新设备、新工艺、新技术，走以内涵型为主扩大再生产的路子，不要片面追求扩大生产能力。

六、加强企业管理，抓好碾米厂的企业升级

加强企业管理，开展企业升级工作，在粮油工业系统已经开展有两年多了。碾米行业通过抓管理，上等级，提高企业素质，企业管理的基础工作得到了加强，管理水平有了进一步提高。今年全国有两个稻谷加工厂通过了国家企业二级企业审定验收工作，不久商业部将正式公布。但是从全国看，发展是不平衡的，还有相当一部分企业虽然经过技术改造，技术设备有了改善，但由于企业管理没有跟上，依然存在着物资消耗高，产品质量不稳定，管理基础薄弱，安全、文明生产不好，企业经济效益低等问题。需要进一步通过开展企业升级工作来加强企业管理，提高管理水平。为此，需要再强调以下几点：

（一）进一步端正指导思想。企业升级工作的目的是通过行政手段结合企业改革，促使企业管理，上水平，提高经济效益，绝不是为升级而升级，追求形式搞花架子。国家二级企业是同行业中的国家队，代表国家水平。因此各地再创国家二级企业、考核国家二级企业时，一定要高标准严要求，本着宁高勿低、宁少勿多、宁缺毋滥的原则开展这项工作。

（二）扎扎实实地做好基础工作。企业升级是建立在扎扎实实管理工作的基础上，是管理工作的结果。企业领导要把主要精力逐步转到抓管理上来，克服重生产、轻管理的倾向。“千里之行，始于足下”只有脚踏实地地从计量、标准化、节能、全面质量管理、设备管理等最基础的单项抓起，争取单项定级升级，才能带动企业管理全面工作的开展与提高，促进企业尽快达到省级企业和国家二级企业的水平。

（三）进一步做好企业升级的总结完善工作。各地在企业升级工作中出现了一些好的经验与方法，我们要及时加以总结与推广。另外米、面、油、粮机四个行业的国家二级企业标准在执行过程中有哪些不完善或不切实际的，请各地及时反馈，以进一步完善、提高，今后我们还要组织力量，对已进入国家二级企业的单位进行抽检与复查，促使这项工作更加深入地开展。

（四）切实抓好安全生产。今年以来，事故苗头不断出现，并已经多次酿成大祸。据不完全统计，到今年 8 月，有两个面粉车间粉尘爆炸引起火灾，两个油脂浸出车间爆炸起火，造成不同程度的房屋烧毁、设备损坏。究其原因，主要是纪律松弛，违章操作，安全措施不力，隐患没有及时排除，有的与领导的失职有密切关系。尤其不能容忍的是，两次油脂浸出车间的爆炸起火是发生在一个厂里，时间相隔不到三个月。安全生产是一项重要的管理基础工作。为此，我们要求各级粮油工业主管部门行动起来，切实

抓好安全生产工作。要加强对本系统安全生产工作的指导、检查、监督，要督促企业健全安全机构，进行安全教育，落实安全制度，改善安全条件，及时消灭安全隐患，提高自防、自救能力，防治重大事故的发生。今后凡是发生重大事故，都要通报批评，严肃处理，必要时要追究企业领导的责任。我们相信，通过努力，把安全工作制度化、经常化，是可以把各种安全事故减少到最低限度的。

中国谷物加工简况

1995佐竹粮食加工技术研讨会上发言摘要

碾米工业，中国稻谷年产量约1.8亿吨，居世界首位。1949年以前，中国的碾米业主要以土砻、土碾的落后方式为主，设备简陋，操作繁重。新中国成立以来，古老的碾米行业焕发出青春，土砻、土碾被机械化碾米厂所取代，现代化的碾米工业已经成为中国粮油工业的重要组成部分。

目前，我国已经有粮食部门所属的碾米厂约5 400多家，年加工大米的生产能力为5 400万吨。由于人们食品结构变化，面粉消费量增加和农村稻谷加工开展等原因，粮食部门的大米加工量近年来呈下降趋势。据1993年统计，粮食部门所属的碾米工业分布，具有点面广，小型分散的特点。经济发达的中心城市建有大中型骨干米厂，县级县以下的集镇多是小型米厂，其中县城以下集镇的大米加工能力的60%左右。

改革开放以来，碾米工业的产品结构有了明显变化，由加工精度标二米为主，发展成为以生产精度较高的标一米、特一米即精米为主。目前精米的产量已占大米总产量的85%左右。另外，免淘洗米、珠光米、水磨米、营养强化米等新品种、新产品逐步生产，供应市场。碾米过程中产生的米糠、稻壳等副产品得到了有效的综合利用。

目前，“多机轻碾”等先进工艺、新技术和新装备在碾米工业中得到了推广与应用。应当说，中国的碾米工业无论是工艺设计还是技术装备，在世界上都是比较先进的。多年来，中国先后为越南、阿尔及利亚、马力、扎伊尔等国设计了米厂，提供了技术和设备，先后向泰国、菲律宾、印尼、拉美等国家和地区出口成套碾米设备和主要单机。

面粉工业，中国的制粉业有悠久历史，早在19世纪70年代，中国的面粉工业有了很大的发展，先后兴建了相当数量和规模的面粉加工厂，改善了面粉厂的布局。目前，已经初步形成了具有中国特色的面粉生产工艺和技术设备，大大缩短了与发达国家的差距。据统计，全国国有粮食部门所属的面粉厂有1 800余家，年加工生产能力约4 680万吨，生产面粉为2 500万吨左右。目前，在县城以下集镇的面粉厂多为80～100吨/日，在大中城市，面粉厂的规模多在日处理小麦200吨左右。

随着国民经济的发展和人民生活水平的提高，中国面粉工业的结构有了明显的变化，由以往长期生产单一等级的标准粉为主，逐步向生产根据精度不同的分等级的面粉方向发展，主要的品种有特制一等粉、特制二等粉、标准粉。目前，全国特二粉以上精度面粉年产量约占面粉总产量的67%，除了生产通用面粉外，目前，以饺子粉、馒头粉、面条粉、面包粉为代表的，符合中国人饮食习惯的各种专用面粉，正在逐步发展，年产量约25万吨，随着中国人消费观念的更新和食品工业的发展需要，中国的面粉工业将大力发展以纸袋为主的小包装面粉和各种专用粉生产。

稻米加工副产品综合利用大有可为

2004 年 11 月 20 日于淮安

第三届中国优质稻米博览交易会昨天已正式开幕。本次稻米博览交易会是由中国粮食行业协会、中国农业技术推广协会、中国农业科学院、江苏省农林厅、江苏省粮食行业协会和淮安市人民政府共同主办的。是继 2002 年和 2003 年两届稻米博览交易会成功举办后的又一次盛会。为了进一步充实博览交易会的内容，今天中国粮食行业协会在这里举办“稻米深加工及产品展示研讨会”，研讨会得到了在座各位的大力支持，对此，我代表中国粮食行业协会对大家的支持与光临表示热烈的欢迎和衷心的感谢！我们尤其要感谢姚惠源、朱永义、刘英等知名专家、学者专程来淮安为大家做高层次的学术报告。

为提高稻米的营养价值和附加值，积极开展稻米加工副产品综合利用是我国碾米行业共同关心的问题。早在 20 世纪 50 年代，我国就开始了稻米加工副产品综合利用，并于 70 年代起得到了较快发展。经过半个世纪的研究与实践，取得了可喜的成绩，积累了许多宝贵的经验（包括成功与不大成功的经验）。我们这次“研讨会”就是要在总结过去经验的基础上介绍一些国内外的成功经验和做法。

我国是世界上最大的稻米生产国和稻米消费国。稻米也是我国的主要粮食品种，正常年景年产稻谷约 2 亿吨，约占世界稻米产量的 1/3，占我国粮食产量的 2/5。我国约有 8 亿人口以稻米为主食，每年直接食用稻米及其制品耗用稻米约 1.3 亿～1.4 亿吨。所以，稻米及其制品的消费市场是我国最大、最稳定的粮食消费市场之一。

由于我国的稻米产量大，加工中的副产品（主要是稻壳、米糠和碎米）十分可观，据粗略推算（假如能全部收集起来?），可得到稻壳 3 000 多万吨、米糠 1 000 多万吨、碎米 2 000 多万吨。这些丰富的资源如何加以合理利用，造福人民，一直是我国粮油科技人员和碾米行业关注的问题。

把稻壳变废为宝，进行综合利用，我们已经做了许多工作，取得了一些成绩。如稻壳发电，利用稻壳作炼钢保温剂、作碳棒、作纤维板、作可降解快餐盒，作培育蘑菇填充料、作燃料等等，使大多数稻壳变废为宝，得到了利用。但还有相当数量的稻壳尚未得到有效利用，以致成为废物，甚至污染环境，需要我们进一步去开发利用。

碎米是稻米加工中的重要副产品，碎米的用途很多，碎米不仅可食用，还可以利用碎米开发出淀粉糖、糊精、果葡糖、低聚糖、多孔淀粉、抗性淀粉产品以及利用米蛋白生产婴儿食品等等。

米糠是稻米加工中最宝贵的副产品，以米糠榨油为中心的综合利用前途广阔。如果我们能将稻米加工中一半以上的米糠加以利用，就能为社会创造巨大的财富。由于米糠的含油量相当于我国的大豆含油量，如我国稻米加工中一半以上的米糠能用于榨油，那么，我国每年能生产米糠油 100 多万吨，这是不种田的种田，对平衡我国食用油脂的供求将起到举足轻重的作用。

米糠中不仅含有丰富的油脂，而且含有大量的营养物质，如维生素 A、硫胺素（B_1）、核黄素（B_2）、烟酸、泛酸肌醇、叶酸、维生素 B_{12}、维生素 E，等等。另外还含有丰富的镁、磷、钙、锌、铁、碘等矿物质营养元素。

米糠油除了米糠中带来的大量营养物质外，米糠油本身的脂肪酸组成比较合理，一般米糠油中含亚油酸为 38%、油酸为 42%，其比例约为 1∶1.1。按现代观点，油酸与亚油酸的比例应为 1∶1 左右，这样的油脂具有较高的营养价值。由此可见，米糠油是营养价值最高的食用油脂之一。由于米糠油的营养价值高，所以它是今后我国生产调和油及功能性油脂的重要油源。

米糠是近代开发利用的谷物油料资源，利用米糠提取油脂，在世界上已有八九十年历史，在我国也有六十多年历史。1940 年，我国在天津建设了第一家米糠榨油工厂，1953 年后，上海、武汉、广州、天津等大城市先后开始生产米糠油。可见我国开始米糠榨油的历史较早，但发展速度较慢，米糠资源的利用率较低。1972 年，原商业部在湖南长沙召开了“全国增产油脂经验交流会”，从此，在国家计委的支持下，在全国范围内开展了声势较大的以米糠榨油为中心的综合利用。经过几年的努力，米糠油的产量一度达到万吨以上，对平衡当时国内油脂供应紧缺起到了积极作用。但由于当时的米厂规模较小，米糠榨油难以形成规模生产，加上米糠易发生酸败变质，所以产量一直徘徊至今。至于，以米糠油及其米糠油精炼时产生的副产品为原料生产油酸、亚油酸、硬脂酸及其衍生物和生产谷维素、肌醇等，虽已取得了产业化成果，但也由于规模太小，不能做强做大。

去年 9 月，中国粮食行业协会在安徽安庆市召开了“全国碾米业走新型工业化道路研讨会”，会议强调碾米业必须走整合、提升之路。所谓整合就是联合，组建企业集团，逐步做强做大，这就为我们搞好稻米加工副产品综合利用创造了先决条件。前些日子，中国粮油学会油脂专业分会的十余名专家，在安徽省巢湖市参加了经国家发展改革委员会批准立项的“安徽省大平工贸（集团）有限公司年加工 10 万吨米糠制油及综合利用新技术示范工程项目可行性研究报告”论证会。专家们认为，这个日处理 400 吨米糠制油及综合利用示范工程项目是目前我国最大的米糠制油及综合利用项目，采用的湿法膨化、浸出技术，工艺先进、成熟，项目建成后对推动我国米糠产业化经营，加快农业结构的调整，促进农民增收，企业增效具有很强的示范带动作用。为此，我坚信：随着我国碾米业的整合与提升，随着示范工程项目的带动，我国以米糠榨油为中心的综合利用一定会蓬蓬勃勃地开展起来，并一定能取得显著的经济效益和社会效益。

各位代表：在我们碾米行业，除了可以开展以米糠、稻壳、碎米等副产品综合利用外，稻米本身的深度加工与开发利用亦有大文章可做。为适应人们营养、保健的需要，稻米产品中的“留胚米”、“发芽糙米”在我国也将相继问世。

为有效地利用稻米资源，开发稻米加工新产品，适应不同消费群体的需要，改善和提高稻米食用风味与营养，增进公众健康，去年 10 月，中国粮油学会在北京怀柔举办了“生理活性化发芽糙米技术与设备现场展示研讨会”，与会代表对北京华通康源科技有限公司开发研制的发芽糙米产业化项目（0.5 吨/日规模的生产试验线）十分感兴趣。

大家知道，糙米中60%以上的营养元素都积聚在占糙米重量10%的糠层和胚芽中。而“发芽糙米”就是通过糙米发芽这一简单工艺，可以提高稻米中必需脂肪酸的含量；通过酶降解作用提高稻米中非蛋白氨的含量；提高可溶性蛋白的含量；通过糙米“发芽”，可以有效改善糙米食用时的口感，并为开发以糙米为原料的功能性食品创造条件。对此，参加会议的代表尤感兴趣。希望大家关注这项技术的推广应用。

当然推广应用这一生产技术，也要防止一哄而起，我觉得至少要注意以下五点：

一是对原料的选择必须严格。最好要求用新鲜稻谷，其次是在储存一年以内的稻谷。稻谷在储存时温度不超过15℃，水分保持在14%，以确保其糙米的发芽率不小于95%。

二是要按市场需求来生产。目前重点应放在大中城市及东南沿海等经济发达地区，进行试销。

三是生产规模要适中。生产“发芽糙米”不是规模越大越好，因为人们的一日三餐不可能都食“发芽糙米”。

四是要加强宣传。要宣传吃“发芽糙米”的好处，与人体健康的关系。

五是要研究不同的食用方法。如在一般稻米中搭配不同比例的“发芽糙米”，告诉消费者最佳的加水量及蒸煮要求等等。

目前，日本在这方面取得的成果最为显著，其标志是已形成了相当规模的发芽糙米生产线（年产量已超过一万吨）。

此外，“留胚米”的生产技术也应引起我们的重视，在去年的安庆会议上，湖南湘粮机研制的“保胚米机”引起了代表的关注。据介绍，使用这一米机加工的稻米，能保留70%的米胚。

综合上述，我国在稻米加工副产品综合利用方面已经做了许多工作，取得了一定的成绩，但还存在许多不足，主要表现在：利用率不高，尤其是在综合利用的深度和广度上与国外还有不小差距。在这次“研讨会”上，姚教授等专家将会介绍“稻米深加工”技术，希望大家能从中得到收益，以推动我国“稻米深加工”的进一步开展。

实施名牌战略，推动米制品产业快速发展

——在第三届中国米粉、粉丝产业发展大会暨中国粮油学会米制品分会一届一次理事会上的发言

2006年10月24日于湖南郴州

为贯彻落实《国家中长期科技发展规划纲要》和《“十一五”粮食科技发展指导意见》，推进社会主义新农村建设和创新型国家建设，推动米粉、粉丝产业快速、健康地做大、做强，中国粮油学会米制品分会今天在美丽的鱼米之乡——湖南郴州召开第三届中国米粉、粉丝产业发展大会暨中国粮油学会米制品分会一届一次理事会，共商产业发展之路，借此机会，我代表中国粮油学会对本次会议的召开表示热烈的祝贺；对在座的各位专家、企业家致以亲切的问候。下面，我就做大做强米制品产业发个言，供大家参考。

一、大米加工业的健康发展与米制品的发展息息相关

近几年来，我国大米加工业的发展势头较好。根据中国粮食行业协会的统计分析，2005年是我国大米加工业发展势头最好的一年。其主要标志是：

第一，年生产能力和大米总产量都较上年有较大增长。据统计，2005年全国入统大米加工年生产能力12 447.6万吨，大米总产量2 914.6万吨，比2004年年生产能力9 463万吨，大米总产量2 257.1万吨，分别增长31.5%和29.1%。

第二，企业个数和大中型企业的数量较上年又有新的增加。2005年全国入统大米加工企业7 260个，其中日加工能力100～200吨的1 025个，200～400吨的209个，400～1 000吨的65个，1 000吨以上的12个，比2004年分别增加了1 594个大米加工企业和271个日加工能力100～200吨的企业、86个日加工能力200～400吨的企业、27个日加工能力400～1 000吨的企业；2个日加工能力1 000吨以上的企业。

第三，现价工业总产值和产品销售收入又有一定的增长。据统计，2005年大米加工企业的现价工业总产值为736.8亿元，产品销售收入751.6亿元，比2004年的现价工业总产值712亿元，产品销售收入709.5亿元，分别增长3.5%和5.9%。

第四，大米加工企业的资产总计增幅较大．资产负债率有了明显下降。2005年大米加工企业的资产总计达431.94亿元，较2004年的335.29亿元增加96.65亿元，增长28.8%。2005年资产负债率为63.6%，比2004年的资产负债率71.9%，降低了8.3个百分点，是面、米、油加工企业中资产负债率降低幅度最大的。

第五，生产集中度明显提高。2005年年产大米在10万吨以上企业有28个，全年生产大米468.7万吨，占大米总产量的16.1%，比2004年的17个企业，全年生产大米259.0万吨，占大米总产量的11.5%，有了较大幅度的提高，生产集中度进一步提高。

第六，效益明显提高。2005 年大米加工企业实现利润总额 13.1 亿元，比 2004 年的 9.2 亿元增加了 3.9 亿元，增长 42.4%。通过以上这些数字的对比，充分表明：2005 年是我国大米加工业发展势头最好的一年，为我国大米加工业的进一步发展奠定了基础，也为做大做强米制品产业打下了基础。

二、做大做强米制品产业

大米是我国最重要的粮食作物之一，正常年景年产稻谷 2 亿吨左右，约占我国粮食产量的 2/5。现在，我国约有 8 亿人口以大米为主食，每年直接食用大米及其制品消耗大米约 1.3 亿～1.4 亿吨，所以大米及其制品的消费市场是我国最大、最稳定的粮食消费市场，也是历来深受百姓喜爱的主食品种。

随着我国社会经济的快速发展，人民生活水平不断提高和生活节奏的加快，人们的消费趋向膳食方便化、营养化和多样化。为顺应消费市场的需要，我国食品工业的“工业化”在加快，成品、半成品在食物消费中的比重在上升。在粮食供应方面，人们对传统的米、面消费方式和消费习惯正在逐步改变，以米、面为主食品的“工业化”生产也在进一步加快，方便面、方便米粉、方便米饭、速冻米面制品、主食面包以及工业化生产的米粉、面条、馒头、花卷、包子等各种米面食品将大量涌现。由此可见，我国以米、面为主要原料的主食品生产有着广阔的市场。

近几年来，我国的米制品生产有了较快的发展。在市场上，除了销量较大的各类干（湿）米粉、汤圆、方便米饭、方便粥、方便米粉外，还有发糕米制品、棕种、年糕和以米果为主的各类膨化休闲食品等等，这些传统米制品普遍受到了消费者的喜爱。在充分肯定我国米制品生产取得成绩的同时，我们也要清醒地看到制约我国米制品产业做大做强的“瓶颈”很多，归纳起来主要有以下几个方面的问题。

第一，对传统米制品产业化重视不够。以中餐为代表的东方饮食文化闻名世界，其中传统的米面主食品是其重要组成部分，为此，在我国大力发展米面主食品的生产是理应重视的。但事实却相反，在我国食品工业的快速发展中，米、面主食品的生产并没有引起各方面的高度重视，没有得到应有的快速发展，甚至有被“洋食品”挤垮的可能。今年 8 月 15 日，《经济参考报》登载了一篇题为《我国传统主食面临尴尬，产业化跟不上，馒头迟早会败给面包》的文章。文章说：“传统主食馒头在日常生活中占据重要的地位，据统计，我国每年传统面制主食消耗小麦占总产量的 75%，其中馒头消费量占面制食品的 30%以上。”20 世纪 80 年代，我国曾提出中国人主食产业化的口号，经过 20 多年的发展，中国以馒头、面条和饺子等为代表的传统面制主食品发展缓慢，而西式快餐已对我国的饮食行业发展和饮食文化造成了一定的影响．致使在目前的中国市场上，还没有与麦当劳、肯德基相提并论的中国式快餐品牌。与此同时，“洋快餐”的非健康性和非安全性也日益凸显。由于一些“洋快餐”属于三高（高热量、高脂肪、高蛋白质）和三低（低矿物质、低维生素、低膳食纤维）食品，且营养成分单一，营养严重失衡，在国外被称为“垃圾食品”的“洋快餐”，在我国市场，仍很时尚。文章最后说：“食品、服装、语言被称为一个民族的文化载体和文明象征。然而，以馒头、面条、饺子等为代表的传统面制主食产业，却未能够与时俱进，创新发展。显然，这是一个被忽略的大市场。如果产业化跟不上，馒头迟早会败给面包。”上述文章是对面制主食产业的写照，也是对我国米制品产业的写照。

第二，米制品生产企业的生产集中度低。纵观现今我国的各类米制品生产企业，普遍存在着规模小，有一定规模的企业屈指可数，生产环境差，生产技术与装备落后，工业化水平低，产品质量不稳定，品种较少，尤其是新产品少等问题。

第三，对米制品的研究开发工作重视不够。全国至今没有一个粮油科研院所或食品科学研究机构将米制品的开发研究列入本单位的科研重点工作，从而造成了目前我国米制品行业新技术、新设备和新产品研发能力低，科技含量小的现状。

第四，产品缺乏标准。我国现有的米制品，其产品质量标准大多停留在企业标准上，缺乏高水准的行业标准和国家标准。

以上这些问题制约着我国米制品产业发展和做大做强，必须引起我们的高度重视，认真加以解决。

现在，中国粮油学会米制品分会已经成立了。我们要通过各种形式呼吁社会有关方面，重视米制品产业的发展；要加强与科研院所的紧密合作，不断开发研究米制品生产的新技术、新设备、新产品，提高米制品产业的创新能力和科技含量；要发动粮油机械和食品机械生产企业积极开发、生产各类米制品的生产单机及成套设备；要加强米制品行业的合作与联合，提高米制品行业的生产集中度；要鼓励有一定规模的大米加工企业积极生产米制品，把米制品的生产作为大米深度加工的重要组成部分；要积极创造条件，促使产品和标准升级换代；要强化管理，提高质量意识，增设检测仪器，严格产品检测检验，确把质量关。我们还要通过每年召开 1～2 次研讨论坛会，总结交流经验，沟通信息，加强合作，共商促进我国米制品产业做大做强的大计。我相信，随着我国国民经济的发展和人民生活水平的不断提高，在米制品分会的带领下，通过大家的努力，我国米制品产业一定能做大做强。

三、米制品行业也要重视品牌战略

质量是企业的基础，是企业的生命线，也是产品品牌的基础。品牌就是企业的“牌子”，是“招牌”，是企业在商品市场的通行证，也是企业赖以生存的基础。一个以高质量为基础的品牌，一旦被人们认可，将为企业的发展提供可靠的保证。为此，近几年来有相当一部分粮油加工企业开始重视品牌，积极实施名牌工程，通过大力培育和宣传品牌，增强了企业的质量意识和品牌意识，推动了经营管理水平和产品质量的提高。经过大家的努力，自 2001 年起在“放心粮油”、“中国名牌”和“中国畅销品牌”的评选中取得了卓越的成绩。连续五年在“放心粮油”的评选中，全国已有 1 426 个粮油加工企业、1 504 个品牌和 2 662 个产品被中国粮食行业协会评选为“放心粮油”称号：在 2004 年和 2005 年的“中国名牌”评选中，全国粮食行业共获得了 30 个中国名牌，其中大米 7 个、面粉 13 个、食用油脂 10 个；在今年商务部举办的“中国畅销品牌”评选中，中国粮食行业协会根据评审条件，经过专家审查，已向商务部推荐了 28 个企业的品牌作为“中国畅销品牌”。实践证明，获得上述荣誉称号的粮油产品品牌，在市场上深受百姓欢迎，市场占有率越来越高，企业的销售量和经济效益有较大幅度提高。其中

7 个大米名牌企业 2005 年的销售量平均比上年提高 39.3%；13 个小麦粉名牌企业 2005 年的销售量平均比上年提高 11.3%。2005 年河北省五得利面粉集团产量达 157.3 万吨。比上年增长 56%，利润总额增长 222.9%。所以有人说："一个著名品牌不仅可以壮大一个企业，带动一个产业，乃至可以造福一个地区，振兴一个民族"，这是非常正确的。

根据粮油工业企业的实践经验，我认为米制品行业也要重视品牌战略。当前要创造条件争取能像面条一样将米粉等产品列入"放心粮油"的评选范围，然后再争创"中国畅销品牌"和"中国名牌"。根据我的体会，米制品行业要想争创"放心米粉"、"中国畅销品牌"和"中国名牌"，首先要有全国米制品行业的基本情况，也就是要有全国米制品行业的统计数据，如企业数、生产能力、产品产量、现价工业总产值、产品销售收入、资产总计、资产负债率、从业人数、产品出口、利润总额、企业纳税总额，等等，有了这些数字才能确定评选的"门槛"。现在看来，要把全国米制品行业的基本情况搞清楚是十分困难的，我想可否由米制品分会出面，分成几片，大家积极配合，把有一定规模的米制品企业的基本情况统计出来。我认为，米制品分会如能把米制品行业的基本情况统计上来，这是一大成绩，无疑会对米制品行业的发展产生积极作用。

我国大米加工业的基本情况、特点及发展趋势

——在东北三省大米加工技术与生产管理研讨会上的发言

2007 年 9 月 9 日于长春

东北三省是我国优质稻——粳稻的集中产地，也是全国稻米生产商品率最高的地区，为促进东北三省大米加工企业生产技术、生产管理水平的提高，降低生产成本，满足大米加工企业对大米生产技术越来越高的要求，提高大米加工水平，促进企业间的技术交流与合作，提升企业竞争能力，在我国知名粮机企业——江苏牧羊集团的积极倡议下，由中国粮油学会主办，长春市粮食行业协会协办，江苏牧羊集团承办的“2007 年东北三省大米加工技术与生产管理研讨会”，今天在吉林省长春市万隆大厦召开。我很高兴能参加本次研讨会并与大家见面。下面，我就我国大米加工业的基本情况、特点及发展趋势介绍些情况和讲点意见，供大家参考。

一、我国大米加工业的基本情况

我国是一个稻米生产大国，也是一个稻米加工和稻米消费大国。正常年景，我国年产稻谷 1.8 亿吨左右，是我国粮食生产和粮食消费中的第一食粮。我国丰富的稻谷资源和消费需求为大米加工业的发展提供了重要的物质基础。

我国的大米加工业遍及城乡，小型分散，经典型调查和推算，大大小小的大米加工企业和加工点多达十多万个。有一定生产规模的加工企业的比例相对较少。据中国粮食行业协会的统计，2006 年，全国日处理生产能力 30 吨以上的大米加工企业为 7 548 个，年生产能力 14 778.4 万吨，其中日加工能力 100 吨以下的企业为 6 143 个，占 81.4%；100～200 吨的企业为 1 059 个，占 14%，200～400 吨的企业为 251 个，占 3.3%：400～1000 吨的企业为 77 个，占 1%，1 000 吨以上的企业为 18 个，占 0.2%。在所有制方面，国有及国有控股企业 848 个，占 11.2%；外商及港澳台商投资企业 24 个，占 0.3%；民营企业 6 676 个，占 88.5%。

入统企业大米总产量 3 844 万吨，其中特等米 1 304.6 万吨，占 33.9%；标准一等米 2 229.4 万吨，占 58%；标准二等米 239.6 万吨，占 6.2%。总产量超过 100 万吨的有江西、湖北、江苏、安徽、黑龙江、湖南、福建、吉林、辽宁、四川、广西、浙江、广东 13 个省（区），其中江西省达 538.9 万吨，湖北省达 483.9 万吨，江苏省达 414.1 万吨，安徽省达 398.5 万吨，黑龙江省达 302.4 万吨。

入统大米企业现价工业总产值 1 078.9 亿元，产品销售收入 1 065.3 亿元，利润总额 18.4 亿元，年来从业人数 15.3 万人，分别比上年增长 46.4%、41.7%、40.5%和 11.7%。

二、2006 年大米加工业的主要特点

（一）产权结构发生了很大变化，企业活力和市场竞争力不断加强。

随着市场经济的发展和粮食流通体制改革的深化以及国有企业改制重组步伐的加快，粮油工业采取改组联合、整体转制、股份合作、分离重组等多种形式，优化产权结构，形成了多种形式共同发展的局面，使企业在市场竞争中，实行自主经营、自负盈亏，充分调动和发挥了企业经营者和员工的工作积极性与创造性。非国有企业在市场竞争中得到了各级粮食行政管理部门、农业发展银行的支持，在粮食加工领域增加投资，生产规模不断扩大。

2006 年在全国入统的 7 548 个大米加工企业中，国有企业及国有控股企业 848 个，占 11.2%，较 2005 年减少了 2.4 个百分点；民营企业 6 676 个，占 88.5%，较 2005 年增加了 2.4 个百分点，充分说明国有企业逐年在减少，民营企业继续快速增加，已成为稻米粮油加工业的主导力量。民营企业与国有企业相比，除机制灵活外，还具有职工人数少、资产负债率低等优势。

（二）企业规模继续扩大，生产集中度进一步提高。

通过改制重组，优胜劣汰，一些条件差、质量低、效益差的小企业逐渐被市场淘汰，而具有经济实力和影响力的大型企业通过收购、兼并等呈上升趋势。在 2006 年入统企业中，日生产能力 400 吨以上的大型大米加工企业 95 个，比上年的 77 个增加 18 个，其中 1 000 吨以上的企业达 18 个，比上年增加 6 个。

从产品产量来看，年产量 10 万吨以上大米企业 33 个，总产量达 785.1 万吨，占入统大米企业总产量的 20.4%，较 2005 年年产量 10 万吨以上大米加工企业 28 个、总产量 468.7 万吨、占入统大米企业总产量的 16.1%，增加了 5 个年产 10 万吨以上的企业、总产量增长 67.51%和占入统大米加工企业总产量的比例提高了 4.3 个百分点。前 10 家企业的大米总产量占入统大米加工企业总产量的 10.4%。

（三）产品质量和档次进一步提高，名牌产品、“放心粮油”产品销售量扩大，效益显著。

2006 年，大米产品结构继续向优质和高档方向调整，特等米的产量为 1 304.6 万吨，在大米中所占比重达 33.9%，比上年提高 0.2%；标准一等米的产量为 2 229.4 万吨，在大米中所占比重达 58%，比上年提高 1.5%。

几年来，通过大力培育、宣传知名企业和品牌，普遍增强了企业的质量意识和品牌意识，推动了经营管理水平和产品质量水平的提高，名牌产品越来越受消费者欢迎，市场占有率越来越高，优势越来越明显。

2004 年被国家质检总局和中国名牌战略推进委员会授予“中国名牌产品”称号的 7 个大米加工企业 2006 年的产品销售量和经济效益都有大幅度提高。其中销售量为 199.3 万吨，比上年提高 61.5%，利润增长 77.2%。黑龙江北大荒米业有限公司产量达 58.9 万吨，比上年增长 5.6%。在今年的“中国名牌”评选中，大米加工企业获得 28 个“中国名牌”。我相信，通过开展“名牌工程”，一定会进一步增强大米加工企业的质量意识和品牌意识，推动经营管理水平的提高。

（四）企业的各项经济指标创近年来最好水平。

2006年，入统大米加工企业工业总产值1 078.9亿元，比上年提高46.4%；产品销售收入1 065.3亿元，比上年增长41.7%；实现利润总额18.4亿元，比上年提高40.5%；资产负债率为61.6%，比上年降低2个百分点；等等。上述经济指标，都是近年来的最好水平。

（五）生产能力利用率低，开工不足仍是当前大米加工业的主要问题。

据测算，2006年大米企业生产能力利用率平均为37%，虽然比上年提高了3个百分点，但利用率仍然较低，特别是近几年各地还在大量建设小型米厂，盲目投资和重复建设的现象较为普遍。由于资金短缺、设备老化、工艺技术落后使得很多小企业举步维艰，抗击市场风险能力很低，处于停产、半停产状态。

三、大米加工业的发展趋向

为适应市场的需求，今后大米加工业的发展趋向是：

（一）企业的生产规模将进一步向大型化、规模化方向发展。

随着市场竞争的加剧和企业的结构调整优化，大米加工企业的数量将进一步减少，规模逐步扩大，生产集中度明显提高。据中国粮食行业协会统计，2006年，在全国入统的11 719个粮油加工企业中，日加工能力在400吨以上的大型企业达440个，比上年增加75个，其中1 000吨以上的企业达128个，比上年增加27个。

从产品产量来看，年产量10万吨以上的粮油加工企业达123个，比上年增加20个。另外，据统计前10家企业的合计产量占本企业入统企业总产量的比重分别是：大米占10.4%，小麦粉占17%，食用油占44.7%。这充分明中国粮油工业企业的生产规模正在日趋大型化和规模化，而且，这种趋势今后将进一步加快，大米加工企业也不会例外。

（二）大米产品将朝着安全、优质、营养、方便的方向发展。

大米是人们最重要的食粮，也是食品工业的最基础原料，随着人民生活水平的不断提高，人们在关注大米产品安全、放心的基础上，将进一步注重大米及其制品的优质、营养和方便，为此积极发展绿色和无公害的大米及其制品将引起大米加工企业的重视；为最大限度地保存稻谷原料中的固有营养成分，大米加工中的过精过细等过度加工现象将得到逐步纠正；营养强化米的生产将得到发展。

（三）以发展粮油食品为重点的大米深加工将进一步加快。

根据《“十一五”全国食品工业发展规划》，为实现小康社会发展目标，满足现代生活节奏加快，消费趋向膳食方便化、营养化、多样化的需要，粮油主食品工业化进程将进一步加快。在大米加工中，各类干（湿）米粉、方便米粉、方便米饭、方便粥、汤圆、粽子、年糕、发糕米制品以及以米果为主的各类膨化休闲米制食品将得到进一步发展。与此同时，传统粮油主食品的各种生产工艺和设备的研究也将得到较快发展：冷冻技术、膨化技术、高压蒸煮技术和焙烤技术将在大米制品及其深加工中得到推广应用。

（四）大米加工中的副产品综合利用将进一步发展。

大米加工中的副产品如米糠、碎米和稻壳等，有的含有丰富的油脂和营养物质，有的可以作为能源。多年来，由于我国大米加工企业规模小，资源集中困难以及利用技术的限制，这些宝贵资源没有得到充分的开发利用。今后，随着大米加工企业的大型化、规模化、集团化以及利用技术的不断成熟，大米加工中的副产品综合利用将会不断发展。

（五）大米加工企业的节能、环保将被高度重视。

建设资源节约型、环境友好型社会是中国可持续发展战略的重大举措。为此，粮油工业企业也将认真实施。

在建设资源节约型社会中，粮油工业企业将在以下几个方面努力取得成效。一是，粮油工业企业的生产原料及其产品，是国家的重要特殊商品，因此，节约一粒粮、一滴油，千方百计提高出品率仍然是必须长期坚持的；二是粮油工业企业的用水、用电、用煤量较大，消耗指标较高，要通过强化管理，改进工艺和设备，努力把它降下来；三是，粮油加工产生的皮壳和下脚料数量惊人，要采用各种方法加以利用，变废为宝，如利用稻壳发电和利用废油生产生物柴油等等。

随着工业化的进程，环境污染在加剧，植物的生长环境在进一步恶化。与此同时，食品加工的“工业化”也在加快，成品、半成品在食物消费中的比重在上升，因此人们越来越关心在植物生长过程中对食品原料的污染，同时也关心在加工过程中对食品品质的影响。今后，人们在关心食品外表质量的同时，将会更加关心米、面、油产品的内在质量，如大米及其制品中的农药残留、重金属含量、黄曲霉毒素等等有害物质。为此，在粮油加工中要努力消除和防止粮油产品的再度污染。与此同时，粮油加工中产生的灰尘、粉尘和污水的排放将直接对环境的污染产生影响。对此，企业要想方设法努力按国家规定的排放标准组织生产。

我国米粉、粉丝产业争创名牌应注意具备的条件

——在第四届中国米粉、粉丝产业发展大会上的发言

2007 年 10 月 25 日于南宁

为促进中国米制品产业的快速健康发展，中国粮油学会米制品分会今天在美丽的南宁召开第四届中国米粉、粉丝产业发展大会。借此机会，我代表中国粮油学会、代表中国粮油学会油脂分会和中国粮油学会粮油营销技术分会对会议的成功召开表示最热烈的祝贺！对在座的各位专家、企业家和各位代表表示诚挚的问候！下面，我就与米制品有关的我国大米加工业的基本情况、发展趋势以及米粉、粉丝产业争创名牌应注意具备的条件介绍些情况和讲点意见，供大家参考。

一、我国大米加工业的基本情况

我国是一个稻米生产大国，也是一个稻米加工和稻米消费大国。正常年景，我国年产稻谷 1.8 亿吨左右，是我国粮食生产和粮食消费中的第一食粮。我国丰富的稻谷资源和消费需求为大米加工业的发展提供了重要的物质基础。

我国的大米加工业遍及城乡，小型分散，经典型调查和推算，大大小小的大米加工企业和加工点多达十多万个。有一定生产规模的加工企业的比例相对较少。据中国粮食行业协会的统计，2006 年，全国日处理生产能力 30 吨以上的大米加工企业为 7 548 个，年生产能力 14 778.4 万吨，其中日加工能力 100 吨以下的企业为 6 143 个，占 81.4%；100～200 吨的企业为 1 059 个，占 14%；200～400 吨的企业为 251 个，占 3.3%；400～1000 吨的企业为 77 个，占 1%，1 000 吨以上的企业为 18 个，占 0.2%。在所有制方面，国有及国有控股企业 848 个，占 11.2%；外商及港澳台商投资企业 24 个，占 0.3%；民营企业 6 676 个，占 88.5%。

入统企业大米总产量 3 844 万吨。其中特等米 1 304.6 万吨，占 33.9%；标准一等米 2 229.4 万吨，占 58%；标准二等米 239.6 万吨，占 6.2%。总产量超过 100 万吨的有江西、湖北、江苏、安徽、黑龙江、湖南、福建、吉林、辽宁、四川、广西、浙江、广东 13 个省（区），其中江西省达 538.9 万吨，湖北省达 483.9 万吨，江苏省达 414.1 万吨，安徽省达 398.5 万吨，黑龙江省达 302.4 万吨。

入统大米企业现价工业总产值 1 078.9 亿元，产品销售收入 1 065.3 亿元，利润总额 18.4 亿元，年末从业人数 15.3 万人，分别比上年增长 46.4%、41.7%、40.5%和 11.7%。

二、2006年大米加工业的主要特点

（一）产权结构发生了很大变化，企业活力和市场竞争力不断加强。

随着市场经济的发展和粮食流通体制改革的深化以及国有企业改制重组步伐的加快，粮油工业采取改组联合、整体转制、股份合作、分离重组等多种形式，优化产权结构，形成了多种形式共同发展的局面。使企业在市场竞争中，实行自主经营、自负盈亏，充分调动和发挥了企业经营者和员工的工作积极性与创造性，非国有企业在市场竞争中得到了各级粮食行政管理部门、农业发展银行的支持，在粮食加工领域增加投资，生产规模不断扩大。

2006年在全国入统的7 548个大米加工企业中，国有企业及国有控股企业848个，占11.2%，较2005年减少了2.4个百分点；民营企业6 676个，占88.5%，较2005年增加了2.4个百分点，充分说明国有企业逐年在减少，民营企业继续快速增加，已经成为粮油加工业的主导力量。民营企业与国有企业相比，除机制灵活外，还具有职工人数少、资产负债率低等优势。

（二）企业规模继续扩大，生产集中度进一步提高。

通过改制重组，优胜劣汰，一些条件差、质量低、效益差的小企业逐渐被市场淘汰，而具有经济实力和影响力的大型企业通过收购、兼并等呈上升趋势。在2006年入统企业中，日生产能力400吨以上的大型大米加工企业95个，比上年的77个增加18个，其中1 000吨以上的企业达18个，比上年增加6个。

从产品产量来看，年产量10万吨以上大米企业33个，总产量达785.1万吨，占入统大米企业总产量的20.4%，较2005年年产量10万吨以上大米加工企业28个、总产量468.7万吨、占入统大米企业总产量的16.1%，增加了5个年产10万吨以上的企业、总产量增长67.51%和占入统大米加工企业总产量的比例提高了4.3个百分点。前10家企业的大米总产量占入统大米加工企业总产量的10.4%。

（三）产品质量和档次进一步提高，名牌产品、“放心粮油”产品销售量扩大，效益显著。

2006年，大米产品结构继续向优质和高档方向调整，特等米的产量为1 304.6万吨，在大米中所占比重达33.9%，比上年提高0.2%：标准一等米的产量为2 229.4万吨，在大米中所占比重达58%，比上年提高1.5%。

几年来，通过大力培育、宣传知名企业和品牌，普遍增强了企业的质量意识和品牌意识，推动了经营管理水平和产品质量水平的提高，名牌产品越来越受消费者欢迎，市场占有率越来越高，优势越来越明显。

2004年被国家质检总局和中国名牌战略推进委员会授予“中国名牌产品”称号的7个大米加工企业2006年的产品销售量和经济效益都有大幅度提高。其中销售量为199.3万吨，比上年提高61.5%，利润增长77.2%。黑龙江北大荒米业有限公司产量达58.9万吨．比上年增长5.6%。在今年的“中国名牌”评选中，大米加工企业共获得29个“中国名牌”。我相信，通过开展“名牌工程”，一定会进一步增强大米加工企业的质量意识和品牌意识，推动经营管理水平的提高。

（四）企业的各项经济指标创近年来最好水平。

2006 年，入统大米加工企业工业总产值 1 078.9 亿元，比上年提高 46.4%；产品销售收入 1 065.3 亿元，比上年增长 41.7%；实现利润总额 18.4 亿元，比上年提高 40.5%；资产负债率为 61.6%，比上年降低 2 个百分点；等等。上述经济指标，都是近年来的最好水平。

（五）生产能力利用率低，开工不足仍是当前大米加工业的主要问题。

据测算，2006 年大米企业生产能力利用率平均为 37%，虽然比上年提高了 3 个百分点，但利用率仍然较低，特别是近几年各地还在大量建设小型米厂，盲目投资和重复建设的现象较为普遍。由于资金短缺、设备老化、工艺技术落后使得很多小企业举步维艰．抗击市场风险能力很低，处于停产、半停产状态。

三、大米加工业的发展趋向展

为适应市场的需求．今后大米加工业的发展趋向是：

（一）企业的生产规模将进一步向大型化、规模化方向发展。

随着市场竞争的加剧和企业的结构调整优化，大米加工企业的数量将进一步减少，规模逐步扩大，生产集中度明显提高。据中国粮食行业协会统计，2006 年，在全国入统的 11 719 个粮油加工企业中，日加工能力在 400 吨以上的大型企业达 440 个，比上年增加 75 个，其中 1 000 吨以上的企业达 128 个，比上年增加 27 个。

从产品产量来看，年产量 10 万吨以上的粮油加工企业达 123 个，比上年增加 20 个。另外，据统计前 10 家企业的合计小麦粉占 17%，食用油占 44.7%。这充分表明中国粮油工业企业的生产规模正在日趋大型化和规模化，而且，这种趋势今后将进一步加快，大米加工企业也不会例外。

（二）大米产品将朝着安全、优质、营养、方便的方向发展。

大米是人们最重要的食粮，也是食品工业的最基础原料，随着人民生活水平的不断提高，人们在关注大米产品安全、放心的基础上，将进一步注重大米及其制品的优质、营养和方便，为此积极发展绿色和无公害的大米及其制品将引起大米加工企业的重视；为最大限度地保存稻谷原料中的固有营养成分，大米加工中的过精过细等过度加工现象将得到逐步纠正；营养强化米的生产将得到发展。

（三）以发展粮油食品为重点的大米深加工将进一步加快。

根据全国《食品工业“十一五”发展规划》，为实现小康社会发展目标，满足现代生活节奏加快，消费趋向膳食方便化、营养化、多样化的需要，粮油主食品工业化进程将进一步加快。在大米加工中，各类干（湿）米粉、方便米粉、方便米饭、方便粥、汤圆、粽子、年糕、发糕米制品以及以米果为主的各类膨化休闲米制食品将得到进一步发展。与此同时，传统粮油主食品的各种生产工艺和设备的研究也将得到较快发展；冷冻技术、膨化技术、高压蒸煮技术和焙烤技术将在大米制品及其深加工中得到推广应用。

（四）大米加工中的副产品综合利用将进一步发展。

大米加工中的副产品如米糠、碎米和稻壳等，有的含有丰富的油脂和营养物质，有的可以作为能源。多年来，由于我国大米加工企业规模小，资源集中困难以及利用技术的限制，这些宝贵资源没有得到充分的开发利用。今后，随着大米加工企业的大型化、规模化、集团化以及利用技术的不断成熟，大米加工中的副产品综合利用将会不断发展。

（五）大米加工企业的节能、环保将被高度重视。

建设资源节约型、环境友好型社会是中国可持续发展战略的重大举措。为此，粮油工业企业也将认真实施。

在建设资源节约型社会中，粮油工业企业将在以下几个方面努力取得成效。一是，粮油工业企业的生产原料及其产品，是国家的重要特殊商品，因此，节约一粒粮、一滴油，千方百计提高出品率仍然是必须长期坚持的；二是粮油工业企业的用水、用电、用煤量较大，消耗指标较高，要通过强化管理，改进工艺和设备，努力把它降下来；三是，粮油加工中产生的皮壳和下脚数量惊人，要采用各种方法加以利用，变废为宝，如利用稻壳发电和利用废油生产生物柴油等等。

随着工业化的进程，环境污染在加剧，植物的生长环境在进一步恶化。与此同时，食品加工的“工业化”也在加快，成品、半成品在食物消费中的比重在上升，因此人们越来越关心在植物生长过程中对食品原料的污染，同时也关心在加工过程中对食品品质的影响。今后，人们在关心食品外表质量的同时，将会更加关心米、面、油产品的内在质量，如大米及其制品中的农药残留、重金属含量、黄曲霉毒素等等有害物质。为此．在粮油加工中要努力消除和防止粮油产品的再度污染。与此同时，粮油加工中产生的灰尘、粉尘和污水的排放将直接对环境的污染产生影响。对此，企业要想方设法努力按国家规定的排放标准组织生产。

四、米粉、粉丝产业争创名牌应注意具备的条件

近几年来，粮油企业与其他行业一样，通过开展名牌战略，培育名牌产品，推动了粮油企业争创“中国名牌”的积极性。经过2004年、2005年和今年“中国名牌”产品的评选，粮油企业共获得了75个“中国名牌”产品称号，其中大米产品28个、小麦粉产品29个、挂面产品8个和大豆油、菜籽油、花生油产品合计为10个。参加本次会议的湖南金健米业股份有限公司的金健牌大米和挂面、江西金佳谷物股份有限公司的金佳牌大米和湖南郴州市裕湘面业有限公司的裕湘牌挂面，都是今年中国名牌产品的获得者。

米粉和粉丝产业与大米和挂面一样，是食品工业的重要组成部分，其产品与人民生活息息相关，应该努力争取成为“中国名牌”产品的评选范围。

经过努力，粉丝已经成为去年“中国名牌”产品的评选范围，但米粉至今尚未成为中国名牌产品的评选范围，为此，我们要经过多方努力，争取尽早将中国的传统米制品——米粉列入“中国名牌产品”的评价目录。为推进米粉行业争创“中国名牌”，我认为当前要做好两件事。一是要了解清楚米粉行业的生产情况，如产品产量与销售额，产品的出口量与出口额等等，以便向中国名牌战略推进委员会汇报并为将来参评时设立合理的门槛提供依据。在这方面，我建议中国粮油学会米制品分会要多做些工作，争取在米制品生产企业的配合下，把米粉的生产情况统计汇总起来。二是米粉和粉

丝产业应重视争创“中国名牌”的申请条件。下面我想重点讲讲争创“中国名牌”应注意具备的条件。

根据国家质量监督检验检疫总局和中国名推委的规定，申请“中国名牌产品”称号，应具备下列条件：

（一）符合国家有关法律法规和产业政策的规定。前面我已讲过，鉴于米粉和粉丝产业是我国食品工业的重要组成部分，其产品与人民生活息息相关，是国家鼓励发展的产业，因此，是属于符合国家有关法律法规和产业政策规定的。

（二）实物质量在同类产品中处于国内领先地位，并达到国际先进水平；市场占有率、品牌知名度居国内同类产品前列。这意味着申报产品其质量、市场占有率、品牌知名度等都必须在国内同类产品中名列前茅的；为确保产品质量，企业是经得起任何检验抽检的，产品各项数据是完全符合质量标准和卫生标准要求的；企业对基础管理工作是十分重视的，曾获得过“质量管理先进企业”和“中国驰名商标”等称呼的；是通过了环境体系、HACCP、中国产品质量电子监管网并激活上市、《测量管理体系》、《国家标准化良好行为企业》等认证的；质量工程师和质量工作人员的数量在企业总人数中的比重是较高的；等等。

（三）年销售额、实现利润、工业成本费用利润率、总资产贡献率居本行业前列。这是值得参评企业重视的，也就是说，在评选时要看企业对社会贡献的大小，要看其交纳国税和地税的多少。

（四）企业具有先进可靠的生产技术条件和技术装备，技术创新、产品开发能力居行业前列。这里有许多内容是衡量一个企业有没有发展后劲的。比如，企业的新产品产值率占多少；研发费用占销售收入总的比重有多大；申报产品获得过多少外观设计专利、新型实用专利和发明专利；申报产品有没有获得科技进步奖、有没有参与行业、国家及国际标准的制修订工作：企业是否拥有国家级、省级技术中心和博士后流动工作站等等。

（五）产品按照采用国际标准或国外先进标准的我国标准组织生产。这是指企业在组织生产时执行的标准是采用国际标准还是采用国家标准。

（六）企业具有完善的计量检测和计量保证能力。

（七）企业质量管理体系健全并有效运行，未出现重大质量责任事故。

（八）企业具有完善的售后服务体系，顾客满意程度高。

除了上述条件外，对米粉行业来讲，还要看申报企业是否获得“全国工业产品生产许可证”；是否获得在参评的前三年内无违反环境保护各项法律法规，达标排放，无环境污染事件发生的证明材料的。由此可见，只有具备了上述条件后，企业的产品才有可能申报评选“中国名牌”。为此，我们要通过开展“名牌工程”，努力把各项基础工作做好做扎实．以推动企业的发展和“名牌工程”的开展。

在 2008 年大米营养强化论坛开幕式上的致辞

2008 年 4 月 29 日于上海

我很高兴今天能参加有公共营养与发展中心在这里举办的“2008 大米营养强化论坛”，使我有机会与粮食加工行业的专家领导、各界同仁见面，借此机会，我代表中国粮油学会对论坛会的成功召开表示最热烈的祝贺，在座的各位来宾、各位朋友表示诚挚的问候。

提出大米营养强化这个理念在我国已有好几年了，但从目前来看，我们推进的进程较慢。从这个意义上来说，我觉得我们今天召开这次大米营养强化论坛是非常必要的，在这里我们要对积极筹办此次会议的公众营养与发展中心所做的努力表示衷心的感谢。

众所周知，大米是人类生存的主要食粮。目前，全球稻谷年总产量约 6 亿吨，约占粮食总产量的 30%。中国是世界上稻谷产量最高的国家，正常年景，我国年产稻谷约 1.8 亿吨，约占全球总产量的 30%。稻谷作为我国第一大粮食品种，其产量约占全国粮食总产量的 37%左右；世界上有一半人口以大米为主食，在我国 13 亿人口中，有 60%的人口以大米为主食，而且随着北方稻谷的发展，人口的流动，实际食用大米的人数和数量均有增加的趋势。随着我国人民生活水平的不断提高，人们对粮油的消费正在向安全、优质、营养、方便的方向发展，大米的生产也正在向营养健康方向发展。针对城乡居民的健康需求，营养大米和营养强化大米近两年来在我国悄然出现。营养强化大米区别于营养药品和保健食品，它是通过人们的主食一日三餐来补充营养，以平衡膳食的合理营养，达到促进人们身体健康的目的。从全球范围来看，安全、营养、方便、休闲已成为大米消费的主流和方向。根据有关调查显示，全球超过 1/3 的人群存在微营养素缺乏，导致学习能力受损、工作能力低下、疾病及死亡等严重后果。我国营养普查及区域性营养调查结果显示，我国儿童低体重、生长发育迟缓现象严重。解决微营养素缺乏的对策主要有通过改善膳食结构、普及营养知识和进行食物强化等五个方面，其中食物营养强化是最为经济、可控和可持续的营养改善最有效途径。值得一提的是，目前市场上的维力米，即使经过冲洗、蒸煮或其他加工方法，都表现出非常良好的物理稳定性，维生素及矿物质可以得到很好地保留，并能保持住大米的自然口感和外形，是值得推荐的一种“营养大米”。

中国粮油学会作为粮油产业中重要的学术团体、全国性一级学会，几年来，我们始终如一地与公众营养与发展中心一道积极倡导健康生活，推动营养强化大米工作的深化和普及。

在糯米粉生产技术暨质量研讨会上的发言

2008 年 7 月 12 日于郑州

由中国粮油学会米制品分会、河南黄国粮业有限公司联合主办的"糯米粉生产技术暨质量研讨会"今天在郑州召开。大家冒着酷暑，千里迢迢，不辞辛苦地出席会议，借此机会我代表中国粮油学会和中国粮油学会米制品分会向各位表示诚挚的欢迎与谢意。

众所周知，糯米是我国百姓喜爱食用的粮食，是大米中不可缺少的贵重品种，糯米在我国种植和利用有着悠久的历史。但由于糯米在整个大米中，与早籼稻、中籼稻、晚籼稻和粳稻等大宗品种相比产量较少，所以其产量没有单独统计。为了解糯稻的生产情况，一些专家在典型调查研究的基础上，写出了许多有关糯稻的栽培、种植和利用等文章。根据有关资料的推测，我国糯稻的栽培面积约占稻谷总面积的 3%～5%，亩产为 900 斤左右。以 2006 年我国稻谷种植面积 4.4 亿亩，其中糯稻的种植面积约为 1320 万～2200 万亩，糯稻产量约为 120 亿～200 亿斤，应该说这是一个不小的数字。糯稻的品种很多，按籼、粳分类可分为籼糯和粳糯两种类型。按栽培季节的不同，糯稻可分为早、中、晚糯；按适合水田和旱地栽培的不同，糯稻可分为陆糯和水糯；按糯稻种皮（糙米）颜色和香味不同，糯稻还可分为黑糯、红糯和香糯等等。

糯米是用糯稻加工成的大米，产量虽然比不上籼米和粳米，但却与千家万户有着千丝万缕的联系。大家知道，端午节吃的粽子、春节吃的年糕、元宵节吃的汤圆等等，都离不开糯米。糯米经除砂、洗净，糯米粉除了用做汤圆外，还广泛应用于饮食、冷饮、休闲等食品行业，诸如味道醇甜的糯米酒和糯米酒饮料；食味独特，民族风味浓郁的糯米饭和糯米粑；丰富多彩的各色糯米糕点、糯米小吃和糯米膨化食品等等，这些糯米制品市场需求快速增长，发展前景十分广阔。

随着人们生活水平的不断提高和生活节奏的加快，方便食品、速冻食品已成为当今世界发展最快的食品工业。尤其是速冻食品在质量、营养、口感和方便等方面的优势，使其走进城乡，融入千家万户的冰箱、冰柜之中。我国速冻食品的种类、产量、质量在最近 10 年内取得了长足的发展。从 1995 年起我国速冻食品的年产量平均每年以 20%～30%的幅度递增，成为发展最快的食品加工业之一。据不完全统计，目前年产量已接近 1 000 万吨，现有各类速冻食品生产厂家近 2 000 家，年销售额数百亿元，并呈现出以"三金、思念、科迪、龙凤、佑康"等为代表的一批合国知名品牌和龙头企业。

作为速冻食品中第二大销售置的速冻汤圆，每年以 30%～40%的速度快速增长，从而带动了其上游产品糯米粉产业的崛起和发展。据不完全统计，全国生产糯米粉的厂家约有 600 多家，生产能力 300 多万吨。但是，我们要清醒地看到，虽然生产厂家不少，但大多属作坊式小厂，生产工艺与设备相对落后，卫生条件较差、食品质量安全得不到保证。与此同时，还存在以假充真、以次充好的现象，有的甚至将发霉变质的糯米加工成糯米粉，严重危害消费者的健康。为了有效地促进我国糯米粉行业的健康发展、提升行业技术装备水平、规范行业行为，解决目前发展过程中存在的产品标准欠缺、标准指标混乱、商贸交易过程产生的不必要的经济纠纷等问题，很有必要对糯米粉的生产技术与质量，尤其是质量标准进行研讨，广泛征求意见，以便科学、正确地制定《糯米粉国家标准》。通过标准的制定与实施，使糯米粉行业朝着规范化、标准化的方向发展，达到既能保证生产者、经营者和消费者的合法权益，方便质量监督部门的监督检查，又能进一步推动糯米粉行业的产业化、规模化及可持续发展，从而直接带动糯稻种植业的发展，实现农民增产增收的目的。

这次会议时间短，我建议将糯米粉产品的理化指标及检验规则作为本次研讨会的重点研讨内容，为制定《糯米粉国家标准》提供参考。

产品标准是产品质量的衡量依据，在我国标准体系中占据着十分重要的地位。粮油产品标准包括原粮标准、油料标准、食用植物油标准、食用动物油脂标准、米类加工品标准、粉类加工品标准、加工副产品标准、粮油通用机械产品标准、粮仓机械设备标准、检验化验仪器标准、淀粉生产机械标准、制粉机械设备标准、碾米机械设备标准、饲料加工机械设备标准、油脂加工通用设备标准等。据统计，截至2004年底，我国粮油标准中，国家标准295项，行业标准165项；在295项国家标准中原粮、成品粮和油脂等产品标准52项，占18％，在165项行业标准中产品标准50项，占30％。

随着市场对产品质量关注程度的提高，产品标准的内容从生产型转向贸易型，产品标准的制定将成为标准编写的一个重点。

为制定好标准，在编写标准时要充分考虑新技术水平，但标准必须从实际出发，不要求标准中所规定的各种指标或要求都是最新的、最高的，以保证标准的先进性和可操作性。

河南黄国粮业有限公司技术力量较为雄厚，并拥有一批先进的检测仪器，是河南省农业产业化龙头企业，“黄国”牌糯米粉先后被评为河南省优质产品，河南省名牌产品，河南省免检产品和河南省无公害产品认证，是《糯米粉国家标准》的起草单位。我相信，通过本次研讨会的认真研讨，在国家粮食局标准质量中心的指导下，在兄弟企业的帮助下，他们一定能圆满完成制定《糯米粉国家标准》的任务。

各位代表，本次会议在郑州召开，会议得到了承办单位——河南黄国粮业有限公司的大力支持和鼎力相助，在此，我代表学会和全体与会代表表示衷心的感谢！

在第五届中国米粉、粉丝产业发展大会上的发言

2008年10月13日于浙江义乌

很高兴参加由中国粮油学会米制品分会主持召开的一年一度的“中国米粉、粉丝产业大会”，并与大家一起研究讨论振兴我国米粉、粉丝产业的发展大计。米粉、粉丝产业与人民生活息息相关，它是传统主食品生产工业化的重要代表之一，是粮油加工业向深加工产品延伸的重要产业，是粮油加工业的重要组成部分。米制品分会每年组织大家共同对米粉、粉丝产业的现状和发展进行交流和探讨，是十分有意义的，它必将对我国米粉、粉丝产业的健康发展起到积极的推动作用。下面，我想就2007年大米加工业的基本情况、粮食市场形势和技术创新等三个方面介绍些情况并讲点意见，供参考。

一、2007年我国大米加工业的基本情况

大米是米制品最重要、最基础的原料，了解我国大米加工业的基本情况，对米制品行业的发展具有重要的参考价值。

根据中国粮食行业协会的统计，2007年全国入统大米加工企业7 698个，比上年增加150个，年生产能力14 666万吨，其中日加工能力100吨以下6 092个，占79.1%，比上年减少51个；100～200吨1 241个，占16.1%，比上年增加182个；200～400吨262个，占3.4%，比上年增加11个；400吨以上的大中型企业103个，占1.3%，比上年增加8个。在入统大米加工企业中，国有及国有控股企业800个，占10.4%，比上年减少48个；外商及港澳台商投资企业19个，占0.2%，比上年减少5个；民营企业6 879个，占89.4%，比上年增加203个。

入统企业大米总产量4 381.5万吨，比上年增加537.5万吨，其中特等米1 596.6万吨，占36.4%；标准一等米2 483.8万吨，占56.7%；标准二等米234万吨，占5.3%。

大米企业现价工业总产值1 257.1亿元，产品销售收入1 264亿元，出口交货值17亿元，利润总额24.5亿元，资产总额636亿元，年末从业人数15.9万人，分别比上年增长16.5%、18.7%、58.9% 、33.1%、17%和3.9%。其中，现价工业总产值、产品销售收入、利润总额和资产总额等指标均创历史之最。

二、我国粮食市场形势

在粮食危机危及世界粮食安全的时候，如何正确分析未来中国粮食市场的形势，这对我们所有与粮食有关的企业在经营中进行科学决策，将是至关重要的。今年7月初，我听了国家粮食局曾丽瑛副局长有关国内粮食供求基本平衡的讲话很受启发，她的讲话，可以简要归纳为以下三句话，那就是国内粮食产需仍处于紧平衡状态；国内粮食市

场价格运行总体平稳，但仍存在上涨压力；全球粮食供求形势依然偏紧，但有缓和迹象。

“国内粮食产需仍处于紧平衡状态”是指，我国粮食生产连续四年丰收，2007 年粮食总产量达 10 030 亿斤，预计当年产需存在一定缺口。通过进出口调节，使当年粮食供求基本平衡。预计 2008 年我国粮食生产将继续获得丰收，但当年粮食产需仍有一定缺口，需要进口部分粮食（主要是大豆）来弥补。

“国内粮食市场价格运行总体平稳，但存在上涨压力”是指，2008 年，我国年末国家粮食库存仍将保持较高水平，国家完全有能力保证市场供应和价格的基本稳定。据国家粮食局价格监测，2008 年 6 月 17 日，小麦、早籼稻、中籼稻、晚籼稻、粳稻、玉米市场收购价格每市斤分别为 0.77 元、0.84 元、0.85 元、0.91 元、0.92 元和 0.77 元，比今年年初分别上涨 1.3％、5％、3.7％、7.1％、8.2％和 2.7％；比 2007 年年初分别上涨了 2.6％、13.5％、11.8％、16.7％、3.4％和 14.9％。上述涨幅远低于同期国际市场粮价上涨幅度。预计 2008 年国内市场粮价将继续保持基本稳定，但仍存在一定的上涨压力。

“全球粮食供求形势偏紧，但有缓和迹象”。这是根据美国农业部 6 月份预测 2008/2009 年度，世界粮食产量为 21.61 亿吨，同比增加 0.47 亿吨，消费量为 21.56 亿吨，同比增加 0.4 亿吨，当年产需基本平衡。预计 2008/2009 年度期末库存 3.44 亿吨。在全球化背景下，国际、国内粮食市场将互为影响，互相作用，联系越来越紧密。所以总体来看，今后国际市场粮价将继续保持高位运行态势，并将对我国国内市场产生一定压力。但我们也应该看到，当前我国小麦、稻谷和玉米三大品种基本能够实现自给，这三大品种与国际市场的关联性并不是很强，受国际市场价格影响相对较小。

在谈到稻谷供求基本情况时，曾局长用五句话进行概括，那就是：“我国稻谷生产稳中略增”、“稻谷消费比较平稳”、“当前稻谷供需基本平衡”、“稻谷商品率进一步提高，市场活跃，购销平稳”、“稻谷市场价格将继续保持在较高水平”。

上述国内外粮食供求形势和价格的走势分析，我想对我们生产米粉、粉丝的企业在考虑今后的经营决策时，一定会有所启示和帮助。

三、创新是企业发展的动力

在党中央、国务院的高度重视下，为适应我国社会经济发展和人民生活改善对科技进步和创新提出的迫切要求，国务院制定了《国家中长期科学和技术发展规划纲要(2006—2020 年)》(以下简称《纲要》)，做出了建设创新型国家的决策。《纲要》指出，建设创新型国家的核心是增强自主创新能力。纵观人类社会发展的历史，创新是人类社会进步的强大动力，是一个民族进步的灵魂，是一个国家兴旺发达的不竭动力。一个国家、一个民族要想立于世界民族之林，就必须坚持不断创新。同样，一个企业要生存、要发展、要在竞争中立于不败之地，也必须勇于创新、坚持创新和善于创新。

创新是一个体系，企业创新包括制度创新、技术创新、市场创新和管理创新等几个方面组成。我们这次会议的主题是：“科技进步促进产业发展”，这是很好的。我认为，科技进步要通过科技创新才能实现。下面我就粮油加工企业（包括米制品企业）的管理创新和技术创新讲点意见。

过去，我在强调管理对粮油工业发展的重要性时曾多次讲过，管理是科学，是生产力，是效益。对粮油工业来说，管理包括质量管理、经营管理、资金管理、现场管理、制度管理和人才管理等等，每一个方面都非常重要。粮油工业企业的管理创新就是要在不同时期，根据企业的特点能制订出一套保证产品质量、确保安全生产、资本运行良好、营销手段先进、现场管理文明、企业文化高尚的行之有效的方法，并随着时代的发展和外部环境的变化而不断改进，达到推动企业不断发展的目的。

改革开放三十年来，我国的粮油工业发生了翻天覆地的变化，企业的技术水平和管理水平上了一个新的台阶，涌现出了以著名品牌为代表的一批管理先进的企业，但我们也应该清楚地看到，粮油工业企业的管理水平仍然参差不齐，有些企业在重经营、轻管理思想的指导下，脏、乱、差的现象时有发生，有些企业的管理水平甚至不如过去，出现了倒退，这与上述讲的管理创新是格格不入的。我认为在这些管理无序，生产现场脏、乱、差的企业中什么质量第一、安全生产、文明生产都将成为一句空话，企业要想发展，做强做大也是不可能的。我认为，生产现场管理的好坏，能够反映企业质量管理水平的高低、安全文明生产的程度和精神面貌的好坏，可以判断出这个企业有没有发展前途。最近，我参观了一些企业，河南省阳光油脂公司粕库有序的堆放，黑龙江泰丰粮油食品有限公司整洁的大米生产车间，给我的感触很深。我跟同去考察的同志讲，看了他们的现场管理，可以相信他们生产的产品质量是可以放心的，安全文明生产是有保证的，企业做强做大是有希望的。由此可见，企业的管理创新也要脚踏实地，从最基础的点滴做起，才能取得成效。

下面我想讲讲关于粮油加工企业的技术创新。粮油加工企业技术创新的状况，反映了我们这个行业在国际上所处的水平，对一个企业来讲，还反映了是否具有发展后劲。

粮油加工企业技术创新的内容很多，重点包括对原材料、能源、设备、产品等硬件创新以及生产工艺程序设计、操作方法改进等软件创新。在粮油科技的技术创新中，自主创新是核心。自主创新从内容上主要包括；一是原始性创新，它是通过科研和开发，努力获得更多科学发现和技术发明；二是集成创新，它是通过各种与粮油加工相关的技术成果进行融合汇聚，形成具有市场竞争力的产品和产业；三是引进技术的消化、吸收和再创新。在自主创新中，企业是创新的主体。但我认为，根据粮油加工企业的特点和实际，原始性创新应该以大专院校和科研院所为主，企业积极参与并提供创新需要的试制、试验场所；集成创新和引进技术消化、吸收和再创新应该以企业为主，大专院校和科研院所是技术的后盾和支撑。当前，粮油加工企业在技术创新中，要注意以下几点：

第一，要充分认识技术创新，人才是关键。鉴于目前在粮油加工企业中，大型企业和企业集团为数甚少，人才缺乏是大多粮油加工企业普遍存在的问题。为此，企业在进行技术创新中，必须促进企业之间，企业与大专院校和科研单位之间的联合，实行产、学、研相结合的方针，进行联合攻关，以便早出成果，出好成果。与此同时，促进技术成果的转让，促进企业的技术集成和应用。江苏江南面粉有限公司与武汉工业学院联合，实行产、学、研相结合的方法，从小麦麸皮中成功研制出了“上一道”小麦膳食纤维，并很快应用于生产，产品上市后反映良好，现在有望出口美国等发达国家。这就是产、学、研相结合的范例。

第二，要进一步搞好引进技术的消化、吸收和再创新工作。据粗略统计，自20世纪80年代初至90年代中期，全国共引进各类粮油加工成套设备330多套，其中大米加工设备40多套，面粉加工及谷朊粉生产设备200多套，油脂浸出、精炼和低温豆粕生产设备等91套。为替代进口，自1987年起原商业部将引进技术的消化吸收国产化工作列入了国家“七五”重点攻关项目，组织动员了有引进设备的粮油加工企业、粮油科研院所、大专院校和粮油机械制造企业的数百名工程、设计人员共同参与。经过七年多时间的联合攻关，研制出了数十台（套）接近或达到国际先进水平的粮油加工设备，从而使我国的粮油工业和粮油机械制造水平上了一个台阶，缩短了与国外先进水平的差距。进入21世纪以来，随着技术的进步，我们又引进了不少先进的粮油加工设备，尤其是引进了不少米、面、油的深加工设备，希望有条件引进技术的生产企业，主动联合粮油科研院所、大专院校和机械制造企业，对引进技术进行消化、吸收和再创新，为进一步提高我国粮油工业的技术水平作贡献。

第三，要注重实用技术的创新。在科技成果的转化中，一般来说，实用高新技术的转化率较高。为此，粮油加工企业在开展技术创新时，要把在生产中遇到的技术难点问题组织攻关，并能出其成果，这不仅对企业有利，同时对行业的发展将是一大贡献。湖南克明面业，为提高挂面的质量，降低能耗，几年来，他们在和面、面带熟化、切面和烘干等环节开展了一系列技术创新活动，取得了成功，获得多项国家实用技术发明专利，受到专家和同行的赞扬。

第四，要把技术创新纳入到争创名牌工程中去。一个企业是否重视技术创新，反映了这个企业有多大的发展后劲。为此，粮油加工企业要把“新产品的开发”、“企业研发费用占销售收入的提取比重”、“是否拥有国家级或省级技术（研究）中心”、“是否拥有各类专利和发明创造专利”以及“是否获得省级以上各类技术进步奖”等作为实施“名牌工程”的重要考核内容。

为实施“名牌工程”，企业必须加大研发力度，努力掌握高端核心技术，提高自主创新能力，提高产品质量水平，从而增强品牌的核心竞争能力。

在首届江西米粉节米粉发展论坛会上的发言

2008 年 11 月 10 日于江西会昌

很高兴参加由中共会昌县委、县人民政府举办的“中国会昌·首届江西米粉节”，并与大家一起探讨振兴我国米粉产业的发展大计。下面，我想就 2007 年大米加工业的基本情况、米制食品和米粉产业的发展前景以及做强做大米制品产业的建议等三个方面介绍些情况并讲点意见，供参考。

一、2007 年我国大米加工业的基本情况

大米是米制品最重要、最基础的原料，了解我国大米加工业的基本情况，对米制品行业的发展具有重要的参考价值。

根据中国粮食行业协会的统计，2007 年全国入统大米加工企业 7 698 个，比上年增加 150 个，年生产能力 14 666 万吨，其中日加工能力 100 吨以下 6 092 个，占 79.1%，比上年减少 51 个；100～200 吨 1 241 个，占 16.1%，比上年增加 182 个；200～400 吨 262 个，占 3.4%，比上年增加 11 个；400 吨以上的大中型企业 103 个，占 1.3%，比上年增加 8 个。在入统大米加工企业中，国有及国有控股企业 800 个，占 10.4%，比上年减少 48 个；外商及港澳台商投资企业 19 个，占 0.2%，比上年减少 5 个；民营企业 6 879 个，占 89.4%，比上年增加 203 个。

入统企业大米总产量 4 381.5 万吨，比上年增加 537.5 万吨，其中：特等米 1 596.6 万吨，占 36.4%；标准一等米 2483.8 万吨，占 56.7%；标准二等米 234 万吨，占 5.3%。大米企业现价工业总产值 1 257.1 亿元，产品销售收入 1 264 亿元，出口交货值 17 亿元，利润总额 24.5 亿元，资产总额 636 亿元，年末从业人数 15.9 万人，分别比上年增长 16.5%、18.7%、58.9% 、33.1%、17%和 3.9%。其中，现价工业总产值、产品销售收入、利润总额和资产总额等指标均创历史最好水平。

二、我国米制食品及米粉产业的发展前景

我国是盛产稻米的国家，正常年景我国年产稻谷 1.8 亿吨左右，大米总产量历来居世界第一位，全国有近三分之二的人口以大米为主食，每年直接食用的大米及其制品所耗用的大米约 1.3 亿～1.4 亿吨，是我国最大、最稳定的粮食消费品种之一。由此可见，我国是世界上最大的稻米生产国和稻米消费国，也是稻米及其制品的加工大国。

（一）米制食品。

米制食品是以大米为主要原料，经过加工而成的产品。米制食品是我国传统主食品的重要代表，有着两千多年的悠久历史。千百年来，我们的祖辈依赖于大米而繁衍子孙，在漫长的饮食文化发展过程中，勤劳、智慧的中国人民创造出了五彩缤纷的米制食

品。这些品种繁多的米制食品，深受我国人民的喜爱。近几年来，随着我国社会经济的快速发展，人民生活水平不断提高和生活节奏的加快，我国的米制品生产有了较快的发展。在市场上，除了销量较大的各类干（湿）米粉、汤圆、方便米饭、方便粥、粽子和方便米粉外，还有各类发糕米制品、婴儿米粉、年糕和以米果为代表的各类膨化休闲食品等等，这些传统米制食品普遍受到了消费者的喜爱。

（二）米粉产业。

米粉是我国米制食品中最重要的代表。米粉是以大米为主要原料，经过水洗、浸泡、研磨、蒸煮、挤压成条及烘干等一系列工序所制成的条状或丝状的干湿米制食品。

米粉从加工工艺上可分为切粉和榨粉两大类。这两大类各有干、湿之分，并有不少品种。主要有以下一些品种：

湿米切粉主要有：炒粉、水粉、沙河粉、猪肠粉等；

干米切粉主要有：梧州切粉、龙门切粉、桂庄切粉、广东切粉等；

湿米榨粉主要有：桂林米粉、银丝米粉等；

干米榨粉主要有：粗条米排粉、细条米排粉、方块米粉、波纹米粉等等。

（三）米粉产业有着广阔的发展前景。

据有关方面的不完全统计，目前我国的米粉产量已达 44 万多吨，成为米制食品中发展最快的品种。随着我国人民生活水平的进一步提高，以及食品工业向方便化、营养化和健康化方向发展，米粉产业有着广阔的发展前景。主要理由有以下几点：

第一，米粉是我国人民传统喜爱的食品，市场销售有基础。我国的米粉品种繁多，大多产品都有浓郁的地方特色，如福建的兴化米粉、江西的炒米粉、广东的沙河粉、云南的过桥米线等等，都是当地百姓喜爱的食品。米粉有干有湿，有粗有细，色泽洁白，韧滑爽口，吃法多样，是长江以南地区销量最大、百姓最爱食用的米制食品，销售市场广阔。

第二，米粉的出口前景看好。据了解，我国的米粉在港澳、东南亚以及海外华人聚居的地方，如美国、欧洲、加拿大等地历来有着很好的销量，并在逐步增长。我们相信，随着我国米粉质量的进一步提高和花色品种的增多，米粉出口的前景将会越来越好。

第三，米粉将是人们喜欢选择的健康食品。米粉的原料全部采用大米，不加任何添加剂，又是属于非油炸食品，是符合当今世界食品发展潮流的，也是我国消费者在考虑安全、健康时必然选择。

第四，“推进传统主食品生产工业化”已列入为发展规划。在我国《食品工业“十一五”发展纲要》（以下简称《纲要》）中指出：粮食加工的发展重要是“继续改进粮食加工企业规模小、技术装备相对落后等问题；要重点发展专用面粉、专用米……推进传统主食品生产工业化……”。《纲要》中还指出“在珠江三角洲、长江三角以及部分大城市等稻米主销区，建设一批年产 2 万吨的大米主食品生产基地……”。这是粮食行业根据我国粮食加工的现状和粮油食品工业未来发展提出的要求，可以说，是符合我国国情的。

《纲要》中的这些提法，充分表明国家提倡和鼓励发展以米粉为代表的各类传统米制食品的生产。而且这一政策将会长期延续下去。由此可见，我国米粉产业的发展前景是十分广阔的。

三、对做强做大米制品产业的建议

为顺应我国消费市场的需要，我国食品工业的“工业化”在加快，成品、半成品在食物消费中的比重在上升。在粮食供应方面，人们对传统的米、面消费方式和消费习惯正在逐步改变，以米、面为主食品的“工业化”生产也在进一步加快，方便面、方便米粉、方便米饭、速冻米面制品、主食面包以及工业化生产的米粉、面条、馒头、花卷、包子等各类米、面食品已大量涌现，发展势头良好。

在充分肯定我国米制品生产取得成绩的同时，我们也要清醒地看到制约我国米制品产业做大做强的“瓶颈”很多，归纳起来主要有以下几个方面的问题。

第一，对传统米制品产业化重视不够。以中餐为代表的东方饮食文化闻名世界，其中传统的米面主食品是其重要组成部分，为此，在我国大力发展米面主食品的生产是理应重视的。但事实却相反，在我国食品工业的快速发展中，米、面主食品的生产并没有引起各方面的高度重视，没有得到应有的快速发展，甚至有被“洋食品”挤垮的可能。2006 年 8 月 15 日，《经济参考报》登载了一篇题为《我国传统主食面临尴尬，产业化跟不上，馒头迟早会败给面包》的文章。文章说：“传统主食馒头在日常生活中占据重要的地位，据统计，我国每年传统面制主食消耗小麦占总产量的 75%，其中馒头消费量占面制食品的 30%以上”。20 世纪 80 年代，我国曾提出中国人主食产业化的口号，经过 20 多年的发展，中国以馒头、面条和饺子等为代表的传统面制主食品发展缓慢，而西式快餐已对我国的饮食行业发展和饮食文化造成了一定的影响，致使在目前的中国市场上，还没有与麦当劳、肯德基相提并论的中国式快餐品牌。与此同时，“洋快餐”的非健康性和非安全性也日益凸显。由于一些“洋快餐”属于三高（高热量、高脂肪、高蛋白质）和三低（低矿物质、低维生素、低膳食纤维）食品，且营养成分单一，营养严重失衡，在国外被称为“垃圾食品”的“洋快餐”，在我国市场上仍很时尚。文章最后说：“食品、服装、语言被称为一个民族的文化载体和文明象征。然而，以馒头、面条、饺子等为代表的传统面制主食产业，却未能够与时俱进，创新发展。显然，这是一个被忽略的大市场。如果产业化跟不上，馒头迟早会败给面包。”上述文章是对面制主食产业的写照，也是对我国米制食品和米粉产业的写照。

第二，米制食品生产企业的生产集中度低。纵观现今我国的各类米制食品生产企业，普遍存在着规模小，有一定规模的企业屈指可数，生产环境差，生产技术与装备落后，工业化水平低，产品质量不稳定，品种较少，尤其是新产品少等问题。

第三，对米制食品的研究开发工作重视不够。全国至今没有一个粮油科研院所或食品科学研究机构将米制食品的开发研究列入本单位的科研重点工作，从而造成了目前我国米制食品行业新技术、新设备和新产品研发能力低，科技含量不高的现状。

第四，产品缺乏标准。我国现有的米制食品，其产品质量标准大多停留在企业标准上，缺乏高水准的行业标准和国家标准。

以上这些问题制约着我国米制品产业发展和做大做强，必须引起我们的高度重视，认真加以解决。

针对上述问题，要想做强做大米制品产业，我建议：

第一，我们要继续通过各种形式呼吁社会有关方面，认真落实《“十一五”全国食品工业发展纲要》，重视米制品产业的发展。

第二，米制品企业要加强与科研院所的紧密合作，不断开发研究米制品生产的新技术、新设备、新产品，提高米制品产业的创新能力和科技含量，不断开发出新的产品。

第三，要发动粮油机械和食品机械生产企业积极开发、生产各类米制品的生产单机及成套设备，提高米制品企业的现代化水平。

第四，要鼓励和推动加强米制品行业的合作与联合，提高米制品行业的生产集中度。希望会昌的米粉企业“走联合之路”。开始时可以先搞品牌联合、销售联合、加工能力联合、技术联合等，统一打造会昌米粉的品牌，以增强抗风险能力。

第五，要创特色、要创品牌。要创会昌米粉的特色，并在争创名牌和著名品牌中取得成效，以提高会昌米粉的知名度和美誉度。

第六，要积极创造条件，促使产品和标准升级换代。

第七，米制品企业要强化管理，提高质量意识，提高销售服务质量，增设检测仪器，严格产品检测检验，确保产品质量。

另外，我们还要积极参加学会、协会组织的各类研讨论坛会，以交流经验，沟通信息，加强合作，共商促进我国米制品产业做强做大的大计。我相信，随着我国国民经济的发展和人民生活水平的不断提高，通过大家的努力，我国米制品产业一定能做强做大。

在2009年中国优质稻米（南昌）交易会开幕式上的讲话

2009年7月3日

在这稻谷飘香，喜迎丰收的时刻，由中国粮食行业协会、江西省粮食局、中国储备粮管理总公司江西分公司和南昌市人民政府共同主办的“2009年中国优质稻米交易会暨夏季稻米市场形势分析会”今天在美丽的革命英雄城市——南昌隆重开幕了！在此，我代表中国粮食行业协会向前来参加本次活动的各位来宾和朋友表示最热烈的欢迎！向为会议期间举办一系列活动给予大力支持的江西省委、省政府和南昌市人民政府以及全国粮食行业的同仁们，致以衷心的感谢！

江西是我国的产粮大省，是重要的商品粮基地。新中国成立60年来，特别是改革开放后，江西粮食生产稳步发展，稻米产量、品质在全国始终位居前列，为满足市场需求，确保国家粮食安全做出了积极的贡献。

今年的优质稻米交易会在南昌举办，有着许多特色：一是地处南方的稻米主产区和主销区，市场更广泛，交易规模更大；二是时处夏秋之交，南方早籼稻虽已成熟但尚未收割，俗称“青黄不接”之际，粮食企业乃至社会对稻米市场走势都寄予更大关注；三是今年中储粮系统积极参与交易会，并提供50万吨稻米作轮换交易，使得交易会的交易范围更大，交易内容更丰富。

与本次交易会同期举办的还有夏季稻米市场形势分析会，邀请了国家粮食局、中国储备粮管理总公司、中国粮食行业协会领导和业内专家学者分别与会报告当前国际、国内粮食形势及国家粮食调控政策、储备粮的调控政策、措施对稳定粮食市场的功能、作用，早籼稻期货交易对市场的影响以及当前稻米市场走势等等。相信今年的夏季稻米形势分析会的内容将更加丰富，分析力度将进一步加大，对企业经营提供的市场信息将更加准确。会间，要组织各地进行优质稻米购销洽谈、交易、签约等多项活动。与此同时，中国粮食行业协会还将为“中国稻米加工强县——江西省新干县”授牌，会议内容十分丰富。因此说，这是粮食行业的一次盛会，也是对我们深入学习贯彻党的十七大精神，落实科学发展观，构建社会主义和谐社会，深化粮食购销体制改革成就的一次检阅。希望通过这次活动，为广大稻米生产、加工经营者更好沟通市场信息，提供产销衔接平台，推广稻米加工新技术、新设备，从而促进稻米产业发展，为我国粮食经济的快速发展做出更大的贡献，以优异的成绩迎接建国60周年！

有关我国杂粮产销及加工情况简介

2010 年 6 月

一、我国杂粮的定义及分类

（一）定义。

杂粮的界定范围是指主粮（小麦、稻谷、玉米和大豆）以外的其他粮食。

（二）分类。

杂粮可分为谷物杂粮、杂豆和薯类三大类，主要品种包括谷子、高粱、大麦、荞麦、燕麦；蚕豆、绿豆、红小豆、芸豆；马铃薯、甘薯等上百个品种。

二、2008 年我国杂粮产销情况

（一）杂粮的生产情况。

2008 年我国杂粮产销情况为：播种面积 2.2416 亿亩，占粮食作物播种总面积的 14%；杂粮产量为 4 289.8 万吨，占粮食作物总产量的 8.1%（表 1）。

表 1　2008 年我国主要杂粮产量、消费量及比重

品种		产量/万吨	消费量/万吨	比重/%
谷物杂粮	谷子	128.6	126.9	3
	高粱	183.7	172.5	4.4
	大麦	282.3	388.4	6.6
	荞麦	40.7	34.3	0.95
	燕麦	7.7	10.0	0.2
	其他谷物	177.0		4.1
杂豆	蚕豆	168.9	164.0	3.9
	红小豆	31.4	25.9	0.7
	绿豆	90.4	84	2.1
	其他杂豆	198.9		4.6
薯类	马铃薯	1415.6	1379.8	33.0
	甘薯	1564.6	1564.6	36.5

（二）各类杂粮所占比重。

在 2008 年 4 289.8 万吨的杂粮中，合计谷物杂粮为 820.0 万吨，占杂粮总产量的 19.1%；杂豆为 489.1 万吨，占杂粮总产量的 11.4%；薯类为 2 980.2 万吨，占杂粮总产量的 69.5%。

（三）杂粮消费情况。

在 2008 年 4 289.3 万吨的杂粮中，工业用粮 2 132.8 万吨，占总消费量的 50%；饲料用粮 1 028.3 万吨，占总消费量的 24.1%；直接食用 1104.1 万吨，占总消费量的 25.9%（图 1）。

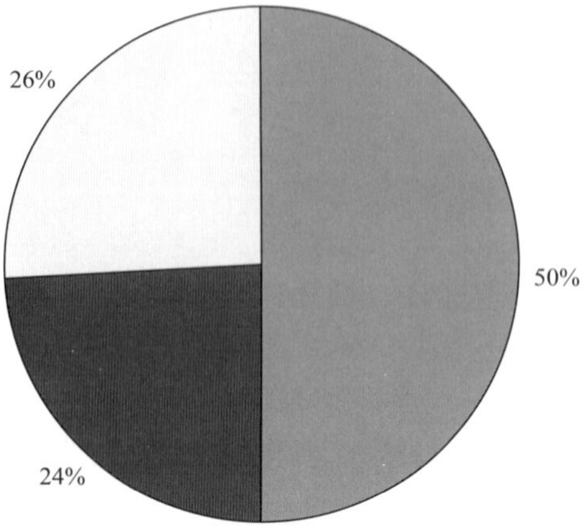

图 1　2008 年杂粮消费情况

三、我国杂粮的分布情况

我国的杂粮多数生长在高原、干旱、高寒地区，主要分布在中西部和东北部的老少边贫地区。

以品种分类的重点主产省为：

（一）播种面积最多的省份排名。

2008 年，全国杂粮播种面积为 2.2416 亿亩，其中排名前八名的为：内蒙古 2 544.2 万亩；四川 2 364.3 万亩；云南 1 798.1 万亩；甘肃 1 675.6 万亩；贵州 1 659.1 万亩；山西 1 244.1 万亩；重庆 1 223.4 万亩；黑龙江 1 093.2 万亩（图 2）。

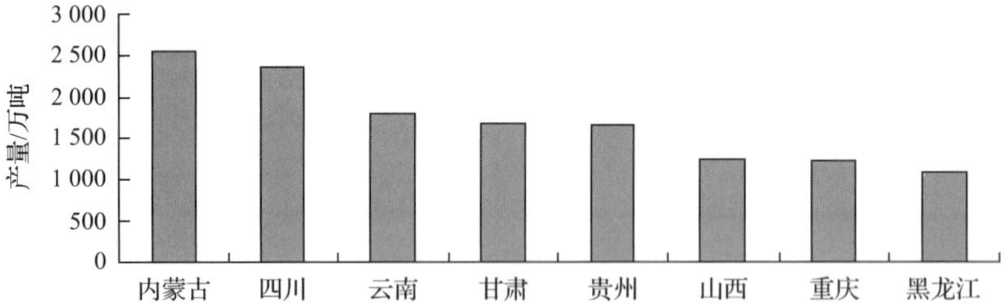

图 2　2008 年杂粮播种面积前八名的省份

（二）杂粮产量最多的省份排名。

2008 年，全国杂粮产量为 4 289.3 万吨，其中排名前八名的为：四川（527.9 万吨），内蒙古（390.1 万吨），甘肃（335.9 万吨），重庆（304.2 万吨），云南（258.5 万吨），贵州（246.3 万吨），山东（188.4 万吨），黑龙江（175.1 万吨）（表 2）。

表 2　2008 年杂粮产量前八名的省份

省份	杂粮产量/万吨			合计/万吨
	谷物杂粮	杂豆	薯类	
四川	54.2	65.6	408.1	527.9
内蒙古	144.8	49.6	195.7	390.1
甘肃	99.8	21.5	214.6	335.9
重庆	5.5	22.4	276.3	304.2
云南	3.0	85.9	169.6	258.5
贵州	11.9	19.6	214.8	246.3
山东	7.6	1.8	179.0	188.4
黑龙江	72.1	46.5	56.5	175.1

（三）主要杂粮产量排名前五名的省份。

2008 年，几种主要杂粮产量排名前五名的省份如下：在 128.6 万吨谷子中排名前五名的省份是：河北（32.5 万吨）；内蒙古（30.3 万吨）；辽宁（20.4 万吨）；陕西（11.1 万吨）；河南（10.4 万吨）（图 3）。

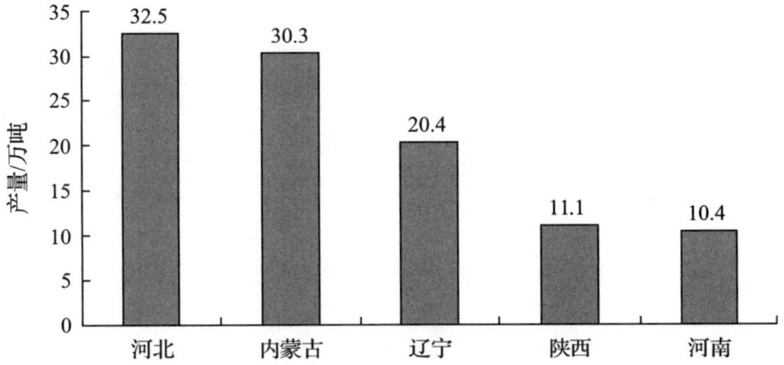

图 3　2008 年谷子产量前五名的省份

在 183.7 万吨高粱中排名前五名的省份是：内蒙古（49.7 万吨）；吉林（35.9 万吨）；辽宁（31.9 万吨）；黑龙江（17.0 万吨）；四川（14.5 万吨）（图 4）。

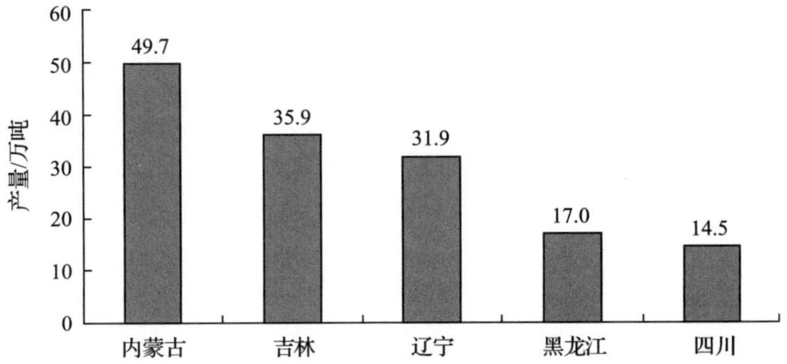

图 4　2008 年高粱产量前五名的省份

在 282.3 万吨大麦中排名前五名的省份是：江苏（72.2 万吨）；甘肃（60.2 万吨）；黑龙江（35.9 万吨）；内蒙古（27.8 万吨）；新疆（23.5 万吨）（图 5）。

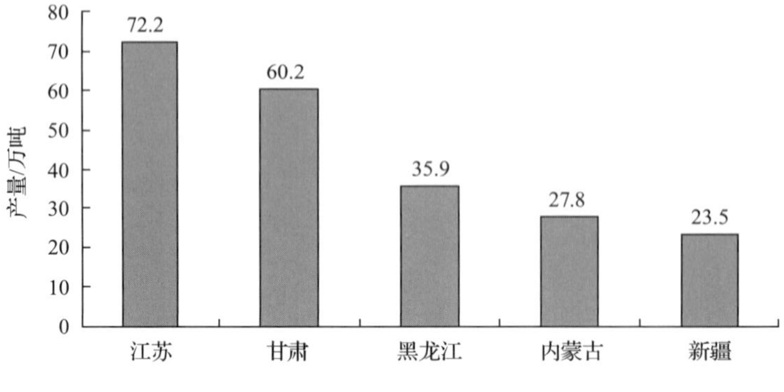

图 5　2008 年大麦产量前五名的省份

在 31.4 万吨红小豆中排名前五名的省份是：黑龙江（11.1 万吨）；内蒙古（4.2 万吨）；吉林（2.9 万吨）；江苏（2.3 万吨）；重庆（1.6 万吨）（图 6）。

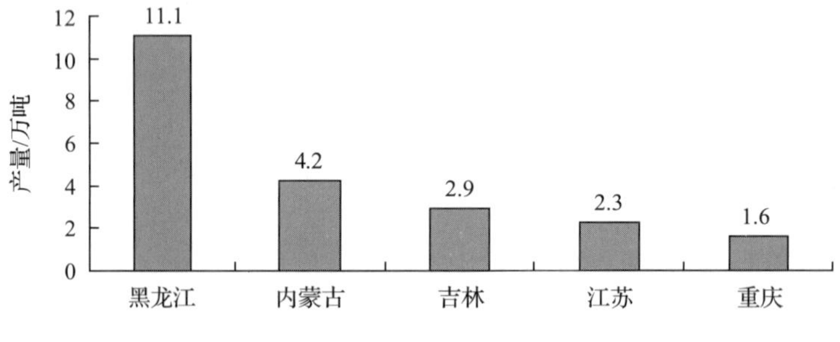

图 6　2008 年红小豆产量前五名的省份

在 90.4 万吨绿豆中排名前五名的省份是：内蒙古（28.7 万吨）；吉林（11.8 万吨）；河南（6.9 万吨）；湖南（5.1 万吨）；四川（4.4 万吨）（图 7）。

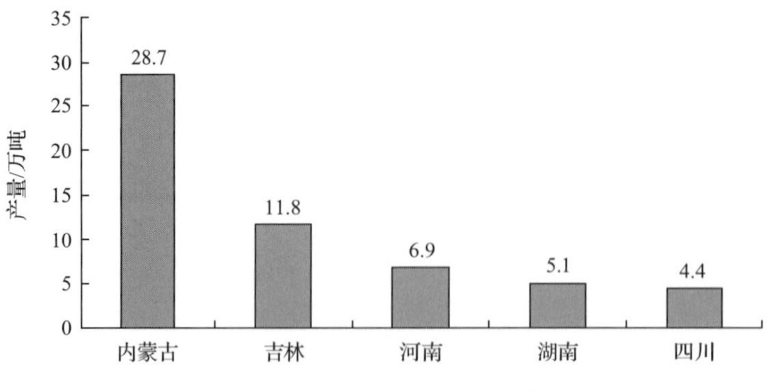

图 7　2008 年绿豆产量前五名的省份

在 1 415.6 万吨马铃薯中排名前五名的省份是：甘肃（214.6 万吨）；内蒙古（188.3 万吨）；四川（161.2 万吨）；贵州（150.3 万吨）；云南（144.4 万吨）（图 8）。

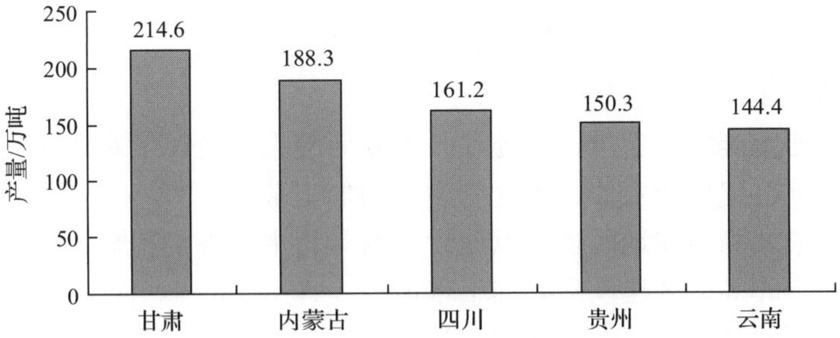

图 8　2008 年马铃薯产量前五名的省份

在 1564.6 万吨甘薯中排名前五名的省份是：四川（246.9 万吨）；山东（179.0 万吨）；重庆（174.6 万吨）；河南（143.0 万吨）；广东（138.4 万吨）（图 9）。

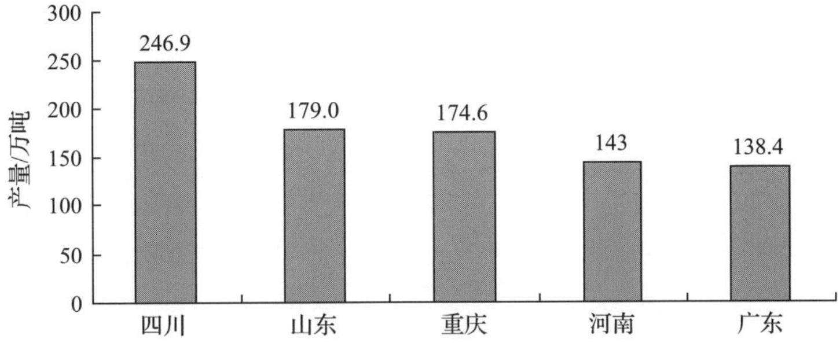

图 9　2008 年甘薯产量前五名的省份

四、杂粮产量的发展情况

从 1991 年至 2008 年全国杂粮播种面积和产量看，在这 20 年间，我国的杂粮播种面积一般稳定在 2.2 亿～2.9 亿亩之间；总产量在 4 200 万～5 000 万吨之间；平均亩产在 180～190 公斤。近五年来，全国杂粮的播种面积和总产量略有下降，但降幅不大。

从品种看，播种面积和产量下降幅度最大的是谷物杂粮，其播种面积由 1996 年以前的 1 亿多亩，下降到近 5 年的 5 000 多万亩，降幅达 50%以上；产量也由原来的 1 600多万吨下降到近 5 年的 800 多万吨，降幅也在 50%以上。杂豆及薯类的播种面积较为稳定。

分析谷物杂粮下降的原因是：食用不够方便；开展利用迟缓；产量低；比价效益低，但由于其含有丰富的营养物质和生物活性物质，随着人们对食品营养健康的新要求和开发利用的深入，谷子、高粱、燕麦和荞麦等谷物杂粮的生产定会有所恢复。

五、杂粮行业的加工状况及发展趋向

目前杂粮加工行业大大落后于米、面、油及饲料加工行业，主要表现在：研发能力差，专用设备少，借用设备多，成套性差，产品品种少，档次不高等问题。

在我国即将颁布的《（2010—2020 年）粮食加工业的发展规划》中，杂粮加工将作为重点发展和支持的项目，前景看好。规划中将具体提出：

要提高杂粮加工的规模和技术水平；

要在西北、西南等地区建设以荞麦片、荞麦面等为主的加工基地：

要在西北等地区建设燕麦片、燕麦米为主的加工基地；

要在东北、华北和西北地区建设以速食快餐等为主的谷子和糜子加工基地；

要在东北和华北等地区建设高粱加工基地；

要在西南、西北等地区建设青稞加工基地；

要在华北、东北和西北等地区建设杂豆类加工基地；

要在东北、华北、西北和西南地区，发展一批年处理鲜马铃薯 6 万吨以上的加工基地；在中西部地区，发展一批年处理鲜甘薯 4 万吨以上的加工基地。

我国稻谷加工业现状与展望

2011 年 3 月

稻谷是我国种植面积最大，单产最高、稳定性最好、总产量最多的粮食作物、2010 年我国稻谷产量约为 1.99 亿吨，预计到 2020 年稻谷产量为 2.07 亿吨。稻米是全球一半以上人口的主食，仅在亚洲就有 20 亿居民从稻米中摄取 60%～70%的热量。2004 年联合国粮农组织（FAO）提出了“稻米就是生命”的口号，希望通过发展稻谷种植解决世界粮食安全问题、消除贫困和维持社会稳定。到 2015 年世界人均大米消耗量预计为 67 公斤，发展中国家人均消费量预计为 80 公斤。2020 年世界大米需求量将增加 32%，即增加 1.22 亿吨，大米总产量将达到约 5 亿吨。

稻谷加工业是粮食再生产过程中的重要环节，是粮食产业链条中的重要组成部分，是关系国计民生的重要产业，在国民经济和国家粮食安全中具有重要的地位和作用。

一、我国稻谷加工业发展的简要历程

我国是历史悠久的农业国，随着水稻生产的发展，在稻谷加工技术方面也累积了许多丰富经验。明代宋应星《天工开物碎精篇·攻稻》中，明确指出：“凡既砻，则风扇以去糠秕，倾入筛中团转，谷未剖破者浮出筛面，重复入砻”、“凡稻米既筛之后，入臼而舂。”。这不仅阐明了垄谷与碾米分开进行，而且提出了谷糙分离的加工工序，是现代稻谷加工工艺的雏形。

旧中国，我国的碾米工业大多以简单而原始的手工作坊为主。在江、浙、粤等沿海产稻区及东北部分地区，建有少量机制米厂，但设备陈旧、技术落后、操作笨重、产品质量差、生产环境恶劣，可想而知经济技术指标十分低下。

新中国成立后，随着社会主义革命和建设事业的发展，新建一批中小型碾米厂，对原有的碾米厂也进行了改造和扩建，相当数量的陈旧设备得到更新，改造了加工工艺，也提高了机械化水平。

随着国家工作的中心逐渐向以经济建设为中心方向转移，稻谷加工业步入快速发展阶段。针对我国稻谷加工机械设备型号杂乱、规格繁多、通用性差、成套性差、经济技术指标落后等状况，由当时的主管部门商业部，按照国家提出的对现有稻谷加工设备要进行标准化、系列化、通用化以及对选定的设备进行重新设计、淘汰落后设备的总体要求，决定对稻谷加工设备进行选型、定型、标准化工作。1976 年 9～12 月在湖南衡阳市第四碾米厂，集中对各地选送的较为先进的 72 台（套）稻谷加工设备进行评比试验。采用科学的“试验原料、衡量指标、试验方法、仪器工具”四统 31 台（套）稻谷加工

注：本文由作者与朱永义、谢健、胡承森、刘勇共同完成。

设备作为以后设计定型的基础。为稻谷加工工艺的革新、大米质量的提高、工作环境的改善、生产成本的降低，做出不可磨灭的贡献。

20世纪90年代中期以来，随着改革开放的深入，稻谷加工业进入了高水平发展阶段。虽然农村拥有大量的小型加工机组、加工量占稻谷总量的50%以上，但城镇稻谷加工企业的规模逐年扩大。大批企业直接引进日本佐竹和瑞士布勒等国外公司的稻谷加工工艺和设备。部分大型、特大型稻谷加工企业在引进工艺技术、装备的同时，还积极采用当今国际最先进的生产控制和管理技术，部分稻谷加工企业已经接近或达到国际一流水平。

二、我国稻谷加工业的现状

2.1 规模持续扩大

2009年全国入统（入统即统计规模以上且上报统计数据的企业，下同。）稻谷加工企业数量由2005年的7 260家增加到7 687家，增长了5.88%。总加工能力由12 447.6万吨扩大到19 423.7万吨，增加了56.0%。同时，资产总额由2005年的432亿元，壮大到2009年的1 163.4亿元，增长了2.7倍（表1）。尤其是稻谷年处理量达到了8 630万吨，约占我国全社会稻谷处理量的一半左右，说明入统稻谷加工企业产品的总体市场占有率，比2005年的四分之一左右有了大幅度提升。

表1 稻谷加工业总体状况

	单位	2005年	2009年	增幅/%
企业数量	个	7 260	7 687	5.88
加工能力	万吨	12 447.6	19 423.7	56.04
实际处理稻谷	万吨	(4 379)	8630	(97.06)
大米生产量	万吨	2 904.6	5 723.8	97.06
工业总产值	亿元	736.8	1 921.5	160.79
产品销售收入	亿元	751.6	1 909.2	154.02
利税总额	亿元	13.12	48.4	268.90
资产总计	亿元	432	1 163.4	269.31
从业人员	万人	13.7	20.6	50.36

注：括号内数值无统计数据，为推算之。

在生产规模持续扩大的同时，企业日趋大型化。2009年全国稻谷加工企业中，日处理稻谷能力小于100吨的由2005年的5 949家降低到5 023家，减少了15.57%；而日处理稻谷400吨及以上的特大型稻谷加工企业由2005年的77家增加到153家，数量几乎翻一番（表2a、表2b）。

表 2a　不同规模稻谷加工企业增长情况　(单位：吨/日)

企业加工能力	单位	2005 年	2006 年	2007 年	2008 年	2009 年
全国合计	家	7 260	7 548	7 698	7 311	7 687
100 以下	家	5 949	6 143	6 092	5 296	5 023
100～200	家	1 025	1 059	1 241	1 498	1 941
200～400	家	209	251	262	405	570
400～1 000	家	65	77	84	88	115
1 000 以上	家	12	18	19	24	38

表 2b　不同规模稻谷加工企业增长情况　(单位：吨/日)

企业加工能力	单位	2005 年	2009 年	增幅/%
全国合计	家	7260	7687	5.88
100 以下	家	5949	5023	−15.57
100～200	家	1025	1941	89.37
200～400	家	209	570	172.73
400～1 000	家	65	115	76.92
1 000 以上	家	12	38	216.67

2.2　产业集中度进一步提高

我国稻谷生产具有显著的区域资源特点，从而带动了产粮区稻谷加工业的发展。稻谷产量位居前五位的是湖南、江西、江苏、湖北和黑龙江等省份。2009 年入统稻谷加工企业中，大米产量排名前 10 位的省份是黑龙江、湖北、安徽、江西、江苏、湖南、吉林、辽宁、四川及福建，大米产量合计为 4 810.6 万吨，占全国总产量的 84.05%。2009 年日处理稻谷 400 吨及以上的特大型稻谷加工企业为 153 家，其中黑龙江省有 35 家、安徽省有 28 家、湖北省有 25 家，表明稻谷加工产业进一步向稻谷产区集中。

“十一五”期间稻谷加工业发展最快的地区有黑龙江、湖北、安徽、吉林、辽宁等省。其中，黑龙江省加工能力由 2005 年的 1 465.2 万吨，发展到 2009 年的 4 122.4 万吨，增长了 181%。同期。湖北和安徽两省的加工能力增长了 70%以上、吉林和辽宁两省的加工能力增长了 70%以上。大米产量增长最快的是吉林省，由 2005 年的 87.6 万吨增加到 2009 年的 326.1 万吨，增长了 272%。同期，安徽、黑龙江、湖北三省的大米产量增长都超过了 150%。

2.3　企业主体多元化格局逐步形成

我国稻谷加工企业多元化格局逐渐形成，国有及国有控股企业份额逐年减少、民营企业数量占优、外资企业发展势头迅猛。随着我国经济体制改革的深入，国有及国有控股企业逐步退出稻谷加工业，占入统企业数量的比例由 2005 年的 13.47%，下降到 2009 年不足 10%；加工能力由 2005 年的 16.48%下降到 2009 年的 11.8%。而民营企业占入统企业的比例，同期由 86%上升到约 90%，加工能力由 82.5%上升到 87%，数量和加工能力之和都占绝大多数（表 3）。2008 年外商及港澳台投资企业新增加工能力仅 1 万吨，2009 年新增加工能力达到 48 万吨，发展速度之快可见一斑。

表 3 稻谷加工企业多元化格局

		单位	2005 年				2009 年			
			全国合计	国有及国有控股企业	外商及港澳台商投资企业	民营企业	全国合计	国有及国有控股企业	外商及港澳台商投资企业	民营企业
企业数量	数量	个	7 260	978	27	6 255	7 687	754	36	6 897
	比例	%	100	13.47	0.37	86.16	100	9.81	0.47	89.72
加工能力	加工能力	万吨	12 447.6	2 051	126.9	10 269.7	19 423.7	2 292.8	215.1	16 828.3
	比例	%	100	16.48	1.02	82.50	100	11.80	1.11	86.64

2.4　龙头企业实力明显上升

我国稻谷加工业经过近些年的发展，涌现出一批稻谷加工大型国有和民营骨干龙头企业，比如：北大荒集团、金健米业、江西金佳谷物有限公司、湖北国宝桥米业、江苏农垦米业等。其中，北大荒米业、金健米业已实现中国 A 股市场上市。目前，全国共有稻谷加工龙头企业 972 家（占全国稻谷加工企业总数 12.64%），年加工能力 10 345 万吨（占全国总加工能力 53.26%）。

2005 年年产大米超过 50 万吨的仅黑龙江北大荒米业有限公司一家（年产大米 55.77 万吨），2008 年江西金佳谷物有限公司年产大米就超过了 100 万吨，表明龙头企业的实力有了很大的提高。同时，大型龙头企业在米糠制油、稻壳发电等方面都有所发展。

2.5　稻谷深加工和综合利用水平稳步提高

稻谷加工企业重视产品升级的同时，越来越关注产业链的延伸。不仅生产传统米制品，而且大力推进主食米饭工业化生产进程。随着科学技术的进步，副产品的综合利用已列入稻谷加工厂重要生产环节。稻壳用于发电、干燥、制取活性炭等；米糠用于制取米糠油、谷维素、天然 VE、糠蜡等；碎米用于生产淀粉糖、膨化食品、红曲、味精等。稻谷深加工和综合利用水平的稳步提高，使企业的经济效益、社会效益、生态效益不断增长。

2.6　稻谷加工装备水平快速提升

毋庸置疑，稻谷加工机械在稻谷加工行业中占有举足轻重的地位。没有性能先进，允许可靠的装备，就不可能有质量稳定的产品与良好的经济效益。

我国稻谷加工设备的主要生产厂家集中在湖北、江苏、浙江等省，所产的稻谷加工设备占全国总量 4/5 以上（表 4）。

表 4　我国稻谷加工机械生产情况　　（单位：台/套）

年份	全国	湖北	江苏	浙江	三省合计	占全国/%
2009	31 743	15 008	10 069	2 534	27 611	87
2008	23 110	12 850	4 604	1 992	19 446	84

改革开放以来，国外资本和国内民营资本逐步进入稻谷加工装备制造行业。日本佐

竹制作所率先在苏州设立独资企业——佐竹机械（苏州）有限公司，生产、推广先进的稻谷加工装备。瑞士布勒、日本金子农机、日本安西、韩国大原等国外企业也相继在国内设立基地，制造、销售稻谷加工机械。这些合资、独资企业的出现，不仅给我国带来了最新的制造技术，同时又带来先进的管理经验；不仅给我国带来了最新的制造技术，同时又使国内企业把压力变成求生存谋发展的动力。在这段不寻常的发展过程中，又时逢我国粮食流通体制改革的不断深入。为了解决和克服国有企业历史遗留的包袱和管理体制和所有制方面的改革。经过这一脱胎换骨的改革，极大地调动了经营者的积极性，焕发了稻谷加工机械行业的生机和活力，有力地促进了我国稻谷加工机械制造业的快速发展，涌现出一批新型优秀的稻谷加工机械制造企业，例如：湖北永祥粮食机械股份有限公司（简称湖北永祥，下同）、湖北碧山粮油机械有限公司（湖北碧山）、江苏牧羊集团有限公司粮食机械分公司（江苏牧羊）、扬州正大机械制造有限公司（扬州正大）、浙江齐鲤机械有限公司（浙江齐鲤）、浙江展诚机械有限公司（浙江展诚）、湖南郴州粮油机械有限公司（湖南郴州）、湖南湘粮机械制造有限公司（湖南湘粮）等。这些厂家生产的稻谷加工设备，产品门类齐全、性能先进可靠、价格合理，不仅可以满足各地区、各品种稻谷的加工需求，而且部分设备走出国门，远销亚洲、非洲、拉丁美洲。同时，也取得良好的经济效益。据中国粮油学会近期对国内主要稻谷加工机械制造厂家（民营）的调查、统计，年产量排名前三位的是浙江展诚、湖北永祥、扬州正大。税后利润、全年税收排名前三位的是湖北永祥、浙江展诚、扬州正大（表 5a、表 5b）。

表 5a　国内主要稻谷加工机械制造厂家年产量　　　　（单位：台/套）

制造厂家	2009 年	2010 年	2011 年（计划）
浙江展诚	6 900	7 500	8 000
湖北永祥	4 500	4 820	6 000
扬州正大	1 353	2 235	3 000
湖北碧山	1 350	1 520	1 630
湖南湘粮	813	980	1 200
江苏牧羊	630	870	1 350
湖南郴州	123	150	200

表 5b　国内主要稻谷加工机械制造厂家经济效益　　　　（单位：万元）

制造厂家	2009 年		2010 年		2011 年（计划）	
	税后利润	全年利润	税后利润	全年利润	税后利润	全年利润
湖北永祥	1 529	618	2 200	1 035	3 000	1 500
浙江展诚	1 332	760	1 631	870	2 000	950
湖南郴州	600	300	750	400	1 000	500
扬州正大	303.28	127.15	480.71	196.85	580	285
江苏牧羊	150		300		450	
湖北碧山	120	175	153	210	180	225
湖南湘粮	115	121	123	125	150	150

三、我国稻谷加工业存在的主要问题

我国稻谷加工业虽然取得了很大进步，但与发达国家相比，还存在一些差距，主要如下。

3.1　小企业多、产能分散

2009年全国入统稻谷加工企业中，日处理100吨以下的企业为5 023家，占总数(7 687) 65.34%。可见，小型企业数量之多，而且布局分散，导致米糠、米糁等稻谷加工副产物资源分散，难于有效开展副产物综合利用。全国稻谷加工产能利用率一直处于48%以下，一半以上的产能量空置，浪费极大，比小麦粉、食用植物油加工业产能利用率低。与国际经验上超过70%的产能利用率相比，更处于较低水平。

3.2　产品种类单一

目前稻谷加工的主产品就是大米一种，留胚米、蒸谷米、营养强化米等产量极少。米制主食品专用米、酿酒专用米等新产品还处于研发阶段。

3.3　产品片面追求外观

由于对消费者引导、宣传不够，导致产生大米表面越亮越好的错误认识。稻谷加工业为此大上抛光机，从20世纪90年代的两道抛光增加到目前的三道甚至四道，造成电耗增加、碎米增多、出品率降低、投资及生产成本上升等弊端。

为扭转这种不良现象，中国粮食行业协会于2010年10月16日世界粮食日发出倡议，提议有关企业行动起来，努力做好消费知识宣传，自觉改变多道抛光的工艺，以降低能源消耗、提高出品率和稻谷资源利用率。

3.4　米制主食品工业化生产薄弱

我国13亿人口中有7亿人以大米为主食，全国年平均口粮消费大米1.19亿吨。对于习惯米食的消费者而言，方便米饭、方便米线比方便面更具吸引力。但是，工业化生产的米制品所占市场的份额却很少。以方便米饭为例，目前我国一线城市人均消费量仅为0.08盒，日本1999年全国人均消费量约10盒（2.1公斤）。可见，米制主食品工业化生产之薄弱，这也是制约稻谷加工产业链延伸的主要因素。

3.5　技术装备机电一体化水平需进一步提高

虽然近几年稻谷加工装备水平快速提升，但由于设计理念等原因，我国大型关键设备的技术含量低，机电一体化水平与国际先进水平有差距。日本已将白度计作为在线设备应用在碾米厂，每30秒自动取样检测一次，并通知操作工每台碾米机正在加工大米的碾白程度。白度计把数据输送到计算机控制中心，中心再把信号输送到碾米机以得到所需的碾白程度，保持碾米厂的最佳出米率。

四、我国稻谷加工业发展展望

4.1　我国稻谷加工业面临的形势

稻谷加工业的发展必须符合国家的有关政策，同时要考虑市场的需求、稻谷生产资源、能源的承受能力等因素。

4.1.1　国家粮食安全政策

根据《国家粮食安全中长期规划纲要（2008—2020 年）》，到 2020 年，我国的粮食自给率要稳定在 95%以上。意味着，我国稻谷加工的产品必须以日粮为主、以食品为辅，同时提倡将加工副产物如米胚、米糠、碎米等转化为食品配料，限制稻谷用于生产非食品类产品。

4.1.2　市场的需求

2009 年全国人口为 133 474 万人，比 2008 年增加 672 万人，自然增长率为 5.05‰。预计 2015 年我国大陆人口将达到 13.69 亿人。考虑人均口粮消费量的下降以及人口的增长，全社会口粮消费的总量持平或略有增长。

随着经济的持续增长，城镇化水平将进一步提升。预计到 2015 年城镇化水平将达到 51.5%左右、人口将达到 7.05 亿人。随着社会的发展，家庭劳动将更为社会化，意味着粮食商业化加工产品需求将增加，工业化生产的方便化的主食品、粮食再制品的需求量将提高。

4.1.3　稻谷生产资源

稻谷产量取决于耕地、淡水等资源，气候，种子、化肥、农药、种植、收获和干燥等农业技术。

我国耕地面积有限。根据《国家粮食安全中长期规划纲要（2008—2020 年）》，到 2020 年，耕地面积保有量不低于 18 亿亩，粮食综合生产能力达到 5.4 亿吨以上。

我国淡水资源紧缺。2009 年水资源总量 23 763 亿立方米，比 2008 年减少 13.4%；人均水资源 1 784.9 立方米，比 2008 年减少 13.8%。我国水资源分布极不均衡，华北地区缺水最为严重，地下水超量开采已经带来了严重的社会问题，西北和东北两地区也不乐观。

1984 年我国水稻种植面积高达 3 318 公顷，以后便处于逐年减少的状况，最低为 2 820公顷（2002 年），2003 年后虽逐年回升，但仍未超过 3 000 公顷。1997 年我国稻谷产量最高，达到 20 074 万吨，之后基本处于徘徊状况，近 7 年虽连年丰收，但仍未达到历史最高水平。

在我国稻谷生产资源相对偏紧的形势下，更需要发展稻谷加工业，努力实现“不种田，也增粮”，以保证我国粮食安全。

4.1.4　能源的承受能力

我国能源资源总量虽然比较大，但人均拥有量远低于世界平均水平。煤炭、石油、天然气人均剩余可采储量分别只有世界平均水平的 58.6%、7.69%和 7.05%。随着我国经济的持续高速发展，能源将是制约我国经济、社会再发展的主要“瓶颈”问题。稻谷加工业必须向低能耗、低排放的环境友好型方向发展。

4.2　我国稻谷加工业的发展思路

回眸过去，展望未来。笔者认为：要紧密结合我国稻谷加工业面临的形势，以市场为导向，以提高人民身体健康、丰富稻谷加工产品、提高稻谷资源利用率、降低能源消耗和三废排放为宗旨，发展我国稻谷加工业。

4.2.1 企业规模化、集群化、联合化

为增强企业实力、降低生产成本、赢得市场竞争优势，规模化生产、集约化经营、走联合之路已是稻谷加工企业发展的方向。目前，稻谷加工产业布局已向产地、沿海沿江，以及销区大城市集中，但有追求大而全的趋势。因此，需要应用产业集群等理论指导稻谷加工业的发展。以市场为导向，在产业政策、金融政策、财税政策等引导下，使稻谷加工企业走社会化分工之路。产品结构互补的企业以产业集群的方式聚集，形成上下游紧密联系的产品链企业集群。

4.2.2 产品安全化、营养化、方便化

安全、营养、方便已成为粮食食品的发展方向和主流，工业化主食的生产已是食品工业中重要的分支。

随着我国各地逐步进入小康社会，人民对生活质量的要求将日益提高，使得食品（包括主食品）的安全和营养成为影响国计民生的、与保证粮食供应同等重要的根本问题。我国既要满足13.5亿左右人口丰衣足食的需求，同时还需要解决全社会的营养、保健和医疗问题。

目前，我国稻谷加工产品品种很少，为适应社会的发展，稻谷加工产品应由目前的同质化向多样化（家用、餐厅用和食品企业用等）、专用化（生产各种米制食品的专用米）、功能化（低血糖指数米饭等功能性米制食品）、营养化（营养素含量显著高于普通大米的富营养产品）等方向发展。重点发展营养米制主食品及其工业化生产用原料，同时改良餐厅用米和家庭用米。

4.2.3 资源多元化、精深化、循环化

稻谷加工的产品是糙米或大米，副产品有碎米、米胚、稻壳、米糠等。

利用生物技术等手段，生产调理糙米、调理米胚、调理米糠，可提高糙米、米胚和米糠所含营养的消化利用率，改善口感，用于食品企业生产米制营养主食品、休闲食品。

米糠保鲜处理后，是良好的健康食品配料，可提取、生产天然VE，IP6（米糠中提取的肌醇六磷酸衍生物，具有抗癌作用）等功能性产品。

稻壳是良好的可再生的生物质原料，通过气化转化为稻壳煤气、直接燃烧产生蒸汽或热量，用于发电、供热等。稻壳还可以制作高品质硅产品、活性炭、吸附剂、炭黑、二氧化硅、碳化硅、硅酸钾等化工产品。

4.2.4 加工精度适度化、产品包装实用化

过分追求大米的“精、白、细”，不仅产品出率低、加工成本高，而且损失了许多天然营养素、浪费稻谷资源。在国家粮食局、中国粮食行业协会等有关部门、团体的呼吁下，企业已经开始认识到单纯追求产品精度的弊端，开始调整产品结构，降低最高精度等级产品所占的比例。

大米的包装主要目的是：便于流通；保质，延长货架期。采用精美的装潢、较贵的材料包装大米，无形中增加消费者的负担。于国于民都不利。

4.2.5 设备信息化、智能化、机电一体化

“工欲善其事，必先利其器”。设备的信息化，有利于优化设备的运行，实时掌握生

产动态。发展远程诊断、远程调试和远程控制，可以保持生产稳定并提高生产效率。设备的智能化，将使生产过程中资源、能源得到最大化的利用。这些都是稻谷加工业发展的关键。

稻谷加工机械无论是常规的砻谷机、碾米机、色选机，还是米饭、米粉（米线）工业化生产装备，都应向机电一体化、智能化和信息化方向发展，通过引进、消化、吸收，应用国际先进技术与装备，实现上述关键设备的自主化。

结束语：稻谷加工业既是传统产业，又是朝阳产业，它与人类一同永存。无论未来的科学技术如何先进，都不可能取消稻谷加工业，而只能是促进其提高和发展，与此相辅相成的稻谷加工机械制造业也有着广阔的发展空间。

发展稻米油产业前景广阔

2011 年

食用油是国家食品安全的重要组成部分，提高食用油的自给能力亦是实现可持续发展的当务之急。

随着我国国民经济的稳定持续发展和人民生活水平的提高，我国食用油的消费量不断上升，并将继续保持刚性增长的趋势。在进一步发展油料生产、提高我国油料产量的同时，充分利用油料资源是提高我国食用油自给率的有效方法。

据国家粮油信息中心提供的统计数字，2011 年我国食用油的消费量为 2 515 万吨，工业及其他消费量为 250 万吨，出口量为 12.4 万吨，年度结余为 87.7 万吨，合计总供给量为 2 865.1 万吨。在总供给量中，国产油料的榨油量为 1 091.8 万吨，自给率仅有 38.1%，另据统计，2011 年我国食用油的实际消费量为 2 765 万吨，由此测算，我国人均年消费量已由 1996 年 7.7 公斤上升到 20.5 公斤。

我国是世界上最大的稻米生产国和消费国，据有关方面统计，2011 年，我国稻谷产量为 2 亿多吨，约占世界稻谷产量的 1/3，占我国粮食产量的 2/5，我国约有 8 亿人口以稻米为主食，每年因直接食用稻米及其制品而耗用稻米量约 1.4 亿吨。由此可见，稻米及其制品的消费是我国最大、最稳定的粮食消费品种。

在稻米加工中，米糠（含米胚）是最有价值的副产品，一般来说，稻谷加工的出糠率为 6%～8%。米糠中不仅含有丰富的脂肪，而且富含多种营养成分，是优质的油料资源。米糠的含油率为 18%～20%。2011 年，我国的稻谷产量为 2 亿多吨，按 95%用于加工稻米计算，约产米糠 1 330 万吨。如果能将 60%的米糠资源用于榨油，出油率按 16%算，那么，我国每年能生产出 120 万吨至 130 万吨稻米油，相当于 700 多万吨国产大豆的产油量，能使我国食用油的自给率提高 4%。我国米糠资源丰富，稻米油的发展潜力巨大，只要做好工作，充分利用米糠资源，对提高我国食用油的自给能力将发挥重要作用。

稻米油中富含谷维素、植物甾醇、维生素 E、角鲨烯等多种生理活性物质。其中谷维素的含量达 1.4%～1.5%；维生素 E 的含量为 0.1%～0.15%，它们都是天然的抗氧化剂，可以防止稻米油在储存过程中出现品质劣变。因此，稻米油较其他食用油更为安全。此外，稻米油还富含人体必需的油酸和亚油酸。从其脂肪酸组成来看，一般稻米油中含亚油酸 38%，含油酸 42%，比例为 1∶1.1。现代观点认为，亚油酸与油酸的比例应在 1∶1 左右为佳，这也符合世界卫生组织推荐的最佳比例。所以，稻米油不仅是脂肪酸组成最为合理的单一油品，今后也将是我国发展功能性油脂的重要油源。

鉴于稻米油营养价值很高，长期食用有利于降低血液中胆固醇的含量，具有降血压、调节植物神经、预防心脑血管疾病等功能，2010 年世界卫生组织第 113 次会议提出稻米油、玉米油和芝麻油为最佳食用油。由此可见，稻米油是世界公认的营养价值高的优质食用油。

我国稻米油产业的发展前景十分广阔。近几年来我国稻米油产量不断增加，发展势头较好。

今年年初，国家粮食局印发了《粮油加工业“十二五”发展规划》。规划中明确提出“要大力推广米糠和玉米胚等集中制油，为国家增产食用植物油。要推广米糠膨化保鲜技术设备，采取‘分散保鲜、集中榨油（浸出）’和‘分散榨油，集中精炼’模式，明显提高米糠利用率”。还提出“要依托稻谷、玉米主产区大型粮油加工企业、加工园区和产业集聚区，大力发展稻米油、玉米油等特色油脂加工”。为使规划落到实处，规划中更具体提出了“要优先选择日处理能力 150 吨以上的稻谷加工企业，配备米糠膨化保鲜装备，为米糠制油提供稳定的原料”等。在全国《粮油加工业“十二五”发展规划》中如此强调要发展稻米油产业，充分表明了国家对利用米糠资源，为国家增产油脂的高度重视。

伴随着我国油脂科技水平的不断提高，米糠膨化保鲜技术、米糠制油技术装备和稻米油精炼技术都有了明显提高。以中国农机院油脂所为代表研制的米糠膨化保鲜技术装备和以河南华泰粮油机械工程有限公司为代表研制的米糠浸出制油与精炼技术成套装备，经国内多家企业使用，效果良好，完全能满足稻米油生产的需要。

在确保稻米油产品质量与食用安全的前提下，为最大限度地保留成品稻米油中固有的营养成分，避免过度精炼对产品质量产生负面影响，提高精炼率，全国粮油标准化委员会油脂油料工作组已经启动了对原稻米油国家标准的修订工作。经专家研讨，标准的修订将根据实际，提倡适度加工，最大程度地保留稻米油中的固有营养成分和生理活性物质，对稻米油的等级、色值、烟点和酸价等指标做出较大的修改，以推动我国稻米油产业的健康发展。

此外，为进一步推动我国稻米油产业的健康发展，还应在以下几个方面多做工作：首先是贯彻“十八大”精神，加强“五位一体”建设，用环保、生态的理念，大力发展稻米生产和稻米油加工；其次是做好稻米油国家标准的修订工作，从实际出发，引领稻米油产业的健康发展；再次是在政策上予以支持，扶植有一定规模的稻米加工企业，为之配备米糠保鲜技术装备，并根据实际产量对稻米油生产企业给予一定的奖励；最后是加大稻米油产业的科技投入。鉴于稻米油的制取与精炼在所有食用植物油制取与精炼中最复杂，加上稻米油中的生理活性物质较多，综合利用的前景广阔，国家有关部门亦将稻米油产业的发展列入国家科技攻关项目。

我国大米加工业的发展趋势

2012 年 7 月 28 日于方正县

很高兴参加由方正县人民政府举办的“稻米产业发展论坛暨方正县稻米博物馆落成典礼”，并与大家见面。根据会议的安排，我就以“我国大米加工业的发展趋势”为题，做个发言，供大家参考。

一、我国大米加工业的基本情况

根据国家粮食局和中国粮食行业协会提供的统计数据及有关资料，2010 年全国入统大米加工企业 8 519 个，其中日加工能力 100 吨以下的企业 4 785 个，占大米加工企业总数的 56.17%；日加工能力 100～200 吨的企业 2 605 个，占 30.58%；日加工能力 200～400 吨的企业 910 个，占 10.68%；日加工能力 400～1 000 吨的企业 172 个，占 2.02%,；日加工能力 1 000 吨以上的企业 47 个，占 0.55%（图 1）。

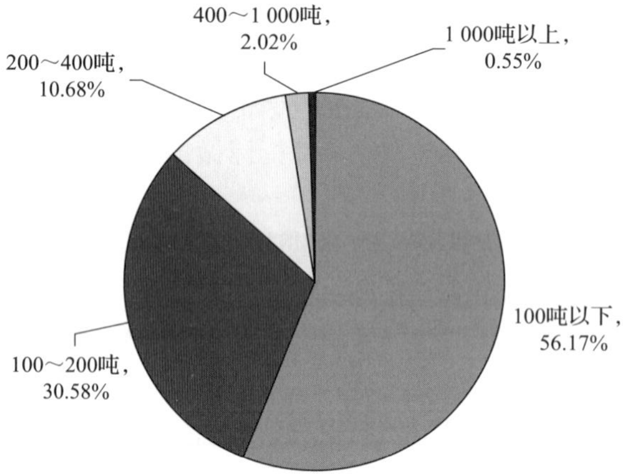

图 1　2010 年大米加工企业按日处理能力划分比重图

2010 年大米加工年处理稻谷能力为 24 339.4 万吨；大米产量为 7 294.8 万吨；实际处理稻谷 11 106.6 万吨；产能利用率为 45.32%。产能和产量按企业经济类型分，民营企业的产能和产量分别为 21 110.2 万吨和 6 314.1 万吨，所占比例分别为 86.73%和 86.56%；国有及国有控股企业的产能和产量分别为 2 889.2 万吨和 879.1 万吨，占 11.87%和 12.05%；外商及港澳台商投资企业的产能和产量分别为 340 万吨和 101.6 万吨，占 1.40%和 1.39%（图 2 和图 3）。

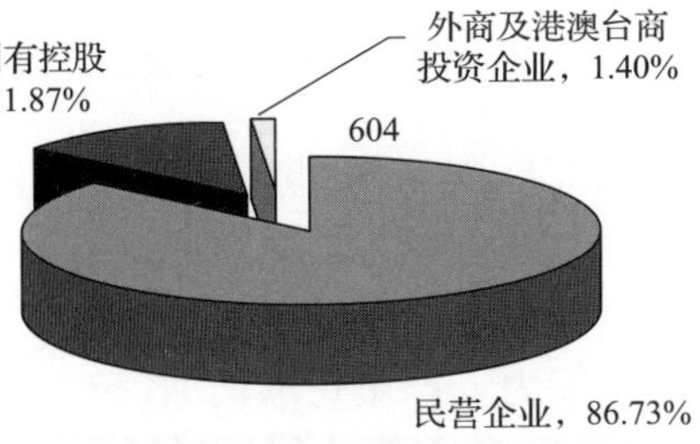

图 2　2010 年大米加工企业产能比重图

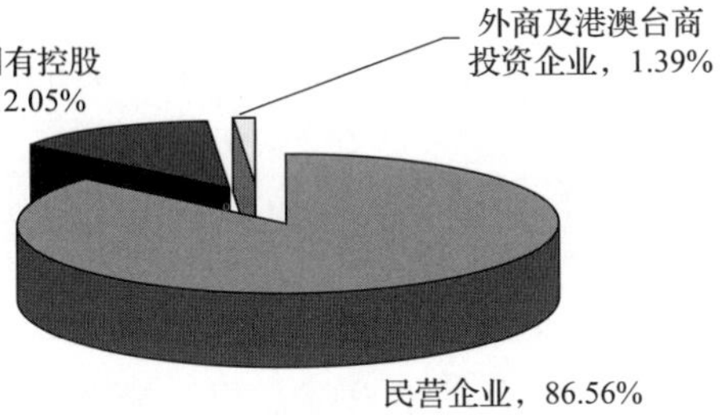

图 3　2010 年大米加工企业产量比重图

从产品结构看，以特等米（优质米）和标准一等米为主，产量分别为 2 284.4 万吨和 3 553.3 万吨，分别占总产量的 31.3%和 48.7%；标准二等米产量为 964 万吨，占总产量的 13.2%；糙米产量为 86.2 万吨，占总产量的 1.4%（图 4）。年产量 10 万吨以上的大米企业 60 个，合计产量达 1 329 万吨，占大米总产量的 18.4%。产量位居前三位的集团企业分别是：江西省粮油集团有限公司（88.7 万吨）、湖北福娃集团有限公司（72.2 万吨）和湖北国宝桥米集团（72.2 万吨）。

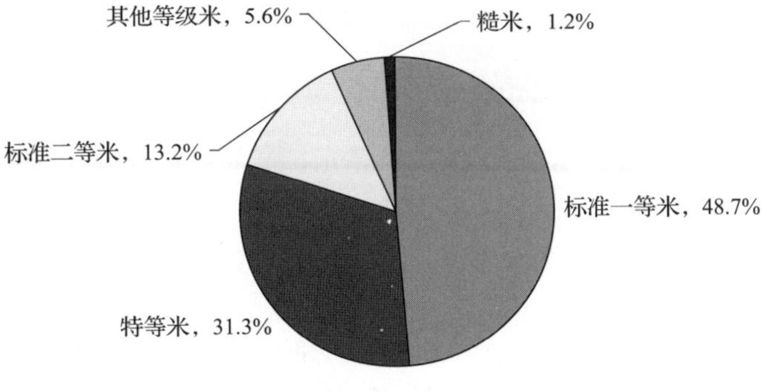

图 4　2010 年大米产量分品种比重图

2010 年大米企业工业总产值 2 805.0 亿元，产品销售收入 2 875.1 亿元，利税总额 68.1 亿元，利润总额 53.0 亿元（产值利润率为 1.89%），资产总计 1 511.2 亿元，负债合计 819.7 亿元（资产负债率为 54.2%），年末从业人数 23.9 万人。

二、“十一五”期间是我国大米加工业发展最快最好的时期

改革开放30多年来，尤其是进入21世纪以来，我国粮食加工业得到了快速发展，而“十一五”期间，又是我国大米加工业发展最快最好的五年，主要反映在以下七个方面。

（一）大米加工业的加工能力、产量持续增加。

据统计，2006年入统大米加工企业的年处理稻谷能力为14 778.4万吨，大米产量2 770万吨。2010年入统大米加工企业的年处理稻谷能力为24 339.3万吨，大米产量达7 294.8万吨，分别比2006年增加64.7%和163.4%，五年中平均年增长12.9%和32.7%。这样高的增长速度是大米加工业发展史上罕见的。

（二）产品结构不断优化。

在大米产量中2006年特等米和标准一等米的产量分别为963.7万吨和1 563.8万吨，2010年特等米和标准一等米的产量分别提高到2 284.4万吨和3 553.3万吨，比2006年分别增加137%和127.2%。

另外，为营养健康和满足部分消费群体需要，糙米、发芽糙米、蒸谷米、营养强化米等产品不断涌现；其中2010年糙米产量为86.2万吨。

（三）企业规模增大，生产集中度显著提高。

从日加工能力看，2006年大米加工业日加工能力400吨以上的企业为95个。2010年大米加工业日加工能力400吨以上的企业分别增加到219个，比2006年分别增长130%。

从产品产量看，2006年年产量10万吨以上的大米加工企业33个，合计产量为785.1万吨；2010年年产量10万吨以上的大米加工企业60个，合计产量为1 329万吨，比2006年分别增长81.8%和69.3%。五年中，大米加工企业中年产量10万吨以上的企业数量和合计产量的大幅度增加，充分表明我国大米加工业的企业规模日益增大，生产集中度显著提高。

（四）主要经济指标创历史最高水平。

2006年，大米加工业总产值为1 078.9亿元，产品销售收入1 065.3亿元，利润总额8.43亿元，资产总计543.5亿元，负债合计334.8亿元，资产负债率为61.6%。到2010年，大米加工业总产值达2 805.0亿元，产品销售收入2 875.1亿元，利润总额53.0亿元，资产总计1 511.2亿元，负债合计819.7亿元，资产负债率为54.2%，分别比2006年增加160%、170%、529%、178%和149%，资产负债率下降7.4个百分点。以上这些经济技术指标，都创造了历史最高水平。

（五）产品质量水平不断提高，名牌意识明显增强。

按照国家粮食局和中国粮食行业协会的部署，大米加工企业普遍开展了“放心粮油”工程和实施“品牌战略”，使大米加工企业产品质量不断提高，产品合格率总体水平不断上升。例如，2009年，国家质检总局公布了米、面产品实物质量抽样检查结果。其中：大米共抽查了天津、辽宁、吉林、黑龙江、浙江等13个省、直辖市177家企业的180种产品，抽样合格率为98.3%。

在开展“放心粮油”工程的基础上，企业的品牌意识不断增强，创品牌、争名牌在一些企业中蔚然成风。2007 年，在中国名牌产品评选中，以湖北国宝桥米集团和福娃集团有限公司为代表的 28 家大米加工企业生产的大米产品被评为“中国名牌产品”称号。在大米加工行业，一次荣获 28 个中国名牌产品称号是很不容易的，是企业努力的结果。

（六）以米糠榨油为代表的副产物综合利用取得显著成就。

“十一五”期间，粮食加工企业在利用稻壳发电、利用碎米生产米露饮料和利用米糠榨油等方面取得突破性成就。尤其是利用米糠榨油，为国家增产油脂方面取得的成就更为显著。据统计，2010 年我国生产米糠油达 21.1 万吨，是我国历史上米糠油最高产量 5 万吨左右的 4 多倍。

（七）大米加工技术和装备水平得到快速提升。

“十一五”期间，通过自主创新和引进消化吸收，我国大米加工技术和装备水平有了长足发展。粮机制造业通过应用计算机辅助设计和制造、精密铸造、数控加工中心、数控折弯冲压、激光切割、机电一体化和自动化控制等先进技术和手段，新产品不断涌现，质量和性能不断提高，从而使我国大米主要设备生产技术和性能达到和接近国际先进水平，并涌现出了一批粮机制造骨干企业，不仅能满足国内大米加工业发展的需要，同时远销国外。

三、我国大米加工业的发展趋势

为贯彻落实科学发展观，促进粮食加工业的持续健康发展，我觉得今后大米加工业应朝着以下趋势发展。

（一）要发展和调整大米加工业的产能。

随着我国人口增长、生活水平提高和城镇化进程加快，我国粮食消费需求在总量上将继续保持刚性增长的趋势。在《国家粮食安全中长期规划纲要（2008—2020 年）》（以下简称《纲要》）中预测，到 2020 年我国居民人均粮食消费量为 395 公斤，需求总量将达到 5 725 亿公斤，其中谷物消费需求 4 775 亿公斤，分别比 2007 年增加 600 亿公斤和 465 亿公斤。为适应我国国民经济的继续平稳较快发展、城乡居民收入普遍较快增加、人民生活水平将进一步提高和粮食消费刚性增长的需要，《纲要》中提出要“大力发展粮油食品工业”。这意味着在“十二五”期间乃至到 2020 年，我国大米加工业将得到进一步的发展。

为促使粮食加工业的健康持续发展，我们必须下大力不断调整大米加工业的产能结构。现在我国大米加工业的产能利用率不高，产能过剩，个别地区的产能过剩较为严重是不争的事实，必须引起我们的高度重视。我们要利用这个时期，做好工作，抓紧淘汰一批工艺落后、设备陈旧、卫生质量安全和环保不达标、能耗物耗高的落后产能。另外，在布局上，要根据“统筹兼顾，协调发展”的原则，坚持与原料供应和产品销售相匹配，因地制宜，产区为主，兼顾销区和重要粮油物流节点，以完善前些年粮食加工业“产业布局向主产区集中”的提法，引导大米加工业的健康发展，促进产业布局更加完善、合理。

（二）坚持安全质量第一，倡导“营养健康消费”和“适度加工”。

食品安全是世界各国关注的热点问题。我国政府对食品的安全与质量尤为重视，制定了《食品安全法》，采取了一系列措施。粮油产品是人们一日三餐都离不开的最重要的食物，也是食品工业的基础原料，其安全与质量关系着人民群众身体健康和生命安全，关系到社会的安定和国民经济的发展。为此，粮食加工企业必须始终把“安全”与“质量”放在第一位。要严格按国家标准组织生产，严把粮油产品质量关。绝不滥用或超量、超范围使用食品添加剂；绝不使用不符合卫生标准规定的原料、辅料、包装物料；绝不销售不合格产品、过期产品、变质产品、假冒伪劣产品；绝不容许有害物质混入粮油食品。要完善粮油产品的质量安全检测体系建设，强化对农药残留、重金属、污染物等指标的检测，确保粮油产品的绝对安全。

在粮油产品安全的基础上，粮食加工企业生产的产品要把“优质、营养、健康、方便”作为今后的发展方向；要大力倡导“适度加工”，提高纯度，合理控制精度、提高出品率，最大程度保存粮油原料中的固有营养成分，防止“过度加工”；要增加全谷物营养健康食品的比重，树立健康消费理念，改变片面追求米、面产品的“精”、“细”、“白”。为这一理念变为现实，粮食加工企业要积极配合，要做好思想准备，研究改进装备和加工工艺，制修订好粮油产品的国家标准。

（三）要推进企业组织结构和产品结构调整，加快转变发展方式。

大米加工企业要加快企业组织结构调整，培育壮大龙头企业，继续引导企业通过兼并重组，适度提高产业集中度，发展拥有知名品牌和核心竞争力的大企业和企业集团，积极改造和提升中小型企业发展的质量和水平，形成大中小企业分工协作、协调发展的格局。

要调整产品结构，增加花色品种。按照“安全、优质、营养、健康、方便”的要求，加大新产品开发力度，增加花色品种，提高优、新、特产品的比例。要大力发展专用米等产品；实施“主食工业化示范工程”，积极发展工业化生产米制品和市场潜力大、附加值高、科技含量高的米制方便食品、休闲食品。

大米加工企业只有通过结构调整，才能实施转变发展方式，加快发展速度，提高经济效益。

（四）要重视资源综合利用，绿色环保和节能降耗。

按照循环经济的理念，要提高粮油资源综合加工和转化利用水平。大力推广米糠集中制油，稻壳用作供热和发电，不断提高碎米等副产物的综合利用水平。为提高米糠的利用率，要大力推广米糠膨化保鲜技术装备，推广“分散保鲜、集中榨油（浸出）”和“分散榨油、集中精炼”的加工模式，提高米糠利用率。力争到2015年，使米糠油的产量由2010年的21.2万吨提高到80万吨以上，为提高我国食用植物油的自给率做出贡献。

要树立高效、低碳、节能、节粮和保护环境的意识，加大节能减排、保护环境的力度，积极发展和采用低消耗、低排放、高效率的加工模式，降低水、电、煤、汽等消耗，降低排碳量，减少污染物的排放。要采取有力措施，严禁再上高消耗、高污染的建设项目。确保到2015年，使粮油加工业的单位产值能耗比2009年降低20%左右，单位工业增加值用水量降低30%，单位产值二氧化碳排放量比2005年降低20%。以建立安全、优质、营养、低耗、绿色、生态的现代粮食加工业体系。

（五）要大力推进传统主食品生产工业化。

为适应城乡化建设和人民生活节奏加快的需要，结合“早餐示范工程”的发展，我们要把发展传统主食品生产工业化作为今后粮油加工业发展中的重点行业和重点工程之一，以加快传统主食品生产工业化发展的步伐。要重点发展方便米饭、米粉（米线）、汤圆、粽子等米制工业化食品。在“十二五”规划中，国家将支持建设一批优质米制主食品加工示范基地，以推动传统主食生产工业化快速发展。通过努力，到2015年使我国的工业化米制食品占大米产量的比重由2009年的10%左右提高到20%以上。

（六）促进产业集聚，鼓励和支持粮油加工产业园区建设。

粮油加工业在“十二五”期间将充分利用现有资源和区位优势，推进企业适度集聚发展。鼓励和支持大型产业化龙头企业创建粮油加工产业园区，延伸产业链，向产、加、销一体化，专业化，规模化，集约化方向发展。打造一批科技含量高、综合利用全、带动能力强的粮油加工产业园区，并引导加工企业向粮油加工园区集聚，促进上下游关联企业专业化协作配套，使之成为粮油产业化发展中的新型载体，形成集粮油收购、储备、仓储、加工、配送、运输、质检、信息等为一体的粮油产业集群，以推进粮油加工业的集约化经营、规模化发展。

对此，大米加工企业尤其是大型骨干企业应该在各地发展粮油加工产业园区建设中发挥积极作用。

（七）要增强自主创新能力，提升技术装备水平。

要推进关键技术创新与产业化。应用现代技术，加强粮油资源深度开发和副产物综合利用、主食品工业化、健康谷物食品加工与绿色保藏等关键共性技术研发，加快推动高新技术产业化示范，提升粮油加工业整体技术水平；要加快企业技术改造升级的步伐。推进粮机装备自主化，依托骨干粮机企业建设成套设备制造基地，提高关键设备大型化、智能化水平，重点发展稻谷、小麦、油料和玉米深加工大型高效节能节水设备，加强主食品工业化成套设备的自主创新；要重点支持有一定基础、市场前景广阔、技术含量高、规模较大的关键设备自主化示范：要加大信息技术的应用，推广先进实用技术装备，采用新型清洁生产技术，实施节能减排；要加强技术创新服务平台建设，建设粮油加工国家工程实验室和工程技术研究中心，搭建公共科技服务平台。以企业为主体构建产业技术创新战略联盟，加强产学研结合，提高自主创新能力。

这里我想强调的是，粮机行业研究开发节能节水和清洁生产设备是有难度的，但一旦研发成功，前景是广阔的。去年7月，我去了沧州北方粮机厂，他们开发研制的产量为每小时10吨的循环风去石机，在面粉厂的清理中使用，与传统的吸风去石机相比较，其耗电量仅为传统吸风去石机的30%，排入大气的污染空气量仅为传统吸风去石机的5%～10%。我认为，这样的设备是符合粮油工业发展要求的，它必将会深受用户的欢迎。

发展米面主食品生产，方便百姓生活

——在第八届中国米粉、粉丝产业发展大会上的发言

2013 年 5 月 11 日于广州

为进行米粉、粉丝产业的信息交流，促进米粉、粉丝产业的健康发展，由中国粮油学会米制品分会主持召开的“第八届中国米粉、粉丝产业发展大会”今天在广州召开。我代表中国粮油学会对本次大会的成功召开表示热烈的祝贺，对参会的各位代表表示诚挚的问候。

本次大会以“科技进步促进产业转型升级”为主题，分析 2013 年米制品行业的市场形势，交流技术创新进展和营销管理经验，共商米粉、粉丝产业发展大计。下面，我就以“发展米面主食品生产　方便百姓生活”为题发个言，供大家参考。

一、发展米面主食品生产符合国家产业发展政策

去年 8 月 28 日，国家粮食局在《关于进一步推进主食产业化，增强口粮供应保障能力的指导意见》中指出：“主食是城乡居民生活必须食用的主要粮食制成品，既包括米饭、馒头、面条、杂粮等主食制品，也包括大米、小麦粉等主食原料。”我认为，我们常说的米、面主食品是以大米、小麦粉和杂粮为主要原料制成的各类主食品，如以大米为主要原料生产的方便米饭、方便粥、米粉、米糕和汤圆等；以小麦粉为主要原料生产的馒头、挂面、鲜湿面条、饺子、馄饨等；以及用杂粮与大米、小麦粉搭配生产的上述有关主食品。这些主食品有的可直接食用，有的是只要稍加加工即能食用的半方便食品，是适合中国人传统饮食习惯和符合城乡居民生活节奏加快需要的粮食制成品。

为方便百姓生活，逐步做到家务劳动社会化，国家对发展米、面主食品的生产高度重视，把发展主食品工业化生产列入了《粮油加工业“十二五”发展规划》的重点，鼓励粮油加工企业积极发展米、面主食品工业化生产。规划中提出：到 2015 年，用于工业化生产的米面主食品占米、面产品总量的比例提高到 20%以上。为实现这一目标，规划中提出要发展主食品工业化示范基地的建设，国家将选择部分中心城市，建设一批主食品工业化示范项目，新增主食品工业化年产能力 275 万吨，实现传统主食品生产工业化、产品标准化和配送社区化，以提高主食品安全水平。

为进一步推进主食产业化生产的发展，国家粮食局于 2012 年 5 月在郑州召开了全国粮油加工业暨主食产业化工作会议，会上任正晓局长作了“进一步推进主食产业化全面提升口粮供应保障水平”的主题报告，组织动员全国粮食行业全面贯彻落实中央有关着力转变发展方式的要求，推进主食产业化科学发展，全面提升口粮供应保障水平。与此同时，国家粮食局于去年 8 月制定并下发了《国家粮食局关于进一步推进主食产业化增强口粮供应保障能力的指导意见》，进一步具体指导主食品产业化的发展。

在国家政策的鼓励支持下，近些年来，各地粮食部门通过大力开展“放心粮油进农村进社区”和“主食厨房”工程等活动，积极推进主食加工工业化、主食经济产业化。天津市政府做出“抓好‘放心馒头’工程生产供应体系建设，让‘利达’馒头惠及更多天津百姓”的部署。西安、济南、合肥、成都、贵阳等地积极培育主食产业化龙头企业，增加社区服务网点，不断提高主食产品质量和服务水平。河南省人民政府一直支持粮食部门大力发展主食产业，去年 3 月下发了《河南省人民政府关于大力推进主食产业化和粮油精深加工的指导意见》，明确由省粮食局牵头在全省范围内全面推进主食产业化发展，并制定了一系列主食产业化的推进措施和扶持政策。经过这些年的努力，全国粮食行业主食产业化的发展取得了明显成就。鉴于这项工作符合国家产业发展政策，调动了粮油加工企业的积极性，现在这项民生工程正在积极推进中。

二、发展米面主食品生产是粮油加工业转变发展方式的重要举措

为促进粮油加工业的持续稳定发展，当前，我国粮油加工业与其他行业一样，正处在“调结构、转方式”的关键时期。在这一关键时刻，我认为粮油加工业应把积极推进主食产业化作为调整产业结构、转变发展方式的突破口，其好处有以下几点：

第一，推进主食产业化有利于粮油加工企业更好地满足城乡居民的消费需求。随着我国经济、社会的发展，工业化、城镇化进程的加快推进，城乡居民收入和生活水平的稳步提高，城乡居民的膳食结构和生活方式正在发生改变，对家务劳动社会化、主食供应社会化提出了新要求，对主食品质的营养化和安全性寄予了新期待。从发展趋势看，现在人们对粮油食品特别是主食制品的需求越来越呈现出社会化和多样化、优质化、营养化、方便化的趋势，自给型消费降低，商品型消费增加。这些改变和变化，要求我们的粮油加工业必须加快产业升级和结构调整的步伐。为此，粮油加工企业应积极投入到发展主食品工业化生产中去，为消费者提供各类方便米饭、方便粥、米粉、米糕、粽子、挂面、鲜湿面、馒头等米面制品，以及汤圆、饺子、馄饨等各种速冻主食产品和蛋糕粉、自发粉等预加工主食半成品，不仅可以满足城乡居民的消费需求，丰富城乡居民生活，同时可以加快改变我国主食品生产作坊式、摊贩式的生产经营模式，确保主食品的质量、营养与安全。

第二，推进主食品工业化有利于粮油加工企业调整产品结构，延伸粮食产业链。粮油加工业发展主食品工业化生产可以实现传统的粮油加工业由生产成品粮油为主向生产成品粮油、主食品种同步发展转变，摒弃粮食企业“买原粮、卖原粮”和加工销售米、面、油“老三样”的传统经营方式。粮油加工企业通过发展主食品工业化生产，向粮油食品方向延伸，可以增加产品品种，调整产品结构，逐步实现粮油产品的精深加工，扩宽企业的经营范围，扩大粮油加工企业的影响力，增强粮油加工业的活力和发展后劲。天津利达面粉公司，在天津市委、市政府的关心支持下，目前建成了日产馒头 100 万个的全国最大的放心馒头生产线，直接销售专卖网点达 260 多家，产品覆盖全市城区和部分近郊区。现在“利达牌”馒头已成为全市百姓喜爱的“放心馒头”，今年计划日产馒头增加到 200 万个，企业越来越兴旺。

第三，推进主食品工业化有利于企业增效，农民增收。粮油加工企业在发展主食品工业化生产中，具有管理、技术、原料、场地和销售网络等优势。发展主食品工业化生产，不仅能充分利用企业的存量资源搞活经营、提高企业的经济效益，而且通过将粮食产业链从田间延长到餐桌，使粮食的附加值大幅提升，促进粮食产业的发展。根据国家粮食局的统计数据计算，2011 年我国粮油加工业的销售收入利润率只有 1.8%，而其中工业化主食品的销售收入利润率达 4.8%，远高于粮油工业的平均销售收入利润率，企业增效显著。随着企业增效，为种粮农民的增收创造了条件。部分主食品产业化龙头企业通过“公司＋基地＋农户”等形式，建立优质粮源基地，开展订单生产订单收购，从而让种粮农民分享粮食加工增值的效益，促进农民增收。另外，一些产地粮油加工企业随着主食品生产和经营范围的拓展，通过发展包装、物流、服务相关产业等方式，带动农民增收。

第四，推进主食品工业化有利于扩大就业机会，为社会稳定做出贡献。粮油加工企业通过发展主食品生产，经营范围大幅提升，人员需要相应增加，这就增加了就业岗位，例如，西安爱菊粮油工业集团是一家集加工、物流、储备、连锁、销售为一体的综合性粮油集团，近年来，通过发展主食品工业化，目前拥有多条面条、馒头及各类食品烘烤生产线，可日产馒头 100 万个、面条 15 500 袋、各类烘烤食品 4 万吨，并拥有相应的爱菊网点 300 多个、“群众厨房”销售网点 353 个、各地县代理商 70 多家，配备专业化物流配送车近百辆。据测算，爱菊主食品工业化生产已直接提供就业岗位 150 多个，间接带动就业 500 余人。为当地扩大就业机会，增加职工收入，稳定社会做出了贡献。

三、发展米面主食品生产必须坚持创新驱动

创新是各行各业发展的动力，也是粮油加工业兴旺发达的重要支撑和根本保证。为此，粮油加工业在推进主食品工业化中，也必须坚持走创新发展的路子。根据我国粮油主食品工业化生产的实际，解决以下一些问题要靠科技创新。

第一，要深入研究主食品生产的工艺和装备。要从工艺的选择、工艺指标的确定等对主食品成分的结构和品质影响的机理上做深入研究，着力推进传统主食品生产的现代加工；要研究超高压加工、挤压加工、全谷物食品加工、抗老化保鲜等技术在主食品生产中的应用；要研究主食品生产新工艺、新材料、新设备，以提高效率，降低消耗，提升主食品加工业的整体技术水平。

第二，要确保主食品的质量与安全。粮油主食品的质量与安全，涉及百姓身体健康与生命安全，党和政府高度重视，百姓广泛关注，我们丝毫不能麻痹。为此，我们要从原料的选用、加工过程的控制以及制成品包装、储藏、运输和销售等环节进行深入研究，制定有效措施，以确保粮油主食品的质量与安全。（有关防范塑化剂对粮油制品的污染问题。下面我将专门叙述。）

第三，要注重主食品的营养与口感。粮油主食品的质量与安全是第一位的，但营养与口感，我们不能忽视。在粮油主食品安全的前提下，广大消费者关注最多的是食品的营养与健康，是口感的好坏。为此，我们要根据营养与健康的需要研究原料的搭配，尤

其是粗粮细粮的合理搭配，生产出营养丰富、具有功能特性的粮油主食品。与此同时，我们还要研究开发口感佳的粮油主食品，在这方面，我们要重点研究解决大多杂粮制品营养好，但口感差的问题；我们还要像馒头一样，研究适合于不同地区、不同消费者口感需要的粮油主食品。

第四，要积极推广应用提高功效，节能降耗的新技术和新装备。粮油主食品加工企业生产过程中的连续化、自动化程度不如米、面、油加工企业，大多存在着用人多，功效低，消耗高的现象，要加大投入研究解决这类问题。比如，在挂面生产中，和面环节的不连续以及包装环节的用人多，是较为普遍的现象。最近，我看到了无锡布勒开发的连续自动和面机，青岛海科佳电子设备制造有限公司开发的挂面自动打包机，成功解决了挂面生产中长期存在的两大难题，值得推广应用。

第五，要重视标准的制修订工作，实施品牌战略。鉴于主食品工业化生产在我国起步较晚，许多产品标准需要进一步完善。为此，我们要完善主食品质量标准体系建设，加快制修订具有中国特色的主食品产品标准、卫生标准、安全生产技术规范和检测方法标准。在此基础上，严格粮油食品质量标准的实施，强化食品安全的全程控制，确保产品质量安全。在严格按照标准组织生产的同时，主食品加工企业要由做产品向做品牌转变，通过自主创新、品牌经营、商标注册、专利申请等手段，争创拥有自己知识产权、核心技术和较强市场竞争力的区域性，乃至全国性的知名品牌，促进企业的健康发展。

四、主食品加工业要重视防范塑化剂的污染

粮油产品的质量安全，与国家粮食安全一样是天大的事。为确保粮油产品的质量与安全，当前我们要特别重视防范塑化剂对粮油产品的污染问题。由于塑化剂对人类健康存在着潜在危害，从而引起了世界各国的广泛关注。现在，欧盟、美国、日本、中国等都先后将塑化剂（主要指邻苯二甲酸酯类物质）列入了优先控制的黑名单中。2011 年 6 月，我国卫生部规定了食品及食品添加剂中塑化剂的最大残留量。

近两年来，国内外先后发生某些食品被检测出含有塑化剂问题。从 2011 年 5～6 月间，我国台湾地区的饮料塑化剂添加事件，到稍后内地的方便面塑化剂事件，再到去年 11 月和年底前“酒鬼酒”和“白酒”等塑化剂事件的曝光。这一由塑化剂引发的食品安全问题，进一步引起了我国政府、社会各界和消费者的高度关注。今年 1 月中旬，国务院食品安全办召开专题会议，通报了有关食品中塑化剂风险监测结果，研究部署了处置食品中塑化剂问题的措施；2 月 8 日，国家粮食局任正晓局长在中国粮食行业协会王瑞元副会长报送的《塑化剂与粮油制品的安全》一文上批示：塑化剂是危及粮油食品安全的新“杀手”，必须引起高度重视。瑞元副会长所提五点对策请予认真研究，在标准修订、企业生产加工和科技研发等环节都要高度关注、严格把关；2 月 27 日，工业和信息化部召开酿酒、乳品、植物油行业“以钢代塑”专题会议，会上要求，各有关部门结合行业实际，尽快提出本行业防范塑化剂污染食品的实施意见；2 月 26 日，中国粮食行业协会在京召开米、面、油加工骨干企业座谈会，交流了粮油加工企业防范塑化剂污染粮油制品的做法，研究了防范措施。在此基础上，中国粮食行业协会于 3 月 6 日发

出了《中国粮食行业协会关于防范塑化剂污染粮油制品确保粮油质量安全的实施意见》。文件结合粮油行业的实际，提出了6条防范实施意见。希望粮油加工企业（特别是食用植物油加工企业）要对塑化剂可能污染粮油制品的风险引起高度重视，采取切实有效的措施，严加防范，以确保粮油制品的质量与安全，促进粮油加工企业的健康发展。

第七章　粮油产品的质量与安全

让百姓吃上安全和营养的粮油食品

2005 年 4 月 22 日

食品安全，是近年来国际上普遍关注的热门话题。食品安全问题关系人民群众身体健康和生命安全，关系社会安定和国民经济发展，是我国全面建设小康社会的重要组成部分。民以食为天，食以粮为本。粮油是人们一日三餐不可缺少的主要食品，是人类食物热量的主要来源，是人类赖以生存和发展的基本食物。由此可见，粮油的质量问题，直接关系到人民群众的营养和健康。为了让百姓吃上安全和营养的粮油产品，中国粮油学会、中国粮食行业协会近几年来一直致力于这项工作，并取得了成效。

一、开展“放心粮油工程”

为了让百姓能够吃上优质安全的米、面、油及其制品，从 2000 年年底开始，粮食行业率先开展了“放心粮油工程”。四年多来，在各级主管部门和粮食行业协会、学会的大力推动下，在广大粮油企业的积极响应参与下，进展良好。中国粮食行业协会和部分省、市粮食行业协会通过分批推出“放心粮油”产品品牌和“粮油销售放心店”，促使企业严格按国家标准加工和销售粮油制品，确保质量和卫生指标全部合格，提高了粮油质量的可信度，为消费者提供了正确导向，增强了人民群众对粮油食品消费的安全感。

据统计，自 2000 年来，中国粮食行业协会和部分省、市粮食行业协会严格按照会员企业申请、出具规定机构检验合格报告、专家评审等程序，分四批在会员企业中推出“放心粮油”产品 2 200 多个，涉及粮油加工企业 1 300 多个，“放心粮店”、“放心企业”360 多个。2002 年全国共销售放心米、面 1 789.5 万吨，约占城市消费米、面总量的 1/3；2002年全国共销售放心油 488.9 万吨，约占城市消费食用油总量的 1/20。为了把“放心粮油工程”深入开展下去，去年 10 月，中国粮食行业协会提出了“放心粮油进农村”，以保障广大农民群众消费粮油食品的安全。

通过开展“放心粮油工程”，增强了粮油行业的质量意识、安全意识、诚信意识、服务意识，树立了全行业的新形象，为创立名牌打下了基础，受到了社会的肯定，企业的欢迎，百姓的好评。实践证明，实施“放心粮油工程”是一项利国、利民、利企业的大事，是得民心、顺民意的举措，是为百姓提供安全、营养的粮油产品和优质服务的具体体现。

二、科学制定我国粮油中长期发展规划

根据党的十六大提出的“制定国家中长期科学和技术发展规划”的战略任务，按中

国科协和国家粮食局的要求，中国粮油学会围绕全面建设小康社会的奋斗目标和本专业科技发展的重大问题，对未来粮油科技发展前景进行分析和研究，提出了《我国粮油中长期科学和技术发展规划的意见和建议》(以下简称《规划》)。《规划》充分肯定了改革开放二十多年来，我国粮油工业取得了突飞猛进的发展。目前，制粉、碾米和油脂制备工艺与国外先进工艺水平接近。各种粮油产品琳琅满目，可以满足不同人群的食用需要。粮油企业的质量意识和品牌意识不断增强。在食用油市场上，金龙鱼、福临门、鲁花等著名品牌已家喻户晓。为了确保粮油产品的安全和营养，《规划》进一步强调了粮油及其制品的质量和安全问题。

1. 粮食安全问题是世界关注的热点问题。在新世纪，我国将立足国内资源，贯彻自力更生为主的方针，实现粮食的基本自给，继续解决好“米袋子”、“菜篮子”工程，使人民生活达到全面的小康水平。这是我国坚定不移的方针，也是我国政府向全世界作出的庄严承诺。

2. 以储粮生态理论为基础，在我国不同地域，研究利用有利的生态条件，控制虫霉危害，延缓品质劣变，降低储藏成本，确保粮油安全。

3. 从生产、流通到消费，必须在保障我国粮食安全的前提下，积极开发“安全、优质、风味、方便”的粮油食品，以造福人民。

4. 为实现小康社会发展目标，满足现代生活节奏加快，消费趋向膳食方便化、营养化、多样化的需要，粮油主食品工业化进程将进一步加快，方便面、方便米粉、方便米饭、速冻食品、主食面包以及工业化生产的馒头、花卷、豆包等各种米面制品将大量出现。

5. 开发一批粮食深加工利用新产品，使粮食加工向食品加工产品延伸。重点开发发芽糙米、留胚米和配合米；生产以玉米、豆类、薯类等为原料的早餐食品、休闲食品、功能性食品；积极开发米糠、小麦胚芽和玉米胚芽的综合利用，以满足不同人群的生活需求。

6. 提倡粗细搭配。我国杂粮种类繁多，分布较广。杂粮营养价值高、无污染，且多含有特殊营养素，具有营养保健功能。要重点开发荞麦、燕麦、黑麦、小米、高粱、扁豆、芸豆等品种，形成工业化、系列化生产。

7. 在搞好现有食用油生产、供应的同时，要重视植物蛋白的提取；重视调和油、功能性油脂的生产和供应，尤其要重视油茶籽油、茶叶籽油、亚麻籽油、红花籽油、葡萄籽油、紫苏油、核桃仁油、沙棘籽油、松籽油、番茄籽油和米糠油、玉米油等开发利用。

8. 为适应粮油安全的要求和世界食物消费向绿色食品、有机食品发展的趋势，要重新审视和研究谷物所含的天然、功效、营养成分，开发各种天然的食品添加剂代替化学合成品。为保证食品安全，在粮油中禁止添加有害物质，合理使用营养素和微量元素。

9. 根据我国城乡居民微量营养素摄入量普遍缺乏的实际情况和强化食品的总体要求，经过各方面专家的研究讨论，对面粉实行“7+1”的营养强化方案，即在面粉中添加一定量的铁、锌、钙、维生素 B_1、维生素 B_2、叶酸、维生素 B_5（尼克酸）和维生素

A；在食用油中添加维生素 A 和维生素 E。

10. 为了确保粮油及其制品的安全，要完善粮油的标准体系，建立粮食收、储、运、加等全过程的 HACCP 技术规程。要充实检测仪器，加强检验手段。

以上内容的实施，目的是为了让百姓吃上安全、营养的粮油食品，为了百姓的身体健康。

三、宣传粮油的科普知识

为了让百姓都能了解粮油及其制品的科普知识，在中国科协和广大粮油企业的支持下，中国粮油学会组织了全国粮油科技战线上的著名专家，以短小精悍、通俗易懂的方式编写了粮油知识问答。粮油知识问答，将告诉广大消费者：各种粮油及其制品的分类；粮油及其制品的营养成分及其对人体的影响；粮油及其制品的选购、储藏方式；粮油及其制品的使用及科学食用方法；为什么说粮油不是越精越好；为什么要提倡粗细搭配；等等知识问答。这本小册子，将首版印刷十万册无偿发送给广大消费者，以便增加读者的粮油科学知识和食品安全意识，让广大消费者和全社会都来关心、支持、监督粮油食品的安全工作，促进我国粮油产品迈上新的台阶，向更加安全、营养的方向发展。

用科技创新提升面粉企业的品牌价值

——在“硒强化小麦粉及面制品生产技术与市场研讨会”上的发言

2007年9月26日于武汉

很高兴参加由武汉工业学院在武汉主持召开的“硒强化小麦粉及面制品生产技术与市场研讨会”。借此机会，我代表中国粮油学会，代表中国粮油学会粮油营销技术分会和中国粮食行业协会小麦分会对研讨会的成功召开表示最热烈的祝贺！对在座的各位专家、企业家和各位代表表示诚挚的问候！本次研讨会将专题研究微量元素硒在小麦粉中的添加应用技术和市场前景等问题，我认为这是一个很好的议题。微量元素硒对人体健康具有十分重要的意义。据有关资料介绍，硒在人体内具有抗氧化和提高免疫力等作用，特别是对预防治疗克山病、大骨节病及某些癌症方面有特殊的作用。我国是世界上缺硒较严重的国家，全国约有7亿人口生活在缺硒地区。由于天然食物中硒含量较低，食物中硒的含量与种植土壤中的硒含量有极大关系，所以同种的食物，硒含量差异较大。一般来说，成人每天需要摄入硒50 μg。所以在面粉中补充硒将会弥补这一缺陷。湖北恩施市是世界闻名的富硒地区，经过多年的研究。成功开发出“硒化卡拉胶”（又称硒酸酯多糖），硒化卡拉胶是当今公认的生物活性最好的有机硒，在我国已列入食品营养强化剂使用规则的国家标准（GB 14880—94）中。

武汉工业学院和上海泰运科技有限公司等单位通过联合，就“硒化卡拉胶在小麦粉及面制品中的应用”进行了深入的研究，攻克了硒化卡拉胶在面粉生产过程中的技术难题。解决了添加均匀性及面制品的口感等品质问题，并在几个省的多家面粉厂进行了富硒小麦粉的生产性试验、试生产和试销售，为这一成果的推广应用奠定了基础。这次会议上将有多位专家和企业家就这一课题进行研讨。我认为，这不仅仅是一个专门的技术问题，而且是一个关于面粉加工企业如何开展科学研究，提升企业综合实力和品牌价值的重要课题。下面我就“用科技创新提升面粉企业的品牌价值”讲两点意见。

一、用科学的态度对待面粉的营养强化

随着人民生活水平的提高，公众对营养和健康的要求日益增强。在现行公众饮食结构中，营养素的缺乏和不平衡是全球性问题，除以上所说的硒比较缺乏外，还有维生素类、矿物质类营养素的缺乏问题。食物中长期缺乏这些营养素，它会对人体健康造成许多不良后果，为此国内外越来越重视食品的营养强化，并一致认为通过对主食的营养强化是提高公众营养水平的有效途径。小麦粉是人们日常生活的主食品种之一，针对其本身的营养特点及日常膳食缺乏的营养素，开发生产营养强化小麦粉是十分必要的。

值得注意的是，开发生产营养强化面粉要有一个科学的态度，这也有一个科技创新的问题。首先要搞清楚面粉中缺什么？同时要了解不同地区、不同人群需要什么？在面

粉中添加营养素，不能搞千篇一律，大家都加同样种类的营养素，也不是加得越多越好，而是要科学的合理的适量的添加。

经调查研究表明．在小麦加工生产成面粉的过程中，维生素 B_1、维生素 B_2、尼克酸和锌均有 70％以上的损失，叶酸也有 40％左右的损失。而钙、铁、锌、硒等元素也是我国居民，特别是经济欠发达地区居民饮食极易缺乏的矿物元素。根据食物在加工过程中损失掉的营养素及本来就缺少的营养素，就是我们考虑要强化的对象。在这方面，发达国家的经验证明：通过对主食的营养强化是改善民众营养状况的有效途径，因此，对小麦粉实行营养强化是十分必要的。我国卫生部、国家粮食局和公众营养与发展中心经过前期调研、试验及专家论证提出了一个在小麦粉中进行营养强化和营养素的添加范围及比例的试点方案，并从 2002 年 8 月开始试点，现试点厂家已有 70 多家，通过试点厂家的生产和销售，积累了一些经验。

营养强化小麦粉是不同于普通小麦粉的较高档次的粮食食品。它的生产和推广不仅有利于人民群众健康，而且有利于小麦粉加工企业的技术进步和产品更新换代；有利于提升企业的品牌价值、经济效益和社会效益。而且还能带动营养强化剂生产企业及其他相关产业的发展。

新起草的《营养强化小麦粉》国家标准（待颁布）对什么是营养强化小麦粉作了明确的规定："采用符合 GB 1355《小麦粉》要求的小麦粉为原料，针对小麦粉本身的营养特点及日常膳食缺乏的营养素，按照 GB 14880《食品营养强化剂使用卫生标准》规定的品种和使用量，一种或多种对营养素进行强化、使其均匀度符合本标准要求的小麦粉"。这为小麦粉生产企业生产营养强化小麦粉提供了一个可以有多种选择的途径。

二、坚持科技创新，提升面粉加工企业的品牌价值

在两次小麦粉中国名牌评价及今年的挂面中国名牌的首次评价中，我们高兴地看到：不少企业坚持科技创新，其产品的品牌价值大为提高。2004 年小麦粉中国名牌评了 13 家，今年评了 29 家，挂面今年是首次评价，评了 8 家。分析这些企业的成功经验，科技创新提升品牌价值是很重要的一条。有的企业在专利加分上就得了满分，加了 80 分。体现了强化科技创新，走新型粮食加工企业路子的作用。近年来，随着我国面粉工业的快速发展，科技进步提升较快，初步形成了一批具有区域特色的骨干企业。推动了区域经济的发展，带动了农业产业结构的调整。但从总体上来看，我国面粉企业在依靠科技创新，提升企业的品牌价值方面还有相当差距。在今年中国名牌评价体系中，其中"发展评价"分为 200 分，拿高分的参评面粉企业和挂面加工企业为数甚少，大多数只有 30～40 分，其原因何在？就是我们在坚持科技创新上做得还很不够，相当多的企业没有科研成果，没有专利，没有科学技术进步奖，当然就不可能得高分。至于面粉企业如何坚持科技创新，我认为要从以下几方面做起：

第一，以集成创新，打造具有竞争优势的产品。提起科技创新，面粉企业往往认为这是一件很难的事。其实并不是高不可攀的事。我认为，粮食加工企业科技创新以集成创新最为实际适用。集成创新就是利用各种高新技术，提升企业产品的内在质量，形成新的具有特色的优势产品。现代的许多食品工业的高新技术大多可以应用到小麦粉加工

中来，以集成创新来不断提高企业的管理水平、技术水平、产品质量和经济效益，加快企业在发展中质的提升和量的扩张，做强做大，打造具有产业竞争优势的大企业、大集团。按照国内外一般工业发展的经验和市场规律来看，大企业、大集团具有强大的集聚吸纳功能，能有效促进一个地区产业配套和产业链的形成，促进地域经济的发展。

第二，要重视科学研究，提升产品的科技含量。面粉企业一方面要加大科技开发的投入，每年都要安排按销售收入一定比例的科技开发费用，用于科学研究和产品开发。要重视人才，引进人才，用好人才。实践证明，产品的竞争其实质就是人才的竞争。另一方面，企业要加强与科研院、校的合作力度，以加快新产品的研发和产业化进程。很多企业与武汉工业学院等科研院、校在科研方面的合作，包括这次研讨会的主题“硒强化小麦粉”的合作，就是一个很好的例子。我认为，校企合作、科企合作都是双赢的合作。与此同时，有条件的企业要尽快建立省一级的乃至国家级的企业技术中心，以提高企业的科研实验能力。对已完成的科研成果要积极推广应用，要积极组织申报省（部）级科技进步奖，申报中国粮油学会的科学技术奖。

第三，要重视专利创新，研发拥有自主知识产权的专利技术和产品。众所周知，21世纪是知识经济时代。自主知识产权必将成为企业做强做大的重要资本。面粉企业也不例外，也必须适应市场的需要，使其具有独特的产品特征，通过申请专利保护自主知识产权，从而使产品产生专利性知识产权效应。在这方面，有的企业已走在前面，他们拥有多项专利，不仅使产品在市场上有良好的卖点，同时在中国名牌的评选中，获得了很高的专利加分。现有面粉企业的专利申报主要分外包装设计专利、实用新型专利和发明专利等三种，每个企业都有自己的外包装设计。对具有特色的外包装应该申请专利保护，以利于提升产品的知名度；面粉企业在技改过程中，常常会对其工艺、设备进行创造性的改进，我们要抓住其技改创新的关键点，申报实用新型专利；发明专利虽有一定的难度，但企业在产品开发过程中，只要善于思考，积极与科研院、校合作，开发专利产品，申报发明专利也是不难的。如果一个企业有几项外包装设计专利、有几项实用新型专利、有几项发明专利，这个企业的自主知识产权就有较大分量，其产品势必在市场上有较强竞争力，为争创中国名牌打好基础。

同志们：这次研讨会不仅是一个硒强化面粉的研讨会，也是一个如何推动面粉加工企业科技创新的研讨会。我相信，通过这次研讨会一定会对我国面粉的营养强化和面粉企业的技术进步起到很好的推动作用。

粮油产品的营养与安全

——在首届中国粮油营养研讨会上的发言

2009 年 12 月 7 日于北京

前段时间，在研究贯彻《食品安全法》和研究制定粮食加工业发展规划时，业内专家提出应将“安全卫生”作为新时期粮油加工产品的基本要求，将“营养健康”作为新时期粮油加工产品的发展方向，我很赞同这一观点。下面我就粮油产品的“营养”与“安全”发个言，供大家参考。

一、粮油产品要更加关注营养

食物是人类生存的基础，也是国家稳定和社会发展的永恒主题。粮油及其制品是食物的最重要组成部分，是人类生存繁衍的基础之基础。蛋白质、碳水化合物和脂肪是人类生存最基本、最重要的三大营养素，米、面、油及其制品是富含三大营养素的杰出代表，是人类解决温饱的主要标志。回顾人类社会的发展历史，人类在经过了漫长而艰难的历程后，才从“吃饱求生存”发展到懂得“吃好求健康”。我国是一个人口众多的大国，随着改革开放和经济的腾飞，人民生活水平不断提高，人们不仅要吃饱，而且开始讲究吃好。从而对一日三餐都离不开的粮油及其制品的要求越来越高。特别是近年来，随着人们的健康保健意识越来越强烈，对食品的功能性要求越来越高，也就是说，人们不仅关注吃好，而且要有营养，甚至已经把营养与健康自然地联系在一起，这是社会进步的表现，其中，“粮油的营养与健康”是当今粮油科学技术研究领域的热点问题，它既给粮油加工业提出了新的挑战，也给粮油加工业的发展提供了新机遇。

为顺应人们对“粮油产品的营养与健康”的需要，今后粮油加工企业在生产粮油及其制品时以及在宣传粮油产品时要注意以下几个方面：

第一，要想方设法最大限度地将各种营养成分保存在成品粮油及其制品中。

大家都知道，在粮油加工的原料中，除了富含蛋白质、碳水化合物和脂肪三大营养素外，还富含其他多种营养物质、微量元素和生理活性物质，这些营养成分对人体健康十分有益。但可惜的是，由于过度加工，这些营养成分流失严重，有的在成品粮油中的含量已微乎其微。为最大限度地将各种营养成分保存在成品粮油及其制品中，现在我们要提倡在粮油加工过程中“要注重纯度，控制精度”。“注重纯度”就是要求粮油加工企业在生产中，为确保粮油产品的质量，必须严格按国家质量标准和卫生标准组织生产，要配备足够的清理和提炼设施，以保证产品的纯度，堵截大米含砂、面粉牙碜和食用植物油酸价过高、混浊沉淀等现象的出现；“控制精度”就是为防止加工过程中片面追求成品粮油的过精过细和过度精炼，造成大量营养成分的流失和出品率降低，我们要纠正大米过精、面粉过白、油色过浅的现象，以达到提高纯度，控制精度的目的。为了消费者的营养与健康，在这方面，我们的生产企业要率先垂范，在生产经营活动中，不能为了迎合部分消费者盲目追求过精过细和无色无味的要求而进行过度加工，更不能出于商业的目的对“过度加工产品”进行不恰当的夸大宣传，以正确引导消费。

今年上半年，中国粮油学会油脂分会在合肥召开的“全国米糠、玉米胚芽资源利用经验交流会”上，我提议在下一步米糠油和玉米油国家质量标准的修订中，建议将原来的一、二、三、四级油，改为一、二、三级油，舍去现有的一级油标准；将烟点这项指标舍去；对现有的色值、酸值等指标也需进一步斟酌。其目的就是为了最大限度地保存米糠油和玉米油中的营养素。

另外，在日常生活中，我们要提倡粗细搭配，粗粮细做。为此，我们要根据市场需要，积极生产发芽糙米、留胚米、全麦粉、冷榨油、专用米、专用粉、专用油等，以满足消费者的不同需求。

第二，要关注粮油产品及其制品的营养强化。

营养状况是决定公众健康和民族素质的重要因素。随着人民生活水平的提高，公众对营养和健康的要求日益增强。在现行的公众饮食结构中，维生素类和矿物质类营养素的缺乏和不平衡是全球性的问题。食物中长期缺乏这些营养素，会对人类健康造成许多不良后果，为此国内外越来越重视食品的营养强化。经全球 80 多个国家半个多世纪的探索与实践，强化食物以其所独有的安全、经济、简便、广谱、不用改变饮食习惯等特性而被各国政府首选为改善公众营养的途径，并一致认为对主食（米、面、油产品）的营养强化是提高公众营养水平的有效途径。

改革开放三十多年来，我国经济的快速发展为公众营养改善提供了有力保障。但是，由于公众营养知识匮乏、膳食结构不尽合理以及食品加工过程中营养素流失严重等多方面的原因，目前我国公众营养素摄入不足较为普遍。为提高人们的健康水平，我国政府对公众营养十分重视。在我国《食品工业“十一五”发展纲要》中指出：“‘十一五’期间，食品工业产品的总量和结构要基本满足改善公众营养的需要，逐步消除营养不良、营养失衡等状况。”食品工业要“注重以营养科学为指导，注重保存食物原料固有的营养成分，优化食品中营养素配比，满足人民生活水平提高对营养健康的要求”。并提出要重点发展营养强化面粉、营养强化米。与此同时，强化 VA 食用植物油的国家质量标准和强化面粉的国家质量标准已陆续颁布。以上规划和举措必将推动我国营养强化面粉、营养强化米和强化 VA 食用植物油工作的进程。为此，粮油加工企业要密切关注和重视粮油产品及其制品的营养强化工作，以顺应市场的需要。

第三，要重视功能性粮油产品及其制品的研发工作。

我国自古就有食补、食疗的经验，就有“药食同源”的说法。在历代本草方剂典籍中都记载有单纯的药物或食品相结合进行营养保健、调理康复的食品，这也就是现在我们说的功能食品的雏形。

近年来，随着社会的进步、经济的发展和生活水平的提高，人们的健康保健意识越来越高，对功能食品需求也越来越迫切。何为“功能食品”，目前国内外对此尚未有一个统一的称谓，但大致有以下几种叫法：健康食品、特定用保健食品、功能性食品、改善食品、保健食品等。

功能食品在我国亦称为保健食品，自1995年立法以来有了长足发展，但与国外发达国家功能食品市场每年都以百分之十以上的发展速度相比差距较大。由此可见，功能食品作为一个产业在我国刚刚起步。有关数据显示，2007年，我国人均GDP为2400美元，恩格尔系数约达36%，标志着我国已进入了小康社会，预示着我国的功能食品产业将要进入迅速扩张的发展机遇期。这也是今后粮油加工产业发展的新的增长点。

众所周知，粮油加工的原料是“药食同源”的基础原料，富含多种具有特定保健功能的生理活性物质，尤其是在副产品中的含量更为丰富。为此，我们要研究通过应用现代提取、分离技术和生物技术将其分离、富集起来，再科学地组合到粮油产品中去，使其成为具有特定保健功能的粮油产品及其制品。在油脂加工方面，由于我国的油料品种繁多，尤其是特种油料资源十分丰富，在这些特种油料资源中，大多富含生理活性物质，利用好这些宝贵资源，生产功能性油脂具有很大潜力。与此同时，我国又是一个杂粮生产“王国”。杂粮中富含多种生理活性物质，是生产功能性食品的最佳原料。当前，我们要重视功能食品的制备技术研究，要研究采用超临界流体萃取技术和分子蒸馏等技术来分离提取蛋白质、多糖、黄酮类、肽类等功能因子，为功能性粮油产品及其制品的开发提供物质基础。

第四，要逐步提倡按科学配比组织生产米、面、油产品。

从饲料生产中得到的成功经验是配合饲料优于任何单一饲料，由此，我认为，人类的食物也是一样。多品种比单品种好，配合的比单一的好。从这个最简单的道理出发，为了人们的营养与健康，粮油加工的部分产品也应该按科学配比组织生产，例如油脂加工中生产的食用植物调和油，它是以改善营养或风味为目的，以一种食用成品植物油为主，加入一种或一种以上其他食用成品植物油混合调配制成的食用油脂。应该说，这种油的营养价值要比单一油品高，其脂肪酸组成也要比单一油品合理，为此，我们应该提倡多吃符合国家质量标准和卫生标准的食用植物调和油。

另外，在大米加工中，也应考虑生产由两种以上的大米进行混合的配合大米，以达到优势互补，满足不同人群的消费需求。

第五，要加强舆论引导，提倡科学饮食、健康消费。

我国传统膳食结构强调“平衡膳食，辩证用膳”，提倡含不同营养成分食物的互补，提倡合理营养，防止营养失衡（即营养过度或营养不足）给健康带来不同程度的危害。

在消费粮食时，要提倡米、面、杂粮搭配，粗细搭配，防止偏食和盲目追求对粮油产品的过精过细过白。

在消费食用植物油时，要鼓励居民改变不合理的膳食结构，提倡科学用油、合理用油和节约用油。要加强营养健康知识的宣传和教育普及，倡导低油饮食，健康消费。要引导商业饮食服务行业转变观念，改变烹饪方式，改进某些传统的油炸、烹煎、“过油”、“水煮”等菜肴，减少浪费。

二、粮油产品要确保安全

食品安全问题是关系人类健康和国计民生的重大问题。近年来，一些国家和地区频发食品安全恶性事件，我国的食品安全问题也相当突出，比如去年发生的“三聚氰胺奶粉”事件。食品安全已成为全球性的重大战略性问题，并越来越受到世界各国政府和消费者的高度重视。

今年2月28日，第十一届全国人民代表大会常务委员会第七次会议通过了《中华人民共和国食品安全法》，并于今年6月1日开始实施。这是一部保障我国食品安全，保护人民身体健康和社会和谐稳定的大法。为保障粮油食品的安全，《国家粮食安全中长期规划纲要》中指出：粮油食品加工业要按照“安全、优质、营养、方便”的要求，强化粮油食品加工企业的质量意识和品牌建设，促进粮油食品加工业的健康、稳定发展。根据规划要求，粮油产品在朝着“安全、优质、营养、方便”的方向发展中，“安全”是第一位的，也是消费者最为关心的。由于粮油产品是人们一日三餐不可缺少的主要食品，粮油产品的安全关系人民群众身体健康和生命安全，关系到社会的安定和国民经济发展。为此，粮油加工企业必须确保粮油产品的绝对安全，并要着重做好以下几方面的工作。

第一，要进一步强化管理，确保产品质量与安全。

为确保粮油产品的绝对安全，粮油加工企业都要牢固树立质量意识、安全意识、诚信意识和服务意识，要把提高产品质量和安全水平作为企业的首要任务。要进一步强化管理，健全质量保证体系，严格按国家质量标准和卫生标准组织生产；要加强和严格检测检验制度，严把原料质量进厂关和成品粮油质量出厂关，做到不符合质量要求的原料不进厂，不合格的产品不出厂；要建立并严格执行产品质量追溯制度，要对原料采购、生产加工、包装、储存、运输、销售等各个环节实行全过程管理和监控，确保质量合格，卫生安全；要建立并严格执行产品退市召回制度，一旦发现产品存在安全隐患，可能对人体健康和生命安全造成损害时，及时向社会公布有关消息，通知销售环节停止销售，告知消费者停止使用，主动召回产品，并向有关监督管理部门报告，以确保粮油产品质量安全、可靠，万无一失。

第二，要警惕“过度加工”和新资源、新材料可能给粮油产品带来的不安全性。

如上所述，“过度加工”不仅会造成粮油产品营养素的严重流失，同时还会给粮油产品带来一些不安全性。例如，在油脂加工时，油脂在脱臭过程中的高温“过度精炼”，会产生一定数量的不利于人体健康的反式脂肪酸等有害物质。为此，我们要警惕“过度加工”给粮油产品带来的不安全性。

另外，随着食品工业的发展，食品种类和制作工艺日益丰富，特别是新的物质，如食品添加剂、新资源食品、食品用的容器和包装材料等的不断涌现可能带来新的食品安全问题。对此，在粮油加工和经营活动中，也要引起高度警惕。

第三，要严格按规定使用添加剂。

有人在评价食品添加剂时说：“食品添加剂是现代食品加工制造必不可少的关键性配料，没有食品添加剂，就没有食品制造和现代食品工业。”我赞同这种观点。根据这一观点，现代粮油加工产品及其制品也离不开使用符合国家食用和卫生标准的食品添加剂。

为贯彻《食品安全法》，确保粮油产品及其制品的安全，我认为粮油加工产品及其制品在生产中使用添加剂（含助剂）时应遵循以下几条原则：一是在加工过程中或在成品粮油中必须添加的，我们一定要添加。如在小包装成品食用油中添加抗氧剂，以保证小包装食用油的保质期和消费时的质量与安全；二是要按规定严格控制添加范围和添加剂量，严禁超范围使用和超量添加；三是要按规定采用食用物质作为添加剂，严禁添加非食用物质和滥用食品添加剂；四是在加工过程中或在产品中可加可不加的食品添加剂一律不准使用。如在面粉中添加过氧化苯甲酰等化学增白剂会带来许多副作用和食品安全隐患，必须在修改标准时，取消过氧化苯甲酰作为面粉的处理剂和漂白剂。

第四，要研究解决微量有害物质对成品粮油质量安全的危及。

随着工业化进程的加快，环境污染在加剧，植物的生长环境在恶化。与此同时，食品加工的“工业化”进程也在加快，成品、半成品在食物消费中的比重在上升，因此人们不仅越来越关心在植物生长过程中对食品原料的污染，同时也关心在加工过程中对食品品质的影响。为此，粮油加工企业都要按《食品安全法》的要求，严格生产条件，防止粮油加工产品及其制品在加工中的二次污染。今后，人们在关心食品外表质量的同时，将会更加关心米、面、油产品及其制品的内在质量，诸如过氧化值和反式脂肪酸的含量，铅、汞、砷等重金属的含量，农药残留，黄曲霉毒素等等微量有害物质。这些微量有害物质潜在地危及着人们的安全，必须引起我们的高度重视，下大力加以研究解决。与此同时，粮油加工企业要重视绿色生态，重视粮油生产基地的建设，并将培育优质品种、绿色和有机原料作为基地建设的重点，为生产高品质的粮油产品奠定基础。

第五，要建立健全粮油加工企业质量控制体系。

为确保粮油加工企业的产品质量与安全，必须从基础工作抓起。要建立粮油加工企业的质量控制标准、技术操作规程和管理规范，实行检测检验规范化、法制化管理；要充分利用现代信息技术，使检测检验技术更加快速高效，以指导企业生产经营；要引导企业加强自身检测检验体系建设，全面推进企业实施 GMP（良好操作规程）、HACCP（危害分析和关键控制点）、ISO 1400（环境管理体系认证）、OHSMS（职业安全健康管理体系认证）以及 ISO 9000 族质量管理认证工作，注重环保，实行清洁生产。

要强化企业质检人员的培训和资格认证工作，建立健全产品质量安全管理技术人员的资格认证和技能培训体系，不断提高人员素质和检测水平，为企业的产品质量与安全把好关。

关注粮油营养

——国家公众营养改善项目重点倡导产品“营养强化大米”上市新闻发布会上的发言

2010年4月26日于北京

众所周知，粮油是人类的基础性食物，也是人类的基本营养来源。

关注粮油营养，推动粮油营养健康产品的研发和生产，是新时期粮油工作的重要内容。“营养强化大米”等强化食品的开发，代表了粮油营养产品发展的方向。下面，我就“关注粮油营养”这个话题，讲几点看法。

一、要充分认识到粮油营养的重要作用

对绝大多数人来说，无论拥有多么高的生活和饮食水平，从粮油食物中摄取的营养仍然是生长发育、维持生命与健康的基本保证。食物是人类生存的基础，也是国家稳定和社会发展的永恒主题。粮油及其制品是食物中最重要的组成部分，是人类生存繁衍的基础之基础。蛋白质、碳水化合物和脂肪是人类生存最基本、最重要的三大宏量营养素，米、面、油及其制品富含这三大营养素，是人类解决温饱的主要途径。除此之外，粮油食品中含有多种矿物质、维生素、膳食纤维等微量营养素，对人体健康起到重要作用。

二、积极参与粮油食品的营养强化

营养状况是决定公众健康和民族素质的重要因素。随着人民生活水平的提高，公众对营养和健康的要求日益增强。在现行的公众饮食结构中，维生素类和矿物质类营养素的缺乏和不平衡是全球性的问题。中长期缺乏这些营养素，会对人类健康造成许多不良后果，为此国内外越来越重视食品的营养强化。经全球80多个国家半个多世纪的探索与实践，强化食物以其所独有的安全、经济、简便、广谱、不用改变饮食习惯等特性被认为是提高公众营养水平的最佳途径，并且被各国政府作为首选的营养干预措施。

改革开放三十多年来，我国经济的快速发展为公众营养改善提供了有力保障。但是，由于公众营养知识匮乏、膳食结构不尽合理以及食品加工过程中营养素流失严重等多方面的原因，目前我国公众微量营养素摄入不足较为普遍。为提高人们的健康水平，我国政府对公众营养十分重视。我国《食品工业“十一五”发展纲要》指出：“‘十一五’期间食品工业产品的总量和结构要基本满足改善公众营养的需要，逐步消除营养不良、营养失衡等状况。”食品工业要“注重以营养科学为指导，注重保存食物原料固有的营养成分，优化食品中营养素配比，满足人民生活水平提高对营养健康的要求”。并提出要重点发展营养强化面粉、营养强化米。2008年1月1日，强化VA食用植物油

和强化面粉的国家标准已正式颁布，这些国家规划和标准的实施必将推动我国粮油食物营养强化工作的进程。粮油加工企业应密切关注国家出台的相关政策法规，顺应市场发展变化的需要，积极生产有助于消费者健康的营养强化食品。

三、要重视功能性粮油产品的研发工作

我国自古就有食补、食疗的经验，就有“药食同源”的说法。在历代本草方剂典籍中都记载有使用具有一定功效的食品进行营养保健、调理康复，这也就是现在我们说的功能食品的雏形。

近年来，随着社会的进步、经济的发展和生活水平的提高，人们的健康保健意识越来越高，对功能食品需求也越来越迫切。众所周知，粮油加工的原料是“药食同源”的基础原料，富含多种具有特定保健功能的生理活性物质，尤其是在副产品中的含量更为丰富。为此，我们要研究通过应用现代提取、分离技术和生物技术将其分离、富集起来，再科学地组合到粮油产品中去，使其成为具有特定保健功能的粮油产品。

此外，我们还要针对不同地区、不同需求的特殊人群开发出适合各类消费者食用的粮油产品。使粮油产品早日完成从“温饱型”到“营养型”的华丽转身。

面粉中到底要不要添加增白剂？

2010年5月7日

近日，江苏省如皋市“面粉增白剂事件”联合调查组公布，经对如皋玉众食品添加剂公司的现场检查和产品试验，未发现氧化钙和氢氧化钙的物质。此前有媒体报道江苏玉众食品添加剂公司生产面粉增白剂时加入30%石灰粉，使得增白剂的安全性问题再次成为人们关注的焦点。

什么是食品增白剂？曾有专家提出，食品增白剂完全没必要存在。专家为何会有如此说法，食品增白剂真的没有其生存空间吗？

消费者关注面粉增白剂

随着相关报道的增多和健康意识的增强，面粉增白剂问题逐渐被普通消费者所关注。为了了解部分消费者对此问题的看法，笔者在北京几家规模较大的超市进行了调查。在一家外企工作的李女士说：“知道面粉中加增白剂的事，所以太白的面不敢买，感觉白得太假了。到底什么色泽的面粉是最好的，我也不是很清楚，所以一般就买大品牌的、价格高的面粉。”

退休在家的张阿姨对饮食比较在意，她说：“太白的面里肯定有增白剂的，而且有些面粉做成的馒头没有面味。因为我年轻那会儿都是自己磨面的，知道纯正的面粉是什么味道。”张阿姨表示，她不会选择太白的面，而且一般也会选择知名品牌的面粉。

究竟什么是食品增白剂呢？越白的面粉真的越有问题吗？

根据百度知识的解释，增白剂的增白机理是氧化剂释放出氧原子，通过氧化胡萝卜素等淡黄色素，从而使面粉增白。目前，常用的增白剂是过氧化苯甲酰。其分解后生成的苯甲酸残留在面粉中，并随制成的食品进入人体内。在人体内，大部分苯甲酸于9～15h之内与甘氨酸化合生成马尿酸而从尿液中排出体外，剩余部分与葡萄糖辛酸化合而解毒。实验证明：苯甲酸不在肌体内积蓄。

但专家提醒大家注意：苯甲酸的上述两种解毒过程都是在肝脏内进行的。因此对肝功能衰弱的人来说，苯甲酸可能是不适宜的。长期食用含过量增白剂的面粉及其制成品，会造成苯慢性中毒，给人体健康带来危害。按照我国《食品添加剂使用卫生标准》（GB 2760—1986）的规定，过氧化苯甲酰在面粉中的最大使用量为60 ppm，即0.06 g/kg面粉。

是否添加增白剂有争论

食品添加剂标准化技术委员会主任陈君石院士曾多次公开表示，食品添加剂是食品行业的灵魂，使用国家批准的食品添加剂是安全的，没有任何证据证明食品添加剂是有害健康的。增白剂是食品添加剂的一种，陈君石认为是安全的。

但是，中国粮油学会油脂分会会长、曾任商业部粮油工业局局长的王瑞元一直主张禁用食品添加剂中的增白剂。他说：“在面粉中加入增白剂对人体没有任何好处，相反，增白剂不但对肾脏有影响，而且会破坏面粉中的胡萝卜素。”

青岛品品好制粉有限公司副总经理、高级工程师刘彦曾认为，不经任何增白处理的面粉其内在质量最可靠。他撰文指出：“添加增白剂会氧化面粉中的一些维生素 A、胡萝卜素及少量的维生素 E 和部分 B 族维生素等成分，因此会破坏这些营养素，而这些维生素正是我们平时饮食中容易缺乏的，所以从营养学的角度讲，面粉中是不应该添加增白剂的。”

中国农业大学原副校长、食品科学与营养工程学院博士生导师李里特教授认为，添加剂过多会破坏食物中的营养。但他也表示，如果严格按照国家标准使用添加剂，一般不会对人体造成损害。

新标准迟迟未颁布实施

如果说增白剂对人体没有好处，那是不是应该禁用呢？王瑞元表示，增白剂并无营养价值，仅仅是满足人们对面粉“白”的追求。现在的面粉加工工艺完全有条件加工出足够白的面粉，已经没必要再使用增白剂了。

刘彦也认为，不禁用增白剂会阻碍面粉加工工艺的发展，而且破坏面粉市场的公平竞争。他说：“引进国际一流面粉生产线的公司，产品技术含量高，质量稳定，生产成本和财务成本相对较多；而一些小面粉加工机组，投入相对少很多。由于在面粉中添加增白剂，混淆了两类企业生产的面粉在感官上的差别，以假乱真，以劣充优，消费者很难分辨。”

北京古船食品有限公司总经理王建新指出，国家允许在小麦添加增白剂，一吨增白剂 12 900 元左右，购买增白剂增加了企业的生产成本。

既然增白剂不利于面粉工业的长远发展，那为何食品添加剂标准里不将增白剂等剔除呢？王瑞元告诉我们：“其实 5 年前卫生部就开始论证这个问题了，但因为个别专家和单位有不同意见，所以新标准迟迟未颁布实施。”

除了卫生主管部门协调外，市场机制也是不容小觑的。假如消费者能普遍对面粉提出健康的、“原生态”的要求，拒绝购买添加了增白剂的面粉，那么增白剂存废问题可能就会迎刃而解了。

坚持创新　推动“放心粮油工程”的深入发展

——在2012年“全国放心粮油进农村进社区经验交流会”上的小结发言

2012年7月18日于贵州省贵阳市

2012年“全国放心粮油进农村进社区经验交流会”在大家的努力下，经过一天紧张、有序、高效的会议组织安排，在完成了大会报告、经验交流、表彰先进和参观放心粮油示范企业等各项议程后，马上就要结束了。

根据会议的安排，为贯彻好本次会议的精神，我再辛苦大家十几分钟讲三点意见，供参考。

一、要认真贯彻会议精神，进一步推动“放心粮油进农村进社区”工作的深入开展

国家粮食局对本次会议的召开十分重视，张桂凤副局长在百忙之中亲临会议，并做了重要讲话。张局长在讲话中说：“多年来的实践证明，‘放心粮油工程’是维护粮油食品安全、保障人民群众身体健康的一项重要举措；是振兴粮食行业，推进粮食产业化的一条重要途径；是贯彻‘三个代表’重要思想，落实科学发展观、构建社会主义和谐社会的一个具体行动；是惠及‘三农’造福百姓的一项‘民心工程’，是利国、利民、利企的好事。”张局长的这番讲话，是对多年来全国开展“放心粮油工程”的充分肯定和鼓舞。与此同时，张局长对今后工作提出了四点要求，以进一步推动“放心粮油工程”的深入开展。

中国粮食行业协会白美清会长做了题为《让放心粮油进入老少边穷地区千村万户》的主题报告。白会长在回顾总结了全国开展“放心粮油”工程和“全国放心粮油进农村进社区”工作以来所取得的成功经验后，提出了下一步要让“放心粮油进入老少边穷地区千村万户”，通过“放心粮油”工程把党和政府的关怀带到老少边穷地区百姓心中。为加快推进放心粮油进入老少边穷地区，白会长提出五点具体要求和做法。

张局长、白会长的讲话和报告，都充分肯定了全国开展“放心粮油工程”以来所取得的成绩，对下一步搞好“全国放心粮油进农村进社区进老少边穷地区”提出了具体要求，希望各地在进一步学习、领会两位领导讲话和报告的基础上，认真加以贯彻。

二、要认真学习先进经验，结合本地实际，为深入开展“放心粮油工程”创造更多经验

为开好本次会议，各省市、自治区粮食局和粮食行业协会高度重视，在调查研究的基础上，发现和培育先进，积极组织撰写和推荐典型材料。会议期间，中国粮食行业协会秘书处共收到48篇典型材料。在这些典型材料中，有各省市、自治区粮食局、粮食

行业协会开展“放心粮油工程”的经验总结；有各地市、县粮食行业协会的典型材料；有大量企业的具体成功做法和经验介绍，内容十分丰富。

在刚才的大会交流中，贵州省粮食局、甘肃省兰州市粮食行业协会、西安爱菊粮油工业集团、苏州市粮食批发交易市场、四川省眉山鑫玉放心粮油有限公司等8个单位的发言给了我们很多启示。例如：

贵州省粮食局在省委省政府的领导和支持下，大力打造“放心粮油工程”，在服务民生、加快发展、推动转型中取得了成效。经过几年的不懈努力，全省已先后建成1 300个放心粮油配送中心及经营店，“放心粮油工程”建设已覆盖了1 000多个乡镇和社区，受惠群众1 500多万人，安置就业3 000多人，取得了“百姓得实惠、企业得市场、政府得民心”的明显成效。

贵阳市粮食局自“放心粮油工程”实施以来，通过“着力抓构建调控和服务平台”、“着力抓上升为政府工程”、“着力抓搞好保供稳价”、“着力抓提高质量水平”等七个着力，使“放心粮油工程”成为各级党委、政府民生工程的重要抓手和粮食宏观调控工作的重要载体和支撑。通过抓“放心粮油工程”，搞活了粮油经营，振兴了贵阳市粮食行业。

甘肃省兰州市将“放心粮油进农村进社区”列入“十一五”、“十二五”粮食工作目标任务，作为近几年粮食工作的重点。市政府已连续六年将“放心粮油工程进农村进社区”列入“为民兴办实事”工程。经过几年努力，将“方鑫粮店”培育成了全市粮油零售行业的品牌店。

西安爱菊粮油工业集团在推进“放心粮油进农村进社区”工作中，根据西安实际，积极开展“放心粮油、放心馒头、放心早餐、放心豆制品、放心肉菜”等“五进”活动，把制度体系建设、生产加工控制、产品物流配送、连锁经营销售紧密结合，依靠自身的群众厨房、粮油连锁网络和灵活多样的销售体系，走出了一条“爱菊”特色的放心粮油、放心食品进万家的新路。成为政府惠及民生，建立食品安全放心体系的重要抓手。与此同时，使“爱菊集团”的企业之路越走越宽广。

伊宁县粮食局是新疆伊犁哈萨克自治州机构改革后唯一保留下来的县级粮食行政管理局，该局自2011年全面实施“放心粮油进农村进社区”工作以来，在政府的支持下，经过短短的一年时间，全县“放心粮油工程”体系已初具规模，一年中建成政府“放心粮油”配送中心、经销店和直营店106个，年经营“放心粮油”的总量达14 400吨，“放心粮油”网络已覆盖全县5个社区和20个乡镇，发展前景美好。

苏州市粮食批发交易市场，是全国大中城市重点粮油市场，场内设有250家经营门店，2011年单边成交粮油达69万吨，占苏州城区居民口粮供应量的90%以上，是“天堂”苏州城区居民的“米袋子”和“放心粮油”的总源头。为确保苏州居民吃上从全国四面八方来的“放心粮油”，他们采取加大投入，夯实了放心粮油的监管基础，完善了放心粮油监管机制。通过检测设施标准化、检测队伍专业化、检测规则规范化、商品品牌化以及粮油产品的准入、查验、退市、巡查、追溯等机制，把好了粮油产品上市准入关。

河南省潢川县仁和粮油购销有限责任公司是2004年粮改后组建的一家国有控股公

司。现有 8 个连锁超市，28 个“放心粮油门店”。该企业在搞好“放心粮油工程”的同时，坚持不懈改革创新，通过员工自愿募股，兴建了大米加工厂，使公司从“收原粮卖原粮”的老模式中跳了出来；在“两代一换”的基础上，通过“政府支持、企业依托、农民自愿”的方式成功创建了“粮食银行”和“农民资金互助合作社”，为“放心粮油工程”的深入开展搭建了有利平台。

四川省眉山鑫玉放心粮油有限公司创建于 2010 年，从公司成立起就紧紧抓住“放心粮油工程”的有利契机，从“放心粮油”样板店起步，以点带面，逐步推进，现已开设鑫玉放心粮油超市 10 家，超市面积达 1 600 平方米，以经营粮油制成品为主，营销品种多达 2 850 多种。今年将在全市范围内建设 30 家鑫玉“放心粮油”超市；打算用 5～10年时间在全省开设 1 000 多家眉山鑫玉“放心粮油”超市。让广大消费者形成“购放心粮油到鑫玉，吃鑫玉粮油我放心”的共识。

以上这些做法和经验，值得大家学习和借鉴。

由于时间关系，大会只安排了八位同志发言，其余的典型经验交流材料只能作为书面发言材料印发给大家。希望大家带回去，认真学习并结合本地区本单位的实际推广和应用，为深入开展“放心粮油工程”创造更多经验。

三、关于进一步深入开展“放心粮油工程”的几点思考

十一年来，总结各地开展“放心粮油工程”的成功做法与经验，我觉得要让“放心粮油工程”更好地深入、持久开展下去，要认真在以下几个方面多做工作：

第一，必须始终坚持粮油产品“质量第一”的观念。

当今，食品安全世界关注，我国政府高度重视。粮油产品的质量涉及人身健康与安全。为此，必须按《食品安全法》的要求，按照国家标准从高从严组织生产，粮油企业要从严把好原料、加工、产成品、储藏、运输和销售等各个环节，确保粮油产品的绝对安全。要充分认识，粮油产品的质量是粮油产品安全、放心的保证，是粮油企业生存发展之本，是企业的生命线，也是“放心粮油工程”的生命线。为此，必须始终坚持粮油产品“质量第一”的观念。

第二，要多做工作争取把“放心粮油工程”作为各地政府的惠民工程，这是搞好“放心粮油工程”的关键所在。

在开展“放心粮油工程”中，根据山西、陕西、天津、宁夏、贵州、济南、苏州、西安、贵阳等地的经验，把“放心粮油进农村进社区”工作以及把“主食厨房工程”、“早餐便民工程”、“馒头工程”等作为当地政府的惠民工程，大力给予支持，这是深入搞好“放心粮油工程”的关键所在。对此，各地粮食部门要多做工作。

第三，开展“放心粮油工程”要与开展示范企业、推进信用体系建设和名牌战略相结合。

“放心粮油”示范企业是生产、经营“放心粮油”产品的企业，是诚信企业，也是广大消费者信得过的“放心粮油”品牌企业。为此，深入开展“放心粮油工程”必须与开展“放心粮油”示范企业活动，推进企业信用体系建设和开展名牌战略相结合，这是促使“放心粮油工程”健康发展的重要保证。

第四，坚持创新是深入开展“放心粮油工程”的动力。

回顾开展“放心粮油工程”的历史，我们始终坚持了创新发展的理念。例如，从开始的单纯评选公布放心米、面、油产品发展到评选公布“放心粮店”直至现在的评选“放心粮油”示范企业；从争创“放心粮油”产品到争创名牌产品，乃至中国名牌产品；从单纯的米、面、油产品发展到现在的挂面生产、馒头工程以及米面主食品工业化生产；从“全国放心粮油进农村”开始，发展到“全国放心粮油进农村进社区”，进而现在又提出了要让“放心粮油进入老少边穷地区千村万户”等等，充分显示了“放心粮油工程”是在创新中深入发展的。由此可见，创新不仅增加了“放心粮油工程”的内涵，也为深入开展“放心粮油工程”增添了动力。

第五，要加大开展“放心粮油工程”的宣传力度。

要充分利用国家开展食品安全法规宣贯和科普宣传等各种有利时机，以及每年的“放心粮油”宣传日活动，积极宣传粮食行业开展“放心粮油工程”的重要意义，“放心粮油”与“人身健康”的关系，引导消费者了解和掌握辨假、识假的基本常识，增强自我保护能力，为深入开展“放心粮油工程”营造良好的社会氛围。

各位代表，本次会议在贵阳召开，会议得到了贵州省人民政府、贵州省粮食局、贵州省粮食行业协会、贵阳市粮食局和贵阳市粮食行业协会的大力支持，保证了本次会议的圆满成功。借此机会，我再次代表中国粮食行业协会和全体与会代表，对他们一并表示衷心的感谢！

最后，让我们以更加优异的协会工作成绩迎接党的“十八大”胜利召开！

“面粉增白不是我们的主攻方向”

——增白剂禁用后，访中国粮食行业协会常务会长王瑞元

面粉增白剂过氧化苯甲酰自1986年被粮食部门引进以来，至今已长达26年之久。期间，面粉增白剂在我国经历了“引进—推广—禁用”这一变化过程，也印证了我国粮食工作者与广大消费者对面粉增白剂的认识从兴奋地接受到主动地否定的心理路程。

中国粮食行业协会常务副会长王瑞元便是切身经历这一思想转变的主要人员之一。他最先允许增白剂引进，而后来又最先提倡和鼓励企业禁用增白剂。在经过了10年左右的禁用倡导后，2011年5月1日，禁用面粉增白剂终于尘埃落定，自此将走出消费者的视野。那么面粉增白剂过氧化苯甲酰禁用后，国内面粉行业将会呈现怎样的格局？面粉增白剂会不会死灰复燃？为此，本刊特意采访了王瑞元会长，请王会长谈谈这些年来对面粉增白剂的“爱恨情仇”以及增白剂禁用后国内面粉企业将会受到的影响与转变。

问：您是面粉中添加增白剂的最先引进者，而多年以后却成为面粉中禁用增白剂的主要支持者和倡导人，这其中经过怎样的一个转变过程？

答：20世纪80年代末90年初的时候，中国的粮食供应较紧张，面粉出粉率普遍较高，颜色黄中带黯灰。随着改革开放的大潮，南方一些厂家率先引进“纸一样白”的面粉，受到了消费者的青睐。之后，商业部参照了当时国际上的通用做法，推出了在小麦粉中允许添加增白剂过氧化苯甲酰的标准，后经批准成为国标，规定添加量为60 mg/kg。但近些年来，随着人们营养健康意识的逐步提高与我国面粉生产工艺的不断改善，情况已经与当初大不相同：从面粉生产工艺上来看，原先生产的面粉都是八五粉和九〇粉，即100斤小麦生产出85斤或90斤面粉，麸星多；而现在面粉的出粉率平均只有73%～75%，加上生产面粉装备的现代化，面粉中麸皮已经很少，而且颜色也很白了，根本不需要添加增白剂。另外，增白剂毕竟有损面粉中的部分营养成分，如胡萝卜素、叶黄素等，而且对身体也没有任何好处。面粉中加入增白剂还为一些不法经营者提供了以次充好、假冒伪劣的机会，对消费者健康和行业发展危害颇多。尤其是在1994年，我去挪威访问时，他们就已经不允许添加增白剂了，后来欧盟的所有国家也取消了增白剂，美国在标准中虽然没有取消，但其实只有在很少的专用面粉中使用。国际上的这些变化对我触动很大，所以后来我坚决支持在面粉中禁用增白剂。

问：从提出禁用面粉增白剂到现在为止，已经10多年了，在这场禁用面粉增白剂的“战争”中，您做了哪些工作来推进这场“战争”的胜利？

答：从2001年开始，我们在各种粮油工业和粮食行业会议上多次呼吁企业禁用面粉增白剂。全国几十家面粉龙头企业先后5次联名写信给上级主管部门，并在新闻媒体上发出倡议，要求禁用增白剂过氧化苯甲酰。现在七部委联合发文宣布自2011年5月1日起正式禁用面粉增白剂，大家感到很高兴。我认为，这是广大消费者、面粉加工企

业、新闻媒体以及数以万计主张禁用者共同努力和支持的结果；是《食品安全法》产生的巨大效应；也是政府有关部门果断决策，为民办好事、办实事的具体体现。我只是尽了一个老粮食工作者应尽的责任。

问：卫生部等多部门日前发布公告，自2011年5月1日起，禁止生产、在面粉中添加食品添加剂过氧化苯甲酰、过氧化钙。您认为这对国内广大消费者来说有着怎样的意义？

答：鉴于面粉中添加过氧化苯甲酰和过氧化钙有损于面粉的营养价值，添加以后对人体没有任何好处，而只有负面影响，所以在取消以后，面粉将更加安全，这就意味着广大消费者以后可以吃上更加安全放心的面粉了。众所周知，面粉是我国13亿人的主粮，具有消费的广泛性，关系着千家万户，国家有关部门能够公开征求意见，尊重民意，撤销面粉增白剂，是对全国人民健康负责的体现，也消除了面粉的安全隐患。

问：有人士认为，面粉增白剂过氧化苯甲酰和过氧化钙禁用后，将彻底断绝中小型面粉加工企业的生路，您怎样看待这种说法？您认为面粉增白剂禁用后，国内面粉加工业将呈现怎样的格局？

答：我认为，这是一种误解。增白剂禁用以后，中小型面粉企业不会断绝生路。过去，中小型面粉企业并不是靠添加增白剂得以生存发展，而是靠企业科学经营和严格的管理。今后中小型面粉企业只要坚持"质量第一"的观念，对人民负责，通过必要的技术改造，提高企业自身的质量与管理水平，同样可以生产出符合国家标准的高质量的面粉来的。我认为，今后国内面粉加工企业的格局将是大、中、小相结合，分工合作、协调发展的格局，这种格局将会长期存在下去。另外，今天我们讲的中小型企业的概念，已不是原先只有三、五十吨加工能力的企业了，如今200吨以下加工能力的都应算在中小型企业的范畴之内，所以说，在我国中小型面粉企业仍有其存在与发展的空间。

问：有消费者认为，面粉增白剂没有被判死刑，而是死缓（自2011年5月1日才完全禁止使用），这对消费者的身体健康不负责任，您怎样看待法规予以面粉增白剂的过渡期？

答：首先，我从来没有讲过面粉中添加了符合标准的增白剂会对人体健康有明显的影响，只是有负面影响，因为增白剂破坏了面粉中的胡萝卜素等营养物质。在过去，添加了符合标准的增白剂的面粉也是安全的，只是不添加化学增白剂的面粉将更加安全放心。其次，从面粉生产企业的角度来说，企业已经买了批量添加剂和制作了一定量的包装物，为了减少其不必要的损失，应该设有一定的过渡期。另外，面粉增白剂生产企业在过去为满足我们的需要生产了面粉增白剂，现在不需要了，他们需要一定的时间转型。这是很正常的，要考虑到方方面面的。

原先国家有关部门准备设置的过渡期是1年，即延长至2011年12月1日，在消息公布后，广大网民发表了许多好的建议，普遍认为过渡期较长，所以经过几部委反复研究后，决定缩短过渡期，减少了7个月，最终定为2011年5月1日。这说明有关部门是充分听取广大消费者、企业人员以及相关媒体意见的，也是最大限度兼顾了两者之利弊的。

尽管这些年来我一直主张禁用增白剂，并且希望越快越好，但从实际情况出发，也确实需要有一个缓冲期。

问：有部分业内人士认为，过氧化苯甲酰和过氧化钙被禁用后，行业内还会出现其他的面粉增白剂来代替它，您对此怎样看待？

答：这个问题正是我所担心的，也是广大消费者所担心的。增白剂取消以后，会不会死灰复燃，会不会有别的化学物质替代过氧化苯甲酰来增白？我认为这是我们需要加强防范的，是绝对不允许的。在3月6日德州召开的全国粮油产销企业（春季）订货会上，我也发现有个别企业宣称正在研究用新的方法使面粉增白，我感到非常吃惊，感觉到增白剂有死灰复燃的可能。但对此而言，广大面粉生产者和经营者可以完全放心，因为他们生产出的新的增白剂必须经过国家有关部门同意才能用于生产，否则是不能随意使用的。由于一些企业过去长期使用增白剂，在常年的积弊和习惯之下，让其打消通过添加增白剂来增加产品“卖点”的思想意识并不是一朝就能解决的，这需要有关部门持续、有力的严格监管。

我们努力10多年，终于让老百姓可以吃到更加安全放心的面粉了。我们要利用“禁用增白剂”这个契机，大力宣扬健康新观念，在面粉生产加工中，提倡适度加工，提高纯度，合理控制精度，避免过度加工。今后的面粉不仅要吃得好，而且要吃得营养，要防止面粉的“过精”、“过细”、“过白”，以最大程度保存小麦中的固有营养成分。我认为今后不应该把面粉的白度作为衡量面粉质量好坏的指标，提倡面粉的自然白。

我呼吁行业内的专家和企业，一定不要再在面粉增白上大做文章，不仅是化学增白剂，就算是使用天然的或者微生物的方法来增白我也不主张，面粉增白不是我们的主攻方向。另外，在今后制定新标准时，对新的增白剂能不能用于面粉之中，我们一定要慎之又慎，要尽可能保持粮食、油料中固有的营养成分，崇尚自然、健康。

面粉增白二十年屡受质疑
中央六部门介入安全之争

坚持禁用方认为该添加剂对人体有害，并以欧盟早已禁用为据。坚持使用方认为该添加剂被国际组织认可是无害的，且以美国可不限量使用为据反驳。

两派之争旷日持久，裹挟了从民间到中央各部委，从企业到各路专家的各个层面。

面粉中不含三聚氰胺，却发现有过量增白剂

毒牛奶事件后，人们在网络上对所有含蛋白质的食品都开始心存疑惑，有的说面粉里掺了三聚氰胺，怀疑的理由是我国检测蛋白质的方法是凯氏定氮法。某位饲料厂老板甚至好心地劝人别吃任何面粉制品，称其熟知面粉行业的潜规则。

面粉乃国人主食，尤其是北方。面粉会不会陷入“三聚氰胺门”?

10 月 20 日，南方周末记者在广州某超市和某菜市场，随机购买了三种面粉，送往广州市质量监督检测研究院和广州分析测试中心进行三聚氰胺的检测。

对检测面粉中是否含有三聚氰胺的申请，广州分析测试中心所长慕德海明和广州检验中心食品业务部副主任蔡玮红均言“不可能含有”。而深圳海川食品研究所所长刘梅森博士也称，即使是品质最差的小麦也能达到行业内的最低蛋白质要求。“在我国的面粉标准里，没有对蛋白质含量的检测要求。”刘梅森说。

尽管如此，该两检测中心还是对样品的三聚氰胺含量作了专项检测。

10 月 30 日，上述两处检测结果出来了，所有样品均不含三聚氰胺，但其中一样品中过氧化苯甲酰（增白剂的主要成分）超标。

过氧化甲苯酰是一种什么化学物质?

面粉行业中普遍使用的过氧化苯甲酰具有强氧化作用，它可以缓慢地氧化面粉中的叶黄素、胡萝卜素，使其由略带黄色变为雪白，同时面粉原有的麦香味会消失，散发出“漂白剂的味儿”。

南方周末记者在调查中发现，这是一种极具争议的面粉添加剂。坚持使用与反对使用的两派争论由来已久，裹挟了从民间到官方，从企业到专家的各个层面。

欧盟禁用增白剂，中国最早支持者反水

王瑞元是国内坚决要求禁止在面粉中添加过氧化苯甲酰的“元老级”人物。

20 年前，正是他最早引进并同意在面粉中添加有漂白功能的增白剂，其时他正任商业部粮油工业局局长。

如今的王瑞元，很怀念 80 年代时“没有增白剂，没有漂白味”的粗面粉。那时的面粉普遍含有麸皮，其粉色黄中带黑，“卖相不好”。其时，英国已在世界上最早使用面粉增白剂，广州面粉商家率先引进这类面粉，“雪一样白”，立即成了受市场追捧的高档面粉。

1986 年，在王瑞元的推动下，商业部在新颁的小麦粉标准里，允许添加过氧化苯甲酰，沿用至今。卫生部同步将过氧化苯甲酰列入了《食品添加剂使用卫生标准》。允许每公斤添加 60 毫克过氧化苯甲酰。

但后来王瑞元看到白得异样的面食，都不敢吃。他叫家里的保姆绝对不能买加增白剂的面粉，他在外面也尽量不吃面食。

王瑞元之所以对增白剂的态度产生 180°大转变，是因为他后来到国外考察时，发现挪威已禁用增白剂；1997 年，欧盟正式禁用；澳洲和新西兰也随后禁用。

南方周末记者就此采访了欧洲委员会健康与消费者保护总司发言人 Nina Papadoulaki。他在接受采访时介绍欧盟的法规不允许使用任何面粉漂白剂。

欧盟委员会的新闻官进一步对南方周末记者解释，欧盟立法采用“预警原则”，意味着那些已经被证明无害的食品添加剂才能够使用。尽管这并不意味着在无害名单之外的东西就是危险的。任何想要使用过氧化苯甲酰或其他漂白剂的当事人需要向欧盟食品安全机构（EFSA）提出申请。目前，尚无商家向欧盟申请使用过氧化苯甲酰作为面粉添加剂。两年前，欧盟出台了更严格的法律，规定所有食品添加剂必须置于永久观察，随着使用条件的变化及新科技信息的出现，还应对食品添加剂进行重新评估。

王瑞元认为，目前欧盟已全面禁用，美国虽然未限量使用，但“法制观念强，企业不会乱来”。国内的面粉，则越加越白，甚至“像瓷一样白，让人不敢吃”。随之，假冒伪劣也越来越多，一白遮百丑，出现了以次充好。

王瑞元还听闻，有地方粮食局专门生产不加过氧化苯甲酰的面粉，过年时当作福利，供应给粮食局职工。

似乎是自己亲手打开了潘多拉魔盒，王瑞元内心沉重：“如果当初我不同意加的话，今天就没有这个问题了。”从 2000 年开始，他在各种粮油工业会和粮食行业会上都呼吁企业禁用面粉增白剂。此时，他已从国内贸易部工业司司长位置退休，担任中国粮食行业协会常务副会长、中国粮油学会常务副理事长。“订标准时，我有责任。现在有责任提出取消它，否则愧对老百姓。在有生之年，如果看不到禁用，死不瞑目！”70 岁的王瑞元对南方周末记者说。

在王瑞元的倡议下，全国面粉龙头企业先后四次联名写信给上级主管部门，要求禁用过氧化苯甲酰。

随后，国家粮食局站到了主张禁用一方，2003 年后开始组织下属研究机构修订小麦粉国家标准的草案，明确要求禁用过氧化苯甲酰。

国家粮食局主张禁用增白剂

在国人喜欢白的消费观念未改变前，主张禁用的面粉加工企业认为，现在的加工技术即使不加增白剂，也可以增白面粉。“出粉率 50%～60%时，面粉就非常白。”深圳面粉厂总经理杨文军说。

允许使用增白剂，还增大了监管的难度。许多基层质量监督和工商管理部门向国家粮食局反映，增白剂超标是小麦粉质量抽查发现的最主要问题，他们普遍要求禁用面粉增白剂。据全国政协委员冯平了解，2008 年 4 月，国家工商总局抽查 99 个面粉样品，12 个超标。

粮食局内部人士透露，2004 年 6 月底的南京会议坚定了国家粮食局禁用的决心。

这次会议是全国粮油标准化技术委员会的评审会。在这次会议上，出席会议的近 80 名专家、企业代表、质监部门的代表都要求禁用。

一位来自南京市质量技术监督局的女士还在会上站起来发言："我们没有资格参加这个会。但领导听说后一定派我过来，就说一句话，'就是要禁用。我们调查过了，没有任何好处。'"

2006 年，国家粮食局在其网站上进行消费者调查，87%的被调查者不愿意接受添加化学增白剂的小麦粉。

随后，国家粮食局形成标准报批稿报送国标委。在其拟定的小麦粉国家标准草案中，明确提出禁用过氧化苯甲酰和过氧化钙两种化学增白剂。

四部委要求禁用，卫生部不同意

国家粮食局在小麦粉国家标准草案中禁用增白剂的报批稿呈给国标委后，组织了面粉加工企业进京学习，以便开展下一步工作。深圳面粉厂总经理杨文军参加了这个培训："都以为（标准）会过。"事后看来，他们过于乐观。

卫生部认为，小麦粉国标修订草案中禁用过氧化苯甲酰等化学增白剂与《食品添加剂使用卫生标准》的有关规定存在矛盾。但卫生部仍然于 2006 年 11 月 21 日主持召开协调会，还在两个月后发函征求五部委意见。这五部委是国家质量监督检验检疫总局、农业部、国家工商管理总局、国家食品药品监督管理局、商务部。除商务部提出"请扩大征求意见范围"外，另四个部门均以正式文件明确表态要禁用。

2007 年 8 月，卫生部在其网站上向社会征求意见，定时两个月。但结果没有公布，只是说禁与不禁两种意见都有。

同年 10 月底，卫生部向 WTO 通报，计划撤销《食品添加剂使用卫生标准》中对过氧化苯甲酰在小麦粉中的使用许可。两个月的通报期中，卫生部只收到美国的反馈，"要求提出科学依据"。迄今，美国允许面粉中添加过氧化苯甲酰，而且未限量。

此后，情势逆转。卫生部提出了诸多反对禁用的理由，认为按我国标准规定的过氧化苯甲酰使用量，不会造成人体健康危害。还认为，国际食品法典委员会允许使用，美国等国也允许使用。同时，卫生部还提到，食品添加剂标委会、食品添加剂行业协会和小型面粉厂，也以不影响人体健康为由反对禁用。

反禁方的科学依据出自联合国粮农组织和世界卫生组织所属的食品添加剂联合专家委员会（JECFA）。JECFA 对过氧化苯甲酰的评价是：过氧化苯甲酰在人用小麦粉的允许处理量为 0～40 mg/kg（特殊条件下为 40～75 mg/kg）的 ADI 值。ADI 值即"依据人体体重，一生摄入一种食品添加剂而无显著健康危害的每日允许摄入量的估计值"。

此后，郑州海韦力食品工业公司为代表的数十家食品添加剂企业联名反对禁用，国标委将小麦粉新标准草案的批准延搁了下来。

增白剂危害之争

其实早自 2000 年，这一在每公斤面粉约占两三厘钱成本的添加剂，就在业内引起无数争议。

以国内面粉龙头企业、中国粮食行业协会、国家粮食局为主的主禁方一致认为，过氧化苯甲酰仅改变面粉外观，却有"致癌作用，欧盟等国已经禁用"。还破坏了面粉中叶酸等微量营养素，增加人的肝脏负担。

据张铣、刘毓谷著的《毒理学》称，苯甲酰过氧化物是一种“促癌物”，“不单纯有致癌作用，同时亦具有引发作用”。

深圳海川食品研究所所长刘梅森博士说，由过氧化苯甲酰在面粉中分解的苯甲酰、苯甲酸、苯酚等，在肝脏内解毒。对于肝功能衰竭的人和肝功能损伤患者，因其生物转化机能减弱，解毒能力差，食用含有超量增白剂的面粉显然是不适宜。即使对于肝功能健全的人，长期食用含有超量增白剂的面粉，也会造成苯慢性中毒，引起神经衰弱、头晕乏力等。刘是深圳市专家工作联合会食品工业专家、深圳市标准化专家库专家，享受深圳市政府特殊津贴专家。

2003 年，山东省青岛市疾控中心和卫生局卫生监督所杨新美等人做的实验证明，过氧化苯甲酰确实破坏面粉中的叶酸。2004 年的世界卫生组织和卫生部联合发布的报告认为，因为缺乏叶酸，全国每年有近 40 000 名缺陷儿出生，高危人群在北方。中国北方，正是面食的主要地区。

反对禁用方以食品添加剂企业、食品添加剂标准化委员会、卫生部为主。

郑州海韦力食品工业公司董事长郭士军认为：“经过 JECFA 评定的，一般来说都是非常安全的”。

但主禁方几乎一致地认为西方是动物性食物结构，肉食为主，粮食为辅，而我国是植物性食物结构，主要营养摄取来自粮食，北方地区以面食为主食。JECFA 以西方人为研究对象，数据不适于我国。

这一观点得到了中国毒理学会主任委员韩驰的认同。她介绍国外并不以 JECFA 为唯一标准，那样的标准不一定适合中国，因为“生活方式、环境、饮食习惯、体内的基因状况都不一样”。

卫生部在反对禁用的理由中，还认为禁用过氧化苯甲酰会引致贸易壁垒。但商务部世贸司参赞张德禄告诉南方周末，禁用“不构成贸易壁垒”，只要是不安全的食品问题，“各国可根据情况来制订标准”。

至于美国未禁用增白剂的说法，全国政协委员、中国肉类食品综合研究中心总工冯平介绍，美国从 1941 年起就施行强化面粉标准，美国 80%的强化面粉不加过氧化苯甲酰。某大型面粉企业副总经理介绍，美国在华著名企业食品公司麦当劳、卡夫等，要求他们供粉时都不加过氧化苯甲酰。

对于为何不允许在面粉里添加过氧化苯甲酰，卡夫（中国）食品公司和麦当劳（中国）有限公司均在接受南方周末采访时强调：“我们不只是要求中国的面粉供应商不添加过氧化苯甲酰，而是要求全球的。”之所以如此，是“出于保障消费者，食品安全的考虑”。

美国的情形到底如何？南方周末记者采访了美国食品药物管理局（FDA）新闻官 Michael Herndon。他介绍过氧化苯甲酰被列入“通常认为安全”的物质。FDA 对过氧化苯甲酰的解释为：“在现行《良好生产规范》的情况下，该物质在食品中可无限量使用。该成分被作为食品漂白剂，用于面粉、牛奶等。”

不过，FDA 的不限量并非不加节制地使用。“FDA 认为根据目前的科学研究结果，在正常使用量下对人体没有危害，就不限量。如果有了可靠的实验结果证明在这个正常使用量下有危害，或者因为这样的面粉而导致病例，FDA 就会修改规定。”一位在美国从事食品工程研究的博士告诉南方周末记者。

中国食品添加剂标准化技术委员会主任、中国工程院院士陈君石认为，问题根本不值得争论。陈还担任卫生部食品卫生专家咨询委员会主任、卫生部食品卫生标准分委员会主任等职，是食品安全标准的学术权威。

陈说：“批准什么新的添加剂，专家委员会要根据一系列规定，JECFA 就是很重要的依据。我们的原则就是不为人先，也就说假如世界上没有一个国家批准的东西，不管它的材料有多么的丰富，我们大概都不大会批。”

主禁方和反禁方都没进行面对面的认真争辩和沟通。在多次协调会上，卫生部的代表多数时候不发言。他们认为增白剂只要不使用过量，并不会对人造成危害，无须禁用。

尽管在小麦粉标准里，过氧化苯甲酰的禁与不禁还在争论不休。但农业行业标准的《绿色食品　食品添加剂使用准则》已规定，在任何情况下，绿色食品中都不得使用过氧化苯甲酰。

今年新颁布的《营养强化面粉标准》也称，为了确保营养强化面粉的“安全性”和“营养性”，在营养强化面粉的卫生指标中“不得检出”过氧化苯甲酰、过氧化钙等。

不能被忽略的美国《良好生产规范》

南方周末记者在调查中发现，争论双方无意中忽略了美国之所以“不限量”加过氧化苯甲酰的一个重要条件，即企业的添加必须遵照《良好生产规范》。《良好生产规范》是被全球公认的对食品、医药产品和医疗设备生产过程进行质量监控和管理的认证体系。《良好生产规范》认证对生产和实验室的环境采取综合办法来进行测试，被抽样统计的产品将不仅强调生产过程进行监控，而且生产出的终端产品也得进行抽样检查。其重要特质是对生产各个环节都要求实施监控，并还将对生产设备进行检查，如果检查生产设备不合格，生产出的产品也不合格。此外，《良好生产规范》还要求，所有的制造和测试设备都将确保是正确使用的，所有生产流程（如制造、清洁和临床试验）都得用于毒性测试，以证明这些产品所标明的药效和功能是真实的。

1938 年，美国颁布了有关食品和药品生产的《良好生产规范》501（B）法令。如果一种药物产品即使没有掺假的行为意图，但只要没有按具体的管理规定，就会被美国法院裁定是违法行为。到 2010 年 6 月，同样的规定将适用于所有食品添加剂。

不只美国，世界卫生组织和欧洲都有自己的《良好生产规范》。

然而，我国目前对食品质量的监管限于事后监管。如果面粉中添加的过氧化苯甲酰超标，也只在终端市场的抽查中才能发现，及时发现、遏制不法分子一味为了增白，又节省成本，往面粉里添加钛白粉、滑石粉，或其他更为有害而又不知的物质。

食品药品监管研究学者、中国人民大学公共管理学院教师刘鹏博士强调，发达国家的食品药品监管也先后经历了事后监管、事前监管以及全过程监管的发展过程，现代食品药品安全监管的实质是对产品研发、生产、流通、使用全过程的风险监管。他又指出，虽然自 1988 年至今，卫生部共颁布了 18 个国标食品卫生规范，并提出了食品良好生产规范的概念，但距离国际规范仍困难重重。目前政府对食品研发、生产等产业中上游环节的监管能力孱弱。“有关部门应先从推行和完善专业食品良好生产规范入手，并逐步过渡到食品行业通用良好生产规范的建设，从而建立和推行符合中国国情的食品良好生产规范伞形体系。”

粮油加工企业要防范塑化剂对粮油制品的污染

2013 年 6 月

很高兴参加由安徽省粮食行业协会举办的“中国（安徽）粮食形势高层论坛”，根据会议的安排，要我就“塑化剂与粮油制品的安全”以及“发展主食品生产”发个言。鉴于今年 5 月 11 日，中国粮油学会在广州召开了“第八届中国米粉、粉丝产业发展大会”，会上，我曾以“发展米面主食品生产，方便百姓生活”为题发了言。此文在今天的论坛的论文集中作了介绍。所以，今天我的发言中不讲这方面的内容了，重点讲“塑化剂与粮油食品的安全”。

为使粮油加工企业对塑化剂的污染引起高度重视，今年元月，我和江南大学金青哲教授，中粮集团安骏经理合作撰写了一篇题为《塑化剂与粮油制品的安全》的文章，并分别发表在《中国粮食经济》、《粮油市场报》、《中国油脂》等报刊上。下面我就有关内容做些介绍。

一、引言

两年来，国内外先后发生某些食品被检测出含有塑化剂问题。从 2011 年 5～6 月间，我国台湾地区的“饮料塑化剂添加”事件、到稍后的内地“方便面塑化剂”事件，再到去年 11 月和年底前“酒鬼酒和白酒”等塑化剂事件的曝光。由此，这一由塑化剂引发的食品安全问题愈演愈烈，影响面已迅速扩大到我国台湾、香港和内地乃至全世界，所涉食品也从饮料蔓延到方便食品、白酒、调味品、保健品、药品等。去年年底，我国卫生部进一步讲婴幼儿食品、白酒、食用油、方便食品等纳入塑化剂风险监测的重点食品，对此，粮油加工企业应引起高度重视，要采取切实措施，将塑化剂在粮油制品中的含量降到最低水平，以确保粮油制品的安全。下面就塑化剂的用途与理化性质、粮油制品中产生塑化剂的来源，以及粮油制品防范塑化剂的对策介绍些情况和讲点意见。

二、塑化剂及其危害

（一）邻苯二甲酸酯类塑化剂的用途与理化性质。

塑化剂（plasticizer）是在工业生产上被广泛使用的高分子材料助剂，又称增塑剂。广义的塑化剂是指“凡是能添加到聚合物（如塑料）中改善产品塑性的物质”。广义的塑化剂种类很多，包括：邻苯二甲酸酯、脂肪族二元酸酯、脂肪酸酯、苯多酸酯、多元醇酯、环氧烃类、烷基磺酸酯等等。狭义的塑化剂主要是指邻苯二甲酸酯类物质（phthalate esters，PAEs），它们是邻苯二甲酸形成的约 30 种酯类物质的统称，目前它是塑化剂的主体，其产量约占塑化剂总产量 80%左右，在工业上广泛用于塑料成型，尤其用于聚氯乙烯和氯乙烯共聚物，还被用于橡胶、纤维素、染料、分散剂等产品。

邻苯二甲酸酯类塑化剂是一类能起到软化作用的化学品，是塑化剂（增塑剂）的主要代表。根据用途，可分为两类，即短碳链类（烷基碳数1～6）和长碳链类（烷基碳数7～13）两类。短碳链类的主要用途是作为溶剂用于化妆品和个人护理用品。长碳链类主要作为塑化剂/柔软剂用于塑料工业。在上述化合物中，我国对DEHP、DBP 、DINP在食品和食品添加剂中的最大允许量已经予以规定。

邻苯二甲酸酯类物质在常温下为无色透明的油状液体，难溶于水，易溶于甲醇、乙醇、乙醚等多种有机溶剂，属脂溶性物质。通常对热和化学试剂都很稳定，大多数是高沸点、低挥发度的液体，少数则是熔点较低的固体。作为酯类物质，邻苯二甲酸酯类在塑料制品中会随着使用和时间的推移，不断地释出至大气、土壤和水域中，造成对环境的污染，从而对人类健康造成潜在影响。例如，当塑料制品接触到食品时，其中的邻苯二甲酸酯类物质便会缓慢溶入其中，最终被消费者摄入体内。

（二）邻苯二甲酸酯类塑化剂的危害。

邻苯二甲酸酯类物质可通过呼吸道、消化道和皮肤吸收进入人体，尽管其大部分可以较快代谢、分解并通过尿液、粪便排出，但仍可能有少量在人体内积累。邻苯二甲酸酯类物质虽是结构相似的一类物质，但各种物质的安全性并不一致。总体而言，它们的急性毒性很低，其中DEHP曾被认为是安全的并在牛奶行业的管道塑料制品中推荐使用。大半个世纪以来，邻苯二甲酸酯类物质随着工业的发展而被大量生产使用，尚未曾发现由于人体或环境对该类化合物暴露而引起的灾害。但急性毒性低并不意味着其安全，还应关注其慢性毒性的危害。1981年首次报道了DEHP可能诱发啮齿类动物肿瘤，所以尽管DEHP和其他PAEs是否会提高人类发生肝癌的风险至今并没有定论，但国际癌症研究署（IARC）、美国环保署（EPA）还是将其列为人类可能的促癌剂或致癌物质。

对塑化剂安全性的担忧，更多的是其类雌激素作用带来的生殖毒性。毒理学实验表明，DEHP、DBP、BBP有可能引起男性内分泌紊乱，导致精子数量减少，并促使女性性早熟。

塑化剂虽然其急性毒性很低，但对人类健康的潜在危害已经引起世界的广泛关注，现在，欧盟、美国、日本、中国都先后将PAEs列入优先控制污染物的黑名单，美国有DEHP、BBP、DBP、DOP、DEP、DMP等六种，我国有DEP、DMP、DOP等三种。

三、粮油制品中产生邻苯二甲酸酯类塑化剂的来源

食品中出现塑化剂，除了非法人为添加（如台湾“饮料塑化剂”事件）以外，主要有三种可能：一是原料受环境污染；二是在加工环节中产生；三是受到塑料包装的污染。粮油制品也不例外。

（一）粮油作物受环境污染的影响。

随着工业发展和时间推移，塑化剂被大量生产和使用，由塑料等制品逐步转移到环境中的塑化剂越来越多，主要途径如焚烧塑料垃圾、农用薄膜中塑化剂的挥发等等，目前塑化剂已成为地球上最为广泛的环境污染物，许多国家的大气、湖泊、河流和土壤中已检测出不同浓度的塑化剂。粮油作物从被污染了的环境中吸收它们，随加工而进入制

成品中，如溶解在油脂中。意大利公共卫生研究所的 Natalia Nanni 等发现，意大利市场上销售的172种植物油中，橄榄油污染比其他植物油严重，推测原因可能是橄榄吸收了环境中的塑化剂造成的。Chen Li 等调查了我国不同省份、不同区域空气中塑化剂的总量，发现其从 5.2～1 153.0ng/m^3 间变化，其中重庆和黑龙江最高。我国农田土壤的塑化剂污染也相当严重，不同地区 23 块耕地土壤调查显示，其浓度为 0.89～10.03 mg/kg。Feng Zeng 等发现广州近郊土壤已被塑化剂中度污染。

（二）在粮油加工过程中产生。

粮油制品在加工过程中不可避免会接触到一些由塑料、橡胶材料制成的设备或管道、容器，其中如果含有塑化剂，就可能迁移到产品中而污染粮油制品。粮油加工企业可能接触到塑料、橡胶等聚合物制品的环节有：某些固体物料输送设备中的结构件，如斗式提升机的料斗、带式输送机的输送带、溜管（常用塑料作为衬填物），大米抛光机中的塑料固定片，分级筛中的尼龙网丝及两层筛网间的橡胶球，以及包装米、面和油料用的塑料编织袋，储料场常用的蓬布、PVC（聚氯乙烯）维纶双面涂塑革等等。但需要说明的是，上述聚合物制品中大部分都无需加入塑化剂，如食用油桶、塑料编织袋的原料常为 PE（聚乙烯）和 PP（聚丙烯），都不必加入塑化剂，但如果用回收的废旧材料制作聚合物制品，一般都可能会加入塑化剂。

粮油加工过程中使用的助剂有时也会带来或促进污染。如正己烷等溶剂若在其本身生产过程中接触塑料，则正己烷等溶剂中就可能含有塑化剂；又如正己烷等溶剂在提取油料油脂的过程中又接触到含有塑化剂的塑料，就可促使更多塑化剂进入食用油中。熊金龙等研究发现，油脂脱色白土中也含有少量的塑化剂，由此可污染食用油。

另外，粮油制品中如果使用香精和含香精的其他食品配料，则常常成为塑化剂污染的源头之一。在 2011 台湾“饮料塑化剂”事件中被查出的 500 多种问题产品当中，主要的麻烦来源就是香精和含香精的食品配料。

（三）塑料包装的污染。

经检测，几乎所有 PVC 制品或多或少都含有塑化剂，可能用于粮油制品包装的 PVC 制品包括 PVC 的保鲜膜、托盘、塑料瓶、垫片等。其次，橡胶垫片、PVDC（聚偏二氯乙烯）包装膜、回收塑料产品等包装粮油制品可能会添加塑化剂。刘红河等分析了午餐盒饭的 DEHP 污染状况，检出率为 53.2%，其中 16 份密封饭盒中 DEHP 量在 800～11 800 μg/kg 之间。

我国食用油包装大多采用无塑化剂的 PE、PP 材料，若采用含有塑化剂的包装材料，其塑化剂的污染则会迁移到食用油中。一些不法企业使用劣质塑料油桶、瓶盖等，其塑化剂含量更高。杨科峰等发现，食品包装材料中的增塑剂（即塑化剂）会迁移进入食品中，在上海市场上购买的食用油样品中 DBP 和 DOP 含量高的，可能是由于塑料容器中 DBP 和 DOP 含量较高及在生产加工过程中被增塑剂污染所致。

四、粮油制品应对塑化剂的对策

随着塑料制品的广泛使用，目前塑化剂已成为全球无处不在的环境污染物。而邻苯二甲酸酯类塑化剂对公众健康的危害严重程度如何，需要进一步研究并予以量化。不久前发生的“白酒塑化剂”事件在公众中造成的极大震动，对食品工业造成的重大影响，充分显示出突发公共卫生事件所产生的影响的广泛性和严重性。这种由塑化剂引起的食品安全问题和商业纠纷事件，估计我国今后还会出现。

粮油制品是公众日常三餐的主食，消费范围广、数量大，在食品中具有重要和特殊的地位，因此，对粮油制品中的塑化剂进行食品卫生的安全性评价是非常必要的。建议组织科研机构，在确定可靠测定方法基础上，调查不同塑料包材的塑化剂含量，对不同种类和不同加工精度的粮油制品进行测试，对粮油制品储藏和使用条件变化对包材中塑化剂的迁移规律进行测试，以系统、全面获取我国大米、面粉、食用油中塑化剂暴露量的基础性数据，并在此基础上制定上述塑化剂在粮油制品中的最大允许量及每人每日允许摄入量（ADI），开展相关风险评价。完成上述工作，需要相当长的时间，我们不能等待。尽管粮油制品无需添加塑化剂，但由于原料生长、加工和的影响不能小看。对此，建议粮油加工企业要积极主动采取以下措施以消除塑化剂对粮油制品安全生产的隐患。

（一）要严格遵守我国对使用邻苯二甲酸酯类塑化剂的有关规定。

粮油加工企业在生产粮油制品（含以粮油为原料生产的饮料等）的过程中，都要严格按我国卫生部2011年第16号《关于公布食品中可能违法添加的非食用物质和易滥用的食品添加剂名单（第六批）的公告》禁止17个邻苯二甲酸酯类物质添加到食品和食品添加剂中去；以及卫办监督函［2011］551号文件明确规定的“邻苯二甲酸酯类物质……不是食品原料，也不是食品添加剂，严禁在食品、食品添加剂中人为添加”等规定，做到在任何情况下都不使用或变相使用邻苯二甲酸酯类塑化剂。

（二）要严把原辅料的质量关。

粮油加工企业在严把粮油原料质量的同时，要严格把好在生产过程中使用的各种加工助剂（如溶剂、酸、碱、白土、石蜡等）的产品质量，防止加工助剂带入塑化剂的隐患。

（三）要调整工艺，更换设备及部件。

粮油加工企业（尤其是食用植物油加工企业）在生产过程中，要加强原料的清理，针对塑料杂质，提高原料筛选设备分选杂质的能力，减少塑料进入生产环节；要尽量避免使用塑料管道、塑料设备和塑料容器；对粮油加工设备中可能接触到的塑料、橡胶等聚合物制品（如输送机的输送带，斗式提升机的料斗，用于接驳油的软管，压榨机上的引管，灌装机的灌装头引管，压滤机的支撑板，各类泵、阀、换热器的密封件等部件），要想办法检测其塑化剂含量，不符合要求的要创造条件，进行更换；对使用PVC作为材料的设备与部件，应尽快更换。

（四）要改进包装形式和材料。

粮油加工企业要根据实际情况，选用安全的包装形式和包材，有条件的可选用非塑料包材。如挂面包装提倡纸包装；方便面、方便米线等的调味包可选用可食性包装材料，以及推广酱包、粉包、蔬菜包的“三合一”包装，以降低包材用量，减少污染；食用植物油加工企业可使用PET（聚对苯二甲酸乙二酯）、PE、PP等无需加入塑化剂的塑料包装材料；餐用人造奶油的保冷包装可使用PS（聚苯乙烯）塑料。要杜绝使用回收塑料材料制作的聚合物制品以及劣质塑料油桶和瓶盖。

（五）要优化粮油制品的贮藏条件。

温度和存放时间是影响塑化剂迁移的重要因素，尤其是贮藏温度越高，迁移速度越快，所以在粮油产成品的贮藏和使用过程中，应尽量避免高温环境，尤其是在夏天最好在阴凉处贮藏，以免造成食品容器、食品包装材料中塑化剂的溶出，而污染粮油制品。

我国政府高度重视。今年 1 月中旬，国务院食品安全办召开专题会议，通报了有关食品中塑化剂风险监测结果，研究部署了处置食品中塑化剂问题的措施；2 月 8 日，国家粮食局任正晓局长在中国粮食行业协会王瑞元副会长报送的《塑化剂与粮油制品的安全》一文上批示：塑化剂是危及粮油食品安全的新“杀手”，必须引起高度重视。王瑞元副会长对文章中所提出的五点对策请予认真研究，在标准修订、企业生产加工和科技研发等环节都要高度关注、严格把关；2 月 27 日，工业和信息化部召开酿酒、乳品、植物油行业“以钢代塑”专题会议，会上要求，各有关部门结合行业实际，尽快提出本行业防范塑化剂污染食品的实施意见；2 月 26 日，中国粮食行业协会在京召开米、面、油加工骨干企业座谈会，交流了粮油加工企业防范塑化剂污染粮油制品的做法，研究了防范措施。在此基础上，于 3 月 6 日发出了《中国粮食行业协会关于防范塑化剂污染粮油制品确保粮油质量安全的实施意见》。文件结合粮油行业的实际，提出了 6 条防范实施意见。希望粮油加工企业（特别是食用植物油加工企业）要对塑化剂可能污染粮油制品的风险引起高度重视，采取切实有效的措施，严加防范，以确保粮油制品的质量与安全，促进粮油加工企业的健康发展。

CCTV-7《饭碗怎么端》编导采访问答

2014 年 11 月 28 日

问题一：我们知道，您最有名的一件事，就是将自己曾经力主引进并添加在面粉中的增白剂，又在您的推动下从新标准中去掉了，您为什么要这样做？

答：大家都知道，20 世纪 80 年代至 90 年代初，我国的粮食供应一直处于偏紧状态。为提高小麦的利用率，小麦加工的出粉率普遍较高，从而使面粉的色泽“黄中带灰”，生产出的食品外观质量较差。随着改革开放的大潮，南方一些厂家率先在面粉中添加过氧化苯甲酰，对面粉增白，生产出了“雪白”的面粉，受到了消费者的青睐。之后，原商业部粮油工业局（我是当时的局长）经过反复调研和专家论证并参照了当时国际上的通用做法，于 1986 年制订并颁发了小麦粉中允许添加增白剂过氧化苯甲酰的标准，对当时改善面粉的色泽起到了一定的作用。

但随着我国粮食科技的发展；从粮油产品更加安全考虑，在国家粮食局的支持下，我自 2002 年起与行业内的专家、大型面粉加工企业一起提出了取消在面粉中添加增白剂——过氧化苯甲酰的主张。其理由是：

第一，从面粉生产工艺上看，原先生产的面粉大都是八五粉和九〇粉（即 100 斤小麦要生产出 85 斤或 90 斤面粉），所以麸皮含量高，色泽较差。而现在的情况完全不同了，我国小麦加工的平均出粉率只有 73%左右，加上生产面粉装备的现代化，面粉中麸皮含量已经很少，而且颜色也很白了，可以不需要添加增白剂了。

第二，增白剂——过氧化苯甲酰曾在国外普遍使用。但为了面粉的更加安全，1994 年我去挪威访问时，他们已经不准使用了，后来欧盟的所有国家也都取消了。美国的规定是只允许在个别专用粉中添加。国外的变化对我的触动很大，由此，我就开始考虑是否我国也应取消使用面粉增白剂的问题。

第三，过氧化苯甲酰虽能增白，但在漂白的同时，它有损面粉中的部分营养成分，而且这种化学增白剂对身体也没有任何好处。

这一取消增白剂的建议，历经十年时间。为了让百姓吃上更加安全的面粉产品，在卫生部和国家粮食局等七个部委的关心支持下，终于在 2011 年 2 月 11 日联合发出了“自 2011 年 5 月 1 日起禁止在面粉生产中添加过氧化苯甲酰”的 4 号公告。这是小麦粉加工行业的一件大事，也是国家粮食局为百姓办的一件实事、一件好事。

问题二：有人说，您这样做是杞人忧天，如今新标准已实施两年多了，再回过头来，您自己又怎么看？

答：我说不上这样做是“杞人忧天”。但我深知，国家粮食安全（包括数量与质量安全）是天大的事。从广义上讲，做好粮食工作也是天大的事。国家将这一重任交给了我们“粮食人”，为确保国家粮食安全，在国家粮食局的带领下，全国数以万计的“粮食人”都在为此积极耕耘，并做出了显著成绩。

我是一个一辈子从事粮油加工并已经退休了十多年的“老粮食人”。我深知“民以食为天，食以安为先”的重要性，深知粮油产品是百姓一日三餐的主食，粮油产品的质量与安全，与百姓的生活和健康息息相关。对此，我始终认为粮油加工企业必须始终把“安全”与“质量”放在第一位，以确保粮油产品让百姓“吃得放心、吃得健康”。

在面粉中禁止添加增白剂的规定已实施两年多，产生了很好的效果。主要表现在三个方面：一是面粉的质量问题大幅下降。过去在国家质量抽查中，面粉的不合格产品时有发生，并几乎都是过氧化苯甲酰添加超标，而现在这种情况没有了。二是面粉品质与安全有了进一步提高。面粉回归了“自然白”、“自然香”，更多地保留了面粉中的营养物质，消去了化学添加剂对人体健康的不利影响。三是堵住了原市场上出现的一些不法分子利用增白剂“增白”面粉，以次充好、坑害消费者利益的现象。

对此，我们粮油加工企业的“粮食人”要以此为例，时时刻刻想着广大百姓，多为粮油产品的安全与营养想办法，出主意，要像“杞人忧天”故事里那样“吃不下饭、睡不好觉”，为百姓生产出更加安全与营养的粮油产品，造福人民。

问题三：新标准最终禁止了面粉增白剂的使用，除在国内引起震动，在国际上是否也引起了关注？为什么？

答：由于是否禁止在面粉生产中添加过氧化苯甲酰的“讨论”长达十年之久，面粉加工企业和不少消费者对其利弊关系已很清楚，加上取消呼声已成当时的主流，所以禁用的规定属于“水到渠成”，谈不上引起国内的震动，而是这一规定深受企业和消费者的欢迎。

现在，中国发生的一些变革，国外媒体都很关注。同样，取消面粉增白剂的规定，自然会引起国际食品界的关注。但据我所知，几乎都是正面的报道和评论。普遍赞扬中国在面粉中禁止使用增白剂的做法，表明了中国政府高度重视食品安全，体现了中国在食品生产中，不仅注重外观好看，而且更加注重食品的质量安全与营养健康。

问题四：如今我国面粉品质与十年前相比，有了哪些变化？与国外发达国家相比是否还有差距？

答：这里我想先介绍一下，我国粮食加工业的发展情况。

改革开放以来，尤其是进入 21 世纪以来，为适应我国经济的快速发展和人民生活水平不断提高的需要，我国的粮食加工业发生了翻天覆地的变化。现在，我国粮食加工业的技术、质量与装备等总体技术水平已经接近和达到发达国家的先进水平。粮食加工的产品质量与品种是我国有史以来最好最多的时期，粮食市场上琳琅满目的各种小包装面粉产品，其品质和包装与发达国家没有多大差距。要说有些差距，主要表现在粮食加工业的生产集中度还不够高、粮食的深度加工与综合利用不如国外发达国家搞得好、专用粉的比例不如国外发达国家高、以全麦粉为代表的全谷物食品的发展不如国外发达国家快。这些差距，在行业内已经取得共识，我们正在采取措施，迎头赶上。

下面，我再简要介绍我国面粉品质与十年前相比有哪些变化？

对面粉加工业而言，十年时间是十分短暂的，但中国面粉加工业的发展是很快的，就品质而言，主要有以下几点变化：

第一，根据国家《食品安全法》的要求，企业更加重视产品质量，都能严格按照国家质量标准和卫生标准组织生产。严把产品质量关，使面粉产品的合格率大大提高。例如，2000年，国家质量技术监督局对北京、上海等10个省市区的67个粮油批发市场、集贸市场、超市抽取的94种小麦粉产品进行了抽查（只针对过氧化苯甲酰一项），结果只有38种合格，其中小包装合格率为55.8%；大包装合格率为27.5%。2014年5月4日，国家食品药品监督管理总局发布了16号公告，公告中说，全国共抽取小麦粉样品842批次，覆盖全国27个生产省份的604家面粉加工企业，小麦粉抽检合格率为100%。

第二，为防止在面粉生产过程中的再度污染，近些年来，我国面粉加工行业正在推广清洁法生产，使生产出的面粉，其质量与卫生指标都优于国家标准。据河南中鹤集团检测，通过清洁法生产出的“纯净面粉”，面粉中的菌落总数（由通常的5 000个/克左右，降低到500个/克以下）含量降低10倍，深受食品厂的欢迎。

第三，专用粉的比例不断提高，十年前，我国专用面粉的数量很少，其产量与整个面粉产量不成比例。近年来发展较快。据国家粮食局统计，2009年全国专用粉产量为552万吨，2012年达938万吨，三年间增长67%，平均每年增长22.3%。

第四，以全粉麦为代表的全谷物食品发展势头良好。据统计，2009年我国全麦粉的产量为51万吨，2012年为104万吨，三年间增长104%，平均每年增长34.7%。

“入关”后食品工业怎么办?

今年，我国有可能恢复关贸总协定缔约国地位。面临“入关”，我国食品工业怎么办?带着这个问题，记者走访了商业部商办工业司司长王瑞元。

问：我国“入关”后，食品工业可能处于什么境遇?

答：“洋米”、“洋面”、“洋油”、“洋酒”、“洋食品”将进一步涌入国内市场。随着改革开放的深入，人民消费水平的提高，洋米、洋面、洋油近年来已经进入国内市场。洋油在价格上颇具竞争力。洋米、洋面尽管价格比国产米、国产面高许多，却依然出现在许多饭店和不少家庭的餐桌上。今后，随着这些洋货进口关税的降低，它们将会更多地涌进来，从而形成同我国粮油食品工业争夺市场的局面。估计，在两三年内我国食品工业还不会受到很大威胁；从长远看，却必须有危机感。

问：“入关”后是否会给我国食品工业带来一些机会?

答：打开国门，在大批舶来食品入境的同时，国内食品企业必须抓住时机，把高质量的、具有传统特色的食品变成外国人民眼中的“洋货”，打向国际市场。

1991年，我国商办工业（其中食品工业占70%）企业出口创汇12.7亿美元。中国饮食文化历史悠久，有些传统食品颇具特色，备受国外消费者青睐，加上我劳动力价格低廉，生产出的食品不仅物美而且价廉，扩大出口有着很大的潜力。发掘这些潜力，却需要创造条件。

问：面对新的挑战和机遇，我国食品企业应该作出哪些努力呢?

答：当前，要把转换企业经营机制当作大事来抓。首先是进一步完善经营承包制。有条件的大中型企业，经过当地政府批准，可以推行股份制。企业还要在分配制度和社会保障制度上进行改革。这样，才能使企业充满生机和活力。

我国食品工业从整体来讲，多数属劳务密集型，技术水平不高，不利于市场竞争。因此，必须发展规模经营，重视技术改造。食品企业也要走联合的道路，从实际出发．组建集团公司。今后的技术改造要高起点，积极采用现代新技术，并利用外资，防止在低水平上的重复改造，防止布点多、规模小的重复建设。重视技术，就要尊重人才，培养人才，下决心改善科技人员的待遇，充分发挥他们的积极性。

必须从市场需求出发，开发多种多样的新型食品，创出名牌，改进包装，以高档国货同洋货争夺市场。我国有些出口食品内在质量很好。由于包装差，只好低价出口，结果被外商改装后摆上货架，卖大价钱。

要树立“世界意识”，哪里有生意就到哪里去。有条件的食品企业集团和大中型骨干企业，不仅可以引进外资，还可以走出国门，到国外去办厂；让我国的饮食文化传遍世界。

第八章　粮机生产与走出国门

在商业部直属粮机厂工作座谈会上的发言

1982 年 8 月 16 日于无锡

同志们：这次直属厂工作座谈会今天就要结束了，现在，我把会议进行情况和今后的工作要求，概括地讲几点意见。

一

这次会议，首先传达学习了上个月国务院召开的全国企业整顿工作座谈会向国务院领导同志的汇报提纲和赵紫阳总理等国务院领导同志在听取汇报时的讲话，使我们提高了认识，开阔了视野，明确了方向。对于开好我们这次会议以及搞好今后的企业整顿工作，都十分重要。在座谈中，大家谈到，我们的认识不深，因而要求整顿的紧迫感和自觉性不高，决心不大，行动迟缓，效果较差，通过学习文件，大家进一步明确了企业整顿中的大政方针。通过经验交流和参观学习，增强了搞好企业整顿的信心。同志们表示，回去后要深入学习和贯彻全国企业整顿工作座谈会精神，汲取各地的经验，结合本厂的实际情况，急起直追，迎头赶上。我们相信，有了我们党即将召开的十二大的强劲东风和这次会议学习的经验，我们七个直属厂的企业整顿工作，不久就会出现一个崭新的局面。

二

这次会议，着重汇报交流了前一阶段各厂进行企业整顿的情况。大家感到，我们直属粮机厂的企业整顿工作虽然存在着较大的差距，但总的看来，我们已经有了一个良好的开端。首先，各厂都认真学习贯彻了中央和国务院《关于对国营工业企业进行全面整顿的决定》。普遍进行了思想发动，建立工作班子，制订整顿规划等几项工作，并在某项局部工作上做出了较好的成绩，有的厂在党委和政府的领导下，起步早一点，进度快一些，对于作好五项工作，搞好三项建设无疑将是一个有利条件。但从这次汇报情况看，有的厂虽然起步晚一些，却能够借鉴兄弟厂的经验，少走弯路，使整顿工作有一个比较扎实的基础。从这个角度上来讲，即使起步晚一点的单位，完全可以赶上来，进入先进的行列。在这次汇报交流中，尽管各厂的做法不同，进度不一，但都有自己的特点，有些好的做法，值得各厂效仿。通过这样的互相学习，取长补短，我们企业整顿工作必将迈出新的步伐。

随着企业整顿工作的不断深入，带动了企业各项工作，特别是生产经营活动，取得了较好的经济效果。汇总七个厂的主要经济指标，到六月底已实现了时间过半，完成任务过半。七月份又取得了好成绩，这是多少年来在高温季节少有的。

七个厂一至七月份的综合情况是：

完成产值 2 739 万元，为今年计划的 61.94%。比去年同期增长 33.74%；

完成产品产量 8 040 吨，为今年计划的 60.49%，比去年同期增长 28.48%；

实现利润 562 万元，为今年计划的 76.99%，比去年同期增长 54.06%。

经过这次会议研究讨论，到年底还可以较大幅度地超额完成年度计划，主要经济指标预计达到：

总产值 4 854 万元，比今年计划增加 9.8%，比 1981 年实际完成增长 25.8%；

总产量 14 000 吨，比今年计划增加 5.3%，比 1981 年实际完成增长 16.3%；

实现利润 853.5 万元，比今年计划增加 16.9%，比 1981 年实际完成增长 29.32%。

七个厂全员劳动生产率平均达到 8 451 元，比 1981 年的 6 808 元提高 24%，平均每个职工给国家创造的利润，也将由 1981 年的 1 142 元提高到 1 486 元。

这些成绩的取得，是我们七个厂的全体干部、职工辛勤劳动，努力工作的结果。同时也说明企业整顿工作已取得了一定的成效。

三

大家认为，这次会议汇报的在整顿企业中取得的一些经验和好的做法，这是很可贵的，应该及时传播和发扬。在这些经验和成绩中，带有普遍意义的可以归纳为以下几点：

1. 提高认识，做好思想发动工作。在这个问题上，各厂都经历了一个逐步由浅到深的转变过程。事实证明，对于中央和国务院关于进行企业整顿的决定，学习认真、领会深刻、贯彻得力，才能把整顿企业变为广大干部群众的自觉行动，使之一步一步深入地开展下去，最终达到提高经济效益的目的。对于我们七个直属厂来说，过去是这样，现在仍然存在着需要继续提高认识，认真解决开展企业整顿的怕难、怕烦等思想障碍，进一步发动群众的问题。真正做到，使我们政策不光让领导知道，而且要让广大群众都知道。只有全厂上下一致，同心协力，人人关心整顿，人人为创建六好企业努力，整顿企业的工作才能做好。

2. 领导重视，指挥得力是搞好企业整顿的关键。提高认识和提高自觉性的问题，首先应该在领导班子中解决好。企业领导一般都认识到，是不是认真领导好这次企业整顿，是表明自己是不是和中央在政治上保持一致的问题；把能不能领导好企业的整顿，作为衡量自己能不能胜任本职工作的尺度。从而把“要我整顿”变为“我要整顿”，把自己置于企业整顿的第一线，深入调查研究，及时解决问题，做好政治思想工作。真正表现了一个带头人的样子，率领广大群众，为整顿企业群策群力，企业的各项工作就能打开新的局面。

3. 建立一个得力的工作班子，当好党委的参谋。经过半年时间的实践，大家深深体会到，这次中央要求的企业全面整顿工作起点高，难度大，工作细致，纵横连锁。因此，没有一个得力的工作班子，是不能搞好这项艰巨工作的。实践证明，建立一个由厂主要领导亲自主持，集中部分业务、技术骨干参加的工作班子，推动企业整顿工作全面开展，并且在上下之间，部门之间发挥桥梁作用，以协调步伐，沟通情况，及时处理好某一部门自身不能解决的问题。这不仅是对各部门的有力支持，而且保证企业整顿工作按照规划的轨道正常运转，有条不紊地进行。

4. 要制订一个内容明确、具体，指标先进，激励士气的企业整顿规划。这次企业全面整顿，总的目标是以提高经济效益为中心，做好五项工作，搞好三项建设，达到“六好”要求。在这个总的目标下，各厂从企业的实际出发，对做好五项工作，搞好三项建设，订出一个内容具体、职责分明、有时间要求、有实施步骤以及经济指标先进合理的企业整顿规划。这就避免了工作的盲目性或停留在一般号召上，保证企业整顿工作落实到实处。

5. 要从企业的实际出发，抓住主要矛盾，选好突破口。这个问题在整顿企业中需要及早明确。为什么一定要选好突破口？半年来各厂的实践已作了回答。因为企业的全面整顿，涉及工厂的各个角落，不能不分轻重缓急，什么事情都在同一时间一把抓。必须抓住一项能牵动全局的工作，并且在这项工作上下功夫，使它成为整顿企业的中心环节，以带动其他各项工作。从全国范围看，一般是从实行经济责任制入手。我们七个直属厂，大体也是如此。通过这次会议，这个认识更加明确。前一段有的厂抓了整顿劳动纪律，有的抓健全基础工作。这些，对整顿企业都产生好的效果，为实行经济责任制作了准备，打了基础。实践证明，不论以哪项工作为突破口，到一定的时间，还是要落脚到实行经济责任制这一关键环节上来。

从各厂的经验看，选好突破口以后，还要在一两个车间、部门先行一步，进行试点。一定要集中精力抓住不放，以点带面。这种方法容易收到实效。

6. 把政治思想工作渗透到整个生产领域。保证企业整顿的顺利进行。“政治挂帅，思想领先”的重要性。在企业整顿中充分得到体现。在这方面各厂都有深刻的体会和实践经验。可以设想，像全面整顿企业这样深刻、具体、广泛、复杂的改革，无一不是靠企业的广大职工共同努力去完成的，而且它的实施又和广大职工的切身利益有着直接的关系。因此，随时随地都可能产生各种各样的思想，这是毫不奇怪的。在整顿企业的全过程中，必须始终坚持思想领先的原则，进行强有力的思想政治工作，使思想政治工作和各方面整顿工作同步进行。根据大家的经验，我们在企业整顿工作中的政治工作，首先解决一部分同志思想上存在着对企业整顿工作的不会整、不想整、不放整的畏难情绪，使思想政治工作和企业整顿工作紧密结合。同时还要要求各级领导深入群众，联系群众，以身作则，示范作用。善于在新形势下，研究思想政治工作的新情况、新特点、新问题。有的放矢地做好深入细致的思想教育工作，使广大职工始终保持饱满的革命热情，积极主动地参加企业整顿。

四

关于企业整顿工作下一步如何进行，全国企业整顿工作座谈会的《汇报提纲》已经从原则、方针到实施方法都讲得清清楚楚，为我们深入开展企业整顿工作提供了依据。根据全国企业整顿工作座谈会的要求，结合我们直属粮机厂的情况，对于下半年的工作，提出以下意见：

（一）加快步伐，把整顿企业工作引向深入。

1. 各厂回去以后，首先在一定范围内，认真学习，研究全国企业整顿工作座谈会的有关文件，领会精神，找出差距，提出贯彻执行的具体实施办法。随即把这次会议精神迅速传达到每个职工。

贯彻全国企业整顿工作座谈会精神，当务之急是要解决我们企业中存在的对中央决定认识不高，领导不力和群众思想发动不充分的问题。因此，各厂都有必要反复学习中央 2 号文件，进一步深入发动群众，使广大职工群众，直接掌握中央的方针、政策，认真克服那些因循守旧、等待观望的思想和畏难情绪。其次是解决缺门补课问题，包括修订规划、加强组织领导等等。各厂要因地制宜，缺什么补什么。使我们整顿企业的步伐跟上全国的形势。

加强组织领导，是搞好企业整顿的重要一环。现在有的企业还没有建立像企业整顿办公室这样的机构，或者虽然已经建立，但人选不得力。这些单位，回去后应该立即进行必要的调整。并于 9 月上旬把这个班子组织好，正式报部备案。

建立企业整顿办公室，要注意吸收各方面有代表性的业务技术骨干参加，特别要注意配备政治工作干部参加。

企业整顿办公室可以随着企业整顿工作发展的需要，随时调换或增减工作人员，以适应企业整顿工作的正常进行。

2. 抓紧领导班子整顿和建设，搞好企业的全面整顿，领导班子是关键。各厂要在党委的领导下先进行党委一班人和企业领导成员的思想整顿和作风整顿，以好的党风带出一个好的厂风。我们企业的领导，一般都具备较长的革命经历和较高的觉悟，可以通过党内整风的方式、批评自我批评的方式，改变作风，增强团结，振奋精神，把企业整顿工作领导好。

关于企业领导班子的调整权限和分工，这次全国企业整顿工作座谈会，已经作了明确的规定。“中央部属企业领导班子的整顿，以部为主提出整顿方案，与地方协商确定”。根据这一精神，我们要求各厂的领导，首先要把企业整顿工作认真地领导起来。同时，可以在适当的时候，提出一两个调整领导班子的建议方案，经厂党委讨论，报部参考。其中包括进出领导班子的人员方案，也可以只提进入领导班子的建议人选。我们设想要抓紧这项工作，争取尽早地把各厂的领导班长调整好。

新进入领导班子的人员，要严格按照“四化”的要求，符合中央规定的条件，尤其要注意选几个“明白人”进来。要与落实知识分子政策相结合，在领导班子中配备相当比例的工程技术人员或具有大专水平的业务干部。选拔年轻干部还要认真掌握“组织考察与群众推荐相结合的原则，广泛听取各方面意见”。上报选拔年轻干部时，随同报送详细的考核材料，要坚决贯彻任人唯贤的干部路线，不能以个别领导的喜欢为出发点，防止把那些群众信不过的人推荐到领导班子中来。

现在，我们有的厂领导干部年龄偏高，有的身体较差，需要退到二、三线上来。相信这些同志能够以党的事业为重，既要作退下来的思想准备，更要坚守岗位，积极领导好企业整顿，站好最后一班岗。要相信党对我们的老同志一定会给予妥善安排，不要有任何后顾之忧。总之，希望这些同志保持革命晚节，给新上来的年轻干部作出表率。

3. 及早确定本厂企业整顿中的突破口，集中主要力量打开企业整顿的新局面。选择突破口不搞一刀切，各厂可以根据实际情况进行。但是，在指导思想上应该明确：第一，要选的准确，它的条件是能够带动其他工作开展；第二，它的作用还要为实行和完善经济责任制准备条件；第三，抓突破口要打破一般化的工作方法，要抓好试点，主要领导要亲自动手。并与必要的工程技术人员和业务骨干进行配合，认其调查研究，及时解决问题。使以上的工作能以最快的速度和工作效率改变面貌。这样，才能起到突破一点，带动全面的作用。

4. 全面实行岗位经济责任制。实行经济责任制的最终目的，就是提高经济效益。因此，各企业在实行经济责任制过程中，首先要确定一个通过努力改善经营管理，挖掘内部潜力可以达到的先进合理的各项经济技术指标，并且把各项经济技术指标逐项分解，层层落实，人人落实。

目前，在我们企业里，普遍存在一个基础工作比较薄弱的问题。例如：原始记录不健全，计量统计不准确，工时定额、材料消耗定额不完整，普遍达不到平均先进水平，以及纵横关系脱节等等。这对于实行经济责任制是一个很大障碍。为此，各厂回去后要立即着手在加强和完善基础工作上下功夫，集中人力，集中时间，限期解决。

实行经济责任制，必须具备一定的基础。但是，也并不是等待一切基础工作齐备了才能实行。实践证明，在实行经济责任制过程中，不断修补和完善基础工作，两者并不矛盾。希望各厂回去后抓紧准备工作，积极创造条件，要求今年年底以前陆续实行。已经开始实行的，则应及时发现和处理问题，协调纵横关系，制定考核办法，使这项工作逐步完善，健康发展。

5. 整顿劳动组织，按定员定额组织生产。这是企业整顿中一项硬任务，必须随着经济责任制的实行提上日程，中央要求各级干部要有很大的决心，敢于碰硬，敢于触及尖锐矛盾，我们应该有这样的胆略和气魄。

在整顿劳动组织中，我们都会面临两个问题：一是按平均先进合理的原则，修订工时定额；二是精简机构，压缩非生产人员，充实生产第一线。

关于工时定额问题，现在各厂执行的，大都是几年前，甚至十几年前的工时定额。必须承认，由于生产的发展，工人熟练程度的变化，工艺水平的提高和设备条件的改善，原来的定额已经远远不适于目前生产的要求，应该在实行按定额定员组织生产以前，进行必要的、合理的修订，并且使修订工作长期化、制度化。

有这样一种反映，说我们的工时定额虽然偏松，但到协作单位还完不成呢！想以这种理由维持原状，其实这种理由是站不住脚的。道理很简单，无论什么工种，都因为行业的不同而工种的熟练程度不同，两者的工作效率是不可相比的。所以，不能允许以这种理由抵制修订定额工作。

关于精简机构问题。有的同志反映，在进行整顿劳动组织之前，上级应规定一个机构设置的模式和人员编制方案，根据整顿企业的发展情况，我们认为，这个问题不宜作统一的规定。在今年 4 月份的厂长、书记会议上，曾经提出一个不成熟的设想，虽然没有正式下达，但不妨各厂在整顿劳动组织时参考。企业机构的设置，中央已经给我们规定了“精简、统一、效能、节约和反对官僚主义”的原则，各厂可以根据本厂的实际情况考虑，在整顿劳动组织中，提出一两个改革的方案报部审批以后实施。

应该肯定，机构庞大，人浮于事的问题，在我们企业中也不同程度地存在。生产第一线，特别是关键工种（如铸工）人员不足的问题就更加突出。因此，机构一定要精简，人员必须减少。中层干部的配备，全国企业整顿工作座谈会也明确规定了数量和质量标准，即要配备年富力强，懂业务，具有实践经验的干部。现在，我们企业的部门过多，干部过多，应该精简下来充实第一线。

整顿劳动组织，涉及干部能上能下的问题，必然会遇到各种各样的思想问题和实际问题。完成这项工作，不但要有敢于碰硬的精神，还要进行强有力的思想政治工作。这对我们党委的工作、政工部门的工作以及各科室、车间支部的工作都是一个严峻的考验。要求企业的各级党组织、全体干部和全体共产党员，要在这项工作中起战斗堡垒和模范带头作用，坚决保证这项工作的顺利完成。

6. 以整顿企业为中心，搞好与其他各项工作的结合。全国企业整顿工作座谈会规定：“在近两三年内，企业各项工作都要以整顿为中心，要把各项工作纳入整顿工作中去，把整顿同其他工作密切结合。”这就从指导思想上明确了整顿企业工作的地位和整顿与其他工作的关系，解决了过去我们由于认识不清、处理不当，以致在同一时期出现两个以上的中心，或是真整顿与其他工作脱节的现象。

值得注意的是，我们直属厂在开展打击经济领域犯罪活动的斗争中，有的处于后进状态，有的停留在一般号召上，缺乏有效的具体措施。在整顿企业中，如何把这项工作很好地结合起来，各厂回去以后要认真研究，拿出切实的办法，把这项工作抓紧抓好。

在整顿工作与其他各项工作的结合中，我们还要注意把企业的技术改造和提高产品质量问题作为重点。通过企业的整顿，企业的技术改造有了一个以提高经济效益为总目标，提高技术和经营管理水平的长远规划和短期实施方案，产品质量普遍应该有所提高，各厂都要有一两种产品成为优质产品，各厂在制定整顿规划中，要明确规定这两项任务的奋斗目标。

7. 要着手制定五项工作验收标准和六好企业的条件。这个任务，主要由企业的主管部门来完成。但也不排除领导机关和企业共同考虑研究制订。我们争取尽早拟一个初稿，提交各厂讨论。

为了不影响各厂有一个明确的目标进行工作，目前可以参照无锡市机械工业局制定的《1982 年企业全面整顿五项工作验收标准》（试行稿）（以下简称《标准》）或各企业所在地区政府，有关业务部门制订的验收标准执行。无锡市的《标准》内容很详细，水准也较高，达到这个标准已很不容易，有了这样的标准，可以随时看到我们的差距，并且知难而进，把企业的经营管理，提高到一个新的水平。

对于企业的全面整顿工作，我们没有经验，4 月份的厂长、书记会议上提出的方案，对这项工作的深度和难度都估计不足。因此，原来规定的排队期限已经不完全符合现状的要求。为了不影响加快企业整顿的步伐，这里需要明确，各厂要立足于自己进行整顿，不要等待部里派蹲点调查组。其实，除了领导班子的调整，需要由部里进行最后的审查批准以外，其他各项工作，只要企业领导认识深刻，领导得力，企业整顿工作是可以搞好的。因此，各厂要修订整顿规划，尽量把步子迈大一点，时间提前一些。我们要求：无锡、安陆两厂争取1983年内，达到“六好”企业的要求，其他各厂都在1984年达到“六好”企业。这个要求对一些厂压力较大，但决心不能动摇。

8. 建立健全企业领导制度。这个问题也是我们企业管理体制上的薄弱环节，按照中央规定的方针加以完善，已经刻不容缓。三个条例，即《国营工业企业职工代表大会暂行条例》、《国营工厂厂长工作暂行条例》、《中国共产党工业企业基层组织工作暂行条例》，中央早已下达，但我们贯彻得不够有力。在我们企业的领导制度上也同样存在着职工没有充分行使民主权利和党政分工不清的问题。为此各厂都应该结合领导班子的整顿，加强和完善企业的管理制度。要及早订出贯彻三个条例的实施细则，要按期召开职工代表大会，诸如：整顿规划的制定、年度生产计划的确定、机构编制的设置和定额定员方案，年轻干部的推荐和选拔等重大问题，都应经职工代表大会充分讨论。还有对领导干部的思想、作风的整顿，也应听取职工代表的评论等等。从而使党委集体领导、职工民主管理、厂长行政指挥的，既有民主，又有集中的企业领导体制逐步形成。

这里顺便说明两个问题：第一，关于党的基层组织工作条例，中央曾颁发了《中国共产党工业企业基层组织工作暂行条例》和《中国共产党财贸企业基层组织工作暂行条例》。我们直属粮机厂党的基层组织执行前一个条例。第二，关于《国营工厂厂长暂行条例》中，规定厂长对有特殊贡献的职工拥有不超过职工总数1%晋级权的问题，待劳动人事部颁发具体实施办法以后，部里统一布置实行。

（二）狠抓提高经济效益，更多地超额完成今年的生产计划，做好明年的生产准备工作。

1. 把提高产品质放在生产管理的第一位，以优异的成绩迎接第五个全国质量月。万里同志在全国企业整顿工作座谈会上讲得很清楚。他说：“用什么样的标准验收？最主要的是看经济效益，就是物美价廉适销对路。”国家经委要求在今年的质量月中，广泛开展“求实际效益，让用户满意”的活动。同时还指出，不能把质量月活动当作单单一个月的活动，对全年的工作是一个检阅，认真检查企业的产品质量和质量管理情况，根据市场销售情况和用户的意见，提出明确、具体的整改规划措施。国家经委还要求各部门、各企业把发展新品种、提高质量作为一项战略任务来抓，作长期艰苦的努力，从根本上改变我国工业产品品种不齐、质量不高的落后状态。

我们应该清醒地看到，粮油机械产品，目前在国内外都处在激烈的竞争之中。不能否认，其他机械部门生产的粮油机械，有的确实比我们质量好、价格低，如果我们再不注意在提高质量上下功夫，难免失去立足之地。

我们七个直属厂，担负着向全国粮油工业企业提高主要装备的任务，我们产品质量的优劣，代表了我国粮油食品的质量。这就向我们提出了一个严肃的课题。我们不能老是安于现状，以致使粮油工业的落后状况长久地存在下去。

尤其是，在我们直属厂的个别产品中，质量下降的苗头又再出现，甚至生产了几年、十几年的老产品，还出现用户退货现象。这是极不应该的，这不能不引起我们的重视。此外，有的厂技术服务工作还不够好，需要加强。

2. 提高经济效益，要狠抓降低消耗、节约挖潜、降低成本这些关键环节。前面讲过，今年上半年，我们生产任务完成得较好，各项经济指标取得令人满意的成绩。经过努力，预计到年底可以超计划完成工业总产值 9.8%，比去年增长 25.8%。可以实现利润 853.5 万元，超计划 16.9%，比去年增长 29.32%。但是，必须看到我们所有企业的经营管理水平都不很高，有着较大的潜力，只要做好工作，可以肯定，我们给国家的贡献就会更上一层楼。

各厂回去以后，要以切实可靠的措施，把这次会议预计达到的指标落实到底，并且着重抓住降低消耗、降低成本、增加利润这些实实在在的经济效益。这个任务既是光荣的，又是艰巨的，要千方百计加以实现，决不可掉以轻心，争取更多地超额完成 1982 年的生产计划。

3. 加强思想政治工作，充分发挥工人当家做主的主人翁责任感，正确处理国家、企业、个人三者关系。企业如何加强政治思想工作，全国企业整顿工作座谈会向我们提出了原则要求。我们这次直属厂会议，有的厂也介绍了这方面的经验，加强思想政治工作，重点是向青年职工灌输共产主义思想。要提倡向职工进行面对面的说服工作。要理直气壮地宣传社会主义的优越性，启发他们爱祖国、拥护社会主义的热情，领导干部，特别是政工干部要善于和青年职工交知心朋友，关心他们的生活和进步，使他们感到党的温暖，以改善党的领导，增强党的威信。树立广大职工为共产主义奋斗的理想。

在进行思想政治工作中，当前还要注意解决“为钱干”和“向钱看”的错误思想。要充分发挥榜样的力量，不但领导干部要走得正，站得直，以身作则，而且要大力宣传模范人物的先进事迹，树立正气，使那些歪风邪气和错误思想无藏身之地。

在加强思想政治工作中，还要经常进行正确处理国家、企业、职工个人的关系的教育，克服奖金分配上的平均主义。

全国企业整顿工作座谈会汇报提纲中提出：“在奖金分配上。要贯彻各尽所能，按劳分配的原则。上级核定的发放限额不突破，企业内部单位之间不拉平，个人所得有高低，超额劳动多劳多得，没有超额劳动的不得奖”的原则，是我们做好奖金分配的依据。这个原则要向广大职工讲清楚。

当前，我们企业在奖金分配上，存在着这样那样的不平衡或不够合理的现象，应该根据上述原则结合企业经济责任制的实施和耐心的思想政治工作进行必要的调整。

我们企业领导，不能单纯地采用增加奖金，多发加班费的办法来刺激生产任务的完成，要向广大职工宣传，坚持把国家利益摆在第一位，宣传我国当前经济还有困难。国家的积累，应该首先弥补财政赤字，争取国民经济的根本好转。应该相信，我们工人阶级一定能够体量国家困难。识大体、顾大局，为国家分忧，要提倡工人阶级艰苦奋斗的优良传统。为祖国四个现代化的早日实现作出贡献。

4. 做好准备，迎接 1983 年生产建设的新高潮。这次会议初步商定了 1983 年的生产计划。七个厂的总指标是：产品产量 14 011 吨，比今年计划增长 9.5%。工业总产值 4 852 万元，比今年计划增长 9.65%。

这个计划还要在 9 月份成都召开的排产订货会议上，经过产需平衡最后正式确定，但基本大局已定。各厂可以作好上半年的物资准备和生产安排。要抓得早，抓得紧，同今年一样，争取明年年初就有一个可喜的开端。总的看来，1983 年的生产计划，与

1982 年达到的指标基本持平。我们的出发点是，不要求各厂过多追求产值、产量。而要在提高产品质量，降低消耗，降低成本，增加利润上下功夫。达到计划产量基本不增，而实现利润增长较大的目的。这是实实在在的经济效益。与此同时，则要求各厂腾出一定的力量抓企业的经营管理，抓企业技术改造的实施，抓增加新品种，提高产品质量，抓扩大配件的生产供应，抓销售业务和技术服务等项工作。希望明年在这几方面的工作上，各厂都有显著的进步。

预计 1983 年，还有几种关键适销产品（包括一部分主机配件）供不应求的矛盾较大，为了尽量满足需要，各厂可以通过挖潜力争计划外多生产一些。

明年是不是还会出现一些援外出口以及其他政治性的临时任务？现在虽难以预料。但我们在思想上应有所准备。到时候希望各厂要热情接受，积极承担。

这次会议已经圆满地结束了。总起来说是，收获不小，任务很重。希望各级领导振奋精神，知难而进，以整顿企业的优异成绩向党的十二大献礼！

在1988年全国粮油机械排产和粮食部门物资计划会议上的发言

1988年9月于西安

1988年全国粮油机械排产和粮食部门物资计划会议，今天在陕西省西安市召开。这次会议是在全国开展“双增双节”运动，深入反对资产阶级自由化和深化经济体制改革的大好形势下召开的。为了开好这次会议，陕西省粮食局、西安市粮食局以及为会议服务的全体工作人员做了大量的工作，付出了辛勤的劳动，为会议提供了良好的条件，对此，表示衷心的感谢！

前来参加会议的有各省、自治区、直辖市、计划单列市（区）、南京市、成都市粮食局（商业厅）主管物资和粮油机械生产的负责同志，有关粮油机械厂的代表以及轻工业部、农牧渔业部、解放军总后勤部、外贸进出口公司和粮食部门有关联营公司的代表多人。在此，向前来参加会议的各位代表表示热烈的欢迎。

这次会议从今天开始，9月15日结束，预计开六天。会议的主要任务：一是，安排1988年全国粮油机械（包括米、面、油、饲料、食品、储运机械、检化验仪器、配件等）生产计划，对部分部管产品进行分配；二是，编制1988年各种主要物资综合计划和编报明年上半年各种主要物资的申请货单及订货卡片。完成上述任务，往年是分两个会召开的，为了压缩会议，减少人员，今年我们合在一起召开。从会议内容看，确实有联系，也有不同之处。为了同时完成上述任务，会议将采取有分有合的方法，具体安排，按印发的会议日程进行，请大家给予配合。为了开好这次会议，我讲点意见，先讲物资工作，再讲粮油机械生产。下面我就进一步做好粮食部门的物资工作介绍些情况和讲点意见。

一、1987年的物资工作情况

经过几年来的改革和调整，我国社会主义经济建设得到了持续、稳定、协调的发展，今年上半年工业生产总值比去年同期增长15%，完成年度计划的51.6%．与此同时，能源和材料的生产也取得了稳定增长的好成绩。由于基本建设贯彻“三保三压”的方针，使得我国基建规模过于膨胀的状况有些好转，市场物资紧张的状况有所缓和。我们粮食部门的物资工作，在各级领导的重视和粮食部门搞物资工作的同志共同努力下，取得了很大成绩，特别是在目前各种物资偏紧的情况下，大家广开门路，多方面争取资源，粮食仓库，油脂库，米、面、油加工厂，饲料加工厂以及粮店建设的顺利进行；各项技术改造的如期完成，以及科研、教学等各项工作的顺利开展，起到了比较好的后勤保证作用，工作显有成绩。

1987年从部里掌握的各种主要物资的资源情况是：钢材113 000多吨。因为缩小指令性指标，扩大市场调节，所以今年的钢材指标有较大幅度的削减，其中计划内生产和维修的钢材各削减 24%。另外，到目前为止还有 6 000 多吨进口合同没回来，而且根据中央指示，今年下半年计划内进口的钢材实行代理价。

木材 47 850 立方米，其中计划内 40 850 立方米，计划外 4 000 立方米。

水泥共计 63 万吨，其中计划内将近 60 万吨，计划外 3 万多吨。

生铁 53 000 吨，其中计划内 19 000 吨，比上年减少 17.4%。计划外的 34 000 吨生铁是用借款换来的，我们向国家物资局提供借款，国家物资局给我们一些生铁，我们将其中的一部分生铁用于粮油机械生产，剩下的一部分在钢铁厂加工钢材，用来弥补钢材的缺口。

另外，还有各种汽车 13 680 辆，沥青 7 000 吨，玻璃 8 万重箱，油毡 6 万卷。

从以上数字表明，我国的改革已从生产领域发展流通、分配领域，涉及国家计划体制的改革；从品种上看，国家统配物资的品种已由 1984 年的 256 种减少到 20 种；从数量上看，国家指令性计划在逐年缩小，市场调节的数量逐年增加。在这种情况下，大家通过努力工作，千方百计争取资源，保证了粮食工作的顺利开展。这一方面说明改革是大势所趋，势在必行，另一方面也说明大家适应形势发展的要求，努力工作，取得了可喜的成绩。

二、1988 年的物资工作

大家都很关心物资体制的改革问题，最近国务院下达了国发［1987］75 号《调整各部门物资供销机构有关问题的通知》，等一会儿请宝光同志给大家传达一下。

根据国务院这个文件的精神，物资体制肯定要改革。在改革中，既要坚决，又要稳妥，不能乱，要有领导有步骤地进行，因此，在未变动之前，仍然要继续推进现行的业务渠道，不能随便打乱现行的工作秩序。我们这次编制 1988 年物资综合计划以及提报预拨订货单，都要按照这个精神进行，认真做好。

根据我们最近与国家物资局联系的情况，今年全国计划会议将提前于 9 月份召开，从物资方面，总的精神仍然是继续减少指令性计划的物资，增加市场调节的比重，同时要增加能源、交通等重点建设的物资需要，因此为我们一般民用生产维修等方面的计划水平估计要在几年已经下降了的基础上继续下降，特别是钢材指标，估计还要下降 20%～30%。所以在这方面请大家有个思想准备，同时在工作上有个安排，做到量力而行，有多大的能力就办多大的事。

关于 1988 年各项统配物资的预拨指标，钢材预拨指标 46 000 吨，相当于 1987 年全年下降后钢材分配计划的 40%；木材指标全国减少 100 万立方米，我们减少多少还不知道，所以预拨也按 1987 年分配指标的 40%安排。另外，由于大兴安岭火灾，为了恢复林业生产，凡订过大兴安岭火木材的每立方米要加价一百多元；水泥指标设定，预拨暂按 1987 年的预拨水平安排；有色金属明年指标将要继续减少，但指标还没确定，所以这次预拨也按 1987 年全年订货数的 40%安排；生铁全年指标可能维持今年 19 000 吨的水平，预拨我们暂时按 1 万吨安排。

三、注意做好以下几项工作

为了进一步组织粮食部门的物资工作，当前我们要努力做好以下几项工作：

1. 进一步压缩钢材库存。

最近，国务院转发了国经委《关于进一步压缩钢材库存的报告》，等一会儿也请宝光同志给大家传达一下。

这个文件到部后，部领导十分重视。姜副部长在文件上做了批示，责成我们要认真贯彻国务院文件精神，采取有力措施，把钢材库存压下来。

现在，我们粮食部门的钢材库存，去年来已达到 175 300 吨，较上年同期增加了 15 000吨，这是一个不小的数字。为此，请同志们一定要注意，清仓利库，搞活物资流通，挖掘物资潜力，是当前开展“双增双节”运动中的一项具体要求，工作做好了，可以缓解当前资金供求矛盾，有利于提高经济效益。前面我说过，在当前物资供应偏紧，粮食部门生产任务较重的情况下，我们做物资工作的领导和同志千方百计地争取钢材资源，对于各项业务活动的开展起到了保证作用，这是好的，但同时也应看到，有些地区和单位，为了不丢指标，不管什么样的材料，不管品种规格是否对路都拿回来了，因此要进行清理，对品种规格不对路的材料及时进行调剂串换，参与市场调剂，加速物资周转，把物资供应搞活，克服惜售思想。同时，要采取有效措施，避免新的积压。现在，国家经委还没有向我库下达利库指标，所以我们原则上要求今年底也就是明年初的钢材库存不能超过 6 个月，如果因为我们的库存太大，国经委给我们下达了利库指标，则我们首先要对库存超过 6 个月的下达利库指标，扣减钢材指标。希望大家今后在争取资源的同时，经常做好清仓利库工作，变死物为活物，降低库存。

2. 要灵活掌握市场信息。

现在，我国正在进行各个领域的改革，在这种形式下，要搞好我们的物资工作，为粮食行业的各项业活动服务好，当好后勤，就要随时搜集和掌握市场信息。掌握市场信息也就是说要对市场的商品供给量和商品需求量的形成及其变化的趋势有个清醒的认识，对于它所显示出来的信号作为我们进行决策的依据。例如，国家的政策、市场的工序变化、产品的更新换代等都可能会引起市场行情的变化，特别是在国家指令性计划指标逐年缩小，市场调节的范围和数量逐年扩大的形势下，灵活准确又及时地掌握市场信息，组织货源就显得更加重要。在这方面过去我们是不太注意，希望大家今后重视。

3. 要不断地加强企业的应变能力。

这个问题是和前一个问题相联系的。我们的企业要适应有计划的商品经济发展的要求，要适应改革开放的新形势，就要不断加强企业的应变能力。从当前来说，就要迅速改变过去依靠国家计划内供应原材料，靠吃平价材料过日子的状况。所有粮油工业企业都要学会吃议价材料，敢于吃议价材料。注意依靠发挥企业内部的潜力，努力降低成本，提高经济效益。只有这样，才能使我们的企业在市场竞争中立于不败之地。

在这里，我们也向同志们通报一些信息，一个是明年国家不再给我们对资进口钢材指标，如果这样定，那么将给我们带来不小的困难，比如像榨油机榨螺用的壁厚无缝钢管，国内不能生产，国外也只有西德生产，如果真的不让进口就只好用圆钢套。又如，镀锌板国内虽有生产，但在分配指标上也不能满足我们面粉厂生产的需要。还有出口粮油机械以及米筛用的冷薄板，也要靠进口解决，所以最近我们已经向有关部门打了报告，要求仍能分配一些对资进口钢材指标，但不知道结果如何。

再有就是如果明年有进口钢材指标，也将实行代理价。我们知道，过去国家计划内进口钢材，价格是按照国内相应的平价钢材结算的，如果实行代理价，其价格就大约相当于现在的市场价，甚至可能还要高一点，这就要求我们的企业有消化吸收的能力。

另外，最近我们经与中国有色金属总公司联系，过去属于该公司平衡分配的镍、镁、锑等有色金属，明年起要彻底下放，进行市场调节，所以价格也是市场价。

以上这些信息，都要求我们的企业要有应变能力。看来今后企业只有有了应变能力，才会有生存能力、竞争能力和发展能力。

4. 继续加强催货工作。

在当前物资偏紧，运输能力不足的情况下，及时催货就显得更加重要，已经签订合同的，如果不及时地催交，也可能要落空，所以请大家回去以后，对于已经签订的订货合同要认真地清理一下，对于未交货的合同要积极组织人力催货，千方百计把物资拿回来。

关于物资方面的问题，我就讲这些，还有些具体的事情，下午由物资处再讲。下面我就当前粮油机械的生产情况；1988 年粮油机械生产计划的安排意见和部分部管产品的分配原则以及如何做好明年的粮机工作讲点意见：

（一）关于粮油机械生产的完成情况。

1986 年，粮油机械工业生产在改革、开放、搞活方针的指导下，克服了许多困难，为粮油工业提供了大量的设备，为国民经济发展做出了应有的贡献。全年完成工业总产值四亿零七百八十万元，比上年实际增长 6.9%；在可比产品总成本上升 13%的情况下，产品销售利润较上年增长 4%，上缴利税增长 2.2%；全年完成机械体制造产量 91 364吨，为年度计划的 95.5%，其中，碾米机械、油脂机械、粮油加工通用机械、粮油检化验仪器、砻谷胶辊等生产超额完成了年度生产计划，制粉机械、粮食储运机械、饲料加工机械、食品机械、售（油）粮机械及配件等没有完成年度生产计划。

今年上半年，粮油机械生产完成工业总产值二亿零三百零六万元，为年度计划的 64.1%，比去年同期增长 22.6%；粮油机械制造产量完成 46 470 吨，为每年度计划的 48.7%，比去年同期增长 11.7%。上半年生产虽然除油脂机械、饲料加工机械外，其他各大类产品都较去年同期有不同程度的增长，但总吨位没有达到时间过半、任务过半。这次排产订货会后，据年底还有三个月的时间，希望各地同志回去以后，认真对对生产计划的执行情况进行一次彻底检查，在调查研究的基础上，根据所掌握的市场信息，对生产计划中尚未落实销路、或销路前景不佳的产品，进行果断的调整，尽量安排适销对路的产品，以避免在国内市场上出现的一些产品积压，一些产品短缺的现象。所有粮机企业都要加强经营工作，强化销售系统和售后服务，采取有力措施，全面完成今年国家下达的生产计划。

（二）关于 1988 年粮机生产计划的安排意见和部分部管产品的分配原则。

1988 年是“七五”计划的关键一年。粮机工业这两年较“六五”末期虽有所发展，为粮油加工仓储、饲料加工、食品工业提供了大量的设备，但由于受原材料偏紧，国外进口设备对民族工业的冲击，企业经营管理素质较差等原因的影响，发展的步子不大。1988年，所有粮机企业要力图振兴，要通过自己扎扎实实的工作，使粮机生产前进一步。现在，粮机生产的有利条件很多。首先是，为了适应人民生活水平的不断提高，粮油工业企业的技术改造、设备更新任务十分繁重，为粮机产品销售提供了广阔的市场；其次是，国家限制机电产品的进口，把更多的用户引向国内市场，给粮机工业的发展创造了有利的条件。希望大家珍惜这个时机，努力做好工作。关于1988年粮机生产计划安排问题，会前，我们在年底上报的明年粮机生产计划基础上，经过反复讨论，确定1988年粮机生产计划安排99 000吨，比1987年粮机生产计划增长3.9%。我认为，经过同志们的努力，这个计划是可行的。

在粮机生产中，尽管我们明年安排了99 000吨的生产计划，想了不少办法，采取了许多措施，但仍存在着少数产品产需之间的不平衡现象。为了使那些市场需要量大，但生产能力有限的短线粮机产品做到较为合理的分配，充分提高短线产品的社会经济效益，1988年我局仍将对8个品种、12种规格的粮机产品实行部分上调，通过综合各地的需求情况后，实行统一分配。根据扩大企业自主权的精神，在确定上调建议时，我们已充分考虑了这些设备制造企业的生产能力和自销部分。根据汇总各地申请计划的情况看，MY6、MY8及MY10液压磨粉机、MLY·100液压磨光拉丝机、FG·6×22高仿平筛以及202型预榨机等缺口比较大。其中，MY8液压磨粉机产需相差达三百八十台之多。所以，各地的要求是很难全部满足的，请大家要有些思想准备，看菜吃饭，顾全大局。这里我想提醒大家一下，现在有些地方为了局部利益和部门利益盲目建厂、重复建厂的现象屡见不鲜，尤其是面粉厂和浸出油厂。我认为这是一种严重的失控现象，必须下决心坚决纠正。我相信，如果我们能够注意合理布局，加强宏观控制，那么明年生产的各种磨粉机是可以做到够用的。

为了做好1988年部分部管产品的分配工作，提出以下分配原则：

1. 保障供、出口的合理需要，优先考虑本系统的需要；

2. 优先供应部分省市中的“老、少、边、穷、困”地区和少数加工能力严重不足的地区的需要；

3. 优先供应部立项项目和纳入部“统一归口、联合对外”引进设备的配套需求；

4. 在上述“优先供应”范围内，先保证供应明年年底前能够投产见效的项目需要。

关于MY·10液压磨粉机，由于数量少，部里已有安排，这次会议上不再进行分配。

为了缓和部分部管产品的产需矛盾，建议大家不要只认定一家厂子的产品。为了搞好产品分配，开好会议，请各地的处长、经理们协助部里做好本省、直辖市、自治区用户的工作，分担部里的困难。

（三）关于明年粮机生产要注意的几个问题。

1. 积极参加引进设备的消化吸收工作。为了做好引进设备的消化吸收工作，使引进设备尽快国产化，商业部科技司、粮油工业局和商科院准备像前几年搞米、面、油设备选定型一样装好这项工作。为了使工作落实到实处，先后成立了面粉、制油和饲料等引进设备消化吸收领导小组和技术小组，并召开了一系列工作会议。在广泛调查研究和专家辨证的基础上，指定了消化吸收的具体方案。现在面粉设备的测绘工作已基本完成，制油和饲料年底可以召开工作会议，研究分配消化吸收任务。由此可见，1988年，我部对近几年引进的国外先进设备进行消化吸收，实现国产化的工作将有计划地全面铺开。请各地粮油工业主管部门重视和支持这项工作。对承担消化吸收任务的粮机企业，要积极参与测绘，精心试制、实验，为消化吸收工作的顺利进行，为引进设备的国产化做出应有的贡献。

2. 严格控制成套浸出设备的生产。近几年来，我国浸出油厂有了迅速的发展，据初步统计，到目前为止，全国已投产的浸出油厂有659个，在建浸出油厂有330个，估计到明年年底全国投产的浸出油厂将突破1 000个大关，年总生产能力可达1 300万至1 500万吨。这个数字已提前达到了粮油工业2000年的规划目标，即在国营油厂中经过浸提处理的油料占全部加工油料的70%以上。发展速度之快，出人意料。由此引起的不平衡、不协调现象也日趋严重，有些地区不顾原材料的客观条件，盲目建厂、重复建厂，结果是“三僧一粥”，谁也吃不饱。特别是由此造成的溶剂油的供需矛盾日益尖锐。现在，我部所掌握的溶剂油指标，大体只能供应500个浸出油厂的开工需要。所以，现在的情况意味着上一个浸出油厂就将停工一个厂。因此，我部已经决定“七五”期间不再铺设新点。对这个问题，各地态度一定要坚决。如果不这样做，不加强宏观控制，随意发展浸出，那么就会给国家造成很大的经济损失，我们就要犯严重失职的错误。为了尽快扭转这种局面，我从去年下半年开始就逢会必讲，反复强调要暂时停止浸出油厂的发展，引起了各地的重视。我觉得要真正得到控制，首先是，各地粮油工业主管部门要加强宏观控制，严格把关，不开口子；第二是，科研院校等部门，没有省、市粮食局的批准手续，一律不接受新建浸出厂的设计任务；第三是：浸出设备制造厂对没有省市粮食批准手续的一律不供不贷；在今后的几年里供应的对象是原有浸出油厂的设备更新。据初步统计，明年各地共安排浸出设备125套，这样一个数目，如果仅仅为了原有浸出油厂的设备更新而去生产制造，显然是太大了。所以，要下决心坚决地压缩下去。这样做，是会影响个别粮机厂的经济效益，但不管如何，单价应该做到小道理要服从大道理，要把企业的经济效益和社会效益联系在一起考虑，不能为了企业一点效益，而不顾国家经济受到损失。我建议，从现在起立个规矩，今后谁开口子，检查起来，出了问题，谁负责任。

3. 加强基础管理，开展企业升级工作，努力提高产品质量，降低物质消耗，提高经济效益。目前，粮机工业企业基础管理薄弱、素质差的问题仍然普遍存在，突出表现在，质量上不去，消耗下不来，经济效益不高等问题上。在产品质量方面，最近，我们对FG·4×22、FG·6×22高方筛的断裂情况作了一些调查，截至八月底，从部分省市面粉厂返回的情况看，发生横梁断裂或压紧装置、钢架焊接处开焊等现象比较普遍。其中1979年至1987年之间安装的432台FG·4×22高方筛中有247台程度不同地存在这类问题，占57.2%；在68台FG·6×22高方筛中有39台有这类问题，占57.3%。断裂情况中使用最长得时间为1 710天，最短的仅20天，这不能说是一个严重的问题。六月下旬，我去年山东开会，顺便看了刚刚安装好的新建的青岛市即墨县面粉厂。从外表看，许多新设备已经显得很陈旧，有的脱落，有的零件生锈，有的龇牙咧嘴，看了深为感触，脸上发烧。这类质量问题在全国新建粮油加工厂中是常见的，不少新建厂在正式投产时，都要对新设备进行“整容”和重新刷漆，造成这类质量问题的主要原因，一是制造质量差；二是包装质量差。当然也有运输和安装中的问题。希望大家引起高度重视，切实把好质量关。在物资消耗方面，前面我已讲过，随着改革形势的发展，过去那种由国家提供大量廉价原材料供制造厂家使用的情况已经发生了很大的变化，使用市场议价原材料的比重逐渐增多，造成企业原材料耗用在产品成本中的比重都有不同程度的上升，所以降低物质消耗已成为企业能否提高经济效益的重要方面，今后，物质消耗高的企业很难设想能在激烈的竞争中求得生存和发展。为此，我们希望所有粮机企业都要针对企业的实际情况，研究解决管理中的问题，提高管理水平，向管理要效益。按照部加强企业管理领导小组的工作部署，我局正在加紧制定《粮油机械行业国家级企业等级标准》，预计明年可以开展评定工作。评上国家级企业的粮机厂，国家将在信贷、出口、工资奖金等方面给予相应的鼓励。我希望同志们好好研究一下这方面的问题，把开展企业升级工作摆到重要的议事日程上来。

4. 粮机生产要面向两个市场，积极提供性能好的产品发展粮机出口。目前，粮油机械的生产，主要还是内销为主，我部承担出口任务的粮机企业仅有十六个，1986 年出口产品 3 607 台（套）、1 298 吨，创汇 161 万美元，1987 年预计可达 300 万美元。粮机产品出口的现状，无论从创汇额，还是从设备的品种数量，都与我们的力量不相称，我们应该完全有力量出口更多的产品，为国家创更多的外汇。“七五”期间，我们要认真贯彻国务院批转国家计委等八个部委关于扩大几种产品出口报告的文件精神，粮机产品出口要做到：巩固原有市场，开拓新市场，在扩大单机、配件出口的基础上，增加成套设备出口，开发新产品，扶植重点出口企业，打基础、上水平、改变产品质量差、品种少、经济效益不高的状况，积极创造条件，扩大出口企业的自主权。同时，我们将积极和有关方面联系，以便进一步落实国务院文件中规定的各种优惠政策，给积极生产出口产品的粮机企业以更多的好处。

5. 加快制定粮机产品标准的工作。产品标准是衡量产品质量的技术依据，制定产品标准是粮机生产的需要，是进行全面质量管理的基础，也是发展协作生产的前提。没有具有一定权威性的产品保证，不但设备本身的质量无从考核，无从控制，甚至企业升级、发放粮机产品生产许可证以及产品创优评优等工作都无法开展。过去，我们对制定粮机产品标准的工作重视不够，是我们工作的薄弱环节。近一年来，有些省市对这项工作较为重视，制定了一部分产品的省级标准，但大多是省市还没有考虑这项工作，或考虑不多。我们认为，这个工作现在不能再拖了，如果我们不做这项工作，其他部门就有可能走在我们前边，那时，我们就被动了。所以，务必请大家回去后把这项工作抓紧抓好，抓出成效来，争取在“七五”期间能制定一批水准较高的粮机产品标准，以利于开展工作。

最后，再说几句关于配件生产问题。这几年，各地对配件较为重视，用户买配件难问题已大大缓和，希望大家能继续重视配件的生产，进一步缓和供需之间的矛盾。在配件供应上，最近一些地区反映，进口设备的配件供应问题成了一个突出问题。如果继续进口配件，不仅外汇不好解决，供货时间也没有保证。为此，一些引进设备厂呼吁国内粮机厂帮助解决。我认为，这也是预料中的一个新情况，希望我们的粮机厂能在这个问题上下些功夫，尽快做到引进设备配件供应国产化，为国家节约外汇。

在全国部分省市商业机械工业工作座谈会上的发言

1989 年 9 月 24 日于武汉

第一次有商业、粮食、供销三方面共同参加的全国部分省市商办机械工业工作座谈会，今天在武汉召开。这是商办机械工业的第一次全国性工作座谈会，我们请了全国部分省市商业、粮食、供销三家主管机械工作的负责同志和一些商业机械的大中型企业，国家重点、骨干企业的负责同志，一起来研究如何更好地发展商办机械工业，更好地为商办工业服务，为商业系统的购、销、调、存、加工业，饮食服务业服务。这次会上我们要研究商办机械工业“八五”发展规则，讨论、修订粮油机械行业、饮食服务机械行业、商用制冷机械行业的国家二级企业标准；讨论、修订 1990～1992 年商办机械工业企业创国家、部优产品的三年滚动计划和企业全面质量管理评比细则；讨论、修订 1990～1992 年商办机械工业产品国家标准、行业标准制修订的三年滚动计划；讨论、修订商办机械工业企业设备管理先进单位评比细则和能源管理定级、升级评比细则等。这次会议研究的内容较多，也很具体，希望到会的同志们对提出的有关讨论稿进行认真研究和讨论，集思广益，积极提出补充、修改意见，共同努力完成好这次会议的任务。这次会议上，我们还请了武汉商委、湖北粮食局、江苏省供销社和几家工作做得比较好、取得了一定成绩的商办企业，在大会做经验交流。现在，我先讲点情况和意见供大家讨论是参考。

一

回顾商办机械工业的发展，我们走过了一条艰苦创业，探索前进的道路。经过四十几年几代商业机械职工的艰苦奋斗，特别是党的十一届三中全会以来的巨大发展，商办机械工业已形成一个相对独立、完整的工业体系，成为国民经济中不可缺少的组成部分。到 1988 年底，全国共有商办机械工业企业 703 家，其中商业机械企业 218 家，粮油机械企业 244 家，供销机械企业 241 家，共有固定资产 93 902 万元，职工 88 051 人。1988 年完成工业总产值 132 254 万元，其中商业机械 37 203 万元，粮油机械 57 617 万元，供销机械 37 434 万元，总产量约 18 万吨。实现利税 27 273 万元，其中商机、粮机、供销机械分别为 6 533 万元，14 550 万元和 6 190 万元。同 1983 年相比，工业总产值增长 112%，利税增长 101%，为繁荣社会主义经济，为商办工业的发展做出了积极贡献。

在党的十一届三中全会确定的“改革开放”方针的指导下。商办机械工业发生了巨大变化，取得了可喜的成绩。

（一）企业改革初见成效，生产稳步增长。从 1985 年起，商办机械工业逐步实行以承包经营责任制为主要内容的企业改革。通过改革，调动了企业职工的生产积极性，使生产迅速发展，管理水平和产品质量不断提高，取得了较好的经济效益。今年商办机械工业在“治理、整顿”中继续稳步前进。据统计，1～6月份商机企业和供销机械的产值、产量和利税都完成年计划的50%以上；粮油机械完成产值29 341万元，为年计划的53.6%，比去年同期增长15.7%，完成产量120 718吨，为年计划44.2%，比去年同期增长1%。

（二）企业的科学管理水平有较大的提高。“七五”期间，全国有相当数量的商机企业分别获得所在省、市的优秀企业，企业管理先进单位、设备管理先进单位、全面质量管理先进单位以及能源、物资管理、标准化工作等方面的先进称号，有17家企业获得了商业设备管理优秀单位，今年还有四至五家企业也将获得此称号。今年，山东省棉麻机械厂在商机企业中第一个获得国家节约能源二级企业称号，湖北省安陆粮食机械厂成为粮油机械第一批国家二级企业，江苏省大丰供销机械厂成为供销机械的第一个国家二级企业。所有这些都是抓科学管理的成果。

（三）商办机械工业的技术进步较快。从1984年起，商办机械工业有计划地对重点产品、重点企业进行技术改造。商办机械和粮油机械先后立项36项，总投资8 814万元，其中技改专项贷款4 536万元，总用汇额489万美元。目前已有26个项目基本完成，部分已通过验收并开始产生经济效益。供销机械也进行了有重点的技术改造。在技术改造时，注意对重点企业和拳头产品的生产技术进行改造，同时引进了一些国外的先进技术和关键设备，如在粮油机械技改中引进了磨辊生产技术、砻谷胶辊生产技术、打麸机生产技术、麦间清理设备生产技术、榨油机生产技术以及饲料机械生产技术等，在商业机械技改中引进了软冰激凌机生产技术等。这些项目的完成，是商办机械工业在生产能力、技术装备、技术水平和产品质量等方面取得重大进展。一批具有国际70年代末先进水平的生产技术和加工设备在商机企业落户并转换成生产力，一批优质产品陆续投入市场，并将逐步打入国际市场。

从1986年起，按照国家统一安排对引进的国外先进技术和设备进行了有重点的消化吸收。商办机械工业主要安排了碾米机械成套设备消化吸收、制粉机械成套设备消化吸收、油脂机械成套设备消化吸收、饲料机械成套设备消化吸收和仓储运输机械消化吸收等“五条龙”。还有商业机械、供销机械中的一些主机、关键设备的消化吸收。“五条龙”共有消化吸收项目334项，工艺33条。商业机械、供销机械的消化吸收项目有数十项。全国约有116家商机企业承担了消化吸收任务，他们同系统内有关科研所、大专院校和引进设备的使用厂家密切合作，共同努力，使这项工作按计划顺利地开展起来。目前，大多数项目已进入样机试制后期和生产试验、考核阶段。初步估计，到1990年底，消化吸收的主要工作任务将基本完成，届时，我国商机上述设备的技术水平和性能，将接近或达到国际70年代末、80年代初同类产品的先进水平。这是商业机械工业技术进步迈出的重大一步。与此同时，新产品开发和企业标准化工作等也取得了不少成绩。据初步统计，“七五”期间商机开发，研制的各种新产品近百种。已制定出有关机械产品的国家标准2个，行业标准124个，今年计划还将制定出有关国家标准23个。

（四）产品质量不断提高。从1982年至1988年，全国共有7家商机企业的9个产品获得国家油脂产品银奖；有81家企业的137个产品获得商业部优质产品奖，还有不少产品获得各级地方的优质产品奖。有近百家企业被评为各级地方的全面质量管理优质单位。商机产品的质量有了很大的提高。

（五）成套设备有所发展，出口创汇稳中有增，在碾米、制粉、油脂、粮油食品加工以及饲料加工方面组织成套设备生产取得了一些成绩，摸索了一些经验。商业机械、供销机械在这方面起步晚一些，但也开始做了一些工作。

目前，全国有 20 多种商机产品出口，年创汇约 1 000 万美元。出口比较早的成套碾米设备和砻谷机、榨油机、砻谷胶辊等，出口量有所增加，近两年新出口的主要有饺子机、成套油脂浸出设备等。对成套制粉设备、成套饲料加工设备和一些单机外商也很有兴趣，有的项目正在接触和洽谈中，另外，一些新的出口形式正在商机企业中出现。浙江省余姚粮机厂，1987 年与泰国客商合资，以该厂生产的成套油脂浸出设备作为投资，与泰商合资在泰国办油厂，取得了很好的效果，这为我们商机产品采用多种形式扩大出口做了有益的尝试。

总之，这些年来我们商办机械工业做了许多工作，取得了一定成绩，这是全国 8 万多商机职工辛勤劳动，努力工作的结果。

二

对当前商办机械工业应该有一个怎样的估计？我认为：商办机械工业有了较大的发展，取得了一定成绩，有了一定的基础。但是还应该看到，由于商办机械工业起步较晚、底子薄，与工业部门相比存在不少差距。

1. 同机械大行业相比，商办机械工业在管理水平、企业素质、技术水平等方面仍然比较落后。一些企业还没有真正建立起有效的管理体制，一些企业的管理制度还不够科学，不够完善，管理水平普遍较低；企业中科技人员的比重以及职工队伍的平均技术水平比其他机械行业低；还有部分中小企业仍在采用一些落后的生产工艺；整个商机的装备水平仍比较落后。

2. 产品质量不够稳定，有些企业的产品质量比较差，少数产品的质量问题一直没有解决好，用户反映较大。

3. 产品成套能力差，从商机、粮机、供销机械生产的产品看，种类基本上是齐全的，问题是规格系列不全，成套能力差，对不同生产能力和不同技术要求的用户，往往只有一种规格的产品可供选用的情况比较普遍。

4. 企业经济效益不理想。大多数企业的潜力没有充分挖掘出来，部分企业能耗高、物耗高、投入多、产业少，一些企业自身发展能力很弱，基本上只进行简单再生产。

另外，当前商办机械工业的发展还面临着资金短缺，原材料供应缺口较大，能源供应紧张，价格上涨，成本增加等困难。

面对差距和困难，我们还要看到对商办机械工业发展的有利条件，抓住机会稳步前进。

1. 今年 3 月 15 日国务院发布的《关于当前产业政策要点的决定》，把农副产品加工列为重点发展的产品，商办机械工业正是为农副产品加工提供技术装备的行业之一，因此，这对我们是非常有利的，我们一定要很好地抓住这个时机。

2. 从 1987 年起，国家严格控制机电产品进口，尤其是加工设备的进口，提倡用国产设备替代进口设备。商办机械工业生产的设备绝大部分是加工设备，这几年我们进行了一系列的技术改造，新产品开发，消化吸收，提高产品质量等，使部分主要设备具备了替代进口设备的能力。因此，国家的这项政策对商机的发展是十分有利的。

3. 商办机械工业的基础优势为在竞争中取胜提供了保证。我们已经为商办机械工业的进一步发展打下了牢固的基础，摸索出了一套适合商机特点的生经验。掌握了适合商机特点的生产技术，培养了一批熟悉商机产品、了解加工工艺、懂得机械制造的工程技术人员和技术工人，这是我们的宝贵财富。

三

商办机械工业的现状喜忧参半，商办机械工业面临的有利条件和困难因素并存。我们只有继续巩固和发展已经取得的成绩，努力缩小存在的差距，充分利用有利条件，才能在克服困难中不断前进。当前商办机械工业主要应该抓哪些工作，我谈几点意见：

（一）进一步提高对商办机械工业重要性的认识，认真处理好机械工业与加工工业的关系。商办机械工业是商办工业的基础，是为整个商业系统服务的，重点为商办工业服务的。因此，商办机械工业能否提供技术先进、质量高、性能好的技术装备，对商办工业的发展将产生直接影响。商办机械工业实现现代化是商办工业现代化的前提和条件；如果没有商机工业现代化，商办工业现代化就只能是空中楼阁，那么实现商业现代化就必然受到影响，这个关系我想大家都知道。在这次会上，武汉市商委、湖北省粮食局和江苏省供销社要介绍他们抓商机工作的一些体会和经验。从他们的发言中大家可以看到，哪个地区商机工作抓得好。商机发展得快，这个地区的商办工业水平就一定不低，因为它有基础、有条件、起点高、技术先进，一句话有商机工业做它的强大后盾。因此，各地一定要把商机工业作为商办工业的重要基础，认认真真地抓好、抓实，要以商机工业的技术进步来推进商办工业的现代化。

（二）继续深化企业改革，扎扎实实抓企业科学管理水平的提高。商机企业基本是从 1982 年开始抓企业管理工作的。在三年多的企业全面整顿过程中，各企业逐步摸索建立起适合商机企业特点的管理制度，这是商办机械企业逐步摆脱传统落后的管理方式，向现代化的科学管理迈进的一个重要起步阶段，它为后来商机工业的全面发展奠定了良好的基础。“七五”以来，随着改革的不断深入，企业的配套改革措施相继出台，对企业科学管理水平的提高起了推动作用。厂长负责制、厂长任期目标责任制和承包经营责任制等改革措施，将一大批政治素质好，熟悉业务，懂管理，有开拓创新精神，年富力强的中青年同志推上了企业领导岗位，这些同志上来之后首先从抓管理开始，下大力气在企业建立起科学的、严格的、适合本企业特点的管理制度和管理机制，实践证明凡是这样做的，都取得了明显的成绩，各地要注意认真总结这方面的经验，及时推广。前面我已讲过，从总体上看我们的科学管理水平还是比较低的，要改变这种状况，还是要从抓基础工作、抓管理制度的完善和科学化做起。抓好管理的基础工作听起来是个老话题，有些同志可能认为企业管理工作已经抓了多年，基础工作该抓的都抓了，没什么新内容了。我认为，一切工作都要从基础抓起，只有基础打好了，企业的科学管理水平才有可能上一个台阶，然而，一个企业要把管理的各项基础工作真正抓好是很不容易的，是要花大力气的。比如定额管理，从事机械工作的同志都知道它是企业管理不可缺少的基础工作之一，我们的商机企业也都抓了这项工作，都有了自己的企业的各种定额，那么这项工作是不是就算完结了呢？我觉得还没有，因为要使一个企业的各项定额成为合理的、先进的，还有大量的工作要做。首先要在生产实践中检验这些定额与企业的水平适合不适合，准确不准确，如果这两点都解决了，就要到同行业中与同类型的企业进行比较，看看自己企业的定额先进不先进。如果有差距，就要分析是什么原因造成的，能不能改进，怎样改进等等，这些都包含了大量的工作，这说明，管理的基础工作不是一次就完了，它是企业的经常性工作。在不同的工作阶段对企业的基础工作会有新的要求。我今天在这里强调抓基础工作，就是强调商机企业的基础工作要跟上新时期的要求，不能停留在几年前的水平上。另一方面，管理制度的完善和科学化要进一步抓，商机企业现有的管理制度，不少是企业整顿时制定的，以后又做了一些修改。在深入改革的新形势下，怎样使这些制度更完善、更切合企业的实际，更加科学化，对企业的管理水平的提高有很大关系。从事商机工作的同志们要好好研究这个问题，要在实践中摸索经验。

随着科学技术的不断发展，现代化的企业管理已不仅局限于建立一套严格的管理制度，同时还将计算机等技术成果应用到企业的管理中，是科学的管理内容同现代化的管理手段结合起来，这是我们今后努力的目标。

开展企业升级是全面提高管理水平的一项重要工作，商机工作要围绕企业升级，推进技术进步，全面提高企业的管理水平。企业升级，就是直接瞄准省内、国内和国际先进水平，通过各项定量指标的考核，对企业进行全面综合地评价，使企业之间从高起点横向对比，达不到标准就不能升级。要创国家级企业，你的产品就必须有部优和国优，同时要在国际、国内市场上有一定的竞争能力，企业的管理水平和各项经济技术指标就要达到国内同行业先进水平，还要能与国际同行业先进水平相比较。因此，企业要升级，就必须通过扎扎实实地努力，在产品质量、物资消耗、经济效益等方面向先进水平看齐。抓好企业升级工作必定会对提高整个商机工业的管理水平起重要的推动作用。由于升级企业开始是少数，因此各地在抓升级工作时，要注意抓点和抓面的关系，要通过抓点上的升级把面上的管理工作带动起来。粮油机械行业国家二级企业标准已经试行了一年，这次会上要根据各地试行的情况进一步修改、补充，饮服食品机械行业和商用制冷机械行业的国家二级企业标准讨论稿，已经发给各省、市商业、供销系统征求意见，在这次会议上讨论、修改后开始试行。请大家在讨论这个标准时，既要考虑到商办机械工业的具体情况，又要坚持高标准。一定要瞄准国际、国内先进水平，要保证我们制定出的标准实施后，确确实实能使商办机械工业的企业管理水平有一个较大的提高。

（三）努力提高产品质量，继续抓好产品创优工作，随着改革的不断深入和社会主义有计划商品经济的发展，竞争机制进入社会经济活动，日趋激烈的市场竞争，其焦点就是产品质量，这就把质量问题提到了关系企业前途和命运的重要位置。另一方面，科学技术的发展和人民生活水平的提高，对产品质量的要求也越来越高。这几年来，由于大家对产品质量比较重视，商机产品质量有了明显提高，可以讲比过去好多了，上了一个台阶，这是大家公认的。但是由于我们原来的基础差，使我们的产品质量还不尽满意。有的产品不仅质量不稳定，而且性能较差，有的产品质量问题一直没有得到解决，用户有意见，另外，在外表质量上，我们的产品还是比较粗的，设备的表面光洁度、油漆、焊接等质量问题较多，离精细、精美的要求相差甚远。对上述存在的问题，一定要引起我们的重视。所有商机企业一定要进一步提高对产品质量重要意义的认识，在质量问题上要有危机感，要清楚地意识到，一个产品质量不好的企业，最终的结果只能是关门。要在企业干部职工中普遍开展质量教育活动，牢固树立产品质量是企业的生命的思想。要认真进行全面质量管理知识教育，形成人人关心质量、人人了解质量、人人控制质量、人人管理质量的群体质量意识。要按照科学管理的要求，建立健全有效的质量管理机制和质量保证体系，认真开展全面质量管理。在加强管理的同时，要大力依靠技术进步，对产品的生产工艺和生产设备不断进行革新改造，使之更好地满足产品质量的要求，生产出优质合格的产品。

开展产品创优是提高产品质量的重要措施之一。自这项工作开展以来，带动了全行业的质量管理工作，有力地促进了商机产品质量提高。今年，商机又有 24 个产品获得部优质产品奖，另外，还有装配式冷库的部优评比正在进行中，软冰激凌机和 50T/D 成套油脂浸出设备参加了今年国优评比。明年商机产品创优的要求更高，这次会上要讨论的《商办机械工业企业全面质量管理评比细则》就是面对创优产品的生产企业进行评比的标准。今后评优质产品，不仅要评产品的质量，还要评企业的质量管理水平。任何一个企业，精工细作都能生产出好产品，但批量生产的产品能不能达到优质，能不能保证优质，就由质量管理水平决定了。从明年起，商机产品部优评比统一实行产品质量与企业质量管理一起评，两者都优才能成为部优产品。企业质量管理统一按这次会上讨论修改后的评比细则评比。这也是评优工作进一步完善的一个措施，各地要按照这个要求，从产品质量和企业管理两方面抓创优工作，更好地推动商机产品质量提高。

（四）积极推进技术进步，继续做好消化吸收和新产品开发，研制工作，技术进步是企业发展的动力，没有这个动力，企业就只能原地转圈。企业的技术进步主要体现在生产技术的进步和产品技术的进步这两个方面。这几年经过技术改造，一些重点、骨干企业的装备水平有了提高，生产技术取得了较大进步，但多数企业的生产技术还比较落后，因此我们要想方设法进行技术改造。在当前资金紧张，多数商机企业自身发展能力有限的情况下，要想办法多方筹集资金，并把有限的资金用在刀刃上。鉴于商机企业已经有了一定的基础，今后发展商机企业和进行技术改造时，要树立起以内涵为主、外延为辅扩大再生产的观点，一般不要再铺新摊子，新建厂了。应该把重点放在充分发挥现有企业的作用，依靠技术进步，加速对现有企业进行技术改造，并在改进企业的生产设备、工艺技术装备和产品结构上下功夫。要针对商机企业生产技术水平低、产品制造质量差等突出问题，有计划地对一些重点企业、重点产品以及基础零部件的生产环节进行技术改造。要从提高商机企业自身的装备水平入手，要充分利用现有的工作母机，对加工精度要求较高的零部件的机床，要逐步配上微机，采用程序控制，使老设备焕发青春；要根据产品的特点，积极开展技术革新，采用专机和先进的工艺装备；对钣金、冷作工作量较多的企业，有条件时要增设剪板机和冲压设备，做到剪板折边、弯曲等一次成型；对薄板件加工要积极创造条件，尽量采用工夹模具，冲压成型；对生产压力容器和焊接质量要求较高的设备，要注意选用能保证质量的焊接设备；对铸件生产，要在保证强度的前提下，减少厚度，减轻重量，提高表面精度，注意棱角清晰，做到在油漆时少用或不用腻脂；要注意油漆质量，符合食品卫生要求，颜色美观大方，表面光洁平整，有条件的要采用烤漆技术等等。总之我们要根据企业现状，做到少花钱，多办事，有针对性地进行技术改造，进一步推进商机企业的技术进步。

另外，前几年我们从国外引进了不少成套加工设备和生产线，这对商机产品的技术进步起了很大推动作用。通过消化吸收，有利于商机产品更新换代。现在，消化吸收已进入攻坚阶段，主要任务落在商机企业身上，要看我们能不能制造出与进口设备相同质量的产品，这个任务很艰巨，也很光荣，我希望承担消化吸收任务的企业一定要争这口气。不仅要生产出与国外产品相同质量的样机，还要生产出与国外产品相同质量的市场产品。不仅要用我们生产的设备替代进口设备，还要用我们生产的设备打入国际市场。在搞好消化吸收的同时，要继续积极开发新产品，生产企业和科研单位要密切合作，充分发挥各自的特长。要努力把数控技术、传感技术、计算机技术等一些先进的科学技术和科研成果应用到商机产品上，开发出一批技术先进、性能优良、节能高效的新产品来。

作为技术进步的一项重要保证措施，就是要继续搞好商机的标准化工作。基层企业要认真执行新的国家标准，建立健全企业内部的标准化组织机构，推行企业内控标准，严格按标准化组织生产，要按照各地的要求认真开展企业标准化达标工作。为了制定好标准，今后安排到有任务的地方和企业，要积极配合部里搞好国家标准、行业标准的制定、修订工作。

（五）发挥行业群体优势，大力组织成套生产。近几年商办机械工业在发展成套设备方面做了不少工作，摸索出了一些经验，在这方面粮油机械起步早一些。1985 年，我在全国粮油机械排产订货会上曾提出，要把发展成套设备生产作为粮油机械的发展方向，几年来，粮油机械在组织碾米、制粉、油脂、粮油食品加工以及饲料加工的成套设备生产方面迈出了步子，初步取得了成绩。一批技术先进、性能良好、配套优化的产品同先进的工艺技术结合起来，显示出了成套生产设备的巨大优势，取得了明显的企业经济效益和社会效益。实践证明这个方面是正确的，发展成套设备生产，不仅仅是为了方便用户，更重要的是通过组织成套，将原来彼此相互独立的设备在生产工艺和技术这条纽带的联系下有机地、最优化地组合起来，更好地发挥出每台设备的技术性能，最终使整套设备达到最佳的工艺效果。组织成套生产可以使我们的企业跳出原来只考虑单机自身要求的狭小天地，从成套设备的整体工艺要求出发，研究每台设备的性能，按技术参数、结构特点以及外观造型等，使成套设备形成一致，选机优化，布局合理，色彩统一，因此我说，发展成套设备生产是科技进步给我们提出的新课题，是整个商业机械发展的方向。我们要下大力气加快这方面的步伐，在组织成套生产中，一些商机发展较好的省市要找准自己的优势，以拳头产品的主机设备牵头组织成套；要打破企业界限、地区界限和部门界限，要择优选用设备。一定要克服那种什么事都想自己一家包下来干的落后观念。各地、各企业要积极支持组织成套，有条件的地区要通过组织成套逐步实现专业化生产。要重视科研单位的作用，注意发挥他们的技术优势，提高成套设备的总体水平，组织成套设备生产涉及面较广，做好这项工作光靠企业不行，地方主管部门要帮助做好组织协调工作，希望大家共同努力，把商机行业的群体优势通过组织成套生产更好地发挥出来。

我们要通过组织成套，把商机产品进一步打入国际市场。这几年出口的商机产品种类虽然有所增加，但主要是单机和配件出口，远远不能适应形势发展的需要。我们要立志多出口，为国家多创汇。今后商机产品出口的指导思想可否是：在继续搞好单机 、配件出口的同时，积极组织成套设备的出口。要把组织成套设备出口作为主攻方向。各地要密切配合，花大力，经过几年努力，改变出口产品结构，把更多更好地代表我国水平的成套设备打入国际市场。

（六）加强党组织在企业中的政治核心地位，认真抓好企业的思想政治工作。在企业继续实行厂长（经理）负责制中，要加强基层党组织的政治核心地位，更好地发挥其保证、监督党和国家方针、政策的贯彻执行，坚持企业的社会主义方向的重要作用。当前，要认真抓好企业的思想政治工作，在全体职工中努力开展爱国主义、社会主义、独立自主、艰苦奋斗的教育，切实反对资产阶级自由化，在政治风波中，我们商办机械工业的绝大多数干部职工是立场坚定、同中央保持一致的。在此期间，在北京和全国其他地方的企业，努力排除干扰，坚持生产，取得了上半年商机生产的好形势，这说明我们商办机械工业这支队伍是好的。但是也应该看到，由于近几年思想政治工作被淡化和削弱，使我们职工队伍的思想受到不同程度的不良影响，给我们的工作带来不利因素，另一方面，几年来，职工队伍中青年职工的比例逐年上升，也加重了我们搞好思想政治工作的责任。因此，各地主管部门，尤其是各基层企业的领导，一定要把加强职工队伍的思想政治工作作为企业发展的根本任务之一来抓。要经常教育职工特别是青年职工爱祖国、爱社会主义，树立独立自主、艰苦奋斗的精神。我们相信，通过深入细致的思想政治工作，一定能建设一支思想过硬、作风过硬的商办机械工业职工队伍。

在全国粮食系统包装工作座谈会上的讲话

1990年10月于无锡

全国粮食系统包装工作座谈会今天在江苏省无锡市召开，这是全国粮食系统历史上的第一次包装工作会，会议专门研究如何发展粮食包装，组织交流经验、布置工作、制定规划，说明部里和各级粮食部门对粮食包装工作非常重视，提到了重要的会议提成，这是粮食系统的一件大事。这次会议召开得非常必要、适时，我代表商办工业管理司向大会致以热烈的祝贺。

今年3月，江泽民总书记和李鹏总理在参观了全国工业企业技术进步成就展包装工业馆后指出："包装很重要，不仅是保护商品的问题，要通过搞好包装，提高附加值。对包装这个大问题，我们一定要重视。"粮食包装在粮食系统购、销、掉、存、加储环节中的作用至关重要，包装好坏还将直接影响粮食业务工作的正常开展。特别是近几年，随着粮食体制改革的不断深入和人民生活水平的进一步提高，包装的作用越来越重要。粮油包装"面袋、麻袋、油桶"三大件的状况已远远不能适应商品经济的发展需要，加速发展粮油食品小包装迫在眉睫，应把这项工作列入粮食体制改革的一项重要内容。粮油加工是为粮油供应提供物质基础实现商品流通的重要行业；粮油机械工业担负着为粮食部门制造机械装备的任务；整个粮油工业是粮食包装的使用部门和部分包装机械、器具的制造部门。因此，发展粮食包装是我们粮油工业义不容辞必须认真抓好的一项光荣而又艰巨的工作。

包装是生产的重点，又是流通的起点和条件，同时还是增加附加值的重要途径。所以发展包装是一个复杂的系统工程，尤其粮食系统在发展粮油成品及粮油食品小包装机械、包装材料和容器装具（原文中为"具"）等方面起步晚、基础差、难度大，需要开展的工作头绪更多，我考虑应先从以下十个方面的工作入手。

一、重点发展粮油成品及尽量有食品小包装

今年来，随着人民生活水平的提高，消费习惯和食物结构发生了很大变化，人们对粮店出售的标准粉、标二米、二级油逐渐失去兴趣，对粮油食品的需求已向优质、保健、方便、多样品中转化，各种名、特、优小包装粮油食品应运而生，销售量越来越大。目前，粮油工业企业生产的新鲜洁净的不淘洗米，珠光清洁米，营养强化米，富强面粉，色拉油，小磨香油，香甜软滑的黏米、糯米，营养保健的红米、黑米、黄小米，滋补如药的赤豆、竹豆、绿豆、黑豆、蚕豆等，以及各种粮食加工品如糯米粉、玉米片、燕麦片、豆沙身价倍增，十分走俏。在一些大中城市小包装粮油的消费趋向更为明显，戴米袋和油瓶购买粮油的传统习惯开始转化，以购买小袋装米、瓶装油的意识正在增强，装潢精美、品种繁多、营养丰富的粮油小包装食品越来越受到消费者的欢迎。另

外，粮油成品、粮油食品小包装的发展，大大提高了粮油食品的附加值，带来了很好的经济效益，促进了粮油工业的发展。这也是粮食部门适应粮食体制改革发展的一个好办法。所以，发展粮油成品、粮油食品小包装销售已是大势所趋，势在必行，应该作为发展粮食包装工作的重点。对此，我司曾几次召开全国性的粮油工业会议和研讨会，讨论研究粮食加工如何向粮油食品方向延伸；油脂加工如何向油脂精细化工、植物蛋白产品方向延伸；如何搞好粮油食品小包装；提出了规划目标和具体的措施方法，目前各地粮油工业企业正在贯彻落实。

二、抓紧开发小包装机械

发展粮食包装必须首先开发包装机械。目前，我国有 1 万多个粮油加工企业，但机械自动化为数很少，粮油食品小包装机械更是匮乏，现在生产的粮油小包装食品基本上是人工包装。因此，开发包装机械是当务之急。我司已组织有关企事业单位开展了这项工作，现大多处于设计研究阶段，一部分样机试制后正在生产考核，但总的来说发展步伐不够快。当前要下大力抓好开发、加快速度，尽早研制出各种颗粒状、片状、粉状、液体、半流体、多功能、多档次的自动粮油小包装机及其计量器和包装容器等设备，以适应人民生活由“温饱型”向“小康型”转变的需要。

三、积极生产采用新型包装材料

目前粮食包装采用的麻袋、布袋等均为棉麻制品，极易污染腐蚀，尤其对潮湿、虫蛀等抵御力极差。要积极研制和使用新型材料，按照粮油保鲜的要求，发展高效率、高强度、抗腐蚀的塑/塑、纸/塑、铝/塑、塑/纸/铝等多层复合包装材料；在物流包装中发展高强度、宽幅、多层瓦楞纸板盒箱的成产及应用；还要发展铁桶盒制品等。

四、必须兼顾耐用杜绝破漏

据统计，我国每年流通环节中的粮食达 4 000 亿公斤，但由于包装不善，每年损失粮食高达 20 多亿公斤，相当惊人。所以发展粮食包装必须首先考虑结实牢固，做到封口严密，袋（桶）体耐用，不破不漏，杜绝损失。

五、强调安全卫生

包装材料、容器及其辅助材料等必须符合卫生标准，对人体有害的包装材料要绝对禁用，防止污染粮油食品，在研制包装机械时要把保证食品卫生放在首位。

六、注重新颖感

发展包装要突出一个“新”字，贯彻“生产一代、试制一代、设计一代”的方针，根据市场的变化，研究消费者的心理，及时改进结构设计，力求造型美观，装潢精致，花样翻新，使用方便，不断推出新包装。

七、要搞多样化，不能千篇一律

根据不同地区，不同品种，不同对象，分门别类的生产，使用粮食包装。大中城市的包装须向高档化发展；一般城市，农村及偏僻地区要注重发展简易方便，成本低的包装；原粮和粮油成品包装要大改小，坚固耐用；物流包装要做到搬运方便；粮油食品小包装应该小而精、档次多，并进步推广真空包装等。

八、严格执行标准

各种粮食包装要严格执行国家包装标准，按照《食品标签通用标准》和《商标法》的要求进行设计、印刷和管理，不能随意减少标签内容。同时为预防假冒要推广采用激光全息防伪标志。

九、抓好旧包装的回收复用

粮食包装需要回收复用的量很大，这项工作要认真抓好，要重点搞好麻袋、布袋以及物流包装器具的复用，在保证包装质量的前提下，扩大回收量，提高复用率，节约开支。

十、要防止盲目发展

各地要将发展粮食包装与粮油工业工作统筹考虑，协调发展。目前粮食系统已有一些包装材料、包装机械生产企业，首先要扶持这些企业进行技术改造，扩大生产能力，提高产品质量。与此同时，还要注意利用社会上已有的包装生产企业，尤其是过去和我们一直配合较好的还应继续合作就近采用。不要一说发展，就一哄而起。我认为发展粮食包装特别是新开小包装机械、包装材料及容器的生产特点，一定要进行详细的可行性研究，搞好市场调查和经济效益分析。发展小包装容器，不能每个加工厂都搞，我们的意思是：一个省一两个点，供应一片，这样做有利于提高小包装容器的质量，有利于降低成本。切忌盲目上马，遍地开花。我相信，通过这次会议，粮食系统的包装工作将会有一个新的发展。今后商办工业管理司愿同有关部门和各地粮食局密切配合、积极工作，为发展粮食包装作出努力。

在全国商办机械工业工作座谈会上的讲话

1991年10月16日于四川乐山

全国商办机械工业工作座谈会今天召开了，参加这次会议的有各省、自治区、直辖市商业、粮食厅（局）、供销社主管商办机械工业工作的处长（经理）、有关企事业单位的负责同志100多人。商业部黄凉尘顾问亲临会议指导并将做重要讲话，国务院机电产品出口办公室周燕处长、四川省乐山市何一心副市长、四川省供销社黄忠鑫主任、四川省粮食局唐昌南副局长、四川省商业厅杨世泉副厅长、山东省粮食局吕金聚副局长、中国商业对外经济技术合作公司杨荣杰副总经理也出席了会议。让我们以烈的掌声对他们表示衷心的感谢！

这次会议的主要内容是：传达贯彻今年全国机电产品出口计划工作会议的精神，座谈讨论进一步加强商业部机电产品出口工作的意见和办法；总结交流今年全国商办机械工业工作经验，研究分析存在的主要问题；安排布置明年商办机械工业工作。

会议期间拟请江苏省粮食局、供销社，哈尔滨市商委和部分企事业单位介绍加强商办机械工业的领导、深化改革、强化经营管理、推进科技进步、开发新产品、开拓国际市场、搞好全质管理、艰苦创业、振兴商机等方面的经验。并请大家对我司拟定的《商业部机电产品出口工作管理细则》等有关工作规则进行讨论修改，还将研究布置参加“首届全国节汇机电产品展览会”等有关问题。通过大会小会交流，分组座谈讨论，总结过去、分析现在、展望将来、学习典型、推广经验、完善措施、加强领导，进一步推动商办机械工业的发展。

现在，我先讲些意见，供大家参考。

一、商办机械工业的现状和去年以来的生产情况

商办机械工业担负着为商办工业和商业流通、服务业提供技术装备的任务，经过几十年的发展，特别是“六五”、“七五”期间对600多项引进技术和关键设备的消化吸收创新工作，产品质量和技术水平显著提高，已形成配套生产能力，不少设备已具有80年代国际先进水平，不但可部分替代进口，有的产品已批量出口。碾米、制油、酿造等主机和成套设备开始用于在国外合资建厂。商办工业生产的商用制冷机械占全国产量的60%；江苏仪征汽车厂生产的公安警车获全国同类汽车拉力赛第三名，年生产能力达1万辆，今年产值可突破5亿元；北京商用汽车制造厂用其生产的BS6601A型轻型客车为1990年北京亚运会改装的四台广播现场转播车，成功地为江泽民总书记点燃第十一届亚运会火炬进行了现场转播，今年该厂又被国家旅游局和中汽总会司选定为国产轻型旅游车定点生产厂；哈尔滨商业机械总厂研制的适于中国传统饮食的饺子机，出口26个国家和地区，创汇283万美元，去年在新西兰莱比锡国际农机博览会上获得金奖；今

年1月，国务委员、国家科委主任宋健同志视察湖北安陆粮食机械厂时，对该厂产品中有58.5%出口非常高兴，欣然提词“粮机从这里走向世界”。从整体上看，商业、粮食、供销社系统各行业专用机械基本可以自给，为全国商办工业企业基本建设和技术改造发挥重要作用；社会所需的饮食服务机械和多种商业服务设施也多为商办机械工业企业所提供。商办机械工业是中国商业现代化的装备部；商办机械工业产品不但可满足国内市场需要，而且已出口50多个国家和地区，在国际市场上有一定的竞争能力。

1990年我国商办机械工业企业有767个，职工91 422人，完成工业总产值17.25亿元（按1980年不变价格计算），比上年增长15%；实现利税2.57亿元，比上年减少14.3%. 据对21个省、自治区、直辖市商业、粮食、供销社系统不完全统计（商业8个省市、粮食21个省市、供销5个省市），今年截至六月底，商办机械企业完成工业总产值70 333万元，比去年同期增长26.7%，其中：商业机械增长14%、粮油机械增长11.3%、供销机械增长48.5%；完成粮油机械产量27 754吨，比去年同期增长5.1%。与去年产值增长、利税下降的情况相比较，今年上半年商办机械工业出现产值增长，产量增加，效益回升的好势头。

去年以来，各地商办机械工业主管部门及所属企业在各级党委、政府的关怀、重视和各有关部门的大力支持下，经过广大干部职工的共同努力，克服种种困难，经受了严峻的考验。在深化企业改革，增加竞争意识，开拓经营，依靠科技进步，强化企业管理等方面取得了可喜成绩。主要表现在：

（一）出口迅速增长。去年全国商办机械行业出口创汇2 480万美元，其中：商业机械707万美元、粮油机械684万美元、供销机械1 089万美元，创造了历史上的最好水平；今年上半年已出口创汇1 000多万美元，现仍保持旺盛势头。涌现了一批出口创汇大户，湖北安陆粮食机械厂、广东广德不锈钢制品有限公司、江苏省扬中县吉扬电子有限公司等9个企业年出口创汇额超过100万美元。

（二）消化吸收取得明显成效。“七五”期间引进的600多项加工设备及40多条先进工艺技术的消化吸收和建立10多个示范厂的工作进展顺利。目前，已基本完成试制、试验、考核工作，去年以来，对相当一部分设备进行了鉴定验收，为“八五”、“九五”期间在商办工业系统全面推广应用奠定了基础。

（三）产品结构得到调整。多数企业根据市场变化，及时调整产品结构，积极研制开发适销对路的新产品，取得了较好的经济效益。江苏溧阳粮食机械厂根据饲料行业的发展趋势，进行市场预测，去年以来，适时开发了近20种新产品，迅速占领市场，去年产值较上年翻了一番；今年1～7月份又比去年同期产值增加39.67%，利税增加了34.83%。

（四）企业管理水平普遍提高。商机行业涌现了一批国家级、省级先进企业。去年，哈尔滨商业机械总厂、江苏泰州商业机械厂、江苏无锡粮食机械厂、湖南常德粮食机械厂被评为第二批商办机械工业国家二级企业，现在，商机行业共有7个国家二级企业。

（五）产品质量有所提高。“以质量求生存”、“质量第一”的观念，在企业中已逐步深入人心。今年商机行业又有28个产品获得部优质产品称号。

上述成绩的取得是来之不易的。这是各级商办机械工业主管部门、有关院所和全国商机企业的广大职工共同努力的结果。借此机会，我代表商业部商办工业管理司和商业部机电产品出口领导小组，向战斗在全国商机战线的 9 万多名职工表示衷心的感谢和诚挚的问候。

二、商业部系统机电产品出口工作情况

根据国务院领导同志的指示和国务院机电产品出口办公室关于加强机电产品出口组织领导的要求。为加强对我部机电产品出口工作的统一管理，更有效地组织协调系统的出口工作，进一步开拓国际市场，扩大出口创汇，我部于 1990 年 8 月成立了商业部机电产品出口领导小组和机电产品出口办公室。傅立民副部长担任部机电产品出口领导小组组长。领导小组下设办公室挂靠在商办工业管理司，日常工作由我司机械处负责。商业部机电产品出口办公室成立一年多来主要做了以下几项工作：

（一）建立机构，明确职责。

去年 6 月，胡平部长在哈尔滨召开的商办机械工业机电产品出口工作座谈会上强调，要加强对商业部机电产品出口工作的领导。8 月，商业部以部发［90］工字第 686 号文件决定成立了商业部机电产品出口领导小组和机电产品出口办公室，其职责为：

1. 负责管理商业部系统机电产品出口工作；

2. 贯彻执行国家对机电产品出口的方针政策，结合系统的实际情况制订实施措施；

3. 制订本系统支持机电产品出口的政策，编制系统机电产品出口规划；

4. 编制系统机电产品出口工作年度计划并组织实施；

5. 会同国家进出口商检局开展出口机电产品质量许可证管理；

6. 制定出口产品的指导性最低限价，审批重要成套设备出口的价格，协调出口产品的价格；

7. 负责出口产品质量监督检查，组织重大技术、攻关和重点技术进步项目的开发；

8. 协调企业与外贸单位的关系，协助解决工作中出现的问题，沟通信息，做好服务；

9. 完成国务院机电办和部领导交办的任务。

（二）调查研究，摸清家底。

商业部机电出口办成立以后，立即着手对商业部系统机电产品出口情况进行摸底调查。据统计，商业部系统所属机电产品出口企业共 75 个。1989 年出口额为 1 100 万美元；1990 年出口达 2 480 万美元，比去年增长 125%；今年上半年已出口 1 000 多万美元，可望实现全年出口 2 500 万美元的计划。商办机械工业出口的产品有 18 大类。主要出口东南亚、东欧及其他一些第三世界国家。一部分产品出口到美国、日本、意大利等国。

（三）列入计划，重点支持。

随着对外交往的扩大和我们产品技术性能、质量水平的不断提高，尤其是近两年来，我们重点抓了机电一体化和成套设备的生产，为产品打入国际市场提供了有利条件，增强了我国商办机械工业产品在国际市场上的竞争能力，尤其是在发展中国家享有较高声誉。我们将具有较高水平、有较大出口潜力的 36 种商办机械工业成套设备和 26

个重点技改项目分别上报列入我国机电大行业规划和国家计委“八五”技术改造规划，并将外向型企业的技术改造分期分批纳入国家年度计划，其中 1991 年批准 13 个有出口任务的商办机械工业企业技术改造项目。

（四）开拓市场，扩大出口。

去年下半年至今年 7 月，部机电产品出口领导小组的领导和机电办的同志，分别率团赴德国、马来西亚、日本、印度、新西兰、苏丹等国参加有关国际展览，并征求有关部门对商业部系统出口机电产品在这些国家使用的情况和意见，进一步了解外商对我国商办机械工业产品的需求，积极开拓国际市场、扩大出口，并努力探索我国同东南亚及苏联、东欧国家合作在境外办厂，合资合作生产的途径。

（五）积极宣传，搞好服务。

我们利用各种机会，采取多种方法，加强宣传商机产品出口的情况，取得了明显效果。一方面提高了商办机械工业的知名度，得到社会各方面的了解和支持，另一方面增强了商机企业的自豪感，调动了积极性。部机电办不仅通过《商办工业》杂志、商业机械和粮油机械信息刊物及时向企业提供服务，并主动联系，由《中国机械》开办了一期《中国商办机械工业》专刊，向 135 个国家发行。根据胡平部长、傅立民副部长最近的指示，我们拟将 36 种成套名特优新及技术先进的机电产品编印中英文对照《商业部机电产品》样本。以增进世界各国对我国商办机械工业的了解并加强合作；我们还积极帮助出口企业与外贸企业取得联系，多渠道出口；在产品技术、质量、销售价格上总体把关，并帮助企业解决一些关键问题。

为搞好服务，争取国家对商机出口工作的支持，今年 8 月，我们向国务院机电产品出口办公室领导汇报了部机电办成立一年来的工作，并要求将我部系统符合条件的企业列入国家出口扩权企业，基地企业；申请列入国家机电产品出口技改专项贷款计划；将我部出口计划纳入国家机电产品出口计划；对商机产品出口实行优惠扶持政策；并要求对深化管理、培训人才、开辟销售渠道、提供信息等方面给予支持。国务院机电办的领导对我们商机出口工作非常关心和支持，近日已审批同意将湖北安陆粮食机械厂的出口榨油机设备技术改造项目列入国家机电产品出口专项技改贷款计划。

（六）制订办法，规范管理。

为了搞好机电办的工作，建立起正常的工作秩序，做到规范化管理，我们在进行大量调查研究的基础上，拟定了《商业部机电产品出口工作管理细则》，就各项工作的程序做了规定和要求，提请这次会上大家讨论修改后，印发各地执行。

三、面临的困难和形势

商办机械工业面临的主要困难：一是，市场竞争激烈。随着国家基本建设规模的压缩和调整，社会总需求量下降，加之军工、机电等部门转产商机产品，部分乡镇企业加入商机产品生产行列，市场竞争日趋激烈，原来一直畅销的产品出现了滞销库存积压。二是，向外转移的利润不断增加。企业产值利润率偏低、税率上调、能源和原辅材料涨价、成本上升。据调查，有些企业，利润转移中新增贷款多支利息占 44.33％，新增税收转移占 20.65％，各类物资涨价转移占 32.4％，今年上半年的可比产品成本上升了近

20%。这是造成去年商机工业产值上升15%，利税却下降14%的主要原因之一。三是，企业的社会负担过重，据有关方面统计，目前企业上交各类税种和基金多达45种；营业外支出庞大、部分企业仅退休金一项就占工资总额的40%以上，企业已不堪重负。四是，资金短缺。企业自我消化因素增多，维持生产和扩大再生产的固定资金及正常周转的流动资金严重不足。五是，部分商机企业由于本身缺乏竞争意识、应变能力差、新产品开发缓慢、管理不善等原因，造成了企业效益下降。

以上这些困难和问题，使商办机械工业的生产受到很大影响，大家要有责任感、紧迫感和危机感，并要认真对待。同时也看到，这些困难是前进中的困难，是可以克服和正在解决的困难。我认为，困难作为制约因素，是和有利因素并存的，两者是对立的统一，相互处于不断斗争与转化之中。

经过近三年的治理整顿，别是近一年来的调整与改革，经济形势和外部环境正在逐渐好转，有利因素正在增加，今年的商机生产已出现明显的转机。当前的形势对我们商办机械工业的发展有很多有利条件。其一，治理整顿的主要任务已由“双紧缩”转到在压缩投资规模的基础上抓提高效益和调整结构，逐步启动市场。国家已采取了下调信贷利率，增加信贷的投放量，适当放宽对社控消费的限制，取消一些不利于市场启动的规定等一系列微调措施。大环境正向有利于商机工业发展的方向转化。其二，近几年，我们通过研制开发和对引进关键设备技术的消化吸收和创新，我国商办机械工业技术水平上了一个台阶，加之商机产品出口价格一般仅为发达国家同类设备的1/3～1/2，在国际市场上有较强的竞争能力。商办机械工业积极出口创汇，发展外向型经济的潜力很大。其三，国务院已发出通知，国家计委对列入国家替代进出口产品作出五条新规定，将采取原则上不批准进口，提高关税等更加严厉措施，限制进口国内已具有制造能力的机电产品，支持发展替代进口产品的优惠政策。商办机械工业产品大多属于限制进口产品，为我们用国产的商机产品替代进口设备提供了良好的机遇。其四，商办工业与人民生活息相关，是永不衰败的工业，是国家产业政策中是重点支持发展的，为其提供技术装备的商办机械工业更要优先发展。一方面，商办工业在50年代建起的相当一分企业至今尚未得到改造；另一方面，“六五”前期新建、改建、扩建的企业其关键设备、工艺需要用具有80、90年代水平的商机产品进行又一轮改造。其五，各级领导对商办机械工业非常重视。国务委员宋健同志视察安陆粮食机械厂并做了重要指示和批示；胡平部长讲：“商业部也是工业部”，“商业部寄希望在商办工业”，强调了商办工业的地位作用和装备部门的重要性。其六，商办机械工业经过几十年的发展，积累了大量的宝贵经验，掌握了适合商办机械工业特点的生产技术，拥有一支科研、设计、制造的技术队伍，在竞争中占有很大优势和主导作用。在管理上，商机产品的制造和使用都由商业、粮食、供销部门统一组织，这是商机工业发展的得天独厚的优势。其七，近几年市场发生的巨大变化，也锻炼了商机企业，使我们逐步形成了自觉、主动、积极适应外界变化的动态发展观念，逐渐摸索出在市场变化中渡难关、求生存、谋发展的经验，可以说，商办机械工业已基本具备了克服困难，继续前进的物质基础和政治保证，有条件摆脱困境，求得新的发展。

四、今后的工作意见

今年后两个月和明年，商办机械工业要紧紧围绕提高质量、发展品种和提高经济效益着重抓好七项工作：

（一）强化市场观念，建立销售机制。

李鹏总理在《关于国民经济和社会发展十年规划和第八个五年计划纲要的报告》中指出："按照发展有计划商品经济的要求，建立计划经济与市场调节相结合的经济运行机制，是深化经济体制改革的基本方向。"随着改革的进展，市场调节的成分将会越来越大，因此，我们必须迅速转变单纯的计划经济的观念。实现由生产型向生产经营型，由速度型向效益型转变。抓生产必须从市场出发；提高效益观念首先要强化市场观念，建立销售机制。强有力的推销活动是提高竞争力的重要手段，要把销售摆到重要的位置，列入重要的议事日程，把销售作为整个生产过程的头等重要环节抓紧抓好。

企业销售机制，要从销售的全过程去思考，用系统的观点分析影响销售工作的各个因素，强化销售工作的各个环节，把销售与企业的生产、管理、产品开发紧密联系在一起。领导要重视抓销售，各部门要结合业务促销售，工程技术人员要参与搞销售，探索试行全员销售，把销售工作作为系统工程来抓。建立企业销售机制，首先要造就精干、高效的销售队伍。把懂技术、会管理、善经营、熟悉经销业务的同志选拔到经营岗位上来，加强对经销人员的培训，提高他们的素质。千方百计地为他们提供适宜的工作环境，在生活上关心，在工作上放手，在思想上严格管理。要积极进行市场调查、市场预测和市场分析，及时制定经营战略。要采用灵活多样的经销方式及合理的经销手段。要制订完备的销售责任制和奖励办法，使销售人员既充满责任感，又充满开拓的热情。对有贡献的经销人员要及时进行奖励，调动他们的经销积极性。根据一些企业销售责任制的实践，责任制要搞好"一定六包"。"一定"，即定岗定位；"六包"，即包销售指标、包销售价格、包销售时间、包销售费用、包资金回笼、包无遗留问题。根据责任制定内容，制定奖罚措施。各企业要结合本单位实际来制定责任制，不要照抄照搬。要搞好全程服务。销售服务是售前、售中、售后全过程的服务。售前，要舍得花钱重视广告宣传的作用；建立销售网络，进行市场跟踪，注意信息反馈。售中，要做好技术咨询。售后，要指导安装、帮助调试、培训人员、交付生产并做好质量跟踪。销售服务工作的好坏，已成为用户选定产品的重要条件之一，而用户使用情况良好，就是替制造企业做活的广告，可以引来更多的用户。

组织订货会、建立销售网点、主动上门找需方订货等是加强经销手段的有效方法，我们要不断总结经验，充实完善。订货会过去部里每年都举行一次，现根据市场发生变化情况以探索新的形式。今年有些企业自发同销售网络联合组织了不同类型的订货会，效果较好，特点是：自觉自愿、订货方式灵活多样，请来的需方多，供方提供的产品不重复。今后订货会还是要开，如何开法，大家可进一步探讨。建立销售网点，是提高产品市场覆盖率，扩大产品销售批量的保证，同时也能跟踪市场，及时反馈信息。北京中商商业机械销售设施公司在这方面做了大量工作，受到商机企业的好评。各地商机主管部门对开拓经销工作要加强领导、积极支持、注意引导、培育典型、以点带面，使商办机械工业企业的经销工作有一个新的发展。

（二）调整产品结构，努力开发新产品。

当前，企业在研究市场，搞好经营战略决策，强化销售工作的基础上，适时调整产品结构至关重要，要切实做到“人无我有，人有我优，人优我廉，人廉我转”。市场是瞬息万变的，今年的畅销产品，明年可能滞销，产品本身也有个生命周期，不可能“永久不衰”。这就要求我们必须根据市场变化，及时做出调整决策。调整中要注意三点：一是，要深谋远虑，有战略眼光。调整不是渡难关的权宜之计，一定要把近期调整与长远发展结合起来，力求形成一个既有适销产品、储备产品，又有瞄准未来市场开发的产品的合理结构。二是，要从地区商机行业的特点和优势出发，突出特色、扬长避短，善于自辟蹊径，发展“拳头”产品。三是，要贯彻产业政策，避免盲目性。对于限制发展的领域和产品，特别是“热门”产品，要服从国家和商业部的统筹规划，避免新的重复。

开发新产品是企业发展的必由之路。胡平部长最近对杭州娃哈哈营养食品厂的崛起作了批示，让我们认真研究，得出经验。“娃哈哈”的经济奇迹使我们受到很大启发：商办机械工业在激烈的竞争中，开发市场要多方面，产品方向要多样化。必须对多行业、多层次、多品种进行综合开发。要多几种行当，多几条渠道，多几个财源。在坚持“本业为主”的基础上，积极参与“你中有我、我中有你”的竞争格局，开拓和发展跨行业、跨部门、跨地区、不同产业的产品，只要市场有销路，原料有保证，企业有条件，有较好的经济效益，什么机械产品都可以搞，这样才能把企业搞活，做到“生意兴隆通四海、财源茂盛达三江”，在竞争激烈的市场上立于不败之地。商机产品与人民生活密切相关，具有小批量、多品种、易调整的特点，开发新产品的潜力很大。目前，要根据商办机械工业“八五”规划的要求，坚持一创（发展创汇产品）三节（节汇、节能、节材产品）二保（保证商业系统购、销、调、存、加各环节对先进技术装备的需要，保证市场有效供给和人民生活所需要的机电产品）。积极开发适销对路的新产品，适应市场需要，增加应变能力，真正实现“生产一代、研制一代、预研一代”。在重视研制具有当代国际先进水平的成套设备的同时，还应十分重视研制开发各种包装机械。

为搞好新产品开发，国家计委和国家科委分别以计科技［1989］1549 号、［1990］国科发计字 835 号文件制定了优惠政策，对列入国家级的新产品开发项目可以减免税二至三年和自定价格试销三年。请大家按照文件规定的申报程序，对符合条件的新产品项目积极申报，努力用好国家的政策。

（三）增强质量意识，提高产品质量。

近几年，商机产品的质量水平有了一定的提高，但从总体上看还存在不少问题，部分产品制造质量低劣，机械和工艺性能差；外观油漆、铸件、焊接问题突出，用户反映强烈。这些问题亟待解决。

最近，朱镕基副总理在河北视察军工企业时指出：“全体职工都要重视产品质量，靠什么销售？靠你牌子是铁的，质量是铁的，要靠这个东西过得硬。”产品质量是企业各方面工作的综合反映。前面我讲过要建立销售机制，而提高产品质量是该机制的核心。产品销售，不仅仅取决于销售方法的灵活、销售渠道的通畅，更取决于产品自身的质量。只有产品质量过硬，才能永葆市场青春。我们要牢固树立质量取胜的思想，把提高产品质量切实放在第一位。

——在安排生产计划和材料供应计划时要优先保证优质产品生产的需要；开发产品的规划、立项和布点要把质量作为重要依据；在制订科技发展规划和技术改造计划时，对提高质量有重大作用的项目要优先安排；在科技成果和新产品评定和鉴定时，质量水平和可靠性指标要列为主要考核内容；在验收生产项目时，凡质量保证措施不落实的，不予验收；在企业承包中，要把质量责任指标列入承包内容。

——在企业干部职工中要普遍开展质量教育活动，形成人人关心质量，为提高产品质量献策出力，树立为提高产品质量做贡献光荣的风气。要按科学管理的要求，建立健全有效的管理机制和质量保证体系，认真开展全面质量管理，重视搞好工艺装置、提高工装系数，确保产品质量。

——充分发挥国家、部、省各商办机械产品质量检测站的作用，开展质量抽查活动，促进整个行业产品质童的提高。

作为提高质量的一项重要保证措施，要继续抓好标准化和计量工作。积极宣传贯彻《标准法》，把商办机械行业标准化工作纳入依法管理的轨道。企业要认真执行新的国家标准、行业标准和法定计量单位，尤其是抽样标准；建立健全企业内部的标准化组织机构，配备专职标准化人员，严格按标准化组织生产；搞好执行标准的清理整顿，企业要制定高于国标和行业标准的内控标准。部里对制定标准的工作每年都有计划安排，希望承担制定任务的单位，要积极抓紧完成。1990 年 8 月 24 日，国家技术监督局分别以 10、11、13 号令发布施行了《国家标准管理办法》、《行业标准管理办法》、《企业标准管理办法》，请大家认真执行。我司明年准备举办几期宣贯有关国家标准学习班，为各地培养商机标准化骨干。

根据国务院领导同志的讲话精神，为减轻企业的负担，决定企业升级和评优工作暂停。但各商机企业不能因此而淡化质量意识，“以质量求生存”，只有过硬的产品质量才能占领市场，企业才能兴旺，希望引起大家的高度重视。

（四）发展外向型经济，搞好商机出口工作。

商办机械工业产品出口要贯彻国务院机电办“八五”期间机电产品出口抓质量、上档次、树信誉、求效益的战略指导方针，努力开拓国际市场，积极出口创汇。着重做好以下几点：

1. 发挥系统的整体优势，提高出口效益。目前，商机产品出口多由外贸部门代理，中间环节多，出口效益不高。1989 年部机构改革时，成立了中国商业对外经济技术合作公司、中国商业外贸公司、中国供销外贸公司负责商业部的对外经营。最近，中国商业对外经济技术合作公司拟组织成立华商机械设备出口联合公司，实行“一联合、三统一、三公开”，目的是发挥系统的群体优势，提高企业的出口效益。今后，商机产品出口要坚持多渠道、少环节、高效率、高效益的原则，有出口供应任务的商办机械企业在维持老渠道的同时，要充分利用部里的对外窗口。因为部里的对外公司对我们行业的业务熟悉，能针对性地分析国外市场，寻找客户，便于组织成套设备出口和接受工程项目。商业部有对外经营权的公司将积极拓宽国际市场寻找客户，及时向商办机械行业提供信息服务，靠周到的服务和诚恳的态度为企业提供方便。促使商机企业扩大出口提高效益。

2. 调整出口产品结构，大力组织成套设备出口。实现由单机向成套；由机械产品向机电一体化产品；由一般技术产品向高新技术高附加值产品出口发展。实行抓成套设备出口带动单机、软件、服务、劳务出口的战略。降低换汇成本，提高经济效益。

3. 抓好商机出口生产体系建设。根据国务院机电办的有关文件规定，年出口创汇100万美元以上的为出口扩权企业，年出口创汇超过300万美元的为出口基地企业。去年，商机行业有9个企业创汇100多万美元，今年有的企业或企业集团经过努力可望突破300万美元，部机电办拟在明年初向国务院机电办申报审批第一批商办机械出口扩权企业和出口基地企业，望有关企业根据《商业部机电产品出口工作管理办法》的规定，做好申报准备。

4. 争取机电产品出口技改专项贷款。国家为鼓励机电产品出口，每年安排出口技改专项贷款。专项贷款支持的重点和优先安排对象是：技术密集和附加值高的，出口产品的技改项目；上质量、上档次，创汇效益好、市场潜力大的出口产品的技改项目。按照这一原则，除按原规定申报纳入国家技改贷款计划外，出口基地企业和扩权企业的技改项目，每年将向国务院机电办申报列入国家机电产品出口专项技改贷款计划。

5. 采取倾斜政策，支持企业出口。商业部将对出口企业的技改资金、材料供应、信息提供、人员培训等方面要给予优惠，希望各商业、粮食厅（局）、供销社主管部门对机电产品出口企业给予大力支持。积极帮助企业解决实际问题。

6. 出口企业要用好优惠政策。国家对出口企业采取了许多优惠政策，我们要用足、用好、用活，各出口企业一定要吃透有关文件精神，如退税问题、跟踪结汇问题、出口奖励等，要主动与主管部门、税务、外汇管理、外贸等部门加强联系取得支持，保证政策的落实。

7. 积极发展境外合资办厂。这是商机出口的一种形式。现正在洽谈的几个项目，一定要搞好考察、论证评估，尤其要注意产品销售市场和经济效益分析，为商办机械工业产品在较短时间内被更多国家所了解；为商办机械工业企业更好地了解国际市场，增强中国商办机械工业在世界上的知名度和竞争能力，扩大市场覆盖面作出贡献。

8. 培养外向型经济人才。采取多种形式培养既熟悉商办机械专业，又懂外语和外经、外贸知识的外向型经济人才，使我们的企业能够及时了解国际信息，不断扩大出口创汇。

（五）依靠科技进步，抓好技术改造和消化吸收。

“八五”期间，我们要下大力对商办机械工业进行技术改造，提高其自身的装备水平。首先，技改必须要同开发新产品、增加技术含量、提高产品质量结合在一起。要重点支持骨干企业、消化吸收产品、机电一体化产品、成龙配套产品、出口创汇产品以及基础零部件的生产环节进行技术改造，关键是要对现有的工作母机进行改造，对精度要求较高的零部件，其加工机床要逐步配备微机，采用程序控制，必要时要购置些精密机床；要增加工装，提高工装系数；要购置必要的检测仪器，增强检测手段。同时，要加强技改的管理。认真做好项目可行性研究，重点做好技术先进性和项目经济效益的分析研究。商机企业的技改主要靠贷款，要靠改造后的新增效益还贷增收，因此，工作一定要做细，把有限的资金用在刀刃上，各地主管部门要严格把好关。要提足用好折旧、大修理基金；尽可能每年从留利中拿出一定比例增加自有流动资金，增强自我改造、自我发展能力。技改项目实施中，主管部门要掌握工作进度，及时帮助解决问题，促使项目早完成、早见效；项目完成后，要及时了解项目的效益情况，加强指导和管理，帮助其发挥效益。今后各地上报商机技改项目，在原规定基础上向商办工业管理司机械处增报一份，以便机械处在项目的技术性、可行性和宏观布局方面总体把关。

消化吸收和国产化工作。对已经鉴定过的消化吸收项目要在试点的基础上进行推广，尚未鉴定的要争取在今年底尽快完成鉴定、验收工作，尽快投入生产，逐步形成生产能力，并在消化吸收的基础上进行改进、创新，实现国产化。需要特别指出的是，我们决不能满足现有的水平，不要认为商机行业通过消化吸收技术水平上了一个台阶，同国外差距不太大了。要看到消化吸收产品中在制造质量等方面还存在一些问题，不能有丝毫松懈，不能把已经缩小的差距重新拉大，一方面我们要不断完善消化吸收成果，更重要的是要瞄准国外同类设备的进展，继续不断地跟踪当代先进技术，不断提高我国商机的水平。

另外，国务院生产办公室决定，明年 3 月在北京举办“首届全国节汇机电产品展览会”。经研究，我们选择了 35 个生产技术管理水平较高、效益较好，自我研制和消化吸收国产化设备具有国际 80 年代同类产品水平的企业，组成商业部展团参展。在展览会上我部参展的几十个产品要争取大多能评为“节汇优秀产品”替代进口，为国家节省外汇；与此同时，通过参展进一步提高商业部系统机电产品的知名度，并学习借鉴兄弟部门企业好的经验，提高机电一体化程度，增强商机设备在国内、国际市场的竞争能力。为办好这次展览，我们将参展单位请到会上，研究办展中的具体事宜，请各主管部门、参展企业单位集思广益，发表意见，做好工作，圆满完成参展任务。

（六）强化现场管理，提高行业管理水平。

内抓现场、外抓市场，是企业生存与发展不可缺少的两个基本环节。现场管理是企业一项综合性、基础性的管理，其核心是提高质量、提高效益。当前，要向工艺管理、纪律、技术三位一体上水平的目标努力，为企业管理的整体优化打好基础。要把各项专业管理落实到生产现场，开展安全性评价活动，实现均衡、安全、文明生产，达到优质、低耗、高效的目的，每个商机企业必须结合本企业实际，制定优化现场管理工作的规划，明年内治理好一两个主要车间。

关于商机生产计划和统计工作。为了掌握全国商机生产情况，便于制定有关政策，各地要加强编制年度商机生产计划和统计工作。目前，个别省、市厅（局）、社不能按时寄送有关报表，影响分析全国的商机情况，应引起重视。我司制订了《编汇商办机械工业产品生产计划暂行办法》，这次请大家讨论修改后，正式施行。今后各地主管部门在每年第一季度内要将本地区当年的商机生产计划报至我司；每个季度按有关规定及时寄送统计报表。我们将及时汇总，并通报各省、自治区、直辖市主管部门便于大家了解全国的情况。

关于生产许可证的工作。按照《生产许可证管理条例》，我们对重要的商机产品实施生产许可证制度。现在，由于制定国标的工作进展较慢，一些商机产品质量监督检测中心未经过计量认证与机构验收等问题，不能对有些产品进行发证工作。我司正在积极与有关部门联系，催促解决，争取加快商机产品生产许可证的发放工作。为做好这项工作，这次会上，我们印发了《关于商办机械工业产品发放生产许可证工作的有关说明》，供大家参考。

（七）加强领导，进一步推动商办机械工业的发展。

商办机械工业的现代化是商业现代化的基础，实现商业现代化，商办机械工业要先行。商办工业各部门的生产技术进步，很大程度决定于商办机械工业提供的装备水平。部领导十分重视商办机械工业，胡平部长，何济海、傅立民副部长，黄凉尘顾问曾多次参加全国商办机械工业会议并作重要讲话，平时也很关心商办机械生产情况，我司在技改资金十分紧缺的情况下，优先安排了 26 个商机企业专项贷款 4 275 万元，其中半贴息贷款 2 750 万元进行技术改造。正如傅立民副部长在 1989 年武汉会上讲的那样：改造好一个商机企业比改造一个加工企业要重要得多，它所产生的社会效益更大。因此，请各地商办机械工业主管部门要进一步关心支持商机农工业的发展，尤其在当前比较困难的情况下，更要积极帮助企业排忧解难。各省、市（区）要有专人分管商机工作，有条件的可设专门管理机构。江苏省粮食局、江苏省供销社、哈尔滨市商委的经验，值得各地借鉴。

我们的商机企业和分管商机具体工作的同志要主动向领导汇报工作，并努力做出优异成绩，争取领导的支持。这次会议的精神，希望同志们回去向省局（厅）长、省社主任汇报，以进一步加强对商机工作的领导。

同志们，商办机械工业面临的任务是艰巨的，前景是令人鼓舞的。只要我们坚定信心、积极进取、脚踏实地、团结奋斗，商办机械工业一定会得到持续、稳定、协调的发展。

这次会议在四川省乐山市召开，得到了四川省粮食局、商业厅、供销社尤其是四川省粮食局和乐山市人民政府、乐山市粮食局的大力支持，他们为会议作了周密的安排，我代表商业部商办工业管理司、商业部机电产品出口办公室和全体与会代表向他们表示衷心的感谢！

深化改革、提高效益、加速商办机械工业发展

1992 年 4 月 15 日于承德

1992 年全国商办机械工业座谈会今天开幕了，这次会议的主要任务是：认真贯彻邓小平同志的重要谈话精神，按照部领导近期对商办工业的指示和全国机电产品出口工作会议的要求，重点研究如何抓紧有利时机、大胆进行改革、提高经济效益、加速商办机械工业发展问题。现在我讲些情况和意见，供同志们参考。

一、1991 年的工作成绩和主要经验

1991 年全国商办机械工业在各地主管部门和企业的共同努力下，克服困难，积极进取，奋力开拓，取得了可喜的成绩。

（一）生产销售增长，经济效益提高。

1991 年完成工业总产值 26.48 亿元，比上年增长 22.5%；完成产量 14.88 万吨，比上年增长 18.27%；实现利税 3.32 亿元，比上年增长 29.09%，其中：商业机械实现 7 435 万元，增长 9.8%，粮油机械实现 1.28 亿元，增长 6%，供销机械实现 1.3 亿元，增长 71.5%；全员劳动生产率达到 131 260 元/(人・年)，比上年增长 31.78%；实现了产值、销售、利税同步增长，利税增长的幅度大于产值的增长，商办机械工业已走出低谷，呈现稳定发展的良好势头，产值、利税、全员劳动生产率的增长幅度分别比全国机械行业的增长值高 4.2%、2.9%和 13.88%。

（二）出口创汇，创历史最高水平。

1991 年商业部系统机电产品出口总额达到 3 426 万美元，比上年增长 38.14%，机电产品出口额占商办机械工业总产值的比重为 8.2%，创造了历史上的最高水平。其中：商业机械 1 795 万美元、粮油机械 474 万美元、供销机械 1 157 万美元。商办机械工业产品出口创汇的增长幅度比全国机电产品出口的增长值高 10.74%。年出口创汇超过 50 万美元的商机企业已达 17 个，比去年增加了 6 个。这 17 个企业创汇额占商办机械工业机械产品出口创汇总额的 70.03%。

（三）强化企业管理，质量明显提高。

各地商机企业普遍加强了全面质量管理工作，产品质量明显提高。去年有 28 个商机产品获得了部优产品称号；承德商业机械公司的装配式冷库获国家质量金质奖，云南商业机械厂的远红外烤箱获得了国家银质奖。山东潍坊商业设备厂的医用高压氧舱获国际尤里卡金奖。江苏无锡粮食机械厂、江苏大丰供销机械厂获部质量管理奖。江苏南通棉花机械厂、湖南湘粮机械厂、陕西咸阳粮油机械厂的有关班组获全国商业系统优秀质量管理小组称号。

各企业对现场管理、能源管理、设备管理、定额管理、财务管理等方面进行了综合

治理，企业整体素质有所提高。哈尔滨商业机械总厂、江苏宝应粮食机械胶辊厂、江苏大丰供销机械厂、湖北鄂州碾米砂辊厂、广东佛山商业机械厂等被评为部商办工业设备管理优秀单位。

（四）调整产品结构，品种增多，档次提高。

一是去年部里安排了26个商机企业技术改造项目，工程进展顺利；不少省（市、区）厅（局）、社也把商机企业改造列为重点，企业技术进步工作得到加强。常德粮食机械厂砻谷胶棍生产线等一批起点高、技术含量高的项目通过了验收。二是“七五”期间商办机械工业列入国家级的攻关项目，现大都进入批量生产阶段，正在逐步推广应用，商机的技术水平和商办工业装备水平上了一个新的台阶。山东棉机公司在完成国家攻关项目验收后，根据商业部商办工业发展规划，努力做好推广应用工作，积极为棉花加工厂改造提供新型成套设备。三是根据市场变化，紧紧跟踪世界先进水平，不断研制开发新产品，上档次、上水平，去年各地商机企业申报列入部新产品开发项目17个。

（五）转换经营机制工作开始起步。

去年各地都在积极探索，大力转换企业内部经营机制，在经营、分配、用工等方面进行了改革。中央工作会议之后，一些商机企业立即行动，研究制定了“打破三铁”转换企业内部机制的方案，北京商用汽车制造厂等企业已着手付诸实施，部分省市的主管部门也组织有关企业开始了试点。

上述成绩，凝聚了全国商办机械工业战线广大干部职工的艰辛和智慧，做出了奉献，创造了许多宝贵的经验，归纳起来，主要有以下五条：

第一，不断开发新产品，大力促进企业发展。

根据市场变化，及时调整产品结构，积极开发新产品是企业兴旺发展的主要经验之一。哈尔滨商业机械总厂建立了三个信息网络（厂内、国内、国外）、四个保证体系（开发、试制、质量、标准化管理），坚持上新、创新，以新取胜；意识超前、以快取胜的原则，收到了很好的效果。企业年年有新产品投放国际国内市场，去年新产品产值率达到40.2%，工业总产值年递增率为29%，利税年增长27.1%。江苏溧阳粮食机械厂产值、利税连年增长也得益于瞄准市场、开发新产品。很多商机企业实施“全员开发”策略，打破只有技术人员搞开发的常规，发动全体职工搞新产品，同有关单位联合搞开发，研制成功投产获效益后，厂里进行重奖。

在开发新产品方面，我司通过召开各种会议，利用出差等机会，积极引导并为大家提供信息；组织协调科研、院校等单位同商机企业联合开发；主动与有关部门联系为企业申报新产品计划、实施减免税；为企业开发新产品创造良好的外部环境等，做了一些努力，推动了商机行业新产品的开发互作。

第二，努力抓好营销工作，增加企业效益。

在激烈的竞争中，各企业的市场观念不断加强，经营决策和管理水平有了进一步的提高，一些既懂技术又懂管理，具有较高素质和较强竞争意识的人员，充实到销售和服务队伍中来，拓宽了市场，经济效益明显提高。商业部洛阳冷冻机械厂采取了灵活的经销战略，在各地建立了40多个经销代理点，给代销点让利并赋予代销点维修和反馈信息的任务和相应的权利，去年该厂经代销点销售的产品占厂总销售收入的50%以上，扩大了市场，增加了效益。同时由于代销点直接面对用户，市场信息灵通，反馈及时，去年厂里从销点得到了 60 多条关于产品的改进意见，有力地促进了产品质量的提高。许多企业由厂领导带队走访用户，征求意见，及时解决质量问题，并积极举办或参加各类展销订货会，开办用户技术培训班等，千方百计扩大影响，提高了企业的知名度和市场占有率。

第三，积极扩大出口，发展外向型经济。去年商办机械工业产品出口取得了令人鼓舞的成绩。其经验：一是坚持了多渠道出口的原则。各商机出口企业一方面继续保持给老用户供货，另一方面开拓新渠道，特别是注意发挥商业部系统的群体优势，积极利用部里几个对外公司的窗口，收到明显效果。去年出口创汇的商机企业有 75 个，通过 27 家外贸公司出口，其中，通过部里对外公司出口创汇的比例逐步上升。二是抓好重点出口企业。这次会上受到表彰的 17 个商办机械工业机电产品出口创汇成绩显著企业的出口创汇额在全国商机行业出口中具有举足轻重的地位。一年来，我司和部机电出口办及各地对这些企业重点扶持、积极服务、提供信息、牵线搭桥、促进成交，并帮助排忧解难，促进了这些企业出口创汇的增长，抓好重点，以点带面，有力地推动了我部系统机电产品出口工作。三是商办机械企业与国外合资合作取得了进展。据不完全统计，目前商机企业与外方合资合作生产的有 11 项，其方式有境外办厂、境外办维修点、出口成套设备在境外合作办厂、在国内与外商合作等。安陆粮食机械厂在印尼合资办厂，在布隆迪办维修点，进一步扩大了粮机的出口，增加了企业效益。四是抓了出口的基础工作。去年我们制订下发了《商业部发展机电出口产品工作管理细则（试行）》；建立了商业部机电产品出口统计报表制度；组织进行了商机企业申报机电产品基地企业和扩大出口企业的工作。加强了商机行业出口工作的管理。五是得到了国务院机电产品出口办公室和各地机电产品出口办的支持。为商办机械工业机电产品出口创造了良好的外部环境。

第四，转变思想观念，增强竞争意识。

各级商办机械工业的主管部门和所属企业，面对新形势，增强了紧迫感、危机感。自觉转变观念，加大改革力度，积极采取对策，变压力为动力，在国际国内市场竞争中得到了锻炼，提高了应变能力。

第五，各级领导重视，推动了商机发展。

部领导对商机工作非常关心重视，经常过问生产情况，曾多次给予指示；我司自 1989 年机构改革以来，先后七次组织召开各类全国性的商机工作会，总结经验、部署工作、制定法规、交流信息，加强了行业领导和管理；各地主管部门也都积极为商机企业排忧解难，尤其注重商机企业职工队伍素质提高和领导班子建设。全国商机企业涌现出一批密切配合、团结协作、带领职工奋发进取开拓创新的领导班子，保证了商办机械工业的发展。

二、1992 年的主要工作

1992 年商办机械工业的工作重点是：深化改革，转换机制；调整结构，科技兴企；提高质量，抓好销售；拓宽市场，扩大出口；强化管理，提高素质；发展联合，提高效益，加速商办机械工业发展。

奋斗目标是：1992年实现工业总产值29亿元，销售收入28亿元，利税总额3.7亿元，全员劳动生产率33 000元/(人·年)。产品产量16.6万吨，出口创汇4 100万美元。分别较上年增长10%、15%、12%、11.8%、20%。亏损企业和亏损额分别较上年下降50%。

具体要求是：

（一）外增“动力”、内破“三铁”，转换企业经营机制，增强企业活力。

外增“动力”就是各级主管部门要积极为企业创造平等竞争的良好的外部环境，把企业推向市场。国家体改委等有关部门正在制定《企业法》实施条例，明确界定、切实保障所有权，落实经营权，对企业所有权和经营权如何分离，企业有哪些经营权，如何保证行使经营权，政府和企业各有什么义务等等，都作了比较明确的具体规定。正式颁布后，各地要认真研究贯彻。目前一些省市推出的“四放开”、“五自主”、“六条船”等措施收到了明显的效果，各地商办机械工业的主管部门可根据本省、市的实际，在与地方政府有关部门协商一致的基础上，为本地区商机企业选择恰当的经营方式，如投入产出总承包、全员合同承包、利税分流、股份制、仿照中外合资企业政策和一厂两制等管理办法，使企业走向市场、自主经营，真正成为自负盈亏的商品生产者和经营者。对于效益差的企业要区分情况分别对待，采用“一厂一治”、“一厂一策”的办法，重点帮促，使他们尽快走上正常的发展轨道。对产品现无销路又无发展前途、经营性亏损严重的企业，可鼓励有活力的商机企业兼并。

发展横向联合组建企业集团是转换企业经营机制的一种有效途径。根据商办机械工业的实际情况，目前可采取两种方式。一是由省（市）主管部门将本省系统内的商机企业组织起来成立集团，归属省厅（局）、社工业公司领导，以便统一组织协调，发挥群体优势。湖南、江西省粮食局已经这样做了，效果不错。二是以龙头产品的生产企业为核心，组织成立生产成套设备的企业集团。用共同的经济利益，把各配套企业紧密地联结在一起，形成规模经济，希望各地主管部门和企业继续探索不断创新，发展各种形式的联合，提高商办机械工业的竞争能力。

内破“三铁”就是要大力转换企业内部机制。分析“老国”（国营企业）普遍不如“老乡”（乡镇企业）、“老外”（三资企业）搞得活的原因，概括讲是两条，从外因来讲，主要是自主权大小和税负轻重不同；从内因来讲，主要是内部机制不同。内部机制不同又集中地表现在内部分配制度和劳动人事制度上，乡镇企业和三资企业是在商品经济大潮中发展起来的，受商品经济法则的支配，形成了一套多劳多得、优胜劣汰的工资制度和用人制度；而国营企业在过去的体制下形成了“三铁一大”，即铁工资、铁饭碗、铁交椅、大锅饭，制约了企业活力。国营企业如何根据有计划商品经济发展的需要，建立灵活的经营机制已成为搞活企业的当务之急。商机企业要抓紧时机，把破“三铁”作为转换企业内部机制的突破点，根据兄弟单位的经验，结合本地区、本企业实际对分配、用工、价格、经营等进行大胆地探索、改革。

企业分配制度的改革，要取消大锅饭、废除铁工资，实行工效挂钩和岗位技能工资制，体现按劳分配原则，拉开档次。把高技术岗位的工资提上去，把一线苦、脏、累、险岗位的工资水平提上去，把对企业产品质量和经济效益贡献大的职工的工资水平提上去。与此同时，要引导和提倡效益工资较高的企业，按照需要与可能，合理用于建立工资储备金、调整工资标准、考核增资、生产性岗位津贴和企业补充养老保险等，做到以丰补歉，正确处理好眼前利益与长远利益的关系。

企业劳动人事制度改革。要砸碎铁饭碗、搬掉铁交椅。根据需要招工、用工，企业可按有关规定辞退职工，职工也可按照合同规定提出辞职实现双向选择；打破干部、工人的界限，按公开平等、竞争、择优原则聘任管理人员。方式可以多种多样，如全员劳动合同制、优化劳动组合、岗位聘用制等，对优化下来的富余人员，可采取缺什么补什么的办法进行重新上岗前的培训，达到要求上岗工作，也可开办第三产业或办其他事业，扩大就业面。消化不了的富余人员实行厂内待业。

转换企业内部机制，必须加强企业的各项基础工作，提高管理水平，防止重蹈“以包代管”的覆辙。要切实搞好定员定额工作，为企业分配制度和劳动人事制度改革提供准确的依据。要坚持抓好工艺突破口工作，严格工艺纪律和工艺管理。要加强节能降耗工作，努力降低成本增收节支。要广泛开展管理系统设计，逐步实现企业管理整体优化。凡是实践证明行之有效的管理办法，都应继续抓下去。

我司准备选择2～3个商机企业作为联系点，通过总结经验，协助所在地主管部门做好转换商机企业内部机制的工作，并及时向部领导和有关部门汇报反映情况，争取各方支持，加快改革步伐，从点上取得经验，指导商办机械行业企业转换内部经营机制，增强企业活力。

（二）调整产品结构，依靠科技振兴企业。

适时调整产品结构，加快开发新产品是科技兴企的关键。各商机企业要努力做到：

第一，制定3～5年的产品结构调整和新产品开发规划和滚动计划。新产品开发要适应市场的需求，要有超前开发意识，要求每年开发的新产品不少于厂内产品的10%，新产品产值率不低于30%。

第二，适应保护知识产权的新形势，强化自主开发能力，吸取国内外开发新产品的经验，调动职工搞革新、搞发明创造的积极性，形成企业自己的技术优势和特色。

第三，发展新产品起点要高，要继续引进国外先进技术，采用国际标准组织生产，重视提高产品的可靠性。努力发展国内、国际市场销售前景好的高技术产品、机电一体化高附加值产品。

第四，采用纵向和横向发展相结合的矩阵式新产品开发战略。要实现品种、规格的系列化、成套化；大力发展变型产品、派生产品或特殊用途的产品，以满足市场需求多样化的要求。积极发展食品加工机械、小包装机械和饮服机械。提倡采用电子技术改造正在生产的老产品；将引进的国外先进技术移植到自行开发的新产品或改造老产品上。

第五，按规定从年销售额中提取不少于1%的技术开发费和新产品减免税的收益，要提足、用好。要建立专门的账目，专款专用。

第六，建立总工程师为首的技术管理体系，组织有产品设计，工艺、工装设计，试制人员参加的一条龙的新产品开发系统，缩短开发和投产周期。

第七，积极采用CAD（计算机辅助设计）等先进的设计方法和手段，提高设计质量，缩短周期，计算机辅助设计不低于10%。

第八，要善于加强与科研大专院校密切合作，充分利用他们的知识优势为企业开发适销对路的高新产品，以促进企业的发展。与此同时，企业要保证科研单位有合理的经济利益。技术改造是科技振兴商机的重要手段。必须围绕新产品的商品化及引进技术的消化吸收和国产化，采用先进、成熟、适用的技术进行改造，尽快形成批量生产能力。部里安排1992年商办机械工业企业技术改造项目共21个，总投资7 670万元，贷款总额5 860万元，其中：半贴息贷款3 290万元，当年贷款2 480万元；安排1991年续建项目10个，贷款额2 500万元，其中半贴息贷款1 040万元。各有关省（直辖市、自治区）主管部门和企业一定要狠抓落实，保证项目按期完成，尽快投产见效。

商办机械行业一定要做到：对新产品开发要舍得花钱；对看准了的技改项目要敢于贷款、敢于负债，以增强企业的发展后劲。

统筹规划加强行业管理，促进企业技术进步。为解决机电工业重复建设和散乱的问题，经国务院同意，国家计委和机电部对机电工业全行业进行统筹规划，建立了“八五”期间技改、基建项目“一本账”（总投资500万元以上的项目），并组织有关专家进行了审查。我部商办机械工业“八五”期间进入全国机电工业“一本账”的技改、基建项目共计43项，投资总额38 131万元，用汇850万美元。国家计委、国务院生产办、银行、海关等部门已明确表态，要以行业规划“一本账”作为审批项目、安排年度投资、发放贷款和海关放行的依据。我部参加了农、牧、渔机械，轻工、食品、包装、商业机械和汽车等三个行业规划组的工作，商机行业由我部组织专家审查，各地要重视加强社会商机行业的管理。

（三）狠下功夫，提高质量。

今年，国家对产品质量问题采取了强有力的措施，《中国质量万里行》活动，在全国引起了极大的震动。现在有关部门正在制定《质量法》，加强质量法制管理。各地各企业要继续强化质量意识，在提高质量上狠下功夫。

一是建立质量责任制。实行质量否决权，把质量好坏与分配挂钩，严格考核，奖惩兑现，真正把质量视作企业生命，使提高产品质量成为企业和职工的自觉行动。对质量不好、用户反映强烈的企业，经调查核实被新闻单位“曝光”者，第一次进行通报批评，限期整顿，停发有关人员的奖金。第二次被“曝光”者，厂长就地免职，取消企业相关的一切荣誉称号，情节严重、危害人身安全和健康的要承担法律责任。

二是健全全面质量管理体系。严格工艺纪律，做到人人遵守工艺，道道工序合格，确保产品的制造质量；对原材料、配套件、协作件进厂到售前售后服务和备品备件供应等影响产品质量的各个环节实行全过程管理控制。商机行业目前普遍存在的外观油漆、铸件、焊接等方面质量问题，各企业要尽快制定切实可行的措施，认真加以解决。

三是宣传贯彻GB/T 10300《质量管理和质量保证》系列国家标准。这个标准是等效采用国际标准ISO 9000系列制订的，对产品的开发设计、生产、安装和服务作了详细规定，是我国全面质量管理走向规范化、国际化和系统化的标志。各商机企业从下半年开始要根据GB/T 10300标准制定和修订企业质量手册。

四是组织实施《工业产品质量分等导则》国家标准。我司将组织有关单位编制商办机械工业的分等产品目录和相应的管理办法。请各地配合做好这项工作。

五是开展产品质量抽查活动。自 1990 年，我部会同国家工商行政管理局和中国消费者协会，对市场商品进行抽查，并将抽查结果公诸于世，宣传油脂产品，对不合格产品给予“曝光”，收到较好的效果。从今年起，商机产品也将进行抽查。

（四）开拓市场，强化销售。

自去年以来，商机的生产经营保持兴旺发展势头。但要清醒地看到，我国恢复关贸总协定缔约国地位和加入世界知识产权组织以后，国内市场将与国际市场逐步接轨，大部分机电产品的进口关税将有较大幅度的调整，商机企业将直接面对世界强手竞争，同时原材料价格也将逐步并轨，靠低价原材料获取效益的优势也要丧失。面临严峻的挑战，我们要有危机感，变压力为动力。在下大力提高技术、管理和质量的同时，必须积极参与竞争，开拓市场，强化销售工作。首先，要做好市场预测和分析，为开发新产品、改进老产品及时提供可靠的依据。其次，要发展多种形式的工贸联合体，壮大实力，拓宽市场。再次，抽调技术人员加强销售工作，造就一支既懂得产品工作原理和功能，会使用，会修理，又熟悉经营销售策略和技术的销售队伍。还要大力加强售前售后服务，特别是售后技术服务，解除用户后顾之忧，并为企业反馈信息。

（五）扩大商机出口，积极利用外资。

按照 1992 年全国机电产品出口工作会议的精神，结合商机出口工作实际，今年我们要努力贯彻“全方位、多元化和重点市场、重点产品、重点突破相结合”的方针，积极开拓国际市场，争取多出口创汇。

1. 抓住机遇，拓宽市场。商办机械工业产品外销相对集中在东南亚和非洲地区，去年出口东南亚占 49.8%，非洲占 21.5%，开发这些国家和地区的市场潜力还相当大，我们要在稳定发展原有市场的同时，积极开拓挤占新的市场。一是独联体、东欧市场。原苏联解体以后，变成了十几个独立国家，东欧也发生了剧变，这些国家各自开始发展新的经贸关系，为我们发展同他们合作提供了机会，要积极开拓，乘势进入，机不可失，时不我待。据了解，独联体和东欧对我国的食品机械颇感兴趣，需要量较大，对商机扩大出口十分有利。二是海湾中东市场。虽然海湾战争使这一地区的经济受到一些影响，但这些国家经济实力较雄厚，处于重建和发展阶段，向这个地区出口商机产品是有前途的。三是拉美市场。主要在支付手段等方面采取一些灵活做法，商机的一些产品进入拉美市场是完全可能的。

2. 搞好互贸关系多渠道出口。商机企业应主动与有关外贸公司联系，介绍产品和企业情况，在保证效益争取出口的前提下，可作适当让利，以调动外贸公司的积极性，提高成交率。坚持多渠道出口的原则，在巩固发展原有出口渠道的同时，要积极开辟新的渠道，要充分利用部里的对外窗口，多与部里的几个对外公司合作，对他们联系组织的项目，要首先保证供货。发挥商业部系统的整体优势。

3. 探索多种扩大出口的形式。在境外办厂、设维修点，既可以避开贸易壁垒，增加散件出口及发展转口，又可以加强售后服务，为建立商情网、销售网和维修网服务；出口成套设备与外方合作办食品厂是商机出口的一大优势；易货贸易也是一种扩大出口的途径，企业要与当地有关部门积极联系，解决好对方易货的销路。我们要继续努力，积极探索，争取外向型经济有更大发展。

4. 抓好商机出口生产体系建设。4 月底，部机电产品出口办公室将向国务院机电产品出口办公室申报第一批商办机械出口基地企业和扩大出口企业。希望各地按商业部部发［91］工字第 1182 号文的要求，抓紧报送有关材料。今后每年都要组织申报，请各厅（局）、社和有关企业积极配合，做好这方面的工作。

5. 加强出口统计分析工作。统计信息工作是宏观管理的重要手段，从今年开始，我们建立了商业部机电产品出口统计报表制度，请各地主管部门按商业部部发［91］工字第 1246 号文的要求，按时报送，我们汇总分析后将向各省市和有关部门通报。商业部从今年起对年出口创汇超过 50 万美元的商机企业进行表彰，希望各地对获奖企业按有关规定给予精神和物质奖励。部机电产品出口办公室今年下半年拟对商机出口经济效益作一次调查，总结经验，分析存在问题，推动工作，并向有关部门反映，为企业排忧解难。

扩大对外开放，胆子要更大一点。今年商办机械工业要在确保我方有合理经济效益的基础上，同国外发展合资合作方面有一个较大的发展。搞合资企业的好处：一是有利于动态跟踪国外先进技术。二是有利于老企业改造。三是有利于出口。四是有利于提高管理水平。五是有利于提高企业的综合素质和经济效益。利用外国及港澳台的资金、技术和外销渠道，建立合资企业“借钱办事”、“借船出海”，用他们的钱办好我们企业的事，借合资企业的“船”把我们的产品打到国际市场去。在形式上，合资合作都可以，全厂合资、一厂两制都可以搞。通过利用外资，引进先进技术，提高产品档次、质量，调整改善产品结构，提高企业管理水平，促进企业内部机制的转换，力争取得更好的经济效益。

部领导对我们商办工业包括商办机械工业极为重视，胡平部长提出今年商办工业要唱大戏，指示我司要拍好商办工业电视系列片、调查公布商办工业 3 个百家企业和表彰“十佳企业”、选编好商办工业之最、写好“商业部也是工业部”专论等几件大事，我们正在组织力量逐项落实。这次会议上印发的《部领导对发展商办工业的批示讲话》，请大家认真学习努力贯彻。

同志们：今年是我国加大改革步伐，加快经济发展非常重要的一年，为加速商办机械工业的发展提供了有利时机，我们要解放思想，抓紧时机，大胆改革，奋力开拓，真抓实干，创造优异的成绩迎接党的十四大召开。

这次会议在河北省承德市召开，得到了河北省商业厅、粮食局、供销社，承德地区行署、地区商业局，承德市人民政府、市商业局、承德商业机械公司和新华饭店的大力支持，他们为会议作了周密的安排，我代表商业部商办工业管理司、商业部机电产品出口办公室和全体与会代表向他们表示衷心的感谢！

在布勒公司面粉行业客户联谊会上的讲话

2005年9月15日

今天，我们相聚在美丽的太湖之滨、古运河畔，一起参加布勒公司面粉行业客户联谊会。借此机会，我谨代表中国粮食行业协会、中国粮油学会对此次会议的召开表示热烈的祝贺！向前来参加会议的各位代表表示亲切的问候！

1994年，瑞士布勒公司与无锡粮食机械厂通过真诚合作，成立了无锡布勒机械制造有限公司。11年来，无锡布勒机械制造公司在各界人士的大力关心和支持下，在中外双方的共同努力下，依靠先进的技术和管理，依靠雄厚的制造基础和广泛的业内影响，取得了令人瞩目的成就，为中国制粉工业的发展做出了贡献。无锡布勒机械制造有限公司除了生产享有盛誉的面粉机械以外，他们不断拓展产品领域，还生产大米机械、饲料机械、化工与压铸设备等。它的崛起，促进了我国粮机工业的发展。

在过去的岁月中，瑞士布勒公司已经成功融入了中国市场，尤其是1993年之后在无锡和深圳相继建立了两家合资企业，2002年又在无锡成立了独资企业——布勒设备工程（无锡）有限公司，这些企业都称得上是中国粮机行业成功的典范。今天，面对我国加入WTO以及国内竞争国际化的新形势，无锡布勒机械制造有限公司与布勒设备工程（无锡）有限公司注重抢抓机遇，革新求变，利用国外的先进技术和国内丰富的人力资源，加快新品开发，各自强化了其生产型企业与销售型企业的功能，开拓了国际国内两个市场。在昨天结束的布勒公司新型磨粉机MDDP/Q发布会上，专家们对此研制新成果给予了高度评价。在取得一系列成功的同时，布勒公司认为在中国的粮机市场上始终不能高枕无忧。因为今天的中国，粮机制造技术水平已经发生了质的变化，布勒公司要继续保持自己在中国市场的优势地位，除了技术之外，更重要的是必须为客户提供比功能利益更多的附加价值，这是非常正确的。

我们衷心地希望布勒设备工程（无锡）有限公司与无锡布勒机械制造有限公司的全体员工以此类活动为契机，再接再厉，发扬对事业的执著追求、对工作的严谨认真、对客户的高度负责精神，加强沟通与交流，不断创新，追求完美，用自己的产品与服务为企业的兴旺发达、为中国粮食加工行业的腾飞作出更多的贡献！

我们衷心地祝愿布勒设备工程（无锡）有限公司与无锡布勒机械制造有限公司欣欣向荣，鹏程万里！祝布勒集团在中国取得新的更大的发展！

在索特克斯中国生产基地成立及布勒深圳新车间成立庆典大会上的讲话

2005 年 11 月 8 日

今天，我们非常高兴地在深圳这座充满活力的城市聚会，举行索特克斯中国生产基地成立及布勒深圳新车间成立庆典大会。借此机会，我谨代表中国油学会、中国粮食行业协会对此次庆典活动的召开表示诚挚的祝贺！向前来参加庆典活动的各位来宾表示亲切的问候！

布勒工业（深圳）有限公司作为布勒集团在中国发展的一个部分。在其成立 11 年期间，在各界人士的大力关心支持下，依靠先进的技术和管理。通过自身的不懈努力，取得了优异成就，为中国制粉、饲料和油脂加工等行业的发展作出了贡献。

现在我们高兴地看到深圳布勒除了生产享有盛誉的秤重和包装机械及相关自动化控制系统以外。正在不断丰富其企业内涵，延伸其产品领域。随着代表世界先进水平的索特克斯品牌色选机的加入，深圳布勒的企业面貌必将上升一个新的台阶，同时必将促进我国色选机械行业的整体发展。

布勒深圳公司作为中国粮机制造业的成功典范。始终致力于引进国内外的先进技术，挖掘国内丰富的人力资源，在市场竞争日益加剧的今天通过不断开拓市场，取得了一系列的成功。

日前我国的粮油加工市场将面临新的机遇和挑战。我们衷心地希望深圳布勒能抓住机遇，不断推进企业技术创新，保持企业活力。提高员工素质，弘扬严谨认真的作风，努力为客户提供高附加值的产品与服务，追求与客户双赢双收，提升深圳布勒品牌，为中国粮油加工行业的发展做出更多的贡献。

我们衷心地祝愿布勒工业（深圳）有限公司大展宏图，事业兴旺！

祝布勒集团在中国取得更大发展！

2006 年为“上海东王子包装有限公司”十周年庆典撰文

十载春秋缓缓而行，十载春秋又匆匆而过，小小纸袋，浓缩了文化与艺术，也凝聚了我们的责任和使命。

空山花自开

十年前，中国的环保意识还比较淡薄，由塑料造成的“白色污染”正威胁着我们生存的空间。当时，国外先进国家为了保护环境，用可以再生的纸张为材料制成纸袋代替塑料袋，然而在中国还没有以纸为原料生产高质量纸袋的厂家。可喜的是，中国的粮食、食品的小包装开发，已作为国内贸易部第九个五年计划的重点项目，被推上了发展的轨道。为推动中国的环境保护并配合中国的经济发展。日本王子制纸（株）与中国国内贸易部下属的中商华天实业公司及日本伊藤忠商事（株）一起合资，自 1996 年 1 月起，成立了上海东王子包装有限公司，开始了以制袋为中心的包装产品的制造营销业务。

作为日本王子制纸（株）在中国设立的第一家合资公司，东王子公司引进了具有 70 多年历史的运输包装材料综合生产厂家日本王子制纸（株）的最新技术，生产的产品包括轻包装袋、手提袋、重包装袋、包装纸等，范围涉及食品、日化、工业、商用等多个领域。

好风凭借力

回顾历史，如果用一句话来总结东王子公司十年走过的路，那就是：任重而道远。十年中的每一分努力都源于他们肩负的责任和对未来的信心。如今，环保的观念深入人心。中国十一五规划倡导建设资源节约型、环境友好型社会，体现了国家政府对环保、可持续发展的重视。

以此同时，时代的发展也赋予了东王子公司新的使命：传导文化。纸袋包装不再是单一的盛装物品的“容器”，也是宣传文化，引导潮流的媒介。现在可以这样说：小包装中蕴含着大文化，纸袋的世界而将更加多姿多彩。

“东王子”的发展历程告诉我们：对于事业有成者来说，创业时期的艰辛依旧，但是只要有信心就能坚持下去，因为我们倡导环保的初衷未曾改变。十年前大家对于“环保”还比较生疏，觉得那只是停留在嘴上的一句空话，而如今它却已经深入到每个人的生活之中，时间验证了我们当初的坚持和努力是正确和值得的。借助中国经济发展的东风，东王子公司即将迎来新的发展机遇，相信未来的“东王子”一定会飞得更高。

润物细无声

十年的过去历程，当我们看到环保意识在中国的日渐加强，感到由衷地欣慰。今天的成绩不是一日得来的，而是日复一日、年复一年的坚持。在时代向前迈进一大步的背后，有着“东王子”人的努力。今后企业应继续密切注意时代动向，听取用户意见，以用户的需要为己任并采取相应的措施满足用户的需求。

有人说：一个人的成就感来源于他为别人做了些什么，一个企业的成就感则是他为这个社会做了些什么。“东王子”从踏入这个行业的第一步起，就深知肩上的责任，就明白这个行业不是在短期内就能看见成效的。俗话说：春耕秋实，对于我们来说有时“耕种”的季节不仅仅是几个月、几年，甚至需要一代人。几代人来共同完成。因此，信念对于我们来说很重要：我们从事的是一件造福子孙后代的事业，即便困难，也要勇敢无畏。

展望未来，豪情满怀。新时期，面临着新任务，孕育着新希望，也意味着新挑战。中国在世界经济市场中占有举足轻重的位置，而且发挥着越来越大的作用。和谐中国，和谐社会需要和谐产业。我们将不畏艰难，拥抱希望，迎接挑战，为了实现更加伟大的光荣与梦想，缔造新境界，创造新辉煌。

倡导环保依旧是我们永恒不变的责任！

谈谈我国粮油机械的发展与走出国门

——在粮油企业“走出去”战略研讨会议上的发言

2007 年 5 月 17 日

为了回顾我国粮油机械工业的发展历史，最近我查阅了一些历史资料，并从谢健、张元培等权威人士那里了解了一些我国粮食加工机械的发展历史。通过这些活动，使我得出这样一种认识：我国粮油加工业的发展给粮油机械工业提供了广阔的发展空间，而粮油机械工业的进步又促进了粮油加工业的大发展，可以毫不夸张地说，它们是一对孪生兄弟，谁也离不开谁。回顾历史还使我们认识到这样一个事实：我国的粮油机械工业经历了从无到有、从小到大、从弱到强、从进口到出口的过程，才造就了今天这样一个繁荣、先进的局面。

一、我国粮油机械工业的兴起

粮油机械工业是粮油工业的重要组成部分。粮油机械工业包括米、面、油、饲料加工设备的制造；粮油仓储、运输设备的制造；粮油食品深加工以及包装、计量、销售设备；粮油检测化验仪器设备。

新中国成立以前，我国的粮油工业大多以简单而原始的作坊为主。除上海、天津、北京、广州、武汉、沈阳等几个大城市外，绝大多数地区都是用土磨、土碾和土榨加工粮油，设备陈旧，工艺落后，操作笨重，生产环境差，经济技术指标低下的状况可想而知。有一定规模、像样的加工企业屈指可数，而且这些企业的生产设备大多是从国外进口，更为严重的是，全国没有一家专门生产粮油机械设备的制造厂，这与我们这个泱泱大国和农业大国的地位极不相称。随着我们国民经济的恢复，尤其是在第一个五年计划时期，我国的粮油加工产量增加迅猛，而为数众多的粮油加工企业设备陈旧，年久失修，无力承担这样的任务，急需进行更新改造。为了尽快改变这种状况，当时的粮食部决定建立粮油机械厂，实行专业生产，并随即于 1958 年夏天在青岛市首次召开了粮油机械工作会议，制定了粮食部门发展粮油机械规划，这次会议拉开了全国兴建粮油机械工业的序幕。当年 10 月，即在北京东郊面粉厂机修车间的基础上，建立了北京粮食机械厂；次年 3 月经国务院批准，又将无锡市重工业部门所属的机械制造厂和化工部门所属的橡胶滚筒厂移交给粮食部，合并成立了部属的无锡粮食机械厂，同时批准上海市粮油机械制造厂划归粮食部直属管理；1964 年又在郑州钢板油库建设工程队的基础上，扩建为粮食部郑州粮食机械厂。至此，初步形成了粮食部门自己的粮油机械制造的骨干力量。

1965 年，在全国各行各业开展备战备荒的背景下，有计划地对沿海大城市骨干企业实施内迁计划。粮食部门先后将北京粮机厂与生产榨油机械产品的天津市同义和机械厂合并迁往山西省长治市，将上海粮机厂迁往湖北省安陆县，将无锡粮机厂的砻谷胶辊车间迁往湖南省常德市；与此同时将地处西部地区的四川绵阳粮机厂和甘肃永登粮机厂收归粮食部扩建为直属企业。最终形成了无锡、安陆、长治、常德、郑州、绵阳、永登等七个粮食部直属粮机厂。使米、面、油加工和仓储运输机械设备达到了的配套成龙，批量生产的水平。

在粮食部建立直属粮机制造企业的影响下，为适应各地粮油工业的发展，各省、直辖市、自治区相继兴建了一批由省市、自治区粮食厅（局）直接管理的粮油机械制造厂；一些条件较好、粮油工业比较发达的地区，县级粮食部门也建设了一批粮油机械厂；不少大中型粮油加工厂内设置机修车间，实行修造结合，致使我国在 20 世纪 70 年代中期就拥有了相当规模的粮油机械制造能力。

为支持和促进粮油机械工业的健康、协调发展，原粮食部粮油工业局通过计划安排，进行宏观指导。将粮油机械的产品分为部管、省管和厂管三类，以国内粮食部门为主要销售对象，按照需要逐级平衡。其中七个直属粮食机械的生产计划纳入全国计划，承担着制造技术要求相对较高，不适于分散生产的产品，根据当年的基本建设计划和设备更新的需要，实行全国统一分配；省管产品，除了为本省粮油工业发展生产提供产品外，部分产品也要纳入全国分配；一些地、县粮油机械厂制造的产品和厂管粮油机械产品，大多属于生产工艺中的附属、简易、少量的产品。主要根据当地和本省需要生产，一般不作全国统一分配。但不论哪种产品的年度生产计划，都要纳入全国计划，按照“以需定产、择优安排、定点生产、联合成套”的原则进行综合平衡，并组织原材料物资供应。与此同时，在安排年度生产计划时，每年都要组织粮机产品的产需双方签订供销合同，以防止盲目生产，保证各地粮油工业的发展需要。

经过 20 多年不懈的努力，我国的粮油机械工业得到了长足发展。据统计资料表明，到 1985 年，全国独立核算的粮油机械制造厂达 233 家，粮油机械工业总产值 3.8139 亿元；固定资产总值 3.4323 亿元；粮油机械产品产量合计为 9.8 万吨，砻谷胶辊 27.59 万只。我国粮油机械工业的兴起，为新建、扩建和改造粮油工业企业提供了装备，初步满足了粮油工业发展的需要；与此同时，土磨、土碾和土榨式粮油加工作坊被彻底淘汰，也结束了依赖进口的局面，实现了粮油加工工业的机械化和生产工艺的连续化。在全国范围内，粮油工业面貌发生了根本的变化。过去若干年来给人们印象中的粮食加工工人所谓“绳捆孛绑”、“进去十八，出来八十”的尴尬局面，以及在云贵高原流传的“冷吊酒，热榨油，女儿莫进打油楼”的谚语，都成了历史的笑谈。全国成品粮油的加工从数量上到质量上都满足了当时的市场供应，保证了军需民食，支持了国民经济的发展。到 1985 年，全国成品粮食产量达到 5 000 多万吨，其中大米 2 265 多万吨、面粉 2 525 多万吨、杂粮 225 多万吨以及植物油 250 多万吨。粮油工业总产值达 243 多亿元，在中国食品工业中居首位。

粮油机械工业的发展，也创造了粮油工业出口援外的辉煌。以小型砻谷机，碾米机和 200 型榨油机为代表的产品，每年出口达数千台之多，合计创汇 2 600 多万美元。其中“东方红”牌粮机和“双狮”牌砻谷胶辊成为东南亚市场上的畅销产品。承担我国政府对第三世界经济援助的粮油加工厂项目达 30 多个，对这些国家和地区的政治、经济产生巨大影响。其中最有代表性的如：援助缅甸和阿尔及利亚的碾米厂、援助赞比亚的玉米面厂、援助几内亚的花生油厂、援助罗马尼亚的葵花油厂以及援助马里的碾米附属稻壳发电厂项目等等，这一系列的成绩，都体现了粮油机械工业几代员工辛勤劳动的成果，为国家争得了荣誉。

二、我国现代粮油工业的发展

自20世纪50年代末开始，我国的粮油机械工业经历了从无到有、从小到大的发展过程，为我国粮油及食品加工业的发展做出了贡献。与此同时，我们也清醒地看到，由于当时条件的限制，我国的粮油机械产品在制造质量、单机性能、成套水平、大型和关键设备的研制以及机电一体化程度等方面还相对滞后，粮油工业各项经济技术指标与国外先进设备相比还存在着很大的差距，只能满足当时在计划供应条件下成品粮油加工的需要。为适应我国粮油深加工、企业逐步向大型化方向发展，粮油工业实现现代化，赶上国际先进水平的需要，必须进一步加快粮油机械工业的发展步伐，实现粮油机械工业的现代化。为此，自20世纪70年代末开始，在全国范围内组织实施了粮油设备的选型、定型、标准化；“七五”攻关和引进技术消化吸收战略；与此同时国外知名企业在中国合资、独资建设粮油机械厂的出现，进一步推动了我国粮油机械工业的发展。

（一）粮油设备的选型、定型、标准化工作，推动了我国现代化粮油机械工业的发展。

从1976年末开始，国家工作的重心逐渐向以经济建设为中心方向转移。在粮油工业行业，针对我国粮油机械设备型号杂乱、规格繁多、通用性差、成套性差、经济技术指标落后等状况，由当时的主管部门商业部按照国家提出的对现有机械设备要进行标准化、系列化、通用化以及对选定的设备进行重新设计，淘汰落后设备的总体要求，决定对碾米、制粉和制油设备进行选型、定型、标准化工作。此项工作，在原商业部的统一规划下，由科技司、粮油工业局和商科院三个单位组成米、面、油设备的选型、定型、标准化工作领导小组，由科技司牵头对上联系，立项申请经费；粮油工业局负责选定型和标准化的方案审定、组织设计、试制、试验和鉴定，协调工作进度等工作；商科院拟订有关标准化的技术方案、参与设计、试验等工作。领导小组成立后，分别于1978年下半年至1979年上半年召开了选型、定型、标准化工作会议，确定了碾米、制粉和制油设备的选定型方案，明确了工作分工，落实了设计、制造和生产试验示计划。确定了近百种300多台设备作为标准化、系列化、通用化的工作内容，其中油脂加工选定了清理、剥壳、分离、破碎、轧胚、蒸炒、压榨和浸出成套设备、精炼成套设备等共56种175台。为全面考核单机的技术性能和配套后的整体性能，选定型方案决定将新设备组成两条生产线，即日处理80吨的菜籽、棉籽预榨浸出生产线和日处理50吨的精炼油生产线。分别安装在湖北武穴油厂和上海油脂二厂进行实际生产条件下的全面考核。整个选定型和标准化工作，从1979年2月西安选定型工作会议开始至1987年7月在上海对油脂二厂精炼油生产线通过技术鉴定为止，标志着碾米、制粉和制油设备的选定型、标准化工作的全部结束，前后经历了八个春秋，包括从一系列的规划开始，到制订方案、设计、审定、试制、安装调试和验收鉴定等，在我国粮油机械制造业发展史上，堪称是一项庞大的里程碑式的系统工程。参加这项工作的有各地粮油工业主管部门的领导、粮油科研院所、大专院校、有关粮油机械制造企业和粮油加工企业中的工程、设计人员成千上万。这项工作的胜利完成，为我国粮油工业和粮油机械工业的进一步发展，为我国粮油加工设备批量出口和成套对外援助奠定了坚实的基础，同时为后续开展的粮油加工设备“七五”科技攻关和引进技术消化吸收积累了经验，培养了人才，锻炼了队伍。

（二）“七五”攻关和引进技术消化吸收缩短了我国与国际先进水平的差距。

在党的十一届三中全会提出的我国到二十世纪末实现小康社会的奋斗目标指引下，我国经济建设进入快速发展的阶段，人民生活水平不断提高，其中与建设小康社会和提高人民生活水平息息相关的食品工业也同步快速发展。与此同时，对于食品工业的基础工业——粮油工业提出了新的要求，粮油加工产品一贯以“老三样”为主的局面受到严峻的挑战。精米、精面、精油的需求呈直线上升的趋势。面临我国粮油机械工业制造的设备大多不能满足精深加工的需要，而且各项经济技术指标与国外相比差距较大的实际情况，从 20 世纪 80 年代中期起，在原商业部粮油工业局和各省、直辖市、自治区粮食局的共同协作规划下，有计划地引进了一批具有国际先进水平的米、面、油加工成套设备。粗略统计，到 90 年代中期，全国共引进各类粮油加工成套设备 330 多套，其中大米加工设备 40 多套，面粉加工及谷朊粉生产设备 200 多套，油脂浸出、精炼、低温豆粕生产设备、人造奶油、起酥油生产设备和可可脂生产设备等 91 套。

为了替代进口和节约外汇，自 1987 年起，在原商业部科技司和粮油工业局的统一规划下，将引进技术的消化吸收国产化工作列入国家“七五”重点攻关项目。在实施中与粮油设备选定型和标准化工作一样，组织动员了全国粮油科研院所、大专院校、粮油机械制造企业和引进设备的粮油加工企业的力量，按照引进技术国产化的方案，将引进技术中的先进工艺和关键设备纳入“攻关项目”。通过“七五”攻关和引进技术消化吸收，实现了部分引进技术设备的国产化。以油脂加工为例，通过“七五”攻关和消化吸收，完成了自清式离心机、脱皂离心机、脱水离心机、阿玛过滤机、真空脱色塔、脱臭塔、液压轧胚机和环型浸出器等新一代油脂专业设备的设计和试制任务，并建成了一条日处理 50 吨的油脂连续精炼生产线，安装在合肥油厂，经近五年的试运转，各项指标接近和达到引进设备的水平。随着“七五”攻关项目和引进技术设备消化吸收国产化的实现，使我国的粮油工业和粮油机械制造水平又上了一个台阶，进一步缩短了与国外先进水平的差距。

通过上述一系列的工作，进一步推动了我国粮油机械工业发展。据原内贸部工业司统计，到 1996 年，全国独立核算的粮油机械厂有 271 家，粮油机械产品产量达 26.7 万吨，其中榨油机械为 1.85 万吨、磨粉机械为 2.85 万吨、碾米机械为 1.87 万吨、食品机械为 0.4 万吨、通用机械为 1.81 万吨、饲料机械为 0.82 万吨、售粮油机械为 0.29 万吨以及砻谷胶辊 36 万只，粮油机械工业的产值达 20.32 亿元（当年价格）。与 80 年代中期相比，不但产量、产值有了大幅度的增长，尤其在产品品种和质量上，发生了一个质的飞跃。这一事验证了我国粮油机械工业的快速发展历史。

（三）引进和利用外资，提升了我国粮油机械工业的现代化水平。

随着我国改革开放的进一步深入，粮油工业引进和利用外资不断取得新的进展。自1993年起，我们鼓励有声望的国际粮油设备制造商到中国合资或独资兴办粮油械制造企业。从此，先后有瑞士、日本和美国等知名粮油设备制造商兴办了无锡布勒机械制造有限公司、佐竹机械（苏州）有限公司和武汉皇冠友谊油脂工程有限公司。这些合资、独资企业的出现，不仅给我们带来了国际最高、最新的制造技术，同时又带来了先进的管理经验；不仅给我国的粮油机械制造行业引入了竞争对手，带来了压力，同时又使我们的企业把压力变成求生存谋发展的动力。在这段不寻常的发展过程中，又赶上我国粮食流通体制改革的不断深入。为了解决和克服国有企业历史遗留的包袱和管理机制上存在的弊端，各地粮食部门对原来的国有粮油工业包括粮油机械工业进行了管理体制和所有制方面的改革，至今绝大多数企业完成了重组、改制。经过这一脱胎换骨的改革，极大地调动了经营者的积极性，焕发了粮油机械工业的生机和活力，有力地促进了我国粮油机械制造工业的快速发展，涌现出一批新型优秀的粮油机械制造企业。例如，江苏牧羊集团、正昌集团和巨能机械有限公司；湖北永祥粮机公司和安陆天星制油设备工程公司；河南开封二粮机；湖南郴州粮机厂和湘粮机械厂；浙江耀江粮机厂和齐鲤粮机有限公司；河北南皮机械有限公司和张家口粮机厂；天津核工业理化工程研究院以及山东黄淮粮油机械集团有限公司、大连宝峰机械制造有限公司和陕西衮雪制粉机械公司；等等。可以这样说，这十多年是我国粮油机械工业又一次最好最快的发展时期，我国粮油机械工业产品发生了一个质的变化，许多产品已经接近和达到国际先进水平，从而为我国粮油机械在新的起点上，实施新一轮的“走出去”战略，奠定了可靠的基础。

三、我国粮油机械要走出国门

我国粮油机械工业从1958年兴建开始，已经经历了半个世纪的历程。这一发展过程凝聚着全国粮油科技和粮油工业几代人的辛勤和劳动，是来之不易的。

随着我国粮油机械制造工业的发展，我国已经成为粮油机械设备的制造大国，可以预料在不久的将来，还将成为粮油机械设备的出口大国，这不仅是粮油机械工业的发展趋势，也是我们同行业内人士的责任。我之所以这样说是根据以下几点理由的：

第一，从国际环境方面来看，我国成功的外交政策和我国国际地位空前的提高，给粮油机械产品走出国门创造了极好的条件。正如大家都十分清楚的，现在，“中国制造”这个词，在国际上反响很大，不论是在欧美发达国家还是在尚处于贫困的地区，“中国制造”的商品到处可见，但是在与国际民生有着密切关系的中国制造的粮油加工机械产品在国际市场上却见得不多，这是一个严峻的现实，当然也是我们“走出去”的机遇。

第二，产品质量有了很大提高。近几年来，随着我国粮油机械工业不断创新和应用高、精、尖的加工手段，不仅使产品表面平整度和光洁度与国外先进设备相差无几，而且内在质量也有很大提高，这是在十年以前无法做到的。

第三，设备性能先进、可靠。现在我国有相当一些粮油机械产品其性能和经济技术指标已接近和达到国外同类产品的先进水平。同时，随着我国基础工业的技术进步，粮油设备中采用的原材料和各类基础通用件的质量可靠性有了明显提高，如各种泵类、阀门、换热器、气动原件、电机和自控元器件等，从而进一步保证了主机设备的可靠性。

第四，设备产品门类齐全，可以适合不同用户的需要。由于我国粮油资源丰富，品种较多，地区差异较大，粮油加工企业的生产能力各异，客观上形成了我国的粮油机械制造能力可以满足不同国家和地区各类粮油生产及其不同生产能力企业的需要。

第五，价格合理。我国粮油机机械产品的价格与国外同类产品比较，具有较大的价格优势。适合于不同国家特别是国民经济和粮油加工欠发达的国家和地区用户的需要。

最后，国家的优惠政策，鼓励企业积极走出去。例如，上海合作组织成员国之间经济贸易优惠政策等，粮食贸促分会和中国进出口银行进行了多次联系，积极争取为粮机出口和对外经济贸易合作取得优惠信贷支持。

综上所述，我们可以肯定地说，我国的粮油机械可以走出国门，而且应该走出国门，大好时机，不容错过。但是怎样走出国门？我们认为既要满腔热情，又要科学冷静，避免盲目行动、一哄而起。为此，我提出以下意见：

（一）要抓紧建立一个统一的对外联络的平台，避免单枪匹马，各自为战，提倡大家一起到国外找市场，搞推销。回顾过去 60～80 年代的粮机出口，就是首先通过中国贸促会组织的国外巡回展览，我们组织重点粮机企业的技术人员进行专业演示、讲解工作，从而逐步给了国外同行一个感性认识。与此同时积极组织有关企业参加每年两次的广交会，结交了一些国外老客户，逐渐形成粮机产品的批量出口。目前这种机制已经发生了变化，应该说条件变得比过去更好，更有利。首先我们早已有了行业的中介组织，如中国粮食行业协会和中国贸促会粮食行业分会（简称“两会”），它们本身的职能就是联结政府与企业的桥梁和纽带，它们的宗旨就是为企业服务，国家赋予他们直接组织企业到国外办展、参展的职能。事实上，最近几年已经为此进行了前期准备工作。例如，去年 9 月与新疆维吾尔自治区粮食局共同举办了中国-中亚粮油企业合作发展论坛。国家粮食局出资，国家粮食局副局长、中国贸促会粮食行业分会会长张桂凤同志到会并作了重要讲话。中亚各国 30 多位代表参会，我国十多家粮机企业到会作了产品推介活动。会议取得了一个共识，希望中国与中亚各国尽快组建一个常设联系机构，初步定名为“中国-中亚粮油合作发展促进会”。这个构想得到了上海合作组织中国实业家委员会的首肯，并表示拟将其纳入上合组织架构以内。与此同时，去年 12 月中国贸促会在昆明召开了中国-南亚商务理事会，旨在发展中国与南亚各国间各领域的经济贸易合作。粮食贸促分会有幸被吸收为会员单位，粮食贸促分会的田雨军同志出任第一届理事会理事。这些都显示了搭建粮油机械出口机制的平台已经基本成形。特别应引起我们关注的是，今年 5 月 28 日，中国贸促会会长万季飞将率 50 多人的代表团访问俄罗斯和中亚诸国，粮食贸促分会及部分粮机企业的代表将随团前往，并在哈萨克斯坦召开中国粮机推介信息发布会，携带了近百家中国粮机产品资料在会上作介绍，我希望这次会议之后，在粮机行业“走出去”这个问题上，“两会”将与各企业加强沟通和联系，及时交换信息，共同策划“走出去”的具体实施方案，力争在较短的时间内见到实效。

（二）集中精力、选准目标、避免重复、少走弯路。我之所以提出这个意见，是基于历史上的经验。前面我已讲到，我国的粮油机械水平有了很大的提高，但是不可否认，我们的国外市场主要是那些粮油工业欠发达国家和地区，具体的讲就是非洲、中亚、东南亚等国家和地区，这些国家和地区大多曾经与我们有过交往和了解，特别是在非洲遗留有我国政府援建的数十个粮油加工厂项目。这些项目一度对该国的国民经济发展起了积极作用，同时给当地人民群众留下了深刻的印象，建立了深厚的友谊。去年中非合作论坛北京高峰会之后，又掀起了新一轮的中非热，国家出台了一些鼓励政策。现在，这些国家的粮油加工状况大都没有多大变化，这正是我们“走出去”的机遇所在。

（三）练好内功、建立诚信、站稳脚跟。要使我国粮油机械“走出去”，不能凭一时的热情，不能图眼前的利益，而应当有一个统一的、长远的规划和措施，特别是要练好内功。我这里所说的内功，一是要有一批会外语、懂技术、善经营，才能够“走出去”的人才。二是要有适应“走出去”的运行机制。新疆维吾尔自治区粮食局到中亚考察粮机市场的同志得到的反映是，那里确实有广阔的市场，我们的产品在质量、价格上很受欢迎，但人家却不放心，因为我们有的企业把产品卖出去，拿到钱就万事大吉，毫不考虑售后服务问题，如果这样“走出去”，其结果只能是走一处，败一处，而且不仅是败坏一个企业的声誉，很可能要连带中国产品的失败。因此，要做到能够真正走出去，站稳脚跟就不仅仅是一句口号，而是包括许多扎扎实实的工作和配套措施，需要我们集思广益，认真对待。去年在新疆召开的中国-中亚粮油企业合作论坛会上，国家粮食局张桂凤副局长向中外到会代表引用了“诚招天下客”的古语，并且当面承诺中国出口产品将保证做好售后服务工作。这是代表政府主管部门许下的诺言，凡是想“走出去”的企业必须认真落实。历史的教训，无数的事实证明，没有诚信是站不住脚的，如果是对自己的产品不负责任，我的意见还是不要“走出去”为好。

（四）要有耐心，多渠道，开辟国际市场。实现“走出去”的战略必须具备足够的耐心和毅力，今天提出的“走出去”也不仅仅是卖出多少台设备就了事，还要着眼到国外去办合资、独资企业，这就包含了资本和技术的输出内容。可以说，这是一个复杂、庞大的系统工程，绝不可能一蹴而就。在这里，我要提醒在座的同行，一定要冷静思考，科学对待，做出成绩，期待再创粮油机械产品对外经济合作的新辉煌！

联合起来是我国粮油企业实施“走出去”发展战略的当务之急

——在第二届“搭建中国-中亚粮油企业合作交流平台研讨会”上的发言

2007 年 10 月 11 日于喀什

在国家粮食局的关心、支持下，国家粮食局发展交流中心、中国粮食行业协会、中国国际贸易促进委员会粮食行业分会于 5 月 17 日在北京联合举办了“中国企业跨国投资研讨会暨粮油企业‘走出去’战略研讨会”。国家粮食局张桂凤副局长、中国粮食行业协会白美清会长出席了会议并作了重要讲话；来自各国各地粮油加工、粮机制造骨干企业的百余名代表参加了会议，会上，有关领导和专家就我国粮油企业，尤其是粮油机械制造企业能不能“走出去”和如何“走出去”等问题进行了发言；一些企业的代表从我国粮油机械工业的发展与走出国门、开拓中亚粮油机械市场等不同侧面进行了深入交流；会议期间，与会代表出席了由商务部、中国国际贸易促进会等单位主办的“中国企业跨国投资研讨会”，提高了对党中央、国务院提出的“走出去”战略部署的认识，对企业跨国投资的政策措施以及在实施跨国投资中应注意和准备的问题等方面，有了全面的了解。会议开得很成功，增强了粮油企业“走出去”的信心。

为落实我国“走出去”的发展战略，帮助和促进粮油企业尤其是粮油机械生产企业开拓中亚市场，拓展对中亚地区的对外投资、合作与国际化经营贸易，经国家粮食局批准，今天，国家粮食局发展交流中心与新疆维吾尔自治区粮食局在美丽的喀什召开第二届“搭建中国-中亚粮油企业合作交流平台研讨会”，应邀参加本次研讨会的在座的各位代表，是国内有代表性的粮油加工、粮油机械生产企业和粮油科技设计单位的代表。通过研讨，共商联合开拓国际尤其是中亚市场的大计。借此机会，我就粮油企业“走出去”和如何“走出去”再讲些意见，供参考。

一、我国粮油企业和粮机企业已经具备了“走出去”的条件

在 5 月 17 日召开的“中国企业跨国投资研讨会暨粮油企业‘走出去’战略研讨会”上，通过交流与研讨，一致认为，我国粮油企业和粮机企业已经具备了“走出去”的条件。主要体现在以下几个方面：

第一，我国经济的快速发展和国际地位的空前提高，给粮油企业和粮机产品走出国门创造了极好的条件。我国国民经济的持续、稳定、快速发展，国家实力增强，人民生活不断提高，世界公认，与世界各国的交流和经贸往来不断扩大；我国的国际地位空前提高，“中国-东盟峰会”的召开，上海合作组织的建立，中非合作论坛的举办，为我们实施“走出去”战略，营造了良好的环境、搭建了很好的平台。为落实党中央、国务院提出的“走出去”战略部署，国家有关部门，已确定了要“引导和规范企业对外投资合

作，完善财政、信贷、外汇、保险等政策措施，支持有实力、有信誉、有竞争力的各种所有制企业走出去”的方针政策，出台了许多优惠政策，为我国粮油企业实施“走出去”战略创造了良好的宏观环境，我们应该抓住这个难得的机遇，把粮油企业走出国门的文章做好。

第二，粮油企业“走出去”已经有了一定的基础。随着我国粮油机械工业的发展，自20世纪60年代开始，结合援外任务，曾经创造过粮油工业出口外援的辉煌。到20世纪80年代，以小型磨粉机、碾米机和200型榨油机为代表的我国粮机产品，每年出口达数千台之多，合计创汇2 000多万美元。其中“东方红”牌粮机和“双狮”牌砻谷胶辊成为东南亚市场上的畅销产品。自60年代初援助越南建设米厂开始，先后为第三世界国家建设了30多个粮油加工厂。其中最有代表性的如：援助越南、缅甸和阿尔及利亚的米厂；援助赞比亚的玉米面厂；援助几内亚的花生油厂；援助北也门的棉籽油厂；援助罗马尼亚的葵花油厂和大豆浸出油厂；援助巴基斯坦的米糠浸出油厂以及援助马里的碾米附属稻壳发电装备等等。改革开放以来，尤其是近十年来，我国粮机出口又有新的发展，有的已出口到发达国家。其中有代表性的是江苏牧羊集团和正昌集团的饲料加工机械及成套设备；河北南皮机械有限公司和湖北安陆天星制油设备工程公司的榨油机械；湖北安陆永祥粮机公司和浙江耀江粮机厂的碾米机械及成套设备；河北张家口粮机厂和河南开封茂盛粮机有限公司的磨粉机械及成套设备；等等。另外，以中粮公司为代表的一批重点粮油企业，通过内外结合、工贸结合，培养了一批熟悉外贸的人才。以上所述，为我国粮油企业“走出去”积累了经验，打下了良好的基础。

第三，我国粮油机械产品质量上乘，设备性能先进、可靠，设备的选型、定型、标准化工作、“七五”攻关和引进技术的消化吸收缩短了与国际先进水平的差距。近几年来，随着我国粮机工业的不断创新和应用高、精、尖的加工手段，不仅使产品的外表质量与国外先进设备相差无几，而且内在质量也有很大提高。与此同时，随着我国基础工业的技术进步，粮油机械设备中采用的原材料和各类基础通用件的质量可靠性有了明显提高，有力地保证了粮油机械产品的先进性和可靠性，进而使我国有相当一部分粮油机械产品其性能和各项经济技术指标已接近和达到国外同类产品的先进水平，已经成为国内外用户心目中的名牌产品，这是我国粮油企业和粮机产品“走出去”的重要物质基础。

第四，我国粮油机械产品门类齐全，可以满足不同用户的需要。由于我国粮油资源丰富，品种较多，地区差异较大，粮油加工企业的生产能力各异，加上我们拥有近三百家粮油机械制造企业。这就在客观上形成了我国粮油机械的制造能力和产品可以满足不同国家、不同地区和不同生产能力加工各类粮油产品的需要。我国粮油机械制造能力之大，产品门类齐全，是世界上任何国家都无法比拟的，这是我国粮机产品走出国门的最大优势。

第五，我国粮机产品的价格合理，有很强的竞争优势。我国各类粮油机械产品与国外同类产品比较，具有明显的价格优势。这适合于不同国家的需要，尤其适合于国民经济和粮油加工业欠发达国家和地区的广大用户需要。这种价格优势，在国外享有物美价廉的声誉。

第六，我国拥有一支很强的，高水平的粮油科研设计队伍。以无锡、北京、郑州和武汉为代表的我国粮油科研设计队伍，近半个世纪来，为我国设计建造了成千上万个粮油加工、饲料工和粮油仓库，为我国粮油企业的技术进步，赶上世界先进水平作出了贡献。他们是我国粮油企业走出国门，在国外投资建厂的可靠技术保证。

以上几点，充分说明，我国粮油企业和粮机企业已经具备了“走出去”的条件。

二、我国粮油企业“走出去”应该注意的几个问题

我国粮油企业和粮机企业不仅已经具备了“走出去”的条件，而且还有许多独特的优势，只要应用得当，充分发挥自己的优势，一定能把我国从粮油机械设备制造大国变成粮油机械设备的出口大国和粮油企业对外合作投资大国。回顾和总结我国粮油企业“走出去”的里程，有许多经验教训是值得我们吸取，以便粮油企业在新一轮的“走出去”战略中少走弯路。在“中国企业跨国投资研讨会暨粮油企业‘走出去’战略研讨会”，许多领导、专家和企业代表，对过去我国粮油企业在“走出去”中存在的问题和今后应该注意的问题提出了许多好的建议，归纳起来主要有以下五点：

第一，要充分利用好粮食行业的中介组织，抓紧搭建统一对外联络服务平台，以免企业单枪匹马，各自为战，提倡大家联合起来到国外去找市场，搞推销，搞合作。回顾过去计划经济年代的粮机出口，粮机企业都是通过中国国际贸易促进会和每年的两次广州交易会结交国外新老客户的。粮机产品的出口和对外援助项目的建设都是通过政府有关主管们组织实施的，虽然出口数量有限，却是井井有条。但现在情况发生了很大变化，为了“走出去”，企业单枪匹马自找门路，各自为战的现象比较普遍，企业“走出去”的成本较高，挫伤了“走出去”的积极性。现在，在新形势下提出“走出去”的发展战略，鼓励粮油企业走出国门，就需要同时考虑重新组合力量，开辟一个顺畅的渠道，搭建一个合适的平台，那就是政府支持、协会牵线、整合提升、扩大联合。

第二，在联合的前提下，规范企业行为，逐步做到对外统一价格，统一售后服务。现在，在这方面的问题较多，由于各自为战，对外无法协调，竞争无序，造成在出口产品的价格上相互压级压价，甚至互相拆台，互相贬低。据了解，我国粮机企业在中亚市场相互恶意竞争，消耗很大，使我国的粮油机械产品在国际市场上得不到应有的国际贸易利润；由于价格偏低，造成一些企业的出口产品无利可图，影响了售后服务，影响了零配件的及时供应，这种急功近利的行为，给中亚国家留下了低价质次的印象，给用户留下了使用“中国的粮机产品不放心”的极坏影响。这种一锤子买卖的做法，不仅对企业的自身利益没有好处，同时损害了“中国产品”的形象和国家的形象。为了保护企业和行业的长远利益，大家认为“走出去”的粮油企业，急需组织联合起来，以规范企业行为。

第三，粮油企业“走出去”，必须坚持“诚信为本”。经验告诉我们：诚信是国际交往中合作的基础。企业以“诚信为本”签订合同，执行合同，就能赢得客户的忠诚。反之，“言而无信”或“出尔反尔”最终只能是自毁形象，产品和企业被市场所抛弃。经验还告诉我们：只有本着“互助、互求、互需、互惠”的原则与客户建立长期的合作关系，才能实现企业和客户的双赢局面。在这方面，我们有些企业做得还很不够，有的甚

至不讲信誉，不顾后果。这里，我想向大家介绍一副对联。在北京西直门的车公庄有一个名为健魁春的饺子馆，在他的门口挂了一副“良心交易永生财，善性经营多得利”的对联，每次路过时我都要念一遍，很受感触。我常想，这样的小店都能把“良心交易”和“善性经营”作为自己的座右铭，难道我们有些粮油企业就不懂得“诚信”的重要性吗？对此，我曾说过，一个企业如果没有诚信，是早晚站不住脚的。并奉劝他还是不要“走出去”为好。

第四，在“走出去”的地区布局上，除了传统地区以外，目前应配合中国与东盟“10＋1”自由贸易区的发展和上海合作组织向经济合作方面发展，“西进南下”，拓展市场，进而为将来东亚贸易区的形成及早布点设厂，打好基础。同时需要向中东、非洲拓展。至于西欧、北美、拉美等粮油市场，那里跨国公司已苦心经营多年，但也有空间可寻，我们应谨慎从事，逐步开拓，通过发挥我们的优势和长处，取得进展。

第五，要逐步熟悉当地的风土人情，风俗习惯，贸易法律法规，逐步融入当地社会，并要逐步使企业人才本土化。要在当地使领馆的帮助下，尽快熟悉情况，打通关系，促进当地粮油界的合作，以收互利共赢之效。与此同时，要注意练好内功。这里所说的练好内功，一是要有一批会外语、懂技术、善经营，能够“走出去”的人才；二是要有适应“走出去”的运行机制。

以上五点，是大家对今后我国粮油企业如何“走出去”的共识。大家认为，只要我们不断总结经验，坚持扬长避短，我国粮油企业“走出去”的路子就将会越走越宽畅。

三、联合起来，是我国粮油企业实施“走出去”发展战略的当务之急

我国粮油企业实施“走出去”发展战略的各项准备工作，千头万绪，但我认为当前最重要最急需的是要把大家组织起来，搭建对外联络的服务平台，这是我国粮油企业能否“走出去”的当务之急。我们这次研讨会的主要任务，就是把大家请来，共商联合开拓国际尤其是中亚市场的大计。

在粮油企业“走出去”战略研讨会上，国家粮食局张桂凤副局长在总结报告中明确表示，国家粮食局支持“搭建中国-中亚粮油企业合作交流平台”。并要求粮食贸促会和中国粮食行业协会进一步发挥中介服务功能，抓紧与有实力的企业联系，把他们吸收到这个组织内，形成一个中国对中亚粮食行业合作的强大群体，为这些企业“走出去”创造有利条件。从本次研讨会的三个议题看，就是要具体贯彻落实国家粮食局和张局长的报告精神，把大家组织联合起来，进一步推动粮油企业走出国门。下面，我就研究成立上海合作组织中国实业家委员会框架下的“中国实业家委员会粮油分会（筹备组）”讲点认识和意见，供大家讨论时参考。

第一，成立“中国实业家委员会粮油分会（在正式批准成立前为筹备组）”，是粮油企业，尤其是粮机企业在新形势下，组织联合起来，走出国门的重大举措和重要组织形式，是非常及时的和必要的。这个组织，不仅要帮助企业拓展中国与中亚诸国间粮油企业的合作，同时将帮助粮油企业走向其他国际市场。

第二，“中国实业家委员会粮油分会”根据总会的章程和要求，将制订自己的章程和主要任务。为不影响工作，我建议：在未经正式批准登记成立前，在本次研讨会期

间，先组建“中国实业家委员会粮油分会（筹备组）”，以便开展工作；当前的主要任务，是否可以参考我在前面归纳的五点“应该注意的问题”有重点的逐步推进；当前“走出去”的重点地区，应该放在与中亚诸国间粮油企业的合作上；赞同国家粮食局发展交流中心提出的2007年、2008年对外交流的工作计划。

第三，“中国实业家委员会粮油分会”（批准前为“筹备组”）办公地点设在北京，挂靠中国贸促会粮食分会或国家粮食局发展交流中心，业务工作受他们指导和帮助。

第四，关于“中国实业家委员会粮油分会（筹备组）”的组织机构。建议设会长1名、副会长若干名；秘书长1名、副秘书长2名；名誉会长、顾问、技术专家若干名。为便于工作，会长、秘书长由中国贸促会粮食分会或国家粮食局发展交流中心选派。

第五，为方便对中亚诸国联系，会议期间，还将讨论在乌鲁木齐成立“中国粮油机械出口联合体”。它是“中国实业家委员会粮油分会”旗下的重要对外窗口。有关“联合体”的组织形式、主要任务等将由张新哲同志作详细介绍。关于联合体的组织领导机构，为避免重复，其成员由“中国实业家委员会粮油分会”选派或干脆采用两块牌子，一套人马。

中国-中亚粮机出口联合体座谈会上的小结发言

2008 年 10 月 16 日于南京

由中国贸促会粮食行业分会主持召开的“中国-中亚粮机出口联合体座谈会”马上就要结束了，此次座谈会时间虽然短，但开得很成功。

刚才中国贸促会粮食行业分会通报了“中国粮机出口联合体”筹备组成立一年来所做的主要工作和下一步工作的打算；贸促总会郭处长介绍了有关开拓中关于粮食种植与农机市场的一些意见：中国进出口银行介绍了中国政府援外优惠贷款和优惠出口买方信贷；哈萨克粮食贸易集团总代表介绍了中亚粮油加工市场的需求和投资环境；新疆麦立克公司介绍了有关粮食贸易的成功经验等等，内容十分丰富，达到了沟通信息，谋求进一步合作和发展的目的。我相信，此次座谈会一定会对中国与中亚各国之间的经贸关系起到积极的推动作用，尤其是对我国的粮机产品实施“走出去”战略将起到促进作用。

为了进一步推动我国粮油企业实施“走出去”战略，我有如下几点希望：

（一）希望在中国贸促会粮食行业分会和国家粮食局发展交流中心的具体指导下，进一步发挥“中国粮机联合体”筹备组的作用，以实现我国粮机产品早日打入中亚市场。

（二）希望上合组织（上海合作组织）实业家委员会和中国进出口银行在政策上继续大力支持和扶持我国粮油企业走出国门，尤其支持粮机企业尽快实施“走出去”战略。

（三）希望中亚各国粮油企业加强与中国贸促会粮食行业分会和“中国粮机企业联合体”筹备组的联系与合作，通过经常性的沟通信息，达到扩大贸易的目的。

（四）希望我国粮机企业在产品出口到中亚时，一定要认真做到质量优，服务好。

最后，希望下一届“粮油技术研讨会暨中国-中亚粮机出口座谈会”能早日在中亚有关国家召开，以推进中国与中亚各国粮油企业之间的交流与合作。

努力为粮机企业服务，不断推进粮机出口

2008 年 10 月 16 日于南京

今天很高兴参加“中国-中亚粮机出口联合体座谈会”，并与大家一起探讨中国与中亚国家在粮机领域里的经贸合作。

中亚国家是连接亚欧的交通要道，虽然经济结构目前较为单一，但由于其自然资源丰富，苏联解体后，市场一直被各国所看好。很多国家不但把自己的产品打入了中亚市场，还逐步开展了在工业、农业等领域的深层次合作。

近年来，中亚国家和我国的贸易发展较快，每年的贸易额超过十亿美元，主要为轻工、纺织、家电等产品。

由于近年来全球粮食形势趋紧，中亚国家粮油加工市场的需求正在不断扩大。我国和中亚国家在粮机市场有着很大的互补性，中亚国家在粮油加工机械生产、制造方面发展缓慢，几乎所有的粮油加工设备均需进口，使用的一些前苏联设备也急需更新换代。而我国粮油机械设备生产能力强、质量好、价格合理，加之中亚国家与我国毗邻，交通方便，售后服务方便，市场需求和发展空间很大。中亚国家有市场，我国有设备、技术，这些都是我们同中亚国家进行深层次合作的基础。为此，我国粮油机械设备生产企业应该树立“走出去”的战略，以扩大粮机产品的市场占有率。

为推动我国企业实施“走出去”战略，国家对有条件的企业实施政策和资金等方面的扶持，以利用有效资源，促进共同发展。上合组织（上海合作组织）中国实业家委员会的成立，为我国和中亚国家在外交和经济合作方面开辟了前所未有的良好渠道，搭建了良好的平台，提供了很大的发展空间，尤其是定期召开的上合组织首脑级会晤更加快了中国与中亚国家间的合作与交流，使一些重大合作意向逐渐变成了现实。特别是粮食贸促分会被批准成为上海合作组织中国实业家委员会成员单位之后，为“联合体”筹备组推进粮机出口提供了更为广泛的平台和渠道。

2007 年底，中国贸促会粮食行业分会、国家粮食局发展交流中心在新疆喀什召开了“中国-中亚粮油企业合作交流平台研讨会”，国家粮食局副局长张桂凤同志出席会议。国内 22 家粮机生产企业的代表参加了会议。会议围绕粮机企业“走出去”这一主题，与会代表就如何建立有效信息沟通渠道，如何建立有效的合作机制和体制，以推进粮机出口等方面发表了意见和建议。会议决定在粮食贸促分会和发展交流中心的基础上成立“中国粮机出口联合体”筹备组，分别在北京和乌鲁木齐设立办事机构，把它作为国内粮机企业对外交流、对外宣传、对外合作的载体，并通过它把国内质量优、服务好、信誉高的企业和产品推向国外。“联合体”筹备组成立一年来，在国家粮食局、商务部、中国国际贸易促进委员会、中国进出口银行等单位的大力支持下，为推进粮机出口做了大量的工作。

我们充分利用这一平台和渠道，向政府主管部门为国内粮机企业“走出去”申请政

策和资金上的支持，向中亚国家的组织、机构和企业宣传粮机出口联合体，宣传我们的粮油加工设备。同时把中亚国家在粮机需求方面的信息带回来，有的放矢地组织对口企业产品出口。

“联合体”成立后，我们具体开展了以下几项工作：

1. 根据要求，2008 年 7 月我们向中国贸促会、上合组织中国实业家委员会呈报了《关于在中亚国家开发粮食种植、粮食加工项目进展情况及拓展建议》，希望把粮油加工设备出口项目列入上合组织实业家委员会的长期工作规划之中。

2. 2008 年 8 月，粮食贸促分会副会长田雨军同志陪同中国贸促会于平副会长出席在杜尚别召开的“上合组织实业家委员会峰会”。会议期间，田雨军同志分别拜会了与会各国商协会负责人，与上合组织各国实业家委员会代表进行沟通，阐述了“联合体”在促进粮机出口方面所做的工作和设想，宣传了我国的粮机产品。

3. 摸索以不同的方式推动粮机产品的出口。今年年初，哈萨克斯坦企业与“联合体”建立了联系，哈方企业希望在“联合体”的帮助下申请中国与中亚政府优惠贷款，用于购买中国粮机成套生产设备，建设油脂生产企业和面粉生产企业。为此我们与中国进出口银行优惠贷款部取得联系，咨询了中亚企业申请中国政府优惠贷款所需要的条件，包括企业资质、贷款规模、贷款期限、还贷方式、贷款担保等问题。同时我们将“联合体”内资质好、信誉高的企业推荐给哈方，进行前期的准备工作。通过这种形式，既可以帮助哈方企业申请中国政府优惠贷款，又能把中国粮机产品推向中亚市场。

4. 印制《粮机企业宣传册》（中俄文版）向中亚驻我国使馆、组织和机构进行发放。我们筛选了行业内有意发展中亚业务、企业资质好、产品质量过硬、售后服务完善的粮机企业，将他们的产品编制成《粮机企业宣传册》（中俄文版），通过各种渠道向中亚驻我国使馆，组织和机构进行发放。

5. 搜集中亚国家粮食及粮机市场需求、投资环境等情况，向筹备组内企业免费发放。

与此同时，“联合体”成立后，在实际操作过程中，也存在一些问题，主要有：

1. 缺少针对粮机出口的具体扶植政策和措施。

2. 中亚企业不了解中国粮机产品，缺乏对中国粮机的质量、价格、售后服务等相关信息；中国粮机企业也不了解中亚市场，不清楚中亚市场上粮机的需求。信息的闭塞导致中亚企业无法满足自己的需求，中国企业无法为自己的产品找到销售市场。

3. 中亚企业希望能通过向中国申请政府优惠贷款购买中国粮机，但是多数中亚国家私营企业与政府部门、上合组织实业家委员会等机构之间缺乏深层次的沟通，对利用优惠贷款等信息不畅，得不到政府支持。

4. 粮机“走出去”的多头管理现象较为突出。牵头的机构多，负责机构少，导致很多项目不能实施。

对此，我们拟定了“联合体”筹备组今后的工作方向：

1. 针对双方缺乏有效信息沟通渠道的情况，我们将在加强信息建设方面下功夫。继续为“联合体”筹备组企业提供信息期刊，介绍中亚粮机市场以及相关的政策；定期与中亚企业沟通了解其需求并向其介绍中国粮机企业，树立中国粮机品牌形象，为中国粮机打入中亚市场打下坚实基础。

2. 调整“联合体”筹备组工作方向，依托粮油龙头企业，走联合发展的道路。

3. 在中亚国家举办“粮油技术研讨会”以此为平台，推进粮机出口。

最后，祝座谈会圆满成功！

粮油机械的发展要跟上时代发展的步伐

——在湖北省粮食机械专业座谈会上的讲话

2010 年 5 月 25 日于湖北天门

今天，我和中国粮油学会常务副理事长兼秘书长胡承淼同志，中国粮油学会油脂分会副秘书长、专家办公室主任、中国农机院油脂所所长相海同志，应湖北省粮食行业协会王玉梅副会长的邀请，很高兴参加湖北省粮食机械专业座谈会。并与大家一起探讨我国粮机工业的发展大计。由于最近较忙，没有很好准备，下面就我国粮机工业的发展讲三点就看法，供参考。

湖北省粮机工业是全国粮机工业的佼佼者：①省里重视；②大家齐心、人气旺、团结合作，表示最热烈的祝贺。

一、我国粮机工业的发展水平集中体现了我国粮油工业的发展水平。

我国的粮机工业是随着我国粮油工业的发展应运而生的。可以说，我国粮油工业的发展促进了粮机工业的发展，反之，粮机工业的发展，又保证我国粮油工业的快速健康发展，粮机工业是我国粮油工业发展水平的集中体现。

回顾历史，我们可以清楚地看到，在新中国成立以前，我国的粮油工业大多以简单而原始的作坊生产为主。除上海、天津、北京、广州、武汉、沈阳、大连等几个大城市外，绝大多数地区都采用土磨、土碾和土榨加工粮油，设备陈旧，工艺落后，操作笨重，生产环境差，经济技术指标低下。有一定规模、像样的加工企业屈指可数，而且这些企业的生产设备大多是从国外进口的，更为严重的是，全国没有一家专门生产粮油机械设备的制造厂。这与我们这个泱泱大国和农业大国的地位极不相称。

随着我国经济恢复和发展，给我国粮油工业的发展提出了相应的要求，为了适应我国国民经济发展和人民生活的迫切需要，从 1958 年起，原粮食部就制定了我国粮油机械工业的发展规划，号召从中央到地方，都要重视粮机工业的发展，经过 20 多年的努力，原粮食部已建成无锡、安陆等七个部属粮机厂；各省市区也随之兴建了一批由省市区粮食厅局直接管理的粮机厂；一些条件较好，粮油工业比较发达的地区、县级粮食局也建设了一批粮油机械厂；不少大中型粮油加工厂内设置了机修车间，采取修造结合，致使我国在 20 世纪 70 年代中期就拥有了相当规模的粮油机械制造能力，为米、面、油加工和仓储运输机械设备能做到配套生产，批量生产，在满足国内需求的同时，并有了部分粮机出口、援外。

随后，为促进粮油工业的进一步发展，我们开展长达 8 年之久的粮油设备的选型定型和标准化工作；开展了引进技术、设备的消化吸收再创新工作，从而缩短了我国与国际先进水平的差距。随着改革开放的深入，我们又通过引进和利用外资，进一步提升了我国粮油机械工业的现代化水平。现在，可以说，改革开放30多年来，给我们粮油机械工业又一次较好较快的发展时间，我国粮机工业产品有了一个质的变化，如今，我国的粮油机械，无论是单机的技术水平或是单机最大处理量，还是成套设备和生产线的生产能力都得到很大提高，我国的粮油机械装备业已经完全有能力为我国粮油工业的发展提供技术含量高、生产能力大、性能先进、质量可靠的单机或成套设备，并远销国外，许多产品已接近和达到国际先进水平。

随着粮油机械的发展，我国的粮油加工业发生了翻天覆地的变化，粮油的精加工和现代化水平大大提高了，在粮油产品质量不断提高的基础上，各类粮油小包装产品应有尽有，与发达国家没有多大的区别。由此可见，我国粮机工业的发展，是我国粮油工业不断发展和实现现代化的根本保证。粮机工业的技术水平是粮油工业技术水平高低的具体体现，现在我们可以这样说：没有现代化的粮机工业，也就没有现代化的粮油加工。

二、粮机工业的发展要跟上时代发展的步伐

经过半个多世纪的不懈努力，我国已成为世界上最大的粮油机械生产大国和消费大国。

根据统计与分析，我国的粮油机械制造企业以及生产粮油机械产品的企业多达几百家。以我分析，其中名列前三名的是江苏、湖北、河北，其次是河南、浙江、湖南、陕西、安徽和北京。他们为我国粮油加工业的发展和现代化做出了杰出的贡献。随着经济的发展，时代的进步，从人民生活水平不断提高的需要出发，我觉得我国的粮油机械工业在发展中，应认真执行“调结构、转方式、强创新、上水平、促升级、保安全”的基本思路，并着重在以下几个方面做出成效：

第一，要重视关键技术装备的基础研究和自主创新。目前，我国粮油机械产品的开发，大多处于仿制阶段，缺乏基础研究和自主创新。致使部分重大关键技术和装备仍然需要进口，比如大型码头的装卸输送装备、离心分离及色选装备、米面油的深加工装备、大型原料干燥设备等，都有待进一步研发创新。以尽快改变目前状况。

第二，要进一步提高粮机产品的质量。目前，我国粮机产品的总体质量较好，但与世界一流设备相比，仍有较大差距，在外表质量方面：米、面加工设备的外表质量在外资进入中国市场的高压下，设备的制作水平和外表质量大有提高，与世界一流设备相差不大；制油设备的外表质量近年来也有提高，但改变不大，与米、面设备相比有差距，与世界一流设备相比差距更大，需要迎头赶上。在内在质量方面：我国粮机的产量尽管有了很大提高，但有些设备的稳定性、可靠性仍然不如世界一流水平的设备，仍然需要下大力才能赶上。

第三，要重视开发节能降耗的设备。有关部门规划，到2015年，粮油加工业的单位产值能耗要比2010年降低20%。目前，我国粮油加工业的电耗、水耗及蒸汽耗量等指标与国际先进水平相比仍有较大差距，造成这一状况，除了粮油加工企业自身的经营管理的因素外，粮机产品的先天性不足，也是造成消耗大的主要原因。为此，要千方百计改进设备和工艺，生产出单位能耗低的粮油产品，以符合节能降耗的时代要求。

第四，要杜绝粮机设备危及粮油产品的安全。随着人民生活水平的不断提高，对食

品营养健康的要求以及《食品安全法》的深入贯彻。今后人们将更加关注与“一日三餐”有关的粮油产品安全与营养。为此，粮油加工企业必需在确保粮油产品绝对安全的基础上，注重有机绿色和营养健康。对此，粮机行业也要为此多做文章。如，严防设备转动部分的“机油”污染；要研究设备材质的选用，以防对粮油产品质量造成危害；研究粮机设备如何适应粮油产品“适度加工”的要求等等。

第五，要重视主食品工业化和杂粮加工设备的开发。在2010年至2020年的粮油加工业发展规划中指出，随着人们生活节奏的加快，以鲜湿面条、馒头、饺子、方便米饭、米粉等我国传统主食品工业化，将给予重点支持和发展；以谷子、燕麦、荞麦等谷物杂粮，以蚕豆、红小豆、绿豆等杂豆以及马铃薯、甘薯等薯类的开发利用将进一步加快。而目前发展跟不上，主要瓶颈之一是主食品工业化和杂粮加工装备的开发滞后，为此，希望粮机行业，要像重视米面油加工装备的研发一样，积极投身到主食品工业化和杂粮加工装备的开发中去，那里同样是大有文章可做和大有发展前景的。

第六，要进一步实施“走出去”战略。我曾多次讲过，我国的粮机产品的性能、设备门类的齐全多样性以及价格的合理性是任何国家难以比较的。理应在国际市场有着很强的竞争能力。为此粮机行业应该放眼世界，拓宽市场，走出国门。总结目前粮机产品在“走出去”中的经验，我们需要考虑：一要加强联合，防止相互竞价、拆台；二要注重信誉和服务，防止一锤子买卖。我希望经过大家的努力，使我国粮机产品在“走出去”战略中能取得实质性的进展，使我国不仅成为粮油机械产品生产大国和消费大国，同时成为粮机产品的出口大国。

在莘乐集团二十周年庆典大会上的讲话

2011 年 10 月 10 日于莘乐集团

在这金秋送爽、五谷丰登的美好季节里，我们迎来了河北苹乐集团成立二十周年华诞，我非常高兴应邀参加这次庆典活动。借此机会，我代表中国粮食行业协会和小麦分会以及中国粮油学会和粮油营销技术分会，代表中国粮食行业协会白美清会长，向李建军董事长和全体干部职工表示最热烈的祝贺！向各位领导和各界来宾表示诚挚的问候！

河北苹乐集团经历二十年风雨兼程，依靠自主创新、不断进取，取得了辉煌的成就，成为以生产制粉机械为主，多元化经营的集团型企业，并拥有一直技术精湛的研发队伍、一流的加工装备和精益求精的管理理念，通过不断优化产业结构、产品结构、技术创新和产品开发，创造了我国粮机行业的奇迹，成为我国粮机行业的佼佼者。

近年来，苹乐集团面对激烈的市场竞争，依托新的加工工艺，提高产品附加值，以过硬的产品质量，优良的售后服务，产品销售在立足国内的同时，不断开拓国际市场，深受用户欢迎，并取得了长足发展，产销率和市场占有率名列全国制粉机械行业前茅。尤其是产品远销埃及、埃塞俄比亚、英国、俄罗斯等 30 多个国家和地区，经济效益和社会效益非常显著，为我国粮机行业的健康发展做出了贡献。

回顾我国粮食机械行业的发展历史，我国的粮食机械工业经历了从无到有，从小到大，从弱到强，从进口到出口的里程，创造出了今天这样一个繁荣昌盛、技术先进的局面。而苹乐集团就是在我国粮机行业趋向成熟时期诞生的，苹乐集团发展壮大的二十年，也是我国粮机行业发展最快最好的二十年。

弹指一挥间，20 年过去了，总结过去，展望未来。我国粮机工业的发展必然会带动我国粮油工业的进一步发展。我衷心希望河北苹乐集团全体干部职工以成立二十周年为契机，进一步加快产业规模升级和经济结构调整，围绕做强、做大做文章，把苹乐集团建成为国际一流的名牌企业，进一步发挥粮机行业龙头企业的带动作用，为我国粮机事业再创辉煌！

最后，预祝河北苹乐集团成立二十周年庆典取的圆满成功！

第九章　让世界了解中国

推行“质量品种效益”活动
（中国商业部来马找市场）

1991 年

（吉隆坡四日讯）负责中国11亿人口“吃、穿、用”三大问题的中国商业部，今后将会扩大产品出口，进一步发展国际经济、技术合作与交流，并且与我国建立长久、稳固的关系。

中国商业部商办工业管理司司长王瑞元表示，商业部既是中国的经营部门，也是生产部门，1990 年的产值达 1 200 元人民币，约等于 230 亿美元，在中国各产业部中排名第五位，是国务院下的一个重要部门，去年的出口创汇就达 20 多亿美元。

在中国坚持改革开放的形势下，该部已不再只扮演“对内贸易部”的角色，而要协助对外贸易部，发展外向型经济，巩固发展“合资”、“合作”及“三来一补”企业。

这由 1989 年初曾任福建省长的商业部部长胡平到马来西亚访问，1990 年 10 月，商业部副部长何济海到马（马来西亚）考察棕油加工及研究等事可知，中国商业部的确是往此方向发展。

多次到外国参展

王瑞元说，中国商业部属下的商办工业司曾多次到外国参展，去年年底就有 90 人的代表团到日本参展，而同年 11 月，也有 30 多人到我国香港去举行业务洽谈会。不过，到马来西亚还是第一次，希望能透过展览，更加了解马来西亚的市场，以寻求更多的合作机会。

他表示，中国商办工业包括粮油加工业、肉禽蛋加工业、生化制药业、酿造调味品加工业、服装鞋帽加工业、棉麻加工业等 40 多种行业。目前全国的商办企业共有 6 万多家，聘用职工 290 万人。

王瑞元是在“中国商办工业产品展览会”前夕向记者发表谈话，他表示，这次的中国商办产品展览代表团共有 54 家企业，133 人参加，展出的摊位有 53 个，所带来的产品包括吃、穿、用以及轻工业机械。

他也指出，在所有商办工业产品中，食品工业产值占全国食品工业产值的 50%以上，占食品工业部门的第一位。

王瑞元认为，中国与大马在粮食加工、饲料机械、罐头食品、茶叶棕油方面有很大的合作潜能。事实上，有些机械在前几年就已进口到马来西亚，并且保持良好的合作关系。

展品总值达十万美元

他表示，这次参展的产品总值约有 10 万美元，产品种类繁多，本地厂商应该可以找到适合的机会。在这 54 家企业中，大部分的业务是贸易，但有 12 家除贸易外，尚寻求与本地厂商进行经济合作。

提及本地商家在与中国做生意时偶尔会碰到货不对板或代理权的问题，王瑞元说，商业部今后在委任代理时，将尽量减少中间环节，以追求更高的效率，他虽然不知道别的部门会采取什么行动来纠正所发生的问题。但基本上，别的部门也会与商业部一样，尽量减少繁文缛节。

不过，他也提醒本地商家，在与中国人做生意时，应该找那些有进出口权的公司，如厦门粮油进出口贸易公司、海南华商贸易公司、厦门对外供应站、广州工业品贸易中心、中国商业对外贸易公司及中国对外经济合作公司等。

质量品种效益活动年

以往中国产品给人的印象是品质不高但便宜。但国人从此可能要改变这种刻板印象，因为在中国国务院的策划下，已经把今年定为“质量品种效益”活动年，希望通过这样的活动，令中国所有的制造厂商所生产的产品都符合高品质的要求，并且开发各种各样的品种以满足不同的消费者，以提高经济与社会效益。

浅析中国的营养强化面粉

——在全球面粉强化联盟（FFI）执行管理团队（EMT）会议上的发言

2007 年 3 月 7 日于北京

为了便于大家了解中国营养强化面粉工作的开展情况，下面我就中国制粉工业的简要情况、营养强化面粉的进展情况以及下一步工作的建议介绍些情况，供大家参考。

一、中国制粉工业的简要情况

中国是世界上小麦的生产大国，也是世界上小麦的加工大国和小麦粉的消费大国。在我国，小麦粉和稻米一样，是我国的主要粮食品种。正常年景，我国年产小麦约为 1 亿吨，这么多的小麦都要经过加工，制成各种小麦粉及其制品，以满足人们“一日三餐”和食品工业的需要。

为满足小麦加工的需要，我国的制粉工业遍及城乡，小型分散，经典型调查及推算，在我国大大小小的小麦粉加工企业多达两万多个，有一定生产规模的小麦粉加工企业的比例相对较少。据中国粮食行业协会的统计，2005 年，全国日加工能力在 50 吨以上的小麦粉加工企业为 2 815 个，年生产能力 8 090 万吨，其中日加工能力 100 吨以下的企业 1 848 个，占 65.6%；100～200 吨的企业为 517 个，占 18.4%；200～400 吨的企业为 310 个，占 11%；400～1 000 吨的企业为 114 个，占 4%；1 000 吨以上的企业为 26 个，占 0.9%。以上企业 2005 年小麦粉的总产量为 3 480.4 万吨。上述小麦粉加工企业的基本情况，为我们开展面粉营养强化工作找到了重点。

二、中国营养强化面粉的进展情况

为提高人们的健康水平，我国政府对公众营养十分重视。在不久前公布《全国食品工业“十一五”发展纲要》中指出：“‘十一五’期间，食品工业产品的总量和结构要基本满足改善公众营养的需要，逐步消除营养不良、营养失衡等状况。”要“注重以营养科学为指导，优化食品中营养素配比，满足人民生活水平提高对营养健康的要求”。并提出要重点发展营养强化面粉、营养强化米。与此同时，营养强化面粉的国家标准制定工作即将完成。

在政府的重视和支持下，中国营养强化面粉的工作有了长足的进展。此项工作具体由公众营养与发展中心主抓，由中国粮食行业协会、中国粮油学会等单位协同配合，确保工作进展顺利。现在要求进行营养强化的小麦粉生产企业积极性较高，通常的做法是：由企业按要求向公众营养与发展中心提交申请材料，先由公众营养与发展中心和中国粮油学会共同组织制粉行业的知名专家对企业提交的申请材料进行审核、评议，对符合要求的企业，再由中国粮油学会组成专家组，赴企业实地考察，最后写出书面报告，对确实符合条件的小麦粉生产企业，由公众营养与发展中心向他们颁发证书。

鉴于营养强化面粉需要添加各类营养素，其关键是要使其添加均匀，这对添加设备和质量检测要求较高，通常来说，大中型生产企业的条件较好，一般都具备或稍作改进就能生产营养强化面粉。反之，一些小企业目前想要生产营养强化面粉的困难还较多，需要有一个改进和提高的过程。基于这点，近几年来乃至今后一段时间内，我们的工作重点将放在全国日加工能力100吨以上的997个企业之中，到目前为止，我国已有70多个小麦粉大型生产企业获得了允许生产营养强化面粉的证书。

三、对进一步开展营养强化面粉工作的几点建议

几年来，中国在面粉营养强化方面做了许多工作，取得了许多成绩和经验，已经有了进一步快速发展的基础。针对当前消费者对营养强化面粉的认识程度以及营养强化面粉生产企业生产强化面粉数量偏低等实际情况，我认为进一步发展中国的营养强化面粉，需要在以下几个方面多做工作。

第一，对面粉的营养强化要争取国家立法，国家要采用强制性的面粉强化政策。借鉴世界各国在面粉强化工作中大多采用强制性的面粉强化政策的经验和做法，中国也应积极采用像食盐加碘一样的强制性面粉强化政策。看来这是中国能否全面开展营养强化面粉工作的前提。

第二，要进一步广泛宣传面粉营养强化的重要性和必要性。在国家确立了采用强制性的面粉强化政策以后，全国要积极利用电台和各种报纸、杂志，对面粉营养强化的重要性和必要性进行广泛宣传，要像中国在食盐中加碘一样，使得家喻户晓，人人皆知。

第三，要根据不同地区、不同人群的实际情况，提出面粉营养强化的不同方案。中国地域辽阔，东西部地区百姓的生活差异较大，要在进一步调查研究的基础上，提出不同的面粉营养强化方案，不能千篇一律，全国的面粉强化都进行“7＋1”营养配方的添加（即添加铁、锌、碱、维生素 B_1，维生素 B_2、叶酸、尼克酸和维生素A）。

第四，要千方百计地降低营养强化面粉的生产成本。生产企业不应以盈利为目的去生产营养强化面粉，提倡国家每年都要在营养强化面粉工作中注入一定的资金，把面粉营养强化作为利国利民，造福人民，提高中华民族体质的工程来对待。

我们相信，在国家政策的有力指引下，经过各方面通力合作，大力宣传，使人们树立正确的膳食营养和消费观念，加之切实有效的营养强化措施，中国的面粉营养强化工作一定能快速健康地向前发展。

为推动面粉企业的进一步发展，中国粮食行业协会小麦分会定于今年4月23日～25日在杭州市举办“2007年中国粮食行业协会小麦分会年会暨高层论坛、新技术交流和新产品展示”，面粉营养强化也是会议的交流主题之一，届时，我们欢迎FFI能派员参加本次会议并作演讲。

我国粮油工业的现状及今后的发展趋势

——在“ICC第十三届国际粮油科技大会”上的发言

2007年6月20日于广州

首先让我们再一次祝贺“ICC第十三届国际粮油科技大会”今天在中国广州召开。下面我就中国粮油工业的基本情况及今后的发展趋势介绍些情况，供参考。

一、我国粮油工业的基本情况

中国不仅是个人口大国，同时也是一个粮食、油料的生产大国，粮油消费和粮油加工大国。正常年景我国年产稻谷2亿吨左右，小麦1亿吨左右，玉米1.4亿吨左右；年产油料5 500～6 000万吨，加上近几年每年进口油料2 000多万吨，这些丰富的粮油资源为我国粮油工业的发展提供了重要的物质基础。

粮油工业是指对原粮、油料等基本原料进行处理制成成品粮油及其制品的过程。主要包括：稻谷加工、小麦制粉、玉米及杂粮加工、植物油加工和粮油加工机械设备的制造。粮油加工业是食品工业的基础工业，粮油加工的产品与人民生活息息相关，是关系国计民生的生命工业。

中国的粮油加工遍及城乡，小型分散，经典型调查及推算，我国大大小小的粮油加工企业和加工点多达20多万个，其中大米加工企业和加工点就有10万多个。有一定生产规模的加工企业的比例相对较少。据中国粮食行业协会的统计，2005年，全国入统粮油加工企业11 118个①，其中日加工能力100吨以下的8 321个，占74.8%；日加工能力100～200吨的1 762个，占15.8%；日加工能力200～400吨的670个，占6%，日加工能力400～1 000吨的264个，占2.4%；日加工能力1 000吨以上的101个，占1%。在所有制方面，国有及国有控股企业1 454个，占13.1%；外商及港澳台商投资企业120个，占1.1%；民营企业9 544个，占85.8%。

入统企业现价工业总产值3 011.2亿元，利润总额42亿元，资产总计1 737亿元，年末从业人数37.8万人。

在2005年的粮油加工业中，米、面、油加工业的情况分别如下：

（一）大米加工业的基本情况。

2005年，全国入统大米加工企业7 260个，年生产能力12 447.6万吨，其中日加工能力100吨以下的企业为5 949个，占81.9%；100～200吨的企业为1 025个，占14.1%，200～400吨的企业为209个，占2.9%；400～1 000吨的企业为65个，占

---

① 入统企业是指小麦加工日处理生产能力50吨以上的企业、大米加工日处理生产能力30吨以上的企业和日处理油料加工能力30吨以上的食用植物油加工企业

0.9%，1 000 吨以上的企业为 12 个，占 0.2%。在所有制方面，国有及国有控股企业 978 个，占 13.5%；外商及港澳台商投资企业 27 个，占 0.4%；民营企业 6 255 个，占 86.1%。

入统企业的大米总产量为 2 914.6 万吨。其中特等米 984 万吨，占 33.8%；标准一等米 1 646.5 万吨，占 56.5%；标准二等米 239.7 万吨，占 8.2%。特等米和标准一等米的产量占大米总产量的 90%以上。

入统企业的现价总产值 736.8 亿元，利润总额 13.1 亿元，资产总计 432 亿元，年末从业人数 13.7 万人。

（二）小麦粉加工业的基本情况。

2005 年，全国入统小麦粉加工企业 2 815 个，年生产能力 8 090 万吨，其中日加工能力 100 吨以下的企业为 1 848 个，占 65.6%；100～200 吨的企业为 517 个，占 18.4%；200～400 吨的企业为 310 个，占 11%；400～1 000 吨的企业为 114 个，占 4%；1 000 吨以上的企业为 26 个，占 0.9%。在所有制方面，国有及国有控股企业 326 个，占 11.6%；外商及港澳台商投资企业 35 个，占 1.2%；民营企业 2 454 个，占 87.2%。

入统企业的小麦粉总产量为 3 480.4 万吨。其中特制一等粉 1 481.1 万吨，占 42.6%；特制二等粉 916.5 万吨，占 26.3%；标准粉 408.4 万吨，占 11.7%；专用粉 432.6 万吨，占 12.4%。特制一等粉、特制二等粉和专用粉的产量占小麦粉总产量的 81.3%。

入统企业的现价总产值 863.5 亿元，利润总额 9.8 亿元，资产总计 417.3 亿元，年末从业人数 14.2 万人。

（三）食用植物油加工业的基本情况。

2005 年，全国入统食用植物油加工企业 1 043 个，年生产能力为：油料处理能力为 5 731.5 万吨，精炼能力为 1 761.2 万吨。其中日加工能力 100 吨以下的企业为 524 个，占 50.2%；100～200 吨的企业为 220 个，占 21%；200～400 吨的企业为 151 个，占 14.5%；400～1 000 吨的企业为 85 个，占 8.2%；1 000 吨以上的企业为 63 个，占 6%。在所有制方面，国有及国有控股企业 105 个，占 14.4%；外商及港澳台商投资企业 58 个，占 5.6%；民营企业 835 个，占 80%。

入统企业的食用植物油总产量为 1 384.1 万吨，精炼油的产量为 1 219.7 万吨。其中精炼油中的一级油为 723.3 万吨，占 52.3%；二级油 118.4 万吨，占 8.6%；三级油 79.7 万吨，占 5.8%；四级油 298.3 万吨，占 21.6%。一级油、二级油和三级油的产量占食用油总产量的 66.7%。在总产量中，大豆油 709.6 万吨，占 51.3%；菜籽油 278.2 万吨，占 20.1%；花生油 80.2 万吨，占 5.8%；棉籽油 49.8 万吨，占 3.6%。

入统企业的现价总产值 1 410.9 亿元，利润总额 19.1 亿元，资产总计 887.8 亿元，年末从业人数 9.95 万人。

以上一些统计数字与十年前相比，至少发生了以下五个方面的重大变化：

第一，从年末从业人员 37.8 万人看，在产量、产值和资产总额大幅度提高的情况下，年末从业人数不但没有增加，反而比 10 年前（70 余万人）减少了一半。这充分说明了我国粮油工业的劳动生产率大有提高；分析原因，主要归功于生产装备的机械化、自动化程度大大提高；归功于民营企业、外商投资企业机制活，用人少；归功于国有粮油加工企业改制重组的成功。

第二，从所有制性质看，在 2005 年全国入统企业的 11 118 个粮油加工企业中，国有及国有控股企业 1 454 个，占 13.1%；比 2004 年占 22.8%又降低了 9.7 个百分点；外商及港澳台商投资企业 120 个，占 1.1%；民营企业 9 544 个，占 85.8%。这充分表明，过去国有粮油加工企业一统天下的局面已经彻底改变，粮食部门的“改制”工作取得了明显成效。

第三，从企业生产规模看，日处理原料在 400～1 000 吨的粮油加工企业有 264 个；日处理原料在 1 000 吨以上的粮油加工企业有 101 个。这些大中型企业大多是近年来发展起来的，这充分说明，中国粮油加工工业的生产规模正在日趋大型化。

第四，从产品的档次看，为顺应市场的需求，精米、精面、精油的比重和档次越来越高，品种越来越多。从 2005 年的入统企业中我们可以看到，在大米生产中，特等米和标准一等米的产量占大米总产量的 90%以上；在小麦粉生产中，特制一等粉、特制二等粉和专用粉的产量占小麦粉总产量的 81.3%；在食用植物油加工中，一级油、二级油和三级油的产量占食用油总量的 66.7%。这充分说明了我国粮油加工水平和人民生活水平的不断提高。

第五，从食用植物油加工总量看，油脂加工业和食用油的供应格局发生了重大变化。

在 2005 年全国 1 043 个入统食用植物油加工企业的 1 384.1 万吨食用油产量中，大豆油为 709.6 万吨，占 51.27%。由此可见，大豆加工与其他油料相比，已经成为中国油脂工业的主角。与此同时，大豆油在中国食用油消费市场上已经名列前茅。

二、我国粮油工业的发展趋向

为适应市场的需求，今后我国粮油工业的发展趋向是：

（一）企业的生产规模日趋大型化、规模化。

随着市场竞争的加剧和企业的结构调整优化，粮油加工企业的数量将进一步减少，规模逐步扩大，生产集中度明显提高。据中国粮食行业协会统计，2005 年，全国入统企业 11 118 个中，日加工能力在 400 吨以上的大型企业达 365 个，比上年增加 86 个，其中 1 000 吨以上的企业达 101 个，比上年增加 29 个。

从产品产量来看，年产量 10 万吨以上的企业达 103 个，比上年增加 29 个。在 28 个 10 万吨以上大米企业中合计生产大米 468.7 万吨，占大米总产量的 16.1%；在 47 个 10 万吨以上的小麦粉企业中合计生产小麦粉 1 217.8 万吨，占小麦粉总产量的 35%；在 28 个 10 万吨以上食用油加工企业中合计生产食用油 821.4 万吨，占食用油总产量的 59.3%；前 10 家企业的合计产量占本企业入统企业总产量的比重分别是：大米 8.5%，小麦粉 17.8%，食用油 42.3%。这充分明我国粮油工业企业的生产规模正在日趋大型化和规模化。我认为这种趋势今后将进一步加快。

（二）粮油产品将朝着安全、优质、营养、方便的方向发展。

粮油是人们最重要的食粮，也是食品工业的最基础原料，随着人民生活水平的不断提高，人们在关注粮油产品安全、放心的基础上，将进一步注重粮油食品的优质、营养和方便，为此积极发展绿色和无公害的粮油食品将引起粮油加工企业的重视；为最大限度地保存食物原料中的固有营养成分，米、面加工中的过精过细和油脂加工中的过度精炼将得到逐步纠正；营养强化面粉、营养强化米和营养强化油的生产将得到重点发展。

（三）以发展粮油食品为重点的粮油深加工将进一步加快。

为实现小康社会发展目标，满足现代生活节奏加快，消费趋向膳食方便化、营养化、多样化的需要，粮油主食品工业化进程将进一步加快，方便面、方便米粉、方便米饭、速冻食品、主食面包以及工业化生产的馒头、花卷、豆包等各种米面食品将大量出现。与此同时，传统主食品的各种生产工艺和设备的研究也将得到较快发展；冷冻技术、膨化技术、高压蒸煮技术和焙烤技术将大力推广应用；以粮油为主要原料的休闲、旅游食品的品种、产量和销量将不断增加；中式快餐的集约化生产、配送、连锁营销配套工程将加快实施；为适应我国食品工业发展的需要，人造奶油、起酥油、煎炸油等专用油脂的生产以及利用油料饼粕生产各种功能性蛋白（如组织蛋白、浓缩蛋白和分离蛋白）等也将得到快速发展。

（四）杂粮杂豆和特种油脂的开发利用将进一步引起重视。

中国是世界上杂粮杂豆的主要产地，品种繁多，有“杂粮王国”的美誉，年产量在2000万吨以上，约占世界产量的百分之十。据资料表明，杂粮杂豆中包括荞麦、黑麦、小米、高粱、绿豆、红小豆、扁豆、蚕豆、芸豆等200多个品种。我国杂粮杂豆种植历史悠久，品种繁多，地区分布较广，而且由于生产环境特殊，大多不施化肥、农药，无污染，是天然的有机绿色食品，它营养丰富，有多种保健功能，随着人民生活质量的提高，杂粮杂豆及其制品将越来越为人们所喜爱。

与杂粮杂豆一样，中国特种油脂的资源也十分丰富，品种多达上百种。目前，产量较大且已经开发利用的有：油茶籽油、茶叶籽油、翅果油、亚麻籽油、红花籽汕、葡萄籽油、紫苏油、月见草油、核桃仁油、杏仁油、南瓜籽油、苍耳籽油、沙棘油、松籽油和番茄籽油等等，另外还有米糠油、玉米油和小麦胚油等谷物油脂。

特种油脂，就是利用特种油料生产的油脂。在这些油脂中，含有更丰富的不饱和脂肪酸，尤其是油酸和亚油酸含量高，还富含多种微量元素和生物活性物质。因此，开发利用特种油料，生产调和油及功能性油脂，对繁荣食用油市场，提高经济效益和人民健康水平，具有重要意义。

（五）粮油加工的副产品综合利用将进一步发展。

粮油加工中的副产品如米糠、小麦胚芽、饼粕以及油脂精炼过程中产生的皂脚、馏出物等等，大多含有丰富的营养物质、多种微量元素和生物活性物质，但多年来由于中国加工企业规模小，资源集中困难以及提取技术的限制，这些宝贵资源没有得到充分的开发利用。今后，随着粮油加工企业的大型化、规模化、集团化以及提取技术的不断成熟，中国的粮油加工副产品综合利用将会不断有新的发展。

（六）粮油工业企业的节能、环保将被高度重视。

建设资源节约型、环境友好型社会是中国可持续发展战略的重大举措。为此，中国粮油工业企业必须认真实施。

在建设资源节约型社会中，粮油工业企业应该在以下几个方面努力取得成效。一是，粮油工业企业的生产原料及其产品，是国家的重要特殊商品，因此，节约一粒粮、一滴油，千方百计提高出品率仍然是我们必须长期坚持的；二是，粮油工业企业的用水、用电、用煤量较大，消耗指标较高，与国际先进水平仍有不小差距，只有通过强化管理，改进工艺和设备，才能努力把它降下来；三是，粮油加工中产生的皮壳和下脚数量惊人，要采用各种方法加以利用，变废为宝，如利用稻壳发电和利用废油生产生物柴油等等。

随着工业化的进程，环境污染在加剧，植物的生长环境在进一步恶化。与此同时，食品加工的“工业化”也在加快，成品、半成品在食物消费中的比重在上升，因此人们越来越关心在植物生长过程中对食品原料的污染，同时也关心在加工过程中对食品品质的影响。今后，人们在关心食品外表质量的同时，将会更加关心米、面、油产品的内在质量，如过氧化值、反式脂肪酸的含量、农药残留、黄曲霉毒素等等有害物质。为此，在粮油加工中要努力消除和防止粮油产品的再度污染。与此同时，粮油加工中产生的灰尘、粉尘和污水的排放将直接对环境的污染产生影响。对此，企业要想方设法努力按国家规定的排放标准组织生产。

发展稻米油产业，造福人民

——在“2012年国际米业博览会”上的发言

2012年12月8日于安徽芜湖

由中国粮油学会食品分会与中国商报联合举办的“2012年中国国际米业博览会”和“中国大米全产业链加工技术交流会”今天在中国著名的米市安徽芜湖顺利召开了。借此机会，我代表中国粮油学会和中国粮油学会油脂分会对本次会议的成功举办表示热烈的祝贺！对在座的各位嘉宾和各位同仁表示诚挚的问候。

根据会议的安排，要我以中国稻米油产业的发展为内容做个发言。下面我就以“发展稻米油产业，造福人民”为题，对中国稻米油产业未来的发展介绍些情况和讲点意见。

一、我国稻米油资源丰富，稻米油发展潜力巨大

随着我国国民经济的稳定持续发展和人民生活水平的不断提高，我国食用油的消费量不断上升，并将继续保持刚性增长的趋势。为满足食用油市场供应日益增长的需要，国家采取了在发展油料生产提高国内油料产量的同时，增加了油脂油料的进口数量，并呈现不断加速上升的趋势。据国家粮油信息中心提供的统计数字，2011年我国食用油的消费量达2 515万吨，工业及其他消费量为250万吨，出口为12.4万吨，年度结余为87.7万吨，合计总供给量为2 865.1万吨。而在2 865.1万吨的总供给量中，国产油料的榨油量仅为1 091.8万吨（表1），进口油脂油料的合计总折油为1 773.3万吨，自给率不足40%，只有38.1%。另据统计，2011年我国食用油的实际消费量为2 765万吨（即食用消费量2 515万吨与工业及其他消费量250万吨之和），由此测算，我国人均年消费量已由1996年7.7公斤上升到2011年的20.5公斤，已经达到世界人均20公斤的水平（表2）。

表1　2011年我国国产油料榨油量　（单位：千吨）

油料品种	压榨量	出油量	出油率/%
菜籽	12 000	4 260	35.50
花生	7 500	2 363	31.50
棉籽	11 000	1 430	13.00
大豆	4 000	640	16.00
葵花籽	1 200	300	25.00
油茶籽	1 000	250	25.00
胡麻籽	300	90	30.00

续表

油料品种	压榨量	出油量	出油率/%
芝麻	300	135	45.00
玉米油		600	
米糠油		800	
其他		50	
合计		10 918	

注：据国家粮食局统计，2011 年我国玉米油产量为 126 万吨，米糠油产量为 34 万吨，合计为 160 万吨，较表中的玉米油和米糠油合计产量 140 万吨高 20 万吨。

表 2　1996～2011 年我国人均年食用油消费情况

年份	食用油消费可供量/万吨	人均年消费占有量/公斤
1996	1 002.5	7.7
1998	1 090.7	8.4
2000	1 245.7	9.6
2001	1 330	10.2
2002	1 410	10.8
2003	1 500	11.5
2004	1 750	13.5
2005	1 850～1 900	14.2～14.6
2006	2 271.7	17.5
2007	2 509.7	19.3
2008	2 684.7	20.7
2011	2 765	20.5

注：1996～2008 年的我国人均年消费按 13 亿人口计算；2011 年按 13.5 亿人口计算。消费总量为 2 765 万吨（即食用消费 2 515 万吨和工业及其他消费 250 万吨之和）。

鉴于食用油是国家食物安全的重要组成部分，因此，提高食用油的自给能力是当务之急。从目前来看，在进一步发展油料生产提高我国油料产量的同时，充分利用油料资源是提高我国食用油自给率的有效方法。

众所周知，我国是世界上最大的稻米生产国和消费国。稻米与小麦、玉米一样，是我国的主要粮食品种。据有关方面统计，2011 年，我国稻谷产量为 2 亿多吨，约占世界稻谷产量的 1/3，占我国粮食产量的 2/5。我国约有 8 亿人口以稻米为主食，每年因直接食用稻米及其制品而耗用稻米约 1.4 亿吨。由此可见，稻米及其制品的消费是我国最大、最稳定的粮食消费品种。

在稻米加工中，米糠（含米胚）是其最宝贵的副产品。一般来说，稻谷加工的出糠率为 6%～8%，平均为 7%左右。米糠中不仅含有丰富的脂肪，而且富含多种营养成分，是优质的油料资源。一般来说米糠的含油率为 18%～20%（表 3）。根据 2011 年我国 2 亿多吨的稻谷产量，按 95%用于加工稻米，约产米糠 1 330 万吨。由于米糠的含油量相当于我国的大豆含油量，所以它是极其宝贵的油料资料。如果在我国稻米加工中能将60%的米糠资源用于榨油，出油率按16%计算，那么，我国每年能生产出120万~130万吨稻米油，相当于700多万吨国产大豆的产油量，是不种田的“种田”。与此同时，能提高我国食用油百分之四个自给率。

表3　典型米糠营养成分组成

成分	含量	成分	含量
蛋白/(N×6.25)(g/100g)	14.50	维生素C类/(mcg/100g)	<0.5
脂肪/(g/100g)	20.50	生育酚/(g/100g)	12.00
总碳水化合物/(g/100g)	51.00	生育三烯酚/(g/100g)	13.60
灰分/(g/100g)	8.00	叶酸/(μg/100g)	26.60
总膳食纤维/(g/100g)	29.00	肌醇/(mg/100g)	1 496.00
热量/(k/100g)	330.50	谷维素/(mg/100g)	245.15
维生素A、类胡萝卜素/(mcg/100g)	129.30	植物甾醇/(mg/100g)	341.15
维生素B类/(g/100g)	57	糖类/(g/100g)	8.09

数据来源：美国Netracea公司分析报告。

稻米油生产在我国已有较长历史，早在20世纪50年代就开展了以米糠榨油为重点的综合利用工作；70年代在国家政策的支持下，以米糠和玉米胚芽榨油为中心的综合利用在全国范围内再度掀起，稻米油产量一度达万吨以上，对平衡当时国内油脂供应紧缺起到了积极作用。但由于当时的米厂规模较小，米糠榨油难以形成规模生产，加上米糠保鲜及精炼技术等不过关，所以产量一直徘徊在万吨左右。近几年来，国家对米糠资源的利用开始重视，加上稻米加工企业的规模化生产，米糠保鲜和精炼技术的提高，我国稻米油产量逐年提高。据统计2011年我国稻米油产量达34万吨。这里需要指出的是尽管稻米油的产量这几年提高很快，但其利用率只有15%左右。与日本米糠利用率几乎100%，以及印度的米糠利用率达60%~70%差距较大（表4）。

表4　印度稻谷、稻米油生产情况一览表

稻谷产量	9000万吨
米糠产量	900万吨
潜在稻米油产量	120~140万吨
实际稻米油产量	85万吨，其中80万吨食用，5万吨非食用
米糠产油利用率	60%~70%

数据来源：印度Prasad教授报道&印度溶剂浸出工厂协会。

综上所述，我国米糠资源丰富，稻米油的发展潜力巨大。只要做好工作，充分利用米糠资源，对提高我国食用油的自给能力将会发挥重要作用。

二、稻米油是一种营养价值很高的优质食用油

稻米油是由米糠（含米胚）经压榨或浸出制取的食用油脂。而米糠是稻谷的精华，

米糠中含有稻谷中的绝大部分营养成分。因此，用米糠制得的稻米油是营养价值很高的优质食用油。

稻米油中富含谷维素、植物甾醇、维生素 E、角鲨烯等多种生理活性物质（表 5、表 6）。其中谷维素的含量达 1.4%～1.5%；维生素 E 的含量为 0.1%～0.15%，他们都是天然抗氧化剂，可以防止稻米油在储存过程中品质劣变，因此，稻米油较其他食用油更安全。

表 5　稻米毛油营养成分

营养成分	稻米油
谷维素含量/ppm	>15 000
总植物甾醇/ppm	>20 000
生育酚/ppm	>500
生育三烯酚/ppm	>500
角鲨烯/ppm	<3 000
其他微量成分	不计

数据来源：Wilmar 检测数据。

表 6　3 000ppm/7 000ppm 谷维素精制稻米油营养成分

营养成分	3 000ppm 谷维素稻米油	7 000ppm 谷维素稻米油
谷维素含量/ppm	>3 000	>7 000
总植物甾醇/ppm	>8 000	>10 000
生育酚/ppm	>300	>400
生育三烯酚/ppm	>300	>400

数据来源：Wilmar 检测数据。

稻米油中富含人体必需的油酸和亚油酸。从其脂肪酸组成来看，一般稻米油中含亚油酸 38%，含油酸 42%，比例为 1∶1.1（表 7、表 8）。现代观点认为，亚油酸与油酸的比例应为 1∶1 左右为佳，这也符合世界卫生组织推荐的最佳比例。所以，稻米油不仅是脂肪酸组成最为合理的单一油品，也将是今后我国发展功能性油脂的重要油源。

表 7　稻米毛油脂肪酸组成（%）

C14∶0	0.20～0.24	C18∶2	37.01～40.11
C16∶0	16.01～17.80	C18∶3	0.91～2.10
C16∶1	0～0.15	C20∶1	0～0.69
C18∶0	1.48～1.79	C20∶0	0.50～0.59
C18∶1	38.01～40.80	C22∶0	0～0.64

数据来源：Wilmar 2012 年年度检测数据。

注：实际分析结果与国标有不符合项，国标 GB 19112—2003，C14∶0：0.4%～1.0%，C18∶3：<1%。

表 8　3 000ppm/7 000ppm 谷维素精制稻米油脂肪酸组成（%）

C16：0	15.63	C20：1	0.99	饱和脂肪酸（S）：19
C18：0	2.32	C20：0	0.77	单不饱和（M）：43
C18：1	42.05	C22：0	0.26	多不饱和（P）：36
C18：2	34.20	其他	不计	S：M：P=0.44：1：0.83
C18：3	1.88			

数据来源：Wllmar 2012 年年度检测数据。

鉴于稻米油营养价值很高，长期食用有利于降低血液中胆固醇含量，降低血压，调节植物神经，预防心脑血管疾病等功能。2010 年世界卫生组织第 113 次会议推出稻米油、玉米油和芝麻油为最佳食用油。由此可见，稻米油是世界公认的营养价值高的优质食用油。

三、我国稻米油产业的发展前景

近几年来，我国稻米油产量不断增加，发展势头较好，展望未来，我们对稻米油产业的发展前景充满信心。

（一）国家对稻米油产业的发展高度重视。

今年年初，国家粮食局印发了《粮油加工业“十二五”发展规划》。规划中明确提出“要大力推广米糠和玉米胚等集中制油，为国家增产食用植物油。”要“推广米糠膨化保鲜技术设备，采取‘分散保鲜、集中榨油（浸出）’和‘分散榨油，集中精炼’模式，明显提高米糠利用率。”提出“要依托稻谷、玉米主产区大型粮油加工企业，加工园区和产业集聚区，大力发展稻米油、玉米油等特色油脂加工”。为使规划落到实处，规划中更具体提出“要优先选择日处理能力 150 吨以上的稻谷加工企业，配备米糠膨化保鲜装备，为米糠制油提供稳定的原料”等等。在全国《粮油加工业“十二五”发展规划》中如此强调要发展稻米油产业实属少见，这充分表明了国家对利用米糠资源，为国家增产油脂的高度重视。

（二）米糠保鲜和精炼技术的提高为稻米油产业的发展提供了保证。

随着我国油脂科技水平不断提高，米糠膨化保鲜技术、米糠制油技术装备和稻米油精炼技术都有了明显提高。以中国农机院油脂所为代表研制的米糠膨化保鲜技术装备和以河南华泰粮油机械工程有限公司为代表研制的米糠浸出制油与精炼技术成套装备，经国内多家企业使用，效果良好，完全能满足稻米油生产的需要，他们为我国稻米油产业的发展提供了可靠的技术支撑。

（三）启动了稻米油国家标准的修订工作。

在确保稻米油产品质量与食用安全的前提下，为最大程度地保留成品稻米油中固有的营养成分，避免过度精炼对产品质量产生的负面影响，提高精炼率，全国粮油标准化委员会油脂油料工作组已经启动了对原稻米油国家标准的修订工作。经专家研讨，标准的修订将根据实际，提倡“适度加工”，最大程度保留稻米油中的固有营养成分和生理活性物质，对稻米油的等级、色值、烟点和酸价等指标将作出较大的修改，以推动我国稻米油产业的健康发展。

以上三条的贯彻实施，为我国稻米油产业的发展提供了重要的保证。

四、对进一步发展我国稻米油产业的几点建议

为进一步推动我国稻米油产业的健康发展，我觉得还应在以下几个方面多做一些工作。

一是希望政府有关部门把利用好米糠资源，为国家增产油脂看作像发展油料生产一样高度重视，要像支持发展大豆产业一样支持米糠资源的利用。建议国家要在资金上给予支持，帮助有一定规模的稻米加工企业，配备米糠保鲜技术装备，对稻米油生产企业要根据其实际产量给予一定的奖励。

二要重视稻米油国家标准的修订工作。要从实际出发，加快步伐修订好稻米油国家标准，以引领稻米油产业的健康发展。

三要加大稻米油产业的科技投入。鉴于稻米油的制取与精炼是所有食用植物油制取与精炼中最复杂的，加上稻米油中的生理活性物质较多，综合利用的前景广阔。为此，建议国家有关部门将稻米油产业的发展列入国家科技攻关项目。

四要加大对发展稻米油产业的宣传力度。要通过宣传让政府有关部门都知道充分利用米糠资源，不仅能为国家增产油脂，提高我国食用油的自给能力，又能增加优质油源，造福人民。要通过宣传让消费者都知道稻米油是一种营养价值很高的优质食用油，长期食用有利于人体健康。

第十章　做好学会和协会工作

继往开来 再创新业

——中国粮食行业协会粮油工业专业委员会成立大会暨“十五”粮油饲料食品工业发展论坛开幕词

2001 年 4 月 16 日

在全党和全国人民认真贯彻落实党的十五届五中全会精神，满怀信心地跨入 21 世纪的时候；在我国国民经济和社会发展开始进入第十个五年计划的时候，中国粮食行业协会粮油工业专业委员会今天就要正式成立了。专业委员会的成立，是我国粮油工业行业的一件大事，对于加强行业自律，深化改革，加快改组改造和结构优化升级，推动科技进步，促进全行业持续快速健康发展，将会起到积极的作用。今天，我们在此召开成立大会，并同时召开“十五”粮油饲料食品工业发展论坛暨粮机产品展示会。通过这次会议，我们将总结粮油工业的发展经验，展示交流新技术、新成果，研究如何在新的世纪特别是在“十五”期间更好地发展粮油工业的新问题。

参加这次会议的，有来自全国各地的粮油工业企业的企业家和代表，有科研院所、大专院校的专家学者，有各级粮食主管部门和粮食行业协会的领导同志，也有新闻界的朋友，会议的人数之多、规模之大、规格之高，在粮油工业的历史上是少有的。各方面的代表欢聚一堂，共商大事，显示了粮油工业在新的世纪里，团结一致、朝气蓬勃、奋发向上的新面貌。我代表中国粮食行业协会，对大家的到来表示热情的欢迎。

这次会议，得到了江苏省粮食局、江苏省粮食行业协会、无锡市粮食局、无锡布勒机械制造有限公司、江苏牧羊集团、苏州佐竹公司、江苏正昌集团、湖南郴州粮机厂、山东金斗集团面粉公司以及有关新闻媒体的大力支持，对此我们表示衷心的感谢。

在今天的大会上，国家粮食局朱长国副局长、中国粮食行业协会白美清会长以及有关领导和专家将为大家做特邀报告，会议还将审议专业委员会筹备报告和工作条例，选举产生领导机构和领导人。明天将召开分会场会议，分专业进行研讨和交流。我们相信，在大家的共同努力下，会议一定会取得圆满成功。

这次大会是在 20 世纪刚刚过去，新的世纪刚刚开始的时刻召开的，是我国粮油工业承前启后、继往开来的一次历史性盛会。让我们在党的十五大和十五届五中全会精神的指引下，高举邓小平理论的伟大旗帜，团结、动员全国粮油工业企业和广大干部职工，同心同德，再接再厉，勇于开拓，不断创新，在新世纪再创粮油工业的新业绩。

发挥行业组织作用，促进粮油工业发展

——在中国粮食行业协会粮油工业专业委员会成立时的讲话

2001 年 4 月 16 日

今天，中国粮食行业协会粮油工业专业委员会就要正式成立了，这是我国粮油工业行业的一件值得庆贺的事情。它标志着我国粮油工业在社会主义市场经济的道路上，在由传统的管理模式向以行业自律为特征的现代管理模式的转变过程中，向前迈进了一大步。它的成立将对我国粮油工业在新世纪的发展产生积极的作用和影响。现在，我就专业委员会有关问题讲点意见。

一、为什么要成立粮油工业专业委员会

党的十五届五中全会指出："今后五到十年，是我国经济和社会发展的重要时期，是进行经济结构战略性调整的重要时期，也是完善社会主义市场经济体制和扩大对外开放的重要时期。"从我国粮油工业看，目前正处在一个重要的调整和发展时期，粮油工业专业委员会的成立，可以说是适应了以下几个方面的需要：

首先，是适应了经济体制改革和政府职能转变的需要。随着我国经济体制改革的深化和政府职能的转变，随着社会主义市场经济的发展和完善，进一步发挥社会中介组织的作用，已成为我国经济发展的必然趋势。党的十四届三中全会通过的《中共中央关于建立社会主义市场经济体制若干问题的决定》中明确提出，要"发展市场中介组织，发挥行业协会、商会等组织的作用"。江泽民总书记在党的十五大报告中指出："把综合经济部门改组为宏观调控部门，调整和减少专业经济部门，加强执法监督部门，培育和发展中介组织。"建立和完善社会主义市场经济，需要有行业协会这类中介组织去发挥它应有的作用。改革开放以来，我国经济管理体制的一个重要变革就是逐步由传统的部门管理转向行业管理，政府部门按照政企分开、精简、统一、效能和加强宏观调控的原则，将工作重点转到宏观调控和间接管理上来，不再直接管理企业的经营活动，不再承担微观管理工作，政府职能转变分离出来的大量社会事务，需要有中介组织去做；而中介组织的健全与发展，又会推动政府职能的转变，加速社会主义市场经济的改革和发展。从粮油工业来看，随着改革的深化和市场经济体制的确立，粮油工业的所有制格局已发生了根本性的变化，过去由国有经济一统天下的局面已被打破，民营企业、乡镇企业、三资企业以及混合所有制的股份制企业迅速发展，已占有较大的市场份额，逐步成为粮油工业的主导力量。在这种格局下，原有的以部门所有制为主要特征的管理体制已无法适应需要，必须代之以面向全社会的不分所有制的行业自律为主要特征的行业管理。这几年，由于机构改革的原因，有些必要的行业管理和指导性的工作也基本停了下来，行业内的经济技术交流、信息交流和横向联系弱化了，有关行业发展的规划和战略

问题以及相关政策问题的研究很不够，这对粮油工业的发展来说是一个损失。在这种情况下，就更需要成立专门的行业中介组织来承担政府不宜做、企业做不了的工作。

第二，是适应粮油工业新形势、新任务的需要。当前粮油工业正面临着新的形势，一是我国即将加入世贸组织，“入世”后，我国的市场包括粮油市场将与国际市场进一步对接。我国的粮油工业将首当其冲，面临来自国外跨国公司的更加激烈的竞争和更加严峻的挑战。二是经过长期的努力，我国的粮食生产已经迈上了一个新的台阶，综合生产能力已达到5 000亿公斤左右，长期困扰我们的粮食短缺问题已经基本解决，近几年还出现了阶段性、结构性的过剩，如何搞好粮食加工转化，实现增值，已成为一个迫切需要解决的课题。三是我国人民从总体上已步入小康社会的新阶段，部分地区的居民已接近富裕阶段，人民生活水平提高后，对粮油食品也提出了更高的要求，从而要求粮油工业能生产出更多更好的产品。面对新形势、新挑战，我们必须要认真研究对策，提出在新形势下发展粮油工业的新思路，要认真研究粮油工业的发展方向、发展趋势、发展战略、产业政策等一系列重要问题，使粮油工业能够适应新形势、新任务的需要。这方面的工作，离不开行业中介机构。

第三，是粮油工业自身调整和发展的需要。改革开放以来，我国的粮油工业有了很大的发展，取得了很大的成绩，生产规模不断扩大，技术水平不断提高，产品质量不断改善，花色品种不断增加，丰富了市场和人民生活。但是，按照现代化工业生产的要求，粮油工业还存在不少问题。一是企业组织结构不合理，存在着“小而散”的状况。企业数量很多，但单个企业的规模小，大型企业数量少，企业之间分散经营，缺乏联系，难以形成规模经济优势，竞争能力不强。二是产品结构不合理。技术含最低、附加值小的初级加工产品过剩；技术含量高、附加值大的精加工，深加工，综合利用产品不足。有限的粮油资源不能充分利用，影响经济效益的提高。三是企业的科技创新能力不强，不少企业的技术水平低，消耗高，产品质量差，新产品开发周期长。四是行业管理弱化、行业自律能力不强，假冒伪劣产品频繁出现，滥用面粉增白剂等化学物质的现象非常普遍。前一时期，国家质量技术监督局对10个省市面粉质量的抽查结果表明，面粉合格率只有40.4%，大约60%的面粉质量都不合格。主要原因是增白剂严重超标。更有甚者，去年底在有的地方还发生了不法分子制售掺有工业用油的有毒大米的恶性事件。这些都暴露了粮油工业在市场监管和行业自律方面存在的问题。上述各项问题，一方面需要通过政府的监管和企业自身的发展去解决；另一方面也不可缺少地要通过行业中介组织的服务、自律、协调、监督工作来解决。总之，成立粮油工业专业委员会是形势的需要，是改革的需要，是发展的需要。粮油工业专业委员会的成立，可以说是应运而生，应时之举。

二、粮油工业专业委员会的性质和任务

粮油工业委员会是中国粮食行业协会的分支机构，是由全国粮油工业（包括制粉、碾米、制油、饲料、食品、粮机等）的部分骨干企业、科研院所、工程技术人员、管理人员依照国家有关规定和协会章程自愿组成的自律性管理组织。

其宗旨是：团结全国粮油工业企业，贯彻执行党的路线方针政策，按照社会主义市

场经济的要求，充分发挥桥梁纽带作用和服务、自律、协调、监督职能，为粮油工业的持续快速健康发展服务。主要任务是针对粮油工业的特点开展服务和自律工作。其重点是：

1. 对国内外粮油工业发展动态和发展趋势进行调研，对我国粮油工业的基本情况和主要数据进行搜集和统计，研究提出粮油工业的发展规划、发展战略和产业政策等方面的意见和建议，为政府和企业提供参考，指导粮油工业的发展。

2. 推动粮油工业的改组改造和结构优化升级。党的十五届五中全会指出："工业改组改造和结构优化升级是经济结构战略性调整的一项十分紧迫的任务，对于经济持续增长至关重要。"专业委员会要积极配合政府和企业，按照专业化分工协作和规模经济的原则，引导企业加快组织结构调整和产业结构调整，通过联合、兼并、重组等形式，形成一批主业突出、核心能力强、有竞争力的大型企业集团，并积极创造条件，扶持、引导中小型企业特别是科技型企业健康发展。同时，要引导企业以市场为导向，调整产品结构，增加品种，改进质量，发展精深加工和综合利用，提高产品附加值和科技含量，增加经济效益。

3. 进一步推动粮油工业的科技进步。实施科教兴国战略是我们的基本国策。我们要在粮油工业行业落实这一基本国策，以实现可持续发展战略为目标，把粮油工业的发展真正转移到依靠科技进步上来。要建立起由科研院所、企业组成的科技推广体系，采用多种形式，组织技术开发、技术引进和技术交流；要加快粮油工业的技术改造步伐，围绕增加品种、改进质量、提高效益、扩大出口，帮助企业搞好技术改造。

4. 开展粮油工业职业技术教育和培训，尤其要注意培养企业家队伍，提高职工队伍素质，提高企业管理水平。

5. 加强粮油工业的标准化工作。目前粮油工业的标准化工作比较落后，不能适应生产发展和消费水平提高的需要。现有标准不仅种类少，有的指标也不尽合理。例如，对面粉增白剂，欧美等发达国家都已禁止使用，我国仍允许限量使用。粮油工业要实现由数量型向质量型转变，就要从对人民健康负责的高度，把提高产品质量，确保卫生安全放在第一位。专业委员会要与有关单位积极配合、参与修订、完善粮油产品标准，并进行标准的宣传贯彻和监督检查，保证产品质量，防止假冒伪劣，杜绝无标生产，提高全行业的标准化水平。同时，要帮助企业开展质量管理和质量保证体系认证工作，提高企业的质量管理水平。

6. 制定行规行约，加强行业自律。要加强粮油工业行业的精神文明建设，创建文明行业，树立遵纪守法、遵守职业道德、诚实守信、文明生产、公平竞争的好风尚，自觉抵制假冒伪劣产品和不正当竞争，创造良好的市场环境。

专业委员会成立后，我们首先要做的一项重要工作是按照中国粮食行业协会会长办公会和全国粮食行业协会的决定，在粮油工业行业开展生产"放心粮油"的活动。这一活动的目的是进一步贯彻落实《国务院关于开展严厉打击制售假冒伪劣商品违法犯罪活动联合行动的通知》和中宣部、中央文明办、国家经贸委等六部委关于开展"百城万店无假货"的活动，创建文明行业的精神，维护粮油市场秩序，提高产品质量，抵制假冒伪劣粮油产品，保护人民身体健康，促进行业精神文明建设。为了做好这项工作，我们将以“粮油质量与人类健康”为主题开展宣传活动，组织有关专家利用媒体宣传滥用面粉增白剂、添加剂以及劣质粮油对人体健康的危害和影响，以引起全社会对粮油产品质量的关注。同时，我们还将组织部分骨干企业联合向全行业发出《生产“放心粮油”，对人民健康负责》的倡议书。这项活动将采取试点的办法，由点到面，逐步推进。希望各地粮油工业企业本着对人民高度负责的精神，积极参加这一活动，让广大消费者吃上优质、安全的粮油产品。

同志们，粮油工业专业委员会作为中介服务组织，其服务对象是全行业。我们希望全国粮油工业企业对专业委员会的工作给予热情支持和配合，积极参加专业委员会的活动。我们也欢迎广大企业积极加入专业委员会，成为专业委员会的会员。

我们相信，有国家粮食局和中国粮食行业协会的领导，有会员单位和全国广大粮油工业企业的支持，有各省、市粮食局、粮食行业协会的帮助，粮油工业专业委员会的工作一定会越搞越好，一定会为我国粮油工业的发展做出应有的贡献。

中国粮油学会四届三次常务理事会工作报告

2001年12月13日

自2000年6月中国粮油学会四届二次常务理事会召开以来的一年多时间里，学会在中国科协和国家粮食局的领导下，以江总书记有关“三个代表”的重要思想和中国科协“六大”精神为指针，按照学会四届二次常务理事会确定的工作要点，积极开展工作，为推动科技进步，振兴粮食经济服务；为搞好粮食流通体制改革和企业改革服务，做了许多工作。现将一年多来的主要工作以及下一步的工作重点报告如下。

一、回顾一年多来的工作

（一）学习贯彻中国科协“六大”精神，确定新世纪学会的工作方向。

中国科协“六大”是进入新世纪全国科协工作者的首届盛会，党和国家领导人到会祝贺并作了重要讲话。为此，学会于7月在威海专门召开了理事长、副理事长和各分会负责人参加的学会工作会议。会议期间传达学习了江泽民总书记在中国科协“六大”的讲话和“六大”的有关文件精神，大家认为总书记的讲话高举邓小平理论伟大旗帜，站在历史的新高度，深刻分析了科学技术与实现中华民族伟大复兴的关系，精辟分析了科学技术作为第一生产力，在我国改革开放和现代化建设中的关键地位和作用，全面阐述了新世纪科技工作者和学术团体组织的历史责任，具有鲜明的时代特征，为今后的科技工作和学术团体织工作指明了方向。在大家学习领会江总书记在中国科协“六大”讲话精神和“六大”有关文件的基础上，会议要求认真把握总书记讲话的精神实质，并落实到我们的各项工作中去。新世纪的学会工作，要在“学”字和“实”字上下功夫，并把这两方面的工作结合好。会议针对目前粮油科技成果转化薄弱这一环节，研究并提出了《粮食行业“十五”高新实用技术推广意见》（审议稿）（以下简称《意见》），拟提交这次常务理事会讨论通过，《意见》的贯彻落实将作为今后一段时间学会工作的主线，即学会工作的重点和方向。

（二）配合行政主管部门，积极开展技术培训、技术咨询，做好参谋助手。面向社会、面向企业、面向科技工作者，立足服务。

1. 配合国家制定“十五”规划，参加了国家计委、农业部、国家粮食局召开的有关农产品加工方面的专题研讨会，承担了粮油食品加工行业发展现状与趋势的调查，撰写了《我国粮油工业发展现状和趋势》、《我国油脂设备面临的战略调整》、《全国粮油食品加工“十五”发展规划的建议》等三个专题研究报告。同时，受国家粮食局行管司委托，参加了科技部、农业部编制的《农业科技发展纲要》、《农业新技术引进政策建议》和国家粮食局编制的《“十五”粮食行业发展规划》的研讨和修改工作。

2. 配合中央直属储备库两个新200亿斤粮库建设工作，协助国家粮食局再次开展了新仓储粮四项技术培训工作，计划共开办 15 班次，培训新建、扩建中央直属库主任和业务骨干 800 人左右（现已完 7 个班次，近 500 人）。通过这一培训，保证了新建仓库的顺利投入使用。

3. 受国家粮食局委托，协助国家粮食局专家组，负责新仓储粮全国重点生产性试验，为八项技术规程的修改和指导新库建设工作提供理论和实践依据，同时，组织《谷物冷却机低温储粮技术规程（试行）》等八项技术规程的修订工作，预计今年年底将完成其中四项技术规程的修订工作。

4. 去年以来，市场上出现了一批有毒大米、增白剂严重超标面粉以及掺假食用油等伪劣食品，引起了社会各方面的高度重视和关注。针对这一问题，学会积极配合中国粮食行业协会开展了一系列“放心粮油”活动。通过在无锡召开的“‘十五’粮油饲料食品工业发展论坛”和在天津召开的“小麦专用粉加工技术及营养强化与品质改良研讨会”，先后组织发动 100 多家骨干企业联合向全国粮油加工企业发出了《生产“放心粮油”，对人民健康负责》的倡议书和《关于禁止滥用面粉增白剂的呼吁书》，在全行业引起了很大反响。同时，学会还会同各分会特邀有关专家在报刊、电视等媒体上宣传科学营养及防范、辨别“毒米、毒面、毒油”等科普知识，以增强消费者在科学饮食、食品安全方面的自我保护观念和能力。这一工作受到社会上普遍好评。

5. 为科技工作者服务，建立“科技工作者之家”是学会的一项基本工作。一年多来，学会分别通过中国科协和国家粮食局向中国工程院推荐了四名院士增补人选，估计不久的将来，粮食行业将会在中国工程院有自己的院士；学会向中国科协推荐的刘大川同志和刘兴信同志分别当选为全国优秀科技工作者和中国科协先进工作者；学会向中国科协推荐的天津的核工业理化工程研究院和中国粮油学会作为中国科协“千厂千会协作行动”先进协作单位的评比正在进行中；学会理事长白美清同志作为中国科协全国先进学会的评委，并委派学会副理事长刘兴信同志参加了中国科协全国性先进学会的评审工作。所有这些，体现了学会积极努力为广大科技工作者办实事、办好事。

一年多来，学会所属各专业分会根据本专业的需要，适时开展多样的培训和咨询工作。例如，在技术培训方面，油脂分会针对近来油脂加工企业事故增多，尤其是恶性事故较多的情况，于今年 5 月在西安举办了“全国浸出制油工厂（车间）安全防火宣传加强班”，来自全国 20 多家企业的生产主管、浸出车间主任参加了培训班；为加强质量控制，油脂、饲料等分会与挂靠院所合作，为企业培训了一批检验化验人员。这些培训工作对安全生产、质量控制起到了积极作用，深受企业欢迎。在技术咨询方面，油脂分会受企业委托，组织专家对河北花间雨油脂有限公司 400 t/日大豆浸出改造项目进行了现场咨询和论证；储藏分会根据广东、上海、福建等地的要求，先后就小麦异味、蜘蛛的防治、谷物保护剂自动施药技术、稻谷的综合利用及热导系数、新型保温材料等组织专家进行了技术咨询服务。油脂分会还建立了分会办公室热线电话，从各方面为企业和会员服务，并对每个咨询电话都进行了记录、回答。对暂时解决不了的问题，采取预约时间或转交有关部门解决，热线电话的设立和服务质量受到会员和企业的一致好评。这些服务及时地解决了地方和企业的一些热点、难点问题，受到企业的充分肯定。总的来说，学会在配合行政主管部门，面向社会、面向企业、面向科技工作者，立足服务，积极开展技术培训和技术咨询工作，为企业起到参谋作用，为政府起到了助手作用。

（三）抓住重点，积极开展国内外学术交流，促进科技发展。

学会是学术交流的主渠道，一年多来，学会在开展国内外学术交流方面做了大量的工作。

1. 会同国家粮食局行政管理司、中国储备粮管理总公司业务二部于 2000 年 10 月在厦门市共同主办了“全国粮食储藏技术与粮库建设仓型选择研讨会”，实到代表 237 人，收集论文 93 篇，并制作了光盘版的论文集。会议就我国粮食仓储所面临的粮库建设仓型选择及新技术、新设备推广应用等热点、难点问题进行了专题研讨，为两个 200 亿斤新建粮库提供了有力的技术支持。

2. 学会与美国大豆协会于 2001 年 6 月在上海共同举办了“大豆制品研讨会”，会议邀请了中外 11 位专家重点就大豆蛋白应用作了科技学术报告，并与到会的 120 多名代表就大豆制品的综合利用、工艺技术、加工设备、市场开发等问题进行了广泛的交流与研讨，为进一步开拓我国的大豆深加工起到了推动作用。

3. 学会与协会于 2001 年 4 月在无锡市共同召开了“‘十五’粮油饲料食品工业发展论坛”，参会代表近 500 人。会议期间除主会场特邀有关领导、专家就“十五”粮油饲料食品工业发展作特邀报告外，油脂、食品、饲料三个分会分别主持三个分会场，就本专业在“十五”期间的发展广泛地进行了学术交流和研讨，这对我国“十五”期间粮油工业的发展起到了促进作用。

4. 学会于 2001 年 9 月在天津举办了“小麦专用粉加工技术及营养强化与品质改良研讨会”，与会代表 126 人。会议期间特邀部分专家就小麦专用粉加工技术及营养强化与品质改良进行专题报告和广泛研讨。

5. 按国家粮食局的意见和科技部的安排，学会和国家粮食局科研院共同承担了 2001 年 11 月在北京由科技部、农业部等六部委主办的国际农业科技大会农产品加工分会的所有组织工作，本分会到会的中外学者代表近 300 人，就粮、棉、油、肉、奶类、果品等众多农产品的加工、储藏、保鲜、销售的技术与设备以及发展趋势进行了广泛的交流与研讨，对加强中国粮油学会与国内外学术团体交流，推进全球农业科技进步，促进世界农业持续发展产生积极作用。

6. 学会组团参加了 2000 年 10 月和 2001 年 10 月中国科协在西安和长春召开的中国科协第二届和第三届学术年会，并征集论文 17 篇在年会上进行交流，积极参加跨行业、跨学科的学术研讨，展示了粮油科技的水平，开拓了粮油科技的视野，增进了与其他学科的合作。

7. 学会作为协办单位还参加了天津市人民政府主办的“国际农产品储藏保鲜研讨会”和中国食品科技学会主办的“面制品加工技术研讨会”，这些活动有力地加强了学会与地方和兄弟协会的合作，同时扩大了学会在社会上的影响。

8. 进一步加强了国际间的粮油科技交流，密切了同相关国际粮油学术组织之间的联系与合作。一年多来，我会先后两次组团分别赴澳大利亚和美国参加国际学术会议及进行考察，并派代表参加了在爱尔兰都柏林举办的“膳食纤维国际大会”。去年 9 月，副理事长刘新江同志率团参加了由国际谷物科技协会（ICC）在澳大利亚举办的第 11

届国际谷物科技大会，并参加了ICC技术委员会会议、ICC执委会会议、ICC会员大会。在执委会会议上，我会推荐的候选人——江南大学校长陶文沂博士当选ICC执委会委员，这也是我会一年多来在国际学术交流与合取得的一项重要成就。在与国际学术组织的交流合作中，我会与美国油脂化学家协会确定了于2002年10月在北京共同举办“2002年国际大豆研讨会暨产品展示会”，该会议已报国家粮食局、中国科协和国家科技部批准；我会拟与ICC于2003年在北京共同召开“国际食品安全研讨会”，该会议正在协商报批中。

一年多来，学会所属的各专业分会也根据本专业需要开展了各种各样的学术交流活动。例如，油脂专业分会去年12月和今年10月分别在汕头和大连市召开的第十届和第十一届学术年会，每届与会代表都超过400人，交流论文近百篇，对油脂工业的现状与管理、中国入世后油脂工业所面临的挑战与机遇等展开了充分的研讨；食品专业分会在浙江诸暨市召开的“碾米工业与碾米机械研讨会”就我国粮食机械与国外先进粮食加工机械的差距、我国粮食加工机械的市场需要和发展潜力进行了深入的研讨；储藏分会今年分别在上海和广州举办了两次“粮食储藏高新技术研讨会”，参加人数120余人，就仓储害虫诱捕器应用技术，仓库害虫与螨类防治专业系统及虫、螨防治国内外最新动态，谷物冷却器应用技术等进行了广泛的研讨。通过这些交流活动，使学会和各专业分会进一步发挥了科技交流主渠道的作用，有力地推动了粮油科技事业的发展和企业技术进步。

从过去的一年多时间里，总的来看，学会在进一步加强国内和国际间的粮油科技交流与合作，更好地为企业服务，为行业服务，不断提高我国粮油科技在国际上的影响和地位做了许多工作，取得了一定的成效。

（四）办好会刊，搞好编辑出版，交流科技信息。

学会主办的《中国粮油学报》是学会进行技术交流的重要园地，是对外宣传粮油科研成果、传播科技信息的重要窗口，是反映学会学术水平的重要标志。2000年至2001年《中国粮油学报》及英文刊均已如期出版，作为国家一级学术刊物，今年我们已按中国科协的要求，作了自查及评定工作，没出现任何问题，我将会力争今年评入优秀期刊。2001年各分会的会刊（或与挂靠院所联合主办）都如期出版发行，没出现任何问题。油脂分会的会刊《中国油脂》被科技部、新闻出版总署和中共中央宣传部评为第二届全国优秀科技期刊三等奖，被陕西省科协、陕西省新闻出版局评为陕西优秀科技期刊一等奖、陕西省十佳科技期刊、陕西省科技期刊双效益先进刊社。

综合上述看，学会在这一年多的时间里，做了很多工作，较好地完成了各项任务，取得了一些成绩。但也存在一些不足，主要是在全面改革开放的新形势下，学会与国际学术组织的联系和交流还不够丰富；学术委员会未能充分开展工作，对企业的具体技术咨询工作开展得还不够；对专业分会的指导和联系还有待加强。

二、下一步工作的要点

下一步学会工作要以江总书记有关“三个代表”的重要思想和中国科协“六大”精神为指针，在中国科协和国家粮食局的领导下，进一步在“学”字和“实”字上下功夫。在发挥科技交流主渠道作用的同时，继续加强技术培训和技术咨询，为企业服好务，为政府在科技工作方面当好参谋助手，使学会工作在新世纪上个新台阶。

（一）结合实际，突出重点，进一步发挥学术交流主渠道作用。

在学术交流中，明年学会要重点开好两个会议。一是要把在粮油行业推广应用高新实用技术作为一项大事来抓，学会“2002 年第二届学术年会”的内容要以学会研究提出的《粮食行业“十五”高新实用技术推广意见》（以下简称《意见》）为主线，围绕《意见》提出的科技推广项目广泛征集学术论文和科技报告，使我们的学术研讨、科技交流与企业科技进步、成果应用紧密结合起来，促使企业积极采用先进的技术成果，提高经济效益，实现生产力发展的跨越。这是学会进一步在“学”字和“实”字上下功夫的一次尝试，各专业分会一定要积极配合，把这次学术年会开好。

二是“2002 年国际大豆研讨会”，预计这次参会（参展）外宾将超过 200 人，国内代表超过 300 人，这将是一次规模较大的国际研讨会，国家粮食局、中国科协、科技部等主管部门对这次会议十分重视，很快给予了批复。由于这是一次在中国加入 WTO 不久，与国际学术组织进行广泛科技交流合作的会议，所以我们一定要全力以赴，精心组织，确保这次国际研讨会开得圆满，开得成功。

另外，学会在开好这两个会的同时，仍将根据政府部门提出的和企业反映的热点、难点，适时召开一些专题学术研讨会和科技交流会，充分发挥学会科技交流主渠道的作用。

（二）配合行政主管部门，面向企业，进一步做好技术培训、技术咨询工作。

1. 继续支持国家粮食局专家组的工作，全力配合专家组完成在新仓储粮四项新技术的应用培训工作和八项技术规程的修订任务。

2. 全面启动学会学术委员会的工作，积极主动地承接行政主管部门和企业的委托，对粮油科技攻关项目、重大建设项目和企业在实际生产中的难点进行研究、论证和咨询。

（三）继续配合中国粮食行业协会把“放心粮油”的活动深入开展下去。

开展“放心粮油”活动是各级粮食协会、学会为企业和广大消费者服务的一项重要的内容，是对人民、对国家、对社会高度负责的具体体现，是贯彻落实“三个代表”重要思想的具体行动，也是企业强调“质量第一”、“诚信为本”起码要求，意义重大。学会与各专业分会一定要全力配合协会把这项活动更加深入地开展下去。另外，食品、油脂、饲料专业分会要积极配合中国粮食行业协会粮油工业专业委员会明年 4 月在长沙召开的“入世后的中国粮油工业发展论坛暨全国粮油、饲料、食品机械精品展示会”。

（四）进一步加强学会自身建设。

按照民政部、中国科协的要求，从现在开始到 2002 年 12 月，将对社会团体的分支机构和外设机构进行全面复查登记。学会要借这次复查的机会，进一步加强自身建设。各专业分会要严格按照有关规定和要求，认真进行自查和整改，希望各分会的挂靠单位给予积极配合，争取顺利通过。此外，为加强管理，促进工作，学会将根据中国科协的要求，建立若干报告制度，包括重要活动报告制度、定期财务报告制度和定期会员变化情况报告制度等。请各分会严格执行，以进一步加强学会与分会之间的联系，真正成为一个密不可分的整体。

（五）办好《中国粮油学报》（以下简称《学报》）。

学会要在努力提高《学报》及其英文刊档次上下功夫。要继续扩大稿源，从多方面综合反映我国粮食科技研究最新成果和发展动态，在积极收集国内稿件的同时，力争能有一批优秀国外稿件在《学报》上发表，并能有一批文章被国际知名的文献检索系统收录。要努力加强《学报》在国内外的发行范围和发行量，扩大《学报》在国内国际的影响。

当前，粮食行业正处在改革、调整、发展的关键时期，粮油科技工作也面临着新形势和新任务，中国粮油学会作为粮油科技领域的国家一级学术团体，要充分发挥自身的优势，认真贯彻江总书记有关“三个代表”的重要思想和中国科协“六大”精神，实施“科教兴粮”战略，紧密联系粮食工作实际，积极开展多种形式的科技服务活动，进一步在“学”字和“实”字上下功夫，扎扎实实地做好工作，切实发挥“三主一家”的作用，为深化粮食流通体制改革，促进粮油科技进步和行业健康发展做出应有的贡献。

中国粮油学会第四届理事会工作报告

2004 年 9 月于山东烟台

中国粮油学会第四届理事会任期届满，现我受理事会的委托，向大会作工作报告。

中国粮油学会第四届理事会在中国科协、国家粮食局的领导下，在全体会员共同努力下，认真学习贯彻党的十六大和中国科协“六大”精神，高举邓小平理论伟大旗帜，以“三个代表”重要思想为指针，紧密围绕“全面建设小康”这一总目标，结合粮食流通与加工领域的科技进步，发挥学会的桥梁和纽带作用，做了最大的工作，取得了一定成绩。下面分两个方面向大会汇报。

一、近五年来学会工作的回顾

本届学会工作，处于跨世纪的国家“十五”计划期间，党和政府为加强和改善宏观调控，保持经济平稳较快发展作出了一系列重大决策，以人为本，实施科教兴国战略，坚持走可持续发展道路，注重改革创新，坚持科学发展观，着力解决经济发展中的突出矛盾和关系人民群众切身利益的突出问题。为实现农业产业结构大调整，国家出台的有关退耕还林、退耕还草、退耕还湖等一系列的政策和措施，旨在重点解决“三农”问题，在积极深化粮食流通体制改革的同时，利用国债资金，开展了新中国成立以来规模最大的中央储备粮库建设，以确保国家粮食安全。按新阶段的形势要求，中国粮油学会开展了一系列活动。

（一）在改革发展中确定学会的工作方向和工作重点。

1999 年 7 月第四届理事会一成立，就确定了下半年的两大中心工作，一是接受国家粮食储备局委托，以学会为主办单位、挂靠学会的局技术咨询专家组具体负责，对 1998 年以来 500 亿新建、扩建的中央直属储备库的主任和业务骨干进行全面培训；二是积极组织专家、学者参加中国科协的首届学术年会，为中国粮油学会建立年会制度积累经验。按此要求，在学会的全力支持下，专家组的同志们夜以继日地工作，在 4 个月的时间里，行程 2 万公里，做了大量的调研，拟定了 5 个技术标准，编写了 63 万字的培训教材，并结合 500 亿斤新仓储粮的需要，学会和专家组协助国家粮食局组织了大规模的新仓储粮业务培训，仅 1999 年年底至 2000 年上半年，就开设培训班 25 期，培训新建粮库业务主任和技术骨干共 1 800 多人，正式启动了新中国成立以来规模和范围最大的仓储专业技术培训工作。此外，学会从报名的 40 名科技工作者中选派姚惠源、刘大川等 20 名学者、专家参加了中国科协在杭州举办的首届学术年会，我会推荐的《论我国食品工业的加工深度与农产品资源的专业化能力》、《大豆肽制备工艺和功能性的研究》等 20 篇论文被收录在《面向 21 世纪的科技进步与社会经济发展》文集中。与此同时，学会根据行业标准方面的热点难点问题，适时召开了“主食厨房工程经验交流会及技术设备推广会”、“棉籽精加工技术研讨会”和“1999年全国制粉技术交流会”，这些活动为行业的技术进步都发挥了积极的作用。

2000年是世纪之交年，6月在石家庄市成功举办了中国粮油学会首届学术年会，并出版了65万余字的论文集，这次年会覆盖面大、学术性高，是一次规模空前的学术盛会。此外，学会还积极配合国家制定“十五”规划，派多名专家参加了科技部农业司和计划司、国家计委产业发展司、国家粮食局行管司召开的有关农产品加工方面的若干专题研讨会，参加了科技部、农业部编制的《农业科技发展纲要》、《农业新技术引进政策建议》和国家粮食局行管司编制的《“十五”粮食行业发展规划》的研讨和修改工作。

2001年中国科协“六大”是进入新世纪全国科技工作的首届盛会，党和国家领导人到会并做重要讲话。为此，学会在山东威海市专门召开了常务理事会，会议期间传达学习了江泽民总书记在中国科协“六大”的讲话和“六大”的有关文件精神，大家认为总书记的讲话站在历史的新高度，深刻分析了科学技术与实现中华民族伟大复兴的关系，精辟分析了科学技术作为第一生产力在我国改革开放和现代化建设中的关键地位和作用，全面阐述了新世纪科技工作者和学术团体组织的历史责任，具有鲜明的时代特征，为今天科技工作和学术团体组织工作指明了方向。会议要求认真把握总书记讲话精神的实质，并落实到我们的各项工作中去。新世纪的学会工作要在“学”字和“实”字上下功夫，并把这两方面的工作结合好。会议针对粮油科技成果转化薄弱这一环节，研究并提出了《粮食行业“十五”高新实用技术推广意见》(以下简称《意见》)纲要，拟在调研的基础上完善《意见》，作为学会一段时间的工作重点。

在食品、油脂、储藏、饲料等专业分会的全力协助和共同努力下，在广泛调研的基础上，《粮食行业“十五”高新实用技术推广意见》提交学会第四届三次常务理事会审定通过并下发全行业。配合中央粮食储备库再建400亿的工作，学会和专家组协助国家粮食局再次开展了新仓储粮四项技术试验推广工作，培训新建、扩建中央直属库主任和业务骨干500多人，保证了新建仓库的顺利投入使用。与此同时，受国家粮食局的委托，协助专家组，组织《谷物冷却机低温储粮技术规程》等八项技术规程的修订工作。针对市场上出现的有毒大米、增白剂严重超标面粉以及掺假食用油等劣质食品问题，学会协同粮食行业协会开展了一系列“放心粮油”活动。通过在无锡召开的“‘十五’粮油饲料食品工业发展论坛”和在天津召开的“小麦专用粉加工技术及营养强化与品质改良研讨会”，先后组织发动100多家骨干企业联合向全国粮油加工企业发出了《生产“放心粮油”，对人民健康负责》的倡议书和《关于禁止滥用面粉增白剂的呼吁书》，在全行业引起了很大反响。同时，学会还特邀有关专家在报刊、电视等媒体上宣传科学营养及防范、辨别“毒米、毒面、毒油”等科普知识，以增强消费者在科学饮食、食品安全方面的自我保护观念和能力，这一工作受到社会上的普遍好评。

2002年学会四届三次常务理事会明确的工作重点是：①以《粮食行业“十五”高新实用技术推广意见》为主线，办好第二届学术年会；②按中国科协的要求，研究制定了学会改革方案；③协助国家粮食局作好国家“十五”项目的有关立项评审工作。2002年6月在成都召开了中国粮油学会第二届学术年会，有400多名代表231篇论文参加交流，这次年会重点展示了近两年来的粮油科技成果，提出了粮油行业推广高新实用技术方向，增强了科技工作者与生产企业的联系，促进了科技成果向生产力的转化。根据中国科协学字［2001］275号《关于推进所属全国性学会改革的意见》精神，学会成立了以理事长为首的改革领导小组，对新形势下学会的改革进行了认真的研究和讨论，在深入调研、广泛征求意见的基础上，结合我会的自身实际情况，制定了包括指导思想、改革目标、内容、措施和步骤等内容的学会改革方案。按国家粮食局的要求，学会派出专家参加科技部“十五”国家科技攻关计划重大专项“农产品深加工技术与设备研究开发”项目；参加了国家计委产业发展司“‘十五’农产品深加工食品工业示范工程”项目的立项评审工作，使一批粮油深加工项目纳入“十五”国家科技攻关计划重大专项和一批粮油企业的技改项目纳入国家农产品深加工产业化食品工业示范工程。

2003年是党的十六大召开后的第一年，为贯彻落实十六大提出的全面建设小康社会的总目标，学会理事长办公会研究确定2003年度的工作重点为：①研究提出《2020年中国粮油科学和技术发展规划的意见与建议》，并积极参与行业和国家的中长期科技规划的编制工作，我会根据国家中长期科学与技术发展战略研究有关农业技术研究的专题组的邀请，主持和执笔编制《农业领域拓展战略研究》（全文约13万字）；②坚持以人为本，全面启动“人才培育工厂”；③实施学会《改革方案》；④9月在沈阳参加中国科协第四次学术年会，并主办了有关粮食储藏分会场的学术交流活动。2003年尽管在全国范围内受突然而来的“非典”影响，但我们克服了困难，较好地开展了这几项工作。为做好《2020年中国粮油科学和技术发展规划的意见与建议》，学会和所属各专业分会，指定专人负责，在广泛调研的基础上，召开了七次专题研讨会，年底前向国家粮食局和中国科协呈报了学会研究提出的《2020年中国粮油科学和技术发展规划的意见和建议》。“人才培育工程”分三个层面开展工作，即两院院士的选拔推荐、研究员和享受研究员有关待遇高级工程师专业技术职称的评审和行业职业技能鉴定。1996年、1998年、2000年和2002年学会四次共推荐两院院士10人次，尽管至今粮食行业尚未有人当选，但推荐和培育粮食行业科协工作者当选两院院士仍是我们的奋斗目标。我们还协助国家粮食局人事司组建了“国家粮食局自然科学研究系列研究员和享受研究员有关待遇高级工程师专业技术职称评审委员会”，学会秘书处作为该评审委秘书处，并完成了首批研究员和享受研究员有关待遇高级工程师的评审工作，评出11名研究员和享受研究员有关待遇高级工程师。职业技能鉴定是一个涉及面更广的工作，这一年主要是协助国家粮食局人事司确定首批粮食行业特有工种目录和筹建全国粮食行业职业技能鉴定中心。在实施学会改革方面，重新修订了会员申请登记管理办法、会员会费交纳管理办法、学会分支机构管理办法等管理制度。同时，在学会的活动方式和为会员服务方面也都采取了一些新的举措，基本上达到预定目标。

2004年根据四届四次常务理事会和年初理事长办公会的精神，这一年的工作重点为：①坚持以人为本，继续抓好“人才培养工程”；②开好两个会，即“上海国际粮油食品安全研讨会”和学会“第三届学术年会”；③做好学会换届工作。“人才培育工程”，这一年主要是围绕职业技能方面开展工作，3月劳动和社会保障部批准国家粮食局组建粮食行业职业技能鉴定指导中心后，学会组织专家全力协助国家粮食局人事司制定粮食行业特有工种目录和职业分类说明，参加全国职业技能鉴定中心的专业答辩，现劳动和社会保障部已批文同意设立国家粮食局申报的粮食收购员、粮食竞价交易员、粮库保管员、粮库机械员、粮库中央控制室操作员、粮油检化员、制油工、制粉工和碾米工 9 个粮食行业特有职业。下一步受劳动和社会保障部的委托，制定这 9 个职业的国家标准、考试题和培训教材，全面启动全国粮食行业百万从业人员的职业技术鉴定工作。年会和换届工作，在国家粮食局、中国科协指导下，在各所属分会、各会员单位的全力支持下，都已正常开展。

（二）扩大对外交流，提高学会的影响力，提升学会地位和作用。

开展对外交流是促进学科发展的重要途径，也是扩大学会在国际同类学科的影响，提高学会工作水平的一个重要方面。中国粮油学会是国际谷物科技协会（ICC）的国家会员和本届执委会执委派出单位，与美国油脂化学家协会（AOCS）、美国谷物化学家协会（AACC）、美国烘焙协会以及法国、英国、澳大利亚、日本、韩国和马来西亚等国的有关谷物和油脂的协会（学会）有良好的合作关系。本届理事会主要通过以合作在我国召开国际研讨会、展示会或我会组团出国参加国际会议等方式扩大交流，增进了解。这些活动促进了国与国之间相关企业和院校、专家学者的联系和交流，为了解国际有关学科发展的动向，学习国外先进技术，建立合作创造了条件。

1. 本届任期内，我会和美国油脂化学家协会（AOCS）于 2002 年 11 月在北京共同举办了“2002 年北京国际大豆技术及开发合作研讨会暨展示会”。本次会展，是在我国加入世贸组织，参与经济全球化，实施国家大豆振兴计划，积极扩进农产品深加工和食品工业发展战略及“十五”发展规划的形势下召开的。因此，受到国内外大豆科技工作者、大豆生产者、加工企业和贸易公司的广泛响应和参与，有来自 29 个国家的 526 名（外宾 170 人，中宾 356 人）专家、学者和科技工作者参加了这次会议，提交会议交流论文 287 篇，还有 50 多家中外企业和科技单位的大豆产品和科技成果参加展示。这次会议开得非常成功，既展示了 20 世纪以来各国大豆产业科技、经贸发展的成就，也交流了各国发展大豆生产的技术与经验，展望了 21 世纪大豆产业科技、经贸发展的方向，对推动全球大豆科技、经贸合作和大豆产业的发展发挥了积极作用。我会和国际谷物科技协会（ICC）、美国谷物化学家协会（AACC）、美国油脂化学家协会（AOCS）于 2004 年 6 月共同举办了“2004 年上海国际粮油食品安全研讨会暨展示会”。促进粮食增产，改善产品质量，确保食物安全，提高人们的营养和健康水平是我们举办这次会议的目的。这次国际研讨会注册到会代表有 300 多人，除国内粮食、农业、食品卫生和质量监督等方面的学者、专家、企业代表参加外，还有近 50 个国外专家学者与会交流。会议围绕“促进粮油食品安全与质量保证体系的建设，提高粮油食品质量水平”这一主题，有 158 篇论文参加了交流，其中国外 33 篇。还有 40 多家国内外机构展示了该领域的科技成果和新产品。这次会议是一次主题突出、专业性强、学术水平高、技术和管理紧密结合、影响较大的国际会议。对促进国际合作、推动我国粮油食品质量水平产生了积极作用。

2. 在本届任期内，我会还同美国大豆协会、日本佐竹株式会社分别召开了“大豆制品研讨会”、“米面精深加工技术研讨会”。按国家粮食局的要求和科技部安排，我会还承担了首届国际农业科技大会农产品加工分会场的组织工作，所有这些活动，为中外专家学者学术交流、科技研讨构建了一个很好的平台。

（三）五年来，我会组织11个团组，出席了ICC、AOCS、AACC、IWC-SPP等国际学术组织召开的学术会议，密切了和国外学会组织的交流。

2000年5月我会副理事长刘新江同志率团参加了国际谷物科技协会（ICC）在澳大利亚昆士兰举办的“第八届国际谷物科技与面包大会”，中国粮油学会作为国家会员单位，参加了ICC执委会会议、技术委员会会议和会员大会。在这次执委会上，我会推荐的执委候选人——江南大学校长陶文沂博士当选为ICC执委会委员，这是我会与国际学术组织交流与合作中一项重要成就，也反映我会在国际学术组织中的地位和影响的提高。

2003年7月，我会由白美清理事长率团赴土耳其参加了国际油脂大会，白美清理事长在大会上做了“中国油脂工业的现状以及加入WTO后的展望”的报告，与会代表给予了很大的关注，路透社驻伊斯坦布尔记者当日用较大篇幅报道了白美清理事长的大会发言和与大会代表交流的情况。

此外，我会还派出代表团出席了国际储藏产品保护工作会议-常设委员会会议（IWC-SPP）和ICC、AACC等学术组织的一系列专项国际学术交流会。

上述国际交流基本做到了出访有目的、有计划、有要求，出访结束有汇报。通过组织参会和考察，扩大了中国粮油学会对外联系和影响，对促进国内粮油科技的进步，发挥了积极作用。

（四）提高《学报》、《学刊》质量，促进学科发展和成果转化。

《中国粮油学报》（以下简称《学报》）是中国粮油学会开展学术交流的重要园地，是对外介绍粮油科研成果、传播科技信息的重要窗口，是学会联系广大会员的一条重要渠道，是反映学会学术水平的重要标志。本届任期内，学会按照国家新闻出版总署和中国科协对学术期刊的要求，力求做到《学报》面向粮油食品学科全体科技工作者，促进基础研究，突出技术创新，为粮油资源开发和深加工提出技术指导，做到提高质量，使编辑出版标准化，努力向国内优秀学术期刊学习和看齐。

5年来，《学报》在编委会的指导和全体会员的关心支持下，经过编辑部同志们的努力，重点做到了以下几点：①《学报》在内务扩充的同时，篇幅也做了大的拓展（增加40%）；②在大家的《学报》大家办的改革思路下，江南大学、河南工业大学、武汉工业学院、南京经济学院、中国农科院农产品加工中心、东海粮油、兴泰公司、河北柏乡粮库、浙江诸暨等九个单位作为《学报》的首批协办单位，从投稿、征订和经营等诸多方面给予《学报》全力支持；③在提高编辑、印刷质量的同时，发行量有了明显提高。

《中国粮油学报》作为国家的一级学术期刊，在“食品科学”类院校和科研院所，凡评定高级技术职称，对在《中国粮油学报》发表的学术性论文都视为合格论文。《中国粮油学报》已被《美国化学文摘》（CA）收录，是国内农业、粮油、食品院校及科研院所，以及科技人员的重点参考读物和订阅刊物。《学报》的论文有来自科技攻关项目、资金资助项目以及博士、硕士的毕业论文，也有来自生产一线科技工作者的科研成果、实验报告。《学报》论文理论水平较高、学术性较强，对引导学科发展起到很好的作用。

除《学报》以外，中国粮油学会所属四个专业分会与各挂靠单位主编的期刊，即《粮油储藏》、《中国油脂》、《粮食与饲料工业》和《粮食与食品工业》，这四个技术性期刊在报道应用性技术研究成果，推动行业技术改造和科技应用方面发挥了积极作用。

为了充分表彰《学报》和各专业分会创办期刊和积极撰稿的优秀著作者，提高《学报》和技术性期刊的学术水平，学会开展了第四届优秀论文评选活动。从全国推荐的725篇论文，经评选专家委员会评审，并报理事长办公会审议通过，评审优秀论文61篇，其中一等奖6篇、二等奖21篇、三等奖25篇、表彰奖9篇。

二、做好学会工作的几点体会

总结五年来学会的工作，归纳起来有以下几点体会：

第一，认真学习党的“十六大”和中国科技“六大”精神，高举邓小平理论，以“三个代表”重要思想为指针，提高学会贯彻和执行党的路线、方针和政策的自觉性，坚持正确的政治方向和工作方针，更好地为广大会员和科技工作者服务，为科技进步、经济建设和社会发展服务，使学会真正成为适应社会主义市场经济，密切联系广大科技工作者，符合自身发展规律，具有中国特色、充满生机和活力的科技学术团体。这是学会必须坚持的目标和方向。

第二，争取挂靠单位的领导和有关部门的支持，紧紧围绕粮食行业改革与发展这一主题，密切结合粮食生产、流通、加工和综合利用中的科技热点、难点问题开展各项活动，以推动行业的技术进步和经济发展，这就是学会的中心任务。

第三，面向行业、面向科技生产第一线、面向学会的全体会员和科技工作者，服务于党的方针、政策的宣传；服务于科技进步，经济发展；服务于生产第一线的实践需要；服务科技工作者的需求；这既是学会工作的起始点，也是学会工作的归属点。

第四，学会要多在“学”字和“实”字上下功夫，并有机地将这两方面结合好。“学”字和“实”字的结合主要体现在构建好两个平台，一是各种学术交流、科技研讨和成果推广的会议交流平台。这种会议平台既要考虑它的学术权威性，又要考虑它能解决实际生产中的技能难点，有较强的指导作用，这样的会议大家参与的热情高、会议效果好。二是《中国粮油学报》是一个永恒的交流平台。作为国家一级学术期刊，它应有较强的学术权威性，同样的它也必须能用以指导生产实际，只有这样才能更好地服务于行业、服务于生产一线、服务于科技工作者。

第五，中国粮油学会第四届理事会五年来做了大量工作，取得了显著成绩，但理事会在加强学会组织建设方面尚有不足，如饲料专业分会的按时换届，定期召开常务理事会还不够，在发展个人会员及按时交纳会费等方面尚有待加强。

中国粮油学会第四届理事会的使命已经完成，期望新的一届理事会在中国科协、国家粮食局的领导下，认真学习贯彻党的“十六大”精神和“三个代表”重要思想，紧密联系粮食工作实际，积极开展多种形式的科技服务活动，切实发挥“三主一家”的作用，为深化粮食流通体制改革，促进粮食科技进步和行业健康发展做出应有贡献。

在首届中国米粉、粉丝产业发展大会上的致辞

2004 年 12 月 17 日

首届中国米粉、粉丝产业发展大会在各方的共同努力下，今天在广州如期召开了。这次大会，得到了协办单位和参会企业的鼎力支持，在此，我代表中国粮油学会、北京市粮食科学研究所向关心支持这次大会及米制品、粉丝行业发展的单位、个人表示衷心的感谢！对今天到会的各位代表表示热烈的欢迎。

我国是世界上最大的稻米生产国和稻米消费国。稻米也是我国最重要的粮食作物之一，正常年景年产稻谷约 2 亿吨，约占世界稻米量的 1/3，占我国粮食产量的 2/5。我国约有 8 亿人口以稻米为主食，每年直接食用稻米及其制品耗用稻米约 1.3 亿～1.4 亿吨，所以稻米及其制品的消费市场是我国最大、最稳定的粮食消费市场之一，也是深受消费者喜爱的主食品种。随着我国社会经济的快速发展，人民生活水平的提高和生活节奏的加快，人们对米制品的消费方式及消费习惯正在逐步改变，在安全、营养、卫生、风味、携带方便等方面提出了更多、更高的要求。因此，作为米制品的主要品种，米粉及与米粉密切相关的粉丝产业孕育着巨大的发展空间。

综观现今的米粉、粉丝产业，普遍存在着生产企业规模小，生产技术与装备落后，工业化水平低，生产环境差，产品缺少创新等问题。与此同时，行业缺少凝聚，行业内国际间相关企业、科研机构间缺少交流与相互促进，缺乏以技术进步为龙头带动行业发展的行业性指导与帮助。从发展的眼光来看，上述问题反映了在存在巨大市场需求的背景下，如何发展好米粉、粉丝产业还有许多工作要做，还需要付出很多的努力，更需要在座的单位代表、行业同仁共同努力，把这个产业做实、做强、做大。

中国粮油学会是经中国科协和国家民政部批准的国家一级学会，并承担着促进粮油科技的繁荣发展，促进粮油科技的普及提高，促进粮油科技人才成长，促进粮油科技与经济结合的职责，为全国粮油行业范围内的生产企业、研究机构及相关部门提供服务，其优势在于作为国内外同业间交流的最佳平台，掌握的信息、人才、技术成果等方面的资源集中，服务全面。随着时代的发展和对行业服务提出的新的要求，在资源整合、服务细分的背景下，经过中国粮油学会理事长办公会研究，同意筹建中国粮油学会碾米与米制品或米制品方面的分支机构，其宗旨在于为行业的科技发展服务，通过搭建服务平台等手段，发挥中国粮油学会在行业科技信息、技术人才、交流组织等方面的优势，努力为广大会员营造技术互动交流的良好环境，提供技术咨询与指导、专业技术知识普及、人才培养、维护行业内科技人员的合法权益等项服务，推动行业技术进步与产业升级，提升生产企业的市场竞争力。

我希望以此届大会作为一个起点，在此基础上经过大家的共同努力，一定能加快米粉、粉丝行业的发展，让更新、更好的米粉、粉丝产品丰富人们的餐桌，为我国经济特别是粮油食品工业持续、健康发展作出应有的贡献。

在中国粮油学会“2005年厦门饲料学术交流研讨会”上的发言

2005年12月13日于厦门

今天，我们非常高兴地在厦门这座充满活力的城市聚会，参加中国粮油学会饲料专业分会举办的“2005年厦门饲料学术交流研讨会”。借此机会，我谨代表中国粮油学会、中国粮油学会油脂专业分会，对此次研讨会的召开表示热烈的祝贺！向在座的各位代表表示亲切的问候！

饲料专业分会成立已经二十年了。二十年来，饲料专业分会在中国科协的指导下，在中国粮油学会的直接领导下，在原商业部、原国内贸易部以及国家粮食局的支持和关怀下，经过广大饲料科技工作者的不懈努力，饲料专业分会从无到有，得到了长足发展。回顾饲料专业分会成立二十年来的中国饲料工业，取得了举世瞩目的成就。

二十年来，尤其是在前十多年里，饲料专业分会在努力为广大会员和科技工作者服务，为科技进步、经济建设和社会发展服务；在切实发挥学会“三主一家”的作用，促进饲料科技进步和行业健康发展；在探索学会改革，理顺各种关系，搞好自身建设；在积极开展国内外学术交流，办好《粮食与饲料工业》会刊；在积极组织人员培训，参与国家标准制订；在组织行业重大项目论证，开展咨询活动，努力为中国饲料工业的发展服务等方面都取得了可喜的成绩。这是大家努力的结果，是来之不易的。

近几年来，由于众所周知的原因，饲料专业分会的工作开展得少了一点。自去年起，饲料专业分会的会长单位——中国饲料公司的新领导班子，出于对中国饲料科技和饲料工业的关爱，对分会工作十分重视，指派专门领导主抓分会工作，使饲料专业分会的工作很快恢复了生机。今天的饲料学术研讨会的召开就是一个例子。我相信，饲料专业分会在刘晓雨会长的带领下，依靠广大饲料科技工作者，一定能重振饲料专业分会的辉煌。

二十年来的学会工作经验告诉我们，搞好学会工作必须坚持两点。一是要积极开展活动。有人说“人的生命在于运动”，那么，我认为，“学会、协会的生存在于活动”，只有开展活动，才能提高学会、协会的凝聚力和向心力；二是要树立办好学会靠大家的思想。二十年来的学会工作体会告诉我们：“学会是大家的家，学会的事情大家办。学会办好靠大家，办好学会为大家。”

二十年过去了，新的征程开始了。学会工作在新形势下，要以邓小平理论和“三个代表”重要思想为指导，全面贯彻党的十六大和十六届三中、四中、五中全会精神，牢固树立科学发展观，以人为本，努力为广大饲料科技工作者服务，为中国的饲料科技进步服务，为中国饲料工业的可持续发展服务，为全面建设小康社会做出应有的贡献。

在中国粮食行业协会小麦分会成立大会上的发言

2006 年 3 月 23 日

在国家粮食局的关心、支持下，经过三年多时间和三次筹备工作会议的酝酿、筹备，并经民政部批准，中国粮食行业协会小麦分会在完成了各项议程后，今天终于在我国小麦主产地河南郑州成立了，这是多年来大家努力的结果，是来之不易的。刚才，大会选举产生了中国粮食行业协会小麦分会第一届理事会领导机构。借此机会，我代表刚刚当选的小麦分会第一届理事会全体理事、常务理事和理事长、副理事长、秘书长，对大家的支持和信任表示衷心的感谢。

中国粮食行业协会小麦分会的成立，是全国小麦生产者和小麦加工、流通企业的一个件大事。民以食为天，小麦是世界人类膳食的第一大作物，是人们赖以生存的主要粮食作物。中国是一个人口大国，也是一个小麦生产、加工和消费大国。在我国的粮食生产中，稻谷、小麦和玉米等三大作物的总产量每年约为 4 亿吨，其中正常年景小麦的产量约为 1 亿吨。这么多的小麦，只有通过加工，才能成为人们日常生活喜爱的食品；只有通过加工，才能使小麦增值，才能为社会增加财富，才能增加小麦生产者的收益。由此可见，小麦加工在我们这个分会中是至关重要的。据中国粮食行业协会 2004 年度粮油加工业统计报告表明，2004 年，全国入统规模以上小麦粉加工企业 1 990 个，年生产能力 6 508 万吨，其中日加工能力 100 吨以下的 1 184 个，110～200 吨 460 个，其中 200～400 吨的现有 236 个，400～1 000 吨的现有 95 个，1 000 吨以上有 15 个。入统企业现价工业总产值 610 多亿元，从业人员 11.6 万人。这些小麦加工企业是我们小麦分会的重要基础。小麦分会成立后要努力成为全国小麦生产者和小麦加工、流通企业之家、企业家之家。

下面，我就如何做好分会工作讲几点意见。

第一，要在总会的统一领导下积极开展工作。刚才白美清会长就小麦分会成立的重要性、必要性以及对分会的工作作了重要讲话，我们要认真加以贯彻。小麦分会是中国粮食行业协会的一个专业分支机构。分会要遵循依法办会、民主办会的原则，认真遵守各项法律、法规，严格执行《社会团体登记管理条例》、《中国粮食行业协会小麦分会章程》和《中国粮食行业协分支机构管理办法》，在中国粮食行业协会统一领导下积极开展工作。

第二，要积极贯彻以“服务”为中心的办会宗旨。服务是分会的办会宗旨，是分会的基本职能，也是分会生命力和凝聚力的所在。在新形势下，分会工作要想取得新突破，开创新局面，关键是要在搞好服务上下功夫，见实效。只有把分会真正办成企业之家、企业家之家，才能不断增强分会的号召力、凝聚力，才能使分会的工作有所作为。要以章程中明确的“十项主要任务”为重点做好服务工作。当前要在帮助企业实施“放心粮油工程”和名牌战略；帮助企业整合提升、做强做大做优；积极向政府反映企业的合理建议和要求，维护企业的合法权益；总结交流企业的先进经验，开展国内外经济技术合作与交流等方面多做工作。总之，要通过多种形式和方法，不断完善服务体系，拓宽服务领域，使分会在服务中增强活力，在服务中树立信誉，在服务中求得发展。

第三，做好分会工作要坚持做到两条。根据这些年来协会、学会工作的体会，我认为做好协会、学会工作要坚持做到两条。一是要积极开展活动。人们常说“人的生命在于运动”。那么，“协会、学会的生存在于活动”。也就是说协会、学会只有通过积极开展活动，为企业搭建各种交流、发展的平台才有生存发展的可能；二是要树立办好协会靠大家的思想，要认真做到：“协会是大家的家，协会的事情大家办，协会办好靠大家，办好协会为大家。”为此，我希望小麦分会的会员单位，要以协会为家，积极参加总会和分会举办的各项活动，为办好分会献计献策。

第四，要抓好分会的自身建设。分会成立之后，要根据民政部关于社团组织管理等要求和自身的实际，建立健全分会的各项规章制度，完善分会内部管理机制，逐步实现分会工作的制度化、规范化。要积极发展会员，确保会员大会和理事会的有效运转。要加强对会员的教育培训，建立健全行规行约等自律和监督机制，以规范企业的生产经营行为，引导会员单位自觉执行国家方针、政策，模范遵守国家法律、法规，牢固树立“信誉第一，诚信为本，服务人民，奉献社会”的思想。

各位代表：为了使小麦分会更具有权威性，我提议：请德高望重的白美清会长担任小麦分会的名誉理事长；请原武汉工业学院院长、党委书记徐广文教授担任小麦分会的顾问。与此同时，为了使分会办公室的工作尽快开展起来，我提议：请中国粮食行业协会综合处长赵奕同志担任小麦分会的常务副秘书长；请河南工业大学李东森教授和山东中粮鲁德面粉公司李家民常务副总经理担任小麦分会的副秘书长。以上提议，如没有不同意见，请大家鼓掌通过。

各位代表：小麦分会刚刚成立，全新的工作即将开始，在今后的工作中，我们难免会遇到一些困难和问题，但我相信，有中国粮食行业协会的指导帮助，有名誉理事长、顾问和广大会员的支持与配合，我们一定能不断开创分会工作的新局面。

在中国粮油学会粮油营销技术分会成立大会上的发言

2006 年 11 月 18 日

在国家粮食局的关心、支持下，经过一年多时间和几次筹备工作会议的酝酿、筹备，并经民政部批准，中国粮油学会粮油营销技术分会在完成了各项议程后，今天在我国首都北京成立了，这是大家努力的结果，是来之不易的。刚才，大会选举产生了中国粮油学会粮油营销技术分会第一届理事会领导机构。借此机会，我代表刚刚当选的粮油营销技术分会第一届理事会全体理事和会长、副会长、秘书长，对大家的支持和信任表示衷心的感谢。

中国粮油学会粮油营销技术分会的成立，是全国粮油生产和粮油加工、流通企业的一件大事。民以食为天，粮油是人们赖以生存的主要物质。中国是一个人口大国，也是一个粮油生产、加工和消费大国。正常年景，我国年产稻谷约为 2 亿吨、小麦约为 1.1 亿～1.2 亿吨、玉米约为 1.4 亿吨；全年的油料产量为 5 500 万～6 000 万吨，为满足人们食用油供应的需要，我国每年还要进口约为 1 000 万吨的油料、油脂。上述这些原粮和油料将经过加工，制成各种成品粮油及其制成品。在此基础上，通过各种营销方式去满足人们“一日三餐”和食品工业发展的需要。由此可见，粮油营销是粮油生产、粮油加工和粮油流通，直至消费的不可缺少的重要环节。尤其是在以“买方市场”为主的市场经济条件下，对一个生产企业来说“市场营销”就显得格外重要。专家们认为：“市场营销是企业的经营和销售活动，是引导商品从生产者到消费者或用户的企业整体活动，其目的是满足顾客需求。”今天，中国粮油学会粮油营销技术分会成立了，粮油营销技术分会是由粮油营销企业和粮油生产企业中从事生产技术开发、管理的优秀人才和从事科研、教育的专家学者组成的、群众性的非盈利性、全国性的社会团体。分会成立后，我们要努力把分会办成全国从事粮油营销的科技人员之家和从事粮油营销企业和生产企业之家、企业家之家。下面，我就如何做好分会工作讲几点意见。

第一，要在总会的统一领导下积极开展工作。粮油营销技术分会是中国粮油学会的一个专业分支机构。分会要遵循依法办会、民主办会的原则，认真遵守各项法律、法规，严格执行《社会团体登记管理条例》、《中国粮油学会粮油营销技术分会章程》和《中国粮油学会分支机构管理办法》，在中国粮油学会统一领导下，根据总会的要求和分会自身特点积极开展工作。

第二，要积极贯彻以“服务”为中心的办会宗旨。服务是分会的办会宗旨，是分会的基本职能，也是分会生命力和凝聚力的所在。在新形势下，分会工作要想取得新突破，开创新局面，关键是要在搞好服务上下功夫，见实效。只有把分会真正办成科技人员之家、企业之家、企业家之家，才能不断增强分会的号召力、凝聚力，才能使分会的工作有所作为。要以章程中规定的业务范围和分会“工作条例”中的“十一项主要任务”为重点做好服务工作。当前要在不断总结和交流粮油营销企业经营和管理方面的经验，带动营销企业提高经营管理水平；积极组织粮油营销企业之间的合作与交流，适时举办全国性或区域性的粮油交易、展销等活动；积极组织业务培训，提高会员和会员单位的业务素质和经营管理水平；努力为粮油营销企业提供市场和法律等咨询服务；沟通行业与政府、企业与企业之间的联系，维护粮油营销企业的合法权益等方面多做工作。总之，要想方设法通过多种形式和方法，不断完善服务体系，拓宽服务领域，使分会在服务中增强活力，在服务中树立信誉，在服务中求得发展。

第三，做好分会工作要坚持做到三条。根据这些年来学会工作的体会，我认为做好学会工作要坚持做到三条，一定要加强团结与合作。团结就是力量，是做好一切工作的基础。分会全体会员，尤其是理事、会长、副会长和秘书长，要起表率作用，要从办好分会的前提出发，做到在工作中相互体谅，顾全大局；二是要积极开展活动。人们常说“人的生命在于运动”。那么，“学会的生存在于活动”。也就是说学会只有积极开展活动，为企业搭建各种交流、发展的平台才有生存发展的可能；三是要树立办好学会靠大家的思想，要认真做到：“学会是大家的家，学会的事情大家办，学会办好靠大家，办好学会为大家。”为此，我希望粮油营销技术分会的会员单位，要以学会为家，团结合作，积极参加总会和分会举办的各项活动，为办好分会献计献策。

第四，要抓好分会的自身建设。分会成立之后，要根据民政部关于社团组织管理等要求和自身的实际，建立健全分会的各项规章制度，完善分会内部管理机制，逐步实现分会工作的制度化、规范化。要积极发展会员，确保会员大会和理事会的有效运转。要加强对会员的教育培训，建立健全行规行约等自律和监督机制，以规范企业的生产经营行为，引导会员单位自觉执行国家方针、政策，模范遵守国家法律、法规，牢固树立“信誉第一，诚信为本，服务人民，奉献社会”的思想。

各位代表：粮油营销技术分会刚刚成立，全新的工作即将开始，在今后的工作中，我们难免会遇到一些困难和问题，但我相信，有中国粮油学会的领导和帮助指导，有广大会员的支持和配合我们一定能不断开创分会工作的新局面。

在中国粮食行业协会粮油工业分会换届大会上的发言

2007 年 11 月 1 日于南京

刚才，大会选举产生了中国粮食行业协会粮油工业分会第二届理事会领导机构。借此机会，我代表刚刚当选的粮油工业分会第二届分会理事会全体理事和理事长、副理长、秘书长，对大家的支持和信任表示衷心的感谢。

中国粮食行业协会粮油工业分会自 2001 年成立以来，至今已六年半过去了。刚才，宋丹丕秘书长代表第一届理事会做了“中国粮食行业协会粮油工业分会第一届执委会工作报告”。回顾六年多来，粮油工业分会在中国粮食行业协会的领导下，认真按照总会的统一部署和分会自身特点，做了许多工作，取得了一定的成绩。归纳起来，主要做了以下五方面的工作：一是配合总会积极实施“放心粮油工程”，围绕提高粮油食品的质量和安全水平，先后五次组织全国部分骨干企业发出《禁止滥用面粉增白剂呼吁书》、《粮食行业食品安全诚信宣言》等；组织专家编写出版了《食品药品放心工程科普丛书——粮油食品分册》和《中国粮油工业知名企业及产品专集》；起草制订了《放心粮油、放心粮店评审办法》和《放心粮油生产技术管理规则》、《放心粮店经营管理规则》等。二是配合总会大力推进粮油名牌工程。培育发展粮油名牌产品。通过开展名牌工程，提高了粮油企业的质量意识和品牌意识。自 2004 年起，通过组织专家审查、评选，先后有 28 个大米产品、29 个小麦粉产品、10 个食用植物油产品和 8 个挂面产品荣获“中国名牌产品”称号；有 6 个大米品牌、6 个小麦粉品牌和 8 个食用植物油品牌获得商务部“最具市场竞争力品牌”称号；共有 49 个产品被中国粮食行业协会授予“全国小品种粮油、粮机知名品牌”。三是配合总会开展粮食行业食品安全信用体系建设试点工作。自 2004 年起，根据国家食品药品监督管理局、卫生部等八部局联合提出的《关于加快食品安全信用体系建设的若干指导意见》，分会积极配合总会，制定试点工作方案、选择试点企业、组织专家起草《粮食行业食品安全信用管理规范》和米、面、油三个行业的《企业生产经营档案示范文本》，保证了试点工作的顺利进行。四是配合总会搞好粮油工业统计工作。在国家粮食局和国家统计局的支持下，间隔多年的全国粮油工业统计工作终于自 2002 年起得到了恢复。几年来，这项工作，在国家粮食局和各省区市粮食局、粮食行业协会的重视和支持下，在各地统计人员的辛勤劳动下，粮油工业统计工作已经走上正轨，统计数字越来越接近实际，为研究粮油工业发展规划、发展战略和产业政策提供了依据，在指导粮油工业的发展、实施放心粮油工程和名牌工程、评价名牌等方面起到了重要作用。五是开展调查研究和行业交流活动。六年多来，分会先后在无锡和长沙举办了两次全国粮油工业发展论坛，研究粮油工业的发展战略，交流、推广粮油加工新工艺、新技术、新设备和新产品。

各位代表：粮油工业是食品工业的基础工业，粮油加工产品与人民生活息息相关，是关系国计民生的生命工业。粮油工业历来是整个粮食工作不可分割的重要组成部分，是搞活粮食经营的重要环节，也是粮食行业实现现代化的重要标志。为此，换届后的粮油工业分会，要认真学习和贯彻党的十七大精神，在总会的领导下，按照总会的工作部署，紧紧围绕粮油工业发展的中心任务，以提高产品质量、保障食品安全、加强信用建设、培育名牌产品和优势企业为重点，开展行业服务，加强行业自律，推动粮油工业又好又快发展方面多做工作。尤其是要在深入开展放心粮油工程；大力推进粮油名牌工程；积极开展行业信用评价，加强行业信用体系建设；搞好粮油工业统计和信息服务工作；加强调查研究，研究行业发展战略、发展规划，提出政策建议等方面多做工作，为推动我国粮油工业的进一步发展做出应有的贡献。

各位代表：为了使分会更具权威性，我提议：请德高望重的白美清会长担任粮油工业分会名誉理事长；请国家粮食局流通与科技发展司何毅司长、原国内贸易部工业司司长王树培、安徽省粮食局黄红副局长和江南大学姚惠源教授担任粮油工业分会顾问。与此同时，为了便于分工和充实分会秘书长的工作，我还提议：请吴国梁副理事长和宋丹丕副理事长担任分会常务副理事长；请江苏省粮食局孙征奇处长、安徽省粮食局褚绪轩处长和国家粮食局武汉科学研究设计院谢健副总工程师担任粮油工业分会副秘书长。以上提议，如无不同意见，请大家鼓掌通过。

最后，我相信，在中国粮食行业协会的领导下，在名誉理事长、顾问和广大会员的支持与配合下，我们一定能不断开创粮油工业分会的新局面。

在第四届发酵面食产业发展大会开幕式上的发言

2009 年 8 月 8 日于武汉

由中国粮油学会发酵面食分会主持召开的“第四届发酵面食产业发展大会”今天在武汉召开了。本次会议是继去年安徽怀宁会议后，再次由地方政府承办的发酵面食产业发展大会。大会的顺利召开，离不开大家的大力支持、业界专家和媒体朋友们的热情参与！借此机会，我代表中国粮油学会和发酵面食分会向在座的各位专家和参会代表表示诚挚的欢迎！对承办单位湖北省监利县人民政府，协办单位福娃集团有限公司、广州市钢得不锈钢设备有限公司、宏裕塑业有限责任公司等一并表示衷心的感谢！

在过去的一年里，发酵面食分会紧紧围绕“推动建立发酵面食学科体系”、“促进发酵面食行业技术进步”、“开展发酵面食科普宣传与推动地方经济发展”三项主题开展了以下卓有成效的工作。

一、认真贯彻全国科技大会精神和落实《国家中长期科学和技术发展规划纲要（2006—2020 年）》

为促进粮油学科发展、学术建设和提高原始创新能力，逐步树立粮油学科发展研究的导向性和权威性，根据《中国粮油学科发展研究报告（2008 年）》编委会和专家委员会联系工作会议的相关要求，对国内外近年来发酵面食学科的发展状况、研究重点和发展趋势开展调查研究工作，完成了发酵面食学科专题报告的撰写工作。该报告是发酵面食学科发展的第一份有权威性的报告，填补了发酵面食学科方面的空白，为发酵面食学科体系建设和产业发展奠定了基础。

二、认真贯彻《食品安全法》

根据《食品安全法》和开展“质量安全年”活动的要求，在行业内积极开展《小麦粉馒头》国家标准的学习与培训，以推动发酵面食行业技术进步。如针对“兰州毒馒头”事件，分会联合兰州四大媒体开展培训和宣传工作，促使加工企业严格按照《小麦粉馒头》国家标准的要求生产馒头，让消费者放心。

三、创新了科普运行机制，促进地方经济持续发展

发酵面食分会与政府携手服务地方特色产业经济发展方面建立了长效机制。面对国际金融危机，大批农民兄弟失业返乡，分会积极联合相关单位，扩大了科普宣传的范围。去年分别在全国 11 个省的 24 个县开展了逾 20 万农民群众和 10 万面点从业人员参加的“发酵面食科普宣传和面点加工职业技能培训”等系列专题活动，受到了当地政府和广大群众的热烈欢迎和大力支持，产生了巨大的社会效益和经济效益。发酵面食分会

科普宣讲团由此获得了中国科协“万名科技专家讲科普”活动优秀奖。这一殊荣在中国粮油学会分会中还是第一次，在全国获此殊荣的也仅有 20 家，这是发酵面食分会的光荣，也是学会的光荣！

发酵面食分会与地方政府合作，开展发酵面食科普宣传活动已成为分会的特色工作之一，与此同时，也成为地方政府促进特色产业经济发展的特色活动之一。据了解，近年来监利县农业办公室的郑承柏主任、毛市镇的余训文书记、张晓望副书记成为分会会员后，一直积极支持和联合分会开展发酵面食科普宣传，建立本地的面点师联系档案，组织面点师技术和面点营销策略培训等活动，并分别于 2006 年、2007 年和 2008 年三次在毛市镇委党校举办面点师技能比武活动，培训人员达 1 000 人次。加上政府后期组织培训 3 000 多人次，共计发放面点技术资料 8 000 余份。目前监利县的发酵面食特色产业得到了长足的发展，涌现出了像毛市镇这样在全国已经小有名气的“面点师之乡”。据统计，2008 年毛市镇外出务工人员达 3 万人，外出务工收入预计达到 3.3 亿元；其中，从事面点制作的约占 83%，实现的面点产业收入约达 2 亿元以上，促进了当地经济的发展。为表彰先进，等一会儿中国粮油学会发酵面食分会将举行“面点师之乡”的命名授牌仪式。

本次会议的主题是“贯彻《食品安全法》，促进发酵面食产业健康发展”。《食品安全法》是保障我国护人民身体健康与社会和谐稳定的大法。《食品安全法》涵盖了“从农田到餐桌”食品安全监管的全过程，对涉及食品安全的相关问题作出了全面规定，通过全方位构筑食品安全法律屏障，防范食品安全事故的发生，切实保障食品安全。

为更好地贯彻《食品安全法》，本次大会邀请了国内知名专家就《食品安全法》的实施对我们发酵面食产业发展带来的影响、中国传统发酵面制品创新与面食现代化道路、小麦及其制品安全与标准、油条和米发糕等传统食品工艺现代化和工业化情况、如何用奥运标准提升企业质量管控水平、专业发酵面食制品设备与食品安全管理体系之间的技术要求、馒头改良剂及其在发酵面食中的应用，以及近年来发展迅速的中国馍片产业现状与趋势等方面作精彩报告。希望能给各位与会代表带来实质性的收获。

今年 7 月 3 日，国务院办公厅以“国办发［2009］147 号”文件，印发了《全国新增 1 000 亿斤粮食生产能力规划（2009—2020 年）的通知》，规划通知中指出，要“引导社会公众调整膳食结构，弘扬有中国特色的小麦主食文化，大力宣传我国传统面食制品营养知识，增加小麦及面制食品消费。针对我国多数小麦品种适合于加工蒸煮面制品的特点，改变以往把振兴小麦产业定位在发展面包和西式糕点的单一做法，加快推进以蒸煮面制品为代表的主食工业化、现代化、产业化。按照‘安全、优质、营养、方便’的要求，大力发展小麦、稻谷食品加工业，增强加工转化能力。重视传统主食品工业科技创新，加强小麦、面粉及面制食品的基础研究和成果产业化、成套设备和品质检测关键仪器的自主化开发，健全小麦粉及面制食品质量标准体系，开发系列品牌商品，全面改造和提升面制品加工业”。规划通知中，对弘扬中国小麦主食文化、发展传统面食制品、加快推进以蒸煮面制品为代表的主食工业化、现代化、产业化指明了发展方向，提出了具体要求，也为我国发酵面食产业的发展指明了方向。我们相信，在党和政府的关心支持下，具有中国特色的传统面食制品一定会得到继承和发扬光大。由此可见，我国发酵面食产业的发展前景将更加美好。

中国粮油学会米制品分会第二次会员代表大会开幕词

2010 年 5 月 19 日于广州

今天，我们在这里迎来了中国粮油学会米制品分会第二次会员代表大会暨第六届米粉、粉丝产业发展大会，首先，我代表中国粮油学会向大会的召开表示热烈的祝贺！对各位代表、各位来宾的到来表示热烈的欢迎！向一贯支持和关心学会发展的有关单位及各界人士表示衷心的感谢！

2004 年 12 月，我们在成功召开首届米粉、粉丝产业发展大会之后，在业内企业和相关科研单位、大专院校的大力支持下，中国粮油学会紧锣密鼓地开始了米制品分会的筹备工作。2006 年 7 月 22 日，经国家民政部批准，中国粮油学会米制品分会正式注册成立，这是我国米制品产业发展过程中的重要里程碑，预示着我国的米制品产业将步入快速发展的轨道。

中国粮油学会米制品分会是顺应米制品产业发展而诞生的，自筹备成立开始就紧跟时代步伐，与时俱进，从无到有，从小到大，一步一个脚印，业务逐步拓展，组织日益壮大，成为我国米制品领域具有较大影响力的学术团体，成为党和政府联系米制品产业工作者的重要桥梁和中介组织。

几年来，分会坚持以邓小平理论和“三个代表”重要思想为指导，坚持科学发展观，团结广大米制品科技工作者，引导产业健康发展，积极为米制品产业服务。以开好产业大会为抓手，着重抓好以下两个平台的建设：一是技术平台的建设。通过企业技术创新和产学研形式的联合攻关，优化米制品生产工艺、提高生产装备性能、促进加工产业化，同时，逐步培育出一支本行业专业人才队伍；通过行业相关标准的制定和研讨，规范产品和产业的有序发展。二是市场平台的建设。通过产业大会和专题会议的研讨，交流产品创新、管理创新、市场拓展以及企业发展的经验，使大家共同受益。

中国粮油学会米制品分会是米制品领域全国性的学术团体，也是广大米制品工作者自愿组成的社会团体。对此，广大米制品产业工作者对学会的工作以极大的热忱，给予了大力支持，全国米制品产业的骨干企业、产业化龙头企业、知名企业均成为米制品分会的会员单位，如江西金佳谷物股份有限公司、北京市粮科所、广州健力食品机械有限公司、湖南裕湘面业有限公司、广东顺德春晓食品有限公司、浙江稻花香食品有限公司、广州市粮科所、湖南金健米业股份有限公司、广东汇香源生物科技有限公司、广东锦丰集团、福建永得利食品有限公司等等，这些单位从发起筹备到分会开展活动，一直积极参与策划和组织，给予分会人力和物力上的支持，成为米制品分会的中坚力量和坚强后盾。

本次大会的主要议程是：①听取并审议第一届理事会的工作报告和财务决算报告；

②修改分会工作管理办法，选举产生新一届分会的领导机构；③进行学术交流，部署学会今后工作。希望通过大家的努力，在发扬民主、充分协商、群策群力、集思广益的基础上，把会议开好。

各位代表：2009 年，我国经济在党和政府的坚强领导下，面对历史罕见的国际金融危机和多年不遇的自然灾害，沉着应战，度过了进入新世纪以来经济发展最为困难的一年，取得了 GDP 增长 8.7%的好成绩。我们米制品企业也不例外，2009 年，我们在经营活动中，克服了原材料涨价，国内外农产品市场异常波动、出口下降和一度销售不畅等诸多不利影响，科学决策，谨慎运作，仍然取得了较快的发展速度和较好的经济效益。相信今后米制品行业将会取得更佳的成绩。

现代化的米制品产业是一个新兴的产业，也是一个极具发展潜力的产业，米制品产业的发展将向广大消费者提供更多安全、营养、美味的产品，对我国的农产品精深加工和农民增收必将产生深远的影响。希望米制品分会继续团结和动员广大米制品产业工作者，通过各种形式的学术交流、市场研讨以及多样化的实效服务，使米制品分会成为广大会员和米制品科技工作者进行技术交流、成果展示、资源整合的主渠道，以行业的声音宣传米制品的企业和产品，进一步推动米制品产业的健康快速发展。

20 多年的学会工作经验告诉我们，搞好学会工作必须坚持两点。一是要积极开展活动。有人说“人的生命在于运动”，那么，我认为“学会、协会的生存在于活动”，只有开展活动，才能不断提高学会、协会的凝聚力和向心力；二是要树立“办好学会靠大家”的思想。20 多年来的学会工作体会告诉我们：“学会是大家的家，学会的事情大家办，学会办好靠大家，办好学会为大家。”希望大家在即将产生的新一届米制品分会领导班子的带领下，齐心协力把米制品分会的工作搞得更好。

中国粮油学会六届二次理事会工作报告

2010年7月17日

现在我受理事长办公室委托做六届二次理事会工作报告，请大家审议。

自2008年11月中国粮油学会第六次全国会员代表大会召开以来，中国粮油学会第六届理事会在中国科协、国家粮食局的正确领导下，深入贯彻落实党的十七大和十七届三中、四中全会精神，以科学发展观为指导，按照中国科协“三服务、一加强”的工作方针，适应新形势发展要求，组织全国广大粮油科技工作者积极开展学术交流、科技咨询服务、科普宣传、人才培育、深化学会改革和推动学会发展等方面的工作，取得了显著成绩，为构建社会主义和谐社会、建设创新型国家做出了应有的贡献。现将一年多来的工作和下一步的工作设想重点汇报如下。

一、一年多来的工作

（一）积极开展学术交流，促进技术创新和学科发展。

一年多来，中国粮油学会充分发挥各专业分会在专业领域的科技领军作用，主持召开10多次专业学术年会和产业发展大会，使学术交流内容向纵深发展，交流的科学技术水平和质量不断提高，对启迪学术思想，推动学术发展，加速科技创新起到了积极的作用，在行业内产生较大的影响。主要有：

——2009年4月20～23日在云南省德宏州潞西市芒市，储藏分会召开六届二次理事会暨第六次学术年会。

——2009年8月11～14日在江西省鹰潭市，储藏分会与《粮食储藏》杂志社联合召开第二届“粮食储藏技术创新与仓储精细化管理研讨会”。

——2009年8月8～10日在湖北武汉市，发酵面食分会召开了“第四届发酵面食产业发展大会”。

——发酵面食分会去年在全国11个省的24个县开展了逾20万农民群众，10万面点从业人员的发酵面食科普宣传和面点加工职业技能培训等系列专题活动。并获得了中国科协“万名科技专家讲科普”活动优秀奖。

——2009年9月12～15日在江苏省无锡市，油脂分会召开“第十八届学术年会暨产品展示会”。

——2009年11月6～9日在广东省珠海市，食品分会会同江南大学、河南工业大学和武汉工业学院等单位联合举办了“2009年国际面粉、大米和粮油食品技术交流暨粮食、食品机械和米面深加工新产品展示会”。

——2009年2月26～27日和2010年3月17～18日在山东省德州市，粮油营销技术分会召开2009年、2010年两次全国粮油产、销售企业订货会暨全国粮油经销商联谊会。

——2009 年 6 月 26～27 日在湖南长沙市，学会主办“全国挂面产业发展战略研讨会”。

——2009 年 11 月 11～13 日在北京，粮油质检研究分会召开第一届中国粮油标准年会暨中国粮油学会粮油质检研究分会第一次代表大会。

——2009 年 12 月 7 日在北京，粮油营养分会召开“粮油营养分会成立大会暨首届中国粮油营养研讨会”。

今年年初开始，学会着力组织筹备 2010 年 7 月 17～19 日在北京召开的中国粮油学会第六届学术年会。会议将围绕粮食流通产业发展，以我国粮油科学技术学科发展研究为主线，特邀有关专家、学者做大会学术报告；设立若干个分会场开展专题论坛；颁发中国粮油学会 2009 年度科学技术奖等 5 个奖项。经过大量的筹备工作，目前已准备就绪。

（二）加强国际交流与合作，提高科技水平和创新能力。

1. 成功组团，圆满完成赴加、古考察交流。

为服务于国内大型粮油加工企业实施“走出去”战略，构建粮食国际合作平台，积极应对外资企业挑战。学会组织北京京粮集团公司、国家粮油质量标准中心、国家粮油信息中心等 5 家单位一行 6 人，于 2009 年 5 月 3 日至 5 月 15 日，赴加拿大和古巴两国进行专项考察。考察团围绕京粮集团未来海外投资建厂、小麦（面粉）、新产品的开发和引进、粮食物流和油菜籽的产销等问题，与加拿大小麦局、古巴经贸部等单位进行了深入交流；我会与加拿大谷物学院就双方共同研究开发在中国市场上适销对路的新产品，开展技术合作达成初步意向，圆满完成了考察任务。

2. 抓好“欧盟食品质量与安全项目”（MoniQA）的实施，促进国际科技合作交流。

（1）组织召开 MoniQA 亚太区管理会。学会于 2009 年 9 月在北京主持召开了 MoniQA 亚太区管理会，来自欧洲和亚太区 7 个项目合作单位的 17 位代表参加，对项目进展情况、经费预算及可持续发展问题进行了讨论。这是 MoniQA 第一次在欧洲之外召开管理会，对项目进展起到积极推动作用。

（2）组织参与“MoniQA 第九届食品安全科技工作者培训”和交流活动。2009 年 3 月 22～26 日，在新西兰克赖斯特彻奇市召开了“MoniQA 第九届食品科技工作者培训”，主题为“食品质量与安全的现代检测技术”。学会组织有关单位一行 7 人参加了本次活动。来自美国应用生物系统公司（AB）、英国食品研究所（IFR）等单位的 14 位专家、学者分别就现代检测技术等食品安全领域的热点问题进行了交流和培训。同时，利用此次机会考察了新西兰环境科学研究院（ESR），我会与 ESR 食品安全部门的负责人 Stephen On 博士就双方交流及项目合作等内容进行了初步协商和研讨，并签署了双方合作谅解备忘录。

（3）举办“MoniQA 食品安全与真菌毒素”培训班。2009 年 9 月 24～25 日，由国际谷物科技协会（ICC）和中国粮油学会（CCOA）共同主办的“欧盟食品质量与安全项目（MoniQA）第六届食品科技工作者”培训班在北京福建大厦召开。培训对象为国内外食品安全机构的科研人员及大学的研究生。来自英国 Campden 食品研究协会、新西兰环境科学研究所、奥地利社会多学科综合研究中心及国家粮食局标准中心、成都储藏科研所、西北农林科技大学等单位的专家、学者，就欧盟食品安全管理及真菌毒素法规、新西兰/澳大利亚真菌毒素的风险管理、欧盟真菌毒素案例对社会经济影响分析以及中国真菌毒素的概况、标准与检测方法等内容开展深入的交流和研讨。同时，还分组开展了真菌毒素快速测定操作培训，提高学员对食品安全管理及真菌毒素知识的理解。

（4）举办“MoniQA 食品安全与食品致敏原管理”培训班。国际谷物科技协会（ICC）和中国粮油学会于 2012 年 4 月 22～23 日在武汉举办了“MoniQA 食品安全与食品致敏原管理”培训班。邀请来自英国、德国和奥地利以及广东出入境检验检疫局的专家、学者就食品过敏的临床表现、生产中的食品过敏原安全管理、致敏原管理规范与国际标准、企业在食品致敏标识管理中的机遇与挑战、食品中致敏原检测技术概况内容进行专题讲学，同时开展快速测定方法的实验操作培训。从事食品安全领域的相关政府部门、科研院、大学、企业的 50 多名研究人员参加了培训。

3. 组织开展中加杂豆类合作项目。

为推动我国杂豆加工技术创新与产业的快速发展，满足市场对营养健康食品的需求。2009 年 11 月开始，学会与加拿大豆类协会就双方合作开展杂豆类的营养健康与开发利用，构建杂豆联合研究平台进行了多次商谈。2010 年 3 月双方初步确定了合作研究项目的重点领域，初步形成了合作框架建议书，拟在加拿大杂豆（豌豆、干豆、鹰嘴豆、小扁豆）应用于中国主食品、休闲食品、肉制品的研究方面开展密切合作，并成立合作项目管理委员会、科学研究委员会和中加市场调研指导委员会，保障合作的顺利开展。该项目得到了中加两国政府的高度重视和支持，2010 年 4 月 13 日，加拿大农业部格里·雷兹部长和中国国家粮食局聂振邦局长、张桂凤副局长出席了《中国粮油学会与加拿大豆类协会关于杂豆合作协议备忘录》的签字仪式。目前合作项目拟开始进行市场调研，并先在国家粮食局科研院、北京古船食品有限公司开展豌豆微化粉工艺，豌豆在汉堡、挂面中的应用试验研究。

（三）搞好技能鉴定和职称评审，建设高素质人才队伍。

1. 编写制油工技师和高级技师教材、题库，组建培训中心。

为了全面推动粮油行业制油工技能人员整体水平的提高，填补我国制油工技师、高级技师培训教学的空白，受国家粮食局人事司的委托，由油脂分会承担《制油工职业技能教材（技师、高级技师）及题库》的编写工作，同时筹建制油工技师和高级技师培训鉴定中心，以健全和完善制油工职业技能鉴定体系，促进制油工高层人员的职业技能鉴定工作的开展，推动形成一支油脂加工技艺精湛的高技能人才队伍。

2. 继续协同国家粮食局开展高级职称的评审工作。

自 2003 年以来，在国家粮食局人事司的直接领导下，学会每两年配合组织开展一次高级职称的评审工作，做到坚持标准，严格审核，公正评审，较好地完成了评审任务。在 2009 年度粮食行业自然科学研究系列、工程系列高级专业技术职务任职资格评审工作中，共有 6 个单位推荐 39 人申报高级职称。经资格审查、初审、答辩、评审和大会投票等环节，评出研究员级任职资格 22 人，副研究员级任职资格 1 人。

为进一步配合做好职称评审工作，提高职称管理和服务水平。学会积极向中国科协申报建立职称评审信息化平台，获得批准列为 2010 年中国科协学会创新发展推广工程基础项目。以加快粮食行业高级职称评审工作信息化建设步伐，逐步实现网上职称申报、评审、答辩、职称评审结果网上查询和日常管理等功能。

（四）做好粮油科技奖评审，加快推进科技成果转化。

中国粮油协会科学技术奖的推荐与评审工作已连续开展五年，已逐步制度化和规范化，在行业中具有较大的影响力和权威性。2008 年度、2009 年度中国粮油学会科学技术奖分别评出 30 个（一等奖 4 个、二等奖 11 个、三等奖 15 个）和 31 个（特等奖 1 个、一等奖 6 个、二等奖 7 个、三等奖 17 个）获奖项目，2009 年度申报科技奖的项目整体水平较高，专业覆盖面广，评奖类别更加多样化。综合评审中创造了多个第一，如第一次评选出特等奖、第一次评选出自然科学类和发明类的一等奖、第一次系统外的院校获评一等奖。

随着粮油科技奖推荐单位和申报内容的不断扩大和复杂化，原评价指标体系显露出一些不足，需进一步细化和改进。学会于 2009 年年初开始组织对《粮油科技奖评价指标》和《关于中国粮油学会科学技术奖评价指标体系的说明》等文件的修订工作，经过广泛征求意见，反复修改，又经在 2009 年度评奖中试行调整，对量化评估指标的定义、范围等进行了更加详细的界定，提高了评审工作的简便性和可操作性，使评审专家更为客观、准确地对评审项目进行评价和判断，保证量化评估结果的客观和公正，使粮油科技奖的评价体系和量化指标更加科学合理，得到了评审专家们的肯定和好评。

为加快科技成果向实际生产能力的转化，学会编辑出版了《2008 年度中国粮油学会科学技术奖获奖项目汇编》、《2009 年度中国粮油学会科学技术奖获奖项目汇编》，以图文并茂的形式向广大读者介绍了获奖成果、获奖单位和获奖人员的基本情况。加大宣传力度，推广科技成果。

（五）夯实学会基础工作，更好地服务会员和行业发展。

1. 完善学会会员库建设。

会员服务是我会发展壮大的根本，也是调动会员参与积极性的重要措施。今年继续完善会员管理办法：一是，根据不同会员进行分类管理，充分利用网络平台，畅通会员与学会经常性沟通的渠道，尽可能更多地掌握会员的合理需求，有针对性地制定服务管理细则及服务流程，更加全面地为会员提供服务；二是充分利用和推广使用中国科协个人会员登记证号和中国科协学会个人会员管理系统。这两项举措将使广大会员能及时了解学会的动态信息，让学会真正成为科技工作者之家。

2. 健全充实学会专家库。

随着我国经济的快速增长，粮油行业也得到了突飞猛进的发展，涌现出了一大批优秀专家，为粮油行业的科技进步发挥了重要作用。为进一步发挥学会联系广大科技工作者的桥梁纽带作用，建立高层科技人才“服务平台”，为人才培育、职称评定、技术创新、新技术推广、成果评价等提供服务，学会着力充实和完善“中国粮油学会专家库”。2009 年 10 月经过充分征求各专业分会的意见，确定“中国粮油学会专家库”专业分类 12 个，分支学科 35 个及主要研究内容，专家库各分支学科学术带头人和技术骨干共有 200 多人。

（六）努力扩充学报容量，加强学术研究窗口建设。

《中国粮油学报》（以下简称《学报》）是中国粮油学会开展学术交流的重要园地，是对外介绍粮油科技成果、传播科技信息的重要窗口，是学会联系广大会员的一条重要渠道，是反映学会学术水平的重要标志。2009 年在 2008 年《学报》版面调整扩大的基础上，经北京市新闻出版局批准，已由双月刊改为月刊，每期为大 16 开，128 页，刊载量每期在 35 篇以上。《中国粮油学报》2009 年已纳入中国科协精品期刊行列，是全国食品工业类中文核心期刊，属全国重点期刊之一，并被美国《化学文摘》收录入库，是国内农业、粮油、食品院校、科研院所、科技人员重点的参考读物和订阅刊物。

为鼓励广大粮油科技工作者投身科技创新和学术交流，2010 年学会组织开展了第六届优秀论文评选活动，经学会所属各分会和期刊杂志社（或编辑部）推荐、评审委员会评审、网络公示和理事长办公会审定，共评出获奖论文 113 篇。其中一等奖 10 篇、二等奖 20 篇、三等奖 30 篇、优秀奖 53 篇。

（七）认真组织 2010 年粮油科学技术学科发展研究项目。

今年年初，学会在 2010 年工作会议上，对开展 2010 年粮油科学技术学科发展研究项目做了专题研究部署，经向中国科协申报，被确定列为 2010 年度中国科协学科发展研究项目。2010 年 3 月 16 日召开了粮油科学技术学科发展研究项目开题会议，传达了中国科协 2010 年学科发展研究项目第一次工作会议的精神，布置了项目工作要求和进度安排，盖钧镒院士和中国科协学会学术有关领导到会指导。按照会议的要求，3 月底各分会提交了专题报告编写大纲，学会秘书处在此基础上进行综合汇总完成了综合报告编写大纲，经向各专业分会和有关专家征求意见后，于 4 月 25 日向中国科协学会学术部报送了编写大纲、工作进度安排和项目研究组名单，并于 5 月 4 日向各分会对专题报告反馈了意见。各分会专家组经过广泛收集资料和调查研究后，7 月 15 日前完成撰写出专题报告（征求意见稿），7 月 18 日提交中国粮油学会第六届学术年会进行研讨并征求意见。

该项目是首次列入中国科协的学科发展研究与发布项目，将以粮油科学技术学科亮相社会公众。粮油学科在现有学科分类体系中位置不十分明确，做好这个项目，可以很好彰显粮油科学技术学科的进步、功能和作用，扩大粮油学科在学术界和社会中的影响力，促进学科分类体系的完善。同时，也将充分发挥学会优势，提升学会的学术发展和引领能力。

（八）表彰优秀人才和团队，激励推动科技创新。

为大力实施人才强国战略，弘扬广大粮油科技工作者勇攀高峰，开拓创新的时代精神，激励广大粮油科技工作者和团体会员单位为提高自主创新能力，建设创新型国家做出新贡献。学会于 2010 年开展了第二届全国粮油优秀科技工作者和第二届中国粮油学会优秀团体会员的推荐与评选，按照有关规定和程序，共评出优秀粮油科技工作者 103 名、优秀团体会员单位 92 个。

为鼓励我国粮油企业开展技术创新、产品创新和制度创新，加快科技成果产业化，推动粮油行业以企业为主体、产学研相结合的科技创新体系建设。2010 年开展了中国粮油学会首届全国粮油优秀科技创新型企业的评选工作。经学会所属各分会推荐、学会奖励办形式审查、评审委员会会议评审、网站公示、理事长办公会审定，评选出获奖单位51个。

一年多以来，上述工作成绩的取得与国家粮食局和中国科协的领导和关怀分不开，也与学会各会员和广大科技工作者的全力关心和支持分不开。同时，我们也应充分地认识到学会开展各项科技活动的经济支撑能力还较为薄弱，需多方面争取支持，加强积累；学会还需继续坚持以广大科技工作者为本，加强对会员的服务效能；还需进一步动员和带领广大科技工作者，深入实施科技兴粮战略，更好地全面服务国家粮油食品安全。

二、下一步的工作思路

下一步，学会将在第六届理事会的领导下，继续全面贯彻十七大精神，高举中国特色社会主义伟大旗帜，以邓小平理论和“三个代表”重要思想为指导，践行科学发展观，贯彻落实《国家中长期人才发展规划纲要（2010—2020年）》，坚持“为经济建设服务，为提高全民族科学素质服务，为科技工作者服务”的工作定位。主要工作思路：

一是发挥学会人才优势，建设粮油科技思想库。按照中国科协关于“把每个全国学会都作为一个国家级科技思想库的子库”的要求，发挥学会积聚人才、群英荟萃的优势，组织粮油科技工作者围绕经济社会发展，特别是粮油产业中的热点难点重点问题，深入开展调查研究，积极进行决策咨询和建言献策活动，把科技工作者的个体智慧凝聚上升为有组织的集体智慧，形成一批有分量、有影响的调研报告，努力使决策咨询工作成为新阶段学会工作的重要生长点，真正把中国粮油学会建设成为粮油科技思想库。今年内要高质量、高标准地完成2010年粮油科学技术学科发展研究项目的任务。

二是完善人才评价机制，培养凝聚举荐人才。创新人才发展机制，营造环境、创造条件，让更多的一流人才和领军人才辈出，让更多的年轻人才在创新实践中成长进步，这是学会今后的一项重点工作。继续搞好技能鉴定和职称评审；进一步健全完善学会专家库；积极争取向国家有关部门举荐粮油科学技术人才等，使中国粮油学会成为优秀粮油科技人才脱颖而出的重要渠道。

三是提高学术交流质量，推动行业技术进步。坚持办好综合性学术年会、分会学术年会、专题交流研讨会和《中国粮油学报》等各类学术交流活动和期刊，着力在提高学术交流质量上下功夫，注重科技成果应用和产业化，突出针对性，强调实效性，使学术交流能更有效地推动粮油产业的技术进步和健康快速发展。

四是打造优秀奖励品牌，大力引导科技创新。组织评选好中国粮油学会的五项奖，即中国粮油学会科学技术进步奖、全国粮油优秀科技创新型企业、优秀论文、优秀粮油科技工作者、优秀团体会员。把这五个奖项做细做精，做成具有广泛社会影响力和感召力的优秀品牌，建成具有权威性和公信力的粮油科技表彰奖励体系。通过加大对优秀粮油科技人才的表彰、奖励和宣传力度，调动激发科技工作者的创新热情，让科技工作者的创造活力在建设创新型国家的生动实践中竞相迸发。

五是继续扩大对外交流，构建国际合作互动平台。积极做好2012年10月在北京召开的2012年“ICC第十四届谷物科技大会”各项筹备工作；继续开展“欧盟食品质量与安全项目”（MoniQA）的实施；组团出席2010年8月在南非召开的MoniQA项目工作会暨第十五届世界食品科技大会和ICC/MoniQA专场研讨会；组织与新西兰环境科学研究院（ESR）围绕真菌毒素专题开展人员交流和检测方法的比较研究等合作；继续与国际谷物科技协会（ICC）、美国油脂化学家学会（AOCS）、加拿大小麦局等国际科技组织进一步商谈食品与营养、再生资源（生物能源）、食品过敏原及真菌毒素等国际科技合作项目和学术交流活动；抓好中加杂豆类合作项目等。同时，利用各种机会和渠道，争取与更多的国际组织开展双边或多边科技合作，争取更多国际会议在中国境内召开。

六是加强学会自身建设，更好地实现“三个服务”。采取多种形式开展学会工作人员的培训和学习，提高综合素质，提升服务水平；严格各种会议制度，坚持学术团体民主办会原则；进一步规范学会本部管理细则和流程；继续完善会员库建设；以会员为本，创新服务方式，加大服务力度等。

在第五届发酵面食产业发展大会上的讲话

2010 年 8 月 8 日于上海

今天，我们在上海召开中国粮油学会发酵面食分会“第五届发酵面食产业发展大会”。借此机会，我代表中国粮油学会和发酵面食分会向在座的各位专家和参会代表、媒体朋友们表示诚挚地欢迎！对承办单位福建省仙游县人民政府，协办单位丹尼斯克（中国）有限公司、诺维信（中国）投资有限公司、上海巴比餐饮管理有限公司表示衷心的感谢!

在过去的一年里，发酵面食分会继续秉承促进行业进步的己任，深入探索、锐意创新，开展了卓有成效的工作，有力推进了发酵面食行业技术进步和行业的整体发展。我感觉最深的有以下三个方面。

第一，强化科普教育，促进行业进步。

发酵面食行业最大的问题仍然是发展不够的问题，造成这一问题的关键之一是认识不足。针对这一问题，发酵面食分会在去年继续组织了相关专家和广大科技工作者，结合中国科协“万名科技专家讲科普”，在全国 11 个省的 24 个县开展了逾 20 万农民群众，10 多万面点从业人员参加的发酵面食科普宣传和面点加工职业技能培训等系列专题活动，深入宣传发酵面食，普及科普知识，成效显著。

发酵面食分会深入开展的科普下乡，为广大农民工开展职业技能培训的活动得到了中央媒体的高度关注。今年 2 月 28 日，新华社专门刊发了标题为《我国上万农民工面点师春节在家乡接受培训》的长篇新闻专题，深入报道了这一影响全国的事例。文章认为：发酵面食分会的科普活动影响深远、与实事结合紧密、利用科技力量为社会培育大批技能人才、实现农民工的创业创富、在社会反响良好、取得了良好的社会综合效益。应该说，这是社会对我们开展科普工作的一次高度肯定。

第二，注重科技。

成果显著。在过去的一年里，发酵面食分会继续将产学研有机结合，除了在开展科普活动中颇有建树之外，在学术研究方面也取得了瞩目的成绩，成为一个全面发展和影响力逐步增强的新兴分会，是中国粮油学会成绩最为优秀的下属专业分会之一。

在刚刚结束的中国粮油学会六届二次理事会暨第六届学术年会上，发酵面食分会会员获得了粮油科技一等奖、全国优秀粮油科技工作者、优秀科技创新型企业等多项荣誉，获奖奖项和人数均居学会各下属专业分会的前列。这些成绩对于这个新兴的分会来说来之不易，这归功于发酵面食分会孜孜不倦的付出，是对我们发酵面食分会工作最充分的肯定。希望发酵面食分会继续发挥专家委员会和发酵面食专家库的作用，不断推进创新型人才队伍建设，发挥学会联系广大科技工作者的桥梁纽带作用，建立高层科技人才服务平台，为人才培训、职称评定、技术创新、新技术推广、成果评价等提供服务。

第三，创新开展行业活动，影响深远。

为促进我国发酵面食行业的技术交流，引导和带动广大发酵面食从业人员钻研技术，提高技能水平，宣传普及《食品安全法》和GB/T 21118—2007《小麦粉馒头》知识，推进发酵面食的产业化发展。发酵面食分会在成功组织评选“面点师之乡”的基础上，今年在全国范围内，创新组织开展了“安琪酵母杯”首届中华发酵面食大赛。

本次大赛作为我们发酵面食行业的第一项全国性大赛，得到了行业的积极参与和广大媒体的极大关注。应该说，发酵面食分会创新开展的这个活动，其目的明确、立意深远，经过精心组织，取得了良好的口碑效应，是一次非常好的宣传发酵面食，推动发酵面食发展的活动，对于行业的发展具有深远意义。

据我所知，在取得本次大赛经验的基础上，发酵面食分会正在积极准备扩大大赛的规格，打算邀请更多的国家或地区的面食高手来华参赛，以此推动中华发酵面食在世界的发展。我衷心地祝愿中华发酵面食大赛越办越好，并能早日办成国际性赛事，成为发酵面食行业的世界性展台。

关于本次大赛的结果，等一会大赛组委会将公布团体和个人获奖名单，让我们提前为获奖选手表示祝贺，同时希望没有获奖的选手不要灰心，回去后，通过多练技能、提高技艺，争取明年取得好成绩。

各位代表：本次大会的主题是“推动技术进步、弘扬中华发酵面食”。技术进步作为本次大会的主题，意义非常深刻。今年的6月7日，胡锦涛总书记在中国科学院第十五次院士大会、中国工程院第十次院士大会上的讲话中高度阐述了科技创新和技术进步的重要性，可以说重视科技再次被上升到国家战略的高度。弘扬中华发酵面食，在全球推广发酵面食，最终靠的是人才、靠的是技术进步。所以，我非常赞同这一主题，希望广大同仁们重视技术交流，重视科技投入，通过技术进步弘扬中华发酵面食，推动发酵面食的产业化发展。

本次大会作为发酵面食行业的又一次盛会，将有很多行业前沿技术和经营管理方法在会上进行交流，比如《传统发酵面食的创新》、《速冻北方馒头的发展趋势和市场前景》、《酶制剂在发酵米面制品中的应用》、《中式面点的连锁经营与管理》等等，另外还有一些发酵面食产业化发展方面的经验交流。这将是一次内容丰富、学术价值很高的大会，希望各位参会代表都能有所收获。

最后，预祝第五届发酵面食产业发展大会取得圆满成功！

在第七届发酵面食产业发展大会上的发言

2013 年 8 月 10 日

今天，我们再次来到国际化大都市中国上海召开中国粮油学会发酵面食分会“第七届发酵面食产业发展大会”。借此机会，我代表中国粮油学会和发酵面食分会向在座的各位领导、各位专家和参会代表、媒体朋友们表示诚挚的欢迎！对承办单位：安琪酵母股份有限公司；协办单位：诺维信中国投资有限公司、五得利面粉集团有限公司、杜邦营养与健康公司；支持单位：中华面点网和《粮食与食品工业》杂志等表示衷心的感谢!

中国粮油学会发酵面食分会经过 7 年的发展，已经成为总会重要的分支机构之一。分会的宗旨是团结广大发酵面食及相关行业的企事业单位和科技工作者，坚持实事求是的科学态度和优良学风，倡导献身、创新、求实、协作精神，促进发酵面食行业科技水平的提高和产业的发展，促进行业科技人才的成长和提高，促进行业科技与产业经济的结合，为社会主义物质文明和精神文明建设服务。分会两年一届的全国发酵面食产业发展大会是行业的盛会，是落实分会宗旨的具体体现。产业发展大会为企业的发展提供了讯息，搭建了产学研的交流平台。总会将全力支持分会召开的每一次全国发酵面食产业发展大会，为会员和行业服务。

我记得第五届全国发酵面食产业发展大会也是在上海召开的，那届大会的主题是“推动技术进步，弘扬中华发酵面食”。今年大会的主题则是：“安全、营养、产业化”，也就是说突出了安全。目前我们的食品行业在质量与安全上确实存在着这样那样的问题，如前年发生的双汇的火腿肠问题，台湾的“塑化剂”事件等等。在发酵面食方面，同样存在一些问题，产生问题的原因很多，其中与我们部分发酵面食从业人员不关心和不重视研究食品法规，想当然地在发酵面食中随意非法添加食品添加剂有关，致使在社会上造成了很坏的影响，不仅损害了自己和广大消费者，同时对行业造成的不良影响也是很大的，搞得不好将失去广大消费者对发酵面食行业的信任。为此，我们要真诚地告诫那些不爱学习、不遵纪守法的从业人员，千万别做那些损人不利己的事，成为行业的罪人。并希望他们赶快寻找并加入相关的行业组织，如发酵面食分会等，积极参加行业的会议和有关活动，以便学习和了解国家法规政策和行业现状。在行业组织的帮助下，使企业发展之路越走越宽广。

据我了解，本届大会到会代表近 200 名。其中有发酵面食行业的企业负责人、技术负责人，有大专院校和科研院所的专家学者，有丹尼斯克、诺维信等国际知名发酵面食设备和原料企业代表，有相关地方政府的领导，有来自台湾地区的专家和参加全国发酵面食总决赛的海内外选手。大家的积极参会，是对学会工作的最大支持。

在本次会议上国家粮食局科学研究院研究员孙辉博士、河南工业大学王凤成教授等 10 多名专家学者将就国家在食品方面的法律法规、行业现状，以及行业发展前沿技术等大家关心的问题进行交流。比如《食品安全保障体系的建设与思考》、《发酵面食禁铝后的应对与措施》、《我国小麦馒头加工品质状况分析》、《米浆冷藏技术与传统米发糕工业化》、《酶对馒头的品质改善及研究新进展》等等进行交流与讲解，另外还有一些发酵面食产业发展方面的经验交流。总之，本届大会又将是一次内容丰富、学术价值很高的大会，希望各位参会代表都能有所收获。

昨天，2013 年第三届中华发酵面食大赛已成功举行。来自北京、上海、成都、广州、沈阳、宜昌、台北、马尼拉（菲律宾）、新加坡、吉隆坡（马来西亚）等全球十个城市的优秀面点高手参与竞技本届中华发酵面食大赛的“面点王”称号。经过昨天大赛组委会和参赛选手的共同的辛苦工作，大赛结果已经出来，等下将进行颁奖典礼。在此，我提前对获得第三届“安琪酵母杯”中华发酵面食大赛各奖项的选手和单位表示最热烈的祝贺。同时，我再次衷心地祝愿中华发酵面食大赛越办越好，感谢其为行业企业和从业人员提供了一个如此巨大的展示平台。

最后，预祝第七届发酵面食产业发展大会取得圆满成功！